C·H·Beck
PAPERBACK

C.H.Beck Geschichte Europas – die zehnbändige Reihe vereint herausragende Vertreter der deutschen Geschichtswissenschaft, die auf dem neuesten Stand der Forschung eine zugängliche und zeitgemäße europäische Geschichte vorlegen. Ihr Blickwinkel ist europäisch, nicht nationalstaatlich. Sie konzentrieren sich auf zentrale Entwicklungen, die ein ganzes Zeitalter prägen, und vermitteln zugleich das wichtigste Wissen über den behandelten Zeitraum. So wird deutlich, was «Europa» in den unterschiedlichen Epochen seiner langen Geschichte ausmachte und was für Vorstellungen jeweils mit dem Begriff verbunden wurden.

Selten veränderte sich in Europa so vieles so schnell wie in der zweiten Hälfte des 19. Jahrhunderts. Die Nutzung fossiler Energieträger ermöglichte enorme Produktivitätsgewinne. Menschen, Güter und Ideen waren europaweit und global mobil, die Kommunikation beschleunigte sich rapide. Die Zukunft schien offen und dynamisch. Doch die umfassenden Veränderungen weckten auch Zweifel. Kritik am Materialismus und der Naturzerstörung, an Ungleichheit und Unterdrückung, an Kolonialismus und Gewalt gingen Hand in Hand mit dem Fortschritt und dem verbreiteten Glauben an ihn. Konkurrenz und nationale Abgrenzungsbemühungen prägten daher gleichzeitig mit vielfältigen grenzüberschreitenden Kooperationen die europäischen Beziehungen vor dem Ersten Weltkrieg.

Johannes Paulmann ist Direktor des Leibniz-Instituts für Europäische Geschichte in Mainz.

Johannes Paulmann

Globale Vorherrschaft und Fortschrittsglaube

Europa 1850–1914

C.H.BECK GESCHICHTE EUROPAS

Mit einer Karte © Peter Palm, Berlin

© Verlag C.H.Beck, München 2019 / www.chbeck.de / Gesamtherstellung:
Druckerei C.H.Beck, Nördlingen / Umschlagentwurf: malsyteufel,
willich / Umschlagbild: Bau des Eiffelturms © ullstein bild /
ISBN 978 3 406 62350 9

myclimate
klimaneutral produziert
www.chbeck.de/nachhaltig

Inhalt

I. Grenzen und Entgrenzungen:
Wie weit reicht Europa im 19. Jahrhundert?   7

II. Gesellschaft in Bewegung:
Soziale und wirtschaftliche Transformation in Europa   45
1. Bevölkerungsbewegungen:
Demographische Übergänge und Freizügigkeit   46
2. Markt, Macht und Umwelt:
Europäische Wirtschaftsbeziehungen   91
3. Veränderte Verhältnisse: Land und Stadt   130
4. Neuordnung der Gesellschaft:
Stand, Klasse, Familie und Volk   160

III. Gewissheiten und Ungewissheiten:
Europäische Kultur zwischen Heroentum,
Institutionen und Massenmarkt   201
1. Heroen und Heroinnen:
Kultur als öffentliches Ereignis   203
2. Wissenschaftsglaube:
Institutionen und geschichtlicher Wandel   230
3. Religion im Konflikt:
Säkularisierung und Religiosität   258
4. Ungewissheiten:
Avantgarde und Massenkultur   279

IV. Partizipation und Herrschaft:
Staatlichkeit im Wandel   295
  1. Monarchischer Konstitutionalismus:
     Kämpfe um politische Partizipation   296
  2. Ressourcen der Ordnung:
     Verwaltung, Finanzen und Staatsgewalt   315
  3. Mobilisierung und Zugehörigkeit:
     Staatsbürgerschaft, Nation und Empire   337

V. Frieden und Krieg:
Europäisches Staatensystem, Internationalismus und
imperiale Expansion   355
  1. Auflösung der Ordnung und Suche nach Stabilität:
     Kriege und Allianzen 1850–1890   358
  2. Ökonomie, Öffentlichkeit und Diplomatie:
     Mechanismen zwischenstaatlicher Politik   378
  3. Reformer und Experten:
     Zeitalter des Internationalismus   395
  4. Expansion, Blockbildung und Krisenmanagement:
     Europäische Weltpolitik 1890–1914   408

VI. Rückblick   447

Literaturhinweise   468
Zeitleiste   472
Danksagung   476
Register   478

I. Grenzen und Entgrenzungen: Wie weit reicht Europa im 19. Jahrhundert?

/1/ Im 19. Jahrhundert herrschte unter Geographen weder Einigkeit darüber, ob Europa ein eigenständiger Kontinent sei, noch darüber, wo denn seine Grenzen verliefen. Europa ist «nichts als ein westlicher Vorsprung, ein Endland Asiens», schrieb etwa der Geograph Alfred Hettner 1907, auch wenn mancher «ein gehobenes Gefühl» habe, «wenn er von Gibraltar nach Afrika oder von Konstantinopel nach Asien» hinüberblicke. Andere Fachkollegen, wie Alfred Kirchhoff, sprachen Europa selbstbewusst die «volle Erdteilberechtigung» zu. Sie beriefen sich dabei auf einen engen Zusammenhang zwischen Land und Leuten, wonach feste Naturräume mit einem physischen Relief existierten, die gleichsam das Material für je besondere Kulturen ihrer Bewohner boten.

Die Frage der Selbständigkeit des Kontinents fand Widerhall in den Diskussionen, wo denn genau die Grenzen Europas verliefen. Eine Karte des *Cambridge Modern History Atlas* von 1912 ließ Europas Grenzen in mehrfacher Hinsicht unscharf erscheinen. Im Westen, Norden und Süden war Europa durch Meere zwar relativ klar umrissen. Der Osten und Südosten schienen hingegen weniger eindeutig. Südöstlich ragte das Osmanische Reich noch auf die Balkanhalbinsel. Das Zentrum seiner Herrschaft lag mit Konstantinopel geographisch in Europa. Die Masse seines Territoriums befand sich zu einem größeren Teil in Asien, während seine Ränder bis Tripolis an der nordafrikanischen Küste reichten. Ganz selbstverständlich war in der Einleitung zu dem Kartenwerk aber von der Türkei *in* Europa die Rede. Im Osten verhielt es sich mit Russland ähnlich. Die meisten Zeitgenossen begriffen das Zarenreich als eine europäische Macht, die mit Asien ein ausgedehntes Feld zur Kolonisation vor der Haustür liegen hatte. Einige Geographen wollten allerdings den Ural nicht als scharfe geographische Grenze sehen. Sie beschrieben Russland westlich wie östlich des Gebirgszugs als einen einheitlichen Raum, der sich durch Weiträumigkeit und Eintönigkeit auszeichne und so dem stark gegliederten Europa entgegengesetzt sei. Die physische Landschaft schlage sich im Charakter der Menschen und im politischen System nieder: Die passiven und despotischen halbasiatischen Menschen unterschieden sich von den aktiven, fortschrittlichen und freiheitlich denkenden Europäern. Auf russischer Seite sahen – positiv wertend – Naturwissenschaftler und Panslawisten wie Nikolaj Danilevskij ebenfalls im Ural keine eindeutige Grenze, sondern glaubten von den westlichen Grenzen Russlands bis über das Gebirge hinaus nach Sibirien eine eigene geographische Welt zu erkennen – eine Vorstellung, die später zur Idee eines dritten Kontinents «Eurasien» *zwischen* Europa und Asien weiterentwickelt wurde.

Der Atlas aus Cambridge ließ die räumliche Ausdehnung Europas auf eine weitere Art unbestimmt. Er kennzeichnete nicht nur Sibirien und Kleinasien als Gebiete, die zwar geographisch außerhalb Europas lagen, aber politisch zu ihm gehörten. Auch Zypern, Ägypten, Tunis und Algerien wurden in derselben Weise als Teile Großbritanniens oder Frankreichs markiert. Im Begleittext schrieben die Herausgeber sogar von einem «Greater Europe», das sich über den Globus erstrecke. Dabei hoben sie die institutionelle und sogenannte blutsmäßige Ausbreitung hervor. Nord- und teilweise auch Südamerika war ihnen ein «zweites Europa», zu dem sie Australien und Neuseeland hinzuzählten. «Groß-Europa» bezeichnete nicht eine politische Vorherrschaft, sondern eine Art Verpflanzung von Europäern, die sich wesentlich auch in der ökologischen Umwälzung der besiedelten Gebiete bemerkbar machte: Europäische Menschen, Tiere, Pflanzen wurden importiert und heimische – im Gegenzug – oft ausgerottet, während die «weißen» Siedler die Agrarwirtschaft nach europäischen Mustern ausbauten und nun verstärkt in Weltmärkte einbanden.

Das siedlungsgeographische «Groß-Europa» besaß eine Entsprechung in den Darstellungen der Wirtschaftsgeographie. Ein *Handbook of Commercial Geography* von George G. Chisholm aus dem Jahr 1889 erläuterte die sich herausbildende Arbeitsteilung zwischen dem industrialisierten Teil Europas und den Ländern, Kolonien und Siedlungsgebieten, die Rohstoffe und Nahrungsmittel lieferten und im Gegenzug Fertigprodukte abnahmen. Der Autor hing nicht dem zeitgenössischen Determinismus an, dem zufolge die natürlichen Umweltbedingungen die wirtschaftlichen Fähigkeiten bestimmten, mithin der Kolonialismus dadurch zu rechtfertigen sei, dass die einheimische Bevölkerung physisch und mental nicht in der Lage wäre, die vorhandenen Ressourcen voll auszuschöpfen. Er erkannte vielmehr in den verbesserten Transport- und Kommunikationsbedingungen des 19. Jahrhunderts eine wesentliche Voraussetzung. Die technischen Errungenschaften – Eisenbahn, Dampfschiffe und Telegrafen – ermöglichten es, naturräumliche Ordnungen umzugestalten, sie anders als bisher zu nutzen und physische Beschränkungen, wenngleich nur teilweise, zu überwinden.

Eine europäische Geschichte kann nicht alleine von der physischen Geographie ausgehen, wenn sie den Ort ihres Gegenstandes bestimmt, sondern sollte Europa als eine historisch gewordene, kulturell konstruierte Vorstellung begreifen. Die Geographen, die sich universitär gerade in der zweiten Hälfte des 19. Jahrhunderts etablierten und disziplinär ausdifferenzierten, legten, wie die Beispiele zeigen, verschiedene Kriterien für eine Verortung Europas an. Fast alle waren sich aber einig, dass seine Geographie eine besondere sei, die erkläre, warum Europa zum «Herd der Zivilisation» geworden sei – wie es Vidal de la Blache 1891 formulierte –, und die seine herausragende Stellung in der Welt begründe. In jeder Hinsicht reichte Europa über den «Kontinent» hinaus, was immer genau darunter verstanden wurde.

I. Grenzen und Entgrenzungen

Europäische Meerengen im 19. Jahrhundert

Emil Deckert, der in Frankfurt am Main lehrte, machte für die Besonderheiten Europas die «zahlreichen, tief in seine Rumpfmasse einschneidenden Rand- und Binnenmeere und Golfe» sowie die «Menge von Halbinseln und Küsteninseln» verantwortlich. Er zog 1883 die Schlussfolgerung, dass der Atlantische Ozean «in seinen Meerengen und Teilmeeren eine so prächtige Stufenleiter nautischer Schwierigkeiten [bietet], dass es nicht sehr zu verwundern ist, wenn an seiner ausgedehnten europäischen Küste das unternehmungslustigste und tüchtigste Seefahrergeschlecht der Erde erwuchs» und sich dort die «Kultur- und Handelsmacht des europäischen Weltteils» entfaltete. Nehmen wir einmal seine Perspektive ein, so fällt der Blick auf die Meerengen, die Europa umgeben. Sie bildeten in ökologischer, ökonomischer, politischer, sozialer und kultureller Hinsicht Kreuzungen und Schnittstellen, die Europäer untereinander und mit nichteuropäischen Gesellschaften verbanden, sie aber auch voneinander trennten. Je nach Umständen und Bereich resultierten daraus Kooperation, Konkurrenz oder Abwehr. Diese «marginalen» Orte zeigen, welche enormen Anstrengungen in der zweiten Hälfte des 19. Jahrhunderts unternommen und welche komplexen Wissens- und Organisationssysteme entwickelt wurden, um wirtschaftliche Ressourcen zu erschließen, politische und militärische Macht auszuüben, Gesellschaften zu ordnen und sie zu verstehen. Wir wollen den Gegenstand des Buchs im Folgenden genauer bestimmen, indem wir uns ihm über die Meerengen gleichsam vom Rande her nähern. Damit kann nicht nur der wandelbare Zusammenhang von Geographie und Geschichte beschrieben werden, denn dort kristallisierten sich, wie wir sehen werden, zugleich zentrale historische Momente der Epoche vor dem Ersten Weltkrieg heraus.

Kara-Straße: Beginnen wir mit der Kara-Straße im äußersten Nordosten Europas. Sie führt von der Barentssee in die Karasee, ein Randmeer des Polarmeers, an deren Südküste der Ural beginnt und die heute dafür bekannt ist, dass dort Nuklearreaktoren sowjetischer U-Boote verklappt wurden. Die Meerenge ist 56 Kilometer breit und trennt die Inselgruppe Nowaja Semlja von der Insel Waigatsch im Süden. Die Wasserstraße erlangte ab den 1850er Jahren für die Schiffsverbindung zwischen den europäischen Häfen und Sibirien zunehmend an Bedeutung. Es waren zunächst sibirische Kaufleute und Goldminenbesitzer, die nach Möglichkeiten suchten, den langen und teuren Transport über Land durch eine direkte Seeverbindung von den beiden in die Karasee mündenden sibirischen Flüssen Ob und Jenissej nach Westen abzukürzen. Die Transsibirische Eisenbahn wurde erst ab 1891 gebaut und war ab 1904 durchgängig, aber in weiten Teilen nur einspurig befahrbar. Mit der Bauernbefreiung, die im Rahmen der Reformanstrengungen nach der russischen Niederlage im Krimkrieg durchgeführt wurde, nahmen die Zahl der Siedler und die Getreideproduktion in Westsibirien zu. Auch diese Kolonisten hofften, ihre Erzeugnisse per Schiff auf den Markt zu bringen. Hinzu kamen norwegische Walfänger, die nach der Überfischung der Barentssee vor Spitzbergen nun in die Karasee vorstießen, um dort Robben, Walrosse und Wale zu jagen. Die mit Gold reich gewordenen sibirischen Kaufleute bemühten sich mit mäßigem Erfolg, die Kaiserlich-Russische Geographische Gesellschaft, die Royal Geographical Society und die norwegischen Kapitäne für die Kartierung der Polarroute und die Beobachtung der Wind- und Wetterbedingungen zu gewinnen. Schließlich trafen sie beim Verein für die deutsche Nordpolarfahrt (ab 1877 Geographische Gesellschaft in Bremen) auf Interesse. Die dort versammelten Kaufleute und Reeder waren auch aus kommerziellen Überlegungen bereit, die Polarforschung zu unterstützen. Ab 1877 finanzierten der Goldminenbesitzer Michail K. Sidorow und dann der Bremer Großkaufmann und Unternehmer Ludwig Baron Knoop eine Reihe von Fahrten des Kapitäns Eduard Dallmann durch die Kara-Straße zur Mündung des Jenissej. Die Eisverhältnisse auf der Karasee sowie die nicht gesicherte Schiffbarkeit der sibirischen Flüsse – erste Kanalbauprojekte wurden 1893 eingestellt – ließen allerdings bis kurz vor dem Ersten Weltkrieg keine dauerhafte Handelsschifffahrt zwischen den europäischen Häfen und dem Innern Sibiriens zustande kommen.

Von Erfolg gekrönt war hingegen die Expedition des schwedisch-finnischen Geologen und Polarforschers Adolf Erick Nordenskiöld (1832–1901), dem es auf einer fast zweijährigen Reise gelang, erstmals die Nordostpassage vom Atlantik entlang der sibirischen Küste in den Pazifik zu befahren. Finanziert wurde er von dem Göteborger Magnaten Oscar Dickson und dem sibirischen Goldminenbesitzer Alexander Sibirjakow. Nordenskiöld brach im Juli 1878 von Göteborg aus auf, fuhr am 1. August zwischen dem russischen Festland und der Insel Waigatsch hindurch in die Karasee und umrundete am 20. August Kap Tscheljuskin, die nördlichste Landspitze Eurasiens. Sein Schiff, die in Bremerhaven für Eismeerfahrten als Walfänger gebaute Vega, fror allerdings im September kurz vor der Beringstraße ein und musste dort 294 Tage lang bis Juli 1879 überwintern. Die Weiterfahrt führte über Japan durch die Straße von Malakka bei Singapur, den Suezkanal und das Mittelmeer, die Straße von Gibraltar und den Ärmelkanal schließlich durch den Öresund zurück in die Ostsee, wo die Vega im April 1880 in den Hafen des festlich beleuchteten Stockholm einlief. Nordenskiöld veröffentlichte 1882 einen ausführlichen Bericht über *Die Umsegelung Asiens und Europas auf der Vega* in mehreren Sprachen und verbreitete seine geographischen und naturkundlichen Erkenntnisse sowohl in wissenschaftlichen als auch populären Publikationen. Seine Reise war Teil der aufstrebenden Polarforschung im späteren 19. Jahrhundert, ihre wissenschaftliche Auswertung setzte Maßstäbe und definierte dabei auch, was als europäisch galt: zum einen die Zivilisation in Abgrenzung zu den eisigen Naturlandschaften des Polarmeers und dem unterentwickelten Sibirien, zum anderen das heldenmütige Bewältigen widrigster Umstände und das Fakten sammelnde «Erobern» ganzer Meere und Kontinente. Die Erkundung des Eismeers war ein Unternehmen, das von wirtschaftlichen Interessen und von Wissenschaftlern verschiedener Länder betrieben wurde – die Besatzung der Vega beispielsweise setzte sich aus schwedischen, finnischen, dänischen und italienischen Offizieren und einer schwedisch-norwegischen Mannschaft zusammen. Die Kara-Straße bildete so in vieler Hinsicht eine *eu-*

ropäische Meerenge am Übergang nach Asien. Ihre ökonomische Bedeutung blieb allerdings in der Zeit vor 1914 trotz der russischen Kolonisation Sibiriens aufgrund der eisigen Verhältnisse beschränkt. Erst in der Zwischenkriegszeit schafften sowjetische Eisbrecher die Nordostpassage in den Pazifik, ohne zu überwintern. Der nach dem Zweiten Weltkrieg eingerichtete Regelbetrieb verursachte hohe Kosten, die seit 1990 kaum noch aufgebracht werden können. Die klimatischen Veränderungen der globalen Erwärmung könnten die Route allerdings künftig wieder so attraktiv erscheinen lassen wie in den 1850er Jahren.

Öresund und Kaiser-Wilhelm-Kanal: Wirtschaftlich profitabel war über lange Zeit der Öresund, und zwar für den dänischen Staat. Die Wasserstraße bildet einen Teil der Verbindung zwischen Nord- und Ostsee. Die flache See zwischen Dänemark und Schweden ist mit Hunderten von kleineren und größeren Inseln durchsetzt. Drei Hauptwege ermöglichen die Durchfahrt: westlich der Kleine und der Große Belt – beide mit zahlreichen Untiefen und einer verschlungenen Fahrstraße recht unsicher – und östlich zwischen der dänischen Insel Seeland und der südschwedischen Provinz Schonen der Öresund, eine 67 Kilometer lange Meerenge. An ihrer schmalsten Stelle zwischen Helsingør und Helsingborg ist sie etwa vier Kilometer breit und wird von der dänischen Festung Kronborg beherrscht. Der Öresund, an dem die Städte Kopenhagen und Malmö liegen, ist im Winter in der Regel befahrbar, und durch ihn lief im 19. Jahrhundert der Export der skandinavischen Getreideproduktion. Die dänische Krone erhob seit 1429 eine Schiffs- und Warenabgabe, den sogenannten Sundzoll, von fremden Schiffen. Die Einnahmen ermöglichten dem König eine bestimmte Unabhängigkeit von ständischer Mitsprache und bildeten bis in das 19. Jahrhundert hinein eine bedeutende Einnahmequelle des Reiches. 1853 passierten knapp 25 000 zollpflichtige Schiffe die Zollstation bei Helsingør und erbrachten Einnahmen in Höhe von 2,5 Millionen dänischen Reichstalern. Handelsgüter der Ostseeanrainer (aus Russland etwa Leder, Segeltuch, Teer, Hanf, Seile für Takelage und Mastholz) und Einfuhren (Luxuswaren, Wein, Früchte, hochwertige Textilien und auch Kolonialwaren wie Gewürze, Kaffee, Rohrzucker, Tabak, Reis und Rohbaumwolle – die letztgenannten Produkte aus den USA) wurden durch die Meerenge transportiert.

Die Zollerhebung beruhte auf bilateralen Verträgen mit anderen Seemächten, die immer wieder zu diplomatischen und kriegerischen Spannungen Anlass gegeben hatten. Als die Vertragserneuerung mit den USA 1856 anstand, insistierte deren Regierung auf der Abschaffung der Zölle, weil sie den Handel behinderten und in ihren Augen eine unrechtmäßige Einschränkung der Freiheit der Meere bedeuteten. Die amerikanischen Diplomaten drohten mit Maßnahmen gegen die Westindischen Inseln Dänemarks. Dänemark zog es vor, seinen Kolonialbesitz auf den Kleinen Antillen noch bis 1917, als die USA die Virgin Islands schließlich kauften, zu behalten, und gab daher 1857 in der Konvention von Kopenhagen lieber dem internationalen Druck auf Abschaffung des Sundzolls nach. Gegen eine einmalige Entschädigung von 30,5 Millionen dänischen Reichstalern verzichtete Dänemark damit nach mehr als 400 Jahren auf die Zollerhebung. Seine Wasserstraßen, die Nord- und Ostsee miteinander verbinden, wurden zu internationalen Gewässern. Die Ablösesumme brachten diejenigen Staaten auf, deren Reeder und Händler an der freien Durchfahrt am meisten interessiert waren: Jeweils ein Drittel zahlten Großbritannien und Russland, auch die Vereinigten Staaten als Initiator der Reform beteiligten sich mit einer beträchtlichen Summe. Die Abschaffung des Sundzolls zeigt zum einen, dass Dänemark in der Mitte des 19. Jahrhunderts seine frühere nordeuropäische Großmachtstellung eingebüßt hatte und ein Kleinstaat geworden war. Schon 1814 hatte die dänische Krone Norwegen an Schweden abtreten müssen, 1864 bis 1866 sollte es dann die Herzogtümer Schleswig, Holstein und Lauenburg an Preußen verlieren. Zum anderen ist die Abschaffung des Zolls ein Beispiel für die internationale Liberalisierung des Handels im 19. Jahrhundert und verdeutlicht neben den europäischen die weltweiten, auch kolonialen Verflechtungen, die sich am Öresund manifestierten.

Die Meerenge zwischen Ost- und Nordsee hatte im Übrigen

nicht trennend gewirkt, sondern verbindend. Als 1892 die erste Eisenbahnfähre über den Öresund in Betrieb genommen wurde und damit zwei der Motoren des Fortschritts im 19. Jahrhundert, Dampfschiff und Lokomotive, einander nahtlos ergänzten, verstärkte dies eigentlich nur die geographische Brückenfunktion der Inseln und Wasserstraßen zwischen Dänemark und Schweden. Einschneidender wirkte hingegen der Kaiser-Wilhelm-Kanal, heute Nord-Ostsee-Kanal, der zwischen 1887 und 1895 vom Deutschen Reich gebaut wurde. Er ersetzte den 1784 in Betrieb genommenen Schleswig-Holsteinischen Canal, den der dänische König hatte graben lassen. Dieser mündete bei Rendsburg in die Eider und damit letztendlich an der Westküste ins Wattenmeer und nahm eine Durchfahrtzeit von drei bis vier Tagen in Anspruch. Im Wesentlichen aus marinestrategischen Gesichtspunkten wurden von Bismarck dann seit den 1860er Jahren, auch gegen militärischen Widerstand und mit Unterstützung eines Hamburger Reeders, die Planungen für einen von Kiel-Holtenau nach Brunsbüttel in die Elbe verlaufenden Kanal vorangetrieben. Während der achtjährigen Bauzeit von 1887 bis 1895 wurden fast 9000 Arbeiter beschäftigt, viele aus Dänemark, Polen, Russland, Österreich und Italien. Der neue Kaiser-Wilhelm-Kanal besaß eine Länge von knapp hundert Kilometern; er war für den Nachtbetrieb elektrisch beleuchtet, und eine Durchfahrt dauerte 13 Stunden. Die Tiefe von ursprünglich neun Metern und die Breite von 67 Metern mussten bereits ab 1907 auf elf bzw. 102 Meter erweitert werden. Auslöser hierfür waren die neuen Großkampfschiffe der Dreadnought-Klasse, die für die kaiserliche Flotte angeschafft wurden.

Anders als bei der natürlichen Meerenge des Öresunds ging es bei der künstlichen Wasserstraße nicht um die internationale Freiheit der Seefahrt. Im Gegenteil: Nationalstaatliche Flottenkonkurrenz mit Großbritannien und Weltpolitik bildeten die *Raison d'être* für den ingenieurstechnischen Einschnitt in die Geographie. Letztlich erwies sich der Kanal allerdings strategisch als wenig nützlich: Die Idee, Kriegsschiffe jederzeit von der Ost- in die Nordsee verschieben zu können, mündete während des Ersten Weltkriegs nach der Skagerrak-Schlacht 1916 in die fortgesetzte Blockade der deutschen Hochseeflotte in Kiel und anderen Häfen. Immerhin fuhren im Jahr 1904/05 gut 23 000 Handelsschiffe durch den Kanal, doch sicherten die Gebühren Bau- und Betriebskosten nur unzureichend. Teile der seit 1902 erhobenen Schaumweinsteuer, die zweckgebunden für den Flottenbau eingeführt worden war, subventionierten den Kaiser-Wilhelm-Kanal. 1919 internationalisierten die Alliierten dann die Wasserstraße im Versailler Vertrag. Der Kanal ist heute die meistbefahrene künstliche Wasserstraße, noch vor dem Suezkanal von 1869 und dem Panamakanal von 1914.

Ärmelkanal: Während die organisatorischen, technischen und finanziellen Mittel des Deutschen Reichs die geographischen Bedingungen zwischen Ost- und Nordsee einschneidend veränderten, blieb der Ärmelkanal, die nordwestliche Meerenge Europas, weitgehend unverändert. Der Ärmelkanal ist circa 350 Kilometer lang, seine Breite beträgt an der westlichen Einfahrt zwischen dem bretonischen Ouessant und den britischen Scilly-Inseln 160 Kilometer und östlich zwischen Dover und Cap Gris-Nez, der sogenannten Straße von Dover bzw. dem Pas de Calais, nur 34 Kilometer. Er war damals und ist bis heute einer der meistbefahrenen Schifffahrtswege der Welt. Er verbindet die Nordsee und damit auch den Zugang zur Ostsee am Öresund mit dem Atlantik und leitet den Verkehr von Nordwesteuropa über die Straße von Gibraltar zum Mittelmeer und ab 1869 von dort weiter durch den Suezkanal bis nach Indien. Seine Küstengeographie bewirkt im östlichen Teil unregelmäßige Gezeiten und an manchen Orten eine doppelte Flut. Die Klimaverhältnisse führen ganzjährig zu häufiger Nebelbildung und trübem Wetter. Die Seine auf der französischen Seite ist der größte Fluss, der den Kanal mit Süßwasser speist. An der Küste des Ärmelkanals liegen unter anderem die Städte Le Havre (der bedeutendste europäische Kaffeeimporthafen am Vorabend des Ersten Weltkrieges), Portsmouth (*der* Kriegshafen der Royal Navy) und Southampton, von wo 1912 die *Titanic* zu ihrer einzigen Fahrt in Richtung New York ablegte. Die international übliche englische Bezeichnung «English Channel» drückt aus, wer die Wasserstraße beherrschte.

In Portsmouth, 1859 mit einem aufwendigen Ring von Festungen gegen mögliche französische Angriffe geschützt, lief 1906 das Schlachtschiff *Dreadnought* der britischen Marine, das seiner Klasse den Namen gab, vom Stapel.

Der Ärmelkanal war mithin eine ganz zentrale Seebrücke, die verschiedene Teile Europas und der Welt miteinander verband, Aus- und Einfuhrhäfen für den globalen Warenverkehr besaß und zugleich die Marinebasis eines Weltreichs sowie dessen stark geschützte nationale Sicherheitszone bildete. Es gab im 19. Jahrhundert verschiedene Pläne, die verbindende Funktion zwischen den Britischen Inseln und dem Kontinent zu verstärken. Ab den 1850er Jahren häuften sich die Vorschläge, die Meerenge zu überbrücken, zu untertunneln oder mit einer Eisenbahnfähre auszustatten. Interessenten gab es auf beiden Seiten des Kanals, die französische Seite befürwortete die Vorhaben kontinuierlich, die britische Regierung und das Parlament blockierten die Umsetzung aber immer wieder in entscheidenden Momenten. In den Jahren 1875 und 1876 tagte bereits eine gemeinsame Kommission, die einen zwischenstaatlichen Vertrag zur Regelung von Zugangs- und Zugriffsrechten sowie die internationale Grenzziehung in einem Tunnel unter dem Kanal vorbereitete. Bau- und Betreibergesellschaften wurden gegründet, die 1881/82 Probebohrungen an den Shakespeare-Klippen bei Dover und in Sangatte unweit von Calais ausführten. Sie drangen auf beiden Seiten jeweils eine gute Meile vor. Der gesetzlichen Genehmigung für den eigentlichen Bau sollte dann eine große Anhörung beider Häuser des Parlaments in London vorausgehen: Ingenieure, Handels- und Industrievertreter, Eisenbahnunternehmer, Marineoffiziere und die Armeeführung wurden 1883 über zwei Monate befragt. Der Parlamentsausschuss konnte sich anschließend nicht auf einen gemeinsamen Abschlussbericht einigen. Die Befürworter des Tunnelprojekts bildeten knapp die Minderheit, die Zahl der Gegner überwog gerade eben.

Das Hauptargument gegen eine Tunnelverbindung kam aus dem Kriegsministerium. In schon damaligen Zeitgenossen irreal anmutenden Szenarien befürchtete die Armeeführung, dass die unterirdische Röhre einer fremden Macht, gemeint war bis kurz vor dem Ersten Weltkrieg immer Frankreich, dazu dienen könnte, die Britischen Inseln mit Truppen zu besetzen. Die Insellage wurde gegen alle Argumente, welche die faktische enge Anbindung Großbritanniens an den Kontinent betonten, als die eigentliche Stärke des Landes stilisiert. Damit war der Fortgang des Projekts zwar aufgehalten, doch brach die Diskussion um einen Tunnelbau unter dem Ärmelkanal bis zum Weltkrieg trotz des Rückschlags nicht ab. Die Befürworter brachten wiederholt Gesetzesvorlagen ein. 1913/14 befasste sich der Ausschuss für Imperiale Verteidigung der britischen Regierung erneut mit der Frage. Die seit der *Entente cordiale* von 1904 verbesserten Beziehungen zu Frankreich sowie die Möglichkeit, in einem europäischen Krieg ein Expeditionskorps auf den Kontinent schicken zu können und die Versorgung der Inseln mit Nahrung und Material zu sichern, ließen nun auch manche Militärs Vorteile in einem Tunnel erkennen. Doch die Meinungen in der britischen Regierung blieben gespalten, und letztlich überwog der Gedanke, dass die Insellage ein wesentlicher Faktor für die Errichtung und den Erhalt des Empires gewesen sei sowie einen Teil des nationalen Charakters ausmache. Ein Tunnel käme einer Landgrenze gleich, hieß es, und würde daher zu seinem Schutz die Einführung der allgemeinen Wehrpflicht erfordern – das wiederum war ein innenpolitisches Tabu, an das die britische Regierung 1914 noch nicht rühren wollte.

Großbritannien wollte den Ärmelkanal mehrheitlich als trennendes Wasser bewahrt wissen, obgleich die Insel in verschiedener Hinsicht im 19. Jahrhundert immer enger mit dem Kontinent verbunden worden war. So versprachen sich französische Befürworter 1913 eine weitere Verbesserung der Handelsbeziehungen mit Großbritannien, weil empfindliche und verderbliche Produkte aus Frankreich (Milchprodukte, Früchte und Luxusgüter) schneller und ohne Umladen transportiert werden könnten und weil Firmenvertreter leichter reisen und so mehr Geschäftsbeziehungen knüpfen würden. Vor allem aber setzten die Fürsprecher auf den Tourismus. Hinter der öffentlichen Kampagne für den Tunnelbau

I. Grenzen und Entgrenzungen

am Vorabend des Weltkriegs standen im Wesentlichen die gleichen Interessen wie schon seit der Mitte des 19. Jahrhunderts: Eisenbahngesellschaften und ihre Finanziers, Freihändler und bestimmte Exportbranchen. Sie konnten sich gegenüber den Gegnern, die auf der englischen Seite des Kanals zentrale Regierungspositionen und damit die Blockademacht innehatten, jedoch nicht durchsetzen. Dennoch: Ab der Mitte des 19. Jahrhunderts intensivierte die von französischen und britischen Unternehmen gemeinsam betriebene, regelmäßige Dampfschifffahrt den Verkehr über den Kanal wesentlich. Und 1909 überflog der französische Flugingenieur Louis Blériot (1872–1936) in 37 Minuten erstmals den Kanal von Calais nach Dover: Die Wasserstraße schien jetzt weniger breit geworden zu sein, auch wenn aus der verminderten militärischen Schutzfunktion des Ärmelkanals gegenüber Flugzeugen erst nach dem Ersten Weltkrieg Konsequenzen gezogen wurden und ein Tunnel überhaupt erst 1994 eröffnet werden sollte.

Die Geschichte der Tunnelprojekte sollte allerdings nicht nur als eine Geschichte des Scheiterns betrachtet werden, belegt sie doch die zentrale Rolle der nordwestlichen Meerenge. Neben der machtpolitischen Funktion und den vielfältigen Verbindungslinien, die aus Europa und der weiteren Welt hier zusammenliefen, offenbarten die Projekte auch den selbstbewussten Willen der zeitgenössischen Ingenieure, die physische Geographie umzugestalten. Die Techniker erreichten andernorts durchaus ihr Ziel: Seit 1906 war zum Beispiel der fast 20 Kilometer lange Simplon-Tunnel durch die Schweizer und italienischen Alpen für Züge befahrbar. An der Finanzierung dieses Bergtunnels war unter anderem Emile Baron d'Erlanger (1832–1911) beteiligt, ein in Frankfurt am Main geborener bedeutender Pariser Bankier, der 1901 Vorstandsvorsitzender der Channel Tunnel Company wurde und die gleiche Funktion bei der am Kanaltunnel interessierten Chemin de Fer du Nord ausübte. Das Bankhaus d'Erlanger investierte Gelder nicht nur in europäische Eisenbahnen, sondern auch in Schienenverkehr im kolonialen Afrika, in Nord- und Südamerika sowie (gemeinsam mit Julius Reuter) in transatlantische Telefonkabel. Das nicht ausgeführte Projekt am Ärmelkanal war also nur eines von vielen landschaftsumgestaltenden Großvorhaben im 19. Jahrhundert. Diejenigen Projekte, die tatsächlich verwirklicht wurden, sind eindrucksvolle Belege für die Kapazität und den Willen, die physische Natur durch Technik zu überwinden. Sie veränderten die Geographie und trieben die infrastrukturelle Verflechtung Europas, auch mit anderen Weltregionen, entscheidend voran.

Gibraltar: Die Straße von Gibraltar ist ebenfalls ein strategischer Ort für Europa. Sie verbindet das Mittelmeer mit dem Atlantik und Europa mit Nordafrika. Dabei konnte sie sowohl als vermittelnde Brücke wie als trennender Graben wirken. Der westliche Eingang der Meerenge ist 44 Kilometer breit und liegt zwischen Kap Trafalgar südöstlich von Cádiz und Kap Spartel, der Nordwestspitze Afrikas bei Tanger. Im Osten der Meerenge beträgt die Entfernung zwischen der Südspitze von Gibraltar, der Punta de Europa, und dem Felsen von Ceuta auf afrikanischer Seite ungefähr 20 Kilometer. Die Meeresströmung sorgt für schwierige Schifffahrtsverhältnisse, weil eine sehr starke Oberflächenströmung vom Atlantik ins Mittelmeer fließt. Starke Winde machen die Fahrt nicht leichter, doch gibt es im südlichen, durch das Rif-Gebirge geformten Teil des Mittelmeers auch anhaltende Windstillen, so dass Segelschiffe früher häufig länger unbeweglich auf See liegen mussten. Mit der Bucht von Algeciras und Gibraltar existiert im nördlichen Teil der eigentlichen Meerenge einer der sichersten Häfen der Welt.

Gibraltar ist seit 1704 in britischer Hand. Auf dem Felsen, der durch eine sandige Landzunge mit der Iberischen Halbinsel verbunden ist, befinden sich eine britische Festung und Stadt. Sie bildeten im 19. Jahrhundert keineswegs, wie später seit dem spanischen Diktator Franco und dem Zweiten Weltkrieg, eine Art Enklave, denn die Festungskolonie war damals nur teilweise geschlossen und besaß durchlässige Grenzen. Trennlinien wurden hingegen vor allem intern gezogen. Aus der Perspektive der britischen Regierung in London war die Hauptfunktion Gibraltars eine militärische: sicherer Hafen und Werft für die Königliche Marine, dominierende Festung an einer bedeutenden, durch den Suezkanal ab 1869 noch wichtiger gewordenen Wasserstraße und zentraler Punkt für die Dampfschiffe im weltweiten Netz von Kohlestationen. Die ursprüngliche Festung nahm jedoch im Laufe der Zeit immer mehr den Charakter einer Kolonialsiedlung an. Die Garnison beherbergte zwischen 3000 und 5000 Soldaten. Die Zivilbevölkerung lag um 1800 bei etwa 5000, umfasste 1831 gut 17 000 Menschen, 1871 waren es schon über 18 500 und 1901 mehr als 20 000. Nur ein Teil davon waren britische Untertanen, der andere Teil wurde als «Aliens» bezeichnet. Schon die Herkunft der «Briten» war allerdings sehr unterschiedlich. Sie kamen nur zu einem kleinen Teil von den Britischen Inseln, die Mehrheit stammte ursprünglich aus Spanien, Portugal, Genua, Malta und Nordafrika und war der religiösen Zugehörigkeit nach überwiegend katholisch und zu einem kleinen Teil jüdisch. 1816 wurde, wer seit mindestens zehn Jahren in Gibraltar lebte, zum Einheimischen und damit zum britischen Untertan erklärt. Dieser Personenkreis besaß ein dauerhaftes Residenzrecht. Die zahlreichen «Fremden» (1831 waren es knapp 7000) hingegen durften sich nur mit einer amtlichen Erlaubnis («permit») auf dem Felsen aufhalten. Die Aufenthaltsbewilligung wurde ein- und mehrtagesweise oder länger vergeben. Zahlreiche Kaufleute nutzten den Freihafen für ihre Geschäfte, Arbeitskräfte erbrachten verschiedenste Dienstleistungen, denn Festung und Stadt waren auf die Versorgung mit Nahrungsmitteln und Wasser angewiesen, so dass außer denjenigen, die sich hier niederließen, ohne je britische Untertanen zu werden, täglich viele Spanier und andere «Fremde» durch die Tore ein- und ausgingen.

Das System, nach dem eine Aufenthaltserlaubnis gewährt wurde, wurde im Laufe des 19. Jahrhunderts mehrfach reformiert. Die Behörden mussten dabei eine Balance finden zwischen notwendiger Offenheit und erwünschter Kontrolle, ohne dass sie die militärische Sicherheit oder die Handelswirtschaft schädigten. Vordringliches Ziel war nicht, die Bevölkerung in der Festungsstadt zu überwachen, sondern ihr Wachstum einzuschränken. Anlass gaben verschiedene Seuchen, deren Ursache zeitgenössisch in der Übervölkerung gesehen wurde und als deren Träger häufig die «Fremden» galten. Gelbfieber tötete 1804, 1813/14 und 1828 mehrere tausend Menschen, 1860 und 1864 brach die Cholera aus. Neben der Einführung von Hygienemaßnahmen suchten Gouverneur und Polizei das Bevölkerungswachstum zu unterbinden, indem sie zum einen die Vergabe von Aufenthaltserlaubnissen beschränkten und diese verkürzten. Zum anderen erschwerten sie über Gesetze und Verordnungen den Erwerb der Staatsangehörigkeit. Wer in Gibraltar geboren wurde, erhielt aufgrund des *ius soli* die britische Staatsangehörigkeit. Ab 1822 konnte nun für nichtbritische Männer die Heiratserlaubnis an die Bedingung geknüpft werden, dass sie binnen drei Monaten Gibraltar verließen – in der Annahme, dass sie ihre Frauen mitnähmen und Kinder daher andernorts geboren würden und somit keine britische Staatsangehörigkeit erhielten. In den 1830er Jahren wurde die Regelung eingeführt, dass nichtbritische Frauen und britische Frauen, die mit fremden Männern verheiratet waren, bei Schwangerschaft das Territorium für die Niederkunft verlassen mussten. Das britische Einbürgerungsgesetz von 1844, dem zufolge Frauen mit der Heirat die eigene Staatsbürgerschaft verloren und diejenige ihres Mannes annehmen mussten (diese einseitige Bestimmung blieb bis 1948 gültig), galt in Gibraltar und anderen Kolonien nur bis 1847, weil man dort den Erwerb der britischen Staatsangehörigkeit durch «fremde» Frauen, die Briten ehelichten, verhindern wollte. Gedacht wurde hier vornehmlich an Prostituierte, die durchreisende Briten zur Heirat «verführten». Ab 1889 besaßen nur noch Personen, die in Gibraltar geboren worden waren, ein dauerhaftes Aufenthaltsrecht, selbst andere britische Staatsangehörige wurden seither nur temporär geduldet. So entstand durch verschiedene gesetzliche Bestimmungen und amtliche Praktiken zwischen 1816 und 1889 die besondere Identität der «Gibraltarianer».

Die Bevölkerungs- und Gesundheitspolitik in der Kronkolonie ist ein Beispiel, wie in Europa durch interne Grenzziehung auf der Grundlage von ethnischen, sozialen und genderspezifischen In- und Exklusionen ein Identitätsbewusstsein geschaffen wurde. Ökonomische und sicherheitspolitische Interessen mischten sich mit moralischen Urteilen, insbesondere «fremde» Frauen wurden leichthin als Prostituierte eingeordnet. Die notwendige Mitwirkung der Bevölkerung an Gesundheits- und Hygienemaßnahmen führte langfristig allerdings auch zur politischen Partizipation männlicher Honoratioren an der Regierung der Kronkolonie. Zunächst wurde 1865 eine Sanitary Commission vom Gouverneur ernannt, die dann 1921 in einen teilweise gewählten Stadtrat überging. Kaufleute hatten bereits kurz nach 1800 ein «Exchange Committee» gegründet und 1817 eine Bibliothek ins Leben gerufen, später folgte eine Handelskammer. Vertreter der katholischen Kirche und der jüdischen Gemeinde, Pfadfinder und – in den 1920er Jahren – Gewerkschaften organisierten sich. In diesen Formen entwickelte die besser gestellte Zivilgesellschaft Gibraltars im Laufe der Jahrzehnte vor dem Weltkrieg eine besondere Loyalität gegenüber der britischen Krone. Bei gelegentlichen Besuchen von Angehörigen des Königshauses und bei den Jubiläen Königin Victorias 1887 und 1897 demonstrierten ihre Vertreter dies öffentlich. Sie untermauerten damit ihren Anspruch auf Teilhabe zusammen mit dem Gouverneur oder über ihn hinweg. Bis 1937 waren bei festlichen Angelegenheiten im Übrigen immer auch amtliche Vertreter aus Spanien anwesend. Die Grenzziehungen erfolgten im 19. Jahrhundert stärker innergesellschaftlich als zwischen den Nationalstaaten. Gibraltar lag zwar geographisch am Rande Europas, kann in vielerlei Hinsicht aber als exemplarisch gelten für europäische Probleme und Lösungsmöglichkeiten von Sanitäts- und Bevölkerungspolitik, Staatsbürgerrecht und Fremdenpolitik, für soziale, ethnische und genderspezifische Grenzziehungen, vermehrte, aber nicht umfassende, sondern immer wieder unterlaufene Staatskontrolle und für Identitätskonstruktionen und politische Partizipation. Die Festungsstadt auf dem Felsen an der Meerenge zwischen Mittelmeer und Atlantik war mehr als ein militärstrategischer Punkt Europas.

Werfen wir einen Blick auf die gegenüberliegende Seite. Um die Mitte des 19. Jahrhunderts gab es in dem Golf, der an der afrikanischen Nordküste des Mittelmeers vom Rif-Gebirge gebildet wurde, mehrere spanische Stützpunkte von Ceuta im Westen bis Melilla im

Osten. Sie waren im Laufe der Reconquista erobert und zuletzt 1848 durch die Einnahme der Islas Chafarinas ergänzt worden. In der Folge der europäischen Besatzung hatte sich der marokkanische Handel von der Mittelmeerküste an den Atlantik verlagert. Der Sultan übte keine wirksame Kontrolle mehr über die Rif-Küste aus, die zu einer ärmlichen Randzone am Mittelmeer geworden war. Die lokalen Bedingungen erlaubten nur karge Landwirtschaft, Fischerei – und Piraterie. Bis Anfang des 19. Jahrhunderts hatten die Seemächte die muslimische und christliche Piraterie mit großen Schiffen im Mittelmeer zwar erfolgreich unterdrückt, doch bekamen sie die von kleinen Gruppen der Rif-Bevölkerung betriebene Seeräuberei nie vollständig in den Griff. Die einheimischen Piraten benutzten Boote, um die durch die Windstille im Golf festgehaltenen Schiffe zu kapern und auszurauben. Die Küstennatur mit zahlreichen kleinen Buchten und Felsunterschlüpfen sowie die Siedlungsformen ohne Städte und erkennbare Dörfer, die von der europäischen Marine hätten beschossen werden können, verhinderten eine wirksame Bekämpfung der beteiligten Gruppen.

Die wirtschaftlichen Lebensbedingungen in der Region waren schlecht. Die spanischen Festungen erschwerten sie noch, weil sie seit den 1830er Jahren den Handel mit der französischen Kolonie in Algerien störten. Die Spanier betrachteten den Warenaustausch als Schmuggel oder hielten die Händler für Piraten, ohne zwischen den tatsächlich wohl unterschiedlichen Berber-Stämmen zu unterscheiden. Indirekt erhöhten sie damit die Attraktivität oder Notwendigkeit, Piraterie zum Lebensunterhalt zu machen. Die Regierungen Spaniens, Frankreichs und Großbritanniens beklagten zwar die Zustände, konnten sich aber zu keinem gemeinsamen Vorgehen durchringen, weil keine die strategischen Interessen der anderen befördern wollte. Schließlich übte die britische Regierung ab 1855 starken Druck auf den Sultan von Marokko aus, dieses Gebiet, an dem der Herrscher auch wegen dessen Ärmlichkeit bislang kein Interesse gezeigt hatte, effektiv zu kontrollieren. Mit mehreren Militärexpeditionen gelang es Mulai Abd ar-Rahman, die Rif-Bevölkerung so weit zu disziplinieren, dass die Piraterie zunächst

aufhörte. Als jedoch die marokkanische Regierung am Ende des
19. Jahrhunderts aufgrund innerer Krisen und konkurrierender europäischer Interventionen zusehends geschwächt wurde, flammte
die Piraterie an der peripheren Rif-Küste wieder auf. 1893/94 führte
Spanien einen Krieg gegen zahlreiche Berber-Stämme, später folgten 1909 auch militärische Auseinandersetzungen mit dem Sultan
um die Festungsstadt Melilla. Die imperialistische Konkurrenz der
europäischen Mächte mündete nach der Jahrhundertwende in zwei
diplomatische Krisen um Marokko 1905/06 und 1911. In deren
Folge errichteten Frankreich und Spanien dann 1912 im Vertrag
von Fes ein Protektorat über das Land, das erst nach dem Zweiten
Weltkrieg 1956 wieder aufgehoben wurde. Während Frankreich
den größeren Teil im Süden übernahm, erhielt Spanien die nördliche Mittelmeerküste einschließlich des Rif-Gebirges sowie ein
Stück am Atlantik. Tanger, das hier am südlichen, atlantischen Teil
der Straße von Gibraltar lag, wurde – offiziell 1923 – zur Internationalen Zone. Von Spanisch-Marokko aus begann später General
Franco, der dort im langwierigen Rif-Krieg gegen die Berber 1921
bis 1926 als stellvertretender Kommandeur der spanischen Fremdenlegion gedient hatte, mit Unterstützung der Kolonialarmee im
Juli 1936 seine Revolte gegen die republikanische Regierung Spaniens und eröffnete den bis 1939 anhaltenden Bürgerkrieg.

Die Straße von Gibraltar war im 19. Jahrhundert eine Zone mit
unscharfen Grenzziehungen zwischen Europa und Afrika. Auf beiden Seiten bildeten sich unterschiedliche, von lokalen wie überregionalen Kräften bestimmte, aber nur partiell abgeschlossene Lokalitäten aus: Gibraltar, Tanger, Ceuta und weitere Orte. Die staatliche
Kontrolle über sie und die umliegenden Gebiete nahm spürbar zu,
war aber weder hinsichtlich der Bevölkerungspolitik in Gibraltar
noch hinsichtlich der räuberischen Rif-Bewohner umfassend. Identitätsbildungen und gesellschaftliche Grenzziehungen erfolgten an
der Meerenge anhand verschiedener Kriterien: Europäisch-orientalisch war nur eines von mehreren, hinzu kamen religiöse, ethnische,
soziale und genderspezifische Inklusion und Exklusion. Generell
machten sich der europäische Kolonialismus und die imperiale

Konkurrenz insbesondere auf der südlichen Seite der Meerenge, wo ein relatives Defizit an Staatlichkeit existierte, verstärkt bemerkbar und prägten langfristig die politischen und ökonomischen Bedingungen bis in die Zeit der Dekolonisation. Das Rif ist heute das weltweit größte Anbaugebiet für Cannabis, von dort stammt die Hälfte der Weltproduktion von Haschisch. Die Straße von Gibraltar war eine machtpolitische Kreuzung, eine Kontakt- und Austauschzone für Europäer untereinander und mit anderen. Mit der Eröffnung des Suezkanals am anderen Ende des Mittelmeers wurde sie 1869 dann auch zu einer globalen Wasserstraße.

Dardanellen und Bosporus: Am anderen Ende des Mittelmeers waren die Meerengen der Dardanellen und des Bosporus für das 19. Jahrhundert zentrale Orte europäischer Diplomatie und kriegerischer Auseinandersetzungen. An ihnen manifestierte sich Europa als Staatensystem. Sie bildeten zugleich eine Schnittstelle für das Osmanische Reich und seine europäischen und kleinasiatisch-nahöstlichen Territorien. Geographisch verbinden die Wasserstraßen das Mittelmeer mit dem Schwarzen Meer. Die Dardanellen sind 65 Kilometer lang und zwei bis sechs Kilometer breit. Auf das in der Mitte gelegene Marmarameer folgt der Bosporus, der nach 31 Kilometern ins Schwarze Meer übergeht. Er ist an der schmalsten Stelle knapp 700 Meter breit. Auf seinen beiden Seiten liegt Istanbul mit 1897 über einer Million Einwohnern – einer Gesamtbevölkerungszahl, die mit dem Ersten Weltkrieg deutlich sank und erst in den 1950er Jahren wieder erreicht wurde. Etwa 15 Prozent der Bevölkerung waren laut einer Zählung von 1885 keine türkischen Untertanen; von den osmanischen Staatsbürgern stellten die Muslime mit 44 Prozent weniger als die Hälfte der Einwohner, Griechisch-Orthodoxe über 17 Prozent und armenische Christen ebenfalls über 17 Prozent sowie Juden 5 Prozent. Hinzu kamen kleine Gruppen von Katholiken, Bulgarisch-Orthodoxen und Protestanten. Die staatliche Statistik kategorisierte vornehmlich nach religiöser Zugehörigkeit, weil darauf Militärdienst- und Steuerpflicht beruhten. Sie lässt erkennen, dass die Stadt ein bemerkenswertes Konglomerat von Religionen, Ethnien, Nationen, Sprachen und Sitten beherbergte und, wie die *Encyclopaedia Britannica* 1911 zitierte, «nicht aus einer Nation [bestand], sondern aus vielen und kaum mehr aus einer als aus einer anderen». Über Konstantinopel als Hafenstadt und als Zentrum des osmanischen Staates, über die Brückenfunktion für das europäisches und nichteuropäisches Gebiet umfassende Imperium müsste ein eigenes Kapitel verfasst werden. Hier sollen die eigentlichen Meerengen lediglich als Gegenstand der europäischen und der Weltpolitik vorgestellt werden.

Die Meerengen waren sowohl Anlass für diplomatische Konflikte als auch Gradmesser für europäische Beziehungen, und sie wurden mehrfach Gegenstand internationaler Übereinkünfte. Die Kontrolle über sie lag grundsätzlich zunächst einmal in der Hand der osmanischen Herrscher. Doch versuchte vor allem Russland seit dem 18. Jahrhundert, für sich günstige Regelungen herbeizuführen. Dabei stieß es jedoch nicht nur auf türkischen Widerstand, sondern auch auf den der übrigen europäischen Großmächte. Russlands Interesse bestand zum einen darin, dass seine Handelsschiffe die Meerengen durchfahren durften. Dies wurde bereits 1774 im Frieden von Küçük Kaynarca mit dem Osmanischen Reich vereinbart. Noch im 19. Jahrhundert waren es vor allem Getreideschiffe mit ukrainischen Erzeugnissen, die passierten; später suchte auch die Industrie in den Kohle- und Erzgebieten am Don den Anschluss an den Mittelmeer- und Welthandel. Zum anderen spielten militärisch-strategische Interessen eine entscheidende Rolle. Im Zuge der territorialen Expansion Russlands, die Ende des 18. Jahrhunderts bis an das Schwarze Meer reichte und nach verschiedenen Kriegen bis 1864 schließlich die Kaukasus-Region umschloss, schienen der gesicherte Ausgang für die russische Kriegsmarine durch die Meerengen ins Mittelmeer und damit ein ganzjähriger Zugang zu den Ozeanen erreichbar. Die russischen Regierungen ergriffen im Laufe des 19. Jahrhunderts unterschiedliche Mittel, um an ihr Ziel zu gelangen: Kriege und Drohungen gegen das Osmanische Reich, aber auch Bündnisse mit dem Sultan, um sich möglichst großen Einfluss zu sichern; ferner führten sie Kriege mit den anderen europäischen Mächten oder versuchten Kriege der anderen

Staaten untereinander für sich auszunutzen. Alle Bemühungen waren erfolglos: Die türkischen Meerengen blieben im 19. Jahrhundert in Friedenszeiten weiterhin durchgängig für fremde Kriegsschiffe gesperrt.

1833 gelang es der russischen Regierung im Vertrag von Hünkâr İskelesi immerhin zu vereinbaren, dass die Meerengen im Konfliktfall für ihre eigene Kriegsmarine geöffnet werden, für andere aber geschlossen bleiben sollten. Zuvor hatte der Zar 1828/29 zunächst einen Krieg gegen den Sultan geführt, ihn dann aber 1831 bis 1833 gegen dessen aufständischen Vasallen, den Vizekönig von Ägypten Muhammad Ali (1769–1849), unterstützt. Doch im Gefolge der nächsten Auseinandersetzungen Muhammad Alis mit dem osmanischen Oberherrn intervenierten die europäischen Mächte 1840 gemeinsam zugunsten von Sultan Abdülmecid (1823–1861) und regelten anschließend den Durchgang durch Bosporus und Dardanellen in den beiden Londoner Konventionen von 1840 und 1841. Diese blieben grundsätzlich bis zum Ersten Weltkrieg in Kraft. Großbritannien, Österreich, Preußen und Russland sowie in der zweiten Konvention auch Frankreich bestimmten darin zusammen mit dem Osmanischen Reich, dass die Meerengen für alle Kriegsschiffe fremder Mächte gesperrt sein sollten, solange die Türkei sich im Frieden befand. Im Kriegszustand konnte der Sultan entscheiden, wem er Durchfahrtsrechte gewähren wollte. Damit blieb der russischen Kriegsmarine der Zugang ins Mittelmeer verschlossen, gleichzeitig erhielt Russland aber auch grundsätzlich Sicherheit gegen einen Angriff anderer Seemächte auf seine Schwarzmeerküste, solange es sich mit Konstantinopel im Frieden befand. Die Londoner Konventionen unterschieden sich von vorhergehenden Verträgen, weil sie die Regelungen unter die Garantie der europäischen Mächte stellten, die Kontrolle über die Schließung der Meerengen in Friedenszeiten also gleichsam internationalisierten.

In den Londoner Konventionen manifestierte sich in der Mitte des 19. Jahrhunderts Europa als Staatensystem. Allerdings kam es 1853 erneut zu einem türkisch-russischen Krieg, der sich vordergründig an den Forderungen des Zaren nach einem Protektorat über die Christen an den Heiligen Stätten in Jerusalem entzündete. Die russische Armee besetzte im Juni die Donaufürstentürmer Moldau und Walachei, die Schwarzmeerflotte zerstörte im November bei Sinope die dort vor Anker liegenden osmanischen Kriegsschiffe. Daraufhin entsandten Frankreich und Großbritannien ihre Marine in das Schwarze Meer und erklärten im März 1854 Russland den Krieg. Sardinien und Österreich folgten später. Die Kämpfe wurden im Wesentlichen auf der Krim ausgetragen, aber auch im Kaukasus und auf der Ostsee. Der Friede von Paris, an dem schließlich auch das neutral gebliebene Preußen beteiligt und mit dem das Osmanische Reich völkerrechtlich in das «Europäische Konzert» aufgenommen wurde, beendete 1856 den Krimkrieg. Er bestätigte erneut die Regelungen von 1841 über die Meerengen. Zugleich verschärfte er aber die Einschränkungen: In der sogenannten Pontus-Klausel wurde das Schwarze Meer entmilitarisiert, d.h., Russland durfte dort auch keine Kriegsflotte mehr stationieren. 1870 nutzte die russische Regierung die europäische Krise des Deutsch-Französischen Krieges, um diese Klausel einseitig zu kündigen. Die Regelungen über die Sperrung der Meerengen für Kriegsschiffe von 1841 wurden grundsätzlich nochmals nach der Orientkrise von 1875 bis 1878 und dem erneuten russisch-türkischen Krieg, in dem russische Truppen bis ans Marmarameer vordrangen, auf dem Berliner Kongress als ein «europäisches Prinzip» bezeichnet und in der Kongressakte von 1878 bestätigt.

Die Frage, wer die Meerengen mit Kriegsschiffen befahren durfte, sorgte auch in den folgenden Jahrzehnten immer wieder für Spannungen zwischen den europäischen Mächten. 1895 wurden in Konstantinopel christliche Armenier in großer Zahl umgebracht, nachdem sie gegen Pogrome, die mit Duldung des Sultans Abdülhamid II. (im Amt 1876–1909) in Ostanatolien stattfanden, protestiert hatten. Das britische Kabinett debattierte daraufhin, ob man nicht die Mittelmeerflotte in die Dardanellen schicken sollte. Die russische Regierung hegte ähnliche Pläne und wollte auf jeden Fall gleichzeitig mit den englischen Schiffen ankommen. Trotz humanitärer Kampagnen in Europa und den Vereinigten Staaten – der evangelische Missionspfarrer Johannes Lepsius begann damals sein publizistisches Engagement und seine Hilfstätigkeit für die Armenier – blockierte aber die misstrauische Konkurrenz der Großmächte eine Intervention.

1905 verhinderten dann die bestehenden internationalen Vereinbarungen, dass die russische Schwarzmeerflotte über das Mittelmeer und den Suezkanal nach Ostasien auslaufen konnte, wo sie die russische Pazifikflotte im Krieg mit Japan hätte verstärken können. Im Hinblick auf die strategischen Gegensätze des Zarenreiches und des britischen Empires hatten die Meerengen also eine geradezu weltpolitische Dimension. Die russische Expansion in Zentralasien stieß in Afghanistan unmittelbar an das Prunkstück des britischen Imperialismus, den indischen Subkontinent. Da die Seeverbindung nach Indien über Gibraltar, Malta und Zypern und den Suezkanal lief, wollte die britische Politik auf keinen Fall, dass eine russische Flotte im Mittelmeer frei agieren könnte. Es war daher ihr zentrales Anliegen, die türkischen Meerengen für Kriegsschiffe dauerhaft geschlossen zu halten.

Die innere und äußere Schwäche des Osmanischen Reiches, die sich – trotz der Reformbemühungen ab 1908 – erneut in den beiden Balkankriegen 1912/13 und 1913 zeigte, erschwerte zunehmend die Bemühungen um den Erhalt des 1840/41 fixierten «europäischen Prinzips». Im Ersten Weltkrieg fand 1915/16 auf der Halbinsel Gallipoli, welche die europäische Seite des Eingangs in die Dardanellen bildete, eine der verlustreichsten Schlachten des Krieges statt. Britische und französische Truppen versuchten, dort zu landen, um nach Konstantinopel zu gelangen und die Meerengen für Transporte von Süden her an die russische Front zu öffnen, denn das Weiße Meer im Norden des Kontinents war nicht eisfrei und die Ostsee von der deutschen Flotte blockiert. Auf britischer Seite kamen an den Dardanellen unter anderem das Australian and New Zealand Army Corps und weitere koloniale Hilfstruppen wie ein Gurkha-Regiment zum Einsatz; das französische Armeekorps umfasste mehrere Bataillone aus dem Senegal. Auf türkischer Seite diente Mustafa Kemal (1881–1938), der spätere türkische Staatspräsident, als Divisionskommandeur. Die Gallipoli-, Dardanellen-, Çanakkale-Schlacht wurde für die Truppen aus den Kolonien und den Dominions sowie für die türkischen Soldaten zu einem identitätsstiftenden, sie von Europa mehr und mehr trennenden Ereignis. Insgesamt starben weit über 200 000 Soldaten bei dem vergeblichen Versuch, die Meerengen zu erobern. Diese kamen erst im Waffenstillstand von 1918 unter alliierte Kontrolle und 1923 dann im Abkommen von Lausanne in die Hände einer internationalen Meerengen-Kommission, bevor die Durchführung der Bestimmungen 1936 durch das Abkommen von Montreux wieder der Türkei übertragen wurde. Der Historiker Egmont Zechlin hat die Meerengen zwischen Mittelmeer und Schwarzem Meer zu Recht als einen «Brennpunkt der Weltgeschichte» bezeichnet.

Suezkanal: Schließen wir die Umschreibung Europas mit einer letzten Wasserstraße ab, die vor der Mitte des 19. Jahrhunderts noch gar nicht existierte. Sie wurde erst zwischen 1859 und 1869 künstlich geschaffen und war aus ähnlichen Gründen wie die türkischen Meerengen ein welthistorischer und insbesondere imperialer Brennpunkt. Die Rede ist vom Suezkanal, dem großen europäischen Bauprojekt der Epoche und im strengen Sinne keine Meerenge, sondern der Durchstich einer Landenge. Der schleusenfreie Kanal besitzt ein leichtes Gefälle vom Roten Meer ins Mittelmeer. Er verbindet die beiden Meereswelten, wobei die im südlichen Teil gelegenen Bitterseen, ehemals trockene Salzseen, zunächst die Wanderung von Meereswesen nach dem Zusammenfluss unterbanden. Bis in die späten 1920er Jahren ist der Salzgehalt dort aber durch die Wasserströmung so stark verringert worden, dass seither eine merkliche Migration ins Mittelmeer stattfindet. Sie heißt nach dem Erbauer des Kanals *Lessepsian migration*. Einige Fischarten aus dem Roten Meer sind heute im östlichen Mittelmeer keine Exoten mehr, sondern zählen zur heimischen Fauna und breiten sich aufgrund der biologischen Veränderungen, die der Bau des Assuan-Staudamms im Delta des Nils seit den 1960er Jahren bewirkte, noch weiter aus. Die Wanderung von Menschen ist eine langfristige Folge der technischen Umwälzung. Im 19. Jahrhundert beschäftigte die medizinischen Experten vornehmlich die Ausbreitung von Krankheitserregern, die mit den Schiffen und Passagieren durch den Kanal nach Europa gelangen könnten. Internationale Konventionen regelten 1892 und 1897 die Quarantänebestimmungen für Suez, die Cholera und Pest aus dem Osten fernhalten sollten.

Die menschliche Geschichte des Kanalbaus ist voller Ironie: Angestoßen von französischen Diplomaten und Ingenieuren und finanziert mit französischem Kapital, wurde er zunächst von ägyptischen Fronarbeitern ohne den Einsatz moderner Maschinen gegraben. Der Bau wurde gegen den Widerstand der britischen Regierung verwirklicht, erwies sich nach der Fertigstellung jedoch in vielerlei Hinsicht als gerade für britische Interessen förderlich. Gedacht als Instrument, um die Unabhängigkeit der ägyptischen Vizekönige von Konstantinopel zu stützen, trug er zum Bankrott der ägyptischen Staatsfinanzen und damit 1882 zum britischen Protektorat über Ägypten bei. Und knapp 90 Jahre nach seiner Eröffnung kündete er dann 1956 in der Suezkrise vom Ende des britischen Weltreichs.

Der Suezkanal führt ohne den «Umweg» über das südliche Afrika direkt in den Indischen Ozean. Seine Länge zwischen Port Said im Norden und Suez im Süden betrug bei der Eröffnung 164 Kilometer, er war am Grund 22 Meter breit und besaß eine Tiefe von acht Metern. Schon bald nach der Inbetriebnahme wurden Erweiterungsbauten in Angriff genommen, denn nur an wenigen Stellen konnten Schiffe einander in beide Richtungen passieren. 1911 war dies dann fast durchgängig möglich, so dass sich die Fahrzeit von anfangs 36 auf nur noch 18 Stunden reduzierte. Ab 1887 durften die Schiffe, die mit elektrischem Licht ausgestattet wurden, sich auch nachts fortbewegen. Der Kanal verkürzte die Wegstrecke von Europa nach Asien erheblich: Im Vergleich zur Route um das Kap der Guten Hoffnung war sie von London nach Bombay um mehr als 40 Prozent kürzer, nach Kalkutta noch um fast ein Drittel und nach Hongkong um ein gutes Viertel. Aufgrund der unbeständigen Windverhältnisse im Roten Meer und der hohen Schleppkosten benutzten Segelschiffe den Kanal kaum, während er die Ver-

I. Grenzen und Entgrenzungen

wendung von Dampfschiffen und ihren Bau anregte und so wesentlich das Ende der Segelschifffahrt im Welthandel vorantrieb. Die Tonnage, die auf dem Weg nach und von Asien oder Ostafrika durch Suez kam, übertraf rasch die Erwartungen. In den ersten zehn Jahren versiebenfachte sie sich, stieg zwischen 1880 und 1900 um das Dreifache, um bis 1910 nochmals um 70 Prozent auf über 16 Millionen Registertonnen zu wachsen. Verkürzung der Seeroute, wachsende Produktionszahlen von Dampfschiffen und Zunahme des Schiffraums: All dies gereichte Großbritannien zum Vorteil. Die Verbindung zu den asiatischen Teilen seines Empires wurde gestärkt. Die eigene Schiffbauindustrie profitierte, denn zwei Drittel aller weltweit von 1890 bis 1914 gebauten Dampfschiffe stammten von britischen Werften. Der britische Anteil an der Tonnage im Suezkanal stieg von 66 Prozent im Jahr 1870 auf fast 80 Prozent im Jahr 1880 und hielt sich bis zum Ersten Weltkrieg bei über 60 Prozent.

Der Kanal erwies sich zugleich als Indikator und Instrument britischer Weltmacht. Der Anstoß für seinen Bau war allerdings von anderer Seite gegeben worden. Seitdem Napoleon 1798 während des ägyptischen Feldzugs eine Landvermessung hatte durchführen lassen, wurden den Khediven verschiedene, zumeist französische Vorschläge für einen Kanalbau unterbreitet. Erst ein Nachfolger Muhammad Alis, des aus Albanien stammenden Begründers der selbsternannten vizeköniglichen Herrscherdynastie in Ägypten, erteilte 1854 eine Vorkonzession an den ehemaligen französischen Diplomaten Ferdinand de Lesseps (1805–1894). Dieser gründete 1855 die Compagnie Universelle du Canal de Suez, die den Bau des Kanals und der Häfen von Port Said und Suez in Angriff nahm. Einige Hürden waren bis zur Eröffnung allerdings zu nehmen, und die zehn Jahre dauernden Bauarbeiten hatten, wie Nathalie Montel gezeigt hat, enorme Schwierigkeiten zu bewältigen. Ein Hauptproblem waren die Arbeitskräfte. Die Konzession von 1856 sah vor, dass vier Fünftel der Arbeiter Ägypter sein sollten. Es gelang nicht, genügend Freiwillige anzuwerben – die Arbeitsbedingungen waren äußerst hart, die Firma hielt sich nicht an die vereinbarten

Lohnsätze, und bei einer Gelegenheit brach die Cholera aus. Der Khedive stellte schließlich unbezahlte Zwangsarbeiter bereit. Gegen diese Fronarbeit protestierten Teile der britischen Öffentlichkeit, und die Londoner Regierung erreichte, dass der Sultan aus Konstantinopel den Arbeitsdienst der Fellachen 1864 untersagte. Seither wurden verstärkt Maschinen eingesetzt, vor allem dampfgetriebene Bagger, welche die französischen Ingenieure vor Ort anpassten und mechanisch verbesserten. Die Großbaustelle brachte auf diesem Weg auch technischen Fortschritt. Sie erforderte außerdem einen außergewöhnlich hohen logistischen Aufwand bei bis zu 20 000 Arbeitern, die gleichzeitig Hand anlegten, um sie mit Trinkwasser zu versorgen und den Nachschub an Kohle für die Maschinen zu gewährleisten.

Außer den physischen und organisatorischen mussten finanzielle und politische Hindernisse bewältigt werden. Die Aktien der Baugesellschaft wurden zu einem großen Teil von Franzosen gezeichnet, den Rest übernahm die ägyptische Regierung, denn die Analysten erwarteten nicht, dass die Firma gewinnbringend arbeiten werde. Lord Palmerston, der englische Außen- und anschließende Premierminister, lehnte das Vorhaben zunächst ab, weil er die strategische Bedeutung des Kanals erkannte, aber negativ bewertete. Die erwartete Stärkung des Khediven gegenüber dem Sultan und damit die mögliche Unabhängigkeit Ägyptens von Konstantinopel würden zum einen das Osmanische Reich schwächen und damit ein russisches Vordringen ins Mittelmeer erleichtern. Zum anderen gerate eine strategische Verbindung nach Indien unter den Einfluss Frankreichs und damit eines Landes, dem die britische Führung wie die meisten anderen europäischen Regierungen gründlich misstraute. Die Lobbyarbeit britischer Firmen für ihre kommerziellen Interessen milderte den Widerstand allmählich ab, ebenso die Erfahrung des Großen Aufstandes von 1857, als man rasch Truppen nach Indien hatte schicken müssen. Nach der Eröffnung erwarb dann die britische Regierung 1875 unter Premierminister Benjamin Disraeli fast die Hälfte der Anteile an der Kanalgesellschaft vom hoch verschuldeten Vizekönig Ismail (1830–1895), der

1879 auf britisch-französischen Druck vom Sultan seines Amtes enthoben wurde und den Rest seines Lebens in einem Palast am Bosporus verbrachte. Die Frage, wer den Kanal benutzen durfte, war in den ursprünglichen Konzessionen 1854 und 1856 dahingehend geregelt, dass er für Schiffe aller Nationen offen sein sollte. 1888 sicherte eine diplomatische Konferenz der Großmächte in Konstantinopel die Neutralität völkerrechtlich ab. Für den Suezkanal galt damit die Freiheit der Schifffahrt, die in mehreren Verträgen 1831/1868 auch für den Rhein und 1838/1856 für die Donau international geregelt worden war.

Die faktische Kontrolle über Suez befand sich jedoch seit 1882 bei Großbritannien, dessen Truppen Ägypten in diesem Jahr besetzten. Die britische Übernahme der Herrschaft in Ägypten gilt als eines der Schlüsselereignisse für den Imperialismus im späten 19. Jahrhundert und die folgende Aufteilung Afrikas. Die Beweggründe und Ursachen sind in der Forschung lange kontrovers diskutiert worden. Dem Historiker A. G. Hopkins zufolge standen 1882 weniger die Sicherung des Suezkanals und die Wahrung der Ordnung in Ägypten angesichts eines Militärputsches gegen den Khediven im Vordergrund der englischen Entscheidung als vielmehr die Wahrung von britischen Finanz- und Dienstleistungsinteressen. Britische und andere europäische Investoren engagierten sich seit gut drei Jahrzehnten in dem nordafrikanischen Land. Die drohende Zahlungsunfähigkeit des Vizekönigtums, zu der das Kanalvorhaben und andere durch Schuldverschreibungen finanzierte Modernisierungsprojekte wesentlich beigetragen hatten, löste schrittweise Interventionen aus: erst 1876 in Form der gemeinsamen französisch-britischen Finanzkontrolle, der 1879 die Amtsenthebung Ismails und schließlich 1882 die militärische Intervention folgte. Das Protektorat dauerte bis zur Unabhängigkeit Ägyptens 1922 an, die letzten Truppen wurden erst 1956 aus Suez zurückgezogen. Die Besetzung Ägyptens war nicht der Auslöser des neuen Imperialismus im 19. Jahrhundert, sondern ein bedeutsamer Schritt im Rahmen des bereits früher einsetzenden, vielfältigen europäischen Engagements außerhalb seiner politischen Grenzen.

Der Suezkanal gehörte ab der zweiten Hälfte des 19. Jahrhunderts aufgrund des europäischen Engagements im südöstlichen Mittelmeer in politischer, wirtschaftlicher und technologischer, bald auch in ökologischer Hinsicht zu den *europäischen* Meerengen. Er war ein «Kristallisationspunkt imperialer Geographien» (Valeska Huber), an dem Verbindungen hergestellt wurden, aber gleichzeitig auch eine neue, gefühlsmäßige Grenze Europas entstand. Europäische Händler, Soldaten, Kolonialbeamte und ihre Familien, Missionare, Arbeitskräfte und Touristen passierten sie. Spätestens in Port Said erwarb man die passende Kleidung für die «Tropen»; man wechselte dort auf der Rückreise wieder in europäische Gewänder und legte damit auch koloniale Rollen und Status ab. Viele Reisende hielten die Grenzüberschreitung von und nach Europa in Briefen, Postkarten und Tagebüchern fest. Schriftsteller bezogen sich gerne auf Suez. Der in Indien geborene britische Autor Rudyard Kipling (1865–1936) beschrieb die Grenze zwischen verschiedenen Welten, in denen unterschiedliche Regeln galten, in mehreren seiner Werke. Im Gedicht «Mandalay» fasste er 1890 die Sehnsucht eines Rückkehrers nach dem «Osten» in die Worte: «Ship me somewhere east of Suez, where the best is like the worst,/ Where there aren't no Ten Commandments an' a man can raise a thirst;/ For the temple-bells are callin', an' it's there that I would be —/ By the old Moulmein Pagoda, looking lazy at the sea.» Östlich von Suez schienen ihm andere Kräfte als die christliche Vorsehung zu herrschen: «East of Suez, some hold, the direct control of Providence ceases; Man being there handed over to the power of the Gods and Devils of Asia», hieß es im gleichen Jahr in seiner Kurzgeschichte «The Mark of the Beast». Obwohl geographisch außerhalb Europas gelegen, markierte auch der Suezkanal eine europäische Grenze.

Globale Vorherrschaft und Fortschrittsglaube
An den Meerengen zeigt sich, wie unscharf und zugleich durchlässig die Grenzen Europas in der zweiten Hälfte des 19. Jahrhunderts waren. Sie bildeten in ökologischer, ökonomischer, politischer, so-

zialer und kultureller Hinsicht Kontaktzonen und Schnittstellen. Hier trafen verschiedene Interessen, Ideen und Vorstellungen, Menschen, Güter, Tiere und Pflanzen aus Europa und anderen Erdteilen aufeinander. Die Geschichte an diesen vermeintlichen Rändern verdeutlicht, anders als das lange übliche Bild von den abgeschlossenen Nationalstaaten, in welch großem Maße vielfältige Beziehungen und Interaktionen Europa prägten. Der Kontinent war weltweit dichter eingebunden als je zuvor. Er reichte weit über die Grenzen hinaus, deren Ausdehnung und Charakter die zeitgenössischen Geographen damals gerade in ihren globalen Relationen zu bestimmen suchten. Die Meerengen entwickelten sich zu imperialen Kreuzungen: Händler, Missionare und Missionsschwestern, Naturwissenschaftler, Menschen, die in Übersee siedeln und Familien gründen wollten, sowie Soldaten und Beamte, die politische Herrschaft sicherten und verwalteten, gelangten über sie nach Sibirien, Nordafrika, in die Schwarzmeerregion, nach Ostafrika, Südasien und in den Fernen Osten sowie nach Süd- und Nordamerika. Der Blick von den Rändern dezentriert unsere Perspektive und lässt erkennen, dass für die historische Entwicklung zentrale Orte an der geographischen Peripherie und sogar jenseits des Kontinents lagen.

Die vielfältigen Beziehungen zur weiteren Welt bildeten ein wesentliches Moment der europäischen Geschichte in dieser Zeit. An den Meerengen manifestierte sich die globale Vorherrschaft Europas. Im Unterschied zur frühneuzeitlichen Expansion kennzeichnete eine imperialistische Dynamik das Verhältnis zu den angrenzenden und den entfernteren Weltregionen. Fremdherrschaft über Kolonialgebiete bildete dabei nur einen Teil der globalen Vorherrschaft. Der europäische Kolonialismus erfuhr in der Epoche zwar seine größte Ausdehnung, hinzu kam jetzt jedoch das Streben der verschiedenen imperialen Zentren, Weltreiche aufzubauen, welche die einzelnen Kolonien übergreifend miteinander verknüpften. Die europäischen Mächte betrieben Weltpolitik, wobei sie im sich ausbildenden Weltstaatensystem nicht nur konkurrierten, sondern auch widerstreitende Ansprüche auszugleichen suchten, in internationalen Vereinbarungen Regeln des friedlichen Umgangs entwickelten und vor allem vor Ort eng miteinander kooperierten. Ihre alleinige Vorherrschaft dauerte nur kurz, denn schon um die Jahrhundertwende traten mit den USA und Japan außereuropäische Imperialisten auf die Bühne. Die globale Vorherrschaft zeitigte jedoch langfristig Folgen, denn sie beruhte auf der Mobilisierung von Ressourcen durch und für den Industriekapitalismus. Sie legte damit den Grund für Strukturen ökonomischer Ungleichheit zwischen den Regionen der Welt, die bis in die Gegenwart wirken. Die Europäer entwickelten außerdem eine Form der Rechtfertigung für ihre Vorherrschaft, die weit bis in das 20. Jahrhundert und untergründig bis heute virulent geblieben ist. Basierend auf sozialdarwinistischen, scheinbar wissenschaftlichen Vorstellungen, erhielt die koloniale und imperiale Herrschaft eine rassistische Begründung, die auch die anders gelagerten Legitimationsmuster wie die christliche Rettung von Seelen durch Missionierung oder die Zivilisierung durch säkulare Ordnungskräfte einfärbte. Der Imperialismus, die ihn stützenden Ideologien und der intensive weltweite Austausch wirkten auf europäische Gesellschaften, Kultur und Politik zurück. Auch wenn Europa zu den maßgeblichen Akteuren in der Welt gehörte, war es doch selbst auch Kräften und Entwicklungen ausgesetzt, die jenseits seiner Grenzen ihren Ursprung hatten. Die Machtausübung an den kolonialen Rändern blieb trotz militärischer Präsenz immer prekär. Die Zukunft wurde um 1900 in den europäischen Außenbeziehungen offen gedacht: als weltpolitische Rivalität der Nationalstaaten und Imperien, als anzustrebende Zivilisierung der Welt und andernorts gerade als Emanzipation von der europäischen Vorherrschaft.

An den Meerengen und künstlichen Wasserstraßen zeigte sich auch der Glaube an den Fortschritt, der in dieser Zeit europaweit fast alle Lebensbereiche durchzog. Konkret veranschaulichen ihn etwa die Umgestaltung der Landschaft an der Suezhalbinsel oder die wissenschaftlich-ökonomische Exploration des arktischen Seewegs. Er wird in den bevölkerungs- und gesundheitspolitischen Maßnahmen deutlich, mit denen in Gibraltar gesellschaftliche Entwicklungen gesteuert werden sollten. Derartige technische oder gesellschaftspolitische Anstrengungen, die überall in Europa unternommen wurden, basierten auf der Erschließung wirtschaftlicher Ressourcen, der Ausübung politischer, administrativer und militärischer Macht sowie der Entwicklung von komplexen Wissens- und Organisationssystemen. Allgemein verband sich damit eine optimistische Sicht des Machbaren, welche die durchaus spürbaren Kosten des Fortschritts als unvermeidlich, aber letztlich lohnenswert ansah. Zu den Akteuren des Wandels gehörten auch diejenigen, die ihm eigentlich widerstehen wollten und nur unfreiwillig an ihm teilhatten. Selbst diejenigen, die – wie das Bürgertum – zahlreiche Veränderungen vorantrieben, wollten den Wandel partiell begrenzt sehen, etwa hinsichtlich der politischen Partizipation von Frauen. Der Fortschritt schien aber trotz und unter Mitwirkung der beharrenden Kräfte, die dem konkreten Wandel in Gesellschaft und Staat auch ihren Stempel aufdrückten, unaufhaltsam und stetig voranzuschreiten. Die Transformation, die stattfand, kann also im doppelten Sinne als beharrlich bezeichnet werden.

Die Zukunft schien den meisten Europäern und Europäerinnen offen und voller Energie. Schon um nicht von der Konkurrenz überflügelt zu werden, glaubte man, den jeweils eigenen Fortschritt gestalten zu müssen. Andere bemühten sich, gegenüber denjenigen aufzuholen, die in ihren Augen schon weiter fortgeschritten waren. Daraus resultierte ein komplexes Wechselspiel von Konkurrenz, Abgrenzungsbemühungen und Kooperation, das selbst wieder zum Motor der Transformation wurde. Diese dynamischen Interaktionen fanden zwar auch in einem national gedachten Rahmen statt, waren aber wesentlich von transnationalen und transregionalen Aktivitäten getrieben, die über- und unterhalb der nationalstaatlichen Ebene stattfanden. Es gab viele Orte des Glaubens an den Fortschritt und des Fortschreitens: in großen und in kleinen Ländern, in den Städten und auf dem Land, in den Unternehmen und in den gewerkschaftlichen Organisationen, in der Frauenbewegung, in der Wissenschaft oder in den literarischen und in künstlerischen Zirkeln. Zum Fortschrittsglauben trugen maßgeblich verschiedene Formen des Internationalismus bei, sowohl im Sinne einer immer dichter werdenden ökonomischen, sozialen und kulturellen Vernetzung als auch im Sinne einer bewussten, zumeist reformpolitisch angelegten internationalen Organisation und Regimebildung. In dieser Hinsicht wurden wesentliche Grundlagen für das folgende Jahrhundert gelegt, die auch der Erste Weltkrieg nicht zerstören sollte, sosehr auch seither – und erst in seiner Folge – die nationalstaatliche Sichtweise und Praxis zu dominieren schienen.

Europäische Geschichte war zuvorderst die Geschichte europäischer Gesellschaften, eine Geschichte der Menschen. Und diese waren seit der Mitte des 19. Jahrhunderts umfassend und in neuartiger Weise, intellektuell wie physisch, mobil und mobilisiert. Daher beginnt dieses Buch auch mit der Geschichte der beharrlichen sozialen und wirtschaftlichen Transformation. Im demographischen und geographischen Sinne geriet die *Gesellschaft in Bewegung*. Eine der fundamentalen Grundlagen für das Bevölkerungswachstum und die Migration war der Übergang zum fossilen Energieträger Kohle, der einen nachhaltigen ökologischen Einschnitt bedeutete und aufgrund der vermehrten Kohlendioxidfreisetzung als Beginn eines Anthropozäns gelten kann. Die neue Energiebasis ermöglichte ein enormes wirtschaftliches Wachstum. Ein marktförmig organisierter Industriekapitalismus, der in alle Wirtschaftsbereiche einschließlich der Agrarökonomie sowie in die Lebenswelt der Menschen einwirkte, kennzeichnete die Epoche ökonomisch. Er beförderte zugleich die Entwicklung eines ausdifferenzierten und interdependenten Wirtschaftsraums mit ungleichen Pfaden des Fortschritts in Europa. Die Verhältnisse zwischen Land und Stadt veränderten sich grundlegend. Schließlich kamen mit Klasse und Rasse neue Vorstellungen darüber auf, wie eine Gesellschaft funktionierte. Sie überlagerten hergebrachte gesellschaftliche Muster, während sie gleichzeitig die Beziehungen zwischen Männern und Frauen sowie die Familienordnungen beeinflussten.

Gewissheiten und Ungewissheiten bildeten eine Reflexion der in Bewegung geratenen Gesellschaft und waren zugleich Motoren des gesellschaftlichen Wandels. Die europäische Kultur bewegte sich in der Epoche zwischen intellektuellem und künstlerischem Heroentum, ihrer Institutionalisierung sowie einem populären Massenmarkt. Kultur wurde zu einem öffentlichen Ereignis, sei es in Form des Streits zwischen Intellektuellen, der individuellen und sozialmoralischen Sinnsuche von Schriftstellern oder auch der spektakulären Theater- und Opernsinzenierung. Ein neuer Glaube an die Wissenschaft, der für manchen den religiösen Glauben ersetzte, manifestierte sich konkret in der Architektur von neuen Universitätsgebäuden oder im naturwissenschaftlichen Labor als Ort der Forschung. Historismus und Evolutionstheorie fingen den ubiquitären Wandel als eine Gewissheit wissenschaftlich gleichsam ein, während eine revitalisierte Religiosität zwischen Säkularisierung und Verkirchlichung missionarisch sowohl in die urbanen Gesellschaften wie nach Übersee auszustrahlen suchte. Um die Jahrhundertwende erwachten allerdings Zweifel und Kritik an der bürgerlichen Kultur. Sie entsprangen aus ihr selbst, wurden aber auch auf die populäre Massenkultur im Zeitalter des Imperialismus projiziert.

Die gesellschaftlichen Transformationen bildete den Rahmen, Gegenstand und die Voraussetzungen für die kontingente, vielfältige Aus- und Neugestaltung des politischen Raums. In der postrevolutionären Zeit ab 1850 suchten die politischen Kräfte das Verhältnis zwischen *Herrschaft und Partizipation* im Konstitutionalismus als dem maßgeblichen Verfassungssystem neu zu justieren. In den Auseinandersetzungen um die politische Ordnung wirkte die Mobilisierung von materiellen Ressourcen, etwa durch Steuern für Armee, Verwaltung und in geringerem Maße auch Wohlfahrt, zusammen mit der gesellschaftlich-politischen Mobilisierung. Für den Ausbau der staatlichen Kompetenzen wie für die Loyalität der Bevölkerung war die Teilhabe gesellschaftlich als maßgeblich erachteter Kräfte, die über die Parlamente und die Bildung von Parteien erfolgte, erforderlich. Männer erhielten in zunehmendem Maße das Wahlrecht und staatsbürgerliche Rechte, so dass aus Untertanen Staatsangehörige wurden. Frauen sowie andere gesellschaftliche Gruppen und Personenkreise blieben aber gleichzeitig ausgeschlossen. Verschiedene Formen ideologischer Zugehörigkeit und Ausgrenzung begleiteten die Ausweitung von Partizipation, besonders ausgeprägt im Nationalismus und Imperialismus, daneben aber auch in anderen weltanschaulichen Bindungen politischer oder religiöser Art. Die europäischen und überseeischen Imperien bildeten weitere Räume, in denen die Fragen von Herrschaft, politischer Partizipation und Zugehörigkeit intensiv verhandelt und Strukturen europäischer Staatlichkeit etabliert wurden.

Frieden und Krieg prägten das Staatensystem und die Außenbeziehungen in der zweiten Hälfte des 19. Jahrhunderts. Die europäische Staatenwelt wurde in der Zeit von den Revolutionen über den Krimkrieg bis zu den sogenannten nationalen Einigungskriegen Italiens und Deutschlands gewaltsam verändert. Es folgte ab 1871 eine Periode unsicheren Friedens, in der die Großmächte ihre europäischen Konflikte nicht militärisch austrugen. Doch in Südosteuropa brachen wiederholt Kriege mit dem Osmanischen Reich und zwischen den dort neu gebildeten Staaten aus. Das verbreitete Bild von einer friedfertigen Epoche bis kurz vor 1914 wird weiter relativiert, wenn man die zahlreichen Kolonialkriege in den Blick nimmt, denn der europäische Imperialismus fußte zu einem wesentlichen Teil auf Gewaltanwendung, mit der Herrschaft und Einfluss vor Ort gesichert werden sollten. Für den Frieden in Europa war entscheidend, dass die vorhandenen Spannungen zwischen den imperialen Mächten in Übersee nicht direkt auf die Sicherheitspolitik in Europa selbst zurückwirkten. Paradoxerweise gelang dies, obgleich sich an der Wende zum 20. Jahrhundert ein Bewusstsein von einem globalen System internationaler Beziehungen ausbreitete. Es existierten zwar keine Institutionen und Normen, welche den Frieden in Europa garantiert hätten, wohl aber hielten die Großmächte eine gewisse Ordnung aufrecht, in deren Rahmen alle, die Regierungen der großen und der kleinen Staaten, zu agieren wussten. Die allgemeinen Verhaltensregeln sowie bestimmte Instrumente und Muster des diplomatischen Verkehrs kamen außerhalb Europas jedoch nur gegenüber wenigen, als «zivilisiert» erachteten Mächten zur Anwendung. Europa manifestierte sich seit der Jahrhundertmitte in zahlreichen internationalen Organisationen und grenzüberschreitenden Verbindungen, welche Staaten und gesellschaftliche Gruppierungen innerhalb Europas sowie darüber hinaus miteinander vernetzten. In diesen neu entwickelten Formen, die auf der verdichteten Kommunikation beruhten, zeigte sich oft ein reformerischer Impetus, der im Verhältnis zur nichteuropäischen Welt zivilisationsmissionarische Züge annahm. In den Außenbeziehungen – verstanden als ein Spektrum staatlicher, halbstaatlicher und gesellschaftlicher Relationen – formierte sich so ein europäisches Selbstverständnis, das auf Konkurrenz im Mächtesystem, Internationalismus und imperial-kolonialer Expansion basierte. Die Konstellation führte nicht zwangsläufig in einen großen Krieg, kannte sogar zahlreiche Momente der Verständigung und Entspannung. Sie hielt allerdings gegenüber der Bereitschaft zum Risiko, welche die europäischen Regierungen 1914 an den Tag legten, nicht stand.

II. Gesellschaft in Bewegung:
Soziale und wirtschaftliche Transformation in Europa

/D/ie europäischen Gesellschaften gerieten in der zweiten Hälfte des 19. Jahrhunderts in vielfacher Hinsicht in Bewegung. Außergewöhnlich viele Männer und Frauen verließen ihren Geburtsort, zogen in andere Regionen und Länder oder kehrten Europa ganz den Rücken. Fabrikarbeit und städtische Räume prägten die soziale Lebenswelt von immer mehr Menschen. Gleichzeitig änderten sich die sozialen Ordnungsvorstellungen: Die Beschreibung der Gesellschaft in ständischen Begriffen konkurrierte jetzt mit neuen Analysen der Klassen- oder Schichtenbildung, während «Nation» oder «Volk» jeweils unterschiedlich gefüllte Kategorien der Identifikation und der Ausgrenzung bereitstellten. Trotz des offenkundig beschleunigten Wandels erfordert eine differenzierende Sichtweise, nach dem Verhältnis von Bewegung *und* Beharrung zu fragen, dem Abbau alter Ordnungen und dem Entstehen neuer Hierarchien gleichermaßen Aufmerksamkeit zu widmen und schließlich den Zusammenhang zwischen sozialer «Fortschrittlichkeit» und «Rückständigkeit» zu erkunden. Kräfte der Beharrung wirkten sowohl innerhalb bestimmter räumlicher und sozialer Zusammenhänge, etwa auf dem Lande oder in Familien, als auch europaweit, denn der Wandel erfasste nicht alle Gesellschaften gleichzeitig und in derselben Weise. Das hochindustrialisierte Belgien und das flächenmäßig kaum kleinere, großagrarische Sizilien trennten um 1900 gesellschaftlich Welten, doch italienische Arbeiter waren auf den Großbaustellen des Eisenbahn- und Straßenbaus europaweit in großer Zahl unterwegs oder arbeiteten saisonal sogar in Argentinien. Soziale Neuerungen und herkömmliches Verhalten trafen häufig unmittelbar aufeinander. Traditionelle Gruppierungen wie der Adel mussten sich neuen Herausforderungen stellen, verloren aber nicht unbedingt ihre gesellschaftliche Stellung, sondern bewahrten sie gerade durch ihre Anpassung. Der Blick auf Europa als Ganzes – von Irland bis Griechenland, von Spanien bis Russland oder von Norwegen bis Italien – beugt einer Überschätzung des Wandels, der in die gesellschaftliche Moderne des 20. Jahrhunderts führte, vor. Die soziale und wirtschaftliche Transformation war in einem doppelten Sinne beharrlich: kontinuierlich anhaltend und von retardierenden Kräften mitgeprägt.

1. Bevölkerungsbewegungen: Demographische Übergänge und Freizügigkeit

Beginnen wir mit dem Zählen der Gesellschaft. Das 19. Jahrhundert erlebte den «Aufstieg des statistischen Denkens» (Theodore Porter). Es gab kaum einen Staat, der ab der Mitte des 19. Jahrhunderts seine Gesellschaft nicht regelmäßig zu erfassen suchte. Die «großen Zahlen» (Alain Desrosières) und die unterschiedlichen Klassifizierungen dienten politisch-staatlichen Zwecken und formten die soziale, ethnische, religiöse und nationale Identifikation von gesellschaftlichen Gruppen. Sie bildeten zugleich die Grundlage für die Konstituierung eines wissenschaftlichen Feldes, dessen Vertreter sich ab 1853 auf internationalen Kongressen über Methoden und Standards austauschten und als akademische oder amtliche Experten die zahlenmäßige Beschreibung der Gesellschaftsveränderungen in den Wirtschafts- und Staatswissenschaften universitär etablierten.

Das wichtigste Instrument, mit dem die Staaten ihre Einwohner erfassten, war der Bevölkerungszensus. Zu den Motiven für die Daten- und Wissenssammlung gehörten militärische und steuerliche Bedürfnisse, aber auch das Anliegen, mehr über die religiöse, ethnische, sprachliche oder nationale Zusammensetzung der Gesellschaften zu erfahren, weil sich daran vielerorts Auseinandersetzungen um politische Partizipation knüpften. Vor allem aber das Bevölkerungswachstum selbst und die Migration verlangten nach gesichertem Wissen. Die Volkszählungen ermöglichten es den staatlichen Stellen, die dynamische Entwicklung zu beobachten und zu versuchen, sie unter Umständen zu steuern. Drei Phänomene standen im Mittelpunkt des Interesses: die wachsende Gesamtzahl der Menschen, die in den europäischen Ländern lebten; sodann die sogenannte natürliche Bevölkerungsbewegung, d. h. die Entwicklung des Verhältnisses von Geburten und Sterbefällen; und schließlich die räumlichen Bewegungen in Form von Zu- und Abwanderung oder Auswanderung.

Große Zahlenordnungen
Die europäische Bevölkerung wuchs in der zweiten Hälfte des 19. Jahrhunderts schneller als je zuvor oder danach (siehe Schaubild 1). 1850 lebten etwas mehr als 267 Millionen Menschen in Europa; 1913 war ihre Zahl nach Schätzungen Wolfram Fischers insgesamt um drei Viertel auf 464 Millionen gestiegen. Das Bevölkerungswachstum hatte sich mancherorts bereits seit der Mitte des 18. Jahrhunderts beschleunigt, nach 1850 konnten aber fast überall immer höhere Zuwachsraten beobachtet werden. Bemerkenswert war, dass die Zunahme der Kopfzahlen nicht – wie in früheren Zeiten oder anderswo – zu einer allgemeinen Ernährungsnotlage mit Hungerkrisen, Seuchen und hoher Sterblichkeit führte. Das gleichzeitige anhaltend höhere Wirtschaftswachstum schützte vor diesen Folgen. Die Grenzen des Wachstums, die Thomas Robert Malthus (1766–1834) zwischen 1789 und 1826 in seinem *Essay on the Principle of Population* noch beschrieben hatte, schienen jetzt praktisch aufgehoben. Allerdings verlangsamte sich in den am weitesten industrialisierten Ländern die «natürliche» Bevölkerungszunahme, d. h. die statistisch konstruierte Entwicklung von Bevölkerungszahlen durch Geburten und Todesfälle, nach der Wende zum 20. Jahrhundert auch ohne Hungerkrisen wieder: Ein erneuter demographischer Wandel hin zu niedrigeren Geburtenraten setzte ein. Die Tatsache, dass nun immer weniger Kinder zur Welt kamen, sollte die entstehende, multidisziplinäre Bevölkerungswissenschaft schon vor dem Ersten Weltkrieg intensiv beschäftigen.

Schaubild 1: Bevölkerungsentwicklung in Europa 1850–1910

Staat	Bevölkerung (in Mill.)		Anteil an der Gesamtbevölkerung Europas (in %)		«Rangplatz» nach Bevölkerungszahl		Bevölkerungsdichte (Einwohner pro km²)
	1850	1910	1850	1910	1850	1910	1910
Belgien	4,4	7,4	1,6	1,7			259
Bosnien u. Herzegowina	1,2	1,9	0,4	0,4			
Dänemark	1,4	2,8	0,5	0,6			71
Deutschland	33,7	64,9	12,6	14,5	3.	2.	120
Finnland	1,6	3,1	0,6	0,7			8
Frankreich	35,8	39,3	13,4	8,8	2.	4.	74
Griechenland	1,5	2,6	0,6	0,6			
Irland	6,7	4,4	2,5	1,0			
Italien	23,9	34,7	9,0	7,7	4.	5.	120
Luxemburg	0,2	0,3	0,1	0,1			
Montenegro	0,2	0,3	0,1	0,1			
Niederlande	3,1	5,9	1,2	1,3			
Norwegen	1,4	2,4	0,5	0,5			8
Österreich	17,8	28,6	6,7	6,4			95
Portugal	3,5	6,0	1,3	1,3			
Rumänien	4,4	7,2	1,6	1,6			55

1. Bevölkerungsbewegungen

Russland	57,2	130,8	21,4	29,2	1.	1.	26
Polen	4,9	(inkl. Polen)	1,8	(inkl. Polen)			
Schweden	3,5	5,5	1,3	1,2			12
Schweiz	2,4	3,8	0,9	0,8			91
Serbien	1,3	2,9	0,5	0,6			
Spanien	14,5	20,0	5,4	4,5			39
Türkei mit Bulgarien	8,5	10,5	3,2	2,3			
Ungarn	13,3	20,9	5,0	4,7			64
Vereinigtes Königreich:	20,8	40,9	7,8	9,2	5.	3.	(239)
(– England und Wales)	(17,9)	(36,1)	(6,7)	(8,1)			
(– Schottland)	(2,9)	(4,8)	(1,1)	(1,1)			
Kleinere Staaten	0,4	0,8	0,1	0,2			
EUROPA	267,6	447,8	100,0	100,0			

Anmerkungen:
– Frankreich: 1850 noch ohne Savoyen und Nizza, ab 1870 ohne Elsass-Lothringen
– Österreich: mit Galizien und Bukowina
– Russland: 50 europäische Gouvernements
– Türkei: geograph. Ausdehnung in der Quelle unklar; das Osman. Reich hatte 1916 in allen Provinzen zus. ca. 20 Mill. Einwohner (Kemal H. Karpat, Ottoman Population 1830–1914, Madison 1985, S. 190)
– Kleinere Staaten: Monaco, Andorra, San Marino, Liechtenstein, Isle of Man, Gibraltar, Malta, Kreta, Island, Färöer

Quelle: Wolfram Fischer u.a. (Hg.), Handbuch der Europäischen Wirtschafts- und Sozialgeschichte, Bd. 5, Stuttgart 1985, S. 14.

II. Gesellschaft in Bewegung

Nicht überall wuchsen die Bevölkerungszahlen gleichmäßig. Es gab deutliche regionale Unterschiede. Die geringsten Wachstumsraten zwischen 1850 und 1910 waren – grob gesprochen – im Südwesten Europas zu beobachten. In Osteuropa hingegen lagen sie sogar noch zwischen 1900 und 1910 deutlich über dem europäischen Durchschnitt. Bei einer Betrachtung einzelner Länder fällt besonders Irland auf. Es war das einzige europäische Land in dieser Zeit, dessen Bevölkerungszahl absolut sank, nachdem hier 1845 bis 1849 eine Million Menschen einer der letzten Hungerkrisen in Europa westlich Russlands zum Opfer gefallen waren. An den schwindenden Bevölkerungszahlen aufgrund von Auswanderung sollte sich bis in die 1960er Jahre nichts ändern. Bemerkenswert langsam wuchs die Bevölkerung in Frankreich und in Spanien – nur um 0,2 bzw. 0,5 Prozent jährlich über den Zeitraum 1850 bis 1910. Eine durchschnittliche Zunahme verzeichneten Länder wie Rumänien, Belgien, Portugal und Norwegen. Die höchsten Wachstumsraten erzielten Großbritannien und das zu Russland gehörende Polen (mit jährlich 1,5 Prozent bzw. 1,8 Prozent); überdurchschnittlich stieg die Zahl der Menschen auch in Dänemark, den Niederlanden und Deutschland (mit ca. 1,0 Prozent jährlich). Das Gesamtbild war also uneinheitlich. Offensichtlich war das Bevölkerungswachstum – das lässt sich aus den länderspezifischen Differenzen erkennen – nicht direkt und ausschließlich an den Stand der wirtschaftlichen Entwicklung geknüpft, sondern wurde von komplexen Wirkungszusammenhängen bestimmt.

In der Wahrnehmung der Zeitgenossen – und für unsere Vorstellung von Europa – waren neben den Wachstumsdifferenzen besonders die unterschiedliche Bevölkerungsdichte und die relative Bevölkerungsstärke einzelner Staaten bedeutsam (siehe Schaubild 1). Um 1910 waren Belgien sowie England und Wales mit 259 bzw. 239 Einwohnern pro Quadratkilometer die am dichtesten besiedelten Länder. Relativ viele Einwohner pro Fläche lebten auch in Deutschland und Italien, die beide allerdings mit jeweils 120 Einwohnern pro Quadratkilometer schon deutlich dünner bewohnt waren. Eine noch geringere Anzahl, gemessen an der territorialen

1. Bevölkerungsbewegungen

Größe, wiesen Länder in Südosteuropa (Ungarn, Rumänien, Bulgarien), Südwesteuropa (Spanien), Russland, die anatolischen Teile des Osmanischen Reichs und vor allem die nordischen Staaten Schweden, Finnland und Norwegen auf. Bei der genannten Bevölkerungsdichte handelt es sich nur um eingeschränkt aussagekräftige Durchschnittswerte auf Staatenebene, denn die Bevölkerung verteilte sich auch innerhalb der einzelnen Länder ungleich. Die ungleichmäßige Verteilung per se war nicht zeittypisch für das 19. Jahrhundert. Umweltbedingungen und verkehrsgünstige Lage sowie Siedlungstraditionen hatten die Bevölkerungsdichte schon langfristig vorgeprägt, und bestehende Konzentrationen wurden häufig durch die Industrialisierung nur verstärkt. In manchen Gegenden jedoch entstanden jetzt aber neue Ballungsgebiete, wie etwa in den Kohleregionen von Wales, Nordengland, Belgien, Nordfrankreich, der Ruhr, dem Saargebiet, Oberschlesien und dem Donbass. Dabei erleichterten die verbesserten und billigeren Verkehrsmittel des 19. Jahrhunderts die Zuwanderung aus anderen Regionen.

Neu geschaffene nationalstaatliche Behörden und die Kommunen erfassten die Menschenzahlen. Statistiker schufen auf diesem Weg gleichsam erst die «Bevölkerung» der einzelnen Staaten. Sie beobachteten aufmerksam die Veränderungen zwischen den Staaten und kategorisierten Menschen, so dass neue demographische «Wertordnungen» entstanden. Im Vergleich zwischen den Staaten verschob sich in der zweiten Jahrhunderthälfte die relative Bevölkerungsstärke. Die meisten Menschen zählte Russland. 1910 lebten fast 30 Prozent der gesamteuropäischen Bevölkerung auf seinem europäischen Territorium. Um die Jahrhundertmitte war Frankreich noch das zweitstärkste Land gewesen, doch fiel es bis zum Beginn des 20. Jahrhunderts auf den vierten Platz zurück. Mit fast 65 Millionen Einwohnern war das Deutsche Reich vom dritten auf den zweiten Platz hinter Russland vorgerückt. Auch das Vereinigte Königreich wies jetzt eine größere Bevölkerungszahl als Frankreich auf. Was wie ein absurd konstruierter Wettbewerb anmuten mag, war für viele Zeitgenossen aufgrund des Wettrüstens eine hochpolitische Frage: Nachdem kurz vor 1914 die Flottenrüstung wieder etwas in den Hintergrund getreten war, rückte die potentielle Truppenstärke erneut ins Zentrum der Rüstungsdebatten. Die französischen Regierungen beschäftigte die relative Bevölkerungsschwäche im Vergleich zum potentiellen Gegner Deutschland schon seit dem verlorenen Krieg von 1870/71. Die Führung des Deutschen Reichs hingegen beunruhigte kurz vor Ausbruch des Ersten Weltkriegs nicht so sehr die aktuelle Zahl der russischen Bevölkerung, sondern noch mehr das prognostizierte Wachstum. Während der eigene Geburtenüberschuss wie in mehreren anderen stark industrialisierten Ländern bereits zurückging, erwartete man für das Zarenreich weiterhin höhere Zuwachsraten.

Außer in militärischen Strategien spielte die Bevölkerungsentwicklung im nationalökonomischen Denken eine Rolle. Wenn die Zunahme nicht, wie von Malthus behauptet, in Elendskrisen mündete, wie sollten die Staaten ihr Wirtschaftswachstum bevölkerungspolitisch sichern? Am Ende des 19. Jahrhunderts schienen, weltwirtschaftlich gesehen, die Vereinigten Staaten in dieser Hinsicht Europa den «Rang abzulaufen». Autoren wie der Straßburger Wirtschaftsprofessor August Sartorius von Waltershausen (1852–1938), der Breslauer Staatswissenschaftler und ab 1913 an der Technischen Hochschule zu Charlottenburg tätige Nationalökonom Julius Wolf (1862–1937) oder der konservative britische Politiker und Verfechter des Empires Leo Amery (1873–1955) traten daher mit demographischen Argumenten für protektionistische Maßnahmen und handelspolitische Zusammenschlüsse ein. Schließlich berührte die Bevölkerungsentwicklung wesentlich die medizinisch-sozialhygienischen Debatten des späten 19. Jahrhunderts. «Eugeniker» und «Rassenhygieniker» interessierten sich für das Fortpflanzungsverhalten einzelner sozialer oder ethnischer Gruppen, weil sie sich um die «qualitative» Zusammensetzung der Bevölkerung sorgten. Die «großen Zahlen» der Bevölkerung waren mithin an der Jahrhundertwende ein politisch und gesellschaftlich brisantes Thema, das in den Blick verschiedener Interessen und Disziplinen geriet und im weiteren Verlauf des 20. Jahrhunderts zu menschenverachtenden

1. Bevölkerungsbewegungen

Konzeptionen und Praktiken der «Volksgesundheit», von Vererbungslehren und des Umgangs mit Minderheiten führte.

Geburten und Todesfälle

Während die absoluten Bevölkerungszahlen, ihre Zuwachsraten und die regionale Verteilung ein uneinheitliches Bild Europas in der zweiten Hälfte des 19. Jahrhunderts ergaben, versuchten Wissenschaftler seit Beginn des 20. Jahrhunderts in der demographischen Bewegung ein übergreifendes Muster zu erkennen. Der französische Wirtschaftswissenschaftler Adolphe Landry (1874–1956), die deutschen Nationalökonomen Lujo Brentano (1844–1931), Paul Mombert (1876–1938), Julius Wolf (1862–1937) und der Soziologe Franz Oppenheimer (1864–1943) lieferten schon vor dem Ersten Weltkrieg erste Erklärungen für den Zusammenhang zwischen Wirtschafts- und Bevölkerungsentwicklung. Sie stützten sich dabei auf vielfältige Belege aus Europa, Nordamerika und Australien. Am Ende des Zweiten Weltkriegs formulierten 1944/45 dann Frank W. Notestein und Kingsley Davis vom Office of Population Research der Universität Princeton das Modell des «demographischen Übergangs». Diese Theorie entstand mit Blick auf die künftige Welternährungspolitik und projizierte die (neo)europäischen Beobachtungen auf eine universale Ebene. Im Prozess der Modernisierung wandelt sich demzufolge das demographische Verhalten von einem vorindustriellen zu einem industriegesellschaftlichen Gleichgewicht. Die für Agrargesellschaften typische hohe Zahl von Geburten und hohe Sterblichkeit (insbesondere die sehr hohe Sterberate von Säuglingen) werden langfristig abgelöst von weniger Geburten und geringerer Mortalität in der Industriegesellschaft. In einer Übergangsphase entsteht dabei aufgrund der früher und rascher als die Geburtenrate sinkenden Todesrate ein hohes Bevölkerungswachstum, wie es eben in Europa im 19. Jahrhundert zu beobachten war und sich nun, so die Weiterführung der Theorie, in den sogenannten Entwicklungsländern zeigte. Die geringere Sterblichkeit fußt auf der erhöhten Agrarproduktion, dem Verkehrsausbau und dem Wachstum der Arbeitsproduktivität im industriellen Sektor, später ergänzt durch Fortschritte in Hygiene und Medizin. Die Geburtenziffern hingegen bleiben zunächst traditionell hoch und steigen in vielen Fällen sogar, weil die Überlebenschancen der Säuglinge sich verbessern und damit langfristig mehr Menschen im zeugungs- und gebärfähigen Alter vorhanden sind. Viele Geburten und weniger Tode führen in der Bilanz zu einem Geburtenüberschuss und damit zu einem außergewöhnlich großen natürlichen Bevölkerungswachstum. Allmählich passen dann, so das Modell, die Menschen die Zahl der Kinder dem zunehmenden Wohlstand an. Zu den Gründen hierfür zählen die Demographen die besseren Überlebenschancen der Säuglinge, die Urbanisierung und die soziale Mobilität, die steigenden Konsumerwartungen, den zunehmenden Individualismus und die Übernahme familiärer Funktionen durch öffentliche Einrichtungen (Schulen etc.). All diese Faktoren bewirken, dass Paare weniger Kinder bekommen. Schließlich entsteht wieder ein demographisches Gleichgewicht, wenn die Geburtenzahlen ein ähnlich niedriges Niveau erreicht haben wie die Mortalität: Das natürliche Bevölkerungswachstum endet.

Das Denken hinter dem Modell des «demographischen Übergangs» beeinflusste bevölkerungs- und sozialpolitisches Handeln nach 1945 im Weltmaßstab. Nehmen wir es als Maßstab, um die konkreten demographischen Bewegungen im Europa des 19. Jahrhunderts zu erläutern, zeigt sich, dass der Übergang von hohen Geburten- und Sterberaten zu niedriger Sterblichkeit und abnehmender Geburtenhäufigkeit innerhalb Europas weder gleichzeitig noch im selben Tempo erfolgte. Die Bevölkerungsbewegung verlief zeitlich verschoben und unterschiedlich schnell: Die Bevölkerungsweisen glichen sich gesamteuropäisch im Zeitraum von 1850 bis 1910 nicht an, sondern gingen zunächst weit auseinander. Aus dieser innereuropäischen Differenzierung resultierten zeitgenössisch politische und sozialhygienische Debatten, welche die Diskussionen und Maßnahmen nach dem Ersten Weltkrieg bereits wesentlich vorformten.

In vorindustriellen Gesellschaften betrugen sowohl die Geburten- als auch die Sterberaten ungefähr 40 Geburten bzw. Todesfälle pro tausend Einwohner jährlich. Das heißt, es wurden viele Kinder geboren, aber eine hohe Zahl starb schon als Säugling, und die überlebenden Kinder hatten eine vergleichsweise geringe Lebenserwartung. Um 1850 lagen die Geburtenraten vor allem in Süd- und Osteuropa, einschließlich Österreich-Ungarns, nahe an diesem hohen Wert. In den westeuropäischen sowie in den nordeuropäischen Ländern erreichte die Geburtenziffer um die Jahrhundertmitte bereits nur noch 32–35 Promille. In Frankreich allerdings, dem demographischen Sonderfall, wurden schon um die Jahrhundertmitte nur ungefähr 26 Kinder pro tausend Einwohner geboren. Die Geburtenziffer blieb hier (zusammen mit der irischen) bis zum Ersten Weltkrieg durchgängig die niedrigste in Europa. In England und Wales sowie in Deutschland hielt sie sich hingegen noch einige Zeit auf höherem Niveau oder stieg sogar bis in die 1870er Jahre an, um erst danach deutlich zu sinken. In Russland lagen die Geburtenziffern sogar noch am Ende des Jahrhunderts 1890 mit fast 50 Promille weit über dem, was Historiker für vorindustrielle Gesellschaften beobachtet haben.

Die Sterberaten auf der anderen Seite lagen um die Jahrhundertmitte in einigen süd- und osteuropäischen Ländern (Russland, Österreich-Ungarn, Italien und Spanien) mit über 30 Promille noch nahe an den vorindustriellen Werten, während sie in den meisten west- und nordeuropäischen Staaten schon auf Werte zwischen 22 und 24 Promille gesunken waren. In den deutschen Ländern verzeichnete man um 1850 mit fast 27 Promille noch eine etwas höhere Mortalität, die bis in die 1870er Jahre sogar noch stieg. Erst dann machten sich auch hier die Verbesserungen der Lebenslagen in einer geringen Sterblichkeit rasch bemerkbar. Im Durchschnitt der Jahre 1909/13 wies die Statistik des Deutschen Reichs dann nur noch 16,3 Todesfälle pro tausend Einwohner nach. Bessere Überlebenschancen als hier existierten kurz vor dem Ersten Weltkrieg lediglich in Belgien, Dänemark, den Niederlanden, der Schweiz und im Vereinigten Königreich. Die schlechtesten Bedingungen herrschten am Ende des Jahrhunderts, gemessen an den Sterbeziffern, in Ungarn (24 Promille), Bulgarien (24,1 Promille), Serbien (24,5 Promille), Rumänien (25,3 Promille) und beim europäischen «Schlusslicht» Russland (28,5 Promille). Finnland erlebte 1866 bis 1868 und Russland noch 1891/92 im Wolga-Gebiet durch Ernteausfälle verursachte Hungersnöte; in Finnland fielen dem ca. 150000 Menschen (je nach Region 8 bis 20 Prozent der Bevölkerung), in Russland ungefähr 800000 Menschen zum Opfer. Dies bestätigte das zeitgenössische Bild von der Rückständigkeit des Landes und wirkte als Katalysator für soziale Unruhen und politische Mobilisierung, die schließlich in die Revolution von 1905 mündeten. Doch es sollte nicht vergessen werden, dass die Sterberate in Russland vier Jahrzehnte zuvor 1865/69 noch bei fast 38 Promille gelegen hatte, die Lebenserwartung sich also auch hier bis 1913, wie in Europa allgemein, generell verbessert hatte.

Betrachten wir den demographischen Übergang an vier Beispielen näher, um den zeitverschobenen und unterschiedlichen Verlauf des Vorgangs und die innereuropäische Differenzierung zu verdeutlichen. In England und Wales setzte die Transformation bereits früh in der zweiten Hälfte des 18. Jahrhunderts ein. Die Sterberate ging zurück, und die Geburtenrate stieg als Folge des größeren Angebots an Arbeitsplätzen und des dadurch sinkenden Heiratsalters an, so dass sich die Bevölkerung von 1770 bis 1820 auf rund zwölf Millionen Menschen verdoppelte. In der mittleren Phase des Übergangs stabilisierte sich die Sterberate auf niedrigem Niveau, aber die Geburtenrate blieb weiterhin hoch. Eine erneute Verdoppelung der Bevölkerung bis 1870 war das Resultat. Nach 1870 kamen in England und Wales immer weniger Kinder zur Welt, aber auch die Sterberate sank seit den 1850er Jahren noch weiter. Erst in den 1940er Jahren erreichten beide Raten ein gleichbleibend niedriges Niveau, so dass kein natürliches Bevölkerungswachstum mehr zu beobachten war.

Während sich der demographische Übergang in England und Wales über fast 200 Jahre hinzog, setzte er in Deutschland wesentlich später ein und erfolgte «explosiv» in nur siebzig Jahren. Das Sterberisiko sank hier erst ab den 1870er Jahren, dann aber deutlich. Da die Geburtenrate bis 1900 unvermindert hoch blieb, vermehrte sich die deutsche Bevölkerung in sehr kurzer Zeit sehr stark.

Die anhaltend hohe Geburtenrate wurde besonders durch Zuwanderer vom Land und aus Osteuropa während der Hochindustrialisierung verursacht. Diese Bevölkerungsgruppen mit agrarischem Hintergrund hatten ihr Fortpflanzungsverhalten gewissermaßen noch nicht angepasst. Erst nach 1900 sank die Geburtenziffer in Deutschland, nun aber relativ drastisch in nur einem Jahrzehnt. Der endgültige Abschluss des demographischen Übergangs lässt sich, wie in England und Wales, in der Zwischenkriegszeit verzeichnen.

In den beiden Industrieländern lassen sich deutlich verschiedene Phasen erkennen, mit einem markanten Umbruch zwischen 1870/80 und 1930. In Schweden hingegen, unserem dritten Beispiel, verlief die natürliche Bevölkerungsbewegung eher kontinuierlich und undramatisch. Die Sterberate sank schon ab dem frühen 19. Jahrhundert, lag um die Jahrhundertmitte im europäischen Vergleich bereits relativ niedrig und fiel weiter gleichmäßig von Jahrzehnt zu Jahrzehnt bis 1913. Die Geburtenziffer stieg anders als in England und Wales nicht an, weil es kein nennenswert vergrößertes Angebot an gewerblich-industriellen Arbeitsplätzen gab. Entsprechend blieben das Heiratsalter hoch und damit die Kinderzahl kleiner. Schon ab den 1870er Jahren sank dann auch die schwedische Geburtenrate, um sich kontinuierlich bis im späteren 20. Jahrhundert der niedrigen Sterberate anzugleichen.

In Frankreich ließ sich ein ähnlich kontinuierlicher Verlauf beobachten, allerdings bei einer von Anfang an deutlich geringeren Geburten- und anhaltend höheren Sterberate als in Schweden. Mit anderen Worten: Die französische Bevölkerung erlebte keinen mit den anderen europäischen Ländern vergleichbaren Geburtenüberschuss und kein entsprechend hohes natürliches Wachstum, geschweige denn eine rasche Zunahme wie im Deutschen Reich ab den 1870er Jahren. Das natürliche Bevölkerungswachstum lag in Frankreich bereits im Durchschnitt der anderthalb Jahrzehnte ab 1850 relativ niedrig. Zwischen 1900 und 1913 nahm die französische Bevölkerung nur geringfügig zu, während die Geburtenrate in Deutschland 13,8 Promillepunkte über der Sterberate lag und die Bevölkerungszahl selbst in England und Wales sowie in Schweden, wo der demographische Übergang schon weiter vorangeschritten und die Geburtenraten bereits gesunken waren, noch wuchs.

Frankreich wies zwei Besonderheiten in der demographischen Entwicklung auf. Die Sterberate lag schon Ende des 18. Jahrhunderts relativ niedrig und sank im Laufe des 19. Jahrhunderts nur geringfügig, deutlich erst ab 1900. Vor allem aber hatte Frankreich bereits seit dem Ende des 18. Jahrhunderts eine auffällig niedrige Fertilität, die andernorts in Europa erst hundert Jahre später zwischen 1890 und 1920 zu beobachten war. Die Ursachen für diese demographische Besonderheit liegen in der ungewöhnlichen freiwilligen Geburtenbeschränkung der Franzosen, die im 19. Jahrhundert immer weitere Kreise erfasste. Am frühesten hatten Angehörige der angestellten Mittelschichten, die den eigenen sozialen Aufstieg und den ihrer Kinder sichern wollten, weniger Nachkommen. Arbeiter und Wirtschaftsbürger folgten dem Verhaltensmuster. Die durchschnittliche Kinderzahl in französischen Familien lag 1911 bereits knapp unter zwei. Die hygienischen und medizinischen Verbesserungen hatten ab den 1880er Jahren die Kindersterblichkeit gesenkt, so dass die Eltern den überlebenden Kindern mehr Sorge und Unterstützung angedeihen ließen. Die Kehrseite der verantwortungsbewussteren Erziehung war die Geburtenbeschränkung. Historiker nehmen an, dass in der schon früh zwischen 1780 und 1850 einsetzenden Empfängnisverhütung langfristige Wirkungen der Französischen Revolution und der Wirtschaftsstruktur zusammentrafen. Der revolutionäre Bruch mit kirchlichen Beschränkungen, neue soziale Beziehungen, die gesellschaftliche Mobilität sowie die Verdichtung der Kommunikation erleichterten es, dass sich das Wissen über Empfängnisverhütung verbreitete. Hinzu kam, dass die ländliche Besitzstruktur einer größeren Menschenzahl keine zusätzlichen Einkommensmöglichkeiten bot, ohne dass der Bodenbesitz weiter zersplittert worden wäre. Das Heiratsalter und die Zahl der Ledigen waren bereits vor der Französischen Revolution so hoch, dass eine Geburtenbeschränkung – so Jean-Pierre Bardet – nur noch über Empfängnisverhütung erfolgen konnte. Die Folge der frühzeitig niedrigen Fertilität war eine nur sehr langsame natürliche Bevölkerungszunahme. Vor allem am Ende des 19. Jahrhunderts führte dies zu erregten öffentlichen Stellungnahmen. Der statistische Direktor der Stadt Paris, der Arzt und Demograph Jacques Bertillon, schrieb 1897: «Es ist fatal, dass Deutschland in vierzehn Jahren doppelt so viele Wehrpflichtige haben wird [wie Frankreich]. Dann wird das Volk, das uns hasst, uns verschlingen!»

Szenarien des Niedergangs und progressive Interventionen
Der Rückgang der Fortpflanzung wurde Ende des 19. Jahrhunderts, lange nachdem er in Frankreich begonnen hatte, auch in anderen entwickelten Regionen Europas spürbar: in England, Belgien und Deutschland, in Teilen Skandinaviens sowie in Katalonien, Piemont, Ligurien und der Toskana. Weiterhin hohe Fertilität bestand in Süditalien, dem Rest Spaniens, in Portugal und in Irland sowie auf dem Balkan, in Russland und in den Alpenregionen. Was nach dem Modell amerikanischer Bevölkerungswissenschaftler in der Mitte des 20. Jahrhunderts als «modern» erscheint – eine niedrige Geburtenzahl –, betrachteten manche Zeitgenossen an der Jahrhundertwende jedoch keineswegs als Fortschritt. Bertillon gründete 1896 die Alliance nationale pour l'accroissement de la population française, die pronatalistische Propaganda und Lobbyarbeit für Maßnahmen zur Steigerung der französischen Geburtenrate betrieb. Während Bertillon die nationalstaatliche Konkurrenz mit dem Deutschen Reich umtrieb, sorgten andere sich um die sozialen Dimensionen des Geburtenrückgangs in den industriell am meisten entwickelten Staaten. Die geringere Kinderzahl in besseren Gesellschaftsschichten und die höhere in den Unterschichten beunruhigten diejenigen, die darin einen «Verfall» des «Volkskörpers» erblickten. Damit verband sich eine scharfe Kritik an der Großstadt mit ihrer niedrigen Geburtenzahl im Vergleich zum «Jungbrunnen» der Landbevölkerung. Sozialdarwinistisches Denken, das eine negative Auslese im modernen «Industriestaat» zu erkennen glaubte, fand Eingang in diese bevölkerungspolitische Debatte. Die Denkfiguren ruhten auf teilweise sozial-genetischen, teilweise aber auch anthropologisch-rassistischen Begründungen.

II. Gesellschaft in Bewegung

In vielen Ländern nahmen sozialpolitisch Engagierte die demographischen Argumente auf, um ihre Forderungen nach dem Ausbau öffentlicher Fürsorge, insbesondere für Frauen, Mütter und Kinder, zu begründen. Als Experten in diesen Debatten über weibliche Körper und Reproduktion traten Mediziner, Biologen und Anthropologen auf. Sie beriefen sich auf die Erkenntnisse der neuen Wissenschaften von der Hygiene oder Genetik, wenn sie Gesundheitsmaßnahmen für Teile der Bevölkerung begründeten, Sexualverhalten beeinflussen wollten oder Eingriffe in den Körper Einzelner rechtfertigten. Die Gesellschaft geriet als «Bevölkerung» gegen Ende des 19. Jahrhunderts stärker in den Griff des Staates als zuvor. Neue Möglichkeiten der Bevölkerungsplanung schienen sich zu eröffnen, die Sozialpolitik wurde in Richtung Eugenik und Rassenhygiene erweitert. Deren Vertreter stammten keineswegs nur aus dem konservativen Lager, das in Deutschland als «völkisch» bezeichnet wurde, sondern auch aus linken, sozialdemokratischen Kreisen und aus der Frauenbewegung. Die Bevölkerungspolitik war ein lagerübergreifendes Fortschrittsprojekt, an dem Wissenschaftler verschiedener Disziplinen, der intervenierend ausgreifende Staat und eine breitere Öffentlichkeit beteiligt waren: Es ging den Beteiligten dabei um eine «progressive» Gestaltung der Zukunft.

Die beschriebenen natürlichen Bevölkerungsbewegungen lassen im Nachhinein zwar ein langfristiges Muster erkennen. Im Zeitraum von der Mitte des 19. Jahrhunderts bis zum Ersten Weltkrieg brachte dies jedoch eine große demographische Differenzierung in Europa und in den europäischen Gesellschaften mit sich. Das sorgte für politischen Zündstoff und legte den Grund für die öffentlich-staatliche Intervention in das Leben Einzelner. Das generative Verhalten war generell an den Wandel der Wirtschaftsstrukturen gebunden, folgte dabei aber nicht einem einfachen Übergang vom Agrar- zum Industriestaat. Erst das Morden zweier Weltkriege und der langfristige Abschluss der demographischen Transformationsphase «harmonisierten» die Bevölkerungsgeschichte der europäischen Gesellschaften im späteren 20. Jahrhundert. Die Konstruktion der «Bevölkerung» durch Wissenschaftler und Staat führte vor 1914 zur Wahrnehmung nationalstaatlich unterschiedener Bevölkerungsweisen, wenngleich manche Zeitgenossen eine länderübergreifende, soziale Differenzierung registrierten und im Anschluss daran sozialhygienische Maßnahmen diskutierten. Szenarien des drohenden nationalen Niedergangs und Ideen, wie der zukünftige Fortschritt gleichsam defensiv zu sichern sei, gingen Hand in Hand – ein Muster, das bis heute populistische Debatten über «die» Bevölkerung prägt.

Europäische und globale Wanderungsbewegungen

Die europäisch differenzierte Bevölkerungsentwicklung beruhte neben der beschriebenen «natürlichen» Entwicklung aufgrund sich wandelnder Geburten- und Todesraten auch auf der räumlichen Zu- und Abwanderung vieler Menschen. Schon vor der Mitte des 19. Jahrhunderts einsetzend, erreichten die europäischen Wanderungsbewegungen zwischen 1850 und den 1920er Jahren einen historisch außerordentlichen Umfang. Kennzeichnend war, dass es sich um eine massenhafte Bewegung von Unterschichten handelte. Sie wurde im Wesentlichen von ökonomischen Disparitäten getrieben, wenngleich auch politische Verfolgung, Kriege, Flucht und die Befreiung aus bestehenden Zwängen die Menschen mobilisierten. Räumlich unterscheidet die historische Migrationsforschung mehrere transnationale Migrationssysteme, die über staatliche Grenzen und geographisch weit über den Kontinent hinaus reichen. Innerhalb Europas bildeten sich so Zuwanderungsregionen und solche Gebiete, die viele Menschen verloren. Außerhalb des Kontinents führte das 19. Jahrhundert zur europäischen Besiedlung bestimmter Weltregionen – Nordamerika, Teile Südamerikas, Australien und Neuseeland, Sibirien – sowie zur Formierung europäisch beherrschter Kolonialgesellschaften in Teilen Afrikas. Das Maß an Freizügigkeit war für den einzelnen Europäer zuvor nie so groß gewesen wie jetzt und ist nach 1914 lange nicht wieder erreicht worden. Die Migration spielte jedoch auch für den zeitgenössischen Ausbau nationalstaatlicher Regulierungen eine wichtige Rolle. Sie

II. Gesellschaft in Bewegung

trug schließlich zur Entwicklung von Fremd- und Selbstbildern in Europa bei.

Die Mobilität war bereits im Europa der Frühen Neuzeit hoch gewesen. Sie steigerte sich in der zweiten Hälfte des 19. Jahrhunderts aber erheblich. Als grundlegende Faktoren wirkten nach Leslie Page Moch bei weitgehend unveränderter agrarischer Besitzverteilung das erweiterte neue Arbeitsplatzangebot in Gewerbe, Industrie und Dienstleistungssektoren, die demographische Entwicklung sowie die Verteilung der Kapitalinvestitionen. Hinzu kamen die verbesserten und insbesondere billigeren Verkehrsmöglichkeiten. Die Wanderungsbewegungen beruhten nicht nur auf individuellen ökonomischen Entscheidungen, sondern auch auf kulturellen Bindungen, Kommunikations- und Informationsstrukturen und sozialen Netzwerken an den Herkunfts- wie Zielorten. Das Verhalten zeigte genderspezifische Muster: Zumeist verließen junge Männer in größerer Zahl und als Erste ihre Familien, um in die Ferne zu ziehen; Frauen hingegen blieben häufiger zu Hause oder folgten später nach, sie suchten Arbeitsplätze eher in der Nähe zum Geburtsort als Dienstbotinnen, Textilarbeiterinnen und Erntekräfte. Der Ortswechsel aller erfolgte zwar in den meisten Fällen dauerhaft. Bemerkenswert häufig handelte es sich aber auch um saisonale oder temporäre Arbeitswanderungen, selbst ein nicht unerheblicher Teil der Überseeauswanderer kehrte nach Europa zurück.

Traditionelle regionale Arbeitswanderungssysteme in Europa wurden im 19. Jahrhundert überformt und ergänzt, so dass eine neue «transnationale Migrationstopographie» (Klaus Bade) entstand. Aus einer weltgeschichtlichen Perspektive unterscheidet der Historiker Dirk Hoerder vier Europa direkt betreffende Migrationssysteme: die innereuropäische Wanderungsbewegung, das russisch-sibirische Migrationssystem, die proletarische Massenauswanderung über den Atlantik und die imperial-koloniale Migration. Das asiatische Kontraktarbeitersystem, das als fünftes interkolonial in und zwischen den europäischen Überseebesitzungen und imperialistischen Einflussgebieten funktionierte, soll hier nicht näher betrachtet werden, war jedoch ebenfalls mit europäischen Interessen eng verknüpft.

Transnationale Migration in Europa: Die innereuropäischen Wanderungsbewegungen bildeten den größten Teil der Migration, sind aber zahlenmäßig nicht genau zu fassen. Wolfram Fischer schätzt hinsichtlich der innerstaatlichen, nicht grenzüberschreitenden Binnenwanderung vom Dorf in die nahe Stadt, von einer Provinz in die nächste, dass ein Drittel bis die Hälfte der um 1900 lebenden Menschen mindestens einmal im Leben ihren Wohnort gewechselt hatte. Die meisten Menschen bewegten sich im Umkreis der engeren Heimat. Die allgemeine Bewegungsrichtung verlief überall vom flachen Land in die Industrieregionen und in Residenz- und Hauptstädte. Die transnationale Migration innerhalb Europas orientierte sich wesentlich an der schwerindustriellen Entwicklung. Männliche Arbeitskräfte wanderten von weiter her vor allem in die Kohle-, Eisen- und Stahlregionen und auf die Eisenbahn- und Kanalbaustellen sowie in den urbanen Tief- und Hochbau. Europäische Metropolen waren aufgrund ihres Bedarfs an vielfältigen Dienstleistungen und ihrer kleingewerblichen Betriebe gleichfalls attraktiv. Im Agrarsektor überquerten schließlich Erntearbeiterinnen und -arbeiter saisonal nicht nur regionale, sondern auch nationale Grenzen.

Im Großen bildete sich, verstärkt seit den 1870er Jahren, ein Kern von Zuwanderungsgebieten heraus und eine Peripherie von Abwanderungsregionen. Folgende Regionen zogen transnationale Migranten an: Nordengland, Südwestschottland mit Glasgow und der Londoner Raum, der wallonische Teil Belgiens, das nordwestliche Frankreich, das westliche und mittlere Deutschland, Teile Österreichs (Wiener Raum, Obersteiermark) sowie Böhmens und Mährens, die Schweiz und Dänemark. Das letztgenannte Land nahm in seiner ausfuhrorientierten Milch- und Viehwirtschaft zahlreiche polnische Landarbeiter auf. Die Migrationsströme basierten auf regionalen, nicht auf nationalen Disparitäten. Deshalb verloren manche der Aufnahmestaaten – wie Großbritannien, Deutschland, Belgien und Österreich-Ungarn – zugleich viele Menschen durch

Auswanderung. Die staatlichen Grenzen waren für einen Erwerbssuchenden noch weniger bedeutsam als die Möglichkeit, in einem boomenden Gebiet anderswo in Europa ein Auskommen zu finden. Die Schwerpunkte der transnationalen Abwanderung befanden sich «am Rande»: aus Irland und dem schottischen Hochland in die Industriegebiete in Südwestschottland, Nordengland und Wales; aus Italien und Polen, d. h. dem habsburgischen Galizien, den polnischen Provinzen Preußens und Russlands, in die industriellen Zentren Europas. Daneben gehörten im Rahmen der Überseeauswanderung auch Norwegen und Schweden sowie gegen Ende des Jahrhunderts Portugal, Spanien, Griechenland und Serbien sowie Teile der ungarischen Reichshälfte Habsburgs zu den Ländern an der Peripherie, aus denen Menschen in großer Zahl abwanderten.

Ein prominentes Beispiel für die Arbeitswanderung in schwerindustrielle Zentren ist die Migration von Polen ins Ruhrgebiet. Sie begann nach der deutschen Reichsgründung mit der Anwerbung von Bergarbeitern aus Oberschlesien als Streikbrecher und wurde ab den 1880er Jahren durch weitere Anwerbung sowie anschließende Kettenwanderungen und die Einbindung von polnischen Landarbeitern aus Ost- und Westpreußen erheblich ausgeweitet. Kurz vor dem Ersten Weltkrieg lebten ca. 500 000 polnischsprachige Menschen an der Ruhr. In Oberhausen machten sie 10 Prozent, in Gelsenkirchen 9 Prozent der Bevölkerung aus. Sie siedelten häufig getrennt in Werkswohnungen der Bergwerke, unterhielten ihr eigenes Vereinswesen, eine polnische Presse und separate Gewerkschaften. Die Neugründung eines polnischen Staates im Gefolge des Ersten Weltkriegs veranlasste fast zwei Drittel der sogenannten Ruhrpolen zur Rückkehr und bewies die anhaltende Bindung an ihre Herkunftsregion. Die Übrigen blieben jedoch im Ruhrgebiet, wo sie sich langfristig in die lokale Gesellschaft eingliederten.

Die polnische Fernwanderung in die westfälische Montanindustrie bildete einen Teil der europäischen Ost-West-Bewegungen der zweiten Jahrhunderthälfte. Longwy, ein Zentrum der lothringischen Stahlproduktion, ist ein Beispiel dafür, dass damit eine Süd-

Nord-Bewegung vornehmlich aus Italien einherging. Mit Klaus Bade lassen sich diese Hauptströme als massenweise Umformung unterbäuerlicher Schichten in ein Industrieproletariat bezeichnen. Die Migration bedeutete für viele einen sozial- und mentalitätsgeschichtlichen Bruch. Neuankömmlinge begannen in der Hierarchie der Tätigkeiten ganz unten (im Bergbau beispielsweise hieß dies tief unten in den Kohleflözen) und stiegen erst allmählich zum Vorarbeiter oder Meister auf. Die binnen-europäische transnationale Wanderung wies viele Merkmale auf, die ähnlich auch in der Überseeauswanderung zu beobachten waren: Die Berufs- und Arbeitsplatzwahl in der neuen Stadt waren häufig von der örtlichen oder regionalen Herkunft beeinflusst, die Zuwanderer wohnten entsprechend in bestimmten Stadtteilen zusammen («Neu-Masuren»), und einzelne Orte, wie etwa Gelsenkirchen oder auf der anderen Seite des Atlantiks New York, fungierten als Verteilerstellen. Männer und Frauen bewegten sich nicht isoliert, sondern eingebunden in ein komplexes Migrationsnetzwerk, das unterschiedliche europäische Regionen miteinander verknüpfte.

Ein Beispiel für die transnationale Zuwanderung in städtischtertiäre Sektoren im Unterschied zu den neuen industriellen Zentren waren die hessisch-darmstädtischen «Gassenkehrer» in Paris. Nach den Revolutionen 1848/49 erlebte die französische Hauptstadt eine vermehrte Zuwanderung von deutschen Unterschichtsangehörigen. Darunter waren zahlreiche Männer und Frauen aus etwa drei Dutzend oberhessischen Dörfern. Die Pariser Stadtverwaltung stellte sie bevorzugt in der Straßenreinigung an, die auf diesem Weg fast vollständig in hessische Hände geriet. In vielen europäischen Großstädten existierten solche ethnisch dominierten Dienstleistungszweige, deren Arbeitskräfte, gestützt auf enge Informations- und Migrationsnetzwerke, manchmal aus nur wenigen Orten einer bestimmten Herkunftsregion stammten. In London waren dies etwa die italienischen Mausefallenhändler oder die deutschen «Oompah bands», wie man die umherziehenden Blaskapellen aus deutschen Straßenmusikern nannte. Diese Wanderarbeiter beabsichtigten nicht, dauerhaft mit ihrer Heimat zu brechen, sondern zogen vorübergehend für einige Jahre in die Ferne, um den ärmlichen Verhältnissen zu Hause zu entkommen und ein kleines Kapital für ein besseres Leben nach der Rückkehr anzusparen. Die hessischen Gassenkehrer nutzten einen weiteren Vorteil: Frauen, die sie begleiteten, durften sie in Frankreich heiraten, während ihnen die Hochzeit zu Hause ohne Nachweis eines bestimmten Grundbesitzes noch verwehrt war. Im Umkreis ihrer Pariser Unterkünfte entwickelten sich Gaststätten, Hotelbetriebe und Läden, die ebenfalls von Landsleuten betrieben wurden. Aus anderen Regionen kamen weitere Deutsche in die französische Metropole. Rheinpfälzer arbeiteten als Tagelöhner im Eisenbahn-, Kanal- und Hausbau oder als Lumpensammler; hinzu stießen deutsche und elsässische Dienstmägde.

Im nördlichen Pariser Vorort La Vilette, das französische Arbeiter als «petite Allemagne» bezeichneten, lebten vor 1870 ca. 20 000 Deutsche, Schätzungen gehen von 80 000 bis 100 000 in Paris insgesamt aus. Die katholische und die evangelische Kirche boten den Migranten nicht nur Seelsorge durch deutsche Pfarrer, sondern unterhielten auch Schulen für ihre Kinder. Friedrich Bodelschwingh (1831–1910), der später die «Rheinisch-Westfälische Anstalt für Epileptische» in Bethel bei Bielefeld übernahm und leitete, war als junger Hilfsprediger ab 1858 sechs Jahre lang für die «Evangelische Mission unter den Deutschen in Paris» tätig. Er beklagte vor allem das Schicksal der Kinder, die in Zündholzfabriken und als Lumpensammler «von früh an entsetzlich böse und unreine Dinge zu sehen und zu hören bekommen».

1870/71 intervenierte zunächst die große Politik in das Leben der mobilen Unterschichten, denn nach der Schlacht von Sedan wies die französische Regierung alle deutschen Männer aus. Die hessischen Gassenkehrer kamen später zwar wieder, doch ab Mitte der 1880er Jahre wurden nur noch Franzosen in städtischen Diensten beschäftigt. Arbeits- und sozialpolitische Maßnahmen, die hier wie anderswo eingeführt wurden, um die Unsicherheiten der städtischen Industriegesellschaft zu bewältigen, waren häufig national limitiert und schlossen «fremde» Arbeitsmigranten aus. Der Ausbau öffentlicher Sicherungssysteme um die Jahrhundertwende wirkte sich für Angehörige der jeweiligen Staatsnation positiv aus, erleichterte aber nicht die transnationale Wanderung. Den armen Hessen boten sich jetzt jedoch in den industriellen Zentren Deutschlands neue Erwerbsmöglichkeiten. Grenzüberschreitende Fern- und interne Arbeitswanderungen lösten sich ab oder ergänzten und überlappten einander. Die Migrationswege und -formen waren nicht klar abgegrenzt; groß- und kleinräumige, kurz- und längerfristige Wanderungen bildeten ein komplexes und vielfältiges innereuropäisches Gefüge.

Russisch-sibirische Kontinentalsiedlung und jüdische Flucht: Das zweite große Migrationssystem, das russisch-sibirische, das der Historiker Dirk Hoerder von der europäischen Wanderungsbewegung in Industrie- und Stadtzentren unterscheidet, erlebte ab den 1860er Jahren verschiedene Strömungen. Etwas später als in West- und Mitteleuropa bewegte sich gegen Ende des Jahrhunderts eine große Zahl von Männern landesintern in die Zentren nach Moskau und Sankt Petersburg. Sie ließen ihre Frauen auf dem Dorf zurück, so dass viele faktisch getrennt lebende Familien entstanden, die man als «proletarisch-bäuerlich» (Robert E. Johnson) bezeichnen kann und die von genderspezifischen Migrationserfahrungen gekennzeichnet waren. 1897 waren fast drei Viertel der eine Million Einwohner Moskaus zugewandert, in Sankt Petersburg lag der Anteil bei 70 Prozent der 1,25 Millionen dort Lebenden (Barbara A. Anderson). In die neu entstehenden russischen Industriegebiete des Bergbaus und der Eisen- und Stahlherstellung im mittleren Uralgebiet und am südlichen Don hingegen wanderten Männer und Frauen meist gemeinsam.

Ein weiterer Zweig der großen Wanderungsbewegung in Osteuropa war kolonialer Natur. Er führte Siedler, Händler und Staatsbedienstete Richtung Osten. Zwischen 1851 und 1914 migrierten insgesamt etwa sechs Millionen Menschen aus Russland und der Ukraine nach Sibirien, über vier Millionen davon nach 1891. Dies geschah, anders als in den Jahrzehnten zuvor, in der großen Mehrzahl freiwillig, denn nach 1900 betrug der Anteil der zwangsweise ins Exil verschickten Personen nur 1,7 Prozent der neuen Zuwanderer. Die einheimische sibirische Bevölkerung wurde als Folge der Kolonisationsbewegung zur Minderheit. Stellte sie um 1800 noch die Hälfte aller Bewohner, machte sie 1911 nur noch ein Zehntel der auf 9,4 Millionen gestiegenen Gesamtbevölkerung Sibiriens aus. Im Fernen Osten stieß Russland direkt an China. Daher lebten in Städten wie dem 1858 gegründeten Blagoweschtschensk am linken Ufer des Amur, das 1913 etwa 70 000 Einwohner hatte, viele chinesische Migranten. Chinesische Kontraktarbeiter wurden auf den Goldfeldern des Amur-Gebietes beschäftigt, und sie schufteten neben deutschen und italienischen Fachkräften beim Bau der Transsibirischen Eisenbahn.

Sibirien war somit im Laufe des 19. Jahrhunderts neben Nordamerika, Australien und Neuseeland zu einer der großen europäischen Siedlungskolonien geworden. Erwähnt werden sollte noch West-Turkestan, d. h. das Gebiet zwischen Kaspischem Meer, Persien, Afghanistan und dem Chinesischen Reich, wohin weitere vier Millionen zogen. Die Voraussetzung für die russische Siedlungskolonisation bildete erstens die Bauernbefreiung, die 1861 – allerdings nicht mit diesem Ziel – in Gang gebracht worden war. Für die ehemaligen Leibeigenen galt seither prinzipiell die Freizügigkeit, ohne dass sie damit völlig unabhängig wurden. Sie erhielten einen kleinen Grundbesitz, wurden aber zur Zahlung einer Ablöse an die Grundherren verpflichtet. Auch blieben die Männer bis 1903 Teil der Steuergemeinde, solange sie Landrechte beanspruchten. Sie mussten daher einen Wanderpass erwerben, wenn sie sich entfernen wollten. Die Bevölkerungszunahme, die zweite Voraussetzung für die Siedlerbewegung, verminderte in den Herkunftsgebieten die Ackergröße im Verhältnis zur Zahl der Familienmitglieder, so dass der Anreiz wuchs, sich anderswo im Osten Land oder Arbeit zu suchen.

Schließlich gab es eine weitere Wanderungsbewegung, die ab 1860 aus dem Russischen Reich führte, und zwar in die entgegengesetzte Richtung, gen Westen. Sie verband das russisch-sibirische mit dem atlantischen Migrationssystem. Einen prominenten, wenn auch quantitativ relativ geringen Anteil der Westbewegung in die Schweiz, nach Deutschland und Paris machten politische Exilanten aus Polen und Russland sowie ab den 1880er Jahren Studentinnen aus, die in der Heimat nicht zur Universität zugelassen wurden. Rosa Luxemburg (1871–1919) gehörte in diese Gruppe. Sie wurde in Zamość in Russisch-Polen als Tochter eines wohlhabenden jüdischen Holzhändlers geboren, absolvierte 1888 die Reifeprüfung. Ihr drohte aufgrund der Mitgliedschaft in der verbotenen polnischen Arbeiterpartei «Proletariat» die Verhaftung, so dass sie nach Zürich ging, um in dem international geprägten Zentrum zu studieren. Neben den Exilanten lebte dort eine beträchtliche Zahl von ausländischen, insbesondere weiblichen Studierenden. Der Anteil der Frauen aus Russland, die überwiegend Medizin studierten, lag in Zürich zwischen 1882 und 1913 bei einem Drittel bis zur Hälfte aller eingeschriebenen Ausländer. Bei einem Ausländeranteil von mehr als 50 Prozent (!) aller Studierenden hatte die Schweiz 1910 daher mit mehr als einem Fünftel den höchsten Frauenanteil unter den Universitätsstudenten in Europa, ohne dass dies die Schweizerinnen selbst besonders fortschrittlich machte. Rosa Luxemburg studierte Staatswissenschaften und wurde 1897 mit einer Dissertation über Polens industrielle Entwicklung bei dem bereits erwähnten, damals noch in der Schweiz lehrenden und später an der Charlottenburger Hochschule tätigen Nationalökonomen Julius Wolf promoviert. 1898 erwarb sie durch eine Pro-forma-Heirat die preußische Staatsbürgerschaft und konnte so nach Berlin ziehen, wo sie in der deutschen Sozialdemokratie aktiv wurde.

Wesentlich umfangreicher als die akademische und politische Migration waren die Arbeitsmigration von überwiegend polnischen Landarbeitern ab 1880 und vor allem die jüdische Abwanderung aus Osteuropa. Am Ende des 19. Jahrhunderts lebten über fünf Millionen Juden in Russland, vornehmlich in Litauen, Russisch-Polen, Weißrussland und der Ukraine. Sie sahen sich wachsender Diskriminierung und Verfolgung ausgesetzt. Schon 1835 beschränkte die Zarenregierung ihr Ansiedlungsrecht auf die genannten Gebiete. Im Zuge von Pogromen zwischen 1881 und 1884 wurde eine halbe Million per Gesetz vom Land in die Städte vertrieben. 1891 siedelte die Regierung gut 22000 jüdische Familien zwangsweise aus Sankt Petersburg und Moskau aus. 1903 bis 1906 folgte eine zweite Serie von Pogromen, die im bessarabischen Kishinev ihren Anfang nahm. Im Zusammenspiel mit der wirtschaftlichen Lage resultierten die Verfolgungen unmittelbar in der Auswanderung über Westeuropa in die USA. Walter Nugent hat die Zahl der jüdischen Einwanderer, die vor 1914 aus Russland in die USA kamen, auf mehr als 1,5 Millionen Menschen beziffert, mit einem Höhepunkt nach 1905. Aus ganz Osteuropa einschließlich Österreich-Ungarns und Rumäniens überquerten über zwei Millionen Juden den Atlantik. Im Unterschied zu anderen Auswanderergruppen kehrte kaum einer von ihnen zurück. Und nur ein geringer Anteil derjenigen, die Russland verließen, wurde auf dem Weg in die Auswandererhäfen des Deutschen Reichs oder Englands dauerhaft in Westeuropa ansässig. Ihre fremde Erscheinung, ihre Lebensformen und ihre konzentrierte Niederlassung, etwa im Berliner Scheunenviertel und im Londoner East End, ließ diese jüdische Zuwanderung allerdings besonders auffallen, so dass sie unter anderem als Anlass für fremdenfeindliche und offen antisemitische Debatten diente. Die Berichte über die üblen Verfolgungen in Russland bildeten darüber hinaus einen wesentlichen Faktor in der Formierung des Zionismus als jüdische National- und auch Siedlungsbewegung und damit für die Idee zu einer besonderen kolonialen Siedlungsform außerhalb Europas.

Atlantische Wanderungswellen: Das atlantische Migrationssystem kennzeichnete während der zweiten Hälfte des 19. Jahrhunderts eine außergewöhnlich hohe Mobilität. Es gilt im populären Verständnis als die «klassische» Auswanderung, war aber nur eine Form des vielfältigen Phänomens. Bei der atlantischen Wanderung lassen sich mehrere Wellen unterscheiden. Insgesamt wird die Zahl der Auswanderer im Zeitraum von 1815 bis 1930 auf bis zu 60 Millionen, einschließlich der Rückkehrer, geschätzt. Sie verteilten sich in den Zielgebieten etwa zu 72 Prozent auf die USA und Kanada, zu 21 Prozent auf Südamerika (hauptsächlich Argentinien und Brasi-

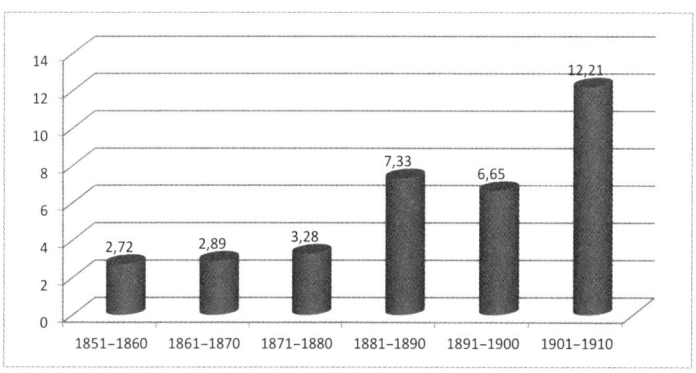

Schaubild 2: Überseeauswanderung aus Europa 1850–1910
Quelle: Wolfram Fischer u. a. (Hg.), Handbuch der Europäischen Wirtschafts- und Sozialgeschichte, Bd. 5, Stuttgart 1985, S. 29.

lien) und zu 7 Prozent auf Australien und Neuseeland. Ab der ersten Auswanderungswelle von 1846 bis 1850 hielt die Massenbewegung an und steigerte sich bis zum Ersten Weltkrieg stetig (vgl. Schaubild 2). Eine zweite Welle folgte nach Ende des Amerikanischen Bürgerkriegs 1866 bis Mitte der 1870er Jahre, die dritte setzte 1880 ein und dauerte bis 1890 an. Schließlich steigerte sich die Massenauswanderung zwischen 1900 und 1915 nochmals. Im Durchschnitt kamen nun jedes Jahr über 1,3 Millionen Europäer über den Atlantik. Nach der Unterbrechung durch den Ersten Weltkrieg folgte 1920 bis zur Weltwirtschaftskrise eine letzte, vierte Welle, die nochmals die Höhe der 1880er Jahre erreichte.

Offensichtlich von den atlantischen Wirtschaftskonjunkturen beeinflusst, lagen die Gründe für die Auswanderungswellen wesentlich in europäischen Bedingungen und Entwicklungen. Das lässt sich an der veränderten Herkunft der Auswanderer im Laufe der fast sieben Jahrzehnte vor dem Ersten Weltkrieg erkennen. Zunächst stammten die Emigranten überwiegend von den Britischen Inseln und aus Deutschland, ab 1880 setzte die Auswanderung aus Süd-, Südost- und Osteuropa ein, woher dann im Jahrzehnt von

1901 bis 1910 zwei Drittel der Auswanderer kamen. Diese Verschiebung lässt sich an ausgewählten Ländern veranschaulichen (siehe Schaubild 3). Die absoluten Zahlen für die Britischen Inseln (ohne Irland) sind etwas überhöht, weil hier alle Passagiere gezählt wurden, nicht nur solche, die sich als Auswanderer bezeichneten. Sie belegen in der Tendenz aber eine durchgängig hohe Emigration: In den 1880er Jahren verließen jährlich über eine Viertelmillion Menschen die Inseln. Bis in dieselbe Dekade stellten die deutschen Länder die zweithöchste Anzahl mit 134 000 pro Jahr. Frankreich bildete im 19. Jahrhundert, entsprechend seinem geringen natürlichen Bevölkerungswachstum, durchgehend die europäische Ausnahme, weil von dort kaum jemand auswanderte. Italien hingegen nahm nach 1900 mit durchschnittlich mehr als 360 000 Auswanderern pro Jahr die europäische Spitzenposition ein.

Um die Bedeutung der Überseeauswanderung für Europa selbst gewichten zu können, sollten die Emigranten in Relation zur jeweiligen Bevölkerungszahl gesehen werden, denn die absoluten Zahlen lassen einige kleinere Staaten, in denen die Auswanderung sich quantitativ verhältnismäßig stark auswirkte, aus dem Blick geraten. Im jährlichen Durchschnitt überstieg die Auswandererrate bis in die 1880er Jahre nur in Irland mit 1,4 Prozent die Marke von einem Prozent der Bevölkerung; in Norwegen wurde sie in derselben Dekade mit 0,95 Prozent fast erreicht. Für das Jahr 1913 liegen über einem Prozent die folgenden Staaten: Spanien (1,05 Prozent), Portugal (1,3 Prozent) und Italien (1,6 Prozent). Zum Vergleich: In den beiden Ländern mit den hohen absoluten Zahlen der ersten Dekaden nach 1850 betrug die Auswanderrate in Großbritannien 0,5 Prozent und in Deutschland auf dem Höhepunkt in den 1880er Jahren nur 0,28 Prozent.

Wollen wir die Wirkungen der atlantischen Überseeauswanderung in Europa beurteilen, dann sind die eben genannten Proportionen auch mit der innereuropäischen und innerstaatlichen Wanderung zu vergleichen. Letztere betraf ein Drittel bis die Hälfte der Bevölkerung, war also für die Lebenserfahrung einer ungleich größeren Zahl von Menschen prägend als die Überseeauswande-

1. Bevölkerungsbewegungen

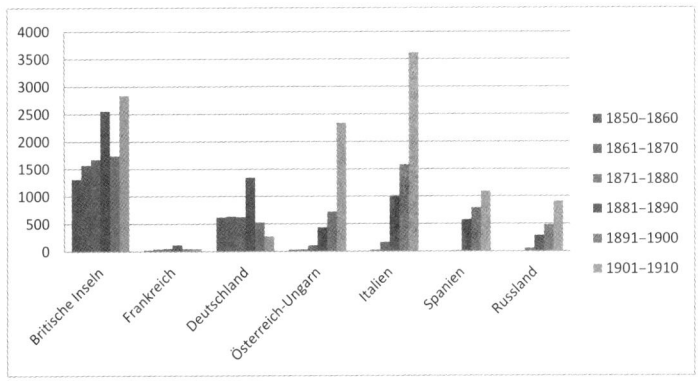

Schaubild 3: Durchschnittliche Überseeauswanderung aus ausgewählten Ländern
Quelle: Wolfram Fischer u. a. (Hg.), Handbuch der Europäischen Wirtschafts- und Sozialgeschichte, Bd. 5, Stuttgart 1985, S. 29.

rung. Bedacht werden sollte allerdings, dass die Auswandernden überwiegend Einzelwanderer waren, also Angehörige zurückließen, für welche die atlantische Emigration damit indirekt Bedeutung erlangte, sei es, weil weniger Mägen gefüllt werden mussten oder weil später Transferzahlungen eintrafen und Nachrichten über das Schicksal der Wanderer sowie über Land und Leute jenseits des Atlantiks eintrafen. Dies regte manche Daheimgebliebene zum Nachzug an. Eine Charakterisierung der gesamteuropäischen Wanderungserfahrung als globalisiert verkennt, dass die innereuropäische, regionale Mobilität nach Volumen und Auswirkungen für Europa signifikanter war als die Migration nach Übersee.

Auch eine gesellschaftliche Differenzierung ist notwendig, denn die Überseeauswanderung war überwiegend eine Erfahrung junger Männer, vor allem im Fall der südeuropäischen Migranten. Der Männeranteil unter italienischen Migranten lag zwischen 70 und 85 Prozent, unter portugiesischen erreichte er fast 90 Prozent. Hierbei handelte es sich offenbar auch um einen großen Anteil transatlantisch saisonal beschäftigter Erntearbeiter im südamerikanischen

Getreide- und Kaffeeanbau, die immer wieder in ihre südeuropäische Heimat zurückkehrten. In den meisten anderen Ländern betrug der Männeranteil unter den Migranten bis zu zwei Drittel. Umgekehrt hieß dies aber, dass sich doch gleichzeitig eine bemerkenswerte Zahl von jungen Frauen aus den heimatlichen Bindungen löste und auswanderte. Sie taten dies häufig schrittweise, indem sie zunächst als Dienstmägde eine Beschäftigung in der Stadt aufnahmen und dann später mit Hilfe von Erspartem die Überfahrt in Angriff nahmen. In bürgerlichen Kreisen, die sich für das Wohl der unteren Klassen engagierten, rief das eigenständige weibliche Handeln moralische Bedenken sowie Hilfs- und Kontrollmaßnahmen hervor. Informations- und Aufklärungsliteratur zu Risiken und Finanzierung wurde erstellt, Unterstützungsbüros in Städten eingerichtet. Besondere öffentliche Aufmerksamkeit erregte die organisierte Prostitution, die europäische Frauen vor allem aus dem habsburgischen Galizien, Russisch-Polen, Rumänien und aus Frankreich sowie teilweise auch aus Spanien und Italien in ebenjene Gebiete führte, wohin überwiegend «weiße» Männer abwanderten und wo eine «Nachfrage» nach nicht einheimischen Frauen bestand. Eine westliche Route führte nach Bahia, Rio de Janeiro und Buenos Aires, eine östliche – über Port Said – nach Bombay, Kalkutta und Rangoon und weiter bis nach Shanghai, Hongkong und Tientsin. Zeitgenössisch wurde das internationale Prostitutionsnetzwerk als «white slavery», «traité des blanches» und «Mädchenhandel» bezeichnet. Wie der Historiker Harald Fischer-Tiné erläutert, verbargen sich hinter dieser Kennzeichnung je nach Ort und Vorgeschichte unterschiedliche Formen der Ausbeutung von Frauen aus den verarmten Gegenden Europas, gelegentlich wohl auch Möglichkeiten zur weiblichen Eigenständigkeit in einem harten Gewerbe.

Die Bekämpfung dieser Form weitgehend «unfreier» Migration und des moralischen Übels der Prostitution entwickelte sich ab Mitte der 1880er Jahre von Großbritannien aus. Die bürgerlichen Gegnerinnen stammten aus der christlich und frauenrechtlich inspirierten, sozialreformerischen Bewegung des sogenannten Abolitionismus. Diese hatte sich seit den 1860er Jahren zunächst – in Anlehnung an die Bewegung zur Abschaffung der Sklaverei – gegen die staatliche Duldung von Prostitution, polizeiliche Zwangsuntersuchungen und die öffentliche Doppelmoral gerichtet. Nach erfolgreicher Durchsetzung von nationalen Reformen wandten sich die überwiegend weiblichen Aktivistinnen mit der Bekämpfung des Mädchenhandels einer neuen, internationalen Aufgabe zu und knüpften Kontakte in andere europäische Länder. In Deutschland wurde 1899 ein Deutsches Nationalkomitee zur Bekämpfung des internationalen Mädchenhandels gegründet. In ihm fanden sich Vereine zusammen, die in Sittlichkeitsfragen, Jugendarbeit und Frauenhilfe tätig und dabei auf das Problem des Mädchenhandels aufmerksam geworden waren. Neben Innerer Mission und Caritas beteiligte sich ein Jüdisches Komitee. Ab 1899 kooperierten die verschiedenen nationalen Vereinigungen in einer Folge von internationalen Kongressen, richteten eine Art Suchdienst ein und brachten ihre jeweiligen Regierungen dazu, in zwischenstaatlichen Abkommen 1904 und 1910 Gegenmaßnahmen zu vereinbaren. Die Massenmigration europäischer Unterschichten war so gleichsam spiegelbildlich Anstoß zur Ausbildung transnationaler bürgerlicher Verbindungen und Organisationen. Sie sorgte für die allmähliche Etablierung sozialpolitischer Politikfelder auf internationaler Ebene, die nach dem Weltkrieg im Rahmen des Völkerbunds ausgebaut werden sollten. In der öffentlichen Debatte um den Mädchenhandel manifestierte sich zugleich der (unerfüllte) Anspruch an das «zivilisierte» Selbstverständnis der europäischen Männer, die in der Welt unterwegs waren und nicht den zeitgenössischen Erwartungen an zivilisiertes Verhalten gegenüber Frauen entsprachen, sondern doppelte, ortsabhängige ethische Standards an den Tag legten.

Migration war ein Geschäft. Das zeigte nicht nur der zahlenmäßig kleine, öffentlich aber viel beachtete Mädchenhandel. Von der Überseewanderung profitierten Eisenbahnunternehmen, Hafenstädte und Schifffahrtsgesellschaften. Die starke Auswanderung aus Deutschland trug viel zum Aufstieg des Hamburger und besonders des Bremer Hafens bei, dessen steter Ausbau ab den 1890er Jahren von der Durchreise der osteuropäischen Emigranten getragen wurde. Auf den Britischen Inseln war Liverpool vor Glasgow und Southampton der Hafen mit der höchsten Zahl von Auswanderern. In Italien spielte Neapel, gefolgt von Genua und Palermo, die Hauptrolle. Vor Ort lebten Herbergen, Pensionen und billige Hotels von den Ausreisenden. Die Auswanderung beflügelte die Gewinne der Schifffahrtslinien Cunard, White Star Line, Hapag, Norddeutscher Lloyd und Navigazione Generale Italiana. Die nordeuropäischen Linien konkurrierten mit niedrigen Preisen um die osteuropäischen Überseeauswanderer, denn um die Jahrhundertwende handelte es sich um ein Massengeschäft, für das sich hohe Investitionen in schnellere, größere und spezielle Dampfschiffe lohnten. Von dem Verkehr versuchten auch kommerzielle Agenten zu profitieren, die Migranten in ihren Heimatregionen, auch mit unlauteren Mitteln, anwarben.

Regulierte Freizügigkeit
Die Emigration beruhte auf der weitgehenden Freizügigkeit der Menschen. Im Zuge der ost- und südeuropäischen Auswanderungswellen am Ende des Jahrhunderts wurden allerdings mancherorts neue Regulierungen und Kontrollen eingeführt. Die «Grenzen der Freizügigkeit» (Christiane Reinecke) wurden für Auswanderer und für Arbeitsmigranten aus mehreren Gründen enger gezogen. Erstens spielten medizinische Befürchtungen eine Rolle. Im August 1892 brach in Hamburg die Cholera aus, weil die Stadt bis dahin nicht in eine angemessene Trink- und Abwasserversorgung investiert hatte. Der Ausbruch wurde mit den Überseeauswanderern in Verbindung gebracht, die aus Gebieten Russlands, wo die Seuche früher im Jahr gewütet hatte, im Transit an die Elbe kamen. In den folgenden Jahren entstand ein ausgefeiltes System von Kontroll- und Desinfektionsstationen an den preußischen Grenzen zu Russland und Österreich-Ungarn. Die Stadt Oświęcim, deutsch Auschwitz, im österreichischen Galizien war einer der Eisenbahnknoten, an dem Auswanderbüros öffneten. Staat, Eisenbahngesellschaften

und die privaten Schifffahrtsunternehmen arbeiteten eng zusammen. Letztere finanzierten sogar die Gesundheitsuntersuchungen an den östlichen Grenzen, denn sie waren schon seit 1891 von amerikanischer Seite her verpflichtet, Kranke und potentielle Fürsorgefälle auf ihre Kosten wieder zurückzutransportieren, wenn ihnen in den USA die Einreise verweigert wurde. Die osteuropäischen Auswanderer, die eine Schiffsfahrkarte vorweisen mussten, wurden in separaten Zugwaggons nach Bremen oder Hamburg transportiert, dort erneut ärztlich untersucht und dann nach Übersee oder England eingeschifft. In England gab es ähnliche Separierungs- und Desinfektionsmaßnahmen für die Transitreisenden. 1905 wurde dort im Aliens Act erstmals die gesetzliche Möglichkeit geschaffen, Erkrankten die Einreise in das Land vollständig zu untersagen. Das Gesetz wandte sich hauptsächlich gegen sozial unerwünschte Migranten, d. h. solche, die der englischen Fürsorge zur Last fallen könnten. Die sozialpolitisch motivierte Exklusion bildete in England und anderswo nach den medizinischen Befürchtungen den zweiten Hauptgrund für die stärkere Regulierung von Einwanderern. Die Sorge um die Kosten, aber auch um den sozialen Frieden und die Ordnung ließ eine selektive Zuwanderung und gegebenenfalls auch Ausweisungen wünschenswert erscheinen. Hier wirkte auf nationalstaatlicher Ebene auch die herkömmliche Vorstellung weiter, dass für Bedürftige immer die Heimat-«Gemeinde» zuständig sei. Schließlich spielten drittens fremdenfeindliche Stimmungen eine Rolle, in denen sich der Hygienediskurs oft mit sozialen und ethnischen Stereotypen zum bedrohlichen Bild beispielsweise des «schmutzigen», «mittellosen» irischen und später russisch-jüdischen Migranten verband.

Die Regulierungsbemühungen, die gegen Ende des 19. Jahrhunderts im staatlich-privaten Zusammenspiel die Freizügigkeit zu kontrollieren suchten, waren in der Praxis nur teilweise wirksam. Sie konnten, weil der staatliche Zugriff auf Individuen nirgends umfassend war, weder an den offenen Grenzen noch im Landesinnern, von den Betroffenen umgangen werden. Gleichzeitig gab es mächtige Interessen, die eine Fortsetzung der transnationalen Wanderungsbewegung wünschten. Die Vereinigten Staaten und andere Zuwandergebiete wollten weiterhin Menschen aufnehmen, sie allerdings nach sozialen und teilweise ethnischen Kriterien auswählen. Und die Schifffahrtsgesellschaften wollten weiter Profit machen. Die Zahl der in den Häfen diesseits und jenseits des Atlantiks Zurückgewiesenen blieb daher sehr niedrig. In Europa stellten Arbeitgeber in bestimmten Branchen die Migranten gerne zu billigeren Löhnen ein oder kamen ohne sie gar nicht aus. Ein Beispiel für die widersprüchlichen Anliegen in der Migrationskontrolle war die Beschäftigung von polnischen Landarbeitern auf den Gutshöfen im östlichen Preußen. Während einerseits die «Germanisierung» der Gebiete, in denen Polen eine Minderheit stellten, von staatlicher Seite über Ansiedlungs-, Sprach- und Kirchenpolitik betrieben wurde, bewirkte die Abwanderung deutscher Landarbeiter aus den ostelbischen Provinzen in die westlichen Industriegebiete für die preußischen Junker andererseits einen zunehmenden Mangel an Arbeitskräften. Sie glichen ihn durch polnische Wanderarbeiter von jenseits der russischen Grenze aus und konterkarierten damit teilweise die Germanisierungspolitik. Zwischen 1885 und 1890 hatte die staatliche Nationalitätenpolitik Priorität, und die Arbeitsmigranten wurden nicht mehr zugelassen. Doch die preußischen Landwirte setzten ab 1890 ihre Interessen wieder durch, so dass Polen erneut einreisen durften. Allerdings wurde ihre Beschäftigung fortan stärker reguliert: unter anderem durch die Antragspflicht der Gutsbetreiber und einen jährlichen Rückkehrzwang. Diese Maßnahmen waren ethnisch-national bestimmt, denn sie betrafen nur polnische, nicht andere Arbeitskräfte. Auch in diesem Bereich wurden die Kontrollen in der Praxis vielfach sowohl von Seiten der polnischen Arbeiterinnen und Arbeiter als auch von den preußischen Betriebsleitern unterlaufen und von der lokalen Polizei nicht immer konsequent durchgeführt.

Insgesamt belegt auch das preußisch-polnische Beispiel, dass die transnationale Migration in Europa, sofern sie vorübergehende Arbeitswanderung und Überseemigration war, trotz der Einführung von Kontrollen und Regulierungen bis 1914 weitgehend unbehindert von staatlichen Eingriffen im Sinne einer effektiven Steuerung oder gar Verhinderung verlief. Die dauerhafte Niederlassung in einem anderen Land wurde in bestimmten Fällen allerdings schwerer gemacht. Hierbei spielten sozial- und gesundheitspolitische Argumente eine wesentliche Rolle und reflektierten damit indirekt auch die Sorge der politischen und gesellschaftlichen Führungsschichten um die Verbesserung der schlechten Lebensbedingungen vor allem in den schnell gewachsenen urbanen Zentren. Durch die Kontrolle oder den Ausschluss unerwünschter Fremder glaubten manche, die Probleme verringern zu können. Die praktischen Bemühungen wurden wesentlich von neuen Gesundheitsexperten und Beamten ausgestaltet, die eng mit Sozialreformern und privatwirtschaftlichen Unternehmen kooperierten. Das technisch-organisatorische Wissen, das sie ansammelten und anwandten, war von bürgerlichen Wertvorstellungen geprägt. Die Unterschichten sollten materiell, körperlich, moralisch und seelisch gehoben werden. Die mobilen Männer und Frauen wurden nach entsprechenden Kriterien durch zumeist religiöse Hilfsvereine und öffentliche Einrichtungen unterstützt oder aber eben auch vom «Genuss» dieser sozialen Disziplinierung ausgeschlossen.

Ein neues Ausschlusskriterium im späten 19. Jahrhundert war die ethnische Zugehörigkeit, die existierende nationale Gemeinschaftskonstruktionen radikalisierte, indem sie den kulturellen Merkmalen eine Abstammungsfiktion hinzufügte. In öffentlichen Debatten konnte sie entweder in Fremdbildern – wie dem «polnischen» oder «russischen» Juden und dem «irischen Trunkenbold» – die sozialen, gesundheitlichen, konfessionellen oder moralischen Befürchtungen bündeln oder diesen auch nur zugrunde liegen, ohne offen genannt zu werden. Die nationalitätenpolitisch beeinflusste Regulierung polnischer Landarbeiter in Preußen ist ein Beispiel für die ansatzweise Umsetzung von Vorstellungen einer ethnisch homogenen Bevölkerung in einem staatlichen Territorium. In der Form von Verfolgungen manifestierte sich dieses Konzept in den Pogromen gegen Juden im Russischen Reich. Ethnisch-religiös begründete Massenvertreibungen waren ansonsten in dieser Zeit auf dem Balkan bekannt. Sie richteten sich im Russisch-Türkischen Krieg 1877 gegen Muslime sowie in den nachfolgenden staatlichen Neuordnungen und später in den Balkankriegen von 1912/13 wiederum gegen Muslime unterschiedlicher ethnischer Zugehörigkeit, aber auch gegen Angehörige benachbarter christlicher Völker – Griechen, Bulgaren und andere –, die durch Grenzverschiebungen in ihrer bisherigen Heimat zu Minderheiten geworden waren. Im Osmanischen Reich gab es 1894 bis 1896 größere Massaker an Armeniern, die während des Ersten Weltkriegs – befeuert vom jungtürkischen Nationalismus – in Massendeportation und Völkermord mündeten. Sieht man in den Vertreibungen und Massenfluchten nur Vorboten des nationalistischen 20. Jahrhunderts, erscheint die Migrationserfahrung vor dem Ersten Weltkrieg in weiten Teilen Europas insgesamt überaus freizügig. Sie war es aber offensichtlich nicht für alle Europäer und nicht dauerhaft. Es kam darauf an, wann und von wo aus jemand aufbrach, mit welchen Finanzmitteln ausgestattet und ob Mann oder Frau: Diese Faktoren bestimmten, wie groß das Maß der Freizügigkeit war und wie eng die Grenzen sowohl zwischen Staaten als auch vor Ort, etwa im Ausländerrecht und durch Ausweisungen, gezogen waren.

Kolonial-imperiale Migrationen
Die Überseewanderungen und die kontinentale Wanderung nach Sibirien wirkten sich jenseits Europas aus. Die Millionen Auswanderer in die Vereinigten Staaten bildeten die Grundlage für die Westexpansion des Landes auf dem nordamerikanischen Kontinent. Siedlungskolonien, in denen europäische Einwanderer die rassistisch strukturierten Gesellschaften mit dualen Rechtsordnungen dominierten, waren das britische Kanada, Australien, Neuseeland und das russische Sibirien, ferner in Afrika das französische Algerien, das britische Kenia und Süd-Rhodesien sowie das portugiesische Angola und Mosambik. In den USA, den britischen Dominions und Sibirien verdrängten Einwanderer europäischer Herkunft die einheimische Bevölkerung fast vollständig. Jürgen Osterhammel unterscheidet die «neu-englische» Kolonisation, die

ihren Arbeitskräftebedarf von außen durch stete Einwanderung deckte, von der «afrikanischen» Kolonisation, die zwar auch eine substantielle Einwanderung kannte, aber weiterhin auf die einheimischen Arbeiter und Arbeiterinnen angewiesen blieb. Beide Typen kannten auch die Anwerbung von asiatischen Kontraktarbeitern und Migranten in substantieller Zahl. In der zweiten Hälfte des 19. Jahrhunderts kennzeichneten demnach insgesamt die freiwillige Ansiedlung und die sowohl binnen- als auch exportmarktgetriebene Wirtschaftsweise die Entwicklung in den europäischen Siedlerkolonien. Es handelte sich nicht um entsandte Siedler.

Tatsächlich gab es vor allem um die Rechte der Einheimischen am Landbesitz immer wieder Konflikte der Siedler mit den imperialen Zentren und den Gouverneuren vor Ort. Die politische Autonomie der europäischen Siedlungskolonien reichte unterschiedlich weit. Nimmt man die Vereinigten Staaten mit in den Blick, war sie dort schon seit der Revolution im 18. Jahrhundert vollständig. In Südafrika erklärten sich die Buren-Republiken 1852/54 für unabhängig, wurden dann 1902 nach dem verlorenen Krieg ins britische Empire eingegliedert und bildeten 1910 Teil des Dominions der Südafrikanischen Union. Den Status als Dominion im britischen Empire besaß Kanada bereits seit 1867, Australien und Neuseeland erlangten ihn 1907. Die europäischen Siedlerkolonisten hatten damit diese kolonialen Staaten übernommen und blieben lediglich äußerlich unter dem Dach des Empires. Anders verhielt es sich in Algerien, wo die 1848 eingerichteten Departements in der Pariser Nationalversammlung vertreten waren. Gleichwohl war die europäische Vorherrschaft in ihnen prekärer als in den britischen Dominions, denn sie blieben wie die übrigen genannten afrikanischen Siedlungskolonien angesichts der Bevölkerungsverhältnisse auf die militärische Präsenz der jeweiligen Metropole angewiesen. Keine politische Mitsprache oder gar eine halbautonome Stellung genossen die russischen Siedler in Westsibirien und Asien, deren Expansion besser als Grenzkolonisation zu begreifen ist.

Der Traum eines Neuanfangs oder besseren Lebens in den Kolonien war im 19. Jahrhundert insofern auch *europäisch*, als sich in den Kolonien Menschen unterschiedlicher nationaler Herkunft niederließen und zusammenfanden. Dies traf in Australien und Neuseeland zu, wohin u. a. viele Iren zogen; selbstverständlich war die vielfältige Herkunft in den Vereinigten Staaten, historisch bedingt auch in Kanada und in Südafrika. Im französischen Algerien siedelten lange mehr Spanier, Italiener und Malteser als Franzosen. Erst als Folge eines Gesetzes von 1889, das alle in Algerien geborenen Kinder von Europäern, egal welcher Herkunft, automatisch als Franzosen naturalisierte, stellten französische Staatsbürger auf Dauer die Mehrheit unter den Europäern. Noch 1911 lebten dort aber fast 200 000 Angehörige anderer europäischer Nationalität und nur 560 000 «Français d'origine et Français naturalisés». Die nordafrikanischen «indigènes» zählten hingegen 4,7 Millionen Menschen. Vor dem Ersten Weltkrieg nährte die gemischte Zusammensetzung und unterschiedliche Herkunft der europäischen Siedler noch Sorgen um die Loyalität gegenüber dem französischen Staat. Doch 1922 glaubte Victor Demontès, ein Ökonom und Gymnasialprofessor in Algier, in den gemeinsamen Kämpfen gegen die indigenen Stämme und gegen die Natur, der gemeinsamen Sozialisation in Schule und Kaserne, vor allem aber im «génie civilisateur» Frankreichs die Garantien für die wirtschaftliche Zukunft der Siedlungskolonie zu erkennen. Sein engagierter Rückblick verdeckte allerdings die gesellschaftlichen Spannungen und ethnischen Hierarchisierungen, die zwischen Siedlern verschiedener Herkunft in allen europäischen Kolonien existierten.

Verglichen etwa mit den Verhältnissen in Deutsch-Ostafrika und Südwestafrika, weist das Beispiel Algerien auf die stärkere Assimilationskraft der französischen Kolonialpraxis und Zivilisierungsideologie hin. Vor allem aber belegt es die überall beobachtbaren europäischen «imperialen Identitäten» (Patricia Lorcin), die sich, zivilisationsmissionarisch oder rassistisch begründet, von der «indigenen» Bevölkerung abgrenzten. Für das europäische Selbstverständnis waren neben den Siedlern auch die imperialen Arbeitsmigranten bedeutsam. Gemeint sind die Kolonialbeamten, Soldaten, Missionare und Lehrer, die Händler, Geschäftemacher, Entdecker und Wissenschaftler. Ihre Tätigkeit in den verschiedenen Kolonialgebieten ist in diesem Zusammenhang nebensächlich. Hier interessiert vor allem, dass sie zwischen Metropole und Kolonien hin- und herwanderten und sich in verschiedenen Imperien aufhielten. Es handelte sich nur zum Teil, vor allem bei den Soldaten, um Unterschichten. Oft waren die imperialen «Boten» bürgerlicher, manchmal auch adeliger Herkunft oder besaßen entsprechende Aspirationen. Ihre imperialen Lebenserfahrungen und deren breite publizistische Darstellung für Erwachsene und Kinder in Unterhaltungsmedien wie in politischen oder wissenschaftlichen Formen leisteten im späten 19. Jahrhundert einen wesentlichen Beitrag zur Ausbildung eines europäischen Selbstverständnisses. Über die Abgrenzung vom fremden Anderen, dem sie in der Welt begegneten, beschrieben sie das Europäische vor allem als «weiß», «zivilisiert» oder – in Abgrenzung von alten Zivilisationen wie China oder Indien – als «fortschrittlich». Das gelang, auch wenn und vielleicht gerade weil die Realität vielfach eine andere war. Bereits zeitgenössische Kritiker beklagten gemischte Partnerschaften, Trunkenheit und die vielen gescheiterten Existenzen sowie die Anwendung von körperlicher oder sexueller Gewalt und die brutale, europäische Normen verletzende Kriegsführung. Dennoch waren diese imperialen Arbeitsmigranten der Jahrzehnte vor dem Ersten Weltkrieg für ein gemeinsames europäisches Selbstbild ungeachtet ethnischer Hierarchien und nationaler Konkurrenz von prägender Bedeutung. Sie nährten die Vorstellung europäischer Überlegenheit, die teilweise rassistisch, teilweise zivilisatorisch begründet wurde. Daran knüpften sich unterschiedliche handlungsleitende Normen. Die imperiale Expansion bildete kämpferische Ideale von europäischer «Männlichkeit» aus, die lange fortwirkten. Andere «Rassen» galten als minderwertig und mussten bekämpft und unterdrückt werden. Wer hingegen der Idee der Zivilisierungsmission anhing, sah die fremden Völker nur als momentan unterlegen an und der europäischen Hilfe bedürftig. Fortschritt schien nicht nur in Europa erreichbar, sondern zumindest in der Theorie langfristig auch in den Kolonien machbar. Sofern europäische Frauen an der kolonial-imperialen Migration teilhatten, stellten ihre Beziehungen zu Männern, ihre gesellschaftlichen Aufgaben sowie die Sorge für Kinder ein Feld dar, auf dem Geschlechterbeziehungen, Erziehungsfragen und persönliche wie soziale Identitäten in der Praxis verhandelt wurden. «Imperiale Familien» (Elizabeth Buettner) etwa entwickelten spezifische Werte, Vorstellungen und Handlungsmuster, die unter anderem durch die Mobilität zwischen Europa und den Kolonien im Rahmen der Schulbildung ausgebildet wurden.

Die Idee der Siedlungskolonie bewegte Europäer in der zweiten Hälfte des 19. Jahrhunderts nicht nur im gängigen Verständnis des imperialistischen Zeitalters. Auch alternative Gesellschaftsmodelle oder die Suche nach einem Staatsgebiet für eine «altneue» Nation regten die Phantasie Auswanderungswilliger an. Der österreichisch-ungarische Wirtschaftsredakteur und Zeitungsherausgeber Theodor Hertzka (1845–1924) veröffentlichte 1890 unter dem Titel *Freiland: ein sociales Zukunftsbild* eine Gesellschaftsutopie in Romanform. Er siedelte eine «Internationale freie Gesellschaft» im als «herrenlos, aber fruchtbar» beschriebenen Ostafrika an. Die Mitglieder der genossenschaftlichen Kolonie praktizierten dort fast alle lebensreformerischen Vorhaben, die Europa an der Jahrhundertwende kannte. Ihr Zusammenleben basierte auf individueller Freiheit sowie wirtschaftlicher und sozialer Gerechtigkeit. Das Naturparadies sollte mit allen wissenschaftlichen und technischen Mitteln der Moderne erschlossen, die afrikanische Bevölkerung durch Bildung und Arbeit erzogen werden. Hertzkas Buch erreichte in wenigen Jahren zehn Auflagen und wurde ins Englische, Niederländische, Tschechische, Ungarische und Französische übersetzt. Es bildeten sich «Freiland-Vereine» in zahlreichen europäischen Städten. Und 1894 brach tatsächlich eine Expedition aus Hamburg auf, um das genossenschaftliche, sozialreformerische Paradies auf Erden in Ostafrika am Mount Kenia vorzubereiten. Die 22 jungen Männer – Briten, Dänen, Deutsche und Österreicher – kamen allerdings nur bis Sansibar. Ihnen fehlte ausreichendes Kapital, um die notwendigen afrikanischen Träger anzuheuern und Lebensmittel zu erwerben, so dass sie nach einigen Wochen des «wilden und zügellosen Lebens», wie ein britischer Offizier berichtete, schließlich unverrichteter Dinge nach Europa zurückkehrten. Die praktischen Mängel des alternativen, aber ganz europäischen Fortschrittsvorstellungen verpflichteten Projekts verdeutlichen, was umgekehrt den erfolgreichen Siedlungskolonialismus unter anderem auszeichnete: eine ausreichende Zahl marktorientierter Kleinunternehmer mit zumindest minimaler Finanzausstattung und die Bereitschaft, sowohl ihre eigene Arbeitskraft als auch andere europäische Lohnarbeiter oder einheimische Kräfte auszunutzen.

«Freiland» fehlte auch der Rückhalt einer imperialen Staatsmacht. Die britischen Kolonialbehörden leisteten den «Freiländern» keine Unterstützung, während sie wenige Jahre später für eine andere Variante des europäischen Siedlungskolonialismus kurzzeitig mehr Engagement zeigten. 1903 bot Kolonialminister Joseph Chamberlain (1836–1914) dem Begründer des Zionismus, Theodor Herzl (1860–1904), ein Gebiet in Ostafrika von der Größe Irlands an, um dort eine jüdische Kolonialsiedlung zu gründen. Herzl hatte angesichts der antisemitischen Tendenzen in Frankreich während der Dreyfus-Affäre, von der er 1894 als Journalist nach Wien berichtete, in seinem Buch *Der Judenstaat. Versuch einer modernen Lösung der Judenfrage* (1896) die Gründung eines eigenen jüdischen Nationalstaats entworfen. Vordringliches Ziel war selbstverständlich Palästina, doch die Verhandlungen mit dem Osmanischen Reich erwiesen sich als schwierig. Andere Orte wurden innerhalb der frühen zionistischen Bewegung diskutiert: Argentinien, Zypern, El Arish auf der Sinai-Halbinsel. In den Debatten finden sich viele gängige Argumentationsmuster des europäischen Kolonialismus wieder: die Rede vom «Platz an der Sonne», die Fiktion eines menschenleeren, nur auf die Kolonisten wartenden Landes, ein zivilisatorisches Sendungsbewusstsein sowie ein Diskurs des «Weiß»-Seins, in diesem Fall des Judentums. Angesichts des wachsenden Antisemitismus in europäischen Gesellschaften bemühten sich führende Zionisten auf diesem Weg, das Judentum kulturell und ethnisch als «europäisch» und «zivilisiert» zu klassifizieren. Herzl selbst hatte 1896 über die künftige Rolle der Juden in Palästina geschrieben: «Für Europa würden wir dort ein Stück des Walles gegen Asien bilden, wir würden den Vorpostendienst der Cultur gegen die Barbarei besorgen.» Diese Rolle gegebenenfalls in Afrika zu übernehmen lag so durchaus im Rahmen zeitgenössischer Vorstellungen.

Insbesondere für die sozial arrivierten Vertreter des englischen Judentums war – wie David Feldman hervorhebt – die Möglichkeit attraktiv, sich durch die Unterstützung einer Siedlungskolonie enger mit dem britischen Empire zu assoziieren. Die antisemitischen Vorwürfe, mit denen englische Gegner den Burenkrieg von 1899 bis 1902 als einen imperialistischen Krieg im Interesse jüdischen Kapitals verurteilt hatten, ließen eine positive Verknüpfung wünschenswert erscheinen. Gleichzeitig sah die etablierte anglo-jüdische Gemeinde sich mit der Zuwanderung ihrer armen Glaubensgenossen aus Osteuropa und den damit einhergehenden öffentlichen Anfeindungen konfrontiert. In der Vorbereitungsphase des Aliens Act zeichnete sich 1903 ab, dass eine Beschränkung der Einwanderung sozial Unerwünschter eingeführt würde. Die liberale Toleranz, die Juden in Großbritannien im Unterschied zu einigen anderen europäischen Staaten genossen, schien gefährdet. Trotz Stimmen innerhalb der zionistischen Bewegung, die nicht vom Ziel Palästina abrücken wollten, wurde die Lösung, den verfolgten osteuropäischen Juden in Afrika eine neue Heimstatt zu geben und damit zugleich die Liberalität des Empires zu demonstrieren, von Herzl und Leopold Greenberg, dem Herausgeber des *Jewish Chronicle*, ernsthaft propagiert. Der bekannte Schriftsteller Israel Zangwill verkündete den damit einhergehenden Fortschrittsglauben: «What the country needed was an influx of Jews to render East Africa as prosperous and profitable as the Cape.» Von Seiten der britischen Regierung war das Projekt genau deswegen attraktiv, denn die Erschließung Ostafrikas, in die der Staat mit dem Bau der Uganda-Bahn von 1896 bis 1901 kräftig investiert hatte, drohte zu stocken, weil tatsächlich zu wenige Siedler Land erwerben wollten. Die Idee einer jüdischen Siedlungskolonie stieß jedoch vor Ort auf vehemente Ablehnung. Der Großwildjäger und einflussreiche Besitzer einer Farm

Lord Delamere (1870–1931) äußerte sich unmissverständlich gegen die Einführung von «alien Jews», die er wie in der heimischen Einwanderungsdebatte als «undesirable aliens» bezeichnete. Auch im Londoner Außenministerium war die Rede vom «niedrigen Zivilisationsniveau» osteuropäischer Juden, denen man nicht gutes Land verkaufen solle. Schon Ende 1903 verschlechterte die britische Regierung die Aussichten, indem sie nur noch weit von der Eisenbahn gelegene, unwirtliche Gebiete zur Verfügung stellen wollte. Eine zionistische Kommission, die das Land 1904 besichtigte, erstattete einen negativen Bericht, so dass die Bewegung schließlich Abstand von der Idee nahm, jüdische Siedler nach Afrika zu bringen.

Hatten dem alternativen Siedungsprojekt Hertzkas die tatkräftigen Siedler und die Finanzmittel gefehlt, zeigten die zionistischen Vorhaben einen anderen Mangel: das Fehlen eines mächtigen Staates. Man kann hier von europäischem Kolonialismus ohne Mutterland sprechen, der im Übrigen auch die – allerdings erfolgreicheren – christlichen Missionsbewegungen auszeichnete. Eine dauerhafte Unterstützung eines imperialen Staates gewann die zionistische Bewegung vor dem Ersten Weltkrieg nicht. Die beiden geschilderten besonderen Fälle demonstrieren aufgrund ihrer Unzulänglichkeiten besonders gut wesentliche Elemente der erfolgreichen kolonial-imperialen Migration am Ende des 19. Jahrhunderts. Sie war auf die politische, militärische und organisatorisch-technische Infrastruktur der imperialistischen Staaten angewiesen. Sie bildete außerdem Kristallisationspunkte für das fortschrittliche Selbstverständnis der Europäer – und sei es in der Form alternativer Vorstellungen wie in «Freiland». Dieses Selbstverständnis lebte nicht nur davon, dass die kolonialen Untertanen rassistisch oder zivilisatorisch als anders bestimmt und entsprechend behandelt wurden, sondern auch von einer internen Hierarchisierung. An den mobilen Europäern definierten die Zeitgenossen verschiedene Stufen der Zivilisation innerhalb der Bevölkerung des Kontinents. Die Kriterien waren vornehmlich sozial, ethnisch oder – wenn wir mit den «weißen» Prostituierten eine weitere marginalisierte Gruppe einbeziehen – genderspezifisch bestimmt. Man kann die genannten Elemente selbstverständlich auch an den kolonial-imperialen Wanderungen der quantitativ bedeutenderen Strömungen nach Nord- und Südamerika und nach Australien und Neuseeland identifizieren. Die relativ peripheren Fälle besitzen allerdings den Vorteil, dass sie aufgrund der offensichtlichen Mängel die Widersprüchlichkeiten und Grenzen der großen Freizügigkeit und zugleich die zeitgenössische europäische Selbstkritik vermitteln. Der detaillierte Blick auf die besonderen Fälle lässt schließlich auch Zusammenhänge zwischen den verschiedenen Wanderungsbewegungen erkennen. Im letzten Beispiel des zionistischen Vorhabens in Ostafrika waren dies diejenigen zwischen russischer Auswanderung, englischen Einwanderungsbestimmungen und kolonialen Siedlungsvorhaben.

Mobilität und Fortschrittsbewusstsein
Räumliche Mobilität prägte insgesamt die gesellschaftlichen Erfahrungen und Wahrnehmungen der Europäer in der zweiten Hälfte des 19. Jahrhunderts. Quantitativ überwog die innereuropäische Migration. Innerstaatlich und auch sofern sie transnational waren, handelte es sich um regional orientierte Wanderungsbewegungen. Staatliche Grenzen spielten noch nicht dieselbe Rolle wie nach dem Ersten Weltkrieg. Allerdings nahmen die amtlichen Regulierungen der Freizügigkeit gegen Ende des Jahrhunderts zu. Sozialmedizinische, sozial- und ordnungspolitische sowie ethnische Kriterien fanden dabei praktische Anwendung. Bürgerliche Wert- und Moralvorstellungen und sozialdarwinistische Argumente flossen ein. Eine differenzierende Wahrnehmung gesellschaftlicher Gruppen und Nationalitäten bildete sich aus. «Landeier» und «Proletarier», «Iren» oder «Polacken» sind Beispiele hierfür. «Moderne» und «traditionelle» Verhaltensweisen wurden manchen zu-, anderen abgesprochen. An zahlreichen Orten machte sich Antisemitismus brutal oder versteckt bemerkbar. Flucht und Vertreibung waren allerdings auf bestimmte Regionen beschränkt. Die hohe Mobilität und ihre öffentliche Diskussion führten zur Konstruktion neuer

1. Bevölkerungsbewegungen

Ungleichheiten mit praktischen Konsequenzen. Dies war auch der Fall, wenn die Menschen Europa verließen. Insbesondere im kolonial-imperialen Raum entstand dabei jedoch auch ein gemeinsames Bewusstsein der Zugehörigkeit zu einer *europäischen* Gesellschaft, das sich vom kolonisierten Gegenüber abgrenzte und sich mittels der inneren Hierarchien definierte, indem abweichendes Verhalten markiert wurde. Das Selbstbild enthielt normative Orientierungen unter anderem hinsichtlich Männlichkeit, Geschlechterbeziehungen, Weiß-Sein und Zivilisationsfortschritt.

Die Wanderungsbewegungen beruhten wesentlich auf ökonomischen Disparitäten, so dass sich Zuwanderung als ein Indikator von Fortschrittlichkeit verstehen lässt. Die Hauptströmungen spiegeln die regional und zeitlich unterschiedlichen Entwicklungen in Europa. Gemessen am Indikator der *regionalen* innerstaatlichen wie transnationalen Migration, waren fast alle europäischen Staaten mindestens teilweise «rückständig». Nimmt man nur die transnationale Zuwanderung in den Blick, erscheinen Frankreich und die Schweiz durchgängig und das Deutsche Reich ab den 1890er Jahren als die am weitesten fortgeschrittenen Länder, denn sie kannten die höchste Zuwanderung von fremden Staatsangehörigen bei gleichzeitig relativ geringer oder nachlassender Auswanderung. Aber der nationalstaatliche Container ist nur bedingt nützlich, um das Wanderungsgeschehen in dieser Zeit zu verstehen. Mit dem Ausbau des Verkehrsnetzes, verbilligtem Transport und der weitgehenden Herstellung von Freizügigkeit insbesondere der unterbäuerlichen Schichten bis kurz nach der Mitte des 19. Jahrhunderts konnten die Einzelnen sich dorthin auf den Weg machen, wo sie sich ein besseres Leben erhofften. Die groben Wanderungsrichtungen von Ost nach West und von Süden nach Norden und vom Land in die Stadt reflektieren die strukturellen Unterschiede hinsichtlich der Erwerbsmöglichkeiten, die zwischen 1850 und 1914 offenbar zunahmen. Die zwei, gemessen an der Abwanderung, ärmsten Regionen Europas, in denen viele nicht bleiben wollten, waren Irland und das habsburgische Galizien. Auf dem Arbeitsmarkt bewirkten die europäischen Wanderungsbewegungen eine große «Flexibilität» im

II. Gesellschaft in Bewegung

Prozess der regionalen Industrialisierung und Verstädterung. Die Zuwanderer deckten den großen Bedarf an weitgehend ungelernten Kräften. Häufig übernahmen sie für wenig Lohn Beschäftigungen, für die Einheimische nicht zu gewinnen waren. Die Migranten selbst mögen das als Chance zum Aufstieg gesehen und genutzt haben. Die Entwicklung der arbeitsteiligen Industriegesellschaft beruhte jedenfalls auf der hohen räumlichen Mobilität der europäischen Unterschichten.

Europa war im 19. Jahrhundert, anders als zuvor und heute, ein Kontinent massenhafter Auswanderung. Man könnte dies als einen Ausdruck von partieller «Rückständigkeit» wirtschaftlicher, gesellschaftlicher oder politischer Art lesen. Offenbar boten sich in anderen Weltregionen Aussichten auf ein besseres Auskommen und mehr Freiheiten. In bestimmten Regionen besaß die Auswanderung eine Ventilfunktion, gesamtgesellschaftlich bestand angesichts des hohen Wirtschaftswachstums jedoch nach der Jahrhundertmitte keine existentielle Notwendigkeit zur Emigration aus Europa. Die Überseeauswanderung und die kontinentale Siedlungsbewegung sind daher eher ein Zeichen des in seinen Wirkungen ambivalenten Fortschritts. Zeitgenössische Kritiker der Überseeauswanderung sahen das am Ende des 19. Jahrhunderts nicht unbedingt so, fürchteten sie doch, dass die «Besten» auswanderten und die Schwächeren zurückblieben und womöglich «minderwertige» Personen aus dem «Osten» oder «Süden» zuwanderten. Mit umgekehrter Wertung könnten sich diesen Befürchtungen jene ansässigen Bevölkerungen, die in den neo-europäischen Siedlungsgebieten zu einer Minderheit gemacht wurden, angeschlossen haben. Aus eurozentrischer Sicht stellten die Auswanderer gerade diejenigen Unternehmer und Lohnarbeiter, die für die Entwicklung eines weltweiten, auf Europa orientierten Marktes vor allem in der Agrarproduktion gebraucht wurden.

2. Markt, Macht und Umwelt: Europäische Wirtschaftsbeziehungen

In der zweiten Hälfte des 19. Jahrhunderts können wir von einer europäisierten Wirtschaft sprechen, denn die ökonomische Integration erreichte bis 1914 einen Grad, der in vielen Sektoren erst wieder nach dem Zweiten Weltkrieg in Westeuropa zu beobachten sein würde. Im Vergleich zur restlichen Welt zeichnete Europa insgesamt ein außerordentliches Produktivitätswachstum aus, und viele Regionen in Übersee waren eng, wenn auch ungleich mit den europäischen Ökonomien verknüpft. Diese Merkmale rechtfertigen es, von einer ersten, europäischen Globalisierung zu sprechen. In eine Gesamtbilanz muss neben dem außergewöhnlichen großen Wachstum und den neu entstandenen globalen Wechselwirkungen allerdings die langfristige Umweltbelastung eingehen, die im Zuge der weltweiten Expansion und mit dem industriekapitalistischen Übergang von der solaren zur fossilen Energienutzung verknüpft war. Innerhalb der europäischen Länder verlief das Wirtschaftswachstum unterschiedlich schnell und wirkte ungleichmäßig tiefgreifend. Auch wenn die Nationalstaaten einheitliche Wirtschaftsräume innerhalb ihrer Territorien schufen und ihre Außenhandelsbeziehungen regulierten, erklären die jeweils besonderen nationalen Umständen die wirtschaftliche Entwicklung nicht hinreichend. Sie wird erst aus dem wechselseitigen Zusammenwirken verständlich. Die unterschiedliche Dynamik führte nämlich nicht zur Angleichung, sondern im Gegenteil zu einer interdependenten wirtschaftlichen Differenzierung Europas.

Ökonomisches Wachstum und ökologischer Wandel

Langfristiges Wachstum prägte die europäische Wirtschaft im 19. Jahrhundert: Von 1830 bis 1910 wuchs das Bruttosozialprodukt durchschnittlich um 1,7 Prozent im Jahr. Verglichen mit den westeuropäischen Wachstumsraten in den «goldenen Jahrzehnten» nach dem Zweiten Weltkrieg, mag dies gering erscheinen, sollte aber in

Bezug auf die niedrigeren Raten der Jahrhunderte zuvor gesehen werden. Zudem handelte es sich um eine sehr lange Wachstumsphase; insbesondere in der zweiten Jahrhunderthälfte lagen die Raten höher als der Durchschnitt, nämlich bei 2,0 Prozent von den frühen 1840er Jahren bis zum Ende der 1860er Jahre und bei 2,4 Prozent vom Beginn der 1890er Jahre bis 1913. Die Wirtschaft erlebte also zwei Phasen schnelleren Wachstums mit einer dazwischenliegenden, etwa zwanzigjährigen Periode geringerer Steigerungsraten von lediglich 1,0 Prozent. Die gesamteuropäischen Zahlen verdecken jedoch erhebliche Unterschiede zwischen den Volkswirtschaften. Das durchschnittliche Wachstum des Bruttosozialprodukts pro Kopf war zwischen 1860 und 1910 am höchsten in Schweden (1,9 Prozent), Dänemark (1,86 Prozent) und Deutschland (1,39 Prozent), während es in Italien (0,39 Prozent), Spanien (0,13 Prozent) und Portugal (0,11 Prozent) am niedrigsten lag. Die Unterschiede rührten aus der Ungleichartigkeit der Volkswirtschaften, wobei der Grad der Industrialisierung den wesentlichen Faktor bildete, denn die Industriewirtschaft war der treibende Sektor. So betrug das jährliche Wachstum der industriellen Produktion in Europa zwischen 1830 und 1910 2,6 Prozent, das der Agrarproduktion lediglich 1,0 Prozent. Schon diese hochaggregierten Daten verdeutlichen, dass nicht nur Wachstum die ökonomische Entwicklung in Europa prägte, sondern diese auch von erheblichen Ungleichheiten gekennzeichnet war.

Die wirtschaftliche Entwicklung Europas wurde lange als Geschichte einzelner Nationalökonomien geschrieben, so dass die unterschiedliche Entwicklung im 19. Jahrhundert auf die jeweiligen natürlichen Ressourcen und Geographie, die längerfristigen gesellschaftlichen und institutionellen Bedingungen, manchmal auch das Vorhandensein oder Fehlen bestimmter kultureller Werte, auf die politischen Entscheidungen von Regierungen oder die Verfügbarkeit von Kapital und Arbeitskräften zurückgeführt wurde. Wirtschaftshistoriker haben diese Sichtweise, die auf einer volkswirtschaftlich ausgerichteten Analyse und staatlich erhobenen Statistiken beruht, inzwischen wesentlich korrigiert. Zunächst ver-

2. Markt, Macht und Umwelt

wiesen sie auf erhebliche regionale Unterschiede innerhalb der einzelnen Volkswirtschaften, denn die nationalen Daten sind nur eingeschränkt aussagekräftig. Das landwirtschaftlich bestimmte Ostpreußen etwa schien wenig gemeinsam zu haben mit dem schwerindustriellen Oberschlesien, das in der österreichischen Reichshälfte der Habsburgermonarchie liegende, von Industrialisierung geprägte Böhmen nicht vergleichbar mit der zu Ungarn gehörenden agrarischen Slowakei und Mailand oder Turin ökonomisch weit entfernt von Sizilien. Daran anschließend, wurden auch übergreifende, großflächigere Regionen in Europa unterschieden. In einer chronologisch-räumlichen Einteilung differenzierte der Wirtschaftshistoriker Sidney Pollard anhand des fortschreitenden Grades der Industriewirtschaft zwischen dem ersten «Industrialisierer» Großbritannien, den unmittelbar nachfolgenden Gebieten im westlichen Kontinentaleuropa, der dritten Welle der Industrialisierung in Mitteleuropa und schließlich den peripheren Nachzüglern in Skandinavien, der Mittelmeerregion, weiten Teilen des Habsburgerreichs, den Balkanländern und Russland.

Aus Interesse an den Besonderheiten der nördlichen, südlichen und ostmitteleuropäischen Peripherie und nicht der lange im Vordergrund stehenden ersten und frühen Industrieländer entwickelte der ungarische Wirtschaftshistoriker Ivan Berend zuletzt eine europäisch-regionale Wirtschaftsgeschichte, die vier verschiedene Pfade wirtschaftlicher Entwicklung im 19. Jahrhundert unterscheidet. Seine Darstellung läuft nicht auf das früher oder später erreichte Ziel der modernen Industriewirtschaft hinaus, sondern arbeitet mit Zentrum-Peripherie-Beziehungen und ungleichen wechselseitigen Abhängigkeiten. Der erste Weg ökonomischer Transformation und Industrialisierung herrschte demnach nur im Westen Europas vor, wobei Irland sowie die östlichen Gebiete Deutschlands nicht hinzugerechnet werden können, dafür aber das nördliche Italien und die westlichen Teile des Habsburgerreiches. Skandinavien gelang es, im letzten Drittel des 19. Jahrhunderts – aufgrund der passenden politisch-sozialen Gegebenheiten – industriewirtschaftlich anzuschließen. In anderen großen Gebieten fand hingegen keine umfassende Industrialisierung statt, doch es bildeten sich agrarindustrielle Strukturen heraus, so dass ein im europäischen Maßstab mittleres Einkommensniveau erreicht werden konnte. Typisch war dieser zweite Pfad für Ostmitteleuropa und die baltischen Länder, auch Finnland und Irland gingen in dieselbe Richtung. Einem dritten Weg folgten Russland, die Iberische Halbinsel und Süditalien. Dort fand um die Wende zum 20. Jahrhundert zwar eine partielle Transformation statt, bei der sich gleichsam Inseln modernen Wirtschaftens ausbildeten, weite Gebiete aber von der vorindustriellen agrarischen Produktionsweise beherrscht blieben und die traditionelle institutionell-gesellschaftliche Ordnung fortbestand. Der vierte Pfad schließlich führte in eine «Sackgasse». Der Balkan sowie die östlichsten und südöstlichen Randgebiete Österreich-Ungarns entwickelten sich wirtschaftlich kaum weiter, die volkswirtschaftlichen Einkommen blieben niedrig, der demographische Trend unverändert und ein hoher Analphabetismus verbreitet. Insgesamt ergibt sich so ein Bild von fortschreitender Ausdifferenzierung Europas, das weder durch ein oder zwei Hauptfaktoren allgemein noch ausreichend durch die spezifischen Umstände in einzelnen Regionen erklärt werden kann. Vielmehr wirkten sich die Verbindungen und Abhängigkeiten innerhalb und zwischen den großen europäischen Regionen auf die relative Position und die ökonomischen Entwicklungsmöglichkeiten aus. Pfadabhängigkeit, die Verbreitung von Wissen und vorhandene kulturelle Muster sowie die Charakteristika der gesellschaftlich-politischen Institutionen bildeten ein vielschichtiges Ursachengeflecht.

Das insgesamt hohe, differenzierend wirkende und interdependente Wachstum ging einher mit einer fundamentalen Veränderung der Energiebasis: dem Wechsel vom solaren zum fossilen Energiesystem. Gleichwohl stand die Verwendung von Steinkohle nicht am Anfang der Industrialisierung, die vielmehr zunächst von einer möglichst vollständigen Ausnutzung regenerativer Ressourcen wie Holz, Wasser, Tier- und Menschenkraft gekennzeichnet war. Ab der Mitte des 19. Jahrhunderts vollzog sich dann der eigentliche Übergang zur Kohle als Hauptenergieträger, ohne die das enorme

2. Markt, Macht und Umwelt

wirtschaftliche Wachstum bis zum Ersten Weltkrieg nicht möglich gewesen wäre. Zu Beginn des 20. Jahrhunderts trat Erdöl hinzu, womit sich allerdings im globalen Maßstab auch der europäische «Brennpunkt» des Energiesystems allmählich in die Vereinigten Staaten von Amerika und in den Nahen Osten zu verschieben begann. Um 1930 sollte Öl dann im Welttransportwesen die Kohle als Hauptenergieträger ablösen, um 1950 in der industriellen Produktion, wobei West- und Osteuropa den Übergang aus politischen Gründen später vollzogen und energetisch gleichsam länger im 19. Jahrhundert verharrten.

Die Folgen der fossilen Energiewende waren weitreichend. Der höhere Brennwert der Steinkohle potenzierte die Energieversorgung für die Produktion, und ihre Verwendung hob zugleich die naturgegebene Begrenzung der Energieversorgung insofern auf, als sie nicht wie Holz jährlich nachwachsen musste. Ferner veränderten sich die Wirtschaftsräume, denn die Bedeutung der Standortfaktoren Boden, Wasser und Luft nahm ab, sobald Kohle mit der Eisenbahn relativ günstig an jeden Ort transportiert werden konnte. Daher bildete schließlich auch die vorhandene Fläche für Wald und Landwirtschaft keine entscheidende Wachstumsbegrenzung mehr, wie etwa das Beispiel des geographisch kleinen Belgien als früher kontinentaler Industriestandort zeigt. Mit Bezug auf die natürlichen Gegebenheiten verdeutlicht die revolutionären neuen energetischen Möglichkeiten wohl am besten eine kontrafaktische Berechnung, nach der England komplett bewaldet hätte sein müssen, um daraus dieselbe Energiemenge zu gewinnen, die um 1800 bereits aus der Steinkohle, dem «unterirdischen Wald» (Rolf Peter Sieferle), gewonnen wurde.

Die ökonomisch entfesselnde Energiewende wirkte sich ab der Mitte des 19. Jahrhunderts auch ökologisch aus. Gewiss hatte das Bemühen um eine möglichst intensive Nutzung der nachwachsenden Rohstoffe seit dem 18. Jahrhundert bereits begonnen, Wälder, Wasserläufe, Landgewinnung und Ackerbau zu verändern, doch die daraus resultierenden Probleme waren zum größten Teil solche der Regulierung und Rechtekonflikte, nicht diejenigen eines weiterreichenden ökologischen Wendepunkts. Mit dem Zeitalter der Steinkohle und der Kohlechemie begann sich dies zu ändern: Der Nutzungsdruck auf die Wälder nahm regional ab, aber die Emissionen in Luft und Wasser wurden zum «aufreizendsten Umweltproblem» (Joachim Radkau), das sich vornehmlich in den industriellen Ballungsräumen und damit politisch als kommunale Herausforderung manifestierte. Zeitgenossen diskutierten die Verschmutzung häufig in ästhetischen Kategorien, wenn sie anschaulich den Qualm der Fabrikschornsteine, die rauchgeschwärzte Architektur der Arbeiterstädte und die verdreckten Flüsse beschrieben. Die kulturell gefärbten, in vielen Fällen auch rechtlich gefassten Argumente drückten aber nicht nur ein Bewusstsein für die Auswirkungen der wirtschaftlichen Entwicklung auf die Umwelt aus, sie galten zeitgenössisch als valide Stellungnahme für die Wahrung von Interessen und für den Schutz der Natur sowie der Menschen vor Umweltschäden.

Die Verbrennung von Kohle setzte mehr und andere Schadstoffe als Holz frei, und dies mit dem Ausbau der Verhüttung und der industriellen Produktion in immer größeren Mengen. Bemerkbar machten sich die Folgen für Natur sowie Landwirtschaft zunächst im unmittelbaren Umfeld von einzelnen Produktionsstätten, zunehmend allerdings auch in industriellen Ballungsräumen. Ein häufig beschrittener Lösungsweg war die Erhöhung der Schornsteine, um Emissionen weiträumiger zu verteilen. Nachgeschaltete Techniken wie Filter und Versuche, die aufgefangenen Stoffe weiter zu verwerten, bildeten eine andere Möglichkeit. Insgesamt begrenzten die erwarteten betriebswirtschaftlichen Kosten – innerhalb eines staatlichen und juristischen Rahmens, der generell industriefreundlich war – die verfügbaren Mittel, die für die Vermeidung von Luftverschmutzung aufgewandt wurden.

Verdünnung und Verteilung bildeten nicht nur hinsichtlich der Luft, sondern auch beim Wasser das vorherrschende Prinzip in der Bewältigung von Folgeproblemen der fortschreitenden Industrialisierung. Die öffentliche Debatte drehte sich in der zweiten Hälfte des 19. Jahrhunderts hier vor allem um die indirekten Folgen: die menschlichen und tierischen Fäkalien aus den Städten. Deren Bewohnerzahlen stiegen nämlich so stark an, dass die bisherige Praxis, Kot in Gruben zu sammeln und diese regelmäßig zu leeren, um die Überreste als Dünger zu verwenden, überhaupt nicht mehr ausreichte. Die einfachste und billigste Lösung, um der Menge und des Gestanks Herr zu werden, war, sobald die Städte Wasserwerke und damit eine von Brunnen unabhängige Wasserversorgung aufgebaut hatten, eine Kanalisation anzulegen, in der Abwässer, Regenwasser und Fäkalien zusammen abgeleitet wurden – in den nächsten Fluss. Die Folge waren eine heftige Verschmutzung der Flüsse, wenn die Abwässer zuvor nicht gereinigt wurden, und ein bisweilen unerträglicher Gestank. London erlebte 1858 den «great stink», als die träge Themse im besonders heißen Sommer die ungefiltert eingespeisten Fäkalien nicht wegschwemmte und der faulige Gestank selbst den Parlamentsbetrieb und die Gerichte unterbrach. Erst in der Folge dieses Vorfalls und aus Furcht vor Choleraepidemien, von denen man damals glaubte, sie verbreiteten sich über Miasmen, d. h. faulige Prozesse in der Luft, ließ das Metropolitan Board of Works eine effiziente Kanalisation planen. Der Bau wurde erst 1875 abgeschlossen. Die Errichtung eines Abwassersystems mit Kläranlagen geschah vielerorts lange nicht oder nur sehr langsam, weil die Ingenieure verschiedene Verfahren erst erprobten. Vor allem aber der Streit darum, wer in einer Stadt und welche Stadt an einem Flusslauf die Kosten tragen sollte, verhinderte oft eine effektive Reinigung. Hinzu kam die auch von Wissenschaftlern vertretene Auffassung, Flüsse besäßen eine Selbstreinigungskraft, so dass eine Kläranlage unnötig sei, wenn die Abwässer nur ausreichend verdünnt eingeleitet würden. In der Folge stritt man über Grenzwerte, die dann meist so hoch lagen, dass Abhilfe erst geschaffen wurde, wenn das Wasser ganz übel stank. Fatal wirkte sich die Entnahme von Trinkwasser aus einem Fluss bei gleichzeitiger Einleitung von ungeklärten Abwässern etwa 1892 beim Ausbruch der Cholera in Hamburg aus. Die Bevölkerung zahlte teuer für den Geiz der «Stadtväter», die zwar eine Kanalisation, aber keine Kläranlagen errichtet hatten: Binnen drei Monaten starben über 8000 Menschen. Die Versorgung mit fließendem Wasser und die Kanalisation der Abwässer schufen in den großen europäischen Städten um 1900 zwar moderne Annehmlichkeiten und eine fortschrittliche Infrastruktur, konnten aber Menschen und Natur durch unerwünschte Nebenfolgen, deren Bewältigung wiederum Zeit und Geld brauchte, auf neuen Wegen gefährden. Zur organischen Verschmutzung kamen gewerbliche Abwässer, besonders auffallend aus Zuckerrübenfabriken, und industrielle Abwässer aus Schwerindustrie und chemischen Betrieben, die zeitgenössisch weniger Aufmerksamkeit erhielten, auch weil hier noch unmittelbarer die Folgekosten mit dem wirtschaftlichen und gesellschaftlichen Gewinn verrechenbar schienen. Insgesamt änderte sich die Funktion der Flüsse seit dem 19. Jahrhundert umfassend: Über weite Strecken, wenn nicht vollständig verschwanden bis in das 20. Jahrhundert Flussfischerei, die Nutzung als Viehtränke und das Baden, Trinkwasser musste von weiter hergeschafft oder aus der Tiefe gefördert, aufbereitet und chloriert werden. Stattdessen dienten Flüsse wie beispielsweise die Emscher im Ruhrgebiet mehr und mehr als verlängerte Abwasserkanäle, deckten den vermehrten Bedarf an Gebrauchswasser der Industrie und stellten, begradigt und vertieft oder in künstlicher Form als Kanal, wichtige Transportwege für Rohstoffe und Waren dar.

Boden als natürliche Grundlage der wirtschaftlichen Produktion wurde ab der zweiten Hälfte des 19. Jahrhunderts extensiver und intensiver genutzt als je zuvor. Offenkundig war dies da, wo Städte sich ausbreiteten und ihr Umland mit Gewerbebetrieben und Wohnungen für die wachsende Bevölkerung bebauten. Überwiegend unter der Erde und nur teilweise sichtbar in aufgetürmten Halden, beutete der Bergbau die im Boden enthaltenen Erze und Kohlen gründlich aus. In der Landwirtschaft veränderten sich die Bodennutzung und die Gestalt der Landschaft durch den Übergang zum intensiven Anbau. Überall, wo Agrarreformen politisch-rechtlich durchgesetzt und Lasten aufgehoben worden waren, wurde der Boden zu einem Wirtschaftsgut, in das die individuellen Besitzer mehr zu investieren bereit waren. Die Entwässerung, etwa von Mooren wie dem Erdinger Moos zwischen 1850 und 1920, oder die Bewässerung von Wiesen, die Preußen gesetzlich erleichterte, weiteten die landwirtschaftliche Nutzfläche aus. Die Stallhaltung des Viehs verbesserte sowohl die Fütterung als auch die Nutzung von Weiden und Dung, der Anbau anderer Pflanzen wie Klee trug zum Erhalt der Nährstoffe in der Erde bei. Die wissenschaftlichen Erkenntnisse über den notwendigen Anteil von Mineralien führten dann allmählich zu einer Verbreitung neuer Düngemethoden. Die Stoffe waren in den erforderlichen Mengen nicht leicht zu beschaffen. Guano etwa, ein phosphatreiches Düngemittel, das aus der Einwirkung der Exkremente südamerikanischer Seevögel auf Kalkstein entsteht, musste aus Peru, Chile, Bolivien und von pazifischen Inseln importiert werden und ist ein wenig beachtetes, aber durchaus zentrales Beispiel der großen Bedeutung weltwirtschaftlicher Vernetzung für die europäische Entwicklung im 19. Jahrhundert. So verwendete immerhin ein Viertel der englischen Bauern in den Jahrzehnten von 1840 bis 1880 Guanodünger. Die Gewinnung von Phosphaten aus der Schlacke hingegen, die beim Schmelzen von Erzen anfiel, verknüpfte nach 1870 die industrielle mit der agrarischen Wirtschaft und erlaubte eine systematische Anwendung der Düngung, welche die beachtlichen Ertragssteigerungen aus der Bodennutzung und damit die Versorgung der wachsenden Bevölkerung ermöglichte. Schließlich bleibt zu erwähnen, dass die Waldnutzung im 19. Jahrhundert in manchen Regionen betriebswirtschaftlich systematisiert wurde. Die gemischte Nutzung als Weide für Nutztiere oder durch das Sammeln von Brennstoff durch die benachbarte Bevölkerung wurde mehr und mehr zugunsten einer reinen Holzwirtschaft unterbunden, teilweise indem «fremde» Nutzung kriminalisiert wurde. Die Besitzer pflanzten neue großflächige Wälder, vorzugsweise mit schnell wachsenden Kiefern und Fichten. In ihrer gradlinigen, geplanten Anlage spiegeln diese gleichsam die Entwicklung im agrarischen Raum, wo Wege und Bäche begradigt, Büsche und Bäume beseitigt sowie Weide, Acker und Wald klar voneinander getrennt wurden. In den europäischen Regionen, in denen sich agrarindustrielle Strukturen ausbildeten, veränderte dies die Gestalt der Landschaft in einer Weise, die sich der uns heute bekannten annähert.

II. Gesellschaft in Bewegung

In Anlehnung an zeitgenössische Rhetorik hat der Historiker David Blackbourn, bezogen auf den Umgang mit Wasser, die Geschichte der Landschaft in Deutschland vom 18. bis ins 20. Jahrhundert als eine «Eroberung der Natur» betitelt. Diese Bezeichnung kann auf fast alle Bereiche der Umwelt ausgedehnt werden. In Europa datierten die Intensivierung und Beschleunigung dieses Vorgangs auf die zweite Hälfte des 19. Jahrhunderts und hingen eng mit dem energetischen Wandel zu fossilen Ressourcen zusammen. Kennzeichnend war der allmähliche Ablauf dieser Eroberung, die häufig auf einer Verbesserung hergebrachter Methoden, an bestimmten Punkten aber auch auf technischen Neuerungen beruhte. Das resultierende außergewöhnliche Wachstum beruhte ferner auf einer enger werdenden wirtschaftlichen Verflechtung europäischer Regionen und zwischen verschiedenen Sektoren sowie einer intensivierten Kommunikation von Wissen und der Verwissenschaftlichung des Umgangs mit der Umwelt. Hinzu kamen die zusätzlich in Anspruch genommenen Acker- und Anbauflächen in den überseeischen Kolonien. Zu den Folgen gehörten die zunehmende Belastung von Luft und Wasser sowie die intensivierte Bodennutzung, welche damalige Beobachter wahrnahmen und in unterschiedlichem Maße zu spüren bekamen. Viele Zeitgenossen meinten jedoch, dass die Umweltkonsequenzen für den wirtschaftlichen Fortschritt, insbesondere in Industrieregionen oder bestimmten Stadtvierteln, eben typisch seien und angesichts der ökonomischen Vorteile hingenommen werden müssten. Bürgerliche Viertel suchte man allerdings davor zu bewahren und gleichzeitig bestimmte Landschaften oder Naturdenkmale, sofern sie entsprechende starke Fürsprecher besaßen, zu schützen. Diejenigen, die sich für den Schutz scheinbar unberührter Natur und gegen die städtische Verschmutzung einsetzten, argumentierten nicht ökologisch, vielmehr legten sie zumeist ästhetische Maßstäbe an. Die in Deutschland im «Heimatschutz» Organisierten etwa pflegten konservative, agrarromantische Vorstellungen, die sie zu einer grundsätzlichen Kritik an der einseitig ökonomischen Ausrichtung der modernen Welt verdichteten. Insgesamt stand hier also nicht unbedingt der Schutz der Natur per se im Vordergrund. Generell überwogen Fragen des Eigentums und Schadenersatzes. Es herrschte über den Einzelfall hinaus ein zwar nicht unwidersprochener, aber doch «breiter Konsens» (Franz-Josef Brüggemeier), dass wirtschaftliches Wachstum und Industrieförderung Vorrang vor der Natur haben sollten. Die energetische Wende wirkte sich bei steigendem Lebensstandard schließlich im Alltag aus, denn kohlegeheizte Wohnungen mit fließendem Wasser, gasbeleuchtete Häuser und Straßen waren spürbare Vorteile für diejenigen, die sie sich leisten konnten. Auch wenn die Annehmlichkeiten vor 1914 weder sozial noch in der Fläche weit verbreitet waren, stellten sie doch eine Aspiration dar, die auf der fossilen Energiebasis später im 20. Jahrhundert in Europa umfassender erreicht werden sollte.

Die ökonomischen Gewinne und die gesellschaftlichen Vorteile der langen europäischen Wachstumsphase waren beeindruckend, zugleich aber auch ungleich verteilt und für manche mit Verlusten verbunden. Erste Folgen für die Umwelt wurden an vielen Orten sicht- und spürbar. Die Epoche erlebte keine umfassende ökologische Krise, den Beginn einer ökologischen Wende bedeutete die zweite Hälfte des 19. Jahrhunderts aber dennoch. Der Übergang zur fossilen Energie in Europa kann als ein Faktor für den Eintritt in ein neues Erdzeitalter des Anthropozäns gesehen werden. Diese Bezeichnung benutzte der niederländische Chemiker und Atmosphärenforscher Paul Crutzen im Jahr 2000, um darauf aufmerksam zu machen, dass die Menschen inzwischen durch ihre Aktivitäten solche Auswirkungen auf die Erde ausübten, dass die Folgen geologisch auf viele Jahrtausende spürbar sein würden. Ein neues geologisches Zeitalter sei damit eingeleitet, dessen klimatisches Kennzeichen und «Motor» die von Menschen verursachte Emission von Kohlendioxid ist. Schon mehr als hundert Jahre früher im Jahr 1873 schlug der katholische Priester und Geologe Antonio Stoppani (1824–1891) eine neue geologische Epochenbezeichnung, die «anthropozoische Ära», vor, weil der Mensch die Gestalt der Erde maßgeblich verändere. Hinsichtlich der klimatischen Zusammenhänge, das heißt des Einflusses des Kohlendioxids in der Luft auf die Temperatur an der Erdoberfläche, legte 1896 der schwedische Naturforscher und spätere Nobelpreisträger für Chemie Svante Arrhenius (1859–1927) auf der Suche nach einer Erklärung für die Eiszeit (!) eine Modellrechnung vor, die konkrete Temperatursprünge je nach Abfall oder Anstieg der Konzentration von Kohlendioxid ermittelte. Er sah eine künftige wärmende Auswirkung auf das Klima jedoch allenfalls durch Vulkanausbrüche, nicht durch die Verwendung von Kohle als Brennstoff verursacht. Deren zeitgenössischer Verbrauch würde seiner Berechnung nach erst in drei Jahrtausenden zu einer Verdoppelung der Konzentration von Kohlendioxid und damit einem signifikanten Temperaturanstieg führen. Die heutigen Forschungen zu den Veränderungen der Erde im Anthropozän weisen auf eine signifikante Beschleunigung verschiedener globaler Indikatoren um die Mitte des 20. Jahrhunderts hin. Die maßgeblichen energetischen und ökonomischen Voraussetzungen dafür nahmen ihren Anfang jedoch bereits um die Mitte des 19. Jahrhunderts in Europa. Die Gesellschaften des Kontinents waren hier Vorreiter einer globalen Entwicklung, die bis heute nicht an ihr Ende gekommen zu sein scheint: Das 19. Jahrhundert ist in ökonomisch-ökologischer Perspektive bis heute noch nicht abgeschlossen.

Europäische Verkehrs- und Kommunikationsnetze

Für die wirtschaftliche Integration Europas und seine Verbindung zur weiteren Welt war die Entwicklung eines dichten und relativ preisgünstigen Verkehrs- und Kommunikationswesens ein zentraler Faktor. Zu *dem* europäischen Verkehrsmittel der zweiten Hälfte des 19. Jahrhunderts wurde die Eisenbahn. Das Wachstum des Schienennetzes verlief in beeindruckender Weise: Belief sich die Gesamtlänge des Eisenbahnnetzes 1840 in Europa nur auf knapp 3000 Kilometer und waren es 1850 erst 23 000, so verdoppelte sich die Länge bis 1870 alle zehn Jahre auf insgesamt 105 000 Kilometer. Danach verlangsamte sich die Ausdehnung zwar relativ etwas, verdoppelte sich aber in absoluten Zahlen in den nächsten zwanzig Jahren, bis 1890 225 000 Kilometer erreicht waren. 1913 umfasste das europäische Netz schließlich fast 350000 Kilometer und erreichte damit im Wesentlichen seinen historisch größten Umfang, denn an der Länge der in Betrieb befindlichen Strecken änderte sich (mit der Ausnahme der Sowjetunion) bis zum Beginn des Streckenrückbaus nach dem Zweiten Weltkrieg wenig.

Die Eisenbahngleise waren unterschiedlich dicht verlegt. Das *Archiv für Eisenbahnwesen*, herausgegeben vom Preußischen Ministerium für Öffentliche Arbeiten, erfasste die Entwicklung nicht nur nach Gesamtlänge, sondern auch nach der Länge im Verhältnis zur Ausdehnung und zur Bevölkerungszahl der verschiedenen Staaten. Nach der Größe des Landes besaß Belgien 1905 das dichteste Eisenbahnnetz: 24,6 Kilometer pro 100 Quadratkilometer; die nächstdichtesten Netze befanden sich in Großbritannien (11,6), Deutschland (10,4), der Schweiz (10,4), den Niederlanden (9,3), Frankreich (8,7) und Dänemark (8,5). Verglichen mit der Bevölkerungszahl, hatte das dünn besiedelte Schweden 24,6 Kilometer Eisenbahngleise pro zehntausend Einwohner, gefolgt von Dänemark (13,4), der Schweiz (12,9), Frankreich (11,9), Norwegen (11,3), Belgien (10,5) und Deutschland (10,0). Nur wenig durch Eisenbahnen erschlossen hingegen waren Serbien, Bulgarien mit der europäischen Türkei, Griechenland, Rumänien, Portugal und Spanien. Sie lagen in den peripheren europäischen Regionen, die sich wirtschaftlich kaum entwickelt hatten.

Das europäische Eisenbahnnetz spiegelte nicht nur die ökonomische Differenzierung des späten 19. Jahrhunderts. Sein Aufbau war vielmehr auch für die ungleiche Entwicklung mit verantwortlich. Anders als in England, wo zunächst die Textilindustrie Wachstum stimuliert hatte, beförderte in West- und Mitteleuropa die Herstellung von Schienen und Lokomotiven die Schwerindustrie als Leitsektor der Industrialisierung von der Jahrhundertmitte bis in die 1880er Jahre. Der Eisenbahnbau intensivierte den Binnen- wie den grenzüberschreitenden Verkehr. Er zog zugleich Arbeitsmigranten unter anderem für die schweren Erdarbeiten und das Verlegen der Schwellen und Schienen an. In den peripheren Regionen, wo der Eisenbahnbau keine industrielle Entwicklung vorantrieb, beanspruchte er dennoch Kapital. Die Folgen waren dort nicht so sehr ein Kapitalmangel für andere Investitionen als einerseits eine Verschuldung der öffentlichen Haushalte und andererseits der erleichterte Import von Produkten, der zum Niedergang heimischer Handwerksgewerbe führen konnte. Die von den wirtschaftlich starken Staaten durchgesetzten niedrigen Zolltarife bildeten keine effektive Hürde. In den peripheren Regionen, insbesondere auf dem Balkan, sowie in dem Teil Europas, in dem sich lediglich Inseln der Industriewirtschaft ausbildeten, wurden nur Hauptlinien errichtet, welche die größeren Städte bedienten und das Land mit dem Ausland verbanden. In den umfassend industrialisierten Ländern hingegen entstand ein feinmaschiges Netz, das selbst kleinere Orte oder sogar einzelne Fabriken erfasste.

Ähnlich wie in der europäischen Peripherie wurden auch die Eisenbahnen in den europäischen Kolonien und Imperien ausgelegt. Hier gab es zum einen ebenfalls Gebiete, in denen sie die größeren Städte untereinander und mit den Häfen verband – wie in Kanada, Südafrika, Indien, Teilen Australiens und den zu Beginn des 19. Jahrhunderts politisch unabhängig gewordenen, aber über Auslandsinvestitionen weiterhin eng mit Europa verknüpften Ländern Lateinamerikas. Zum anderen errichteten die europäischen Kolonialherren in Afrika lediglich Linien, die das Inland zwecks Transport von Rohstoffen (Erdnuss und Palmöl in Westafrika, Kupfer in Katanga und Rhodesien sowie Baumwolle im Sudan und Uganda) mit den Häfen verknüpften, ohne ein internes Netzwerk aufzubauen. Sie mobilisierten dabei auch global Arbeitskräfte für den Bau, indem sie Kontraktarbeiter aus anderen Kolonialgebieten anwarben. Lokale Widerstände der Einheimischen gegen die Eisenbahn wurden, wie etwa 1905/06 im Falle der Nandi im Hügelland westlich des Viktoriasees durch britisches Militär, brutal unterdrückt. Im französischen Nordafrika und in Indochina verlief jeweils eine lange Eisenbahnlinie entlang der Küste, die nur kurze Stichstrecken ins Inland besaß. Die Eisenbahnen verbilligten und beschleunigten den Transport in hohem Maße: Verglichen mit einer Trägerkarawane, kostete eine Tonne pro Kilometer nur 10 Pfund anstelle von

130 Pfund, um sie von Mombasa an der ostafrikanischen Küste an den Viktoria-See in Uganda zu schaffen. Die 1896 bis 1901 gebaute «Uganda-Eisenbahn» brauchte für die Strecke nur noch drei Tage, während eine Karawane zuvor mindestens 75 Tage benötigt hatte. Wie in Russland und Nordamerika propagierten Kolonialinteressenten auch für Afrika groß angelegte transkontinentale Projekte: eine französische Transsahara-Bahn und eine britische vom Kap nach Kairo reichende Linie. Doch während die Central Pacific und Union Pacific (1869), die Canadian Pacific (1885) und die Transsibirische Eisenbahn (1903) verwirklicht wurden, scheiterten diese imperialen Projektionen. Sosehr die Eisenbahnlinien dort, wo sie verliefen, die regionale und lokale Ökonomie beeinflussten – in Ostafrika etwa durch Ansiedlung von Europäern, Migration von Indern, Plantagenwirtschaft für Kaffee, Tee oder Sisal sowie durch touristische Großwildjäger – und sosehr sie bestimmte ökonomische Pfade langfristig vorgaben, so sollte ihre Wirkung für «Afrika» nicht überschätzt werden. Vor dem Weltkrieg gab es 1905 auf dem gesamten Kontinent etwas mehr als 26 000 Kilometer im Betrieb befindliche Bahnen, davon zusammen knapp 20 000 in Ägypten, Algier, Tunis und Britisch-Südafrika, der Rest verteilte sich auf die britischen, deutschen, französischen, italienischen und portugiesischen Kolonialgebiete. Zeitgleich verliefen in Preußen mehr als 34 000 Kilometer Eisenbahnschienen, in ganz Europa fast 310 000. Ohne städtische Ballungszentren und bei dünner Bevölkerungsdichte erkannten die Kolonialherren im subsaharischen Afrika keinen ausreichenden Bedarf und besaßen keinen politischen Willen, ein neues Transportsystem zu errichten.

In Indien allerdings lagen die Verhältnisse anders. Hier entstand vor dem Weltkrieg ein Gesamtnetz von mehr als 52 000 Kilometer Strecke, das leistungsmäßig hinsichtlich der Personenkilometer beispielsweise Frankreich übertraf. Seit den späten 1840er Jahren fanden verschiedene Interessen zusammen und forcierten, unterstützt durch die Presse, den Bau der Bahnen: englische Baumwollhändler und Textilunternehmer, die P&O-Schifffahrtslinie, Bankiers der Londoner City sowie die Besteck- und Eisenwarenindustrie in den

Midlands. Die Motive waren nicht nur kommerzieller, sondern auch militärischer Art, zusätzlich bestärkt durch den indischen Aufstand von 1857. Der Generalgouverneur von Britisch-Indien Marquess of Dalhousie bezeichnete die Eisenbahn 1856 als einen der «drei großartigen Motoren sozialen Fortschritts», neben der Einführung eines einheitlichen Posttarifs und des elektrischen Telegrafen, für die er sich in seiner Amtszeit eingesetzt hatte. Mit dem Historiker Daniel R. Headrick können wir diese Kommunikationsinstrumente auch als «Greifarme des Fortschritts» und Werkzeuge des Imperialismus bezeichnen. Sie brachten Indien bis zum Beginn des 20. Jahrhunderts eine umfangreiche technische und organisatorische Infrastruktur, welche eine hohe Mobilität von Personen ermöglichte, übergreifende und weitreichende Kommunikation erlaubte und schließlich auch große religiöse Pilgerfahrten unterstützte. Auf der anderen Seite festigte das Transportsystem nicht nur die britische Herrschaft auf dem Subkontinent, sondern prägte Teile der indischen Wirtschaft. Es beförderte den enormen Export von Rohstoffen und verbesserte damit rechnerisch die Handelsbilanz, während es gleichzeitig die gewerbliche Produktion anregte. Aber was der Eisenbahnbau – anders als in europäischen Ländern – nicht förderte, war die industrielle Entwicklung in Indien selbst. Zum Zeitpunkt der Unabhängigkeit 1947 hatte sich die Verteilung der Beschäftigung zwischen Landwirtschaft, Handel, Industrie und Dienstleistung gegenüber der Mitte des 19. Jahrhunderts nicht verändert. Obgleich auch in Indien bereits 1865 die erste Lokomotive gebaut wurde, kamen aufgrund politischer Entscheidungen der Kolonialmacht fast 80 Prozent der eingesetzten Zugmaschinen vor dem Ersten Weltkrieg aus Großbritannien und weitere 15 Prozent aus Deutschland und den Vereinigten Staaten. Die technischen «Greifarme» des Fortschritts wurden vom imperialen Zentrum gesteuert und dienten bis ins das 20. Jahrhundert im Zweifelsfall dessen Interessen.

Entwicklungsökonomisch wirkte die Eisenbahn im Westen Europas als starker Motor, während ihr Bau in anderen Regionen sowie jenseits des Kontinents die wirtschaftliche Differenzierung verstärkte. Ihr Bau *vor* der wirtschaftlichen Modernisierung förderte dort zwar nicht eine industrielle Entwicklung, machte aber die spätere und partielle agrarische Transformation möglich, weil er den Transport von Nahrungsmitteln und Rohstoffen in die europäischen Industrieregionen ermöglichte. Dies geschah in Rumänien etwa durch die Anbindung der Agraranbaugebiete an die Donau und den Ausbau der Donauhäfen Braila und Galati, von wo aus Getreide über das Schwarze Meer in die westeuropäischen Häfen von Antwerpen, Rotterdam und Hamburg verschifft wurde. Auch in politischer Hinsicht bildeten die Eisenbahnen eine Art Verlängerung westeuropäischer Interessen. In Serbien und Bulgarien etwa waren die Hauptlinien, an die bis 1914 nur wenige regionale Zweige angeschlossen wurden, ein Teil der vom Deutschen Reich betriebenen und von einem Konsortium um die Deutsche Bank finanzierten Bagdad-Bahn, einer projektierten durchgängigen Verbindung zwischen Berlin und Bagdad. In Russland hingegen wurde der Eisenbahnbau nach den Erfahrungen des Krimkriegs, in dem das Fehlen von Bahnlinien für den Truppentransport auffiel, aus militärischen Gründen vorangetrieben, diente aber ab den 1880er Jahren auch der Anbindung der Zentren des Erzbergbaus von Krivoj Rog und der Kohleflöze im Donezbecken sowie der Metallindustrie im Uralgebiet. Die Finanzierung hierfür kam zu einem erheblichen Teil aus Frankreich, was insofern für den Eisenbahnbau im 19. Jahrhundert typisch war, als dieser überall stark von ausländischen Investitionen getragen wurde und daher, finanziell gesehen, auch ein europäisches Phänomen darstellte.

Gebaut und genutzt wurden Eisenbahnen für verschiedene Zwecke: für den Güter- und Rohstoffverkehr, den Personentransport, aus militärstrategischen Gründen für Truppenbewegungen sowie zur symbolischen Repräsentation von Urbanität und moderner Staatlichkeit. Sie waren das charakteristische, vielfältig genutzte Verkehrsmittel des späteren 19. Jahrhunderts und veränderten den sozialen Raum in der Wahrnehmung wie in der Praxis der Menschen. Ökonomisch integrierte der günstige Massentransport über die Schiene die europäischen Märkte für industrielle, gewerbliche und landwirtschaftliche Produkte. Die Eisenbahn erhöhte außerdem selbst den Bedarf der Leitsektoren Kohlebergbau, Eisenherstellung und Maschinenbau an Rohstoffen und Gütern, sie erleichterte die Wanderungsbewegungen und bot direkt und indirekt Arbeitsplätze für Zuwanderer in den industriellen Zentren, aber auch in den Kolonien, etwa für Italiener in Deutsch-Südwestafrika oder für Inder in Britisch-Ostafrika. Die Mobilität von Personen veränderte in den europäischen Hauptstädten und Zentren ferner das gesellschaftliche Bild, indem sie unter anderem die Wanderarbeiterinnen und -arbeiter aus den Peripherien herbeiholte. An Moskauer Bahnhöfen etwa erblickte der russländisch-patriotische, antisemitische Publizist und Politiker Pavel Kruševan, der selbst aus Moldau stammte, 1896 eine wahrhafte «ethnografische Galerie» mit Gesichtern aus dem weiten bis nach Asien reichenden russischen Vielvölkerreich. Mit der Eisenbahn begann überall dort, wo Gleise verlegt wurden, eine «Fahrt in die Moderne» (Frithjof Benjamin Schenk), die Erfahrungen und Wahrnehmungen allerdings nicht homogenisierte oder Gesellschaften gleichmäßig verband, sondern durchaus auch alte Unterschiede sichtbar machte und neue schuf. Zugleich bewirkte die Eisenbahn technische Standardisierungen, so etwa durch ihre Fahrpläne, die eine nationale, zuerst in Großbritannien bis Mitte der 1850er Jahre durchgesetzte Vereinheitlichung von örtlichen Zeiten notwendig machten, dann über transnationale Kursbücher in den 1890er Jahren die Zeit mit der Einführung der mitteleuropäischen Eisenbahnzeit internationalisierten. In ökonomischer Hinsicht war die Bahn ein entscheidender Faktor mit weitreichender Wirkung für eine differenzierte Wirtschaftsintegration der neuen Zentren *und* der Peripherien Europas auf und jenseits des Kontinents.

Das neue technische Kommunikationsmedium des 19. Jahrhunderts, die Telegrafie, unterschied sich von der Eisenbahn insofern, als sie die Nachrichtenübermittlung «entmaterialisierte» (Roland Wenzlhuemer), d.h. sie von der Geschwindigkeit löste, mit der Mensch oder Tier, selbst mit der Eisenbahn, reisen konnten. Damit wurden Zeit und Raum entgegen einer gängigen Metapher jedoch keineswegs geschrumpft oder gar aufgehoben, sondern neu bewertet und strukturiert. Die Bedeutung der Zeit steigerte sich im Gegenteil, denn durch den beschleunigten Nachrichtenverkehr konnten kleinste Zeitunterschiede über den wirtschaftlichen Gewinn von Investoren entscheiden. Zeit wurde knapp, und die Notwendigkeit, sie zu sparen, zu kontrollieren und zu standardisieren, wuchs im nationalen und internationalen Rahmen. Der Telegraf wirkte sich ferner auf die Struktur nationaler, europäischer und globaler Wirtschafts- und Kommunikationsräume aus. Ganz grundsätzlich wurden Nähe und Distanz jetzt von der Anbindung an das Telegrafennetz bestimmt. Schon innerhalb einzelner Länder machten sich die Unterschiede bemerkbar. In Großbritannien etwa waren der Südwesten, Wales oder Schottland nachrichtlich fast so weit entfernt wie das östliche Europa oder manche Gebiete in Afrika. Auch in Europa zeigte sich erneut die bereits mehrfach geschilderte Zentrums- und Peripheriebildung. Die dichtesten Netze entstanden in der zweiten Hälfte des 19. Jahrhunderts in Großbritannien, Frankreich und Deutschland sowie in Belgien, den Niederlanden und der Schweiz, gefolgt von den skandinavischen Ländern. Demgegenüber blieben die Iberische Halbinsel, das südliche und östliche Europa weitgehend abgetrennt. Auf globaler Ebene wurden die weißen Siedlerkolonien und Indien sowie um die Jahrhundertwende Japan angeschlossen. Insgesamt entstanden so auf lokaler, regionaler, nationaler und globaler Ebene unterschiedlich verdichtete, einander überlagernde Netze, aber nicht *ein* einheitlicher europäischer oder globaler Kommunikationsraum.

Neben der unterschiedlichen Dichte war für das neue Telegrafennetz charakteristisch, dass seine Teile unterschiedliche Funktionen erfüllten. Das dichteste Geflecht und die Knoten befanden sich in Regionen vor allem urbaner Zusammenballung. London, Paris, Berlin und später auch Wien bildeten Drehkreuze, an denen Kontrollmacht ausgeübt wurde, aber nicht notwendig die Zentren der wirtschaftlichen Produktion liegen mussten. Die kleineren Länder im europäischen Westen nutzten die neue Technologie, um die internationale Öffnung ihrer Wirtschaft zu fördern. Die Struktur und die

Geschwindigkeit der «entmaterialisierten» Telegrafie ermöglichten eine verbesserte Koordination anderer Kommunikations- und Verkehrssysteme auf nationaler und internationaler Ebene wie Eisenbahnfahrpläne, Truppenbewegungen, Handelsschifffahrt und Finanz- und Börsenhandel. Die gesteigerte Koordinierungskompetenz ging jedoch auch einher mit Behinderungen und einer größeren Anfälligkeit der verschiedenen Systeme. Dies zeigte sich nicht nur in bürokratischen Verfahren, Fehlleitungen und Missverständnissen oder an den Schnittstellen von Leitungen unterschiedlicher Kompanien, sondern zum Beispiel auch bei der Zerstörung von Telegrafenverbindungen während Kolonialaufständen oder etwa im Generalstreik indischer Telegrafenangestellter, die 1908 allein durch das Weglassen von Zeit- und Ortsangabe die meisten Telegramme unbrauchbar machten. Die letztgenannte Episode verweist zugleich auf die Rolle des indischen Netzes als Knoten, der das formelle und informelle britische Weltreich von Indien über den Fernen Osten bis Australien verknüpfte.

Entwicklung, Struktur und Nutzung der weltweiten Telegrafennetze reflektierten insgesamt in erheblichem Maße die imperiale und ökonomische Dynamik des britischen Weltreichs in der zweiten Hälfte des 19. Jahrhunderts. Für den nationalen Aufbau der Telegrafen spielten Nachrichtenkontrolle, militärische Erfordernisse und Prestige neben den wirtschaftlichen Motiven eine wesentliche Rolle. Die weltumspannenden Überseekabel – das erste transatlantische Kabel wurde zwischen 1854 und 1858 verlegt, ein dauerhaft funktionsfähiges ging 1865/66 in Betrieb – wurden vorwiegend privatwirtschaftlich von englischen Unternehmen verlegt und betrieben. Andere europäische Imperien bemühten sich, damit zu konkurrieren, oder kooperierten, je nach Umständen, ohne jedoch die britische Dominanz wirklich einschränken zu können. Die telegrafische Technik wirkte selbst nicht im selben Ausmaß ökonomisch treibend wie der Eisenbahnbau. Telegrafie bildete aber insofern einen Wirtschaftsfaktor, als sie der zügigen Verbreitung von Informationen diente und – zusammen mit der Verbreitung des Goldstandards als Währungsmaßstab – auch die Integration von Kapitalmärkten förderte. Neben militärischen Interessen waren es vor allem die Profite, die sich erzielen ließen, wenn Unternehmer Kenntnisse über Preise und Warenangebote auf entfernten Märkten erlangten, welche die relativ hohen Kosten für das Versenden von Telegrammen rechtfertigten. Das zu Beginn des Ersten Weltkriegs vorhandene Netz besaß tatsächlich eine besser ausgebaute Struktur und damit ein größeres Potential, als tatsächlich genutzt wurde. In dieser Hinsicht war die Telegrafie der Eisenbahn wiederum ähnlich. Viele periphere Linien lohnten sich im Betrieb kaum, die Stationen dienten vielmehr der Demonstration staatlicher oder imperialer Präsenz, waren Symbole europäischen Fortschrittsglaubens und Teil des kennzeichnenden «Überschusses» im 19. Jahrhundert.

In historischer Perspektive ist hervorzuheben, dass die Telegrafie nicht einfach konkrete Verbindungen zwischen Personen und den schnelleren Transfer von Nachrichten von einem zum anderen Ort ermöglichte, sondern ein übergeordnetes relationales Beziehungsnetz schuf. In der zweiten Hälfte des 19. Jahrhunderts wurde durch das asymmetrische Netzwerk mit seinen informationellen Aufspaltungen in sehr gut, weniger gut oder gar nicht angeschlossene Regionen und gesellschaftliche Gruppen ein Kommunikationssystem etabliert, das ökonomische und soziale Differenzierung in Europa vorantrieb und die Interaktion auf nationaler, europäischer und globaler Ebene strukturierte. Es ist frappierend, wie das im 19. Jahrhundert entwickelte Telegrafen- und Kabelnetz dem Glasfasernetz der Gegenwart in seinem Aufbau und seiner ungleichen Nutzung gleicht. Ausgenommen die heutigen wirtschaftlichen Wachstumsregionen im Fernen Osten und Südostasien ist das globale Erscheinungsbild dasselbe. Für die «digitale Spaltung» (Benjamin M. Compaine) unserer Tage scheint die «telegrafische» Aufteilung und Ausdifferenzierung bis zum Beginn des 20. Jahrhunderts den Boden bereitet zu haben.

II. Gesellschaft in Bewegung

Welthandel im Zeichen Europas

Zusammen mit den verbesserten, drastisch verbilligten Transportmöglichkeiten durch Eisenbahn und Dampfschifffahrt bildete die Telegrafie eine der wesentlichen Voraussetzungen für die Entwicklung des europäischen und des globalen Handels des späten 19. und frühen 20. Jahrhunderts. Dieser wurde ferner durch die erhöhte Güterproduktion im Zuge der Industrialisierung sowie die damit einhergehende Spezialisierung und Einkommensvermehrung der europäischen Gesellschaften befeuert. Das Wachstum des Außenhandels war in der Tat beispiellos: Das Welthandelsvolumen vermehrte sich zwischen 1800 und 1913 um das 43-Fache, die Ex- und Importe der europäischen Länder sogar um das 47-Fache. Diese «dynamische Expansion ökonomischer Verflechtung» (Sidney Pollard) erfolgte in der zweiten Hälfte des 19. Jahrhunderts und insbesondere in den Jahrzehnten vor Ausbruch des Ersten Weltkrieges, als sich der Wert des Welthandels allein zwischen 1904 und 1913 verdoppelte. Auch die Beschaffenheit der gehandelten Waren änderte sich nach der Jahrhundertmitte. Bis dahin wurden global überwiegend Luxusgüter sowie koloniale Produkte wie Tee, Kaffee, Zucker und Tabak gehandelt, deren Herstellung spezifische Klimabedingungen benötigte und auf afrikanischer Sklavenarbeit beruhte. Jetzt entwickelte sich der Fernhandel auch mit Massengütern: Eisenerz, Kohle, Fasern, Nahrungsmittel sowie Textilien, Eisenwaren und Maschinen.

Die weltweiten Handelsströme verliefen hinsichtlich der geographischen Struktur höchst ungleich. Am stärksten waren sie zwischen den europäisch geprägten, sich industrialisierenden oder bereits industrialisierten Gebieten. Dies änderte sich von der Mitte bis zum Ende des 19. Jahrhunderts kaum: Jeweils 82 Prozent bzw. 81 Prozent der Exporte in der Welt (in aktuellen Preisen) stammten aus Europa und Nordamerika. Indien dagegen besaß 1913 nur einen Anteil von 4,5 Prozent, Japan von 1,7 Prozent und China von 1,6 Prozent am globalen Export. Der geringe globale Exportanteil aus den Kolonien und dem Fernen Osten ging zu fast 80 Prozent nach Großbritannien, in die Vereinigten Staaten, nach Deutschland und Frankreich. Zählt man noch die übrigen europäischen Länder hinzu, blieb für den Handel *zwischen* den übrigen Regionen der Welt in dieser Zeit kaum etwas übrig. Die Zahlen beruhen auf europäischen Statistiken und verzerren den Blick auf den Welthandel in einem gewissen Maße. Sie belegen aber eine dynamische Wirtschaftsverflechtung vor allem zwischen den europäischen Ländern einschließlich Nordamerikas. Die Wirtschaftsbeziehungen mit den Überseegebieten waren in der zweiten Jahrhunderthälfte von europäischer Seite insgesamt schwach ausgebildet. Die zeitgenössische Kolonialpropaganda benutzte dieses Ungleichgewicht als Argument für ihre Forderungen nach kolonialer Expansion. Umgekehrt besaß der Außenhandel mit Europa aus nichteuropäischer Sicht historisch eine größere Bedeutung sowohl in ökonomischer wie in ökologischer Hinsicht.

Der grenzüberschreitende Kapitalfluss verlief vor dem Ersten Weltkrieg, einseitiger als der Warenhandel, von den Zentren der Kapitalaufnahme – zunächst und fast durchgängig führend London, dann aber auch Paris und Berlin – in die Peripherien ökonomischer Entwicklung. Die Schwerpunkte der Auslandsinvestitionen verlagerten sich vom frühen 19. Jahrhundert über West- und Mitteleuropa nach Süd- und Osteuropa, dann in die unabhängigen ehemaligen europäischen Siedlungskolonien, bis sie schließlich die kolonialen Überseegebiete erreichten. Die Zahlen, teilweise selbst die Proportionen der Auslandsinvestitionen sind nicht genau bestimmbar, doch war Geldkapital vor 1914 außergewöhnlich mobil. Generell überwogen Portfolioinvestitionen in Anleihen ausländischer Regierungen, Städte, Hafenbehörden und vor allem Eisenbahnanleihen gegenüber Direktinvestitionen in einzelne Firmen, Berg- und Hüttenwerke oder die Anlage von Plantagen. Laut dem Wirtschaftshistoriker Wolfram Fischer lag dies an dem hohen Kapitalbedarf für Infrastrukturmaßnahmen, die das Geld der Investoren anzogen. Zwischen 1865 und 1914 waren fast 70 Prozent der an der Londoner Börse aufgelegten Überseewerte für Eisen- und Straßenbahnen, Telegraf und Telefon, Gas-, Elektrizitäts- und Wasserwerke sowie Hafenanlagen bestimmt; die Eisenbahnen beanspruchten da-

II. Gesellschaft in Bewegung

von allein schon 41 Prozent. Die britischen Auslandsinvestitionen konzentrierten sich ursprünglich auf den europäischen Kontinent, seit der Mitte des 19. Jahrhunderts verlagerte sich das Schwergewicht nach Übersee: in die Vereinigten Staaten, nach Argentinien und in andere lateinamerikanische Länder und nach Indien. Im Vergleich dazu erfolgten französische und deutsche Auslandsanlagen eher innerhalb Europas. Franzosen investierten zunächst im Mittelmeerraum und in Belgien. Bis 1914 änderte sich das insofern, als die Investitionen sich seit den 1880er Jahren – auch politisch unterstützt und gewollt – nach Russland und in einige südosteuropäische Länder bewegten. Außerhalb Europas bildete der Nahe Osten, nicht nur im Kontext des Suezkanalbaus, einen französischen Investitionsschwerpunkt. Die Mobilität des Kapitals und der Grad der Kapitalmarktintegration, der an der Annäherung im Zinsniveau erkennbar war, erreichten vor dem Ersten Weltkrieg einen Stand, der erst gegen Ende des 20. Jahrhunderts wieder erreicht oder teilweise bis heute nicht übertroffen wurde. Die Kapitalverflechtung und die Integration der Warenmärkte, wie sie sich im Außenhandel und der Preisentwicklung zeigten, lassen manche Historiker von einem Beginn des «noch immer andauernden Zeitalters der Globalisierung» (Cornelius Torp) im engen wirtschaftlichen Sinne sprechen. Der Begriff sollte nicht die spezifischen Strukturen und Merkmale der weltweiten Verknüpfung des 19. Jahrhunderts überspielen, und die europäische Perspektive kann nicht ohne Weiteres mit «global» gleichgesetzt werden.

Obgleich das relative Gewicht der imperialen Anteile des Welthandels für die ökonomische Entwicklung Europas nicht groß war, haben sie viel Aufmerksamkeit auf sich gezogen. Das lag zeitgenössisch an der Exotik mancher Güter und der nun sichereren, regelmäßigeren Verbindung zu fernen Handelssorten, vor allem aber an übertriebenen Erwartungen der konkurrierenden Staaten hinsichtlich der individuellen und volkswirtschaftlichen Gewinne, die im Überseehandel zu winken schienen. Mehr noch rührt die politischwissenschaftliche Aufmerksamkeit aber daher, dass die global tätigen Akteure aus dem «Westen» im Nachhinein oft pauschal für die geringe wirtschaftliche Entwicklung anderer Weltregionen vor dem Ersten Weltkrieg verantwortlich gemacht worden sind. Heute kommt die Einsicht hinzu, dass trotz der damals relativ geringen weltwirtschaftlichen Bedeutung die ökologischen Veränderungen tief eingriffen. Der Wirtschaftshistoriker R. Bin Wong stellt fest, dass die Mischung aus europäischer Militärmacht und Industriekapitalismus, die am Ende des 19. Jahrhunderts zum Handel im Weltmaßstab führte, zwar für die weitere Entwicklung der globalen Ökonomie bestimmend war. Die Frage, wie die europäischen Akteure die Wirtschaft außerhalb ihres Heimatkontinents förderten oder behinderten, beantwortet er allerdings differenziert. Die Ursachen für die dort bis zum Beginn des 20. Jahrhunderts weitgehend ausbleibende industriewirtschaftliche Entwicklung lagen demnach zu einem großen Maß in fehlenden Voraussetzungen. Dazu zählen zum einen soziale Institutionen wie Banken, Versicherungen, Rechtssystem und Bildungswesen, die Handel und Produktivitätsfortschritt förderten, und zum anderen eine wirtschaftsunterstützende staatliche Politik. Beides war in vielen Weltregionen keineswegs gegeben, oder es mangelte an günstigen Bedingungen für eine Form der Industrialisierung.

Im bevölkerungsarmen Südostasien etwa existierte zwar ein aktiver Handels- und Agrarsektor, der wesentlich auf dem Nassreisanbau beruhte. Die Wirtschaft war hier jedoch ebenso auf Kapital und Arbeitskräfte aus China, dem größten Abnehmer, angewiesen wie auf europäische Nachfrage und Investitionen in Rohstoffgewinnung. Eine kommerzielle, exportorientierte Landwirtschaft konnte sich entwickeln, allerdings ohne dass damit spürbare Produktivitätssteigerungen verbunden waren. In den Regenwäldern Malaysias, Indonesiens, Ceylons und Indochinas hingegen wurde eine von der europäischen Nachfrage nach Gummi, insbesondere für Fahrradreifen, initiierte Anbaukultur etabliert. Anders als im Amazonas- und im Kongogebiet, wo Kautschuk seit den 1880er Jahren im Raubbau an der Natur durch unfreie Arbeitskräfte und unter Anwendung von Gewalt gewonnen wurde, entwickelte sich hier nebeneinander eine europäische Plantagen- und eine lokale Kleinbauernwirtschaft. Sie basierten beide auf der erfolgreichen Anpflanzung einer ertragreichen und qualitätsvollen Art des Gummibaums aus Brasilien in den südostasiatischen Gebieten und waren damit ein Beispiel – neben Kaffee und Kakao – für den «großräumigen Transfer von Pflanzenarten im Zuge des globalen Handels» (Corey Ross). Wirtschaftlich überholte der Kautschuk aus diesen Pflanzungen zwischen 1910 und 1914 das Produktionsvolumen aus der wilden Ernte; bis Ende der 1920er Jahre kamen dann vier Fünftel der Weltkautschukexporte aus dem britisch beherrschten Gebiet des heutigen Malaysia und aus Niederländisch-Indien. Während im Amazonas- und im Kongogebiet die Gummibäume oft rücksichtslos angezapft wurden, so dass sie abstarben, war der südostasiatische Anbau auf längerfristige Nutzung angelegt, aber mit einer großflächigen Rodung des Regenwaldes verbunden. Die Anlage der Plantagen erfolgte «gartenförmig» mit der Bekämpfung anderer Flora und der Einschränkung des Lebensraums für Tiere. Die Ökologie der Gebiete veränderte sich zugleich durch die Ansiedlung einer großen Zahl von indischen, chinesischen und javanischen Arbeitskräften, die unter harten Arbeitsbedingungen und Androhung von Gewaltstrafen auf den Pflanzungen beschäftigt waren. Die großen Plantagen glichen hinsichtlich Aufbau und Unterhalt sowie Arbeitsschritten und -ablauf industriellen Produktionsstätten, waren aber schwer kontrollierbaren ökologischen Einfluss- und Störfaktoren unterworfen. Demgegenüber erwiesen sich die Kleinbauernstellen, die von zugewanderten asiatischen Familien betrieben wurden, nicht nur als ökologisch weniger invasiv, sondern langfristig auch als ökonomisch auf dem Weltmarkt konkurrenzfähig.

Im subsaharischen Afrika waren es nicht nur die Umweltbedingungen und die geringe Bevölkerungszahl, welche eine Ausweitung von Handel und Produktion mit weiterreichenden gesamtwirtschaftlichen Wirkungen begrenzten. In Westafrika bauten Kleinbauern beispielsweise Kakaobohnen oder Erdnüsse für den Export nach Europa an, was ihre Einkommensgrundlage verbesserte, auch wenn europäische Kartelle die Preise kontrollierten. Allerdings handelte es sich bei den Produzenten eben um Kleinbauern, anders als in Argentinien oder Brasilien, wo eine Agrarelite den Profit aus dem Export nach Europa und in die Vereinigten Staaten schließlich auch in industrielle Unternehmungen investierte und somit in Teilen Lateinamerikas einen neuen ökonomischen Entwicklungspfad eröffnete.

In Südasien wiederum lassen sich zunächst negative Folge europäischer Industrialisierung festmachen, denn die Produkte aus den englischen Textilfabriken zerstörten die handwerklich organisierte Produktion in Indien, indem sie erst die indischen Baumwollstoffe auf den britischen und westafrikanischen Exportmärkten verdrängten und schließlich auch den indischen Binnenmarkt übernahmen. Das war ein Fall von gewerblichem Niedergang, wenn auch nicht vollständiger Vernichtung in einer Kolonie durch europäische Industrialisierung und Herrschaft. Auch die Indigoproduktion, Salzherstellung und der Schiffbau nahmen vor allem aufgrund politischer Entscheidungen ab. Allerdings wuchsen die Produktion von Stoffen aus Seide, die Herstellung von Jute, der Anbau von Tee und der Kohlebergbau. Auch entwickelte sich bis zum Beginn des 20. Jahrhunderts die indische Textilindustrie wieder, die dann langfristig die britischen Unternehmen sogar überflügelte, jedoch nicht den gleichen gesamtgesellschaftlichen Antrieb im eigenen Land erzielen konnte wie die Textilherstellung gut hundert Jahre zuvor auf den Britischen Inseln. Beflügelt von der Konsumnachfrage in Ostafrika und vermittelt über das bis 1890 unabhängige Sultanat von Sansibar, entwickelte sich Bombay – im Gefolge der Lieferschwierigkeiten für nordamerikanische Stoffe durch den amerikanischen Bürgerkrieg – seit den 1860er Jahren zu einem Zentrum der Produktion und Weiterverarbeitung von Stoffen. Diese gelangten über den Indischen Ozean ins ostafrikanische Hinterland, bis zur Jahrhundertwende dann zusammen mit anderen Waren wie Reis, Weizen, Zucker, Möbel und Holz. Das Beispiel zeigt, dass im vorkolonialen und kolonialen Rahmen Konsumnachfrageimpulse an der sogenannten Peripherie auf die Produktion andernorts wirkten und Handelsverbindungen und Märkte über große Distanzen schufen, die nicht in den asymmetrischen Machtbeziehungen des Kolonialismus aufgingen. An dieser komplexen Warenkette hatten zahlreiche europäische, afrikanische und indische Akteure Anteil, die jeweils Gewinn suchten und auf Marktkräfte achten mussten. Es waren also keineswegs allein europäische Interessen, welche die Märkte im 19. Jahrhundert global miteinander verknüpften, sondern ebenso «periphere» Nachfrage und nichtwestliche Akteure.

Im Osmanischen Reich war im Übrigen ein ähnlicher Rückgang des Textilgewerbes auf dem Binnenmarkt durch englische Industrieprodukte zu beobachten gewesen wie in Indien. Die Regierungszentrale in Konstantinopel hatte im 19. Jahrhundert nicht nur mit den nach Autonomie oder Unabhängigkeit strebenden Eliten in den verschiedenen Teilen ihres Imperiums wie in Ägypten zu tun, sondern auch mit den politischen Interessen der europäischen Großmächte vor allem auf dem Balkan, von Griechenland in den 1830er bis zu Bulgarien in den 1870er Jahren. Für europäische Kaufleute gewährte der osmanische Staat gute Bedingungen und schottete das Land nicht durch Zollschranken ab. Eine konkurrenzfähige Industrie aufzubauen war aber nicht nur deswegen schwierig, sondern auch weil anders als in die lateinamerikanischen Länder wenig Kapital und kaum Arbeitskräfte aus Europa in das Osmanische Reich flossen. Die internen und externen politischen sowie die ökonomischen Bedingungen machten es wenig wahrscheinlich, dass sich tiefgreifende wirtschaftliche Veränderungen durchsetzten, obgleich jahrzehntelange Reformbemühungen die administrativen, militärischen Strukturen des Staates und die Gesellschaft zu verändern suchten.

Insgesamt lässt sich mit R. Bin Wong folgern, dass die wirtschaftliche und politische Dynamik Europas am Ende des 19. Jahrhunderts einen global aktiven Industriekapitalismus schuf, «ohne gleichzeitig zu verhindern oder dafür zu sorgen», dass der Rest der Welt davon materiell in ähnlicher Weise profitierte wie die europäischen Gesellschaften. Es ist demnach nicht eindeutig, ob und wie sich die verschiedenen Weltregionen entwickelt hätten, wenn es die westliche Industrialisierung, den internationalen Handel und die politisch-militärische Vorherrschaft nicht gegeben hätte. Solche hypothetischen Überlegungen sollen nicht die europäische Dominanz auf den internationalen Märkten leugnen, weisen aber auf die mehr oder weniger beschränkten wirtschaftlichen Möglichkeitsbedingungen, wie etwa die europäische Rohstoffarmut und den afrikanischen Ressourcenreichtum, in den verschiedenen Regionen der Welt hin. Sie sollten gleichzeitig nicht darüber hinwegsehen lassen, dass die Kolonialherrschaft Formen der Ausbeutung und Unterdrückung brachte, für die exemplarisch das Regime im belgischen Kongo, wo Naturkautschuk unter brutalen Bedingungen mit Zwangsarbeit gewonnen wurde, stehen mag. Überall waren Händler und Unternehmer unterwegs, die selbstverständlich an ihrem eigenen Profit interessiert waren, diesen mehr oder weniger gierig verfolgten und sich dazu mit den unterschiedlichen wirtschaftlichen, ökologischen, sozialen und politischen Verhältnissen auseinandersetzten, auf die sie trafen, und auch den Opportunismus des Kapitals und der Investitionen pflegten. Sie konnten sich im Allgemeinen auf den politischen sowie militärischen Rückhalt seitens der europäischen Mächte und die neu geschaffenen technischen, administrativen, rechtlichen und sozialen Infrastrukturen der Imperien stützen. Manche wie der englisch-südafrikanische Diamanten- und Goldminenbesitzer Cecil Rhodes (1853–1902) im südlichen Afrika trieben aus einer Mischung von Geschäftsinteressen und imperialistischer Ideologie den Ausbau der europäischen Vorherrschaft systematisch voran. So asymmetrisch die globalen Beziehungen um 1900 waren, so wenig erwiesen sie sich jedoch weltweit als einheitlich oder durchgängig einseitig zugunsten der Europäer ausgestaltet.

Zeitgenössisch wurde heftig über Freihandel und Protektionismus debattiert. Generell lassen sich mit dem Wirtschaftshistoriker Paul Bairoch drei Phasen unterscheiden: eine erste, in der bis 1860 hohe, aber allgemein sinkende Zölle vorherrschten, gefolgt von einer kurzen Freihandelsphase in den 1860er und 1870er Jahren, die schließlich in eine dritte Phase bis zum Ersten Weltkrieg mit steigenden Tarifen mündete. Offenbar wirkte sich die Pendelbewegung hin zu wieder steigenden Einfuhrzöllen auf das oben beschriebene, enorme Wachstum des Welthandels kaum aus, das gerade in der

Phase der vermehrten Zölle vor dem Weltkrieg besonders schnell war. Eine bedeutende Rolle spielte dabei Großbritannien, das seit Mitte der 1840er Jahre an seiner Freihandelspolitik festhielt. Einzubeziehen ist zudem, dass die Zölle zwei Funktionen besaßen: den Schutz einheimischer Produktion und die Generierung von Einnahmen für den Staat, die sich theoretisch widersprachen, aber zwischen denen in der Praxis meist ein politischer Kompromiss gefunden wurde, so dass der Handel weiter funktionierte und damit die staatlichen Einnahmen nicht versiegten. Die genaue Ausgestaltung der Zolltarife und ihre zeitweise oder partielle Aufhebung waren abhängig von verschiedenen Faktoren. Hierzu zählten der Entwicklungsstand der Wirtschaft und bestimmter Wirtschaftszweige eines Landes, die politische Organisation und Durchsetzungskraft von Interessen in einem Staat, aber auch politische Traditionsbildung. Der Historiker Frank Trentmann hat gezeigt, wie Freihandel ein integraler Bestandteil des britischen Nationalismus wurde, während andere Staaten wie Russland oder die USA durchgängig zum Protektionismus neigten. Schließlich spielte auch die allgemeine Konkurrenz der europäischen Staaten, in deren Rahmen protektionistische Maßnahmen als Zoll-«Kriege» gedeutet wurden, eine Rolle für die Verbreitung von «Schutzzöllen». Auch der Kolonialismus war deutlich protektionistisch gefärbt, indem seine Befürworter das Ideal oder die Notwendigkeit propagierten, sich über eigene Kolonien koloniale Rohstoffe möglichst unabhängig von externen Märkten zu sichern. Insgesamt waren die Einfuhrtarife in der zweiten Hälfte des Jahrhunderts für die innenpolitischen Auseinandersetzungen und Machtverhältnisse – etwa zwischen agrarischen und industriellen Interessen, zwischen export- und binnenmarktorientierten Wirtschaftszweigen sowie zwischen Lohnarbeitern und Unternehmern – und damit für die gesellschaftlichen Ordnungsvorstellungen (Agrarstaat oder Industriestaat) bedeutsamer als für die wirtschaftliche Entwicklung. Die globale wirtschaftliche Vernetzung, wie das Ausmaß des Welthandels sie anzeigt, litt nicht wesentlich unter der Zollpolitik. Möglicherweise wurde sie sogar durch den Protektionismus am Ende des 19. Jahrhunderts gefördert, weil der Protektionismus die innenpolitische Lage in den europäischen Ländern stabilisierte und damit letztlich die weitere Steigerung des internationalen Wirtschaftsaustauschs politisch ermöglichte.

Industriekapitalismus, Arbeit und Konsum
Vom «Kapitalismus in seiner Epoche» (Jürgen Kocka) kann erst seit der zweiten Hälfte des 19. Jahrhunderts gesprochen werden, auch wenn das damit bezeichnete wirtschaftlich-gesellschaftliche Verhalten in Teilbereichen bereits früher und keineswegs nur in Europa zu beobachten war. Der Begriff taucht in dieser Zeit auf, als ihn Ökonomen wie Werner Sombart analytisch fassten. Die Bezeichnung ist in der Folge politisch-kämpferischer Debatten umstritten gewesen und eigentlich erst seit dem Ende des Kalten Krieges in sozial- und kulturwissenschaftlichen Debatten, weniger in der Wirtschaftswissenschaft wieder gebräuchlicher geworden. Der Verwendung liegen dabei folgende Kennzeichen zugrunde: erstens die vorherrschende Abstimmung der wirtschaftlichen Akteure über Märkte und Preise und damit die Umwandlung von Ressourcen, Produkten, Funktionen und Chancen in geldwerte Güter; zweitens die individuellen Eigentumsrechte von Personen, Gruppen oder Firmen und dezentrale wirtschaftliche Entscheidungen; drittens die grundlegende Funktion von Kapital für das Wirtschaften, d. h. die Aufnahme von Krediten zur Erzielung künftiger Gewinne und die Akkumulation von Kapital mit Blick auf Wachstum und Expansion. Hinzu kommt die Existenz von Unternehmen als Entscheidungs-, Handlungs- und Zurechnungseinheiten mit privaten Eigentums- und Verfügungsrechten. Hier wirken – und das war in dieser Epoche das Wichtigste – Kapital und Arbeit, Unternehmer und abhängig Beschäftigte ohne Kapital- und Produktionsmittelbesitz, auf vertraglicher Basis zusammen. Mit den Unternehmen, dem letztgenannten Kennzeichen, befinden wir uns in der historischen Periode des 19. Jahrhunderts, als sich nicht nur dieses Phänomen zunehmend verbreitete, sondern kapitalistisches Wirtschaften weithin – und bis heute – zu dominieren begann, zum vorherrschenden praktischen Maßstab wurde und alltäglich wie ideologisch auch

jenseits des ökonomischen Handelns im engeren Sinne wirkte. Das entwickelte kapitalistische System blieb dabei gleichzeitig immer umstritten: Manche kritisierten bestimmte Folgen des veränderten wirtschaftlichen Handelns oder bemühten sich, sie durch Reformen abzumildern, andere entwarfen alternative Wirtschaftsmodelle, gelegentlich mit Bezug auf eine idealisierte Vergangenheit, um die Verunsicherungen und Risiken des Kapitalismus zu überwinden.

Die spezifische Ausprägung dieser Zeit war der «Industriekapitalismus», denn die Industrialisierung veränderte mit den technischen Neuerungen und der fossilen Energiebasis die Wirtschaftsweise tiefgreifend. Die Industrialisierung wurde in den neuartigen gewerblichen Produktionsstätten, den Fabriken, vorangetrieben, wirkte aber im Laufe der Jahrzehnte bis zum Beginn des 20. Jahrhunderts im Verkehrswesen, in der Kommunikation sowie auch in der Landwirtschaft und durch ihre organisatorischen Ausprägungen bis in die öffentliche und privatwirtschaftliche Verwaltung. Die Folgen waren eine außergewöhnliche Steigerung der Produktivität und ein anhaltend hohes, wenn auch konjunkturell schwankendes Wirtschaftswachstum. Insgesamt führte der Industriekapitalismus dort, wo er sich durchsetzen konnte, zwar langfristig zu einer spürbaren Verbesserung des Lebensstandards auf gesamtgesellschaftlicher Ebene. Allerdings weiteten sich auch die Unterschiede aus: Elendige Lebensverhältnisse existierten neben großem Luxus, die soziale Frage beschäftigte Gesellschaft und Politik. Und innerhalb Europas und im Vergleich zu anderen Weltregionen machten sich die weiter oben geschilderten ökonomischen Differenzierungen zunehmend deutlich bemerkbar.

Die kapitalistische Wirtschaftsweise folgt einem expansiven Prinzip, ist auf Zukunft und Wachstum ausgerichtet. Das schließt die «schöpferische Zerstörung» (Joseph A. Schumpeter) ein. Alte Wirtschaftsweisen wurden abgelöst; durch Innovationen in Produktion, Distribution und Organisation, die Suche nach neuen Märkten und durch die Generierung neuer Bedürfnisse beinhaltete der Kapitalismus steten Wandel. Die «Zerstörung» sowie die gesellschaftlichen Nebenwirkungen vollzogen sich über längere Zeiträume inkremen-

2. Markt, Macht und Umwelt

tell, nicht schlagartig, denn die Neuerungen bestanden häufig aus kleineren Anpassungen, und ihre Anwendung erfolgte im Rahmen bestehender Verhältnisse. Dennoch: Der Kapitalismus kannte immer Gewinner und Verlierer und schied die Menschen in Besitzer und Nichtbesitzer. Daran änderte auch die rechnerische gesamtwirtschaftliche Erfolgsbilanz der Jahrzehnte vor 1914 nichts.

Kapitalistisches Wirtschaften war auch in dem Sinne expansiv, als es auf viele Bereiche jenseits des ökonomischen Handelns im engeren Sinne ausgriff und dabei unterschiedliche gesellschaftliche und kulturelle Ausprägungen erfuhr. So wirkten etwa die Finanzmärkte im 19. Jahrhundert weit in die Gesellschaft hinein. Man kann für Börsenplätze wie Paris von «Spekulation für Jedermann und Jedefrau» (Jürgen Finger) sprechen. Die Attraktion von Finanzinvestitionen scheint hier schichtenübergreifend gewesen zu sein. Sie beschäftigte Romanschriftsteller, Zeitungsschreiber, Karikaturisten. Und die Orte, an denen offiziell und inoffiziell gehandelt wurde, fanden Eingang in Reiseführer. Insbesondere wenn die Publizisten das Verhalten der Anleger jenseits der offiziellen Börsenplätze mit ihren professionellen Akteuren und vermögenden Investoren thematisierten, verbanden sie damit eine moralisierende Beurteilung. So wurden Frauen, die sich am informellen Finanzhandel beteiligten, einerseits als Opfer unseriöser Geschäftemacher, andererseits als Opfer ihrer eigenen Spielsucht und Irrationalität dargestellt. Auf diesem Wege wurden sie normativ aus dem männlich gedachten Finanzgeschäft ausgeschlossen. Die Praxis in den «grauen Märkten» außerhalb der Börse, soweit sie historisch überhaupt rekonstruierbar ist, belegt hingegen nicht nur die rege Teilhabe von weiblichen wie männlichen Kleinanlegern an der kapitalistischen Kreditwirtschaft. Sie zeigt auch, dass der Finanzmarkt nicht für alle gleichermaßen, sondern nach Vermögen, Status und Gender differenziert zugänglich war. Die eingeschränkte Geschäftsfähigkeit von verheirateten Frauen behinderte zwar, verhinderte aber nicht, dass sie sich gleichsam an den Rändern des Anlagegeschäfts engagierten. Praktisch legitimierten die vielen weniger bemittelten Kleinanleger zusammen durch Mitmachen den Finanzkapitalismus.

Die tiefe Verankerung kapitalistischen Denkens und Verhaltens zeigte sich ferner in der Erziehung zum Geld. Die «Geldpädagogik» (Sandra Maß) vermittelte Wissen über Geld und förderte das Einüben eines kontrollierten Umgangs sowie die damit verbundene Selbstbeschränkung und Selbsttechnologie. Dies war bereits seit dem 18. Jahrhundert Teil der bürgerlichen Kindererziehung, wurde im 19. Jahrhundert sozial ausgeweitet und im Umfang vermehrt. Mädchen waren als Vorbereitung auf ihre künftige Rolle als Ehefrauen, die den Haushalt führen sollten, einbezogen. Praktiken wie persönliche Buchführung und Taschengeld dienten der Kontrolle und ermöglichten Konsummöglichkeiten für Kinder und Jugendliche bürgerlicher Herkunft. Die massenhafte Gründung von Schulsparkassen in Europa seit den 1870er Jahren, für die meist Pfarrer und Lehrer verantwortlich waren, verknüpfte die individuelle Erziehung zur Sparsamkeit mit der volkswirtschaftlichen Rhetorik des Kapitalismus und der politischen Befriedung der Arbeiterinnen und Arbeiter, wobei allerdings die Vermittlung von Kenntnissen über den Finanzmarkt (noch) keine Rolle spielte. Im Schulsparkassenbuch fehlten im Übrigen auch die Spalten früherer Aufschreibsysteme, in denen die Kinder und Jugendlichen eine Bilanz ihrer moralischen Entwicklung hatten führen sollen. Die monetäre Rechenhaftigkeit hatte sich teilweise verselbständigt. Damit einher ging auch eine Verschiebung des erwarteten Ausgabenverhaltens: Diente das Taschengeld am Anfang des 19. Jahrhunderts noch der bürgerlichen Erziehung zur Wohltätigkeit, für die Kinder ihr Geld verwenden sollten, standen am Ende der Epoche der verantwortliche Konsum und der produktive Umgang mit Geld im Vordergrund. Doch auch damit waren moralische Erwartungen verknüpft, denn eine produktive Lebensführung als künftige Erwachsene im Rahmen des kapitalistischen Wirtschaftens galt als ein moralisch erstrebenswertes Ziel. Mangelnde finanzielle Selbständigkeit hatte – in genderspezifischer Ausprägung – nun etwas Unmoralisches an sich.

Lohnarbeit gilt oft als maßgebliche Form der kapitalistischen Arbeit, weil Menschen dabei ihre Arbeitskraft zu vereinbarten Bedingungen für Geldzahlungen zur Verfügung stellen. Das Arbeitsverhältnis wird laut Definition freiwillig eingegangen und ist kündbar. Historisch war Lohnarbeit im 19. Jahrhundert nicht neu, entwickelte sich aber in Europa bis zum Beginn des 20. Jahrhunderts zum zentralen Arbeitsverhältnis – zahlenmäßig durch die Fabriken und das Unternehmen als Organisationsform und qualitativ durch die Aufmerksamkeit, die sie seitens der Politik und in der publizistisch-wissenschaftlichen Debatte erhielt. Sie trat vor allem in Bergwerken und der Eisen- und Stahlproduktion, in Fabriken der Textilindustrie, des Maschinenbaus und später der Chemie- und Elektronindustrie sowie auf den Baustellen in den wachsenden Städten und beim Bau der Verkehrs- und Versorgungsinfrastruktur auf. Auch die Landwirtschaft wurde seit der Bauernbefreiung und dem Ende der Leibeigenschaft im Laufe des Jahrhunderts zunehmend von Lohnarbeit geprägt.

Die Lohnarbeit sollte allerdings als Modell verstanden werden, das sich im 19. Jahrhundert erst als Maßstab etablierte und nur allmählich in der teils gewaltsamen Auseinandersetzung zwischen Arbeitgebern, Arbeitern und staatlichen Stellen reguliert und formalisiert wurde. Als Modell, wenngleich nicht in der Praxis, lag ihr zumeist der männliche Industriearbeiter oder Angestellte zugrunde, der in Vollzeit beschäftigt war und mit dem Lohn seine Familie ernährte. Der Kapitalismus des 19. Jahrhunderts kannte aber tatsächlich eine Vielfalt von Arbeitsverhältnissen, die nur partiell, wenn überhaupt dem Muster entsprachen. Für Frauen galten rechtlich, gesellschaftlich und ökonomisch oft andere Bestimmungen, die teilweise erst in Reaktion auf ihre Beteiligung an der Lohnarbeit in den Fabriken eingeführt wurden. Lohnarbeit als Maßstab unterschätzt außerdem die ökonomische Bedeutung von Familien für die Sicherung des Lebensunterhalts in ärmeren Schichten oder die Mehrung von Vermögen in gehobenen Kreisen. Erinnert sei nur an die langlebige statistische Kategorie der «mithelfenden Familienangehörigen» in Gewerbe, Handwerk und auf Bauernhöfen. In deutschen Staaten begrenzte der Gesindestatus bis zum Ende des Ersten Weltkriegs die arbeitsrechtliche Freiheit von Landarbeiterinnen und Landarbeitern sowie von Hausangestellten. In der zweiten Jahrhunderthälfte breitete sich die Heimarbeit vom Lande in den Städten aus. Die zum Modell der industriellen Lohnarbeit gehörende Trennung von Arbeitsplatz und Wohnung wurde hier nicht verwirklicht, wenn Frauen und Kinder unter schlechten Bedingungen auf engem Raum in den Mietshäusern vor allem Kleidung herstellten. Die Aufmerksamkeit, die solche Zustände um 1900 allerorten durch Sozialreformer erhielten, kann allerdings als ein Beleg für die normative Kraft des geregelten industriellen Lohnarbeitsmodells verstanden werden. Entscheidend für die gesellschaftlich verträgliche Ausgestaltung der industriekapitalistischen Arbeit sollten langfristig, Jürgen Kocka zufolge, die erzielten Produktivitätsfortschritte und das Unternehmerinteresse an ihnen, die staatliche Intervention (in die Arbeitswelt und die soziale Absicherung) sowie die Formierung einer selbständigen Arbeiterbewegung (Gewerkschaften, genossenschaftliche Zusammenschlüsse und alternative Zukunftsvorstellungen) sein – drei Entwicklungen, die vornehmlich in der zweiten Hälfte des 19. Jahrhunderts begannen und Schwung aufnahmen.

Insgesamt gilt es festzuhalten, dass vor dem Ersten Weltkrieg in Europa vielfältige Mischformen der Arbeit existierten, auch wenn die Lohnarbeit sich verbreitete und wesentlich zur Dynamik des Industriekapitalismus beitrug. Die Entfaltung des Kapitalismus in dieser Zeit war jedenfalls mit unterschiedlichen Arten von Arbeit kompatibel. Dies wird auch deutlich, wenn wir den Blick auf die Beziehungen zu Gebieten in anderen Teilen der Welt richten. Kontraktarbeit auf Zeit («indentured labour») wurde etwa auf den europäischen Plantagen in den Kolonien Asiens oder Afrikas praktiziert, wo halbfreie nichteuropäische Arbeiterinnen und Arbeiter, Chinesen oder Inder, Kautschuk, Tabak oder Baumwolle für den weltweiten Markt produzierten. Lohn- und Zwangsarbeit verbanden sich hier. Die Verwerfungen unterschiedlicher Arbeitsformen spürten auch die organisierten Arbeiter der Zeit. Als Keir Hardie (1856–1915), der schottische Gewerkschaftsführer, Mitbegründer und erste Vorsitzende der Labour Party, 1907/08 nach Indien und

Südafrika reiste, stieß er auf ein Phänomen, das als «White Labourism» (Jonathan Hyslop) bezeichnet wird. Damit sind die Einstellungen der europäisch-stämmigen Arbeiterschaft in den Siedlerkolonien des britischen Empires in Australien und Neuseeland, Kanada und Südafrika sowie in der Handelsmarine gemeint. Sie verbanden militante Gewerkschaftspositionen und Anti-Kapitalismus mit Rassismus und Fremdenfeindlichkeit. Dahinter stand die Furcht, dass ihre Arbeitskraft durch «farbige» Arbeiter aus China und Indien ersetzt werden könnte. Als Hardie sich in Indien für die Selbstregierung der Kolonie nach dem kanadischen Muster aussprach, brachte ihm dies bald darauf in Südafrika heftige Kritik ein. Die neu formierte Natal Labour Party und die Transvaal Independent Labour Party britischer Immigranten verteidigten zusammen mit den Gewerkschaften nicht nur die Begrenzung des Wahlrechts auf «Weiße», sondern wehrten sich vehement auch gegen die Pläne, chinesische Kontraktarbeiter in den südafrikanischen Bergwerken zu beschäftigen. Sie forderten, indische Kontraktarbeit künftig zu verbieten und die schon Angeworbenen nach Ablauf ihres Kontrakts nach Indien zurückzuführen. Der Vorschlag Hardies, die chinesischen, indischen und auch die afrikanischen Arbeiter in die gewerkschaftliche Organisation einzubeziehen, so dass sie die Löhne nicht mehr unterböten und damit letztlich keine Konkurrenz mehr wären, stieß nicht auf Zustimmung im Kreis von «White Labour»-Anhängern. Die Episode veranschaulicht einerseits, dass die Auseinandersetzungen um Lohnarbeit im Industriekapitalismus des späten 19. Jahrhunderts grenzüberschreitend und im imperialen Rahmen geführt wurden. Im Kern ging es hier konkret um Fragen der staatsbürgerlichen Rechte in einem Weltreich. Die Episode zeigt andererseits, dass Lohnarbeit und Solidarität in der Arbeiterschaft in der Praxis von Fremdenfeindlichkeit oder Rassismus überlagert sein konnten.

Der Industriekapitalismus führte vor allem im letzten Drittel des 19. Jahrhunderts bis zum Ersten Weltkrieg zu einer Verbesserung der Lebensverhältnisse in vielen Teilen Europas. Dies reichte über die eigentlichen Zentren fabrikmäßiger Industrieproduktion hinaus und betraf große Teile von Wirtschaft und Gesellschaft. Die Gesamttendenz diente und dient politisch der Legitimation der kapitalistischen Wirtschaftsweise. Fragen nach der *Verteilung* der gestiegenen Vermögen und Einkommen sind aufgrund der Forschungs- und Quellenlage, insbesondere hinsichtlich überörtlicher Entwicklungen, nicht leicht zu beantworten. Der Historiker Hartmut Kaelble fasst die Ergebnisse zur Entwicklung der sozialen Ungleichheit mit Blick auf Einkommen und Vermögen folgendermaßen zusammen: Im Einzelnen gibt es zwar einige Beispiele für den Abbau und manche für das Fortbestehen, aber hauptsächlich gibt es Belege für die Zunahme der Unterschiede bis zum Ersten Weltkrieg. Die Verteilung von Einkommen und Vermögen zwischen Einzelpersonen oder Haushalten wurde ungleicher. Bezogen auf soziale Schichten und Klassen, traf dies ebenfalls zu. Insbesondere die Kluft zwischen dem Großbürgertum auf der einen und dem Kleinbürgertum auf der anderen Seite wurde größer. Im Verhältnis von Unternehmensgewinnen zu Arbeiterlöhnen, einem zentralen Punkt zeitgenössischer Auseinandersetzungen, deutet einiges darauf hin, dass sich nach der Auseinanderentwicklung in der Industrialisierungsphase die Unterschiede gegen Ende des 19. Jahrhunderts aufgrund der stärker gewordenen Gewerkschaften und der Zunahme qualifizierter Arbeitsplätze stabilisierten und nicht weiter zunahmen. Verschiedene gesellschaftliche Gruppen machten im Kontext generell vermehrter Ungleichheit unterschiedliche Erfahrungen, je nachdem, ob es sich um gewerkschaftlich oder gewerkschaftlich nicht organisierte Arbeiter und Arbeiterinnen, um Gelernte oder Ungelernte, Arbeiter oder Angestellte, Männer oder Frauen, Staatsbürger oder Fremde handelte. Hinsichtlich der regionalen Verhältnisse verschärfte sich die Ungleichheit der Einkommen und Vermögen innerhalb der europäischen Länder und zwischen ihnen ebenfalls. Das spiegelte die weiter oben geschilderte Tendenz zur ökonomischen Differenzierung der europäischen Wirtschaften und deren Marktbeziehungen.

Die Dynamik des Industriekapitalismus mit hohem Wachstum und zunehmender Ungleichheit prägte die Lebensverhältnisse sowohl insgesamt als auch im Verlauf des Arbeits- und Familienlebens. Die Forschungen zur Geschichte des Konsums deuten auf eine Ausweitung der Nachfrage und Möglichkeiten während des 19. Jahrhunderts hin. Doch die sozialen Grenzen traten auch hier zutage. Die Rede von einer «Konsumgesellschaft» sollte nicht dazu verleiten, neue Vertriebsformen wie Kaufhäuser oder die Vielzahl der Produkte, die dem bürgerlichen und dem allgemeinen städtischen Publikum angepriesen wurden, mit der Existenz einer «Überflussgesellschaft» gleichzusetzen. Die überwiegende Mehrheit der Haushalte unterlag den Bedingungen einer Knappheitsökonomie. Der Industriekapitalismus war schließlich auch mit einer systemischen Krisenhaftigkeit behaftet. Bei allen Versuchen und Erfolgen, die Wirkungen von Konjunkturen oder großen wirtschaftlichen Zusammenbrüchen abzufangen oder zu lindern: Unsicherheit kennzeichnete Arbeit und Leben in Europa vor dem Ersten Weltkrieg, auch wenn manche Beobachter aus der Rückschau nach 1918/19 sich an eine Welt der Sicherheiten zu erinnern glaubten. Nicht umsonst entwickelten sich aus den Erfahrungen der Zeit genossenschaftliche, sozialistische oder staatswirtschaftliche Ideen zur Ablösung des Industriekapitalismus mit freier Lohnarbeit, die dann im 20. Jahrhundert mancherorts in der einen oder anderen Form mit hohem Aufwand, aber begrenztem Erfolg umgesetzt wurden.

Der deutsche Nationalökonom Werner Sombart (1863–1941) hat als Zeitzeuge in seiner während des Ersten Weltkriegs begonnenen großen Darstellung zum modernen Kapitalismus verschiedene Stadien der Entwicklung des Kapitalismus unterschieden. Zwischen Früh- und Hochkapitalismus, der schließlich vor dem Weltkrieg erreicht wurde, folgten unterschiedliche kapitalistische Formen aufeinander: vom Bar- zum Kreditverkehr, vom Eigenhandel zum Kommissionsgeschäft, vom Spezialgeschäft zum Warenhaus, vom werbefreien Angebot zur Reklame, vom Familienunternehmen zur börsenmäßig kontrollierten Unternehmung. Diese Beschreibung von zeitspezifischen Elementen kapitalistischen Wirtschaftens leuchtet ein. Wie der Historiker Friedrich Lenger aus einer größeren Distanz erläutert, richtet sich das gegenwärtige Interesse aber weniger auf die Phasen als auf die räumliche Erstreckung der Wirtschaftsform, insbesondere auch im Verhältnis Europas zur Welt, sowie auf die gesellschaftliche Schichtung. Mit der Verbreitung des Industriekapitalismus in der zweiten Hälfte des 19. Jahrhunderts scheint jedoch ein Kennzeichen besonders hervorhebenswert: die in der Zeitstruktur des Kapitalismus begründete Dynamik. Der Soziologe Jens Beckert spricht von «imagined futures», womit er auf die ausgeprägte Orientierung kapitalistischen Wirtschaftens auf Zukunftsprojekte hinweist, die umfassend gesellschaftlich gestaltend gedacht waren und auch wirkten. Insofern ist der Industriekapitalismus ein wesentliches Element des Glaubens an die Machbarkeit des Fortschritts und mit seinen expansiven Kräften der globalen Vorherrschaft Europas. Wir sollten jedoch nicht unterschlagen, wie prekär und krisenbehaftet die wirtschaftliche Entwicklung war und welche beharrlichen Kräfte sie historisch mitbestimmten. Schließlich zeitigte der Industriekapitalismus ökologische Folgen, die bis heute wirken.

3. Veränderte Verhältnisse: Land und Stadt

Die Verstädterung Europas setzt in der zweiten Hälfte des 19. Jahrhunderts ein. Dieser Prozess war eng verbunden mit der innereuropäischen Migrationsbewegung und dem wirtschaftlichen Wandel und pflanzte sich im Laufe des 20. Jahrhunderts, über Nordwesteuropa hinausgehend, auf dem gesamten Kontinent fort. Er veränderte die Prägung der europäischen Gesellschaften: von einem ländlichen Sozialwesen, dessen Lebensweise und Rhythmen von ökologischen, sozialen und kulturellen Kräften der Agrarwirtschaft bestimmt waren, zu einer urbanen Gesellschaft mit entsprechenden Umweltbelastungen und technischen Infrastrukturen, einer neuen, heterogenen Sozialstruktur und einem eigenen Selbstverständnis. Die Stadt setzte gesamtgesellschaftlich Maßstäbe. Kulturkritiker sahen in ihr einen «Moloch», andere begrüßten ihre Lebendigkeit als Taktgeber der Moderne. Die Mobilität zwischen Land und

Stadt, das Einreißen der Stadtmauern und die bauliche Expansion jenseits der alten Stadtgrenzen zeigten jedoch auch an, dass die soziale, rechtliche und politische Unterscheidung zwischen Land und Stadt im späten 19. Jahrhundert an Schärfe einzubüßen begann. Der Gegensatz verschwand nicht gänzlich, wurde durch die Fortschritte im Ausbau der städtischen Infrastruktur teilweise sogar erneuert. Im romantisierenden Bild einer verloren gegangenen oder zu erhaltenden ländlichen Idylle existierte er fort, und im Siedlerkolonialismus wurde der Traum vom angeblich heilen Land geographisch auf andere Kontinente verlagert. Die in die Zukunft weisenden Tendenzen einer grundlegenden Veränderung im Verhältnis von Stadt und Land wie auch der Verhältnisse in der Stadt und auf dem Land sind nicht nur im Rückblick erkennbar, sondern sie waren für die Zeitgenossen spürbar. Für das Verständnis Europas in der Zeit vor dem Ersten Weltkrieg ist es notwendig, erstens auf die erheblichen Divergenzen zwischen verschiedenen Territorien und Regionen hinzuweisen und zweitens gleichzeitig die anhaltend hohe Bedeutung der ländlichen Lebensformen nicht zu übersehen. Wachstum und Wandel gab es nicht nur in den Städten, sondern auch auf dem Land, das nicht nur Beharrungsvermögen besaß, sondern zugleich eine bemerkenswerte Anpassungsfähigkeit bewies.

Landbevölkerung

Die sich wandelnde, aber anhaltende Bedeutung der ländlichen Gesellschaft in Europa lässt sich grob beschreiben. Die Zahlen reflektieren die Ablösung der rechtlichen Bestimmungen, mit denen bis dahin Land und Stadt voneinander unterschieden worden waren, zeigen aber zugleich, dass zeitgenössisch unterschiedliche Maßstäbe galten. In Frankreich, Deutschland und Österreich-Ungarn wurden Siedlungen unter 2000 Menschen als «Land» bezeichnet, in Griechenland und der Schweiz zählten noch Orte bis 10000, in den Niederlanden gar solche bis 20000 Einwohner statistisch zum ländlichen Raum. Orientiert man sich an einem heute verbreiteten Maß von 5000 Einwohnern, lebten um die Mitte des 19. Jahrhunderts in Europa etwa vier Fünftel der Bevölkerung, also die weit überwiegende Mehrheit, auf dem Land. Zu den Staaten mit den höchsten Anteilen gehörten Schweden, Österreich und Russland (mit jeweils über 90 Prozent) sowie Ungarn, die deutschen Territorien und Frankreich (mit über 80 Prozent). Den kleinsten Anteil ländlicher Bevölkerung besaßen damals Belgien, Italien und England, wo zwei Drittel bis die Hälfte der Menschen nicht in Städten lebte. Die Unterschiede in Europa waren also schon zu Beginn der Epoche erheblich, die Fälle Belgiens und Italiens weisen zugleich darauf hin, dass die Ausgangslage von historischen Faktoren bestimmt war, die teilweise Jahrhunderte zurückreichten und die im Übrigen hier und anderswo auch noch den beginnenden Prozess der Verstädterung seit dem späten 19. Jahrhundert maßgeblich beeinflussen sollten.

Gesamteuropäisch sank der Anteil der Landbevölkerung in den sechs Jahrzehnten bis 1910 zwar auf gut zwei Drittel, repräsentierte aber damit – und das soll hier zunächst betont werden – weiterhin die Mehrheit. Der beginnende Strukturwandel hin zu einer weniger ländlich geprägten Gesellschaft ließ auch die Unterschiede in Europa nicht verschwinden. Am höchsten blieben die ländlichen Anteile in Russland, Schweden, Österreich und Ungarn (mit 70 Prozent bis 80 Prozent). Frankreich lag mit 61 Prozent etwa im europäischen Durchschnitt, während in Deutschland unmittelbar vor dem Ersten Weltkrieg nur noch 51 Prozent auf dem Land lebten, in Belgien und Italien noch geringere Anteile und in England gar nur noch ein Viertel der Einwohner. Der einsetzende Bedeutungsrückgang des Landlebens spiegelt sich nicht nur in den Siedlungsformen, sondern auch in der Beschäftigung der Bevölkerung wider. Um 1910 war selbst in Ländern wie Österreich-Ungarn und Schweden nur noch etwa die Hälfte der Erwerbstätigen in Landwirtschaft, Forsten und Fischerei tätig. In Deutschland und Dänemark, wo um 1850 etwa 56 Prozent in diesem Sektor ihren Lebensunterhalt verdienten, reduzierte sich der Anteil bis 1911 auf wenig mehr als ein Drittel. In Großbritannien, dem europäischen Extremfall, beschäftigte der primäre Sektor vor dem Ersten Weltkrieg nur noch 9 Prozent der Erwerbstätigen. Gleichzeitig mit dem Rückgang der Landbevölkerung und des Beschäftigtenanteils des primären Sektors gewannen die landwirtschaftliche Produktion und der Lebensmittelimport aus europäischen Ländern und von jenseits des Kontinents an Bedeutung für die Ernährung einer wachsenden Gesamtbevölkerung.

Leben auf dem Land und ländliche Lebensweise büßten ihre eindeutige Vorrangstellung ein. Insofern markiert die zweite Hälfte des 19. Jahrhunderts einen grundlegenden Einschnitt für die europäischen Gesellschaften. Das Land spielte aber weiterhin für einen großen Teil der Europäer eine wichtige Rolle, vor allem in den östlichen, südöstlichen und südlichen Teilen des Kontinents, wo die Verstädterung weniger zunahm oder langsamer verlief als in Westeuropa und Teilen Skandinaviens. Die anhaltende Bedeutung des Landes veranschaulicht auch das Bevölkerungswachstum, das trotz Ab- und Auswanderung zu einem Anstieg der absoluten Zahlen der Landbewohner führte. Es gab keine leeren Dörfer. Die Arbeitsmigration in die Städte, besonders wenn sie saisonal oder lebenszyklisch verlief, hatte schließlich zur Folge, dass dort viele Menschen lebten, die einen agrarisch-ländlichen Hintergrund besaßen und mit ihm verbunden blieben. Es dauerte noch länger, bis nicht mehr Zuzug, sondern Geburt die städtischen Erfahrungen bestimmte. Neben dem relativen Bedeutungsverlust des Landlebens war daher die allmähliche Verminderung des Gegensatzes zwischen Land und Stadt ein Kennzeichen der Zeit.

Ländliches Beharrungsvermögen und Anpassungsfähigkeit

Welche Verhältnisse herrschten auf dem Land? Welche sozialen Differenzierungen kennzeichneten die Landgesellschaft? Und wie veränderten sich die ländlichen Lebensweisen in den Jahrzehnten vor dem Ersten Weltkrieg? Einen anschaulichen Einblick vermittelten die Werke von Schriftstellern der Zeit. Thomas Hardy (1840–1928), dessen Romane im englischen Südwesten und Süden spielen, wählte in *Tess of the d'Urbervilles* eine Melkerin zur Hauptfigur. An ihrem Schicksal schildert er eindringlich die beengenden Umstände, die zwischen den verschiedenen sozialen Schichten in der ländlichen Gesellschaft herrschten, und die besondere Abhängigkeit der Landarbeiterinnen. Der 1891 publizierte Roman war wegen seiner einfühlsamen Darstellung einer jungen Frau, die unfreiwillig entgegen der bürgerlichen Sexualmoral lebt, umstritten. Er beschreibt die Zunahme von Saisonarbeit, das Ersetzen menschlicher Arbeitskraft durch Maschinen und damit die Zerstörung traditionellen Auskommens und Lebens durch modernes Wirtschaften. Spielt der englische Roman im Kontext einer stark marktförmigen, von Lohnarbeit geprägten vergleichsweise modernen Agrargesellschaft, so schildert Oskar Maria Graf in seinen Erinnerungen, verfasst 1940 bis 1946, unter dem Titel *Das Leben meiner Mutter* die Geschichte von Resl Heimrath, einer 1857 geborenen Bauerstochter in Oberbayern, die einen armen Stellmachersohn, Grafs Vater, heiratete. In dieser Darstellung treten die Konflikte um das Erbe und damit die zentrale Rolle von Grundbesitz in der ländlichen Gesellschaft in den Vordergrund. Autorität und Gewalt prägen die Beziehungen, denen gegenüber die nicht erfüllten emotionalen Sehnsüchte in *Tess of the d'Urbervilles* fast wirklichkeitsfremd erscheinen. Die Historikerin Regina Schulte hat nicht nur die ökonomischen und gesellschaftlichen Zwänge der unterbäuerlichen Schichten in derselben süddeutschen Region untersucht, sondern auch anhand von Kindsmord, Wilderei und Brandstiftung die vielfältigen Kontexte, in denen die auf dem Lande lebenden Menschen handelten und fühlten: Arbeit, Dorf, Familie, Haushalt. Die Stellung des Einzelnen in der bäuerlichen Gesellschaft, das Ansehen von Frauen und Kindern sowie die Grenzen des Dorfes prägten ländliche Erfahrungen und Konflikte demnach wesentlich und konnten vom bürgerlichen Rechtssystem nur unzureichend erfasst werden.

Einige Faktoren, deren spezifische Ausprägung in den ländlichen Regionen Europas das Leben im 19. Jahrhundert bestimmte, wirkten unverändert seit Langem. Wesentlich war weiterhin die Abhängigkeit von natürlichen Gegebenheiten: Bodenqualität und Klima beeinflussten Arbeits- und Gesellschaftsorganisation. Landarbeit blieb, trotz des sich ausbreitenden Einsatzes von Maschinen in

3. Veränderte Verhältnisse

manchen Gegenden, überwiegend Handarbeit im Freien, die dem Rhythmus der Jahreszeiten folgte. Landwirtschaft in Bergregionen wie den Alpentälern, den Pyrenäenausläufern oder den Karpaten unterlag anderen Bedingungen als in den ebenen Gebieten östlich der Elbe und wieder anderen im vom Meeresklima geprägten Dänemark oder in den Niederlanden. Getreideanbau im Schwarzerdegürtel des Russischen Reichs, Schafzucht in Schottland und Weinbau im Burgund oder der Pfalz wurden unter jeweils besonderen natürlichen Unwägbarkeiten und spezifischen ökologisch-gesellschaftlichen Voraussetzungen betrieben. Bemerkenswert bleibt insgesamt, dass Versorgungskrisen aufgrund von Ernteausfällen nach den 1840er Jahren nur noch in zwei hinsichtlich Infrastruktur und Arbeits- und Besitzordnung rückständigen Gebieten (Finnland und Russland) in eine Hungerkatastrophe mündeten.

Zentral für die bestehenden Differenzen innerhalb der lokalen Gesellschaften und für die Unterschiede in Europa waren die Erwerbsmöglichkeiten und die Verfügung über Grundbesitz. Das Bevölkerungswachstum im 19. Jahrhundert übte fast überall mehr oder weniger großen Druck aus, weil es die Konkurrenz um Erwerbsmöglichkeiten verschärfte und letztlich viele zur Abwanderung bewegte. Der demographische Faktor machte sich stark bemerkbar in den Regionen mit hohem Zuwachs an Menschen, von Irland und England über Deutschland und die ostmitteleuropäischen Länder bis nach Russland, weniger vor allem in Frankreich. Die Dorfgesellschaften insgesamt und die familiären Beziehungen wurden von der großen Bevölkerungszahl zunehmend belastet. Entscheidend waren unter diesen Umständen neben Geschlecht und Alter vor allem die Verfügung und Größe des Grundbesitzes sowie das Erbrecht. Besitz, Erbpacht oder befristeter Pachtvertrag, Großgrundbesitz oder Kleinbauernstelle: Die damit verbundenen ökonomischen und gesellschaftlichen Verhältnisse eröffneten unterschiedliche Handlungsmöglichkeiten für Eigentümer, Pächter und Beschäftigte im Rahmen der Marktkräfte, denen sie mit der weitgehenden Durchsetzung von Reformen nun in der zweiten Hälfte des 19. Jahrhunderts unterworfen waren. Sowohl in Gebieten der Realteilung, wo hausgewerbliche Produktion in gewissem Umfang die Existenz einer größeren Zahl von Menschen sichern konnte, als auch in den Regionen der Gutsherrschaft und des Anerbenrechts mobilisierte die demographische Entwicklung die ländliche Gesellschaft: In den nordosteuropäischen Gebieten von Mecklenburg, Pommern, West- und Ostpreußen über Polen bis ins Baltikum suchten Landarbeiter jetzt ein besseres Auskommen, indem sie abwanderten.

Die rechtliche Bindung der Landbevölkerung an grundbesitzende Herren und die Dorfgemeinschaft wurde in den meisten Ländern bereits in der ersten Jahrhunderthälfte gelöst, am spätesten in Russland, wo in einem ersten Schritt mit der Bauernbefreiung 1861 zunächst nur die Leibeigenschaft ihr Ende fand. Wie andernorts in Europa ging damit weder eine einschneidende Umverteilung des Landbesitzes einher, die ein ökonomisch selbständiges mittleres Bauerntum geschaffen hätte, noch wurden die russischen unterbäuerlichen Schichten zu freien Lohnarbeitern. Dies war tatsächlich nicht die Absicht der russischen Regierung gewesen, die im Anschluss an den verlorenen Krimkrieg gerade versuchte, die ländliche Gesellschaft und Lebensweise zu stabilisieren. Die ehemaligen Leibeigenen erhielten nur ein winziges Stück Land und mussten den Kaufpreis langfristig erstatten. Die Grundherren dagegen behielten zwar den größten Teil ihres Besitzes, die Ablösen genügten aber nicht, damit sie sich entschulden konnten: Für eine kapitalintensive Eigenwirtschaft fehlte die Basis. Ein weiteres Hemmnis gegen Mobilität bildete die russische Dorfverfassung, welche die Ortsangehörigen als eine steuerliche Gemeinschaft behandelte und die periodische Neuverteilung des Bodens nach Familiengröße regelte. Erst mit deren Aufhebung in den Stolypin'schen Reformen von 1906 wurde die individuelle Freizügigkeit durchgesetzt. Die anhaltende Bindung an das Dorf erklärt auch, warum die russischen Industriellen ihre Betriebe oft auf dem Lande ansiedelten, so dass bei in Russland ohnehin nicht vorhandener rechtlicher Scheidung zwischen Stadt und Land die Grenzen sozial-ökonomisch partiell weiter verschwammen. Eine Bodenreform fand nicht statt; das Problem des langfristig aufgebauten «Landmangels» erklärt schließlich die Brisanz der Landfrage in der Russischen Revolution und die brutale Politik in der frühen Sowjetunion.

Die russischen Reformen waren 1905 von Bauernunruhen angestoßen worden. In Rumänien brach zwei Jahre später eine große Bauernrevolte aus. Fast 150000 Soldaten waren notwendig, um sie niederzuschlagen, blutig und mit hohen Opferzahlen. Ursache waren auch hier die Besitzverhältnisse zusammen mit dem Mangel an anderen Erwerbsmöglichkeiten. Unter der osmanischen Oberherrschaft hatte ein noch griechisch geprägter Amtsadel (Bojaren) den Boden besessen. Seine Angehörigen setzten bei der Umstellung von Viehwirtschaft auf Ackerbau, die in vielen Teilen des Balkans im 19. Jahrhundert stattfand, ihren Eigentumsanspruch, den sie seit 1831/32 auch vererben konnten, gegenüber den rumänischen Bauern durch. Im Zuge der schrittweisen Vereinigung und Unabhängigkeit des Landes enteignete Fürst Cuza 1863 Teile des Klosterbesitzes. Dessen Verteilung an die Bauern erfolgte jedoch zu kleinteilig, um wirtschaftlich tragfähig zu sein, so dass um 1900 eine große, in Gewalt mündende Kluft zwischen der armen Landbevölkerung und der kleinen, inzwischen rumänischen Schicht von in der Stadt lebenden Grundbesitzern herrschte.

Ähnliche Konflikte gab es im benachbarten Bulgarien nicht. Dort hatte schon vor 1878 der Großgrundbesitz einen geringeren Anteil, der dann mit der Vertreibung der muslimisch-türkischen Eigentümer nach den blutigen Auseinandersetzungen der beiden vorangegangenen Jahre, ihrer folgenden Abwanderung und dem Verkauf ihrer Güter an Bauern kaum noch gesellschaftliche Bedeutung besaß. Zugleich verschwanden mit ihnen, wie in Rumänien, die ethnischen Differenzen auf dem Land. In den östlichen Ländern Preußens hingegen führte die Zuwanderung polnischer Landarbeiter, die abwandernde deutsche Kräfte ersetzten, seit den 1880er Jahren zu neuen ethnisch grundierten Auseinandersetzungen in der ländlichen Gesellschaft. Solche gab es anhaltend auch in Irland. Dort prägte die Verstrickung von ethnisch-konfessionellen Unterschieden mit den Eigentums- und Pachtrechten die Politik nicht nur vor Ort, sondern bis in das Parlament von Westminster hinein. Neben immer wieder in Gewalt umschlagenden Auseinandersetzungen brachten die vielschichtigen Konflikte eine politische Mobilisierung in der *Irish Land League* hervor, die sich für die Verbesserung der Lage und der Rechte kleiner irischer Landpächter gegenüber den häufig englischen, ihre Güter nicht selbst bewirtschaftenden Grundbesitzern einsetzte. Im Streit mit einem Gutsverwalter, dem Captain Charles Boycott, entstand 1880 die Bezeichnung Boykott für eine der neuen Formen des Widerstands. Durch die Verknüpfung der Landfrage mit der politischen Forderung nach irischer Selbstverwaltung bzw. Unabhängigkeit besaßen ländliche Angelegenheiten ein Potential, das kurz vor Ausbruch des Weltkriegs das politische System Großbritanniens massiv erschütterte – und das in einem Staat, in dem rein quantitativ der Bedeutungsverlust des Landes am weitesten fortgeschritten war!

An einer als besonders rückständig geltenden Gegend Europas lassen sich die Konfliktlagen und Proteste in ländlichen Gesellschaften in ihrer Mischung aus hergebrachten und neuen Erscheinungsformen gut erkennen. In der spanischen Extremadura am südwestlichen Ende Europas, die im Westen an Portugal und im Süden an Andalusien angrenzt, kam es im 19. Jahrhundert, anders als in Russland und Rumänien, nicht zu kollektiven Gewaltausbrüchen, obgleich dort der Boden ebenfalls einseitig verteilt war. Anders auch als in Andalusien, wo sich nicht nur gewaltsamer Protest, sondern (einmalig in Europa vor dem Ersten Weltkrieg) die politischen Bewegungen des Anarchismus und Sozialismus in der sozial zwischen Großgrundbesitzern, abhängigen Pächtern und Landarbeitern polarisierten ländlichen Gesellschaft ausbreiteten, blieb die Extremadura oberflächlich ruhig und unverändert. Die Gegend war geprägt von Latifundienwirtschaft mit Viehhaltung unter geringem Kapitaleinsatz. Sie spiegelte in dieser Hinsicht die spanische Landwirtschaft insgesamt, wo durch die Enteignung von Klostergütern, die Versteigerung von Gemeindeland und die Aufhebung der Unveräußerlichkeit adligen Grundbesitzes zwischen 1837 und 1895 eine Umschichtung der Hälfte des kultivierten Landbesitzes stattfand. Getrieben war dieser Vorgang der sogenannten Desamortisation von der Finanznot des Staates; eine städtische, überwiegend bürgerliche Schicht profitierte davon. Im Ergebnis standen einer kleinen Gruppe von neuen und alten Besitzern, die nicht auf ihren Gütern lebten, kleine und mittlere Pächter und die Masse der unterbäuerlichen Schichten gegenüber. Ökonomisch führte die Ausweitung der Nutzfläche unter Einsatz billiger Arbeitskräfte zwar zur Steigerung der Produktion, aber nicht zu erhöhter Produktivität.

Während einige spanische Regionen mit hochwertigen Produkten wie Wein, Olivenöl und Zitrusfrüchten im Export Erfolge erzielten, integrierte sich die Extremadura in den letzten zwei Jahrzehnten des Jahrhunderts zwar auch in überregionale Märkte, allerdings nicht durch den Ausbau der heimischen Korkindustrie und des Bergbaus, sondern durch die Vermehrung der Getreide- und Fleischproduktion, welche die steigende Konsumnachfrage andernorts in Spanien befriedigte. So wurde der agrarische Charakter der Region verstärkt. Erreicht wurde dies durch den extensiven Ausbau der Weide- und Ackerflächen, die von vielen kleinen Pächtern bewirtschaftet und billigen Tagelöhnern bearbeitet wurden. Die ländliche Unterschicht gehörte zu den Verlierern des Wandels. Die von lokalen «Bossen» gesteuerte Kommunalpolitik, das Fehlen einer unabhängigen Justiz und die Landgendarmerie ließen ihr kaum Spielraum für das Einklagen von Rechten oder gar Widerstand. In diesem Rahmen überlagerten sich, wie Martin Baumeister gezeigt hat, traditionelle Protestformen mit modernen Erscheinungen. Die prekäre Grundsicherung führte beim Anstieg des Brotpreises immer wieder zu Aktionen herkömmlicher Art, d.h. Diebstahl als individuelle Selbsthilfe, Protestmärschen und kollektiver Steuerverweigerung. Wesentlich von Frauen getragen und zumeist gewaltfrei, drückte sich darin nicht nur die schiere Not aus, sondern auch die Rechts- und Gesellschaftsvorstellungen der Unterschichten. Diese erwarteten ein ausreichendes Auskommen und die Gewährung von Hilfe durch die lokalen Vertreter der Herrschaft. Der Protest richtete sich nicht gegen den Großgrundbesitz als solchen, forderte aber die Einhaltung kommunaler Rechte und im paternalistischen Sinne die Verpflichtung des Eigentums gegenüber dem Allgemeinwohl. Erst ab der Jahrhundertwende verbreiteten sich, häufig parallel, neue Ideen und entsprechende Aktionsformen, die am treffendsten als moderne Konfliktaustragung von Arbeitsbeziehungen beschrieben werden. Unter dem Einfluss republikanischen Gedankenguts kam es zu Streiks, die auf überregionalem Zusammenschluss und einem vertragsrechtlichen Verständnis von Arbeitsverhältnissen beruhten. Die extreme gesellschaftlich-ökonomische Ungleichheit, in Verbindung mit der Herrschaftsmacht vor Ort, und die traditionellen Erwartungen der ländlichen Bevölkerung an die Obrigkeit beengten den Handlungs- und Vorstellungsraum in der wirtschaftlich rückständigen, innerhalb Spaniens sogar zurückfallenden, aber keineswegs im Stillstand verharrenden Region.

Veränderungen scheinen in Gegenden Europas, wo die Industrialisierung die ländliche Gesellschaft prägt, auf den ersten Blick offenkundiger. Die ökonomischen Grundlagen der dörflichen Welt wandelten sich in der Nähe von Industriestandorten erheblich. Doch wurde die Lebensweise keineswegs so radikal umgekehrt und von der Fabrikarbeit bestimmt wie oft angenommen. Die auch dort zu beobachtende, anders als in der Latifundienwirtschaft gelagerte Mischung aus Beharrung und Anpassung kennzeichnete Verhalten und Denken gerade der zahlenmäßig wachsenden Landjugend. Andreas Gestrich hat die Vorgänge für Ohmenhausen, ein Dorf in der Nähe des schwäbischen Reutlingen mit rund 1500 Einwohnern im Jahr 1910, analysiert. Den Ort bewohnten überwiegend Kleinbauern sowie Handwerker, die im Textil- und Bekleidungsgewerbe tätig waren. In der wirtschaftlichen Krisen- und Umbruchssituation der zweiten Jahrhunderthälfte boten die Fabriken im eine Stunde zu Fuß entfernten Reutlingen und in Betzingen ab den 1860er Jahren alternative Erwerbsmöglichkeiten, die viele nutzten. Allerdings machte die für das Familienauskommen unentbehrliche Fabrikarbeit die Ohmenhäuser nicht zu Proletariern. Vielmehr orientierten sie sich weiterhin an landwirtschaftlicher Arbeit und an ihrem, wenn auch aufgrund der Realteilung und des

Bevölkerungswachstums kleinen Grundbesitz. Die Arbeitsteilung zwischen den Männern und Jugendlichen, die tagsüber in die Fabrik gingen, und den Frauen, die zu Hause auf Weide oder Acker schafften, ermöglichte den Erhalt des kleinbäuerlichen Selbstverständnisses, das sich auch in der Sozialisation der nachwachsenden Generationen und ihrem Brauchtum spiegelte.

Die Verwerfungen in der Werteordnung (Gestrich) zwischen Industriearbeit und mentalen Mustern zeigten sich jedoch im dörflichen Zeitsystem. Für Männer und Jugendliche prägte nicht mehr die «Sprache der Glocken» (Alain Corbin) den Raum und das Territorium ihrer Lebenswelt. Die genau regulierte, von den Maschinen vorgegebene Zeiteinteilung bestimmte nun die eine Hälfte des Tages und der jahreszeitlich unterschiedliche Rhythmus der Landarbeit nur noch die verbleibenden Stunden mit Tageslicht, wenn die Arbeiter nach dem Rückweg von der Industriestadt noch auf dem Feld anpackten. Der Wochen- und Jahresrhythmus blieb bestimmt von kirchlichen Ereignissen und landwirtschaftlichen Stichtagen. In diesem Rahmen verbrachte die «dörfliche» Arbeiterjugend ihre verbleibende arbeitsfreie Zeit keineswegs in den Reutlinger Wirtshäusern mit Arbeitskollegen, sondern in Ohmenhausen in nach Geschlecht und Altersgruppe getrennten Gemeinschaften. Anders als im städtischen Arbeitermilieu bildete die Kameradschaft eines Jahrgangs von Schulabgängern weiterhin ein starkes Band zwischen den jungen Männern, demgegenüber ein kirchlich oder weltlich geprägtes Vereinswesen kaum attraktiv wirkte. Die jungen Bauern, Handwerker und «Fabrikler» einer Altersgruppe verbrachten ihren Feierabend berufs- und schichtenübergreifend. Der Kontakt mit den jungen ledigen Frauen, die stärker unter elterlicher und kirchlicher Aufsicht standen, verlief weitgehend ritualisiert und diente der geregelten Eheanbahnung, die frühen Kontakt zwischen Einzelnen und damit zu frühe Heiraten und Schwangerschaft einschränkte. Das mental und praktisch an Landbesitz und Familienstruktur orientierte Jugendleben in einem Dorf, dessen wirtschaftliches Auskommen tatsächlich bereits über Jahrzehnte durch die Fabrikarbeit in der nahen Stadt bestimmt war, wurde erst durch den Ersten

Weltkrieg grundlegend verändert. Er unterbrach die generationellen Verhaltensmuster und ließ den jungen Männern, die an der Front gewesen waren, die hergebrachten Lebensweisen fragwürdig erscheinen. Was sich in eng begrenztem Maße schon ab 1900 anzudeuten begonnen hatte – die neuen Geselligkeitsformen des schichtenspezifischen, jahrgangs- und unter Umständen auch genderübergreifenden Vereinswesens –, wurde nach 1918 bestimmender für die Lebensweise der nachwachsenden Generation.

Vor dem Hintergrund eines um sich greifenden Wandels kennzeichneten gleichzeitig Beharrungsvermögen und Anpassungsfähigkeit die Entwicklung der ländlichen Gesellschaften – je nach den historischen Voraussetzungen allerdings in unterschiedlichem Verhältnis und mit divergierenden Ergebnissen. Als Gemeinsamkeit erwies sich dabei, dass die sozialen Differenzierungen auf dem Land in der zweiten Jahrhunderthälfte nur noch in Russland von der besonderen rechtlichen Stellung der Dorfbewohner bestimmt waren. Gleichwohl verschwand die unterschiedliche gesellschaftliche Stellung vor Gericht und im ländlichen Justizwesen, das die lokalen Herrschaften, ähnlich wie die Dorfkirche, vor allem in Regionen mit Gutswirtschaft und Großgrundbesitz dominierten, nicht vollständig. Trotz der rechtlichen Freiheit bestand die gesellschaftliche Macht der Besitzenden fort. Und die Menschen waren weiterhin an das Land gebunden: Die Verfügung über mehr oder weniger Grundbesitz oder das Vorhandensein anderer Erwerbsstellen vor Ort und in der näheren Umgebung bestimmte ihr Auskommen, ihre familiäre und gesellschaftliche Stellung sowie ihre Lebensweisen. Obgleich es zu Besitzumschichtungen aufgrund von Verkäufen, Enteignungen kirchlichen Besitzes und ethnischen Vertreibungen kam, veränderte sich die ungleiche Verteilung innerhalb der Landbevölkerung kaum. In überwiegend von der Agrarwirtschaft bestimmten Ländern wie Russland, Rumänien, Spanien und Irland führte die «Landarmut» auch zu Gewaltausbrüchen, die ihre Gesellschaften nach dem Ersten Weltkrieg in den offenen Bürgerkrieg stürzten.

Je nach Geschlecht und Generationszugehörigkeit bestanden un-

3. Veränderte Verhältnisse

terschiedliche Schranken und eröffneten sich verschiedene Möglichkeiten auf dem Land. In Teilen Europas sowie in den europäischen Siedlungskolonien spielten ethnische Differenzen eine wesentliche Rolle. Dort, wo Landbesitz aufgrund historischer Herrschaftsverhältnisse zwischen Ethnien unterschiedlich verteilt war (wie in Irland, Rumänien oder Bulgarien) oder durch Fremdherrschaft neu verteilt wurde (wie in den Kolonien), prägte dies die Konflikte um Grund und Boden. Die Migrationsbewegung vom Land in die Städte führte andernorts zum Nachzug und zur Unterschichtung durch «fremde» Arbeitskräfte (polnische Landarbeiter in Ostelbien oder Dänemark).

Die ländlichen Gesellschaften in Europa kannten traditionelle Formen des Protests und Widerstands, mit denen die unterbäuerlichen Unterschichten in Notzeiten oder gegen den marktbestimmten Anpassungsdruck ihren Forderungen nach einem sicheren Auskommen, das ihnen von alters her zustehe, Ausdruck verliehen. Die Gewalt richtete sich allerdings nicht immer nach außen. Die Fälle von Kindsmord, für die Mägde und Tagelöhnerinnen angeklagt wurden, veranschaulichen, dass soziale Ungleichheit und Machtverhältnisse in individuellen Notlagen auch in extreme Formen der Selbst- und Fremdverletzung münden konnten. Neue kollektive Formen der Interessendurchsetzung traten an der Wende zum 20. Jahrhundert auf. Sie beruhten teilweise auf alternativen Vorstellungen über die Gesellschaftsordnung, vor allem aber auf der überörtlichen Organisation und Kommunikation von Arbeitskräften. Politisierung und gewerkschaftliche Organisation waren auf dem Land allgemein schwach, aber vereinzelt konnten sie sich in scheinbar rückständigen Gegenden wie Irland oder Andalusien doch entwickeln. Ländliches Konfliktverhalten, Lebensweisen und Brauchtum, Erwartungen und Vorstellungen vom guten Leben waren insgesamt von innergesellschaftlichen Diskrepanzen geprägt, die durch den demographischen und ökonomischen Wandel im späteren 19. Jahrhundert an Schärfe gewannen. Besser als mit «rückständig» oder «widersprüchlich» kann die ländliche Gesellschaft jedoch als eine Ordnung, die von Verwerfungen gekennzeichnet war, bezeichnet werden. Sie stand keineswegs still, sondern die sozialen Gruppen passten sich beharrlich an. Die Bedeutung des Landes für die gesellschaftliche Ordnung sollte trotz des relativen Gewichtsverlusts gegenüber den Städten auch aus diesem Grund nicht unterschätzt werden.

Vergroßstädterung

Wenn zeitgenössisch und im historischen Rückblick der Eindruck entstand, dass die europäische Gesellschaft im späten 19. Jahrhundert vom Wachstum der Städte geprägt wurde und sich der Fortschritt dort manifestierte, so lag dies zum Teil sicher daran, dass die städtische im Verhältnis zur Landbevölkerung zunahm und die Städte ökonomisch, etwa durch Wohnungs- und Eisenbahnbau, und ökologisch, etwa die veränderte Nutzung stadtnaher Wälder oder den Bergbau, ins Umland ausgriffen. Gleichzeitig wurden jedoch auch innerstädtisch die hergebrachten Lebensweisen der Bewohner vom Wandel erfasst: Die Zeitgenossen erlebten eine rasante gesellschaftliche Umstrukturierung und Differenzierung (Horst Matzerath); kulturell entfaltete sich nicht nur ein öffentliches bürgerliches Leben, sondern auch eine populäre Massenkultur. Insofern rührte die große Aufmerksamkeit vor allem auch daher, dass die Publizistik ein städtisches Phänomen war, die gesellschaftliche Selbstthematisierung also vor allem von der Stadt ausging.

Die Städte veränderten sich sichtbar. Große Aufmerksamkeit erregten die neuen Industriestädte, die aus dem Nichts oder kleinen Ansiedlungen zu entspringen schienen, sowie die europäischen Metropolen. Bei diesen handelte es sich um eine geringe Zahl – um die Jahrhundertmitte eigentlich nur Paris und London, deren Maßstäben erst später andere national-imperiale Zentren wie Wien oder Berlin folgten. In ihnen und den zahlreicher werdenden übrigen Großstädten manifestierte sich für das europäische Bürgertum der Fortschritt – und seine Angehörigen waren stolz auf die Entwicklung ihrer Stadt, auf den Ausbau der Infrastruktur, die neuen Rathäuser, Theater und Museen. Doch übten besonders die Metropolen eine ambivalente Faszination aus. Für manche verhießen sie

3. Veränderte Verhältnisse

eine aufregende Zukunft und wurden zum Gegenstand utopischer Entwürfe, andere sahen in ihnen Chaos, fühlten sich bedroht von einer unmenschlich erscheinenden Welt – gegensätzliche Auffassungen, die gesellschaftliche Debatten über den Ersten Weltkrieg hinaus anheizten (Peter Alter). Jenseits solcher Klischees ist es für das historische Verständnis der Entwicklungen und Wahrnehmungen nützlich, analytisch zu unterscheiden zwischen der Verstädterung als quantitativem Prozess des Städtewachstums und der Urbanisierung als qualitativem Vorgang, der vor allem die Differenzierung der Stadtgesellschaft und die großstädtischen Lebensformen betraf. Beides ging Hand in Hand und war die Grundlage für die räumliche Verdichtung sozialen Lebens, den beschleunigten Austausch von Informationen und Gütern sowie die dynamische Ordnung der städtischen Gesellschaft.

Die Verstädterung Europas im 19. Jahrhundert war tatsächlich eine «Vergroßstädterung». Sie bildete einen Teil eines Städtesystems, das Europa durch die hierarchische Ausdifferenzierung kleiner, mittlerer und großer Städte (mit der Ausnahme Russlands) und die intensiven Austauschbeziehungen zwischen den Städten kennzeichnete (Jan de Vries). Lebten in Europa um 1800 knapp 20 Millionen Menschen in Städten, waren es 1900 mit über 100 Millionen fünfmal so viele – ein phänomenaler Zuwachs! Je nach Maßstab ergibt sich allerdings ein unterschiedliches Bild. Betrachtet man alle Orte mit über 5000 Einwohnern, spiegelt der Vergleich städtischer Bevölkerungsanteile zwischen den Ländern die oben beschriebenen Verhältnisse der ländlichen Anteile. Das europäische Gesamtwachstum der Stadtbevölkerung lag demnach bei 1,9 Prozent pro Jahr zwischen 1850 und 1880 sowie bei 1,8 Prozent pro Jahr in den folgenden Jahrzehnten bis 1910. Legt man hingegen eine größere Einwohnerzahl von mehr als 20000 zugrunde, werden in solchen Städten noch höhere Wachstumsraten pro Jahr von 2,3 Prozent und 2,6 Prozent erkennbar. Der Grad der Verstädterung in den Ländern erscheint bei diesem Maßstab zwar überall niedriger, so dass neben der anhaltenden Bedeutung des Landes vor allem das Gewicht der Klein- und Mittelstädte und damit die ausdifferenzierte Hierarchie betont wird. Im europäischen Vergleich treten so aber markante Unterschiede zwischen den verschiedenen Staaten deutlicher hervor. Weit vorne lag England, wo 1910 mit 62 Prozent knapp zwei Drittel der Menschen in Orten über 20 000 Einwohnern lebten. Als Nächstes folgten die Niederlande mit «nur» 41 Prozent und Deutschland mit 35 Prozent, wobei in den Niederlanden aufgrund ihrer frühneuzeitlichen Entwicklung bereits 1850 immerhin schon 21 Prozent, in den deutschen Ländern hingegen überhaupt nur 6 Prozent in größeren Städten gelebt hatten. Eine Versechsfachung des städtischen Bevölkerungsanteils bis 1910 wie in Deutschland erlebte im Übrigen kein anderes Land; doch andernorts verdoppelte oder verdreifachte sich der Anteil immerhin. Die generelle Tendenz hin zu größeren Städten erscheint noch prominenter, wenn man nur Städte mit über 100 000 Einwohnern als Maß nimmt. Von diesen gab es um die Jahrhundertmitte 43, bis Anfang des 20. Jahrhunderts stieg die Zahl auf 156. Jeweils über eine Million Menschen lebten 1850 nur in London und Paris, 1910 gehörten dieser Kategorie dann auch Berlin, Wien, Sankt Petersburg, Moskau und Konstantinopel an.

Die Betrachtung der Orte mit über 100 000 Einwohnern vermittelt einen weiteren Unterschied, weil solche Länder hervortreten, in denen sich ein besonders umfangreicher Teil der Bevölkerung in sehr großen Städten ballte. Neben England, den Niederlanden und Deutschland war dies zu Beginn des 20. Jahrhunderts in Dänemark, Irland und Frankreich der Fall. Diese ungleiche innere Verteilung wies kein einheitliches Muster auf. Von den Hauptstädten, d. h. denjenigen mit Regierungsfunktion, besaßen Kopenhagen und London mit 20 Prozent der Gesamtbevölkerung ein besonderes Gewicht im jeweiligen nationalstaatlichen Rahmen; in Madrid lebten hingegen nur 2 Prozent aller Spanier, in Rom nur 1,5 Prozent der Italiener (weniger als in Neapel oder Mailand), für Berlin betrug der entsprechende Anteil 5,7 Prozent und für Paris 7,4 Prozent. Hohe Konzentration kannten weiterhin Hafen- und Industriestädte. Glasgow etwa beherbergte 16,5 Prozent der schottischen, Amsterdam 8,4 Prozent der niederländischen Bevölkerung. Auch in den überwiegend neuen Ansiedlungen, die wie das Ruhrgebiet angemessener als Industrielandschaften denn als Einzelstädte bezeichnet werden, kam es zu einer hohen Konzentration von Menschen.

Für die nachhaltige Vergroßstädterung waren mehrere Faktoren maßgeblich. Erstens interagierte die Stadtentwicklung stark, wenn auch unterschiedlich eng mit der Industrialisierung. Offenkundig war der allgemeine Zusammenhang schon den Zeitgenossen, welche die Zusammenballung in den Zentren der Schwerindustrie beobachteten. Indirekt ermöglichte die industrielle Entwicklung aber durch den Ausbau des Eisenbahnnetzes eine bessere Versorgung auch der älteren Städte mit Nahrungsmitteln und Rohstoffen, eröffnete gleichzeitig zu niedrigeren Kosten entferntere Märkte für den Absatz der gewerblichen Produktion. Die geographische Bindung der Industriestandorte an natürliche Rohstoffvorkommen und Energieressourcen verringerte sich durch die Vernetzung und die technische Entwicklung in der späteren, chemischen und elektrotechnischen Industrialisierungsphase, so dass sich industrielle Produktion auch am Rande existierender Städte ansiedeln konnte und deren Wachstum beflügelte sowie gleichzeitig dort vorhandene gewerbliche Produktion und Dienstleistungen nutzte. Insofern baute das industriell induzierte Städtewachstum zweitens auf das in der Frühen Neuzeit entstandene Städtesystem auf, das weiterhin eine strukturierende Wirkung auf die Größenverhältnisse und Funktionen innerhalb der Territorien ausübte. Dabei ragten auch im 19. Jahrhundert die Hafenstädte heraus: Sie profitierten vom wachsenden Handel mit Rohstoffen und Waren, keineswegs nur der industriellen Produktion, sondern auch der Agrargüter. Sie bildeten das für die Zeit charakteristische Relais mit den europäischen Kolonien: eine Station für den Umschlag von Waren, ein Tor zur Welt, durch das Menschen ein- und ausgingen, und einen Knoten im globalen Nachrichten- und Wissensnetz. Davon profitierten nicht nur Überseehäfen wie London, Le Havre, Hamburg oder Marseille, sondern auch Binnenhäfen wie Mannheim, eine Stadt, in der das Adressbuch von 1911 insgesamt 23 Grossisten für Kolonialwaren und 376 Kolonialwarenhandlungen verzeichnete. Dort, wo sich weiterverarbeitende Betriebe ansiedelten, schlug auch in den Seestädten zusätzlich die Industrialisierung zu Buche. Als weitere, in früheren Epochen ausgebildete Typen spielten für das Städtewachstum die Handels- sowie die Haupt- und Residenzstädte eine wichtige Rolle. Diversifizierung durch Ansiedlung von Industrien, aber vor allem der Ausbau ihrer Dienstleistungs- und staatlichen Verwaltungsfunktion hatten ein ähnlich dynamisches Wachstum zur Folge wie in den neueren Bevölkerungszentren. Städte wuchsen also auch ohne den Faktor Industrialisierung, wofür als weiteres Beispiel die für das 19. Jahrhundert typischen See- und Kurstädte stehen mögen, die dem bürgerlichen Freizeit- und Erholungsbedürfnis dienten und durch die Eisenbahnen erreichbar wurden. Schließlich spielten drittens Wanderungsbewegungen und die demographische Entwicklung eine wichtige Rolle für das Städtewachstum. Diese Kräfte zogen öffentlich – ähnlich wie die neuen Industriestädte und -viertel – große Aufmerksamkeit auf sich, weil sie alltäglich erlebbar waren und die Stadtgesellschaft sichtbar veränderten.

Städtische Mobilität und gesellschaftliche Differenzierung

Das Wachstum der Einwohnerzahlen speiste sich aus der natürlichen Bevölkerungsentwicklung, der Zuwanderung und den Eingemeindungen, wobei die demographischen, migrationsbedingten und rechtlich-administrativen Faktoren in unterschiedlicher Kombination auftraten. London und Sankt Petersburg illustrieren die Extreme: Die britische Stadt gewann ihre zusätzlichen Bewohner zu mehr als 80 Prozent aufgrund des Geburtenüberschusses, während an der Newa die Lebensbedingungen so schlecht waren, dass deutlich mehr Menschen starben als geboren wurden. Die russische Metropole verdankte ihr Wachstum also wesentlich der Zuwanderung, d.h. tatsächlich dem Geburtenüberschuss auf dem Land. Gleichmäßiger gewichtet waren die Faktoren etwa in preußischen Städten, wo der Zugewinn an Menschen ungefähr zu einem Drittel durch Wanderung, zur Hälfte durch Geburtenüberschuss und zum verbleibenden Teil durch Eingemeindungen erzielt wurde. Historisch bemerkenswert ist, dass damit in manchen Regionen Europas erstmals die natürliche Vermehrung in den Städten selbst und nicht hauptsächlich der Zuzug von außen die Einwohnerzahl in die Höhe trieb (Jan de Vries).

Geburtenüberschuss, Zuwanderung und Eingemeindung sind bilanzierende Kategorien, geben daher die Bewegungen, die in die Stadt, aus der Stadt und innerhalb des städtischen Raums abliefen, nicht angemessen wieder. Entgegen dem Bild eines einförmigen Stroms vom Land in die Stadt hat die historische Forschung gezeigt, dass sich die Menschen eher in «sich überlagernden Netzen» (Friedrich Lenger) verwandtschaftlicher, mit dem Herkunftsort verbundener und landsmannschaftlicher Art bewegten. Die Voraussetzungen in spezifischen Lebensphasen, Familienzusammenhänge, konjunkturelle und saisonale Schwankungen und die Chancen, eine Existenz einigermaßen zu sichern: Diese Faktoren entschieden über Wege und Erfahrungen der mobilen Stadtbevölkerung. Die Mehrheit der städtischen Bevölkerung war in der zweiten Jahrhunderthälfte nicht an ihrem Wohnort geboren worden. Einmal in die Stadt gelangt, waren sie auch nicht zu typischen «Städtern» geworden, denn die Einwohnerstatistik schwankte saisonal mit dem landwirtschaftlichen Rhythmus. Das deutet auf eine anhaltende Verbindung zum Herkunfts- und Familienort hin, die sich auch darin zeigte, dass die Zuwanderer zumeist aus dem Nahbereich der Städte stammten. Fernwanderung kannten vornehmlich die europäischen schwerindustriellen Stadtregionen von Tyneside in Nordengland, Belgien und Nordwestfrankreich und dem Ruhrgebiet über Oberschlesien bis in den Donbass. Den Gang in die Stadt, lebensgeschichtlich häufig temporär, traten eher junge Unverheiratete an, zumeist Männer, aber auch Frauen, die hier vielfach als Dienstmädchen bis zu ihrer Heirat und Familiengründung eine Anstellung fanden. Eine Verbesserung der sozialen Stellung brachte der Aufenthalt in der Stadt nicht notwendig: Irgendwie ein Auskommen gefunden zu haben war schon das Beste, was viele erreichten. In den Fabrikbetrieben, im Heimgewerbe und in den bürgerlichen Haushalten bestand Nachfrage nach ungelernten Arbeitskräften.

Berufliche Qualifikation war weder Voraussetzung für die mobilen Unterschichten noch eine Möglichkeit, die ihnen eine Stadt selbstverständlich eröffnete.

Innerhalb der Städte trafen nicht nur die eben beschriebenen mobilen Bevölkerungsteile auf eine eingesessene Gesellschaft, sondern hier lebten auch nach Herkunft, sozialer Stellung und Selbstverständnis unterschiedliche Gruppen nebeneinander. Ihre Beziehungen veränderten sich: Die Differenzierung entlang ethnisch-nationaler und religiös-konfessioneller Linien war, dem Historiker Friedrich Lenger zufolge, für die städtische Gesellschaft in der zweiten Jahrhunderthälfte unter Umständen wichtiger als die Unterscheidung nach Schichten. Ethnische Vielfalt kennzeichnete nicht nur, aber besonders die ostmittel- und südosteuropäischen Städte. Riga etwa hatte signifikante Anteile von Letten, Russen, Deutschen, Polen sowie Juden, wobei Letztere nicht als religiöse, sondern vornehmlich als ethnische Gruppe wahrgenommen wurden. In Prag lebten Tschechen, Deutsche und Juden, in Triest Italiener, Slowenen und Deutsche; in Odessa Russen, Weißrussen, Ukrainer und Juden. In Thessaloniki, das bis 1913 zum Osmanischen Reich gehörte, stellten Juden die größte Bevölkerungsgruppe, gefolgt von muslimischen Türken, dann erst Griechen und Bulgaren. Mit der Übernahme der Stadt durch Griechenland verschoben sich die Proportionen: Der Anteil der Bulgaren, die im zweiten Balkankrieg mit Griechenland um die Stadt konkurriert hatten, sank auf knapp 3 Prozent, während derjenige der Griechen von 13 Prozent auf ein Viertel anstieg. Ethnisch überwiegend griechisch wurde die Stadt erst nach 1922, als am Ende des Griechisch-Türkischen Krieges ein «Austausch» griechischer Bevölkerung aus Kleinasien gegen die türkischen Einwohner stattfand, und dann ab 1943 durch die Deportation und Ermordung der Juden durch NS-Deutschland.

Nicht nur in Thessaloniki, auch andernorts in Europa schärfte die zunehmende Nationalisierung im späten 19. und frühen 20. Jahrhundert vorhandene ethnische Identitäten, die sich immer wieder mit konfessionellen und sozialen Unterschieden überlagerten. Belfast war mit seinem soziale und ökonomische Chancen bestimmenden Gegensatz zwischen irischen Katholiken auf der einen, englischen und schottischen Protestanten auf der anderen Seite ein besonders krasser Fall. In der habsburgischen Stadt Triest wurden die ethnisch-nationalen Gräben in den Jahrzehnten vor dem Weltkrieg ebenfalls tiefer, obgleich die bürgerlichen Mittelschichten unabhängig von ihrer Herkunft vom wirtschaftlichen Wohlstand der Hafen- und Industriestadt ungemein profitierten. Der Gegensatz beruhte nur zu einem kleinen Teil auf der Stellung der deutschösterreichischen Regierungselite, er entsprang hauptsächlich einer italienisch-slowenischen Konfrontation. Der Zensus von 1911, der nach Sprache unterschied und erst 1918 veröffentlicht wurde, belegte, dass die überwiegende Mehrheit der Einwohner von fast zwei Dritteln eine Form des Italienischen sprach (dabei Staatsbürger des Habsburgerreichs oder Italiens sein konnte), zeigte aber zugleich, dass durch Zuwanderung der slowenische Anteil auf ein Viertel gestiegen war. Vor allem das italienische Kleinbürgertum suchte sich von den als Fremde betrachteten «Slawen» abzugrenzen und bildete dabei eine Identität aus, welche die vielfältigen sozialen, herkunftsmäßigen und kulturellen Unterschiede zwischen den Italienern in Triest überspielte. Sie fand im sich gleichartig entwickelnden Selbstverständnis der slowenischen Mittelschicht ihren Widerpart. Die Vielfalt, die europäische Hafenstädte generell kennzeichnete, wurde in Triest derart aufgeladen, dass er die Kommune, ungeachtet der zahlreichen anderen dort lebenden Gruppierungen, in zwei entgegengesetzte ethnisch-nationalistische Lager polarisierte. Diese Entwicklung förderte den Irredentismus und bereitete den Boden für die zwangsweise Italianisierung derjenigen Slowenen, die nach dem Ersten Weltkrieg in der nun Italien zugeschlagenen Stadt verblieben. Die vorhandene Vielfalt verhärtete sich nicht überall zwangsläufig, auch wenn die Trennlinien im Zuge der Vergroßstädterung schärfer gezogen wurden oder erst neu entstanden.

Räumlich schlugen sich ethnisch-nationale und konfessionellreligiöse Gruppenbildungen – von Ausnahmen wie den jüdischen Wohnvierteln in Ostmitteleuropa oder der konfessionellen Trennung in Belfast abgesehen – auf dem europäischen Kontinent nicht in völlig separierten Quartieren nieder, auch wenn sich in einigen Vierteln einer Stadt schwerpunktmäßig bestimmte Zuwanderer wiederfanden. Anders verhielt es sich in manchen europäischen Überseekolonien. Vor dem Hintergrund der prinzipiellen Dichotomie zwischen europäischen Kolonialisierern und einheimischen Kolonisierten bildete eine räumliche Trennung zwischen Ausländervierteln, die musterhaft und repräsentativ neu angelegt waren, und der indigenen Stadt zwar den idealtypischen Fall, der allerdings Jürgen Osterhammel zufolge ebenso selten in Reinform zu beobachten war wie ganz neu gestaltete koloniale Musterstädte. Beispiele für das räumliche Nebeneinander waren Kalkutta und Delhi in Britisch-Indien, während im französischen Westafrika mit Dakar eine neue geplante Stadt geschaffen und in Französisch-Indochina an der Stelle des alten Hanoi, das abgerissen wurde, eine französisch gestaltete Stadt errichtet wurde. Die europäische Kolonialgesellschaft lebte in einem engen Verhältnis zum Rest der Stadtgesellschaft, wobei die ethnisch-rassischen Trennlinien zwar scharf waren und durch die politische Entmündigung der einen und die Vorherrschaft der anderen gestützt waren, aber durchaus auch von sozialen Schichtungen zwischen den verschiedenen Europäern und innerhalb der einheimischen Gruppen überlagert waren.

In Europa veränderte sich die Stadtgeographie hinsichtlich der sozialräumlichen Segregation im Laufe der Verstädterung bis zum Beginn des 20. Jahrhunderts. Um 1850 waren die Städte nicht scharf in «bessere» und «schlechtere» Viertel gegliedert, sondern es herrschte eine soziale Mischung. Das lag an der relativ geringen Fläche der meisten Städte und der räumlichen Nähe von Arbeiten und Wohnen, oft sogar im selben Gebäude. Mit der Expansion jenseits der Mauern und Gemarkungen, der Trennung von Arbeitsplatz und Unterkunft sowie dem Ausbau des öffentlichen Nahverkehrs konnte sich die Stadtbevölkerung nach sozialer Zugehörigkeit stärker in verschiedenen Vierteln voneinander trennen. Am frühesten und klarsten ausgeprägt lief die sozialräumliche Segregation in England ab, auf dem Kontinent blieb das Ausmaß beschränkt, insbesondere dort, wo Klein- und Mittelstädte vorherrschten. Außerhalb Englands war die Trennlinie in neu gebauten Straßenzügen auch vertikal gezogen, d. h., auf dem in Deutsch als Beletage bezeichneten Stockwerk lebten die Wohlhabenderen, im Souterrain und den weiter oben liegenden Stockwerken sowie im Hinterhaus die weniger Begüterten. Wenn sich Industrie ansiedelte und wuchs, förderte dies eine funktionale Trennung im städtischen Raum, denn die Fabriken wurden meist an den Stadträndern errichtet, wo auch Wohnraum für Arbeiterfamilien entstand. An der ehemaligen Peripherie fanden ebenfalls die neuen Zentralschlachthöfe, Friedhöfe und Krankenhäuser und Kasernen ihren Platz. In den Zentren hingegen sammelten sich vermehrt kommunale Verwaltungsgebäude, Geschäftsräume, Einkaufsmöglichkeiten, Vergnügungsbetriebe, Restaurants und Hotels.

Urbanisierung der Lebensweisen
Als Verstädterung und Differenzierung immer weiter voranschritten, glaubten Zeitgenossen am Ende des Jahrhunderts besondere Eigenschaften der Städter zu erkennen. Der Philosoph und Soziologe Georg Simmel sprach 1903 anlässlich einer Städteausstellung in Dresden von der «Steigerung des Nervenlebens», welche aufgrund der vielfältigen Reize den «Typ großstädtischer Individualität» psychologisch präge. Gegen die «Vergewaltigungen der Großstadt» müsse der dort lebende Mensch seine «Verstandesmäßigkeit» steigern und entwickele sich zugleich zu einem «Blasierten». Den durchaus auch negativ konnotierten Eigenschaften stellte Simmel die besonderen Chancen für die individuelle Entwicklung zur Seite, denn die urbane Lebensweise eröffne Freiräume, die auf dem Land nicht und auch nicht in Kleinstädten gegeben waren. Walter Benjamin umschrieb in seinem Passagen-Werk das urbane Spannungsverhältnis an der Figur des Flaneurs in Paris: «Dialektik der flanerie: einerseits der Mann, der sich von allem und allen angesehen fühlt, der Verdächtige schlechthin, andererseits der völlig Unauffindbare, Geborgene.» Neben solchen philosophisch-soziologischen Diagnosen bildeten Sozialenqueten, die städtische Armut und Wohnverhältnisse untersuchten, die Grundlage für die wissenschaftliche

und öffentliche Beschäftigung mit der Stadtgesellschaft im 20. Jahrhundert. Die Erhebungen des englischen Handelsunternehmers, Philanthropen und Sozialforschers Charles Booth etwa kartierten die Straßen Londons der 1880er Jahre nach sozialen Schichten. Die Einteilung, die sich im Wesentlichen am Familieneinkommen orientierte, reichten von der wohlhabenden Oberschicht bis zu den «niedrigsten Klassen», die in der Legende zum Stadtplan als «lasterhaft» und «halbkriminell» bezeichnet wurden. Die drei Felder, welche die Sozialuntersuchung bearbeitete, waren Arbeitsplatz, Wohnverhältnisse und religiöses Leben. Darin sowie in der zitierten Kennzeichnung spiegeln sich nicht nur die bürgerlichen Ängste um die durch Verbrechen und Gottlosigkeit bedrohte Ordnung, welche die frühen sozialwissenschaftlichen Analysen anregten, sondern auch die Sorge um eine Verbesserung der hygienischen und wirtschaftlichen Bedingungen. Im Ergebnis musste Booth feststellen, dass über 30 Prozent der Londoner in Armut lebten, mehr, als er zuvor angenommen hatte. Mit dem Aufbau einer städtischen Polizei und der neuen Gasbeleuchtung in den Straßen waren die Probleme, anders als manche Zeitgenossen glaubten, nicht zu bewältigen.

Der Versuch einer Kartierung repräsentiert bestimmte Grenzen, welche in dem individualisierenden urbanen «Freiraum» bestanden. Sie waren nicht nur von sozialen Schichtungsmerkmalen bestimmt. Eine markante Einschränkung betraf etwa Frauen. Wie die Historikerin Deborah Epstein Nord am Beispiel Londons gezeigt hat, konnten bürgerliche Frauen sich nur unter bestimmten Bedingungen im öffentlichen Raum bewegen; dazu gehörten die Begleitung durch Männer oder «Anstandsdamen», eine respektable Kleidung, die Vermeidung bestimmter Gegenden und Tageszeiten. Ein weiblicher Zugang zum Stadtraum musste gleichsam erst gefunden werden und lief einerseits über die Fürsorge im Rahmen von Philanthropie und Sozialenqueten, zeitgenössisch auch als «slumming» bezeichnet. Andererseits war er in der Rolle als Konsumentin in städtischen Kaufhäusern und im Kulturleben legitim. Die Kämpfe der militanten Suffragetten mit der Polizei in den Jahren unmittelbar vor dem Weltkrieg belegen, welchen Widerstand Frauen überwinden mussten, wenn sie die Straße politisch für sich nutzen wollten. Für Männer und gemischte Gruppen war dies zwar auch nicht selbstverständlich und immer wieder mit gewaltsamen Auseinandersetzungen verbunden, aber die Spannweite von Streiks über Demonstration bis zum Festumzug oder der Begräbnisfeierlichkeit erlaubte Verhandlungsspielräume, die den städtischen Raum je nach rechtlichem Rahmen und politischen Umständen für sie verfügbar machten. Für die einzelne Frau galt die moralische Gefährdung durchweg als besonders hoch, war der Prostitutionsverdacht, insbesondere in manchen Berufen, schnell geäußert. Die Grenze zwischen «Tugendhaftigkeit und Prostitution» (Regina Schulte) beschäftigte die bürgerliche Vorstellungswelt ungemein, auch weil Prostitution als städtisches Phänomen im späten 19. Jahrhundert viele Frauen und deren Kunden betraf. Über ordnungspolitische Maßnahmen, wie Sperrbezirke oder Bordelle, wurde intensiv gestritten. Prostitution veranschaulicht, gleichsam als negatives Beispiel, die Mischung aus Fragen der wirtschaftlichen Existenzsicherung, der Gesundheitsfürsorge und der imaginierten, als bedroht geltenden Ordnung, die mit der Entwicklung urbaner Lebensweisen im späten 19. Jahrhundert verbunden waren.

Im größeren Zusammenhang antwortete der Ausbau der städtischen Infrastruktur auf diese vielseitigen Problemlagen. Die gesundheitliche Bedrohung durch Infektionskrankheiten war in den europäischen Städten bis zur Mitte des 19. Jahrhunderts hoch, und erst gegen Ende hatte sich der Unterschied zwischen Stadt und Land sowie innerstädtisch hinsichtlich Krankheit und Sterblichkeit zwar in unterschiedlicher Geschwindigkeit, aber doch weitgehend eingeebnet. Ganz entscheidend für die Verbesserung der Gesundheitsverhältnisse war der Aufbau einer städtischen Abwasserent- und Frischwasserversorgung auch dann, wenn der Bau einer Kanalisation nicht nur hygienisch begründet war, sondern der Trockenlegung neuen Baulands diente. Daneben wirkten auch die Abfallbeseitigung sowie die zentralen Schlachtanlagen gesundheitsförderlich. Durch die Müllbeseitigung, vor allem aber die Ableitung des Schmutzwassers in Flüsse und auf Rieselfelder griffen die

Städte in die Umwelt ihrer ländlichen Umgebung ein. Bezogen auf die Mensch-Tier-Beziehungen, kam es damals zur bis heute kennzeichnenden Verdrängung der Schlachttiere aus dem öffentlich sichtbaren Raum, zur Verlagerung der Tierhaltung im Rahmen der Molkereiwirtschaft auf das Umland und zur «Urbanisierung», wenn man es so ausdrücken möchte, von Haustieren wie Hunden, Katzen und Vögeln. Im Stadtbild präsent blieben bis zum Beginn des 20. Jahrhunderts vor allen Dingen Pferde als Zugtiere – und produzierten Unmengen von Dung. Auch Friedhöfe wurden vielerorts zentralisiert und an den Stadtrand verlagert. Die innerstädtische Anlage von Parks war teilweise ebenfalls hygienisch motiviert, besaß aber auch erzieherische Funktionen, sollte sie doch gleichzeitig eine geordnete Freizeitnutzung der Bevölkerung im öffentlich überwachten Raum dienen – Freiluftvergnügen anstelle dunkler Spelunken.

Neben der technischen Infrastruktur entwickelten sich in den Städten im späten 19. Jahrhundert wohlfahrtsstaatliche Aktivitäten, die als «Laboratorium des neuen Jahrhunderts» (Christian Topalov) bezeichnet werden können, weil sich für einige gesellschaftliche Probleme Muster herausbildeten und Modelle ausprobiert wurden, welche die künftige Entwicklung der Sozialstaaten auf nationaler Ebene beeinflussten. Zahlreiche Spannungen kennzeichneten diese Reformbemühungen. Angesichts der mobilen Stadtbevölkerung war für das zentrale Problem der Armutsbekämpfung entscheidend, ob Unterstützung von der heimatlichen Herkunftsgemeinde geleistet werden oder die Stadt des Wohnsitzes helfen sollte. Die Übernahme der Kosten durch die Kommunen erfolgte keineswegs selbstverständlich, so dass es bis zum Ersten Weltkrieg dauerte, bis die Verpflichtung fast überall in Europa vom Heimat- auf den Wohnort überging. Die Konflikte um den Finanzausgleich zwischen Dorf- und Stadtkommune wurden allerdings durch das breite Engagement der privaten und kirchlichen Armenhilfe abgemildert. Die Rolle der privaten Wohlfahrt war finanziell und personell außerordentlich. Charakteristisch waren dabei in vielen Bereichen die Zusammenarbeit und Arbeitsteilung zwischen den städtischen Initiativen auf der einen und den privaten auf der anderen Seite, in einem Mischungsverhältnis, das von den örtlichen Verhältnissen abhing. Wesentlich für das Selbstverständnis der bürgerlichen Stadtverordneten und der ehrenamtlich Tätigen blieb immer die Unterscheidung innerhalb ihrer Klientel zwischen den «wirklich Bedürftigen», die Unterstützung verdienten, und denjenigen, die sich ihrer Meinung nach eigentlich selbst helfen müssten. Tendenziell bevorzugte diese Einstellung Frauen, Kinder und Alte gegenüber Männern, die mit größerer Härte behandelt wurden. Sie führte generell dazu, dass die Hilfe in der Regel mit abschreckenden und erzieherischen Begleitmaßnahmen verbunden wurde. Standardisierte, rechtlich gesicherte Ansprüche von Armen gab es äußerst selten.

Die öffentlichen Bemühungen der Kommunen stärkten im Gesundheitsbereich in der Regel insbesondere die allgemeine Krankenversorgung, die Bekämpfung von Säuglingssterblichkeit und Tuberkulose, weniger der moralisch umstrittenen Phänomene wie Alkoholismus und Geschlechtskrankheiten, gegen deren Ausbreitung sich private Organisationen bildeten. Die städtische Arbeiterjugend geriet als spezifische Gruppe in den Fokus der Aufmerksamkeit, schienen ihre Angehörigen doch besonders gefährdet und gefährlich, weil sie ein Einkommen, aber wenig familiäre Verpflichtungen besaßen, physisch kräftig und geschlechtsreif waren sowie in der Entwicklung der Persönlichkeit als unfertig und beeinflussbar galten. Sowohl kommunale Institutionen als auch Vereine verschiedener Ausrichtung bemühten sich um ihre Disziplinierung und gesellschaftliche Integration. Im Bereich der Arbeit wurden die Städte, von Ausnahmen wie Gent, wo die Kommune gewerkschaftliche Arbeitslosenhilfe bezuschusste, und den deutschen Städten mit Gewerbegerichten abgesehen, kaum aktiv.

Im Zuge des Ausbaus der Infrastruktur im Entsorgungs-, Versorgungs- und Verkehrswesen sowie der Fürsorge im Armuts- und Gesundheitsbereich entwickelte sich eine internationale Debatte über das Verhältnis zwischen öffentlicher und privater Verantwortung. Das Schlagwort des Munizipalsozialismus bezeichnete die in vielen Städten übliche kommunale Trägerschaft von Wasser-,

Gas-, Elektrizitätswerken und Verkehrsbetrieben. Die Frage war, ob diese nur eine notwendige, anders nicht zu bewerkstelligende Aufgabe erfüllte, die Lebensbedingungen für alle verbesserte und damit die gesellschaftliche Ordnung bewahren half. In diesem Sinne verstanden die Repräsentanten des besitzenden Bürgertums, welche vielerorts die Kommunalpolitik dominierten, ihr Handeln. Auf der anderen Seite konnten die öffentlichen Betriebe sowie die Fürsorgeleistungen auch als ein erster Schritt hin zur Änderung der Gesellschaftsordnung interpretiert werden. So hätte die sozialistische Arbeiterbewegung sie gern verstanden, die allerdings nur selten ausreichend stark in den Stadtverordnetenversammlungen vertreten war, um die Entwicklung zu beeinflussen.

In der Praxis blieb der öffentliche Ausbau der kommunalen Infrastruktur jenseits der radikal anmutenden Programmatik einiger Vertreter ein Reformvorhaben, dessen unmittelbare Fortschritte die bürgerlichen Repräsentanten mit Stolz erfüllten. Friedrich Lenger zitiert den Krefelder Liberalen Alfred Molenaar, der Anfang der 1880er Jahre verkündete: «Wir können mit der Entwicklung, welche unsere Vaterstadt in den letzten Decennien äußerlich genommen hat, zufrieden sein. Die Einwohnerzahl ist stetig gewachsen, breite, luftige Straßen dehnen sich in immer weiterem Ring, stattliche Häuser werden erbaut und wachsen immer mehr dem Himmel zu [...]. Krystallhelles, bakterienfreies Wasser spendet die Wasserleitung, und bald wird die letzte Pumpe, die letzte Gießkanne dem Nationalmuseum überantwortet werden können [...]. Nicht mehr regellos wie früher ergießen sich die schwarzen Fluten, welche unsere Industrie erzeugt, in die Umgebung [...]. Still und ungesehen fließen sie heute, in dem ihnen von den Vätern der Stadt und einer hohen Obrigkeit angewiesenen Bette, dem Rheine zu. – Nicht lange mehr, und die Pferdebahn wird unsere Stadt durchkreuzen, die Bewohner einander und den Vorstädten näher bringend [...].»

In dieser Fortschrittsrhetorik steckten viel Glauben und Zukunftsprojektion. Dennoch reflektiert sie den tatsächlichen Willen, Stadt und Umwelt so zu gestalten, dass die Lebensbedingungen sich allgemein besserten und bürgerlicher Besitz und Wohlstand

3. Veränderte Verhältnisse

gedieh. Hohe öffentliche und private Investitionen flossen in den grundlegenden Ausbau der Infrastruktur, mit der wir teilweise heute noch leben. Der hier nur männlich konnotierte Stolz auf die eigene Stadt, der in der weiblichen Fürsorge ein gewisses Pendant besaß, lebte auch von der kooperativen Konkurrenz der europäischen Städte untereinander. Die Erfahrungen mit den Reformen wurden auf zahlreichen allgemeinen und speziellen internationalen Kongressen beraten und in Zeitschriften verbreitet. Die europäischen Städte als Orte der Wissensverdichtung waren somit auch über die Beschäftigung mit ihrer eigenen Entwicklung eng miteinander vernetzt. Die Maßstäbe waren hoch angesetzt, wie hoch, illustriert eine Postkarte aus Mannheim, auf der anlässlich der Inbetriebnahme der elektrischen Straßenbahn im Jahr 1900 ein dort abgedrucktes Mundartgedicht erklärte: «Ja, Leutcher, dess is halt viel werth, / dass ma hier flott elektrisch fährt. / Die Fremde glaawe ganz gewiss, / dass Mannem 's klee Paris jetzt iss.» Trotz des unleugbaren Abstands zwischen Paris und Mannheim findet hier eine gemeinsame Vorstellung von Urbanität ihren ironisch leicht gebrochenen Ausdruck.

Beschleunigung des Lebens, das veränderte Selbstbewusstsein der Städter, ob nervös oder frei: Diese Wahrnehmungen bildeten eine der Seiten der urbanen Lebensweisen. Hinzu kamen die bürgerlichen, prinzipiell, wenn auch nicht faktisch allen zugänglichen Kultureinrichtungen wie Museen und Theater sowie die populäre Massenkultur. Schließlich prägte eine materielle Seite die Urbanität in der zweiten Hälfte des 19. Jahrhunderts zusehends: Die städtische Infrastruktur und die kommunalen Fürsorgeprojekte transformierten das Wachstum der Großstädte in einen urbanen Lebensraum, der Maßstäbe setzte. Diese verschiedenen Facetten der Urbanisierung verbanden die Städte untereinander innerhalb Europas und auch jenseits des Kontinents. Sie trennten sie zugleich vom Land, wenngleich auf andere Weise als etwa frühere rechtliche Unterschiede. Denn über den gesteigerten Zuzug und die Pendelbewegung von Menschen sowie das bauliche, infrastrukturelle, wirtschaftliche und ökologische Ausgreifen der Städte auf ihr Umland wurden die Grenzen eingeebnet und die nicht immer sichtbare oder bewusste Interaktion von Stadt und Land seit dem ausgehenden 19. Jahrhundert intensiviert. Die Maßstäbe setzenden urbanen Lebensweisen sollten aber erst am Ende des 20. Jahrhunderts unter anderen Voraussetzungen auf dem Land realisierbar werden. Auch außerhalb Europas, in den städtischen Zentren der Kolonialreiche und anderen Staaten, machte sich die Strahlkraft der modernen europäischen Stadt schon zu Beginn des 20. Jahrhunderts bemerkbar.

4. Neuordnung der Gesellschaft: Stand, Klasse, Familie und Volk

Im 19. Jahrhundert veränderte sich die Ordnung der Gesellschaft zusammen mit den Vorstellungen darüber, wie die Gesellschaft geordnet sein sollte. Dieser Prozess begann spätestens im 18. Jahrhundert und verlief in den europäischen Gesellschaften ungleichzeitig. Ab der Jahrhundertmitte war jedoch die Tendenz fast überall offenkundig: Anstelle des Standes trat die Klasse als Gliederungsprinzip in den Vordergrund. Sozialökonomische Kriterien wie Marktfähigkeit, Besitz und Bildung verdrängten in ihrer Bedeutung dafür, welchen gesellschaftlichen Gruppen die Menschen angehörten und welche Lebenschancen sie besaßen, die bisher maßgeblichen Faktoren wie Geburt, standesspezifische Rechte und traditionale Lebensführung. Mit der Auflösung der vielfach gegliederten Ständeordnung und der Formierung von Schichten oder Klassen verschwanden jedoch gesellschaftliche Ungleichheiten keineswegs. Neue einschneidende Unterscheidungen wurden festgelegt. Marktchancen oder -abhängigkeit, kleiner oder großer Besitz und nützliche oder ungenügende Bildung sorgten für spürbare, oft eklatante Ungleichheit. Diese sozialökonomischen Kriterien waren zudem überlagert von weiteren Merkmalen, die je nach Situation und Handlungsabsichten auch die Schichten- oder Klassenzugehörigkeit in ihrer Wirk- und Ausdruckskraft übertreffen konnten. Zu diesen anderen Unterscheidungslinien gehörten zentral, auch im

19. Jahrhundert, Gender und Konfession, weiterhin regionale Herkunft sowie später auch ethnische oder als rassisch verstandene Kennzeichen. Wie schon Max Weber bemerkte, gingen außerdem «die Unterschiede der Klassen […] die mannigfaltigsten Verbindungen mit ständischen Unterschieden» ein. Die Klassengesellschaft löste die Ständegesellschaft nicht ab, sondern Klassenlage und ständische Lage traten in ein konstitutives Spannungsverhältnis. Die gesellschaftliche Ordnung war also stark von sozialer Ungleichheit und Verschiedenheit geprägt, auch wenn deren Abbau zu den programmatischen Forderungen der Vertreter einer der neuen Klassen, der Arbeiter, gehörte und obgleich für männliche Staatsbürger die Rechtsgleichheit gemäß den Forderungen liberaler Bürger weitgehend verwirklicht und die politischen Partizipationsmöglichkeiten ausgeweitet wurden.

An die Stelle der endgültig zerfallenen Ständeordnung traten andere Vorstellungen von der gesellschaftlichen Ordnung und damit verbundenem Verhalten. Auf der einen Seite führte die Lösung aus der Zugehörigkeit zu ständischen Korporationen zu einer gesellschaftlichen Individualisierung. *Self-Help*, das 1859 erschienene, bis zum Tode des Autors mehr als 250000 Mal verkaufte Buch von Samuel Smiles (1812–1904), exemplifiziert diese Tendenz. Der schottische Publizist engagierte sich zunächst für politische und soziale Reformen, schwor aber seit den 1850er Jahren darauf, dass die gesellschaftliche Lage nur durch individuelle Anstrengungen und persönliche Fortentwicklung verbessert werden könne. Hier scheint das Ideal einer Gesellschaftsordnung auf, die auf der Basis individueller Anstrengungen freier und gleicher Menschen allgemeinen Fortschritt produziert. Diese Vorstellung ergänzend, entstanden jedoch auf der anderen Seite auch neue Formen der Geselligkeit im vielfältigen Vereins- und Assoziationswesen. Im Unterschied zur ständischen Körperschaft handelte es sich um freiwillige, prinzipiell allen offenstehende Vereinigungen, die auf allen Feldern des gesellschaftlichen und kulturellen Lebens bis hinein in die Arbeits- und Wirtschaftswelt sowie in die Politik in Form von Gewerkschaften, Verbänden und politischen Parteien aus dem Boden schossen. Zwar standen die konkreten Assoziationen in der Realität nicht jedem offen, sondern bildeten nach beruflich-sozialer Stellung, Gender und Religion unterschiedene Kreise oder schlossen bestimmte Gruppen, insbesondere Frauen und auch Juden, aus. Als gesellschaftliche Ordnungsform verbreiteten sie sich jedoch, Schichten und soziale Milieus übergreifend, im Laufe des 19. Jahrhunderts.

Die Ordnung der Gesellschaft der zweiten Jahrhunderthälfte wurde nicht nur durch neue Großgruppen geprägt. Auch die Formen des Zusammenlebens in der Kleingruppe, der Familie, wandelten sich. Wesentliche Faktoren bildeten hier das Bevölkerungswachstum, die Durchsetzung der kapitalistischen Wirtschaftsweise, in geringerem Maße auch die staatliche Intervention, vor allem aber auch das bürgerliche Familienmodell als Ideal für die Gesamtgesellschaft. Eine europäisch einheitliche Familienstruktur entwickelte sich allerdings nicht. Die Tendenz, Familie und Ehe als Rechtsform zu fassen, ließ gesellschaftlich-staatliche Funktionsbeschreibungen zu, welche die religiös-kirchlichen ergänzten oder ablösten und zugleich die Möglichkeit für neue, entgegengesetzte Vorstellungen zu innerfamiliären Beziehungen und gesellschaftspolitischen Rollen eröffneten. Am Ende des Jahrhunderts begannen auch Rassekonzepte, die nun vermehrt biologisch-naturgeschichtlich aufgeladen waren, die Verbindung von Familie und «Volk» zu beeinflussen.

Bürgerliche Gesellschaft
Beginnen wir, einer hergebrachten Kennzeichnung der Periode als bürgerliche Epoche folgend, mit der Sozialformation des Bürgertums und der Mittelschichten. Bürger bilden keine gänzlich neue, aber eine im 19. Jahrhundert wachsende, ungeachtet aller inneren Differenzierungen mit gesamtgesellschaftlichem Anspruch auftretende Schicht. Ihr gehörten, je nach Definition, vor dem Ersten Weltkrieg mit Angehörigen bis zu 40 Prozent der Bevölkerung in den Niederlanden (um 1850 ca. 20 bis 25 Prozent) und bis zu 45 Prozent in Großbritannien (um 1881 bereits 42 Prozent) an. Italien steht gewissermaßen für die gesamteuropäische Verschiedenheit,

4. Neuordnung der Gesellschaft

denn dort zählten zeitgenössische Statistiker 1901 in Norditalien knapp 55 Prozent zur Mittelklasse (1881 ca. 46 Prozent), in Mittelitalien sogar 61 Prozent (im Jahr 1881 ca. 55 Prozent) und in Süditalien nur 41 Prozent (unverändert gegenüber 1881). Diese Zahlen beruhen auf einer weit gefassten Bestimmung von Mittelklasse und sind zwischen den Ländern nicht vergleichbar, sondern spiegeln unterschiedliche Kategorisierungen, zeigen aber an, dass die Mittelschichten generell größer wurden, und zwar statistisch auf Kosten der Unterschichten. Rein zahlenmäßig kann man sich jedoch der bürgerlichen Gesellschaftsschicht nicht wirklich nähern.

Wer war ein Bürger oder eine Bürgerin? Einige Historiker verorten das Bürgertum, insbesondere für Deutschland, in der städtischen Tradition und betonen entsprechend die Bedeutung rechtlicher und ökonomischer Aspekte. Andere nehmen stärker Beruf und Bildung, aus der sich teilweise intellektuelle Meinungsführerschaft ableitete, sowie kulturelle Lebensformen in den Blick, so dass neben sozialer Schichtung auch das Verhältnis zum Nationalstaat sowie die «Bürgerlichkeit» – als prägendes, in- und exkludierendes Normengeflecht – hervortreten. Bürger und Bürgerinnen waren in der Tat ein städtisches Phänomen, selbst wenn der Rahmen nur eine Kleinstadt bildete. Die männlichen Angehörigen dieser Schicht waren tätig als Kaufleute und Händler, als Bankiers oder als Handwerksmeister und Fabrikunternehmer. Ferner verdienten sie ihr Einkommen in Berufen, die ein Studium oder ähnliche Bildungsqualifikation voraussetzten: Juristen, Pfarrer, Ärzte, Lehrer an höheren Schulen oder Universitäten, Schriftsteller und Journalisten stellten in der zweiten Hälfte des 19. Jahrhunderts Mitglieder des Bürgertums. Selbständigkeit war zunächst ein wesentliches Kriterium für die Zugehörigkeit, doch gerade auch die expandierende Beschäftigung bei staatlichen oder kommunalen Stellen verschaffte im 19. Jahrhundert bürgerliches Ansehen. Mit dem enormen wirtschaftlichen Wachstum trat bis 1914 auch die neue Gruppe der höheren und leitenden Angestellten in Unternehmen, mit unscharfen Grenzen zu den mittleren Angestellten, zum Bürgertum hinzu. Ein vergleichsweise gutes Einkommen oder Besitz war also seit dem Umbruch von der Frühen Neuzeit in das 19. Jahrhundert das wesentliche soziale Kriterium, um zur bürgerlichen Klasse zu zählen. Die hergebrachten rechtlichen Privilegien als Stadtbürger hingegen wurden im Gefolge der Französischen Revolution von der neuen Rechtsgleichheit abgelöst; in politischer Hinsicht galt es im Rahmen der monarchischen Staaten, die Teilhabe der Untertanen als Staatsbürger – wie auch als Stadtbürger – während des 19. Jahrhunderts erst noch dauerhaft durchzusetzen. Eine vornehmlich sozial bestimmte Schicht des Bürgertums war mithin ein Phänomen, das in der Periode bis zum Ersten Weltkrieg erst entstand.

Die konkrete Benennung der bürgerlichen Berufe illustriert, wie sehr das Bürgertum in dieser Zeit auf seiner öffentlichen und ökonomischen Seite männlich bestimmt war. Ja, die genderspezifische Trennung in separate Sphären kann als ein Kennzeichen bürgerlicher Lebensformen angesehen werden, das im 19. Jahrhundert hervortrat und erst an seinem Ende von einigen vernehmbar angefochten, wenn auch lange nicht überwunden wurde. Die respektable Bürgerin hingegen bewies ihre Bürgerlichkeit, den Normen entsprechend, in der Organisation des Haushalts, in der Erziehung der Kinder, in der literarisch-künstlerischen Unterhaltung von Freunden und Kollegen, im Wesentlichen also im privaten Raum. Ein öffentliches Betätigungsfeld bildete für sie lediglich das sozialfürsorgliche, oft religiös konnotierte Engagement für Bedürftige und Kranke; neben dem Helfen und Heilen konnte auch das Erziehen als Lehrerin ein Betätigungsfeld für Unverheiratete sein. Tatsächlich, wenngleich weniger sichtbar, spielten Frauen jedoch durch Heirat und die Pflege von Geselligkeit eine zentrale Rolle für die typisch bürgerliche Vernetzung, auf welcher der berufliche und gesellschaftliche Erfolg der Männer und der materielle Komfort sowie eine gepflegte häusliche Existenz der ganzen Familie beruhten. Sie taten dies in einer rechtlich ungleichen, den Männern hinsichtlich wirtschaftlicher Autonomie, Erbschaftsrecht und Scheidung untergeordneten Position. Die bürgerliche Gleichheitsforderung im Zeichen des Patriarchats kannte innerhalb der Familie sowie in der öffentlichen Sphäre klare Gendergrenzen.

4. Neuordnung der Gesellschaft

Das beschriebene Muster war europäisch, muss hinsichtlich Begrifflichkeit und gesellschaftlichem Selbstverständnis jedoch differenziert werden. *Bürgertum*, *bourgeoisie* und *middle class* bedeuteten Unterschiedliches. Der deutsche *Bürger* war vieldeutig, konnte ständisch und städtisch oder auch staatlich und regional konnotiert sein. *Staatsbürger* war ein technischer Begriff und zeigte die rechtliche Stellung der Untertanen im Staat an, diente dabei auch der Abgrenzung gegenüber ortsfremden Bewohnern. *Bürgertum* tauchte im Deutschen eigenständig in Lexika erst nach 1860 auf. Der Kollektivsingular wurde dort kaum als sozialer Beschreibungsbegriff verwendet, sondern benannte vielmehr die Eigenschaften und Erwartungen an Gesinnung und Haltung des Staatsbürgers. In der gesamtgesellschaftlichen Ordnung wurde dem Bürgertum eine vermittelnde Funktion zwischen Adel und Proletariat zugeschrieben. Es war – anders als die eingedeutschte Bourgeoisie – kein Klassenkampfbegriff, sondern ein Wort, das Harmoniestreben anzeigte.

Der *citoyen* hingegen besaß einen schichtenübergreifenden Klang, denn er bezog sich seit der Französischen Revolution auf die allgemeinen Bürgerrechte, die jedermann unabhängig von seiner sozialen Stellung reklamieren können sollte. Solange das Wahlrecht nach Besitz, Einkommen und Geschlecht beschränkt wurde, handelte es sich somit um einen Begriff, der politische Forderungen implizierte. Als ökonomisch fundierte Bezeichnung fungierte hingegen der *bourgeois*, der zudem noch die innere Differenzierung zwischen *petit* und *grand bourgeois* erlaubte und Interessengegensätze als Klassenauseinandersetzungen markierte. Stärker als der vieldeutig ausgleichende *Bürger* war die politisch-soziale Sprache auf dem entsprechenden französischen Feld auf Konflikte eingestimmt. In der englischen Gesellschaftssprache herrschte dagegen ein konkretes Beschreibungsvokabular vor. Gebräuchlich waren Begriffe, die funktionale Arbeitsteilung *(trader, manufacturer)* sachlich beschrieben oder politische Rollen *(commoner* für Mitglieder des Unterhauses) benannten und die, im letzten Fall durch ihr ständisches Gewand, schichtspezifisch neutral und offen blieben.

Gentleman hingegen verwies auf einen Verhaltenskodex und ein gewisses Maß an Bildung, diente damit der Abgrenzung nach unten, schloss aber sowohl bürgerliche wie adelige Männer ein. Zugehörigkeit zu den *middle classes* – der häufig verwendete Plural zeigt die innere Vielschichtigkeit und Mobilität der ihr angehörenden Gruppe an – wurde zeitgenössisch an bestimmte Qualifikationen wie Besitz, Einkommen und Bildung gebunden. Im Rahmen der Gesellschaftsordnung drückte er individuelle Durchlässigkeit aus. Die in den drei Ländern erkennbare nationalsprachliche Brechung der Kategorie «Bürger», die für andere Gesellschaften ebenfalls beobachtet werden kann, legt Reinhart Koselleck, Ulrike Spree und Willibald Steinmetz zufolge nahe, dass sich in Europa verschiedene bürgerliche Welten entwickelten, die unterschiedliche Erfahrungen auf verschiedene, distinkte Weise sprachlich fassten und damit gesellschaftlich wie politisch verschieden nutzbar machten.

Wenn die sprachlich verschiedenen Welten für ein differenziertes Bürgertum in Europa sprechen, so lässt sich allerdings ein gemeinsamer Trend bis zur Wende am Ende des Jahrhunderts beobachten: die ethnische und nationale Aufladung der bürgerlichen Gesellschaft. Diese wirkte zwischen und innerhalb der Gesellschaften trennend und unterlief den auf das Gemeinwohl gerichteten Anspruch von Bürgerlichkeit. Exemplarisch lässt sich das an Riga, der Hafenstadt an der Ostsee, erkennen. Die Stadt hatte 1867 gut 100 000 Einwohner, 1913 waren es über 500 000, womit Riga die drittgrößte Stadt des Russischen Reiches geworden war. Der Anteil der Bürger an der Einwohnerschaft nahm in der Periode zu und lag um 1900 ähnlich wie in deutschen Städten bei 8 Prozent (ohne Angehörige) bzw. 36 Prozent (mit Angehörigen). Kennzeichnend für die bürgerliche Gesellschaft Rigas bis zur Jahrhundertmitte war die starre Ständeordnung, die sich im engen Zusammenhang von sozialen und ethnischen Grenzen manifestierte: Das Bürgertum war weit überwiegend deutsch. Die ethnische Zugehörigkeit der Gesamteinwohnerschaft teilte sich 1867 nach der Umgangssprache auf in 43 Prozent Deutsche, 24 Prozent Letten, 25 Prozent Russen und 5 Prozent Juden. Durch den Zuzug von Letten aus dem ländlichen

Raum wuchs deren Anteil bis 1913 aber auf 40 Prozent, während derjenige der Deutschen und Russen auf 16 Prozent bzw. 22 Prozent fiel. Mit der Verstädterung wurde gleichzeitig die enge Bindung von sozialer Position und ethnischer Herkunft gekappt. 1881 betrug der Anteil der Deutschen an den typisch bürgerlichen Berufen der Beamten und freien Intelligenz noch 65 Prozent, derjenige der Letten hingegen nur 7 Prozent. Russen stellten hier 18 Prozent – die Stadt gehörte seit dem 18. Jahrhundert zum Zarenreich, doch erst 1891 löste Russisch im Rahmen der Russifizierung die deutsche Amtssprache ab. Bis 1913 veränderte sich die ethnische Zusammensetzung der Beamten und Intelligenz fundamental: Jetzt waren nur noch 28 Prozent Deutsche unter ihnen, hingegen aber 25 Prozent Letten. In den anderen bürgerlichen Berufsgruppen war Ähnliches zu beobachten, so dass die Auflösung der ethnisch geprägten Ständeordnung gerade für die lettische Stadtbevölkerung mit der Verbürgerlichung die Chance eines sozialen Aufstiegs bot. Ethnizität bestimmte im Zuge der Gesellschaftsentwicklung nicht mehr die berufliche und soziale Stellung der Einwohner, sie bestimmte aber innergesellschaftliche Trennlinien.

In Riga entstand keine gemeinsame Bürgergesellschaft, sondern die bürgerliche Gesellschaft der baltischen Handelsmetropole entwickelte im Gegenteil scharfe «Grenzen der Gemeinsamkeit» (Ulrike von Hirschhausen). Eine ethnische Milieubildung machte sich nämlich nicht nur in der Politik, sondern auch in der lokalen Vergesellschaftung bemerkbar. So wurde in den 1860er Jahren das große Opernhaus der Stadt als «Deutsches Theater» gebaut. Trugen in der ersten Hälfte des 19. Jahrhunderts das Vereinswesen nur die Deutschen, verbreitete sich diese Form der bürgerlichen Geselligkeit in der zweiten Hälfte auch unter Letten, Russen und Juden. 1914 gab es fast 700 Vereine in der Stadt! Die hohe Dichte von Assoziationen erklärt sich aus der Konkurrenz innerhalb der multiethnischen Bürgerschaft. Bei kaum unterscheidbaren sozialen Merkmalen differenzierten sich die Bürger entlang ethnischer Grenzen. Zwei Beispiele veranschaulichen die vielschichtige Interaktion. Während die «Literärisch-praktische Bürgerverbindung» von 1802 sich für das städtische Gemeinwohl ungeachtet der Ethnizität der Bedürftigen engagierte, widmete sich der 1905 gegründete «Deutsche Verein» der Förderung des deutschen Schul- und Lehrwesens, der wirtschaftlichen Wohlfahrt der Deutschen und der deutschen Sprache und Geselligkeit. Dieser national orientierte Verein kann als Reaktion auf den sich formierenden lettischen Nationalismus und die staatliche Russifizierung verstanden werden. Auf der anderen Seite war der «Lettische Verein» in Riga bereits 1868 ins Leben getreten. Zunächst wollten dessen Mitglieder, unter denen anfangs auch Deutsche und deutsch akkulturierte Letten waren, aus der bäuerlichen lettischen Bevölkerung durch Ausbreitung von Wissen und Aufklärung eine nationale Bürgergesellschaft schaffen. Damit verfolgten die Vereinsmitglieder sozial emanzipatorische Absichten, die sich allerdings indirekt gegen die deutsche Oberschicht richteten. In dem Maße, in dem sich im Folgenden eine lettische soziale Mittelschicht entwickelte, schloss der Lettische Verein sich dann sozial von den Unterschichten und auch von jüdischen Bürgern ab, die nicht mehr zur Nation gezählt wurden. Das nationale Vereinsprogramm wurde jetzt zum sozial exklusiven Bestandteil der bürgerlichen Geselligkeit lettischer Anwälte, Hausbesitzer und Unternehmer, blieb allenfalls in der Rhetorik national inklusiv und zog gleichzeitig ethnische Grenzen zu deutschen, russischen und jüdischen Vereinen. Religion, eine der anderen Strukturdimensionen bürgerlicher Vergesellschaftung, wirkte in Riga im Übrigen langfristig nicht verbindend, obgleich Letten und Deutsche beide dem Protestantismus angehörten und dies zunächst den sozialen Aufstieg in die deutsch dominierte Bürgerschicht erleichtert hatte. Um 1900 konnte die gemeinsame Konfession aber die ethnischen Grenzen nicht mehr überwinden. Gegenüber den orthodoxen Russen und den jüdischen Bürgern verstärkte die Religion von vornherein die ethnischen Trennlinien.

Ethnizität als strukturierendes Merkmal, das neben sozialen Kategorien wie Beruf und Besitz und anderen wie Bildung, Religion und Gender im 19. Jahrhundert zunehmend die bürgerliche Gesellschaft prägte, war kein Phänomen alleine Rigas, sondern eine euro-

4. Neuordnung der Gesellschaft

päische Erscheinung. Nach Ulrike von Hirschhausen gehörte sie zu den grundlegenden Dimensionen Ostmitteleuropas. Prag war eine vergleichbare Stadt mit ähnlichen Segmentierungen ethnischer Milieus, die 1882 sogar die Teilung der Prager Universität in eine tschechische und deutsche Hochschule nach sich zogen. Der Umgang mit Multiethnizität war darüber hinaus für die Entwicklung des Bürgertums in Südosteuropa bedeutsam – hier zusätzlich durch Ethnien aus dem Osmanischen Reich und den Islam gekennzeichnet. Belgien oder Irland waren weitere multiethnische Fälle. Sofern jüdisches Bürgertum nicht religiös, sondern ethnisch markiert war, trat auch für seine Angehörigen die Frage nach den Grenzen bürgerlicher Gemeinsamkeit vielerorts in Europa auf. Schließlich spielte ethnische Identität auch in Handelszentren und imperialen Metropolen, wie etwa in London, eine Rolle für die Formierung der bürgerlichen Gesellschaft.

Die bürgerliche Gesellschaft hatte sich in der zweiten Hälfte des 19. Jahrhunderts aus der geburtsständischen Ordnung gelöst, nahm zahlenmäßig zu und gewann an gesellschaftlichem Gewicht, doch bildete sich jenseits grober sozialer Schichtungsmerkmale und bestimmter Muster keine europäische Bürgergesellschaft aus. Trotz gleicher Formen und intensiven Austauschs zwischen den Gesellschaften entstanden in Europa sehr unterschiedliche bürgerliche Welten. Sie waren sozial, kulturell, religiös und ethnisch begrenzt. In welcher Mischung diese Strukturdimensionen jeweils für Gruppenbildung und -verhalten wirksam wurden, hing von den Beziehungen im spezifischen gesellschaftlichen Umfeld ab. Die soziale Zugehörigkeit zur bürgerlichen Schicht und eine entsprechende Lebensweise führten nicht zu einer bestimmten gesellschaftspolitischen oder gar parteipolitischen Haltung. Auch die Selbstorganisation in den geselligen Organisationen im öffentlichen Raum, die vielen heute als ein Kennzeichen der Zivilgesellschaft gilt, entschärfte keineswegs immer Auseinandersetzungen. Wie nicht nur das Beispiel von Riga belegt, konnte sie im Kontext von Vielfältigkeit sogar konfliktverschärfend wirken. Die bürgerliche Gesellschaft kannte und entwickelte in Europa im halben Jahrhundert vor dem Weltkrieg zahlreiche Grenzen, die ihre Gemeinsamkeit merklich einschränkten.

Arbeiterklasse und Unterschichten

Lohnarbeit und abhängige Beschäftigung, nicht Besitz, Selbständigkeit und höhere Bildung kennzeichneten in allen Ländern Europas die Existenz einer rasch größer werdenden Gruppe von Menschen in der zweiten Hälfte des 19. Jahrhunderts. Die Epoche war insofern mitnichten ein bürgerliches Zeitalter. Aus den Unterschichten wuchs eine eigene Klasse von industriellen Handarbeitern. Sinnbildlich verband sich damit die leitende Vorstellung des Arbeiters im Bergbau, im Stahlwerk oder in der Maschinenfabrik – eines Mannes, der in den neu entstandenen Industriestädten lebte, beruflich ausgebildet und selbstbewusstes Mitglied einer Gewerkschaft war und eine der Arbeiterparteien wählte, die parlamentarisch und gegebenenfalls auch außerparlamentarisch für die politische und soziale Emanzipation kämpften. Hinter diesem Bild des «Helden» der Industriearbeit stand die von manchen Zeitgenossen und einigen marxistischen Historikern gepflegte Vorstellung, dass die veränderte berufliche und soziale Lage bei den Arbeitern ein Klassenbewusstsein hervorrufe, das in gemeinsamem politischen Handeln, solidarisch auch über nationalstaatliche Grenzen hinweg, münden werde. Die historischen Entwicklungsmöglichkeiten waren allerdings weniger determiniert, als es ein derartiges Geschichtsbild annimmt, das nicht nur die Frauen der Arbeiter- und Unterschichten übersieht, sondern auch die differenzierte soziale Lage, die vielfältigen Lebensweisen und unterschiedliche Organisationsgrade einebnet. Lohnarbeit und Abhängigkeit der männlichen und der weiblichen Arbeiter sowie Auseinandersetzungen mit staatlicher Machtausübung prägten die gesellschaftliche Ordnung in Europa in den Jahrzehnten vor dem Weltkrieg, mündeten jedoch nicht im erwarteten oder befürchteten Klassenkampf.

Vor der Jahrhundertmitte war vor allem in Großbritannien die Zahl der industriellen Arbeitsplätze stark gewachsen. 1851 war es das einzige Land, in dem bereits über die Hälfte der Beschäftigten in Industrie und Gewerbe tätig waren. In Frankreich hatte die kapitalistische Produktions- und Arbeitsweise allmählich im Gewerbe Einzug gehalten und die hergebrachten Arbeits- und Lebensbedingungen verändert; in Deutschland, wo das Handwerk unter einer Überbesetzung an Gesellen litt, war dies noch nicht der Fall. Die eigentliche Industriearbeit expandierte hier wie andernorts erst nach den Revolutionen von 1848/49. Bis kurz vor dem Ersten Weltkrieg erwarben dann in Frankreich knapp ein Drittel, in Deutschland 40 Prozent der Beschäftigten ihren Lebensunterhalt in der Industrie. In Belgien und der Schweiz waren es 47 Prozent bzw. 46 Prozent. Die Zahlen sind lediglich Näherungswerte, belegen aber den strukturellen Wandel, auf dem die Ausbildung der modernen Arbeiterschaft in den genannten Ländern beruhte. Regionale Schwerpunkte bildeten außerdem noch Böhmen und Mähren in der Habsburgermonarchie sowie das russische Donezk-Becken in der Ukraine mit relativ starken Industriesektoren. Industrie und gewerbliche Produktion entwickelten sich auch sonst in Europa, etwa in Schweden oder den Niederlanden, allerdings nicht in dieser Konzentration und im gleichen Ausmaß, so dass hier bis zum Ersten Weltkrieg nicht von einer gesamtgesellschaftlichen Prägung durch die Industriewirtschaft gesprochen werden kann.

Mit der lohnabhängigen Industriearbeit gingen besondere, neue Lebensweisen in den Städten einher. Sie waren gekennzeichnet durch die Trennung von Arbeiten und Wohnen; das galt allerdings mehr für Männer als für Frauen. Eigene Arbeiterquartiere wurden von privaten Bauunternehmern gebaut, öffentlichen Wohnungsbau gab es so gut wie gar nicht. Fast nie in Großstädten, wenn überhaupt dann eher in Kleinstädten besaßen die Arbeiter die Häuser, in denen sie lebten. Die Qualität der Mietwohnungen war häufig schlecht, der Raum begrenzt und überfüllt. Dort, wo Heimarbeit praktiziert wurde, war die grundsätzliche Trennung zwischen Unterkunft und Arbeitsstätte nicht vollzogen. Vor allem qualifizierte und besser bezahlte Arbeiter und ihre Familien pflegten dennoch so etwas wie eine Privatsphäre, viele hingegen lebten in halboffenen Familienstrukturen. Ein eigenes kulturelles Leben mit Vereinswesen, Bildungsstätten und Vergnügungsorten entwickelte sich. Vielerorts bildete sich ein soziales Milieu der Industriebevölkerung aus, das durchaus von der Vorstellung, der Arbeiterklasse anzugehören, bestimmt sein konnte, aber nicht musste. Dazu gehörten dann mit dem Ziel der Interessenvertretung auch Partei- und Verbandsgründungen im Rahmen einer sich ausbildenden Massenpolitik. Die Unterdrückung und Behinderung gewerkschaftlicher oder parteipolitischer Bestrebungen durch Staat und Arbeitgeber förderte die Herausbildung eines Arbeiterbewusstseins mindestens ebenso wie die soziale Lage. Die Konflikte um Partizipation und der Kampf gegen gesellschaftliche Exklusion förderten die politische Mobilisation und die Identifikation als Proletariat maßgeblich.

Von einer gleichförmigen Klassenbildung und einem einheitlichen Bewusstsein kann jedoch nicht gesprochen werden, denn auch die innere Schichtung der Arbeiterschaft gestaltete sich vielfältig. Schon die Lage der Arbeiterinnen in Unternehmen der Leichtindustrie wie Textilfabrikation oder Zündholzherstellung unterschied sich von den Bedingungen für Arbeiter im Bergbau oder der Eisen- und Stahlherstellung. In der großbetrieblichen Chemieindustrie und im Maschinenbau herrschten wiederum andere Verhältnisse als in Mittel- und Kleinunternehmen. In sich war die Industriearbeiterschaft in mehrfacher Hinsicht gegliedert, wie Gerhard A. Ritter und Klaus Tenfelde herausstellen. Eine fundamentale Kategorie bildete die Genderzugehörigkeit. Lohndifferenzen, Stellung im Arbeitsprozess, Qualifikation: Nach all diesen Merkmalen waren Frauen schlechter gestellt als Männer. Hinzu kamen eine Geringschätzung der weiblichen Erwerbstätigkeit durch Männer, auch durch die meisten Gewerkschaften, und die Tatsache, dass Frauen selbst ihre berufliche Tätigkeit häufig nur als vorübergehend betrachteten. Sie stabilisierten allerdings durch ihren fortgesetzten «Zuerwerb» die Existenz der Arbeiterfamilien erheblich. Die innere Ungleichheit war ferner vom Ansehen verschiedener Berufe und der damit verbundenen Tätigkeit geprägt. Eine handwerkliche Herkunft des Berufs konnte mit größerer Qualifikation, besserer Entlohnung und höherem Ansehen einhergehen, wenn er sich zur Facharbeit entwickelte. Geringere Berufstradition sowie vor allem schwere physische Belastung und Schmutzarbeit zogen gegenteilige Bewertungen nach sich. Insgesamt war die Qualifikation im Beruf das wohl wichtigste interne Differenzierungsmerkmal. Regionale Bedingungen führten zu weiteren Unterschieden in der Arbeiterschaft. Es wirkte sich auf die Gruppenbildung aus, wie großstädtisch ein Industriegebiet war, ob die Bindung an die ländliche Lebensweise fortbestand, gegebenenfalls kleinerer Besitz zur Verfügung stand; von wo die Menschen zugewandert waren und welcher Ethnie sie angehörten, beeinflusste das Maß an Gemeinsamkeit ebenfalls. Ferner spielten Konfession und politische Orientierung eine Rolle für die innere Differenzierung der Arbeiter; sie hingen etwa bei der deutschen Zentrumspartei als katholische Volkspartei sogar unmittelbar zusammen.

Ein Faktor erschwerte schließlich die gesellschaftliche Gruppenbildung unter Arbeitern ganz wesentlich: die hohe Mobilität in den Industrieregionen. Viele Arbeiter vor allem in der Schwerindustrie waren Fremde in jeder Hinsicht; sie kamen aus Polen ins Ruhrgebiet, aus Italien nach Lothringen oder schlicht vom Lande in die Industriestädte. Jung und unverheiratet, neigten sie nicht zur Sesshaftigkeit, wechselten häufig den Arbeitsplatz und die Stadt. Die Schwerstarbeit ließ wenig Energie für eine Freizeitbeschäftigung außerhalb des Wirthauses. Vereinswesen und Gewerkschaftsorganisation hatten es unter diesen Bedingungen nicht leicht. Zunehmende Stabilisierung von Arbeitsbedingungen, Wohn- und Lebensverhältnissen in den gewachsenen Städten trug dazu bei, die Organisationsstrukturen zu festigen. Zusammen mit dem allgemein gesteigerten Wohlstand führt dies um die Jahrhundertwende, vor allem in den nun seit einigen Jahrzehnten industrialisierten Regionen, zu einer im Vergleich zur frühen Industrialisierung und zur stürmischen Entwicklungsphase nach der Jahrhundertmitte relativ gefestigten kollektiven Klassenlage der Arbeiter. Es gab nun vermehrt den «geborenen Proletarier», d. h. Menschen, die anders als in der Zeit um 1850 keinen anderen familien- und erfahrungsgeschichtlichen Hintergrund mehr besaßen als den der kapitalistischen Lohnarbeit in der Industriewelt, in der sie geboren und aufgewachsen waren.

Das individuelle Leben von Männern und Frauen in der Arbeiterschaft verlief allerdings trotz der allgemein besseren Lage weiterhin wechselhaft. Beschäftigung und Einkommen waren konjunkturabhängig, eine gewerkschaftliche Versicherung gegen Arbeitslosigkeit existierte selten und garantierte den Lebensunterhalt kaum auf mittlere Sicht. Gesundheitliche Gefährdung am Arbeitsplatz, mangelnde Hygiene zu Hause, schlechte Ernährung und ungenügende medizinische Versorgung: Krankheit konnte jeden leicht treffen und so die Arbeitsfähigkeit einschränken und zusätzliche Kosten verursachen. Gegen Alter und nachlassende Arbeitskraft war ohnehin keiner gefeit. Dass die Verhältnisse sich allerdings in der zweiten Jahrhunderthälfte günstiger gestalteten, lag zu einem erheblichen Teil am Zuwachs der Reallöhne. Die Einkommensschere in den meisten europäischen Gesellschaften ging zwar auseinander, doch bewegte sich das Niveau insgesamt nach oben, so dass die unteren Schichten insgesamt einen absoluten Zuwachs an Wohlstand erfuhren. Ferner wirkte sich aus, dass vor allem die qualifizierten Industriearbeiter sich selbst zu helfen suchten, indem sie sich genossenschaftlich gegen die Wechselfälle des Lebens absicherten. Dort, wo eine gewisse Stabilität am Arbeitsplatz und in der Familie gegeben war, gelang dies in bestimmtem Maße. Kommunale Stellen und staatliche Gesetzgebung schufen mit ersten Versuchen, die öffentliche Fürsorge den veränderten Lebens- und Arbeitsbedingungen des Industriezeitalters anzupassen, Möglichkeiten für eine bescheidene Unterstützung. Insbesondere die Einführung einer gesetzlichen Sozialversicherung sollte zukunftsträchtig sein. Sowohl die Selbsthilfe als auch die öffentliche Sozialpolitik, insbesondere da, wo sie auf Beiträgen und Selbstverwaltung beruhte, förderten ihrerseits die Klassenbildung, denn Arbeiter entwickelten dadurch ein solidarisches Zusammengehörigkeits- und Verantwortungsgefühl. Auch wurden sie, etwa in Deutschland, als gesonderte Gruppe behandelt, was ihre Identität als Arbeiter stärkte.

Um die Lebenslage von Arbeitern zu verstehen, genügt es nicht,

4. Neuordnung der Gesellschaft

sie als Individuen zu betrachten. Nimmt man sie im Kontext familiärer Beziehungen in den Blick, wird ein für die Industriegesellschaft typischer Lebenszyklus von relativem Wohlstand und Armut erkennbar. Das Arbeitereinkommen durchlief verschiedene Phasen. Am besten standen junge, noch unverheiratete Männer mit einer beruflichen Qualifikation da, denn sie erzielten einen relativ guten Lohn und hatten bis auf Kost und Logis kaum Verpflichtungen. Sie konnten ihr Geld für Kleidung und Vergnügen ausgeben, sparten wenig. Die Phase des Hochverdienstes ohne besondere Ausgaben lag bei Männern zwischen 18 bis 20 Jahren und dem Zeitpunkt der Heirat mit 27 bis 29 Jahren. Junge Frauen erlebten eine ähnliche Phase, die allerdings aufgrund der geringeren Entlohnung ärmlicher und wegen des früheren Heiratsalters mit 25 bis 27 Jahren kürzer war. Auch scheinen Frauen mit Blick auf einen künftigen Hausstand eher gespart zu haben. Die Höhe der Löhne richtete sich nicht nach dem Lebensalter, sondern nach der Qualifikation und Leistungsfähigkeit. Etwa bis zum Alter von 40 blieb das Einkommen hoch, zumal wenn Stücklohn bezahlt wurde. Dann ging es, je nach Beruf, Entlohnungsweise und körperlicher Verfassung, zurück.

Für die Existenz waren aber zunächst Heirat und Kinder das einschneidende Moment, denn damit waren Kosten verbunden – für Erziehung, Gründung eines Hausstandes, Ernährung und Wohnung – und auf Seiten der Frauen meist eine Einschränkung der Berufstätigkeit oder die Übernahme weniger gut bezahlter Tätigkeiten, die es erlaubten, daneben Familie und Haushalt zu managen. Für die Mütter bildete diese Existenzphase eine Zeit ununterbrochener Anstrengung mit wenig Spielraum für sich selbst und fast keinen Erholungsmöglichkeiten. Das Familieneinkommen war von der Zahl der Kinder abhängig, auch davon, ab wann die Kinder selbst erwerbstätig wurden und, noch in der Familie lebend, einen finanziellen Beitrag leisteten. Sobald die Abkömmlinge selbst eine Familie gründeten und damit nicht mehr zum Haushaltseinkommen ihrer Geburtsfamilie beitrugen, kündigte sich die letzte Phase im Lebenszyklus an. Sie war von immer geringer werdendem Einkommen geprägt, vor allem bedingt durch nachlassende Arbeitskraft und häufigere Krankheiten. Auch Männer büßten jetzt an Lohn ein, weil sie keinen Akkord mehr arbeiten konnten oder auf weniger anstrengende, schlechter bezahlte Stellen wechseln mussten. Diese Lebensphase endete im 19. Jahrhundert meist erst mit dem Tod, denn einen Ruhestand kannten Arbeiter kaum. Im Alter waren Arbeiter nicht arbeitsfrei, sondern gingen immer noch, jetzt allerdings leichteren, weniger qualifizierten Verrichtungen nach. Die Altersarmut wurde schon in den letzten Jahrzehnten vor dem Ersten Weltkrieg öffentlich wahrgenommen und zeitgenössisch diskutiert, weil auch die Angehörigen der Arbeiterschicht jetzt länger lebten als noch um die Jahrhundertmitte.

Die Verdienstkurve verlief in Arbeiterhaushalten lebenszyklisch, war vom Zeitpunkt der Familiengründung und von Wechselfällen des Lebens abhängig. Die wesentliche Grundlage bildete das Haupteinkommen, d. h. in der Regel der Lohn des Familienvaters – dies spiegelte die Verhältnisse hinsichtlich der Stellung von Männern im industriellen Produktionsprozess und ihrer Verwertung am Markt wieder. Es war zugleich Ausdruck eines vorherrschenden, auch von den Arbeiterorganisationen gepflegten Modells, nach dem ein männlicher Lohn die Hauptquelle für die Sicherung der Familienexistenz sein sollte. Die zusätzliche Lohn- und die unbezahlte Familienarbeit der Frauen entschied allerdings über das relative Wohlergehen. Für Besitzerwerb als Rücklage für schlechte Zeiten und das Alter gab es unter Arbeitern kaum Spielraum, wenn man nicht den Gang ins Leihhaus oder den Verkauf von Möbeln, Uhren und anderen Gegenständen, die das bewegliche Gut eines Arbeiterhaushalts darstellten, als das Aufbrauchen von Rücklagen betrachten mag.

Die Existenz der Arbeiterschichten blieb überall in Europa vor dem Ersten Weltkrieg prekär. Armut war kein unerwartetes Phänomen, sondern gehörte für die meisten zum Lebenszyklus. Saisonarbeit war für viele vor allem bis in die 1870er Jahre gängig, und wiederkehrende Arbeitslosigkeit hatte in den Zeiten ohne Sozialversicherung unmittelbar einen Lohnverlust zur Folge. Kleingärten, Gemüsebeete und die Haltung von Hühnern oder Schweinen dienten auch in «guten» Zeiten als Mittel, um das Familieneinkommen aufzubessern. Dennoch und vielleicht teilweise gerade aufgrund der immer prekären Existenz setzten sich die organisierten Arbeiter als Klasse begrifflich von den Unterschichten ab. Ideologische Vorstellungen von der Geschichte als Klassenkampf spielten ebenfalls eine Rolle. Jedenfalls unterschieden nicht nur bürgerliche Kommentatoren zwischen guten Arbeitern, die fleißig und sparsam lebten, und den die gesellschaftliche Ordnung gefährdenden Unterschichten, die ehemals als «Pöbel» bezeichnet worden waren. Auch diejenigen Angehörigen, die sich bewusst der Arbeiterklasse zurechneten, grenzten sich nach unten ab. Sofern die marxistisch argumentierende Bewegung den Begriff «Proletarier» als positive Selbstbezeichnung übernommen hatte, diente ihr das «Lumpenproletariat» sprachlich zur Unterscheidung nach unten. Diejenigen Arbeiter mit Klassenbewusstsein zählten sich keineswegs zu den untersten gesellschaftlichen Gruppen, sondern eher zu einem «Arbeitermittelstand» oder zur «Arbeiteraristokratie». Die Lebenswelt und Kultur der organisierten Arbeiterbewegung repräsentierten also nicht die gesamte Unterschicht der Gesellschaft. Die soziale Wirklichkeit der geschilderten Formen der Klassenbildung unter Industriearbeitern und die lebenszyklischen relativen Wohlstandsphasen waren bestimmt von den Werten und Verhaltensweisen der ortsfest gewordenen, besser bezahlten, in stabilen familiären Verhältnissen lebenden Facharbeiter, die sich von anderen Gruppen abgrenzten: nach oben gegen die herrschende Bourgeoisie, nach unten gegenüber dem «Gesindel». Die Arbeiterklasse in ihrer organisierten Form kann daher auch als «Milieu im Milieu» (Wolfgang Kaschuba) bezeichnet werden. Der Unterschied zu den noch weniger begünstigten Schichten der Gesellschaft war, sozial gesehen, oft gering, selbst wenn ihm von den Mitlebenden gesellschaftlich-kulturell eine hohe Bedeutung beigemessen wurde.

Insgesamt war die Arbeiterschicht durch die Lohnarbeit gekennzeichnet, der die Männer und Frauen in Industrie, Gewerbe und auch im Dienstleistungssektor, soweit damit Handarbeit verbunden war, nachgingen. Neue Wohn- und Lebensformen hatten sich in den Städten ausgebildet. Die Angehörigen dieser Schicht gründeten eigene Vereine, Verbände und Parteien. Inwieweit ihr kollektives und individuelles Selbstverständnis dabei das einer «Arbeiterklasse» war, war nicht vorgegeben. Klassenbewusstsein und -handeln war in der zweiten Hälfte des 19. Jahrhunderts immer eine Option (John Breuilly), nachdem sich hierfür Sprache und Organisationsformen bereits zwischen 1789 und 1848/49 in Ansätzen entwickelt hatten und jetzt ausgestaltet werden konnten. Vor allem in Abgrenzung zu anderen Gesellschaftsschichten, nach oben und nach unten, besaß der Begriff Schlagkraft und Überzeugung. Innerhalb der Arbeiterschicht mit all ihren genderspezifischen, beruflichen, regionalen, ethnischen und konfessionellen Differenzierungen war dies nur eingeschränkt der Fall.

Adel und Adeligkeit
Anders als Bürgertum und Arbeiterklasse grenzte der Adel sich nur nach einer Seite ab, nämlich nach unten, oder um es mit einem Schlagwort aus der Forschung zu beschreiben: Der Adel bemühte sich im 19. Jahrhundert intensiv und erfolgreich darum, «oben zu bleiben». Die bislang privilegierte Gruppe war direkt bedroht durch die Gleichheitsidee der Französischen Revolution, deren praktische Umsetzung und die erweiterten politischen Partizipationsrechte der Bürgerlichen sowie indirekt durch die ökonomische Entwicklung, die es breiteren Schichten ermöglichte, in erheblichem Umfang neuen Reichtum in Industrie, Handel und Bankwesen statt im Agrarsektor, der allgemein grundlegenden Ressource adeligen Wohlstands, zu erwerben. Angesichts dieser veränderten strukturellen Gegebenheiten ist es außerordentlich bemerkenswert, dass es dem Adel bis zum Ersten Weltkrieg gelang, eine herausragende Position in der sich funktional und nach Klassen differenzierenden Gesellschaft zu wahren und seine kulturellen Eigenarten hinsichtlich Werten und Lebensformen nicht aufzugeben. Was waren die Faktoren, die das «Obenbleiben» (Rudolf Braun im Anschluss an Werner Sombart), das Bewahren einer führenden Stellung in Gesellschaft, Wirtschaft und Politik, ermöglichten, wenn nun

nicht mehr Geburt und rechtliche Privilegien entscheidend waren? Welches Verhalten ermöglichte zudem das «Zusammenbleiben» (Josef Matzerath), das Überleben des Adelsstands als soziale Formation mit besonderen Werten in der modernen Gesellschaft?

Zunächst ist festzuhalten, dass der Adel eine sehr kleine, anteilsmäßig geringer werdende Gruppe in der Gesamtgesellschaft bildete. Um 1800 gehörte in Frankreich, Großbritannien und Preußen schätzungsweise 1 Prozent der Bevölkerung dem Adel an, in Russland 1,5 Prozent; in Polen und Ungarn mit einer größeren Zahl von Kleinadeligen waren es einige Prozentpunkte mehr. Das Bevölkerungswachstum, an dem der Adel nicht proportional partizipierte, ließ die Anteile bis in die Zeit um 1900 überall sinken. In Preußen stellte der Adel jetzt nur noch 0,5 Prozent der Bevölkerung, in allen deutschen Ländern zusammen sogar nur 0,1 Prozent, in Polen zwischen 1 Prozent und 1,5 Prozent. Die Erhebungen in den Adelsstand, die insgesamt nur zurückhaltend praktiziert wurden, glichen den relativen Rückgang nicht aus. In absoluten Zahlen handelte es sich bei der englischen Aristokratie, die einen Sitz im Oberhaus innehatte, um wenige hundert Familien, zählt man den niederen Landadel hinzu, der sozial und rechtlich offener war, um etwas über 20 000 Familien. In Russland, wo alle Kinder den Titel der Väter erhielten, hatten über eine Million Personen den Status als Adelige. Proportional war dies nicht mehr als in Großbritannien, in sozialer und politischer Hinsicht für den Einzelnen oft von geringerer Bedeutung. Diese vergleichenden Zahlen sind daher nur eingeschränkt aussagekräftig. Hinzu kommt, dass die Spanne zwischen begütertem und ärmerem Adel in Europa erheblich war. Der Herzog von Bedford etwa besaß allein Jahreseinnahmen, die fünf bis 20 Mal so hoch waren wie der Wert der meisten ostpreußischen Rittergüter. Beide Gruppen, diejenige der englischen Hocharistokratie und der preußischen Junker, befanden sich wiederum in einer ganz anderen Position als der in einer städtischen Mietwohnung lebende, verarmte «Etagenadel».

Das eigentliche Fundament adeliger Selbstbehauptung war der Grundbesitz, welcher Größe auch immer, der vom Ende der rechtlichen Privilegierung als zwar wichtiger, aber nicht alles umwälzender Einschnitt in der Geschichte des europäischen Adels unberührt geblieben war. Der Adel konnte sich auf dieser Basis vom Herrschaftsstand zur regionalen Elite (Heinz Reif) entwickeln. Die enge Verbindung der Familie – und nicht des Einzelnen – mit dem Grund und Boden war erbrechtlich so abgesichert, dass der Besitz möglichst ungeteilt blieb. Die Regeln begünstigten jeweils die ältesten Söhne. Nur in Frankreich verhielt es sich anders, denn dort war die erbrechtliche Sonderstellung mit der Julimonarchie seit 1830 endgültig zugunsten der Gleichheit der Erbberechtigten abgeschafft worden. Dennoch bemühten sich auch hier die adeligen Familien, das Land nicht durch Erbteilung zu zersplittern. Gemeinsam mit den besitzenden Bürgern bildeten sie eine führende Notabelngesellschaft aus, die sich durch umfangreichen Grundbesitz, starke, in der Regel aber nicht zwischen Adligen und Bürgerlichen gemischte Familienbande und örtlich-regionale Vernetzung auszeichnete. Anderswo in Europa blieben die adeligen Familien weitgehend unter sich. Sie ließen Heiraten mit bürgerlichen, aus wohlhabendem Hause stammenden Frauen nur in finanziell schwierigen Umständen zu. Viel Beachtung fanden solche Allianzen vor allem im Falle von Amerikanerinnen in manchen englischen Aristokratenfamilien. Bürgerliche Männer erhielten auf einem solchen Weg keinen Zugang zum Adel, einen Titel hätten sie über Adelstöchter ohnehin nicht gewinnen können.

Der europäische Adel passte seine Wirtschaftsweise den neuen Marktbedingungen an, ohne ihre Möglichkeiten voll auszuschöpfen. Einer Tätigkeit in modernen Industriesektoren gingen Adelige nur unter besonderen Umständen nach, wenn überhaupt, dann meist in Verbindung mit ihrem Grund und Boden. So verstanden es die oberschlesischen «Magnatenfamilien», ihre Erz- und Holzressourcen aus der Gutswirtschaft mit schwerindustriellen Unternehmungen im Kohlebergbau und der Eisenproduktion zu vereinen. Bestimmte andere industrielle Tätigkeiten, die sich aus der nebenbetrieblichen Verwertung von Bodenschätzen, Holz und Wasser ergaben, waren ebenfalls möglich: Sägewerke und Papierfabriken,

Schnapsbrennereien und Bierbrauereien, Steinbruch und Kalkgruben, Ziegeleien und Zementwerke. Insgesamt aber hielten Adelige zum sichtbaren Engagement im industrie-, handels- und finanzwirtschaftlichen Sektor Abstand. Ihre ökonomische Basis blieb die Agrar- und Forstwirtschaft. Um 50 Prozent des ländlichen Grundbesitzes insgesamt und deutlich mehr als die Hälfte des Großgrundbesitzes befanden sich in adeliger Hand. Das traf für Großbritannien, Russland, Ungarn, Rumänien und Italien zu. Zwar erwarben bis zum Ersten Weltkrieg bürgerliche Käufer zahlreiche Landgüter, und mehr Grundbesitz kam auf den Markt, doch war dies kein dramatischer Einschnitt, sondern eher ein langsamer Prozess, der keine effektive Verdrängung bedeutete. Im östlichen Preußen etwa besaßen die Adeligen in der Regel zwei oder mehr Güter, Bürgerliche erwarben nur ein zumeist kleineres Gut. Die Adelsfamilien blieben daher weiterhin die wichtigsten Eigentümer, so dass sie ökonomisch, politisch und gesellschaftlich vor Ort bestimmend waren. In manchen Regionen Europas ließen sie ihre Güter eher verwalten, wie in Irland, Spanien und Süditalien, und residierten selbst in den Hauptstädten; in anderen, wie England, Preußen und Russland, teilten die Familien ihre Zeit zwischen dem Land im Sommer und der Stadt im Winter auf. Im Ganzen gesehen, beförderte eine gute Agrarkonjunktur die ökonomische Basis des Adels, die trotz der Herausforderung durch überseeische Agrarimporte nicht schwand.

Neben den Grundbesitzern mit industriellen Interessen führten auch viele Adelige ihren Landwirtschaftsbetrieb erfolgreich nach modernen Methoden oder ließen ihn so führen. Der traditionell wirtschaftende, auf seine ständische Lebensweise bedachte Adelige war weniger häufig anzutreffen, als es etwa das zeitgenössische Bild des rückständigen Junkers oder die interessenpolitisch motivierte Befürchtung des adeligen Niedergangs vermuten ließen. Dennoch: Die Bereitschaft zur ökonomischen Veränderung oder die Skepsis gegenüber modernen Wirtschaftsweisen führten zu neuartigen sozialen Differenzierungen innerhalb des Adels, die nichts mit der Unterscheidung nach hohem und niederem Adel, Konfessionszugehörigkeit oder bestimmten Adelslandschaften zu tun hatten. Allerdings sollte es sich überwiegend erst in der Agrarkrise der 1920er Jahre massiv bemerkbar machen, welche Folgen die Wahl zwischen Anpassung und Verweigerung hatte.

Das Zusammenhalten des adeligen Besitzes in einer Hand schuf die Notwendigkeit, jüngere Nachkommen und unverheiratet bleibende Töchter zu versorgen. Für diejenigen, die nur mit kleinen Ländereien ausgestattet waren, konnte das zur Überschuldung der Güter führen. Der Erhalt von Positionen in lokaler und regionaler Verwaltung sowie in Militär und Diplomatie – in katholischen Ländern auch in kirchlichen Würden – besaß daher für viele Adelige eine existentielle Bedeutung. Obgleich auch in diesen Bereichen der Zugang im 19. Jahrhundert immer mehr von erworbenen Bildungsqualifikationen abhing, konnten hier doch adelige Lebensweisen und Wertvorstellungen weiter gepflegt bzw. mit dem einkommenssichernden Beruf verbunden werden. Besonders in denjenigen Adelsgemeinschaften Europas, in denen Titel und damit Erwartungen an Lebens- und Verhaltensweisen nicht nur an den Ältesten weitergegeben wurden, war dies für die nachgeborenen Männer bedeutsam, denn während die Rolle als Botschafter oder Offizier akzeptabel war, widersprach eine Tätigkeit in Industrie und Handel dem adeligen Selbstverständnis. Etwas leichter fiel ein «Broterwerb» jenseits traditioneller Bereiche dort, wo wie in England Titel und Status nur an den ältesten Sohn übergingen und die anderen formal nicht mehr ausgezeichnet waren.

Die weiterhin starke Bastion des europäischen Adels in den ländlichen Verwaltungs- und Regierungspositionen beruhte auf der wirtschaftlichen und gesellschaftlichen Vorrangstellung vor Ort. Sie wurde vielerorts auch durch das Patronat über die Kirche und die Mitbestimmung über die Besetzung der örtlichen Pfarrstelle gestützt. Der überproportionale Anteil von Adeligen in der Ministerialverwaltung auf national- und gegebenenfalls einzelstaatlicher Ebene fußte auf der monarchischen Verfassung der meisten Staaten. Insbesondere im diplomatischen Dienst, wo die Gesandten bei fremden Höfen akkreditiert waren, bestimmten adelige Verhaltens-

4. Neuordnung der Gesellschaft

weisen den professionellen Umgang so sehr, dass selbst die einzige große Republik nach 1871, Frankreich, noch lange einen hohen Anteil adeliger Diplomaten beschäftigte. Erst das Ende der Monarchien würde nach dem Ersten Weltkrieg mit den Höfen zugleich die Zentren abschaffen, welche auch die gesellschaftliche Vorrangstellung adeliger Männer und Frauen im 19. Jahrhundert partiell noch gesichert hatten.

Wenn es dem Adel insgesamt gelang, eine führende Stellung zu wahren, so konnten seine Angehörigen dies um 1900 immer weniger allein aufgrund adeliger Herkunft bewerkstelligen. Der Gutsbesitz und der gewerbliche Nebenbetrieb mussten ökonomisch geführt werden, die Aufgaben in der Staatsverwaltung erforderten Qualifizierung und die Befolgung der bürokratischen Regeln. Am ehesten ließen sich noch in Diplomatie und Militär adelige Verhaltensweisen und Berufsanforderungen leicht miteinander verbinden, doch spätestens der Erste Weltkrieg sollte auch das Offiziersdasein seines adeligen Habitus entkleiden. Der Adel passte sich an und musste jetzt in vielen Bereichen den Anforderungen der funktional differenzierten Gesellschaft genügen, wollte er oben bleiben. Seine Angehörigen taten dies nicht in jeder Hinsicht, was sich etwa in der Distanz gegenüber bestimmten bürgerlichen Berufen manifestierte, denn sie wollten zugleich auch ihre Eigenart behaupten, also unter sich bleiben. So gewannen neben der Bewahrung des Grundbesitzes in der Familie Fragen der besonderen Standesehre, der Pflege familienhistorischer Erinnerung sowie des Lebensstils eine neue Bedeutung. Sie dienten nicht mehr nur der innerständischen Regulierung, sondern gewannen als Distinktionsmerkmale gegenüber den konkurrierenden Werthaltungen und Lebensweisen des Bürgertums an Gewicht. Der Wirkungskreis des Adels wurde durch diese gesellschaftliche Konkurrenz, die neuen urbanen Institutionen kulturellen Lebens und der Geselligkeit sowie die anbrechende Konsumgesellschaft auf einen gesamtgesellschaftlich kleiner werdenden Kern reduziert: seinen Landbesitz, die verbliebenen Fürstenhöfe, die diplomatische und militärische Welt.

Der Adel befand sich in der Defensive: ökonomisch, politisch –

II. Gesellschaft in Bewegung

wie etwa der Parliament Act, der 1911 die Rechte des britischen Oberhauses beschnitt, demonstrierte – und kulturell. In dieser Situation suchten manche den gesellschaftlich-politischen Führungsanspruch zu legitimieren, indem sie debattierten, was den Adel wirklich ausmache und wie er unter neuen Umständen zu erneuern sei. Bestimmte äußerlich erkennbare Tugenden, die der Gesellschaft vorgeblich nützten, wurden herausgestrichen: Ritterlichkeit, eine Haltung der Selbstbeherrschung und Dienstpflicht, Letztere vor allem gegenüber dem monarchischen Staat. In der öffentlichen Debatte, die in Deutschland in den Jahrzehnten vor dem Ersten Weltkrieg begann und in der Nachkriegszeit an Brisanz gewann, verlor «Adeligkeit» in Teilen ihre Substanz. Sie wurde zu einem formbaren Element gesellschaftlicher Ordnungsvorstellungen, einer unterschiedlich gefüllten Kategorie, die nicht mehr an die soziale Formation des Adels alleine gebunden war. Im Rahmen der Abwehr der Moderne und der Suche nach Zukunftsentwürfen begründeten Ideen des «Aristokratismus» (Eckart Conze u. a.) Modelle für neue Eliten. Die begriffliche Verbindung mit dem Adel verlieh ihnen eine nicht-demokratische Dimension, welche vor allem in der ersten Hälfte des 20. Jahrhunderts auf der politischen Rechten wirksam werden sollte und Ordnungen der Ungleichheit begründete.

Die Rede von einer europäischen Adelsgesellschaft oder von der Fortdauer des Ancien Régime unterschätzt wesentliche Faktoren, die in der zweiten Hälfte des 19. Jahrhunderts verändernd und trennend wirkten. Die regionale und territoriale Bindung war für große Teile des grundbesitzenden Adels weiterhin maßgeblich. Gegeneinander durch Konfession oder herrschaftlichen Bezug abgeschlossene Adelslandschaften existierten weiter. Die Adelsgruppen, die sich aus wirtschaftlichem Vermögen oder aus Notwendigkeit überregional orientierten, bewegten sich in Verwaltung und Militär im nationalstaatlich-monarchischen Rahmen. Auch international tätige Diplomaten waren in dieser Zeit keine Experten, die ihre Dienstherren wechselten, sondern Vertreter der jeweiligen Königreiche. Nur wenige Gruppen, wie etwa die ehemals souveränen Standesherren oder der süddeutsch-habsburgische Adel, agierten grenzüberschreitend. Durch das Ausnutzen der wirtschaftlichen Möglichkeiten, welche die Entwicklung der Zeit bot, entstanden innerhalb des Adels neue, die hergebrachten Unterschiede überlagernde Differenzierungen. Adeligkeit als bestimmter Habitus gewann in der Defensive, in der sich der Adel befand, einen besonderen Wert. Ein standesgemäßes Verhalten sollte die Eigenart aller Adeligen über die Differenzierungen hinweg bewahren helfen. Den Bemühungen darum, den Adel in Abwehr und Erneuerung zusammenzuhalten, waren nicht nur soziale und wirtschaftliche Grenzen gesetzt. Deutlich macht dies die Lage in Frankreich. Dort hatten mit der Einführung der Republik die bürgerlich-demokratischen Kräfte den weitgehendsten Erfolg. Politisch einte dies den französischen Adel lange nicht, sosehr er auch durch die Nähe zur katholischen Kirche, in der Familie und im Grundbesitz Gemeinsamkeiten pflegte, denn die Lagerbildung nach konkurrierenden Thronansprüchen der Legitimisten, Orleanisten und Bonapartisten spaltete ihn politisch.

Die allgemeine Debatte darüber, wie die Elite der Gesellschaft beschaffen sein und wer zu ihr gehören sollte, erwies sich für den Adel als bedrohlich für seine Eigenart. Auch bestimmte Praktiken, wie etwa die Jagd, die im Gewand der Welt- und Jagdreise grenzüberschreitende Vergesellschaftung mit adeligem Habitus markierte, waren um 1900 nicht mehr geeignet, adelige Exklusivität zu wahren. Sie waren ähnlich wie die Elitendiskurse Arenen, in denen soziale Positionen ausgehandelt wurden und neue Eliten sich formten. Die dabei definierten Werte waren in der sozialen Sprache konvertierbar: Was als «adelig» galt, konnte auch «bürgerlich» – oder in multiethnischen Kontexten, wie dem polnischen etwa, «volksnational» – genannt werden. In der deutschen Diskussion um einen «Neuadel» seit den 1890er Jahren spielte der alte Adel nur insofern eine Rolle, als er einige der geforderten zeitgemäßen Führungsqualitäten zu besitzen schien. Wer vom Adel künftig dazugehören wollte, musste sich umgekehrt diesen Entwürfen anpassen. Das lag zwar nahe im Zusammenhang einer «Biologisierung des Familienverständnisses» (Daniel Menning), die in rechten Gesellschaftsentwürfen Blut und Abstammung gegenüber Erziehung in der Familie betonte, eignete sich aber nicht mehr als Differenzkriterium für den Adel als geschlossene soziale Formation. Das galt auch nicht für die Selbstdarstellung als historisch «blaublütige» oder «reinrassige» Wahrer der Institution «Familie». Diese Merkmale grenzten nicht ab, sondern waren in dem Maße «demokratisierbar», in dem sich rassistisches und völkisches Denken ausbreitete. In den neuen Ordnungsvorstellungen und sozialen Praktiken kündigte sich somit früh das erst im Laufe des 20. Jahrhunderts eintretende Ende des Adels als eine aufgrund von Tradition gesellschaftlich führende Formation an.

Familienordnungen

Familie ist eine fundamentale Kategorie der europäischen Gesellschaften, die für das Leben der Menschen und für die Vorstellungen von der gesellschaftlichen Ordnung eine wichtige Rolle spielte. Es handelt sich um die kleinste soziale Beziehungsform, die allerdings weder statisch noch in ganz Europa gleich ausgestaltet war. Während manche langfristigen Muster und Verhaltensweisen weiterwirkten und einige Tendenzen des Wandels, die schon seit dem 18. Jahrhundert die Familien veränderten, sich fortsetzten, wirkte sich die neue Arbeitsorganisation im 19. Jahrhundert schichtenspezifisch auf die Strukturen und das Leben in Familien aus. Die verstärkte Mobilität in vielen Teilen der Bevölkerung veränderte die Funktionen der Familie, belastete sie unter Umständen, eröffnete im Rahmen der Verwandtschaft aber auch neue Chancen. Die soziale Transformation führte außerdem zu einer Debatte mit sehr gegensätzlichen Auffassungen darüber, welche gesellschaftlichen Aufgaben der Familie zukommen sollten.

Die langfristige Tendenz, Familie und Ehe als Rechtsform nicht mehr religiös, sondern weltlich zu fassen, setzte bereits im 18. Jahrhundert ein und fand jetzt überall in Westeuropa, teils unter schweren Auseinandersetzungen zwischen Staat und Kirchen, ihren Fortgang. Nur in Spanien setzte sich ein Eherecht, das seinen Kern im zivilen Vertragsrecht zwischen zwei Partnern hatte, noch nicht durch. Für die Eheschließung wurde die Zivilehe etwa in Frankreich, Belgien, Italien, Ungarn, den Niederlanden, der Schweiz und dem Deutschen Reich bis in die 1870er Jahre obligatorisch eingeführt. In anderen Ländern, wie Österreich, Dänemark, den skandinavischen Ländern, Spanien, Portugal und Russland, gab es die Möglichkeit der «Notzivilehe», wenn aus kirchlichen Gründen etwa bei Religionsverschiedenheit der Ehepartner, bei Geschiedenen oder bei den Angehörigen der staatlich nichtprivilegierten Konfessionen keine kirchliche Eheschließung möglich war, staatlicherseits ihr aber nichts entgegenstand. Verbunden mit der Verweltlichung war die Zuschreibung gesellschaftlich-staatlicher Funktionen an die Familie, die jetzt die religiös-kirchlichen begründeten Zuschreibungen ergänzten oder ablösten. Die rechtlichen Neuerungen seit dem Ende des Ancien Régime bildeten auch den Anfang jener grundsätzlichen Spannung zwischen der Vergrößerung der individuellen Rechte, vor allem von Frauen und Kindern, innerhalb der Familie auf der einen Seite und dem Eindringen staatlicher Regulierung in die Familie auf der anderen Seite. Dies war eine Spannung, welche die europäische Familie als gesellschaftliches Handlungsfeld besonders seit dem Aufbau staatlich-kommunaler Sozialpolitik in der zweiten Hälfte des 19. Jahrhunderts und bis heute kennzeichnet.

Mit dem sozialen Wandel änderte sich die Konzeption von Familie. Gegensätzliche Vorstellungen schälten sich heraus und eröffneten konträre Perspektiven für innerfamiliäre Beziehungen und gesellschaftspolitische Eingriffe (Andreas Gestrich). Die katholische Kirche, welche die Ehe zu den Sakramenten zählte, und im protestantischen Bereich vor allem die pietistische Bewegung, welche die gesamte Lebensführung auf die Erreichung des Seelenheils ausgerichtet sehen wollte, widersprachen der Auffassung von der Ehe als zivilem Vertrag. Familie und Ehe als vornehmlich dem gesellschaftlichen Nutzen dienende Einrichtungen genügten ihren Ansprüchen aus theologischen und religiösen Gründen nicht. Ferner setzten die Männer und Frauen der Romantik zu Beginn des 19. Jahrhunderts der auf Vernunft und Recht oder Religion basierenden Familienvorstellung eine Konzeption entgegen, welche die Beziehung zwischen Mann, Frau und Kindern emotional in der Liebe begründete. Dieses Ideal fand in bürgerlichen Kreisen der gesamten Epoche großen Widerhall. Es förderte das gattenzentrierte, individualisierte Familienbild, steigerte aber auch die Spannung zu den tatsächlich fortbestehenden Familieninteressen und der elterlichen Autorität in Fragen der Ehe- und Familiengründung.

Auch diejenigen, die im Rahmen der weltlichen Erwartungen an die Familie argumentierten, entwickelten einander entgegengesetzte Auffassungen. Auf der einen Seite wurde seit der Französischen Revolution eine grundsätzliche Kritik an der vom Familienvater geleiteten Familie formuliert. Die sozialistischen Gegenmodelle zur bürgerlichen Gesellschaft und die Emanzipationsforderungen der entsprechenden Gruppen innerhalb der Frauenbewegung griffen die Familie als Teil des kapitalistischen Systems an. Die ökonomische Ausbeutung besaß demnach ihr Fundament in der Familie als Ort der Unterdrückung von Frauen. Friedrich Engels kündigte 1884 in seiner Schrift *Der Ursprung der Familie, des Privateigenthums und des Staates* mit der zukünftigen klassenlosen Gesellschaft auch das Ende der patriarchalischen Herrschaft an. Das waren politische Begründungszusammenhänge, die gesellschaftliche Ordnungs- und Familienvorstellungen miteinander verknüpften und weit bis ins 20. Jahrhundert wirkten. Sie fußten zwar auf der Gleichberechtigung von Frauen, hielten aber damals zugleich an der Andersartigkeit der Geschlechter fest – und darin stimmten weite Teile der Arbeiterbewegung mit den vorherrschenden konservativen bürgerlichen Überzeugungen überein.

Auf der anderen Seite entstand im 19. Jahrhundert eine Auffassung, welche die Familie zur natürlichen und sittlichen Grundlage der menschlichen Gesellschaft stilisierte. Sie sollte als Garant für «bürgerliches Glück» (Carl von Rotteck) dienen und damit Gesellschaft und Staat in Zeiten raschen Wandels stabilisieren. Dieses dominierende Familienbild, das weithin in Kirchen, Politik, Literatur und von der beginnenden Sozialforschung gestützt wurde und das auf der Autorität des Mannes über Frau und Kinder fußte, verstand

4. Neuordnung der Gesellschaft

sich als Gegenentwurf: Damit sollten die Auswirkungen der Gewährung individueller Rechte eingedämmt werden, die den Zusammenhalt der Familie und des Haushaltes zu bedrohen schien. Als Vorbild entwarf der deutsche Volkskundler Wilhelm Heinrich Riehl (1823–1897) eine Vergangenheit deutscher Familienhaushalte, über die er 1855 in seiner *Naturgeschichte des Volkes als Grundlage einer deutschen Social-Politik* schrieb: «Die moderne Zeit kennt leider [...] nicht mehr [...] den freundlichen gemüthlichen Begriff des ganzen Hauses, welches nicht blos die natürlichen Familienmitglieder, sondern auch alle jene freiwilligen Mitarbeiter der Familie in sich schließt, welche man vor Alters mit dem Worte ‹Ingesinde› umfaßte. In dem ‹ganzen Hause› wird der Segen der Familie auch auf ganze Gruppen sonst familienloser Leute erstreckt, sie werden hineingezogen, wie durch Adoption in das sittliche Verhältnis der Autorität und Pietät. Das ist für die sociale Festigung eines ganzen Volkes von der tiefsten Bedeutung.» Die hier über ein Bild von der Vergangenheit propagierten Funktionen der Familie wollten gesellschaftlich konservative Vertreter durch das bürgerliche Familienmodell des 19. Jahrhunderts weiterhin erfüllt sehen.

Die konträren Konzeptionen von Familie entstanden vor dem Hintergrund sozialer Umwälzungen. Industrialisierung und die veränderte Arbeitsorganisation, städtische Wohn- und Lebensweisen, verstärkte Mobilität sowie ein gewandeltes reproduktives Verhalten wirkten sich auf die Struktur von Haushalt und Familie aus. Innerhalb Europas trafen diese Prozesse zeitlich und in der Intensität unterschiedlich auf verschiedene Typen von Familien, deren Charakteristika historisch weiter zurückreichende Wurzeln besaßen. Die «westliche» Familie, die geographisch westlich einer Linie von Sankt Petersburg bis Triest verortet wird, war in ihrer Haushaltsstruktur schon in der Frühen Neuzeit an der Kernfamilie orientiert. Sie zeichnete sich durch ein spätes Heiratsalter von Frauen und Männern aus, die – wenn sie dann eine Ehe eingingen – meist einen von den Herkunftsfamilien getrennten Wohnort wählten. Zur Familie, auf die sich die familiale Solidarität und Erbrecht bezogen, zählte gleichermaßen die Verwandtschaft mütterlicher- und väterlicherseits. Dieser Typ schien den ökonomischen und sozialen Entwicklungen des 19. Jahrhunderts und zugleich dem bürgerlichen Ideal so gut zu entsprechen, dass selbst die Familiensoziologie des 20. Jahrhunderts ihn lange zum Entwicklungsziel für ganz Europa und darüber hinaus erklärte. Zeitgenössisch lag dieses Familienmodell auch der Verschickung von Frauen in die Kolonien zugrunde, wo sie mit den dort lebenden europäischen Männern Familien gründen sollten. Andere Typen gerieten aus dem Blick bzw. wurden als rückständig beurteilt, obgleich sie ökonomisch und kulturell passend sein mochten und die «westliche» Form in ihren Grundzügen keineswegs jünger war. Der «südliche» Familientyp unterschied sich durch frühe Heirat der Frauen bei höherem Heiratsalter der Männer sowie eine längere gemeinsame Residenz erwachsener Kinder mit der Herkunftsfamilie des Mannes, so dass den Haushalt hier eine komplexere, patrilinear ausgerichtete Familienstruktur kennzeichnete. Der «östliche» Familientyp wurde östlich der erwähnten geographischen Linie verortet. Dort lag das Heiratsalter beider Geschlechter niedriger. Dieser Typus unterschied sich aber vor allem dadurch, dass Verwandtschaft hier patrilinear bestimmt wurde. Infolgedessen wurden, bei gleichberechtigtem Erbe aller männlichen Nachkommen, Töchter und Frauen benachteiligt, d. h. konkret, dass sie vom Landbesitz ausgeschlossen waren. Söhne bildeten, vor allem auf dem Balkan, zusammen mit der väterlichen Familie «multiple» Haushalte; die Verwandtschaft der eingeheirateten Frauen spielte für familiale Solidarität und Kindererziehung keine Rolle. Unter dieser «Männerherrschaft» (Karl Kaser) war die rechtliche Lage der Frauen deutlich schlechter als im «westlichen» Typ, der daher vermutlich für die Entwicklung der Forderung nach Gleichberechtigung von Frauen günstigere Voraussetzungen bot.

Die geographische Zuordnung der Typen entspricht der historischen Wirklichkeit nur grob und ist regional sowie im Zyklus der Entwicklung eines Haushalts über die Zeit erheblich zu differenzieren. Die Typenbildung ist insofern nützlich, als sie hervorhebt, wie wesentlich es für Familienstatus und Lebensläufe war, wer zur

4. Neuordnung der Gesellschaft

Verwandtschaft zählte und wer erbberechtigt war. Das entschied zusammen mit ökonomischen und naturräumlichen Bedingungen über einfache oder komplexe Haushaltsformen, einzuschlagende Heiratsstrategien und soziale Netzwerke. Es entwickelte sich in Europa – das gilt es zu betonen – auch im 19. Jahrhundert kein einheitliches Familienmuster. Verschiedene Formen hatten regional und schichtenspezifisch nebeneinander Bestand. Hinsichtlich des Erbens lässt sich zwar ein Trend vor allem in Mittel- und Westeuropa feststellen, alle Kinder gleichzubehandeln, anstatt einen Nachkommen rechtlich zu bevorzugen. Doch schon in Ost- und Südosteuropa, wie etwa auch in Italien, blieb das patrilineare Erb- und Verwandtschaftssystem bis ins 20. Jahrhundert weitgehend erhalten. Für den ländlichen Besitz gilt, dass auch entgegen dem gesetzgeberischen Ansinnen, das in Europa von Frankreich her ausstrahlte und das die Gleichbehandlung aller Kinder sowie die von Söhnen und Töchtern vorschrieb, Praktiken gefunden wurden, den Besitz in einer Hand zusammenzuhalten. Dabei wurden gewöhnlich nicht nur die zweit- und später geborenen männlichen Nachkommen, sondern vor allem die weiblichen Familienmitglieder benachteiligt. Zu den Instrumenten des «Zusammenhaltens» gehörten das Drängen auf Erbverzicht, gezielte Heiratsverbindungen oder freiwilliges Unverheiratetbleiben, die Abfindung etwa durch Ausbildungsfinanzierung oder Aussteuer. Auch im städtischen Bereich, wo die Tendenz zur rechtlichen Gleichbehandlung noch ausgeprägter war als auf dem Land, wandten Handwerks- und Industrieunternehmen und Banken im Interesse des betriebswirtschaftlichen Fortgangs ähnliche Praktiken an. Nur im Adel blieben übrigens die Unteilbarkeit und Unveräußerlichkeit des Grundbesitzes gesetzlich geschützt.

Für die soziale Funktion der Familien führten die sich in der zweiten Jahrhunderthälfte allmählich verbreitende Trennung von Familienhaushalt und gewerblicher Produktion sowie die Vermehrung von Stellen in privatwirtschaftlichen und öffentlichen Verwaltungen, bei denen die Arbeit von vornherein nicht im Haushalt angesiedelt war, zu einschneidenden Veränderungen. Dies betraf vor allem die Familien in Städten, aber durch den Rückgang der vorindustriellen Heimarbeit auch die in ländlichen Gebieten Wohnenden. Das Familienleben gewann durch die Trennung an Privatheit; das Zusammenleben von Mann und Frau sowie die Erziehung der Kinder erhielten größere Aufmerksamkeit, auch in den zeitgenössischen Debatten über den angeblichen Niedergang der Familie in der modernen Gesellschaft. Als Entlastung der Familie kann die Trennung vom Arbeitsplatz jedoch kaum bezeichnet werden, denn tatsächlich blieb sie mit der Produktionswelt verflochten. Voraussetzung für den aushäusigen Lohn- und Gelderwerb des männlichen Familienvorstands war meist die Familienarbeit der Ehefrau. Diese unbezahlte Tätigkeit war – in weniger begüterten Schichten ergänzt durch weiblichen «Zuerwerb» und im Gewerbe und Einzelhandel durch «mithelfende» Angehörige – eine Grundlage für den Lebensstandard und die Konsummöglichkeiten der Familien.

Die verbesserte Kommunikationsinfrastruktur und die gesteigerte Mobilität wirkten sich ebenfalls auf Familie und Haushaltsstrukturen aus. In der Form von Abwanderung aus dem ländlichen Raum lösten sich Einzelne aus dem Familienhaushalt ihrer Herkunftsregion und bildeten in den Städten neue, aufgrund der Wohnungsnot auch komplexe Haushaltsformen. Einzelne konnten dadurch Regeln und Praktiken des Familienlebens ihrer Heimat hinter sich lassen, so dass die geschilderten Familientypen für die mobilen Teile der Bevölkerung vielleicht an Bedeutung verloren, die sie möglicherweise aber aufgrund fehlenden Besitzes ohnehin nicht besaßen. Da Migration sich aber auch auf Verwandtschaft und soziale Netzwerke stützte, sollte die Wirkung nicht überbewertet werden. Unter Umständen pflanzten sich manche Muster so auch fort, sofern sie zu den neuen Gegebenheiten passten.

Kommunikationsmöglichkeiten und Mobilität eröffneten für viele Familien Möglichkeiten, gerade für bessergestellte Kreise ergaben sich einträgliche neue Chancen im transnationalen Raum. Ein Beispiel, das für zahlreiche europäische Unternehmerfamilien stehen mag, war die Familie Siemens. David Sabean hat analysiert, wie das Verwandtschaftsnetzwerk der sieben Brüder um Werner Siemens (1816–1892) grenzüberschreitend funktionierte. Die Gebrüder eröffneten von Berlin aus Unternehmen in England (Wilhelm, später William), Sankt Petersburg (Carl), Tiflis (Walter), Dresden (Hans) und in Böhmen (Friedrich), um nur die wichtigsten zu nennen. Entscheidend für den Erfolg war zum einen, dass Werner als Ältester den Gesamtgeschäftsinteressen Autorität gegenüber den von ihm und seinen Brüdern immer auch verfolgten Partikularinteressen verlieh. Zum anderen wurde ein starkes Zusammengehörigkeitsgefühl gepflegt, wofür sich vor allem die Frauen durch eine dichte Korrespondenz, die Organisation von Familienfesten und regelmäßige Zusammenkünfte einsetzten. Auch die genealogischen Forschungen und die Gründung der Siemens-Familienstiftung unterstützten die Kohäsion. Klare Vorstellungen, wer zur Familie gehörte und wer nicht, kennzeichneten das Netzwerk: Eingeschlossen war nur, wer den Nachnamen Siemens trug, d. h., die Verwandtschaft war eindeutig agnatisch definiert. Ferner beruhte der Clan auf Endogamie, d. h. auf Heiraten zwischen Cousins und Cousinen verschiedenen Grades innerhalb einer Generation und über Generationen hinweg. Dies war eine Familienstruktur speziell des 19. Jahrhunderts, nachdem die Regeln, die solche Ehen zwischen Blutsverwandten lange unterbunden hatten, seit der Mitte des vorangegangenen Jahrhunderts gelockert worden waren. Das Muster findet sich, einschließlich der patrilinearen Orientierung, auch in den Verwandtschaftsnetzen von Familien, die auf lokaler, regionaler und nationaler Ebene agierten. Selbstverständlich gab es auch Heiratsallianzen mit anderen, gleichsam «fremden» Familien, doch wurden die von den Siemensbrüdern immer strategisch im Interesse bestimmter Zwecke verstanden. Innerhalb des Familienunternehmens sollten die angeheirateten Männer bzw. die Väter und Brüder der Frauen kein Mitspracherecht gewinnen.

Die Verwandtschaftskreise dienten dazu, männliche Familienmitglieder auszubilden, sie zu fördern und an verschiedenen Stellen im Unternehmen einzusetzen. Die Aufbringung und der Einsatz von ökonomischem Kapital war ein Hauptzweck, aber auch die Vermehrung von politischem und kulturellem Kapital in den Tätigkeitsgebieten wurde angestrebt. Werner, William und Carl wurden jeweils in Preußen, England und Russland geadelt. Die Verwandten brachten über ihre jeweiligen Geschäftspartner und gesellschaftlichen Kontakte lokales Wissen an den verschiedenen Firmensitzen ein, das auch neuen Geschäftsvorhaben zugutekam. Der Blick auf das Funktionieren der Familie Siemens lässt erkennen, dass die Tendenz zur Gattenfamilie mit Kindern tatsächlich in Einklang gebracht wurde mit der engen Einbindung in ein dynamisches Verwandtschaftsnetzwerk, dessen Vorkommen das auch zeitgenössisch gepflegte Bild von der Kleinfamilie korrigiert. Familie und Produktion wurden engstens verknüpft, selbst wenn sie räumlich getrennt waren. In der Verwandtschaftsfamilie à la Siemens lässt sich auch die Tendenz zur Gleichbehandlung der väterlichen und mütterlichen Linie nicht erkennen: Patrilineare Praxis und Zusammenhalt des Unternehmens gaben den Ton an.

Die Familienstruktur und das Verwandtschaftssystem der Siemens' ermöglichte die grenzüberschreitende Expansion des global agierenden Familienunternehmens. Werner Siemens orientierte sich sowohl an den Fuggern der Renaissance wie an den Rothschilds seiner Gegenwart. Sein Clan bildete ein eigenes transnationales «Reich» aus und stützte sich dabei auf die imperialen Strukturen anderer Länder, wie Großbritannien, Russland, Österreich-Ungarn oder das Osmanische Reich, baute im besonderen Fall die notwendige technische Infrastruktur sogar auf. Die europäischen kontinentalen und überseeischen Reiche kreierten jedoch auch spezifisch «imperiale» Familien. Elizabeth Buettner hat im britisch-indischen Fall gezeigt, wie das höhere Personal in Verwaltung, Militär und Wirtschaft der Kolonialverwaltung ab dem Ende des Jahrhunderts durch sein Familienleben, das es im Hin und Her zwischen Metropole und Kolonie ausgestaltete, eine distinkte Gruppierung ausbildete, die bis zum Ende der britischen Herrschaft, oft über mehrere Generationen, die Britischen Inseln mit dem Subkontinent verknüpfte. Es erforderte einige Anstrengungen für die Männer und Frauen mit ihren Kindern, den Status «Europäer» in der fein abgestuften Welt kolonialer Kontaktzonen zu wahren. Dazu gehörten mehr als nur Abstammung und physische Merkmale: eine Mischung aus Schichtenzugehörigkeit, Beruf und Lebensführung, aber auch der regelmäßige Aufenthalt in der Heimat. Der Schulbesuch in England oder Schottland sicherte Karriere und die Zugehörigkeit zur europäischen «Rasse», schon die billigere Variante einer Erziehung der Kinder in einer englischen Schule in Indien riskierte einen Ansehensverlust. Im zeitgenössischen Verständnis war die rassische Zugehörigkeit hier keineswegs nur biologisch bestimmt.

Ethnizität und «Rasse»
Auf der ersten Pan-Afrikanischen Konferenz in London verabschiedeten die Delegierten im Juli 1900 eine Resolution an die Nationen der Welt. Dort hieß es: «The problem of the Twentieth Century is the problem of the colour-line.» Den Satz hatte der amerikanische Soziologe und Bürgerrechtler W. E. B. Du Bois (1868–1963) entworfen, der in Harvard Geschichte studiert und sich 1892 bis 1894 an den Universitäten von Berlin und Heidelberg aufgehalten hatte. In der zweiten Hälfte des 19. Jahrhunderts entwickelte sich «Rasse» zu einem Begriff, der zur Basis diskriminierender sozialer und politischer Ordnungen, insbesondere in den Kolonien, wurde. Zudem gewann er an Bedeutung für die gesellschaftliche Selbstbeschreibung Europas, blieb jedoch aufgrund eines als selbstverständlich begriffenen Weißseins oft «unsichtbar». Sowohl die Ordnung innerhalb einer Gesellschaft als auch die Beziehungen zwischen verschiedenen Gesellschaften wurden vielfach im rassischen Sinne interpretiert. Der Begriff Rasse war älter und besaß keine scharf umrissene Definition, wurde nun aber vermehrt biologisch-naturgeschichtlich aufgeladen. Die Forschung benutzt heute eher den ebenfalls «elastischen Begriff» der Ethnizität aus den 1960er Jahren, um die Selbst- und Fremdwahrnehmung von Gruppenzusammengehörigkeit aufgrund einer Mischung kultureller, historischer, auf Abstammung beruhender, religiöser oder sprachlicher Merkmale zu beschreiben. Ethnizität betont die kulturellen und historisch wandelbaren gegenüber den biologisch-abstammungsmäßigen und als unveränderlich begriffenen Aspekten, ohne

diese im Kern aufzulösen. Insofern gibt es Überschneidungen mit der älteren Begrifflichkeit von Volk, Nation und Rasse im 19. Jahrhundert.

In der Unschärfe des zeitgenössischen Gebrauchs von Rasse lag vermutlich seine Attraktivität, weil der Begriff vor jeweils spezifischem Hintergrund für bestimmte Gruppen schlagkräftig wirkte. Rassekonzepte überlappten und vermischten sich dabei mit anderen verfügbaren Ordnungsvorstellungen wie Klasse, Konfession, Nation oder Geschlecht. Wie sich die Idee der Rasse für einzelne Personen oder gesellschaftliche Gruppen auswirkte, war nicht determiniert. In einigen Kontexten manifestierte sich die damit verbundene Vorstellung in Rassismus, d. h. in einer Diskriminierung aufgrund von Abstammung (Francisco Bethencourt), für andere blieb sie ohne Belang. Mit dem Wissen um den rassisch begründeten Völkermord im 20. Jahrhundert sollten die Erscheinungsformen vor dem Ersten Weltkrieg nicht einseitig in eine Entwicklungslinie eingeordnet werden. Als treibendes Handlungsmotiv wirkte der Rassismus selten alleine, erleichterte aber Formen der Ausgrenzung und Verfolgung bis hin zum Genozid, wie 1904/05 an den Herero und Nama in Deutsch-Südwestafrika, wo schätzungsweise 80000 Menschen ihr Leben verloren.

Der Begriff der Rasse diente bereits in der Frühen Neuzeit der Beschreibung von gesellschaftlichen Gruppen, wobei er seither sowohl Völker unterscheidend wie auch indifferent für die menschliche Rasse verwandt wurde. Im Sinne einer diskriminierenden Gesellschaftsgliederung machte sich Rassismus vor dem 19. Jahrhundert, ohne dass die Ausprägungen sich aus ihm erklären ließen, praktisch in der Ausgrenzung von Juden und Mauren in Spanien, in den außereuropäischen Siedlungskolonien und im transatlantischen Sklavenhandel bemerkbar. Eine theoretisch-wissenschaftliche Fundierung für die Einteilung von Menschengruppen nach Rassen in klassifizierender, hierarchisierender Absicht und unter Einbezug körperlicher Merkmale entstand erst während der Aufklärung. Neue sprachwissenschaftliche Erkenntnisse über Sprachfamilien konnten ebenfalls mit rassisch verstandenen Großgruppen, wie den

4. Neuordnung der Gesellschaft

Germanen, einer lateinischen Rasse oder den Slawen, verknüpft werden. Teils alternativ, teils in Beziehung zu anderen Begriffen wurde Rasse neben Stamm, Volk oder Nation gebraucht. Das unscharfe Feld begrifflicher Zuordnung blieb im 19. Jahrhundert erhalten, erfuhr jedoch eine Ideologisierung als Reaktion auf die Sklavenbefreiung in den USA und im Zusammenhang mit der fortschreitenden Expansion der europäischen Kolonialmächte. Entscheidend für die Phase der Dominanz des modernen Rassismus war seine Biologisierung ab der Mitte des Jahrhunderts im Sozialdarwinismus, dessen Vertreter die wissenschaftliche Evolutionstheorie Charles Darwins gesellschaftlich anwandten (Boris Barth). Mit der biologisch-essentialisierenden Fundierung, die überwiegend, wenngleich nicht ausschließlich politisch rechts verortet war, ging die Interpretation der Geschichte als Rassenkampf einher, sowohl innergesellschaftlich als auch zwischen verschiedenen Völkern oder Völkergruppen. Die Anthropologie trug als Disziplin maßgeblich zum Rassismus als eine der Formen der Verwissenschaftlichung des Sozialen bei. Bei Forschungsreisen vermaßen Wissenschaftler wie der Freiburger Professor Eugen Fischer (1874–1967) Bevölkerungsgruppen in Afrika, um ihre Rassentheorien empirisch zu untermauern. Medizinische Institute ließen sich nach der Niederschlagung von Aufständen Körperteile für Untersuchungen und Lehrzwecke schicken. Völkerkundemuseen stellten die Kolonialvölker aus, wobei sich ethnologisch-kulturelle und anthropologisch-biologistische Kategorisierungen überschnitten und ergänzten. «Fremde» Rassen waren in diesen wissenschaftlich gerahmten Formen präsent und stärkten so indirekt das «weiße» Selbstwertgefühl von Europäern.

Der besondere, naturgeschichtlich verstandene Rassismus manifestierte sich zum einen innerhalb der europäischen Gesellschaften dort, wo bestimmte Gruppen von kranken Menschen als minderwertig bezeichnet wurden, weil ihre Krankheit als erblich bedingt erkannt wurde. Die Eugeniker debattierten, ob und wie die Betroffenen daran gehindert werden könnten, Kinder zu zeugen. Wissenschaftliche Theorien über «gute» und «schlechte» Qualität drangen auch in die Erklärung sozialen Verhaltens der Unterschichten ein und weckten angesichts von Kriminalität oder Alkoholismus Ängste um den Niedergang des «Volkskörpers». Auch der überall in Europa auftretende Antisemitismus erhielt besonders in West- und Mitteleuropa zunehmend mit rassischen Argumenten eine neue Färbung, neben der die hergebrachten Formen der Judenfeindschaft weiterbestanden. Er veranschaulicht aber auch, ähnlich wie die Verfolgung der Armenier, dass religiöse Vorurteile für den Rassismus eine Rolle spielen konnten. In der Idee vom Kampf zwischen den Völkern und Nationen wurden schließlich die rassisch-biologischen Vorstellungen gleichsam internationalisiert. Sie wurden damit nicht nur mit dem Nationalismus verknüpft, was ihnen als gleichsam Wahlverwandte (Christian Geulen) eine besondere Überzeugungskraft zu verleihen schien, sondern auch mit dem Kolonialismus.

Im vermehrten gesellschaftlichen Aufeinandertreffen außerhalb des Kontinents lag eine zweite wesentliche Konstellation für den europäischen Rassismus des späten 19. Jahrhunderts, der sich in diesem Zusammenhang in unterschiedlichen Ausprägungen manifestierte. Die erfahrene und eingebildete Überlegenheit der Kolonialisten erklärten einige nun durch biologische Rassenmerkmale. Die Ausgestaltung europäischer Kolonialherrschaft und der gesellschaftlichen Beziehungen mit den Kolonisierten bedurfte zwar nicht rassischer Begründungen, erleichterte allerdings die Indienstnahme, Benachteiligung und Verfolgung der indigenen Bevölkerung. Insofern war der Rassismus mit politisch-ökonomischen Interessen eng verknüpft. Doch war dies nicht die einzige Perspektive, denn der Vorstellung von einer unveränderlichen Vorherrschaft stand die Erwartung gegenüber, dass die gegenwärtig zwar unterlegenen Völker dies nicht immer sein mussten, sondern langfristig zivilisiert werden könnten. Für die Verbreitung eines europäischen, «weißen» Selbstverständnisses am Ende des 19. Jahrhunderts wirkten dieser zivilisationsmissionarische Rahmen und die fein abgestuften, mehrere Merkmale unterschiedlich kombinierenden Praktiken ethnischer Differenzierung in den Kolonien mindestens ebenso nachhaltig wie der biologisch verstandene Rassismus. Ethnizität prägt auch die afrikanische «Stammesbildung», die nicht vorkolonial war, sondern erst durch die Kolonialverwaltung unter afrikanischer Beteiligung entstand, dabei die indirekte Herrschaftsausübung erleichterte und langfristig bis in das postkoloniale Zeitalter Relevanz besitzen sollte. Ähnlich funktional war die Rekrutierung «kriegerischer Rassen», wie der Sikhs aus dem Punjab, der nepalesischen Gurkhas oder der schottischen Highlanders, für den Dienst in Regimentern der Kolonialarmee. Die Auswahl dieser unterschiedlich konstituierten Gruppen besaß eine auch in andere Fällen mitschwingende «männliche» Konnotation, der feminine Rassen gegenübergestellt wurden. Die gleichfalls von der britischen Herrschaft geprägte Wahrnehmung Indiens als Kastengesellschaft sowie als in Hindus und Muslime aufgeteilte Bevölkerung basierte hingegen auf sozialen und religiösen Kategorien, die zwar als gleichsam natürlich dauerhaft verstanden wurden, aber auch ohne rassische Argumente auskamen.

Mit «Rasse» verbreitete sich in der zweiten Hälfte des 19. Jahrhunderts eine ideologisierte, wenngleich unscharfe und gerade deswegen vielseitig anwendbare Vorstellung, die im kolonialen Kontakt wie innereuropäisch eine scheinbar wissenschaftlich fundierte Grundlage für die politische Gestaltungsmöglichkeit von Gesellschaftsbeziehungen, Familien und den Körper einzelner Menschen bereithielt. Im Rahmen der von manchen gepflegten Szenarien des Niedergangs schien eine Anwendung bestimmter gesellschaftlicher oder rechtlicher Regeln, etwa hinsichtlich sogenannter Mischehen, vermeintlich künftig Fortschritt oder zumindest den Erhalt der eingebildeten Vorrangstellung bestimmter Völker zu versprechen. Rassismus kam als positiv gemeinter Begriff, der Rassentheorien und -hierarchien anpries, im Jahrzehnt vor der Jahrhundertwende auf. In seiner spezifischen, naturwissenschaftlich legitimierten Fundierung, die Abstammung als Merkmal verabsolutierte, entfaltete er sein ganzes destruktives Potential vor dem Ersten Weltkrieg in den Kolonien und nach dem Weltkrieg in der Verknüpfung mit nationalstaatlicher Gesellschaftspolitik in Europa. Als soziale Praxis waren die rassisch begründeten Diskriminierungen und Verfolgungen am Ende des 19. Jahrhunderts meist verknüpft mit weiteren gesellschaftlichen Ordnungskategorien wie Klasse, Nation oder Religion. In der Verbindung von Abstammung mit kulturellen Merkmalen manifestierte sich gleichzeitig aber auch eine Selbstwahrnehmung von Gruppen, die damit ihre besondere Identität definierten und gegenüber anderen ihre Eigenheit und unter Umständen als Minderheiten Rechte reklamierten. Wie auch immer konstruiert solche ethnischen Selbstbestimmungen gewesen sein mögen, sie mussten nicht auf einer hierarchischen, naturgeschichtlich begründeten Vorrangstellung beruhen und konnten sich in der Aufnahme neuer Mitglieder flexibler zeigen als rassifizierte Einteilungen. Ein minimaler Bezug auf Abstammungsgemeinschaft, die vorhandene soziale Differenzierungen umspannte, scheint jedoch seit dem 19. Jahrhundert für derartige gesellschaftliche Ordnungsvorstellungen charakteristisch geworden zu sein. In der gesellschaftlichen Praxis bestimmten sichtbare körperliche Merkmale wie die Hautfarbe Potentiale, Perspektiven und Partizipationsmöglichkeiten von Einzelnen und sozialen Gruppen, wenn sie – wie etwa Roma, Juden, Afrikaner oder Asiaten – rassistisch kategorisiert wurden.

III. Gewissheiten und Ungewissheiten: Europäische Kultur zwischen Heroentum, Institutionen und Massenmarkt

/a/ us der Sicht der Avantgarde an der Wende zum 20. Jahrhundert hatte das 19. Jahrhundert nichts Eigenständiges hervorgebracht, sondern lediglich totes Wissen angesammelt. Friedrich Nietzsche (1844–1900) übte bereits 1873 in seiner Schrift *Vom Nutzen und Nachteil der Historie für das Leben* beißende Kritik: «Unsere moderne Bildung ist [...] nichts Lebendiges [...], sie ist gar keine Bildung, sondern nur Wissen um die Bildung [...]. Aus uns haben wir Modernen gar nichts; nur dadurch, dass wir uns mit fremden Zeiten, Sitten, Künsten, Philosophien, Religionen, Erkenntnissen anfüllen und überfüllen, werden wir zu etwas Beachtenswertem, nämlich zu wandelnden Enzyklopädien.» Das ironische Urteil des Philosophen beklagte einen Mangel an Vitalität bei gleichzeitigem Überschuss an Nachahmung und Gelehrsamkeit. In Anlehnung hieran, aber ohne dieselbe Wertung sieht der amerikanische Historiker James Sheehan die spezifische Leistung des 19. Jahrhunderts ebenfalls nicht in seiner innovativen Kraft, sondern in der Art und Weise, wie verschiedene Ideen früherer Zeiten zusammengefügt und weiterentwickelt wurden. Auch seine Einordnung knüpft an die Vorstellung des Historismus an, dass jede Zeit einen eigenen Charakter besitze und von einer Idee geleitet werde, ohne die sie andernfalls irgendwie mangelhaft sei. Es wirkt wie eine Ironie des historistischen Denkens, dass gerade jene Epoche, in der dieses besondere historische Weltverständnis maßgeblich wurde, die große Erwartung am wenigsten zu erfüllen schien.

Sucht man nicht nach einer einheitlichen, zeitspezifischen Idee, ist die Frage nach den Gewissheiten und Ungewissheiten, die in der zweiten Hälfte des 19. Jahrhunderts aufgestellt oder aber angegriffen wurden, eine Möglichkeit, den kulturellen Wandel selbst zum Gegenstand der historischen Betrachtung zu machen. Kultur ist hierbei breit zu verstehen. Sie schließt nicht nur die bürgerlich geprägte Hochkultur, sondern auch die entstehende populäre Massenkultur ein. Die verschiedenen Geistesströmungen wurden in einem dynamischen politisch-sozialen und institutionellen Kontext entwickelt. Dieser Rahmen prägte die kulturellen Vorstellungen, Produkte und Erkenntnisse ebenso, wie er von ihnen geprägt wurde. Eines der Kennzeichen der europäischen Kultur im 19. Jahrhundert war die zunehmende Rolle, die Marktkräfte für sie spielten. Kulturelle Unternehmer traten auf, die Verteilung der Produkte erfolgte über weit gespannte Marktbeziehungen, die Konsumenten entschieden über Erfolg oder Misserfolg. Gleichzeitig wurden öffentliche Kulturinstitutionen aus- und aufgebaut, deren Träger je nach Umständen staatlich oder zivilgesellschaftlich-vereinsmäßig verfasst waren und die in relativer Abhängigkeit vom Staat und weitgehender Unabhängigkeit von der Kirche arbeiteten. Auf dem besonderen Feld der Religion entsprangen dem gewandelten Verhältnis von Staat und Kirche heftige Konflikte, begleitet sowohl von religiöser Sinnsuche bei Literaten und Künstlern als auch von einem Aufschwung der Volksfrömmigkeit. Ferner bildete sich ein ausdifferenziertes, institutionell abgestütztes Wissenschaftssystem heraus, welches die Deutungsmacht der Europäer über die Welt stark vergrößerte. Evolution kennzeichnete als Gedanke wie als Form die Kultur der Zeit. Man schöpfte aus Vorhergehendem; Richtungen und Stile folgten so rasch aufeinander, dass sie parallel praktiziert wurden. Der evolutionäre Zug reichte bis hin zum Bewusstsein mancher Intellektueller, Avantgarde sein zu müssen und sich von der Massenkultur abzusetzen.

1. Heroen und Heroinnen: Kultur als öffentliches Ereignis

Die vielfältigen sozialen und ökonomischen Veränderungen der Zeit beschäftigten die Philosophen, Schriftsteller und Künstler Europas. Im Wandel suchten sie nach Gewissheiten, nach Bewahrenswertem und nach neuen Ideen, die Orientierung zu versprechen schienen. Gleichzeitig entstanden größere Märkte für künstlerische, intellektuelle und wissenschaftliche Werke. Die Grundlagen hierfür bildeten zunehmender Wohlstand und die Verbreitung der Schulbildung, die neuen Druck- und Kommunikationstechniken und das Wachstum urbaner Zentren. Diese Faktoren begünstigten auch das Aufkommen einer populären Massenkultur. Kultur wurde in der zweiten Jahrhunderthälfte zu einem öffentlichen Ereignis für ein sozial differenziertes, in Formen und Gegenständen aber auch übergreifend verbundenes Publikum. Um dessen Gunst warben viele mehr oder weniger erfolgreich Schaffende und einige herausragende Stars, die weit über die jeweiligen Landesgrenzen wirkten.

Intellektuelle Streitkultur

Angesichts des umfassenden gesellschaftlichen Wandels glaubten manche, die geistige Orientierung in den Helden der Vergangenheit finden zu können. So veröffentlichte Thomas Carlyle (1795–1881) im Jahr 1841 eine Reihe von Vorträgen unter dem Titel *On Heroes, Hero-worship, and the Heroic in History*. Der schottische Essayist, ein politisch konservativer, am traditionellen christlichen Glauben zweifelnder Intellektueller, war vom deutschen Idealismus beeinflusst, hatte Goethe übersetzt und eine erfolgreiche Geschichte der Französischen Revolution publiziert. In diesem wegweisenden Ereignis der modernen Geschichte erblickte er den blinden Kampf der Massen für die Idee der unbeschränkten göttlichen Natur von Recht, Freiheit und Vaterland. In dem genannten Vortragsband untersuchte er Typen von Helden, die diese Ideen exemplifizierten. Große Männer verkörperten für ihn die Universalgeschichte: Die materiellen Leistungen der Vergangenheit seien die Realisierung von Ideen, die in ebensolchen Heroen walteten. Carlyle wollte seiner eigenen, unsicheren Zeit die Bedeutung des Heldentums aufzeigen und die göttliche Verbindung zwischen den «Großen Männern» und den übrigen Menschen erhellen. Er beschrieb knapp ein Dutzend Helden, die er in sechs Kategorien einteilte: den Held als Gottheit (Odin), als Propheten (Mohammed), Poeten (Dante und Shakespeare), Priester (Luther und Knox), Schriftsteller (Johnson, Rousseau und Burns) und als König (Cromwell und Napoleon). Seine Auswahl war offensichtlich protestantisch und schottisch gefiltert, aber in Teilen auch bemerkenswert unorthodox. In Mohamed etwa erkannte er einen Reformer, dem es in kürzester Zeit gelungen sei, aus arabischen Hirtenstämmen eine von Granada bis Delhi reichende Zivilisation zu schaffen. Die von dem Propheten verkörperte göttliche Idee der Pflichterfüllung kontrastierte Carlyle mit dem zeitgenössischen Utilitarismus von Jeremy Bentham (1748–1832), welcher Tugend nur als Gewinn-und-Verlust-Rechnung begreife und die Welt gleichsam zu einer unlebendigen Dampfmaschine reduziere.

Für Carlyle war es selbstverständlich, dass nur Männer Heroen sein konnten. Sein antidemokratisches Bild von den Massen und der Führerschaft Auserwählter wurde europäisch rezipiert und wirkte indirekt bis in den italienischen, deutschen und spanischen Faschismus. Goebbels und Hitler ermutigten sich noch im Februar 1945 gegenseitig mit der Lektüre der Biographie Friedrichs des Großen, die Carlyle 1858 bis 1865 veröffentlicht hatte. Zeitgenössisch fanden Carlyles Ansichten, die angesichts des sozialen Chaos Ordnung versprachen, Anklang, auch weil sie nationale und zugleich imperiale Herrschaftsansprüche legitimierten. 1865/66 zeigte sich dies in einer Kontroverse, die der Historiker Stefan Collini als «moralisches Erdbeben» im viktorianischen öffentlichen Leben bezeichnet hat. Im Mittelpunkt stand die Niederschlagung eines Aufstandes der schwarzen Bevölkerung auf der Karibikinsel Jamaika. Carlyle verteidigte den verantwortlichen Gouverneur Edward Eyre, der brutal gegen die Aufständischen vorgegangen war. Seine Argumentation gründete auf einem bereits 1849 veröffentlichten Aufsatz. Dort hatte er sich kritisch zur Sklavenbefreiung im britischen Empire geäußert und die Fähigkeit der Schwarzen zur Selbstbestimmung grundsätzlich bezweifelt. Statt individueller Freiheit wäre eine fortgesetzte Knechtschaft besser für sie gewesen. Der Gouverneur habe die Insel jetzt befriedet und damit die gleichsam natürliche imperiale Hierarchie aufrechterhalten. Auf Seiten Carlyles fanden sich prominente Persönlichkeiten wie John Ruskin, Charles Kingsley, Charles Dickens und Alfred Lord Tennyson.

Ihre Gegner forderten hingegen, dass der Gouverneur zur Rechenschaft gezogen werden müsse, weil er den vermutlichen Anstifter des Aufstands ohne ordentliches Verfahren hatte hinrichten lassen und die regionale parlamentarische Versammlung aufgelöst hatte. Ihrer Ansicht nach mussten die britischen Standards auch in den Kolonien und für Farbige gelten. Die Kritiker wurden vom liberalen politischen Philosophen John Stuart Mill (1806–1873) angeführt; zu ihm gesellten sich u.a. Charles Darwin (1809–1882), Herbert Spencer (1820–1903) und Thomas H. Huxley (1825–1895). In der Kontroverse verbanden sich, wie Catherine Hall gezeigt hat, koloniale und periphere Geschehnisse mit nationalen und metropolitanen Vorgängen. Die post-revolutionäre Zeit im Europa der 1850er und 1860er Jahre, der viel größere und brutaler unterdrückte «Indische Aufstand» von 1857, die außenpolitische Positionierung gegenüber dem amerikanischen Bürgerkrieg, die Auseinandersetzungen um eine Wahlrechtsreform bis 1867, die Veränderungen des europäischen Gleichgewichts und die Rolle des Empires: All diese Ereignisse und Vorgänge flossen direkt und indirekt in den Intellektuellenstreit ein. Britisches und europäisches Selbstverständnis manifestierten sich hier auf widersprüchliche Weise. Die öffentliche Auseinandersetzung war – so Benedikt Stuchtey – ein Kristallisationspunkt der Kolonialismuskritik, an dem liberales Moralverständnis und Humanitarismus auf der einen und reaktionäres Klassenbewusstsein und offener Rassismus auf der anderen Seite aufeinandertrafen. Man kann hier demzufolge den Übergang vom Weltreich der Freiheit zum Imperium der Rassen festmachen. Und mit dem verbreiteten Bild der «femininen» Kolonien korrespondierte die überwiegend auf Zustimmung stoßende, wenn auch nicht unwidersprochene Ablehnung Carlyles der Emanzipation der Geschlechter wie diejenige der Rassen und Klassen. In der Balance zwischen Freiheit und Autorität sollte auch im sich fortschrittlich verstehenden Großbritannien das Gewicht auf dem Bemühen liegen, die bestehende Ordnung zu bewahren.

Carlyles konservative Zeitkommentare waren umstritten – genau das war es aber, was ihn und andere repräsentativ für den Typ des Intellektuellen machte und wovon er lebte. Er produzierte für einen Meinungsmarkt, auf dem sich seine Bücher, Pamphlete und Artikel verkaufen mussten. Der Begriff «Intellektuelle» entstand erst gegen Ende des 19. Jahrhunderts, die damit bezeichneten Personengruppen entwickelte sich aber schon seit seinem Beginn. Nach den Revolutionen von 1848/49 wuchsen ihre Zahl und die Institutionen, die sich mit kulturellen Angelegenheiten befassten. Die Rolle der Intellektuellen im öffentlichen Leben wurde größer, so dass man in den Jahrzehnten bis zum Ersten Weltkrieg den Ursprung eines Zeitalters der Intelligenz beobachten kann. Die Bestimmung dessen, was Intellektuelle sind, war und ist unscharf. Sie spiegelt damit die unterschiedlichen Ausformungen in einzelnen Ländern und das wandelbare Selbst- und Fremdverständnis der so Bezeichneten. Aus sozialhistorischer Sicht handelt es sich um Berufsgruppen, die sich vornehmlich mit der Erzeugung und Verbreitung von Kultur befassten: Journalisten, Privatgelehrte, Publizisten, Universitätslehrer sowie Schriftsteller und Künstler. Das intellektuelle Bild des 19. Jahrhunderts erscheint in dieser Hinsicht dominant männlich, auch wenn in der Praxis Frauen insbesondere im literarischen und künstlerischen Bereich sehr produktiv tätig waren. Dass eine der herausragenden englischen Intellektuellen, Mary Ann Evans (1819–1880), zeitweise Herausgeberin des *Westminster Review* und erfolgreiche Romanschriftstellerin, unter dem männlichen Pseudonym George Eliot wirkte, um ernst genommen zu werden, kennzeichnet die genderspezifischen Einschränkungen. Die wachsende Zahl der Experten für Kultur fußte institutionell auf dem Ausbau des Bildungswesens, der sich an Schülerzahlen und der Zunahme von Universitätsabsolventen ablesen ließ. Ihre Ideen konnten die Geistesarbeiter über die enorm gesteigerte Buchproduktion, die zahlreichen Zeitschriften und Zeitungen verbreiten. Ihre soziale Stellung war anfänglich, je nach Land, tendenziell eher vom literarischen und publizistischen Markt bestimmt – wie in Frankreich und Großbritannien – oder durch eine staatliche Anstellung gesichert – wie in den deutschen Staaten, Spanien, Italien oder Russland. Um 1900 hatten sich diese Unterschiede durch den Ausbau von Beschäftigung in allen Bereichen allerdings ausgeglichen, ohne dass die nationalen Eigenheiten von Intellektuellenkulturen ganz eingeebnet worden wären.

Einmal ganz abgesehen von der Zensur, die in den europäischen Staaten während der zweiten Jahrhunderthälfte, zeitlich verschoben, insgesamt gelockert oder abgeschafft wurde, war die Autonomie der Intellektuellen immer nur eine relative, wenngleich sie für ihr Selbstverständnis das zentrale Charakteristikum bildete. Daher befanden sich diejenigen, die materiell an eine Kirche gebunden waren, zwar in den Augen mancher in einer besonderen Lage, insbesondere wenn es wie im «Kulturkampf» um die öffentlich-rechtliche Stellung der Institution ging, gehörten aber gleichfalls zu den Intellektuellen der Zeit. Sie konnten ihre weltliche Unabhängigkeit immerhin transzendent begründen. Autonomie enthielt immer eine subjektive Dimension von persönlicher Berufung, Ernsthaftigkeit und der Verpflichtung zur Wahrhaftigkeit. Das prophetisch Seherische lag daher vielen Intellektuellen angesichts der Unsicherheiten der eigenen Zeiten nahe. Anerkennung bildete die komplementäre Dimension: Intellektuelle gewannen im gesellschaftlichen Rahmen eine Autorität nicht nur durch ihre besondere Fähigkeit, aktuelle Probleme öffentlich zu reflektieren. Sie stützten sich dabei zugleich auf einen Expertstatus, den sie in einem kulturellen Feld – Literatur, Kunst, Wissenschaft, Religion – erworben hatten und der jenseits von Spezialistenkreisen Aufmerksamkeit fand. Anerkennung konnte aber auch verweigert werden, so dass die Kennzeichnung als «Intellektueller» von Anfang an in allen Ländern auch eine negative, unterschiedlich konnotierte Wertung beinhaltete. An der Jahrhundertwende beliebt war mancherorts die antisemitische Klage über zu viele jüdische Intellektuelle. Zur Autonomie gehörte schließlich die Entwicklung eigener Formen der Auseinandersetzung über relevante Themen: eine intellektuelle Debatten- und Streitkultur sowie Gruppenbildungen jenseits der fachlichen Felder, aus denen die Protagonisten stammten. Rationalität als erklärte Norm schloss dabei emotionales Engagement und Antriebe, die aus gefühlsmäßigen Beziehungen zu Freunden oder Gegnern rührten, keineswegs aus.

Außer den sozialen und kulturellen Kennzeichen war der Bezug zur Öffentlichkeit für die Entwicklung der Intellektuellen maßgeblich. Nicht jeder geistig oder kulturell Tätige war ein Intellektueller. Um mehr als nur Gelehrte, Literaten oder einfache Redakteure zu sein, mussten die Männer und wenigen Frauen etwas von gesellschaftlicher oder politischer Relevanz zu sagen haben und dies einem interessierten Publikum mitteilen wollen. Die brennenden Themen der Kultur des 19. Jahrhunderts waren Moral und Religion, soziale Not, die Beziehungen zwischen den Geschlechtern, das Verhältnis von Natur und Zivilisation – und für die Intellektuellen selbst: ihre eigene Rolle und diejenige der Kultur in Gesellschaft und Politik. Die Stellungnahmen zu den großen Streitfragen waren wertbezogen. Sie orientierten sich an einem Gesamten, ohne dass sie notwendig universelle Werte proklamierten, denn der rhetorische Ausschluss bestimmter Verhaltensweisen oder gesellschaftlicher, ethnischer, religiöser Gruppen gehörte zur gängigen Auseinandersetzung. Das «Andere» wurde, wenn nicht ausgesprochen, zumindest mitgedacht.

Der Drang zur Öffentlichkeit ist hier bewusst breit gefasst und setzt sich ab von einer Definition, welche nur die Intervention auf dem Feld der Politik als charakteristisch für die Intellektuellen ansieht. Diese enge Vorstellung ist einem bestimmten Selbstverständnis französischer Intellektueller geschuldet und rührt aus dem Mythos der Dreyfus-Affäre. Der Begriff *les intellectuels* wurde damals als Kollektivbezeichnung geprägt und erhielt in der Auseinander-

1. Heroen und Heroinnen

setzung 1898 um den zu Unrecht verurteilten Hauptmann Alfred Dreyfus eine lange wirksame politisch-ideologische Zuordnung. Der aus dem Elsass stammende jüdische Dreyfus war 1894 auf der Grundlage fingierter Beweise von einem Militärgericht wegen Spionage für das Deutsche Kaiserreich zu lebenslanger Haft verurteilt und auf die Teufelsinsel nach Französisch-Guayana verbannt worden. Seine öffentliche Degradierung im Hof der Militärakademie wurde von Rufen «Tod dem Judas, Tod dem Juden» aus dem Publikum begleitet. Diskrete Versuche, ihn zu entlasten, scheiterten zunächst. Als im Januar 1898 der Major Walsin-Esterhazy, auf den damals einiges als den wahren Landesverräter hindeutete, wider besseres Wissen in einem militärischen Geheimprozess frei- und damit Dreyfus indirekt erneut schuldig gesprochen wurde, ergriff der Schriftsteller Emile Zola (1840–1902) die Feder. Er veröffentlichte am 13. Januar 1898 einen offenen Brief an den Präsidenten der Republik unter der Überschrift «J'accuse ...!». Darin klagte er den Geheimdienst und die Generalität an, entlastende Beweise unterdrückt und andere fingiert zu haben. Wenige Tage später veröffentlichte die linke republikanische Zeitung *L'Aurore* eine unterstützende Notiz, die unter der Überschrift «Une protestation» von zahlreichen Schriftstellern, Gelehrten, Lehrern und anderen Universitätsabsolventen unterzeichnet war. Sie waren nach ihrer akademischen Qualifikation sortiert, der begleitende Leitartikel des Redakteurs Georges Clemenceau nannte dies «la protestation des intellectuels». Die eigentlich wirksame Prägung des Begriffs erfolgte jedoch von der Gegenseite durch den konservativ-patriotischen Literaten Mauris Barrès in *Le Journal* und den Herausgeber der *Revue des Deux Mondes*, Ferdinand Brunetière. Sie sprachen den «Intellektuellen», wie sie Zola und seine Unterstützer nun abwertend nannten, jede Autorität ab, sich über die militärisch-staatliche Autorität zu erheben. Barrès wünschte sich polemisch, lieber «intelligent als intellektuell» zu sein; Brunetière schrieb, dass «ein Professor des Tibetischen» oder jemand mit «einzigartigen Kenntnissen über die Eigenschaften des Chinins» kein Recht habe, andere Menschen zu regieren oder von ihnen Gehorsam zu fordern. Die «antiintellektuellen» Intellektuellen hatten gesprochen. Die Auseinandersetzung um Dreyfus prägte so die doppeldeutig verwendbare Bezeichnung.

Es ging in den folgenden, jahrelangen heftigsten Auseinandersetzungen um mehr als die Rolle der Intellektuellen. Die französische Gesellschaft spaltete sich in Dreyfus-Unterstützer und -Gegner, und in der Politik formierten sich entsprechend das linke und das rechte Lager neu. In der Verteidigung moralischer und juristischer Gerechtigkeit sowie der universalen Menschenrechte fanden Republikaner der Mitte, Sozialisten und Anarchisten sich auf der «Linken» zusammen. Auf der «Rechten» sammelten sich Katholiken, Monarchisten und antiparlamentarische Radikale. Sie lehnten die Idee der republikanischen Staatsbürgerschaft ab und wollten Freimaurer, Juden und Protestanten ausgrenzen. Sie hielten die Pflege der französischen Traditionen und die Propagierung nationaler Disziplin hoch. Im Gefolge der Affäre kam es auch zu neuen Formen der gesellschaftlich-politischen Mobilisierung. So wurden langlebige Organisationen wie die *Action française* gegründet oder auf der Gegenseite die *Ligue des droits de l'Homme*. Der endgültige Sieg der Unterstützer von Dreyfus, der 1899 begnadigt und 1906 rehabilitiert wurde, legte auch das Selbstverständnis der Intellektuellen fest. Die Sieger repräsentierten im nun tradierten Selbstbild gewissermaßen *den* Intellektuellen als jemanden, der Vorgänge in Politik und Gesellschaft rational analysiert, sich engagiert, wenn er Missstände entdeckt, und in Berufung auf universelle Werte politisch interveniert.

Die Historikerin Ruth Harris hat gezeigt, dass die zeitgenössische Debatte allerdings keineswegs rational geführt wurde, sondern bereits vorher gefasste Glaubensgrundsätze und persönliche Verbindungen in ihr eine große Rolle spielten. Die Dreyfus-Affäre führte zu einer starken Emotionalisierung in der Gesellschaft, die sich in vielen Briefen einfacher Bürgerinnen und Bürger an die bekannten Vordenker ausdrückte. Die Gruppenbildungen erfolgten nicht nur über das veröffentlichte Wort der männlichen Kämpfer, sondern ebenso in den geselligen Runden der weiblichen *Salonnières* beider

Seiten. Antisemitische Einstellungen fanden sich im Übrigen auch auf der Seite der Unterstützer von Dreyfus. Der intellektuelle Held Zola, dessen Asche 1908 in das Panthéon überführt wurde, war selbst nicht frei davon. Auch die französischen Intellektuellen kann man nur dann als «Vordenker der Moderne» (Christophe Charle) bezeichnen, wenn man die inhärenten Ambivalenzen der Moderne ausreichend beachtet. Sonst fällt es schwer, Renoir, Rodin, Cézanne oder Degas einzuordnen, diese modernen Künstler, die auf der Seite der Gegner von Dreyfus standen.

Erweitern wir unseren Blick auf die Kultur als öffentliches Ereignis wieder, denn die politische Intervention der Vordenker bildete nur eine von vielen Facetten. Die zweite Hälfte des 19. Jahrhunderts kannte nicht nur eine wachsende Zahl von Gebildeten und kleineren oder größeren Intellektuellen, sondern sie besaß auch ihre eigenen Helden: «Heroen der Kultur» könnte man sie nennen. Anders als Carlyle es sah, standen sie allerdings nicht in einem geistigen, gleichsam göttlichen Verhältnis zur Menge. Ihre herausragende Stellung beruhte vielmehr auf spezifischen Voraussetzungen, denn sie agierten in einem sozialen und institutionellen Zusammenhang. Sie waren europäische Figuren, die sowohl national als auch über Grenzen hinweg wirkten. Ob es sich dabei um einen Mann oder eine Frau handelte, bestimmte mit über die Möglichkeiten und Beschränkungen ihres Handelns. Die Spannweite reichte vom auch politisch intervenierenden, aber nicht unbedingt politisch motivierten Schriftsteller über manche Künstler, die gesellschaftliche Fragen thematisierten und national vereinnahmt wurden, und Stars, die einen bürgerlich-populären Markt bedienten und deren Hauptgegenstand die eigene Person bildete, bis hin zu den herausragenden, öffentlich verehrten Wissenschaftlern. Exemplarisch sollen im Folgenden Leo Tolstoi als Schriftsteller, Giuseppe Verdi als Komponist und die Schauspielerin Sarah Bernhardt stehen, um maßgebliche kulturelle Entwicklungen im Kontext zu veranschaulichen.

Schriftsteller auf sozial-moralischer Sinnsuche

Graf Leo Tolstoi (1828–1910) führte bis Anfang dreißig das typische Leben eines russischen Adeligen. Da seine Eltern früh verstarben, erbte er als 19-Jähriger ein Gut mit umliegenden Dörfern und 300 Leibeigenen. Sein Studium brach er daraufhin ab, verspielte erhebliche Teile seines Vermögens und zog 1851 als Offiziersanwärter in den Krieg, den Russland gegen die Tschetschenen im Kaukasus führte. Später diente er im Krimkrieg. Während seiner Militärzeit begann er zu schreiben und veröffentlichte Erzählungen, die auf den ihn nachhaltig berührenden Erfahrungen insbesondere in Sewastopol beruhten. Mit *Krieg und Frieden*, das er ab 1865 als Zeitschriftenserie und 1868/69 als Buch publizierte, wurde Tolstoi in Russland berühmt. In diesem Werk schilderte er aus der Sicht aristokratischer Familien in epischer Breite die Epoche von 1805 bis zur französischen Invasion 1812/13. Tolstoi vermischte hier Fiktion und historisches Geschehen sowie privates und öffentliches Leben, so dass das Buch gleichzeitig Literatur und eine Form der Geschichtsschreibung darstellte. Er selbst bezeichnete daher erst *Anna Karenina* (1873–1878) als seinen «ersten richtigen» Roman. In diesem Werk griff der russische Schriftsteller ein zentrales Gesellschaftsthema auf, das viele Autoren im 19. Jahrhundert beschäftigte: die emotionale Beziehung zwischen Mann und Frau und ihre Bedeutung für die Stabilität der Familie. Auch hier stand das Verhältnis von privatem und öffentlichem Leben, von persönlichem Glück und moralischer Ordnung im Mittelpunkt. Gustave Flaubert hatte 1857 mit *Madame Bovary. Mœurs de province* bereits einen Skandal auslösenden Schlüsselroman über eine Ehebrecherin, die im Selbstmord endet, publiziert. Theodor Fontanes *Effi Briest* sollte 1896 erscheinen. Dort führt die Untreue der Ehefrau lediglich zur Scheidung und gesellschaftlichen Ächtung. Tolstois Buch bot hingegen eine Reihe von Möglichkeiten an, die vom leidvollen Ertragen männlicher Untreue über Scheidung bis hin zum Selbstmord der Frau reichten. Als eine Unterstützung emanzipatorischer Bestrebungen für Frauen in der Ehe konnte auch das nicht gelten.

Die zeitgenössische Brisanz dieser Romane lag darin, dass sie mit

Ehe und Familie einen Kern der europäischen Gesellschaften zur Debatte stellten. Die potentielle Unsicherheit im Spannungsverhältnis von öffentlich-rechtlicher Ordnung und privater Erfüllung beunruhigte die männlichen Intellektuellen und beschäftigte viele ihrer Leserinnen. Die Literatur bildete ein Forum, das in der zweiten Jahrhunderthälfte gleichberechtigt neben philosophischen, rechtlichen und politischen Erörterungen dieselben Themen verhandelte. Erinnert sei an John Stuart Mills Essay *The Subjection of Women* (1869), der aus der Kooperation mit seiner Frau Harriet Taylor Mill hervorging und die Abschaffung der gesellschaftlichen und staatsbürgerlichen Einschränkungen für Frauen forderte. Ganz anders positionierte sich etwa Alexandre Dumas der Jüngere. Sein Vater, Alexandre Dumas père, war der Autor von *Les Trois Mousquetaires* (1844) und anderer historischer Romane; sein Großvater, der zum General der französischen Revolutionsarmee aufstieg, wurde auf Saint-Domingue (heute Haiti) geboren und stammte von einem französischen Adeligen und einer afro-karibischen Kreolin ab. Dumas fils schrieb den Roman *La Dame aux camélias* (1848) über eine schwindsüchtige Kurtisane, der als Bühnenstück 1852 außergewöhnlich erfolgreich war und die literarische Vorlage für das Libretto zu Verdis *La Traviata* (1853) bildete. Dumas kommentierte 1872 in einer Streitschrift den Ausgang eines französischen Gerichtsverfahrens, in dem ein Mann nur fünf Jahre Gefängnis erhielt, obgleich er erwiesenermaßen seine Ehefrau, die «untreu» geworden war, nachdem er sie verlassen hatte, umgebracht hatte. Entgegen der Pressemeinung, dass die bestehenden Gesetze solch eine Tat begünstigten und das existierende Scheidungsverbot daher abgeschafft gehöre, verteidigte Dumas in der Streitschrift *L'homme-femme* das Recht des Mannes, die Ehefrau zu «bestrafen». Tolstoi verarbeitete diese Vorgänge und die öffentliche Debatte in literarischer Form in *Anna Karenina*. Die realistischen Romane bewegten die Gemüter jedoch anders als sozialphilosophische Publizistik, weil sie Sympathie für die Lage der Frauen zuließen, selbst wenn sie meist mit deren Unglück endeten.

Literatur und Gesellschaft waren eng verflochten. Gerade für

Russland galt dies, denn das fiktionale Medium bot im Rahmen des autokratischen Systems einen vergleichsweise weniger eingeschränkten Ersatz für die politisch unterdrückte Meinungsfreiheit. Literatur erweiterte so den Raum des Sagbaren. Sie war eine gesellschaftliche Kraft. Schon zeitgenössische Beobachter kommentierten dies. Der russische Literaturhistoriker an der Universität Sankt Petersburg und verantwortliche Redakteur für die Einträge zur Literatur in der 86-bändigen Brockhaus-Efron-Enzyklopädie, Semjon A. Wengerow, konstatierte 1899, dass die neueste Geschichte der russischen Literatur sich auf eine «Wechselwirkung zwischen dem gesellschaftlichen Leben und der Literatur» zurückführen lasse. Vor diesem Hintergrund erscheint Tolstois Wirken im Anschluss an die Veröffentlichung von *Anna Karenina* nicht als Verirrung des Romanciers in radikale Politik, sondern – wie seine Biographin Rosamund Bartlett darlegt – als eine stimmige Fortführung seiner persönlichen und öffentlichen Sinnsuche. Der russische Autor wurde mit der Übersetzung seiner Werke ab den 1880er Jahren zugleich zum europäischen Phänomen. Seine Bücher fanden international so großen Absatz, dass schon Wengerow meinte, dass «jedem Worte des großen russischen Schriftstellers mit so großer Aufmerksamkeit gelauscht [wird], dass man zuletzt ganz zweifelhaft wird, wo er mehr berühmt und beliebt ist – ob in seiner Heimat oder im Auslande». Zu dem auf seinem Landgut lebenden Tolstoi, der sich nur noch in einfachen Bauernkitteln kleidete und körperliche Arbeit als Weg zum Seelenfrieden propagierte, pilgerten die Menschen förmlich. Er empfing in den letzten beiden Jahrzehnten seines Lebens Tausende Menschen persönlich, von zwei bis drei Anhängern in der Woche bis zu manchmal 35 an einem Tag; insgesamt erhielt er mehr als 50 000 Briefe, fast ein Fünftel davon aus dem Ausland. Seine Anhänger ersetzten religiöse Ikonen in ihren Wohnungen durch Tolstoi-Fotografien.

Frühere eigene Gedanken und praktische Ansätze aufnehmend, war Tolstoi nun mehr als nur ein Romanschriftsteller. Er wurde unter anderem zum Aktivisten in humanitären Fragen, indem er sich für die Erziehung der untersten Schichten einsetzte, nachdem er als

Helfer bei der Volkszählung 1882 die erbärmlichen Zustände in Moskauer Armenvierteln erfahren hatte. 1891/92 engagierte er sich in der Hilfe gegen die Hungersnot im Wolga-Gebiet, der etwa 800 000 Menschen zum Opfer fielen. Tolstoi arbeitete in Suppenküchen und mobilisierte durch Zeitungsartikel internationale Hilfe. Sein Ideal sozialer Tätigkeit beruhte im Kern auf praktischem persönlichen Engagement und zielte nicht darauf ab, Wohlfahrtseinrichtungen, staatliche oder private, zu institutionalisieren. Mehr noch als alles andere war Tolstoi ein religiöser-moralischer Sinnsucher. Seine daraus resultierende Kritik an der Kirche, an Staat und Gesellschaft machte ihn zum weit über Russland hinaus rezipierten öffentlichen Intellektuellen. Er verkörperte gleichsam das Gewissen des Zeitalters an der Wende zum 20. Jahrhundert. Nachdem er sich Ende der 1870er Jahre zunächst intensiv dem orthodoxen Glauben zugewandt hatte, kehrte er diesem in seiner spirituellen Sinnsuche bald enttäuscht den Rücken. Er studierte die Lehren von Buddha und Lao-Tse, beschäftigte sich mit amerikanischen religiösen Gruppierungen und las die Bücher *Das Leben Jesu* von David Friedrich Strauss (1839) und Ernest Renan (1863) sowie Schriften des Oxforder Religionswissenschaftlers Max Müller über indische Philosophie. Er übersetzte das Evangelium in modernes Russisch und forderte dazu auf, den Lehren Christi und den entsprechenden Lebensregeln zu folgen. In protestantisch anmutender Manier wurde er so zum scharfen Kritiker der russisch-orthodoxen Kirche, die schließlich seinen dritten Roman *Auferstehung* (1899) zum Anlass nahm, ihn 1901 zu exkommunizieren. Seiner Popularität tat dies indes keinen Abbruch: Ein Porträt, das der Maler Ilja Repin von dem barfüßigen Tolstoi angefertigt hatte, wurde auf einer Petersburger Ausstellung desselben Jahres von Bewunderern mit Blumen umkränzt.

Tolstois religiöse Sinnsuche war keine Idiosynkrasie, sondern muss im sozial-religiösen Kontext des Russischen Reiches und des weiteren Europas gesehen werden. In Russland fand am Ende des 19. Jahrhunderts ein religiöser Aufschwung statt. Er machte sich in Pilgerreisen zu Klöstern und der vermehrten Teilnahme an Prozessionen bemerkbar. Die orthodoxe Kirche oder die Universitäten boten jedoch weder ein Forum für theologische Diskussionen – Tolstois Publizistik besetzte auch hier ersatzweise ein Feld –, noch verfügte die Staatskirche über eine gut ausgebildete, angesehene Priesterschaft. Daher entstanden gleichzeitig viele Sekten, der Volks- und Aberglaube blühte. Auf Bibellektüre basierende, evangelikale Gruppierungen hatten großen Zulauf. Hinzu kam, dass sich durch die imperiale Expansion die orthodoxe Vorrangstellung, wenn auch nicht rechtlich, so doch im Zahlenverhältnis änderte. Um 1900 gehörte fast ein Drittel der Reichsbevölkerung dem Islam, dem Judentum oder anderen Religionen an. Tolstois moralisch-religiöse Mahnrufe kamen bei den Gebildeten an: nicht nur in Russland, sondern auch andernorts, denn seine Propagierung von Selbstsuche, Bescheidenheit und körperlicher Arbeit setzte der technologischen Moderne und der Herrschaftsverdichtung ein alternatives Modell entgegen. Es erscheint nur folgerichtig, dass Tolstois Zeugnis seiner christlichen Sinnsuche den jungen indischen Anwalt Mahatma Gandhi 1894/95 in seinem gewaltfreien Widerstand gegen Rassendiskriminierung im kolonialen Südafrika bestärkte. *Das Reich Gottes ist in Euch: oder das Christentum als eine neue Lebensauffassung, nicht als mystische Lehre* erschien zuerst 1893 auf Italienisch und Französisch, 1894 auf Deutsch, Englisch und in gekürzter Fassung auf Russisch. Tolstoi wandte sich darin im Namen Christi sowohl gegen die Kirchen als auch gegen den Kriegsgewalt ausübenden Staat. Mit Gandhi korrespondierte er noch bis zu seinem Tod 1910 über den Widerstand gegen die britische Kolonialherrschaft.

Spektakuläre Kultur und nationale Mythenbildung
Wenn die Romanliteratur in Russland und andernorts in Europa die Möglichkeiten gesellschaftlich-politischer Debatten erweiterte, so spielte die Oper in Italien eine vergleichbare Rolle: Im Vergleich dominierte sie die italienische Kultur geradezu. Der zeitgenössische Literaturkritiker und nach 1861 mehrfache Unterrichtsminister Francesco De Sanctis (1817–1883) bewertete die Vorreiterrolle des

1. Heroen und Heroinnen

Musiktheaters allerdings negativ mit Blick auf die von ihm erwünschte größere Rolle der Literatur in der Herausbildung eines italienischen Nationalbewusstseins. Als Vergleichsmaßstäbe dienten ihm Shakespeare oder Goethe. Der marxistische Kulturphilosoph Antonio Gramsci (1891–1937) verstand hingegen später das Opernhafte als kulturtypologische Kategorie, so dass sich für ihn die Nation in der Oper verwirklichte. Bereits im späten 18. und frühen 19. Jahrhundert hatten auswärtige Beobachter wie Goethe und Stendhal behauptet, dass sich in der italienischen Oper die «Seele» des Landes und der Italiener spiegele.

Der Zusammenhang zwischen Oper und Nation lässt sich an Giuseppe Verdi (1813–1901) genauer bestimmen, denn er wurde im Zusammenhang mit der nationalen Mythenbildung zu einer öffentlichen Figur. Es gehört zu den Legenden der Opern-Geschichtsschreibung, dass die Chöre aus *Nabucco* (1842) und *I Lombardi* (1843) die Bevölkerung zur Rebellion gegen die Herrschaft der «fremden» Dynastien ermunterten. Ferner sollen die Zensurauflagen für *Un ballo in maschera* (1859) Verdis politische Agenda belegen, und die Verwendung seines Namens seit der Erstaufführung sei ein häufig gebrauchter, versteckter Aufruf zur Einigung Italiens unter dem König von Sardinien-Piemont, Viktor Emanuel aus dem Haus Savoyen, gewesen: «Viva V.E.R.D.I.», aufgelöst als «Viva Vittorio Emanuele Re d'Italia». Tatsächlich gibt es keine zeitgenössischen Belege für die rebellische Interpretation des Gefangenenchors «Va, pensiero, sull' ali dorate» oder das revolutionäre Singen der Chornummern 1848/49. Verdi hatte *Nabucco* im Übrigen der Prinzessin Adelheid von Österreich gewidmet, die damals mit dem Kronprinzen Viktor Emanuel von Sardinien-Piemont verheiratet war. Die höfische Patronage war ihm offenkundig wichtiger als ein Aufbegehren gegen habsburgische Fremdherrschaft. Die Untersuchung des Zensurvorgangs ergibt Birgit Pauls zufolge, dass die neapolitanischen und römischen Behörden 1859 zwar Einwände hatten, Verdis Widerstand gegen verordnete Änderungen jedoch künstlerisch-ästhetisch begründet war und vor allem mit Fragen des Urheberrechts zusammenhing. Wenn Verdi immer wieder mit der Zensur zu kämpfen hatte, dann lag das meist an kirchlichen Einwänden bzw. an seiner agnostischen und anti-klerikalen Haltung. Die Geschichte vom Hochruf auf Verdi bzw. den König entstand erst 1875 und wurde bis zum Tod Verdis 1901 weiter ausgeschmückt. Die Vereinnahmung Verdis für das Risorgimento erfolgte also tatsächlich erst, *nachdem* die politische Einigung hergestellt worden war und nicht davor oder währenddessen. Sie war nicht deren kulturelle Vorwegnahme, sondern sollte der inneren, kulturpolitischen Ausgestaltung eines ungefestigten italienischen Nationalismus im bereits bestehenden Staat dienen.

Der Zusammenhang zwischen Oper und der Nationalstaatsbildung und die Frage nach der ähnlichen Funktion von italienischer Oper und europäischem Roman kann der Literaturwissenschaftlerin Immacolata Amodeo zufolge sozialhistorisch begründet werden und fußte zugleich auf einer Kultur des Spektakels. Die Oper diente demnach als Integrationsraum für unterschiedliche, auch widerstreitende Gruppierungen, die gesellschaftlich gleichermaßen den alten Eliten des Adels und des Großbürgertums sowie den neuen des Bildungsbürgertums und der aufstrebenden Mittelschichten angehörten. Literatur eignete sich aufgrund der kulturellen und sprachlichen Heterogenität Italiens weniger dazu, einer nur politisch geeinten Nation für ihre Selbstdarstellung und ihr Selbstverständnis eine kulturelle Arena zu bieten. Denn unterhalb einer sehr kleinen Führungsschicht, die sich seit dem Ausgang der Renaissance des florentinischen Dialekts bediente, überwogen im Alltag zahlreiche lokale Dialekte und Minderheitensprachen. Die Lese- und Schreibfähigkeit war in Italien – verglichen mit Ländern wie Deutschland oder Großbritannien – sehr gering. Ein überregional akzeptierter Standard existierte folglich in der Zeit des Risorgimento nicht. Er wurde eigentlich erst im 20. Jahrhundert über Radio und vor allem das Fernsehen durchgesetzt. Im 19. Jahrhundert fehlten somit wesentliche Voraussetzungen für eine stärker literarisch geprägte öffentliche Kultur. Zum einen herrschte keine Einigkeit darüber, welcher der verfügbaren Dialekte oder Sprachen zur Nationalsprache werden sollte. Zum anderen gab es kein wirksames Schulsystem. Italien hatte im 19. Jahrhundert zusammen mit Spanien, Portugal und südosteuropäischen Ländern die höchste Analphabetenrate in Europa: 1861 lag sie bei drei Viertel der Bevölkerung, und noch um 1910 waren in Italien fast ein Drittel der Männer und über 40 Prozent der Frauen des Lesens und Schreibens unkundig, während etwa in Frankreich diese Anteile nur bei 10 Prozent bzw. 14 Prozent lagen. Literarische Veröffentlichungsformen, wie sie im französischen oder englischen Feuilletonroman eines Alexandre Dumas' d. Ä. oder Charles Dickens seit den späten 1830er Jahren erfolgreich waren, gab es auf Italienisch nicht. Die italienische Oper füllte gleichsam diese «Lücke».

Die Opern Verdis waren ebenso wenig wie die Romane anderswo in Europa ein revolutionäres Genre. Sie bedienten zunächst ein adelig-bürgerliches Publikum, das nach 1860 immer mehr als bürgerlich-populär charakterisiert werden kann. Zu den bereits vorhandenen Opernhäusern kamen im Laufe der Zeit neue städtische Theater hinzu, wobei die Dichte auf der italienischen Halbinsel im europäischen Vergleich sehr hoch lag. Wie attraktiv Musiktheater als gesellschaftliches Ereignis war, illustriert die Zahl von 46 Opern, die während der Karnevalssaison 1860 in den neun Theatern Turins, einer Stadt mit damals 200 000 Einwohnern, aufgeführt wurden. Die mediale Schwerpunktbildung in der Oper stand in der Tradition des Spektakels (Immacolata Amodeo): Die kulturelle Kommunikation Italiens war demnach stark audiovisuell geprägt, funktionierte über öffentliche Orte (wie Piazza, Café, Theater und katholische Kirche) und wurde kollektiv produziert und rezipiert. Die Oper fügte sich in die sprachliche, soziale und politische Konstellation Italiens ab der Mitte des 19. Jahrhunderts ein. Sie setzte keine gemeinsame Sprache voraus, sondern fungierte über Musik, Gestik und Bühnenbild als kommunikativen Ort der Verständigung, indem sie regionale, politische und in begrenztem Maße auch soziale Heterogenität überbrückte.

Die Stoffe der Opern waren europäisch, sie verwoben historisch-öffentliche Themen mit gesellschaftlich-privaten Geschichten. Politik, Intrige, Moral, Liebe, Ehe und Familie: Gerade Verdis

Opern berührten damit zentrale Bereiche bürgerlichen Lebens. Anselm Gerhard spricht in diesem Sinne, bezogen auf Paris, von der «Verstädterung der Oper». Das erklärt – jenseits der musikalischen Qualität – Verdis Erfolg, ohne Bezug auf das politische Risorgimento nehmen zu müssen. Die Oper als gesellschaftlicher Verständigungsraum war die Grundlage dafür, dass Verdi *nach* 1870 zu einer nationalpolitischen Identifikationsfigur werden konnte. Hinzu kamen seine Selbststilisierung als Bauer und die Charakterisierung durch seine Verehrer als Sohn aus dem einfachen Volk. Verdis Opernmelodien fanden im späteren 19. Jahrhundert durch den Druck von Noten und über Musikkapellen, Drehorgelspieler und – um 1900 sozial exklusiv – das Grammophon Eingang in die populäre Musik und wurden zusammen mit Volksliedern gespielt, aus deren Reservoir sie selbst ursprünglich gerade nicht geschöpft worden waren. Im regional, wirtschaftlich, sozial und parteipolitisch uneinigen Nationalstaat konnten Verdi und seine Musik so allmählich zu einem Mythos werden, der Gemeinsamkeit imaginierte. Angesichts massiver Auseinandersetzungen in Form von sozialen Unruhen und Streiks, ihrer teils blutigen Unterdrückung, einer verheerenden Niederlage der italienischen Kolonialtruppen bei Adua in Äthiopien und der Ermordung König Umbertos I. im Jahr 1900 durch den Anarchisten Gaetano Bresci steigerte sich das Bedürfnis nach nationalen Kulturhelden. Als Verdi 1901 starb, eignete er sich vorzüglich für die Zuschreibung einer solchen Rolle. Es erschienen Sonderausgaben illustrierter Zeitschriften, und in zahlreichen Städten fanden Trauerfeiern statt. In Florenz trug der Schriftsteller Gabriele D'Annunzio eine «Orazione ai giovani» vor, in der er die Jugend beschwor, sich in heiliger Glut von Verdi wie vom täglichen Brot zu nähren. In der Mailänder Scala dirigierte Arturo Toscanini, große Operndiven sangen zusammen mit dem jungen Enrico Caruso Verdis Arien. Anlässlich von Verdis hundertstem Geburtstag 1913 wurde dann die antike Arena von Verona für öffentliche Feiern genutzt: Der verstorbene Opernkomponist erfüllte eine nationalkulturelle Rolle und nahm, historische Zeiten überwindend, am populären Ort des Spektakels seinen Platz im italienischen Natio-

1. Heroen und Heroinnen

nalmythos ein. Herausragende Künstler konnten so im 19. Jahrhundert zu Italienern, Deutschen, Franzosen etc. gemacht werden oder machten sich selbst zu solchen – denken wir nur an den als ästhetisch-nationalen Gegenpol Verdis stilisierten Richard Wagner. Nicht nur die Bauern, die Schulzeit und Militärdienst durchliefen, wurden auf den Nationalstaat verpflichtet, sondern auch die Kulturschaffenden.

Das öffentliche «Spektakel» war als kulturelle Form des 19. Jahrhunderts nicht auf Italien beschränkt, auch wenn es dort eine besondere Ausprägung erfuhr. Jenseits der italienischen Operngeschichte hat die Geschichtswissenschaft performative Öffentlichkeit auch in Politik und Massenkultur als ein Merkmal der zweiten Jahrhunderthälfte hervorgehoben. Theatralität kennzeichnete auch die europäische zwischenstaatliche Politik in den Jahrzehnten vor 1914, als symbolisches Handeln eine fundamentale Bedeutung erlangte, weil die Staatsmänner im Rahmen eines medialisierten Staatensystems sich bemühten, die Kontrolle über die Deutung ihres Handelns zu wahren. Dieses Phänomen war eng mit der Entwicklung einer politischen Massenöffentlichkeit, aber auch mit der Waren- und Konsumwelt verbunden, die sich in den Hauptstädten entwickelte. Monarchen, Komponisten und Opernhelden fanden sich alle auf Blechdosen und Reklamebildern wieder. Zu den «spektakulären Realitäten» (Vanessa Schwartz) gehörten periodische Weltausstellungen – allein in Paris 1855, 1867, 1878, 1889 und 1900 – sowie wiederkehrende Völker- und Tierschauen selbst in kleineren Städten. Typische Institutionen des 19. Jahrhunderts waren Wachsmuseen, Panoramen und Dioramen, naturwissenschaftliche Darbietungen und, an der Wende zum 20. Jahrhundert, das Kino. Ferner zählten dazu die illustrierten Zeitschriften mit ihren Abbildungen von gesellschaftlichen und politischen Ereignissen, von Naturkatastrophen und technischen Meisterleistungen oder Unfällen. In Paris, wo auch die Boulevards Sehenswertes boten, konnte man zwischen 1864 und 1907 sogar das öffentliche Leichenschauhaus besuchen. Dort wurden unbekannte Tote zwecks Identifikation durch das Publikum hinter Glas ausgestellt. Tatsächlich entwickelte sich diese besondere Darbietung zu einem Teil der Freizeit- und Touristenlandschaft der französischen Hauptstadt. Wenn die Presse einen Todesfall aufnahm, besuchten innerhalb weniger Tage manchmal Zehntausende *la morgue*: Zunehmende Lesefähigkeit ging hier einher mit einer Visualisierung der Umwelt. Auch sonst gab es einen kontinuierlichen Besucherstrom, denn das Leichenschauhaus bot gleichsam ein «reales Theater» ohne Eintrittsgeld. Diesen Vergleich zogen schon zeitgenössische Kommentatoren. Die ausgestellten Toten, das Spektakel, wurden von Presse und Publikum in eine Erzählung des realen Lebens eingebunden. Insgesamt existierte eine reiche Vielfalt von kulturellen Institutionen, die über die feinen wie die scharfen sozialen Abgrenzungen hinweg eine Gesellschaft der Zuschauer entstehen ließen, indem sie die Realitäten des Alltags für den Unterhaltungsmarkt aufbereiteten. Die Oper, in der gerade auch das Sterben regelmäßig in Szene gesetzt wurde, war nur eine dieser charakteristischen Einrichtungen.

Verdis Erfolg als Komponist ebenso wie seine Rolle auf dem nationalkulturellen Feld weisen über Italien hinaus. Sie waren Teil der historischen Produktionsbedingungen des europäischen Musiktheaters. Verdi war einer der Künstler-Unternehmer, die in der zweiten Hälfte des 19. Jahrhunderts national *und* grenzüberschreitend reüssierten. Nach dem Erfolg von *Nabucco* 1842 in Mailand wurde die nächste Oper *I Lombardi* nicht nur dort, sondern schon 1845 in Odessa, Barcelona, Bukarest, Berlin und Sankt Petersburg sowie 1847 in New York gespielt. Die drei Opern der 1850er Jahre, *Rigoletto* (Uraufführung Venedig), *Il Trovatore* (Rom) und *La Traviata* (Venedig), wurden in Europa, aber bald auch in den Musiksälen der europäischen Siedlungskolonien in Südamerika, Südafrika und Australien gegeben. *La forza del destino* wurde 1862 in Sankt Petersburg uraufgeführt; *Aida*, das fürstlich bezahlte Auftragswerk für den ägyptischen Vizekönig, erlebte seine Uraufführung 1871 im Kairoer Opernhaus, das Ismail Pascha 1869 im Rahmen der Eröffnung des Suezkanals hatte errichten lassen. *Der* Ort, an dem künstlerischer Erfolg für Opernkomponisten in Europa gemessen wurde, war jedoch Paris. Verdi hielt sich dort 1847/48, 1853 bis 1855 und 1866/67 jahrelang auf und verbrachte bis Mitte der 1880er Jahre regelmäßig ungefähr zwei Monate dort. Mehrfach orientierte er sich am Format der *grand opéra* in fünf Akten mit Ballett und verschwenderischer Ausstattung und suchte die Anerkennung der französischen Hauptstadtszene.

Voraussetzung für den materiellen Erfolg von Verdis europäischer Karriere war die Entwicklung des Copyrights. Seit den 1840er Jahren profitierte er von inneritalienischen Abkommen und Verträgen der italienischen Fürstentümer mit dem Habsburgerreich, später von den verschiedenen europäischen internationalen Verträgen der 1860er Jahre, nachdem er 1856/57 in Paris noch ein Gerichtsverfahren gegen einen Impresario, der ohne Bezahlung zwei seiner Opern aufführte, verloren hatte. Mit der «Berner Übereinkunft zum Schutze von Werken der Literatur und Kunst» von 1886, deren Entstehen von Victor Hugo und der 1878 gegründeten Association Littéraire et Artistique Internationale angestoßen worden war, nahm die Rechtssicherheit für Künstler und ihre Verleger zu. In manchen Bereichen, so etwa der in Deutschland florierenden Übersetzungsindustrie von Romanen, verminderten diese internationalen Abkommen den bestehenden regen grenzüberschreitenden Austausch. Für erfolgreiche Künstler wie Verdi zahlten sie sich allerdings aus, weil sein Verleger Ricordi nun im Ausland Honorare und Lizenzgebühren eintreiben und entsprechend höher dotierte Verträge mit den Urhebern abschließen konnte. Wenn Tolstoi 1891 alle Rechte an seinen Werken aufgab, tat er dies nicht nur zum Entsetzen seiner Frau Sonja, die sein materielles Leben managte, sondern er widersprach damit auch dem Trend des 19. Jahrhunderts zum Schutz des geistigen Eigentums. Verdi verkörperte die materiellen Interessen der Künstler und Intellektuellen seiner Zeit in dieser Hinsicht besser. Er war kein italienischer Revolutionär oder gar ein Sozialrevolutionär, sondern ein europäischer Künstlerunternehmer bürgerlichen Zuschnitts, der seine Einnahmen u. a. für sein komfortables Stadtleben und gleichzeitig für den Erwerb und Ausbau seines Landgutes bei Sant'Agata verwendete, insofern allerdings Tolstoi ähnlich in der zeitspezifischen Sehnsucht nach der Sicherheit und vermeintlichen Idylle des Landes.

Ikone der kulturellen Grenzüberschreitung
An der Opern- und Musikindustrie waren neben den Komponisten und Verlegern weitere Berufsgruppen beteiligt: Librettisten, Impresarios und Sänger sowie zahlreiche handwerklich oder mit Dienstleistungen Beschäftigte. In der Theaterwelt eröffneten sich auch Chancen für Frauen, Heldinnen zu werden: nicht nur indem sie Hauptrollen sangen oder spielten, sondern auch indem sie selbst zu gefeierten Stars wurden. Der prominenteste Fall war die französische Schauspielerin Sarah Bernhardt (1844–1923). In ihrer Lebensgeschichte sind fiktionale Rollen und weibliche Erfahrungen der Zeit eng miteinander verwoben. Verdi hatte in *La Traviata* der Kurtisane Violetta musikalisch einen eigenständigen Gefühlsausdruck gegeben, ihr wie Tolstoi bei Anna Karenina eine Persönlichkeit verliehen. Und in Bizets Oper von 1875 nimmt die titelgebende «Zigeunerin» Carmen, eine Arbeiterin in einer Zigarettenfabrik, freizügig Beziehungen mit Männern auf und beendet sie, wenn es ihr passt. Beide Figuren mussten selbstverständlich tragisch enden. Die Schauspielerin Sarah Bernhardt hingegen lieh in Dumas' Stück *La Dame aux camélias*, in dem sie ab 1880 mehr als 3000 Mal die Hauptrolle spielte, nicht nur der Kurtisane ihre unverwechselbare Stimme und behielt trotz unzähliger Verhältnisse mit verschiedenen Männern ihre Unabhängigkeit, sondern hatte durch ihre Rollen internationalen Erfolg. Sie etablierte sich als selbständige Schauspielerin und Theaterleiterin. «Sarah» war schon zu Lebzeiten eine Ikone. Sie bewegte sich an den Grenzen der Genderrollen, der sozialen Hierarchie, der kulturellen Ausdrucksformen und der europäischen Nationen – und sie überschritt sie immer wieder.

Bernhardt war die Tochter einer aus Holland stammenden jüdischen Pariser Lebedame und, vermutlich, eines Bürgersohns aus Le Havre. Mit neun Jahren wurde sie zur Erziehung in einen Konvent gegeben und dort katholisch getauft. Mit Hilfe eines der Liebhaber ihrer Mutter, des Duc de Morny, Halbbruder Napoleons III., gelang 1859 die Aufnahme ins Schauspielkonservatorium. 1862 wurde sie in der Comédie-Française engagiert, aber wenige Monate später nach einer Rangelei mit einem eingesessenen Ensemblemitglied wieder entlassen. Sie schlug sich in der Pariser Demimonde durch und gebar 1864 einen Sohn, wohl aus einer Affäre mit einem belgischen Hochadligen. 1866 erhielt sie, wieder mit Unterstützung, ein Engagement am Théâtre de l'Odéon, der zweiten staatlichen Bühne. Diesmal hatte sie schauspielerisch Erfolg, Kritiker und Publikum fanden Gefallen. Ihre große Karriere nahm nun ihren Anfang.

Bernhardts Leben bis Ende der 1860er Jahre war nicht ungewöhnlich verlaufen für die Theaterszene. Schauspielerei gehörte zu den Berufen am Rande der guten Gesellschaft. Insbesondere für Frauen war die Grenze zwischen Bühne und Halbwelt in der Praxis fließend. Da dauerhafte Engagements selten waren und man an kleineren Theatern die Kostüme selbst stellen musste, existierte ein wirtschaftlicher Druck, der immer wieder auch in Prostitution mündete. Die von Bernhardt erfahrene Abhängigkeit von männlichen Gönnern – Kollegen, Intendanten oder Verehrern – kann als typisch gelten. Frauen in diesen Kreisen hatten häufiger Kinder, aber keinen Ehemann. Die Unterbringung Sarahs in Institutionen zwecks Erziehung sowie die Rekrutierung als Nachwuchs sprach in Bernhardts Fall für die relativ große Fürsorge, die ihre Mutter aufzubringen in der Lage war. Die Bühne bot aber dennoch in den Jahrzehnten um die Mitte des 19. Jahrhunderts eine der Möglichkeiten für Frauen, außerhalb von Industriearbeit oder als Dienstboten ein selbständiges Einkommen zu erzielen und dabei nicht nur eine relative Freiheit zu wahren, sondern auch eine Aussicht auf Karriere zu besitzen.

Sarah Bernhardt nutzte die Chancen und stieg in den 1870er Jahren weiter im Pariser Theaterleben auf. Zwei Begebenheiten ließen sie nun auffallen und prägten den patriotischen Teil ihres öffentlichen Bildes. Als die Stadt Paris zwischen September 1870 und Januar 1871 belagert wurde, richtete sie im Odéon ein Militärhospital ein. Später zum zehnjährigen Jubiläum des Abzugs der deutschen Truppen rezitierte sie, begleitet von Orchestermusik, während einer Vorstellung unangekündigt und blau-weiß-rot gewandet die Marseillaise. Noch später, im Alter von über siebzig Jahren spielte sie im Ersten Weltkrieg in der Truppenunterhaltung eine prominente Rolle, auch noch – und in diesem Rahmen vielleicht gerade passend – nachdem man ihr 1915 das rechte Bein oberhalb des Knies hatte amputieren müssen. Unmittelbar mit ihrer Theatertätigkeit verknüpft war 1872 die Wiederaufführung von *Ruy Blas* am Odéon. Victor Hugo (1802–1885), republikanischer Autor des Stücks von 1838, war gerade nach 19-jährigem Exil triumphal nach Frankreich zurückgekehrt. Sarah eroberte nicht nur ihn, sondern auch das Publikum: In der Rolle der spanischen Königin feierte sie ihren bis dahin größten Erfolg. Noch im selben Jahr kehrte sie an die erste Bühne des Landes, die Comédie-Française, zurück.

Bernhardt arbeitete hart als Schauspielerin. Was sie ab den 1870er Jahren darüber hinaus auszeichnete, war ihr *genie de la réclame*, wie der amerikanische Schriftsteller Henry James es ausdrückte, der darin 1880 ein allgemeines Zeichen der Zeit erkannte. Bernhardt verstand es, ihren Status als Star durch die Kultivierung des eigenen Bildes zu steigern. Auch im technischen Sinn: Sie war die wohl meistfotografierte Frau in der Zeit von der Erfindung der Fotografie bis zum Ersten Weltkrieg. Mit ihr wurden nach der Jahrhundertwende die ersten abendfüllenden Stummfilme produziert. Was sie an Kleidung oder Schmuck trug, wurde Mode. Ein spätes Reklameplakat, das Alfons Mucha 1895 von ihr für eine Aufführung herstellte, gilt als *die* visuelle Repräsentation des Jugendstils und verschaffte dem Künstler den Durchbruch. 1873 ließ Bernhardt sich in einem Sarg schlafend ablichten, in dem sie fortan jede Nacht schlafen sollte und den sie auch publikumswirksam mit auf Tournee nahm. Als Kameliendame starb sie auf der Bühne Tausende Male. Sie besuchte das Pariser Leichenschauhaus, um sich auf die Rolle vorzubereiten. Beim städtischen Publikum kam das inszenierte Sterben an, denn es war eng mit seinen alltäglichen Erfahrungen und Befürchtungen verbunden: Und die Schauspielerin stand zum Applaus auch noch wieder auf! Bernhardt hielt sich eine kleine Tiermenagerie, u. a. mit einem Äffchen namens Darwin und einem Gepard. Ihre zahlreichen Männer bildeten eine andere Facette ihres Images. Ihr Privatleben führte sie öffentlich, darüber wurde gesprochen. Sie überschritt gültige Normen. Auch übliche Genderrollen hielt sie nicht ein, wenn sie sich mit einer bekannten Angehörigen der lesbischen Kreise von Paris ablichten ließ oder Männerrollen – notorisch den Hamlet 1899 – spielte. Doch die Transgression behinderte nicht ihren Erfolg beim Publikum, sondern beförderte ihn noch, denn die Funktion des Theaters als moralische Anstalt und die persönliche Karriereförderung durch Selbstreklame: Beides ergänzte sich bei Bernhardt. Sie erfüllte, wie Mary Louise Roberts argumentiert, die zeitgenössischen Vorurteile und Erwartungen gegenüber Schauspielerinnen. Sie lebte die Rolle der Frau als Idol *und* moralische Versuchung, als sorgende Mutter *und* unzuverlässige Geliebte. Männer konnten sich ihr gegenüber heldenhaft zeigen oder aber als Feiglinge.

Der entscheidende Einschnitt, der Bernhardt schließlich zu einer nationale Grenzen überschreitenden Kulturschaffenden werden ließ, war ihr Entschluss, 1880 die Comédie erneut zu verlassen und sich selbständig zu machen. Sie ging im selben Jahr auf ihre erste Tournee in die Vereinigten Staaten, acht weitere dorthin sollten folgen. Andere monatelange und manchmal jahrelange Theaterreisen führten sie nach Südamerika und Australien. Die Gastauftritte fanden in New York statt und in Goldgräberstädten, überall dort, wo europäische Siedlerkolonien und ihre Bewohner wohlhabend geworden waren und europäische Kultur zu sehen wünschten. In den USA reiste Bernhardt im luxuriösen Pullman-Sonderwagen, ihr Tross in der billigen Klasse. Wie auch zu Hause war sie immer wieder Anlass zu hitzigen Debatten über Moral und Tugend. Sie wurde im katholischen Montreal und in Russland auch Zielscheibe antisemitischer Angriffe. Die weltweiten Theatertourneen brachten ihr hohe Einnahmen.

Bernhardt kehrte dennoch immer wieder nach Paris zurück. Dort produzierte sie Stücke, in denen sie selbst mitspielte, in verschiedenen Theatern, bis sie 1899 ihr eigenes Haus erwarb, das Théâtre Sarah Bernhardt: Ihr Name war die Marke. Als Theaterunternehmerin übernahm sie damit erneut eine eigentlich männliche Rolle. Sarah Bernhardt war ein internationaler Star, der den Kulturmarkt und das Marketing blendend beherrschte. Insofern ragte sie hervor, aber war doch zugleich Teil der Entwicklung einer städtischen, bürgerlich-populären Unterhaltungsindustrie. Ihr gelang es, die Möglichkeiten, die sich Frauen als Heldinnen in der Theaterwelt der zweiten Hälfte des 19. Jahrhunderts boten, weitestgehend auszuschöpfen. Viele eiferten ihr mehr oder weniger erfolgreich nach. Ähnlichen Ruhm erwarb etwa die Italienerin Eleonora Duse (1858–1924), die zugleich einen anderen, weniger melodramatischen Schauspielstil zu entwickeln suchte. Sarah Bernhardts internationale Karriere gehörte noch wesentlich in die Zeit vor der Ära des Spielfilms, denn erst nach dem Ersten Weltkrieg war das Theater in dieser Hinsicht überholt. Als Bernhardt 1923 starb, erlebte Paris eine inszenierte Trauerfeier wie zuletzt bei Victor Hugos Tod im Jahr 1885. Sie war aber immer mehr als nur eine nationale Ikone und wirkte weit über Paris und Frankreich hinaus. Noch 1980 befindet sie sich neben Sigmund Freud, Albert Einstein, Franz Kafka und anderen in der Auswahl von Andy Warhols zehn jüdischen Porträts des 20. Jahrhunderts.

Wenn wir die Helden und Heldinnen der Kultur Revue passieren lassen, können wir einige Kennzeichen der Entwicklung erkennen. In der zweiten Hälfte des 19. Jahrhunderts hatte sich ein eigenständiger Bereich der Kultur in umfassender Weise etabliert. Welche Rolle den unterschiedlichen Heroen zukam, unterschied sich nach nationalen und örtlichen Gegebenheiten. Entscheidende Faktoren waren der relative gesellschaftliche Wohlstand, das allgemeine Bildungsniveau, das Vorhandensein urbaner Strukturen, das Verhalten sowie die Stärke staatlicher und kirchlicher Autoritäten und schließlich zunehmend die Kräfte des Marktes. Auf einer fundamentalen Ebene strukturierte die Genderdifferenz, wer in welcher Rolle zu den kulturellen Führungsfiguren zählte. Es entstand eine öffentliche Streitkultur, in der einige Männer selbstbewusst als Vordenker für aktuelle Zeitfragen auftraten. Die Intervention in politische und gesellschaftliche Angelegenheiten reklamierten sie auf der Basis ihrer kulturellen Expertise als ihre Sache. Zu den öffentlichen Moralisten gehörten auch die Romanschriftsteller, ob sie nun soziales Elend und seine Folgen oder die Gefährdung von Ehe und Familie schilderten. Große Bedeutung kam auch religiösen Fragen zu, sei es als Teil der individuellen Sinnsuche, der konfessionellen Ab- und Ausgrenzung oder der Auseinandersetzung mit kirchlicher Autorität. Literatur, bildende und darstellerische Künste stellten somit Foren, in denen Konflikte, die aus den Unsicherheiten des Wandels rührten, sowie «gute» oder «schlechte» Lösungsmöglichkeiten aufgezeigt wurden. Die Themen waren nicht nur eng mit den Realitäten der Zeit verknüpft, Kultur gestaltete vielmehr auf diesem Wege auch die Welt des 19. Jahrhunderts. Insgesamt nahm die Zahl der Gebildeten und im Kulturfeld Tätigen in der zweiten Hälfte des 19. Jahrhunderts stark zu. Erfolg war nicht garantiert, die soziale Existenz vieler blieb prekär. Einige der herausragenden Personen überschritten die Grenzen innerhalb und außerhalb Europas, wozu ihnen die technischen Neuerungen des Verkehrs und der Kommunikation Gelegenheit boten. Eine Nationalisierung mit oder ohne direktes Zutun der ausgesuchten Heroen der Kultur stand dem grenzüberschreitenden Erfolg offenbar nicht entgegen. Das bürgerliche Publikum war zur Übersetzungsleistung und selektiven Aneignung durchaus fähig. Die internationalen Vereinbarungen zum Schutz des geistigen Eigentums gewährten den Produzenten im Ausland größere Sicherheit hinsichtlich des wirtschaftlichen Gewinns und der künstlerischen Rechte. Und die selbständigen Kultur-Unternehmer des 19. Jahrhunderts lernten die Regeln der Reklame, häufig mit Hilfe ihrer Agenten und Verleger, zu nutzen. Europäische Kultur war auch in diesem Sinne ein öffentliches Ereignis geworden.

2. Wissenschaftsglaube:
Institutionen und geschichtlicher Wandel

Zu den Helden der Kultur zählten auch Wissenschaftler. Insbesondere manche Naturwissenschaftler wurden zu öffentlichen Figuren, die geehrt und verehrt, gelegentlich auch angegriffen wurden: Charles Darwin (1809–1882), Rudolf Virchow (1821–1902), Louis Pasteur (1822–1895), Robert Koch (1843–1910), Wilhelm Conrad Röntgen (1845–1923), Marie Curie (1867–1934). Die Liste ließe sich enzyklopädisch ausbauen, denn die zweite Hälfte des 19. Jahrhunderts war in der Tat eine Epoche der Wissenschaft. Sie war vor allem die Zeit, in der sich die Fachwissenschaften, welche die Forschung bis in unsere Gegenwart strukturieren, etablierten und überwiegend an den Universitäten verankerten. Ein ausdifferenziertes, institutionell abgestütztes Wissenschaftssystem bildete sich heraus, das die Welterschließungskompetenz der Europäer außerordentlich vergrößerte und fast alle Lebensbereiche erfasste. Die Felder der europäischen Wissenschaft lagen nun vermehrt auch außerhalb des Kontinents. Mit der Spezialisierung und dem Aufbau der professionellen Strukturen ging ein gleichermaßen wachsendes gesellschaftliches Bedürfnis einher, das Wissen einem größeren Publikum zu vermitteln. Teilhabe an höherer Bildung und wissenschaftlicher Erkenntnis wurde in allen Ländern Europas zu einem nachgefragten Gut, an das sich gesellschaftspolitische Fragen, technisch-ökonomischer Wandel und kulturelles Selbstverständnis knüpften. Der empirische, positivistische Zug der Zeit verband sich dabei mit grundlegenden Überlegungen zur Weltanschauung, für die säkulare und religiöse Glaubensfragen nicht weniger wichtig waren als Laborexperimente.

Wissenschaftsinstitutionen und Ausbildungsstätten
Wissenschaft erfuhr im 19. Jahrhundert eine organisatorische Umwälzung, die sich als expansive Ausdifferenzierung beschreiben lässt. Die hergebrachten Institutionen wurden ausgebaut und refor-

miert. Gleichzeitig entstanden neue Einrichtungen, die veränderte gesellschaftliche und staatliche Ansprüche befriedigen sollten. Aus dem traditionellen Kanon von Theologie, Philosophie, Rechtswissenschaft und Medizin entwickelten sich neue Disziplinen mit vielfältigen Auffächerungen. Die Zahl der Wissenschaftler und der von ihnen Ausgebildeten nahm zu, der Zugang zur Universität wurde in eingeschränktem Maße geöffnet. Mit der Vergrößerung einher ging eine Professionalisierung der wissenschaftlich Tätigen: Qualifikationswege wurden festgelegt, Fachvertreter gründeten wissenschaftliche Verbände, Expertentum sicherte Einkommen und Status. Expansion, Diversifikation, Öffnung und Professionalisierung der wissenschaftlichen Einrichtungen waren, wie zu sehen sein wird, weder ein einseitig gesteuerter Prozess, noch hatte dieser ein einheitliches europäisches Modell für die Produktion von Wissen zum Ergebnis. Der Vorgang war vielmehr abhängig von staatlichen Anforderungen, gesellschaftlichen Kräften und den um ihre relative Autonomie bedachten Einrichtungen selbst. Um 1900 gab es überall in Europa zwar ein vergrößertes, ähnlich differenziertes Wissenschaftssystem, das von Wissenschaftlern betrieben wurde, die sich über nationale Grenzen hinweg fachlich austauschten. Politiker und Beamte, Professoren und Studierende beobachteten auch intensiv die Verhältnisse anderswo. Dennoch: Die organisatorische Ausgestaltung fiel je nach Land unterschiedlich aus. Die Epoche der europäischen Wissenschaft und ihrer großen Erfolge, sie beruhte gerade auf der institutionellen Vielfalt, nicht der Einheitlichkeit – und auf dem Umfang der eingesetzten Ressourcen.

Einen Eindruck von der Expansion vermitteln die Angaben zum fast ausschließlich männlichen Personal an europäischen Universitäten und Hochschulen. 1864 lehrten an deutschen Universitäten knapp 1500 Personen (ohne Privatdozenten), in Frankreich 900, in Österreich-Ungarn 760 (im Jahr 1871), in Russland gut 500 und in England nur 330. Kurz vor dem Ersten Weltkrieg hatte sich die Zahl in Deutschland mit 3800 mehr als verdoppelt, ebenso in Frankreich auf 2200, eine Größenordnung, die nun auch Österreich-Ungarn erreichte, wo sich der Lehrkörper damit verdreifacht hatte. Ähnlich entwickelte sich Russland. In Großbritannien lehrten mit über 2300 Dozenten im Jahr 1909 siebenmal so viele wie um die Jahrhundertmitte. Diese Angaben bieten nur einen groben Anhalt, denn sie erfassen die Lehrenden nur teilweise und berücksichtigen nicht außeruniversitäre Forschungseinrichtungen. Wir können aber die anhaltende personelle Stärke der deutschen Hochschullehrerschaft in absoluten Zahlen ebenso erkennen wie den gleichzeitigen Ausbau in den anderen Ländern. Unter den großen europäischen Staaten war in den 1860er Jahren nur England, nicht Schottland, im universitären Bereich vergleichsweise rückständig gewesen, hatte aber um 1900 erheblich aufgeholt.

Die wachsende Bedeutung der wissenschaftlichen Ausbildung lässt sich ebenfalls an den Studierendenzahlen erkennen. Sie verdeutlichen zugleich, dass es sich im 19. Jahrhundert um eine beachtliche, aber sozial und nach Geschlecht exklusive Entwicklung handelte. In Deutschland gab es 1860 ungefähr 12 000 Studierende; das entspricht heute der Größe einer einzigen kleinen bis mittleren Universität. In Frankreich waren 8000, in Russland 5000 und in Großbritannien 3000 Personen eingeschrieben. Ab den 1870er und 1880er Jahren wuchsen die Zahlen signifikant. Kurz vor dem Ersten Weltkrieg erreichten sie in Deutschland dann fast 70 000, in Frankreich 41 000, in Russland 37 000 und in Großbritannien 26 000. Auch in anderen europäischen Ländern studierten nun mehr junge Menschen als zuvor: in Italien mit 29 000 sogar eine größere Gruppe als in Großbritannien, in Spanien immerhin 16 000 und in Österreich-Ungarn 12 600. Erneut zeigen diese absoluten Zahlen eine herausragende Stellung Deutschlands sowie den Expansionsprozess in allen anderen Ländern. Im Verhältnis zur Bevölkerungszahl bestätigt sich dieses Bild: Um 1900 kommen auf einen Studierenden in Deutschland 818 Bewohner, in Frankreich 1384 und in Großbritannien 1470.

Setzt man die Eingeschriebenen in Beziehung zur Alterskohorte der 20- bis 24-Jährigen, zeigt sich insgesamt eine gewisse Öffnung des Zugangs zur Universität, hinsichtlich des Ländervergleichs ergibt sich jedoch ein etwas anderes Bild als aus den bisher genannten

Angaben. Um die Jahrhundertwende lag der Prozentanteil der Studierenden einer Kohorte zwischen 0,7 Prozent und 1,4 Prozent gegenüber 0,4 Prozent bis 0,7 Prozent im Jahr 1870: Der Zugang zu den Universitäten hatte sich überall geöffnet, in begrenztem Maße allerdings. Den höchsten Anteil eines Jahrgangs ließen die Schweiz und das staatlich nicht unabhängige Schottland zu. Die übrigen Länder, einschließlich Deutschlands, bewegten sich im Rahmen von 0,7 Prozent bis 0,8 Prozent der betreffenden Altersgruppe. Die größere Offenheit der Schweizer Universitäten beruhte auf dem hohen Anteil von Ausländern und Ausländerinnen, nicht auf einer breiteren Rekrutierung aus der Schweizer Bevölkerung. Die schottischen Zahlen reflektierten die im Vergleich auch zu England höhere Wertschätzung der Universitäten und die besondere Attraktivität des Medizinstudiums für Nichtschotten. Beide Fälle belegen, dass lokale und regionale Umstände zu Besonderheiten in der europäischen Wissenschaftslandschaft führten. Die universitären Verhältnisse müssen also relativ zu bestimmten Wissens- und Kommunikationsräumen betrachtet werden, die nicht notwendig mit dem Nationalstaat übereinstimmten. Dennoch: Der relativ ähnliche Rekrutierungsanteil in den meisten anderen Ländern – Portugal war die einzige negative Ausnahme mit nur 0,2 Prozent einer Alterskohorte – deutet darauf hin, dass Universitäten in der zweiten Hälfte des 19. Jahrhunderts überall ähnlich offen wurden. Eine besondere Position Deutschlands ist hier nicht mehr zu erkennen und hatte es im Vergleich zu Frankreich, so der Historiker Fritz Ringer, auch mindestens seit 1871 nicht mehr gegeben.

Man muss allerdings auch feststellen, dass die Öffnung der europäischen Universitäten insgesamt recht beschränkt blieb. Die soziale Zusammensetzung der Studierenden veränderte sich zwar etwas, doch scheint es übertrieben, für die Zeit vor 1914 von einem «seismic shift» (Konrad Jarausch) zu sprechen. Die verfügbaren Daten sind unvollständig und aufgrund der länderverschiedenen Kategorien schwer vergleichbar. Die Veränderungen begannen in den 1860er und 1870er Jahren. In Deutschland waren bis dahin die Väter der Studenten zu einem großen Anteil akademisch gebildet, nahmen hohe Positionen in der öffentlichen Verwaltung ein oder waren als Juristen, Ärzte oder Pfarrer tätig. Die Dominanz des Bildungsbürgertums ging bis zum Ersten Weltkrieg zurück. Dafür nahm der Anteil derjenigen zu, die aus dem weiteren Mittelstand kamen: Ihre Väter waren niedere Beamte, Volksschullehrer, aber auch Vertreter des neuen Wirtschaftsbürgertums. So bemerkenswert die Verschiebung war, fand sie jedoch innerhalb eines nur sehr geringen Bruchteils von weniger als 1 Prozent der jeweiligen Alterskohorte statt. Mit einem bildungsbürgerlichen Hintergrund war die Chance, dass ein Sohn studierte, außerdem immer noch um ein Mehrfaches größer. Zusätzlich einschränkend wirkte die fachliche Segmentierung: Die relative soziale Öffnung fand vermehrt in den Geisteswissenschaften statt, die in den Lehrerberuf führten, während die medizinische und juristische Fakultät weiterhin vom Bildungsbürgertum präferiert wurden. Nur die protestantische Theologie, ebenfalls noch von den höheren Mittelschichten sehr nachgefragt, war ein Fach für soziale Aufsteiger aus den unteren Mittelschichten. Schließlich: Arbeitersöhne gingen überhaupt nicht an deutsche Universitäten, und Frauen wurden erst zwischen 1900 und 1909 zugelassen. Von Öffnung und Fortschritt kann daher nur sehr eingeschränkt die Rede sein.

In Frankreich lässt sich eine ähnliche soziale Verbreiterung *innerhalb* der Mittelschichten feststellen, wobei das System der spezialisierten *Grandes écoles* die verschiedenen Gruppen institutionell stärker segmentierte. Die Söhne aus der unteren Mittelschicht gingen hier vermehrt in die École normale supérieure, die 1808 als Ausbildungsstätte für Lehrer gegründet worden war. Die Pariser Einrichtungen für die französischen Führungseliten rekrutierten überproportional aus der Hauptstadt. An den universitären Fakultäten im Lande gruppierten sich die oberen Mittelschichten wie in Deutschland in bestimmten Fächern, insbesondere im Jurastudium. In England war die Segmentierung am meisten ausgeprägt. In Oxford und Cambridge, wo wie fast überall in Europa der Anteil der Studierenden aus landbesitzenden, adeligen Familien abnahm, wurden die Söhne der bessergestellten Mittelschicht aus Pfarrhäusern,

2. Wissenschaftsglaube

Juristen- und Medizinerhaushalten aufgenommen, auch Studierende aus dem Wirtschaftsbürgertum kamen allmählich hinzu. Bis 1854 bzw. 1856 mussten Studenten dort aber der anglikanischen Staatskirche angehören, Lehrende bis 1871. Die weniger gut gestellten Familien aus denselben sozialen Gruppen und die nonkonformistischen, katholischen oder jüdischen Religionsangehörigen konnten ihre Kinder auf das 1828 gegründete University College London oder ab den 1870er Jahren an die neu gegründeten Provinzuniversitäten im Norden schicken. Den in Europa breitesten sozialen Hintergrund besaßen im 19. Jahrhundert wohl schottische Universitäten, die neben den Mittelschichten sowohl einen bemerkenswerten Studierendenanteil, bis zu einem Viertel (!), aus Arbeiterfamilien als auch Söhne aus ländlichen Gemeinden rekrutierten. Gebühren und Lebenshaltungskosten waren hier niedrig, die Verbindungen zu den Ortskirchen blieben eng, und es gab verschiedene Stipendien für Ärmere. So richtete der aus einer schottischen Weberfamilie stammende amerikanische Eisen- und Stahlmagnat Andrew Carnegie im Jahr 1900 eine Stiftung ein, die bedürftige schottische Studierende unterstützte.

Wenn die europäischen Universitäten sich in sozialer Hinsicht ab den 1870er Jahren breiter für die Mittelschichten öffneten als zuvor, aber insgesamt die sozial-berufliche Reproduktion nicht veränderten und neue Chancen nur in bestimmten Segmenten eröffneten, lässt sich Ähnliches hinsichtlich der Zulassung von Frauen feststellen. Europaweit zog sich die Öffnung ab den 1860er Jahren über fast fünfzig Jahre hin. Universitäten blieben dominant männlich. Dort, wo Frauen aufgenommen wurden, geschah dies häufig institutionell segregiert oder fachlich segmentiert. Und bestimmte Bereiche, vor allem die für den Staatsdienst und die öffentliche Ordnung zentrale Rechtswissenschaft, blieben ihnen weiterhin vollständig verschlossen. Der Mut und die Leistung einzelner Vorkämpferinnen für das Frauenstudium waren mehr als beeindruckend. Manchen zeitgenössischen Beobachtern kam ihre Zulassung einer Revolution gleich. In historischer Perspektive erscheint dies aber weniger als Eklat denn als ein langsames Kriechen. Ein Blick auf die nach Ländern gestaffelt gewährte Zulassung macht die mehr oder weniger ungünstigen Voraussetzungen und Beschränkungen anschaulich. Entscheidend für die erweiterten Möglichkeiten war in dem Prozess nicht ein «Durchbruch» im jeweiligen Jahr der Erstzulassung von Frauen an Universitäten. Die Hauptfaktoren waren dem Historiker Robert Anderson zufolge vielmehr das Vorhandensein und das Curriculum der vorgeschalteten höheren Schulen für Mädchen, die sich verändernden Erwartungen in Mittelschichtsfamilien, die Rolle der Kirchen sowie das Verhältnis von Staat, Berufswelt und akademischem Studium.

Im republikanischen Frankreich wurden, nach ersten Vorläufern in den 1860er Jahren, ab 1880 staatliche *Lycées* für Mädchen eingerichtet. Sie verliehen aber nicht das *Baccalauréat*, das die Zugangsvoraussetzung für ein Studium darstellte. Den notwendigen Bedarf an Lehrerinnen deckte eine neu gegründete Spezialschule in Sèvres, die erst 1985 über hundert Jahre nach ihrer Gründung mit der weiterhin Männern vorbehaltenen École normale supérieure zusammengelegt wurde. So entstand ein geschlossener Kreis: Die Absolventinnen der Mädchengymnasien konnten auf die Lehrerinnenhochschule wechseln, um danach, sofern sie berufstätig wurden, als Lehrerinnen ans *Lycée* zurückzukehren. Die staatlichen Schulen brachen das Monopol katholischer Konvente und zogen überwiegend Töchter aus republikanisch gesinnten, protestantischen und jüdischen Familien an. Ihr Erziehungsziel, die intellektuelle Ausbildung von Frauen für das künftige Familienleben zu verbessern, war allerdings wenig emanzipatorisch. Das Curriculum schloss, wie vielerorts für Mädchen in Europa, den Erwerb von Lateinkenntnissen aus, die jedoch für die Zulassung zum Studium Bedingung waren. Die Öffnung der universitären Fakultäten für das weibliche Medizinstudium ab 1868 erwies sich vor allem für Ausländerinnen attraktiv, denn nur wenige Französinnen erwarben die Zugangsvoraussetzung, das *Baccalauréat*, und wenn, dann durch Privatunterricht und eben nicht an den öffentlichen Schulen. 1910 lag der Anteil von Studentinnen in Frankreich bei 9 Prozent, das Verhältnis von Französinnen zu Ausländerinnen betrug dabei ungefähr vier zu drei. Die *Grandes écoles* blieben im Übrigen Frauen vollständig verschlossen.

In Italien befanden sich unter den Studierenden 1910 mit 17 Prozent deutlich mehr Frauen als anderswo, obgleich dort keine staatlichen Mädchenschulen eingerichtet worden waren und die höhere Erziehung überwiegend in kirchlicher Hand geblieben war. Nicht die Zulassung per se zum Universitätsstudium seit 1875 führte zu dem hohen Frauenanteil, sondern vielmehr die vorgeschaltete gemeinsame Erziehung von Mädchen und Jungen: Vor allem seit den 1890er Jahren wurden Töchter aus Mittelschichtsfamilien – anders als in Frankreich oder Belgien – zunehmend gemeinsam mit den Söhnen in staatlichen Gymnasien auf den qualifizierenden Abschluss vorbereitet. Die Ärztin Maria Montessori (1870–1952) war eine derjenigen, die schon früh auf diesem Weg bis zur Promotion im Jahr 1896 gelangten. Der italienische Fall zeigt, dass katholisch-kirchliche Rückständigkeit in Verbindung mit Laizismus unter Umständen mehr Möglichkeiten eröffnete, sofern die Trennwände zwischen den Geschlechtern bereits in der voruniversitären Erziehung fielen.

Einen noch höheren Anteil an Frauen unter Studierenden weist die Statistik kurz vor dem Weltkrieg für Großbritannien mit gut einem Fünftel aus. Dahinter verbargen sich erhebliche Unterschiede: Höher war der Anteil in Schottland (24 Prozent) und Wales (35 Prozent), in Oxford und Cambridge betrug er hingegen nur 9 Prozent, im Rest Englands 20 Prozent. Die Zahlen spiegeln wider, dass Grundschullehrerinnen an Universitäten ausgebildet und am Londoner King's College sowie in Cardiff Studien in Hauswirtschaftswissenschaft angeboten wurden. Hinzu kam nach 1900 der Bedarf an Lehrerinnen in *Grammar Schools* für Mädchen. Die spezifischen Frauenstudien wurden von den neuen Universitätseinrichtungen auf den Britischen Inseln betrieben, während sich gleichzeitig die beiden englischen Traditionsuniversitäten kaum öffneten. Die dort bereits ab 1866 eingerichteten Colleges für Frauen bildeten universitär eine separate Welt. Den fortgesetzten Ausschluss von Positionen der männlichen Macht veranschaulicht, dass die hier studierenden Frauen zwar ein Examen ablegten, ihnen aber in Oxford bis 1920 bzw. in Cambridge bis 1948 kein *degree* verliehen wurde, weil diejenigen Absolventinnen, die im Anschluss als Dozentinnen angestellt wurden, sonst in den universitären Gremien stimmberechtigt gewesen wären. Das fehlende Diplom schloss sie effektiv von der Selbstverwaltung aus.

Angesichts der vielfältigen Beschränkungen und Segmentierungen in den bisher vorgestellten Ländern erscheint die späte Zulassung von Frauen zum Studium in den deutschen Staaten, beginnend mit Baden im Jahr 1900 und in Preußen erst 1908, nicht ganz so außerordentlich. Bis zum Ersten Weltkrieg erreichte der Frauenanteil auch rasch eine vergleichbare Höhe wie in Frankreich. Der hartnäckige Widerstand der deutschen Professoren mag darin begründet gewesen sein, dass das deutsche System keine separaten, exklusiv männlichen Eliteräume wie in den *Grandes écoles* oder den englischen Colleges besaß und insofern der einmal erfolgte Zugang zur Universität Frauen möglicherweise auch gesellschaftlich-politische Machträume eröffnet hätte. Hinzu kam, dass die höheren Mädchenschulen überwiegend männliche Lehrer anstellten, so dass wenig Aussicht auf eine Beschäftigung nach dem Studium bestand. Auch konnte man als junge Frau erst spät, beginnend 1891 in Baden, das Abitur ablegen. Lediglich als Gasthörerinnen waren Frauen vor der Jahrhundertwende an deutschen Universitäten in kleiner Zahl präsent. Auch den Doktorgrad konnten sie bereits erwerben, *bevor* sie regulär zum Studium zugelassen wurden, nicht aber das Staatsexamen. Das generell von Frauen nachgefragte Medizinstudium konnten Deutsche nur im Ausland absolvieren.

Der Soziologin Ilse Costas folgend, lässt sich hieran eine allgemeine Erklärung für die zeitliche Staffelung der Zulassung von Frauen anschließen. Wo ein Universitätsabschluss vom Staat reguliert und damit zugleich der Zugang zu prestige- und einkommensträchtigen Berufen staatlich kontrolliert war, wie etwa durch medizinische, juristische oder Lehramtsstaatsexamen in Deutschland, konnte die Zulassung von Frauen den Männern bedrohlich erscheinen: Wo würden Frauen infolge eines Studiums noch hingelangen, fragten sich die Gegner. Ob die Befürchtungen im unmittelbaren Konkurrenzdenken oder in Vorstellungen weiblicher intellektueller Minderwertigkeit und in bevölkerungspolitischen Niedergangsszenarien begründet lagen, machte keinen wesentlichen Unterschied. In den Ländern hingegen, in denen wie in Großbritannien oder der Schweiz der Zugang zu den Mittelschichtsberufen nicht staatlich reguliert war, konnten die Universitäten leichter für Frauen geöffnet werden. Ihr effektiver Ausschluss von entscheidenden Positionen erfolgte nämlich erst im Anschluss an das Studium durch die Mechanismen der sich selbst regulierenden Professionen.

Die Beschäftigung mit der Geschichte des Frauenstudiums erhellt zugleich die andere, vorherrschende Seite, denn die Beschränkungen und partiellen Chancen für Frauen reflektierten umgekehrt die Möglichkeiten und Bedingungen, welche Universitäten Männern boten: Zugang zu Beruf, Einkommen und Status durch formale Qualifikation und Netzwerkbildung. Universitäten und besondere Ausbildungsstätten waren zu einem ganz wesentlichen Teil Stätten, an denen die europäischen Staaten und Gesellschaften ihren Führungsnachwuchs ausbildeten, für den sie sich nun auf ein breiteres, bürgerliches Spektrum stützten. Traditionell geschah dies weiterhin zu einem großen Anteil für Verwaltung, Rechts- und Gesundheitswesen und dort, wo ein entsprechendes Arrangement mit dem Staat existierte, auch für die Kirche. Zunehmend bildeten die Institutionen aber jetzt auch für den Bedarf des sekundären Bildungssystems oder wie die London School of Economics, die École des hautes études commerciales oder die deutschen Handelshochschulen für Industrie, Wirtschaft und Politik aus. Frauen wurde in diesem Rahmen keine prominente Rolle zugedacht. Wenn ein Studium für die Töchter aus den Mittelschichten sinnvoll erschien, dann überwiegend im Rahmen der gesteigerten Erwartungen an Erziehung innerhalb der Familie und Bildung in der Ehe, als zukünftige Lehrerinnen im «weiblichen» Schulsystem und für heilende medizinische Berufe. So beschränkt uns das heute erscheinen mag, so schwer war es für Frauen, dies überhaupt zu erreichen, und als so ermächtigend oder eben bedrohlich konnten es die Zeitgenossen empfinden.

Während Universitäten zu hochwertigen Ausbildungsstätten wurden, entwickelten sie zur selben Zeit zusammen mit verwandten Institutionen eine weitere, noch stärker umwälzende Funktion, indem sie zu Stätten der wissenschaftlichen Forschung wurden. Die Grundlagen dafür wurden schon in der späten Aufklärung und in der Romantik gelegt, kamen aber erst ab der Mitte des 19. Jahrhunderts wirklich zur Geltung. Das für viele maßgebliche organisatorische Modell wurde in Deutschland über einen längeren Zeitraum ausgeformt. Die Debatte über eine Universitätsreform hatte hier schon vor der Französischen Revolution eingesetzt. Mit den durch Napoleon ausgelösten Umwälzungen wurde ihre Umsetzung dann an mehreren Orten in Deutschland in Gang gebracht, denn die Staaten mussten die Ausbildung ihrer Staatsdiener neu organisieren und verbessern. Mit dem pragmatischen Anliegen verbanden die preußischen Reformer und Ideengeber im Gefolge der Niederlage gegen Frankreich eine langfristig einflussreiche konzeptionelle Grundlage. Ins geistige Zentrum stellten Wilhelm von Humboldt (1767–1835), Johann Gottlieb Fichte (1762–1814) und Friedrich Schleiermacher (1768–1834) Ideen des Idealismus und Neuhumanismus, nach denen die Universität der formalen, philosophischen Bildung des autonomen Individuums dienen sollte. Die an Vorstellungen über die altgriechische Zivilisation orientierte Selbstkultivierung, die bereits vor dem Studium an den humanistischen Gymnasien ihren Anfang nahm, war abstrakt gedacht und ausdrücklich nicht auf die empirische Erkundung der materiellen Welt bezogen. Die derart gebildeten Menschen würden so in die Lage versetzt, später in leitenden Positionen frei von unmittelbaren Zwängen richtige Entscheidungen zu treffen. Das schien der Weg, um Staat und Volk neu zu beleben und aus der gegenwärtigen Malaise herauszuführen. In der 1810 neu gegründeten Berliner Universität sollte die Philosophische Fakultät gleichsam für alle den Überbau bereitstellen. Die Professoren selbst personifizierten den hohen Anspruch, in geistiger Freiheit die Erkenntnis voranzutreiben, um die moralischen Ziele zu verwirklichen.

Der Erfolg der deutschen Universitäten im 19. Jahrhundert beruhte allerdings darauf, dass man von diesen Idealen in der Praxis abwich. Wirksam jedoch blieb, wie Andreas Daum kürzlich betont hat, die Umwandlung des moralischen Erneuerungsgedankens in einen Forschungsimpetus: An der Universität sollten originäre Einsichten gefunden werden, nicht lediglich Bekanntes weitervermittelt werden. Am besten geschähe dies, wenn Forschung und Lehre frei seien und eng miteinander verbunden würden. In den Formen von Seminar und Laboratorium wurde im Folgenden die enge Zusammenarbeit von Professoren und Studierenden *in* den Universitäten verankert und erfolgreich praktiziert. Anders als gedacht, waren die deutschen Universitäten allerdings tatsächlich nicht «frei». Sie unterstanden der Staatsaufsicht, wurden öffentlich finanziert, und die Ministerien ernannten die Professoren. Nur (oder auch: immerhin) innerhalb dieses Rahmens herrschte akademische Selbstverwaltung. Die Bürokraten übten Kontrolle aus und sorgten für die Etablierung von Standards insbesondere hinsichtlich der Examen. Um die Jahrhundertmitte begannen die Universitäten, sich vermehrt den «Realien» zuzuwenden. Ein Impuls kam von einem Naturwissenschaftler, Justus Liebig (1803–1873), der zunächst privat und dann in die Universität Gießen integriert ein chemisches Labor einrichtete. Hier beschäftigten sich die Studenten mit der Praxis und der Materie. Andere Naturforscher und Universitäten – ebenfalls vorbildlich Robert Bunsen (1811–1899) in Heidelberg – folgten, so dass ein sichtbarer Ausbau der Forschungsinfrastruktur im Rahmen universitärer Lehre in der zweiten Hälfte des 19. Jahrhunderts stattfand. Die Gebäude werden teilweise heute noch, wenn auch anders genutzt. Innerhalb der deutschen Universitäten entstand eine quasi betrieblich-arbeitsteilige Forschung mit leitenden Professoren, assistierenden Doktoren, Dozenten und Angestellten sowie empirisch lernenden Studenten. Französische Naturwissenschaftler wie die Chemiker Louis Pasteur und Jean-Baptiste Dumas (1800–1884), die wie ihre deutschen Kollegen auch wissenschaftspolitisch aktiv waren, forderten schon in den 1850er und 1860er Jahren vom französischen Staat, dass er ähnliche Einrichtungen finanzieren möge.

III. Gewissheiten und Ungewissheiten

Der Ausbau der naturwissenschaftlichen Forschung an den deutschen Universitäten war nicht selbstverständlich, sondern setzte sich unter heftigem Streit um die humanistischen Ideale und häufig unter Gebrauch humanistischer Argumentationen erst allmählich durch. Zu einem bedeutsamen Teil geschah dies außerhalb der Universitäten in den bereits im frühen 19. Jahrhundert gegründeten polytechnischen Schulen, die im letzten Drittel, wie etwa in Darmstadt 1877, zu Technischen Hochschulen wurden. Wie schwierig sich der Prozess gestaltete und wie wichtig die universitären Maßstäbe waren, wird daran deutlich, dass ihnen erst 1899 in Preußen und 1901 andernorts das Promotionsrecht zugestanden wurde. Andere Bedürfnisse der modernen Gesellschaft nach höherer Ausbildung drückten sich in der Gründung von Handelshochschulen dort aus, wo das Interesse an höherer kaufmännischer Bildung und sozialem Aufstieg mit dem Streben nach Aufwertung der jeweiligen Stadt zusammentrafen. In Orten wie Köln (1901), Frankfurt (1901) und Mannheim (1907) bildeten diese Anstalten nämlich zunächst eine Art Ersatz für zu diesem Zeitpunkt nicht vorhandene Universitäten und wurden die Keimzellen für später erfolgende Gründungen. Private und öffentliche Mittel flossen in sie ein. Diese beiden Quellen sollten auch die Einrichtung von Forschungsinstituten in der Kaiser-Wilhelm-Gesellschaft 1911 tragen, die konzeptionell weit entfernt von den Idealen hundert Jahre zuvor lag. Hier wurden außeruniversitäre Forschungsbetriebe eingerichtet, die sich mit einzelnen Bereichen befassten: Chemie, physikalische Chemie und Elektrochemie, Biologie, Kohlenforschung, Arbeitsphysiologie und Hirnforschung waren die Gebiete, für die bis 1914 Institute ins Leben gerufen wurden. Wenn wir die Organisation der Wissenschaft betrachten, sollte der Blick also nicht nur auf die modellhaften deutschen Universitäten fallen. Die Flexibilität des institutionellen Gefüges insgesamt war entscheidend für den Erfolg der wissenschaftlichen Theorien und Methoden in der modernen Welt. Die Entwicklung in anderen Ländern verdeutlicht dies.

Die Attraktivität des deutschen Universitätssystems zwischen 1850 und 1890 als *Wissenschafts*institution tritt hervor, wenn wir sie mit den andersartigen, zeitgenössisch ebenfalls viel beachteten französischen Verhältnissen vergleichen. Dort waren die Universitäten als Korporationen in der Französischen Revolution aufgelöst worden. Bis 1885 und dem Namen nach bis 1896 existierten nur isolierte, zentral dirigierte Fakultäten. Der Schwerpunkt lag lange auf juristischen und medizinischen Fakultäten; die geistes- und naturwissenschaftlichen Fakultäten zogen erst seit den 1870er Jahren größere Zahlen von Studierenden an und waren lange mit der Abnahme des *Baccalauréat* und öffentlichen Vorlesungen für ein gebildetes Publikum beschäftigt. Neben den Fakultäten waren in der Revolution und durch Napoleon gesonderte berufs- und bereichsspezifische höhere Ausbildungsstätten eingerichtet worden: als Erstes die *École polytechnique* 1794, in der Mathematik, Physik und Chemie unterrichtet wurde und die zunächst militärisch orientiert war; weitere «Große Schulen» wie die bereits erwähnte École normale supérieure (1808) folgten. Anders als bei den Universitäten wurden die Studierenden über einen Wettbewerb ausgewählt. Diese herausgehobenen Einrichtungen bildeten im 19. Jahrhundert die staatliche, nicht nach Geburt und Privilegien rekrutierte Führungselite aus. In der Tradition des aufgeklärten Absolutismus stehend, manifestierte sich in ihnen die Vorstellung, die Gesellschaft über technisches Expertenwissen und aufgeklärtes Denken zu verbessern. Für wissenschaftliche Forschung boten weder sie noch die Fakultäten des Landes einen Ort. Diese konzentrierte sich auf nationale Institute, die auf Vorgängereinrichtungen des Ancien Régime aufbauten und keine Studenten hatten. Führend waren das *Institut de France* (1795) und das *Collège national*, das ab 1870 als *Collège de France* firmierte. Auf ihnen beruhte im frühen 19. Jahrhundert für Gelehrte wie Alexander von Humboldt (1769–1859) die hohe wissenschaftliche Anziehungskraft von Paris. Eine Basis für die empirische, kooperative und im naturwissenschaftlichen Bereich gleichsam betrieblich organisierte Forschung war das nicht.

Schon in den 1860er Jahren, verstärkt aber durch die Niederlage von 1870/71, wurden mit Blick auf Deutschland Reformen durch Wissenschaftler und Staat betrieben. 1868 gründete Unterrichtsminister Victor Duruy (1811–1894) die *École pratique des hautes études*, an der von den Professoren in Seminaren und Laboratorien mit Nachwuchswissenschaftlern praktisch geforscht wurde, die aber keine Diplome verlieh. Die *École pratique* stand gleichsam neben oder über den universitären Institutionen und vergab Ressourcen für Forschung in fast allen Disziplinen. Die Wiedererhebung der bislang alleinstehenden Fakultäten zu korporativen Universitäten 1885 bis 1896 beabsichtigte, Lehre und Forschung nach deutschem Vorbild noch stärker zu integrieren. Damals entstand auch die Sorbonne als Sitz der Universität von Paris wieder und erhielt, wie fast alle europäischen Universitäten im 19. Jahrhundert, neue, repräsentative Gebäude. Schließlich entstanden in Frankreich Ende des 19. Jahrhunderts aus privatwirtschaftlicher und kommunaler Initiative Schulen und Institute für besondere Zwecke, die meist öffentliche Unterstützung erfuhren oder von der öffentlichen Hand übernommen wurden – in Paris u.a. die Handelshochschule (1881), die Elektrotechnische Hochschule (1882) und eine Kolonialhochschule (1889) sowie ähnliche Einrichtungen in Zentren der Provinz, u.a. in Nancy, Grenoble, Lyons, Lille und Toulouse. Insgesamt führten die bereits während des Zweiten Kaiserreichs begonnenen Reformen in der Republik zu einer funktionalen Anpassung an den deutschen Wissenschafts- und universitären Ausbildungsbetrieb, bewahrten aber die eigene französische Struktur in der Organisation. Umgekehrt hatte sich Deutschland mit der Errichtung spezialisierter, außeruniversitärer Forschungsinstitute, die zentral initiiert wurden, partiell dem französischen Muster angeglichen.

Die deutsche und die französische Entwicklung wurden in Europa aufmerksam beobachtet. Andere Staaten und Städte, die sich im letzten Drittel des 19. Jahrhunderts bemühten, ihre Universitäts- und Wissenschaftssysteme zu reformieren, bezogen sich dabei auf die Vorbilder und passten sie den spezifischen Umständen und Möglichkeiten vor Ort an. Auch auf den Britischen Inseln etwa wurden die auf adelige Charakterbildung und Priesterausbildung fokussierten englischen Universitäten durch Reformen und Neugründungen mit staatlicher Unterstützung in ein System überführt, das die Ausbildung der Eliten und die wissenschaftliche Forschung sichern sollte. Mit der Ausnahme von Oxford und Cambridge flossen seit 1889 auch öffentliche Gelder in die Universitätseinrichtungen, was in Schottland schon länger selbstverständlich gewesen war. In der Reformdebatte spielten um die Jahrhundertwende die Sorgen um «nationale Leistungsfähigkeit», die Position im industriellen Wettbewerb und in der Konkurrenz der Imperien eine wesentliche Rolle. Damit wurden auch die Ansätze einer staatlich finanzierten naturwissenschaftlichen und medizinischen Forschung legitimiert. Abweichend von anderen europäischen Imperialmächten, schuf man in Großbritannien keine besondere Ausbildungsstätte für die Kolonialverwaltung wie etwa in Hamburg, wo das Kolonialinstitut von 1908 die Keimzelle für die Universitätsgründung 1919 wurde. Die entsprechenden Bedürfnisse fanden in den akademischen Disziplinen der «orientalischen» Philologien, der Anthropologie, Tropenmedizin und (deutschen) Forstwissenschaft ihren Niederschlag. Aus dem britischen Empire kamen Studierende vor allem aus den «weißen» Siedlungskolonien und Indien nach Großbritannien; von den Britischen Inseln gingen vor allem diejenigen, die an Forschung interessiert waren, gerne an deutsche Universitäten.

Neben den deutschen und französischen Universitäten zogen auch österreichische, schweizerische, italienische und belgische fremde Studierende an. Besonders rege waren ost- und südosteuropäische Studenten. Sie erwarben Kenntnisse in Deutsch und Französisch, auch Englisch und Russisch, was ihnen den Zugang zu den Erkenntnissen der führenden Wissenschaftler eröffnete. Daran änderte auch die Gründung von Universitäten in ihren Heimatländern nichts. Sprache entwickelte sich dennoch mancherorts zum Konfliktfeld, denn zum einen waren Universitäten trotz aller Internationalität zugleich ein Symbol der Nationalstaaten oder Ausdruck entsprechender Aspirationen (Christophe Charle und Jacques Verger). Zum anderen bildeten sie das Personal für Schulen, Verwaltungen, Gerichte und Krankenhäuser aus. In unterschiedlicher Form wurde dem in den Ländern, die Teil eines Imperiums waren,

Rechnung getragen. In Helsinki etwa gab es parallele Veranstaltungen auf Finnisch. In Prag, einer alten, ganz deutsch geprägten Universität, bildete die Einrichtung von Lehrstühlen, die auf Tschechisch unterrichteten, ab den 1860er Jahren nur eine Übergangsphase, die 1882 in die organisatorische Trennung in eine deutsche und eine tschechische Universität mündete. In Galizien, dem österreichischen Teil Polens, wurden die deutschen Universitäten von Krakau/Kraków und Lemberg/Lwów 1869 polnischsprachig, während gleichzeitig in den preußischen und russischen Teilen des Landes die polnische Kultur unterdrückt wurde.

In den universitären und außeruniversitären Sammlungen der Naturkunde- und Völkerkundemuseen entstanden in Europa in dieser Zeit globale Wissensspeicher, die sich durch die Verbindung von Sammlung, Bewahrung, wissenschaftlicher Forschung und populärer Präsentation auszeichneten. Disziplinen wie die Ethnologie und die Zoologie waren auf sie angewiesen, ja ihre Vertreter schufen sie erst, und sie zeugen von einer engen Verbindung von Wissenschaften mit der europäischen Expansion. Gerade in der Naturkunde lässt sich außerdem erkennen, dass Wissenschaft im 19. Jahrhundert trotz der universitären Entwicklung mit formaler Ausbildung und fachlicher Spezialisierung keine exklusiv akademische Beschäftigung war. Der Historiker Andreas Daum konnte auch für Deutschland, wo die Forschung sich institutionell besonders fest etablierte, zeigen, dass Laien sich in Vereinen, Einrichtungen und einem kommerziellen Veranstaltungs- und Publikationswesen mit der Erkenntnis der Natur beschäftigten. Vorwiegend bürgerliche Kreise interessierten sich hierfür, aber nicht nur, denn die organisierte Arbeiterbewegung baute ab den 1860er Jahren ähnliche Bildungseinrichtungen inklusive Bibliotheken auf. In der Populärwissenschaft wurden unter anderem Kontroversen über Materialismus und Idealismus, Evolutionstheorie und Religion geführt. Je nach Umständen besaßen die Aktivitäten auch politischen Charakter, sei es durch die Betonung nationaler Errungenschaften, sei es als Ersatz für politische Partizipation, sei es durch ihren gesellschaftlich-erzieherischen Anspruch. Wissenschaft und Bildung

2. Wissenschaftsglaube

sollten in der zweiten Hälfte des 19. Jahrhunderts einem gesellschaftlichen Ansinnen genügen, das über die funktionale Elitenausbildung und den unmittelbar anwendbaren Erkenntnisfortschritt hinausreichte. Im populären Bereich erschöpfte es sich nicht nur in Spektakel und Kommerz, sondern schloss Teilhabe ein.

Insgesamt war die Ausbildung der Juristen, Mediziner, Naturwissenschaftler, Ingenieure und Lehrer, die für das Funktionieren und den Fortschritt der Nationen benötigt wurden, ein wesentlicher Faktor in der öffentlich finanzierten und staatlich mehr oder weniger gesteuerten Entwicklung der akademisch-universitären Einrichtungen in Europa. Der Erwerb von Fachwissen und eine formale Schulung mit Examensprüfungen sind seither in allen Bereichen staatlich-öffentlicher Betätigung und – umfassender zwar erst im 20. Jahrhundert – in vielen privatwirtschaftlichen und freiberuflichen Tätigkeiten die notwendige Voraussetzung für den Zugang zu höheren Positionen geworden. Sie haben standesgemäße Sozialisation und Zugehörigkeit, ein nur auf allgemeine Bildung gestütztes Wissen sowie tendenziell auch Erfahrung abgelöst. In der beruflich-gesellschaftlichen Netzwerkbildung von Männern bildeten die an den Universitäten verbrachten Jahre seither eine zentrale Lebensphase. Einen zweiten Faktor für den Ausbau des Universitätssystems bildete die Suche nach wissenschaftlicher Erkenntnis. So intrinsisch die Einzelnen motiviert gewesen sein mögen, so eng war dennoch die institutionelle Entwicklung mit dem Gedanken des Fortschritts und auch der nationalen Konkurrenzfähigkeit verbunden. Letzteres widersprach nicht dem grenzüberschreitenden Charakter von Wissenschaft, sondern ging mit ihm einher. Teil der internationalen Forschergemeinde zu sein, die sich in Publikationen und durch Kongresse formierte, war förderlich für die nationale Stellung des Einzelnen und für die Stellung der Nation im Allgemeinen. Zwar war es auch noch möglich, dass Privatgelehrte Wissenschaft betrieben, und in der Populärwissenschaft zeigte sich eine breitere gesellschaftliche Verankerung von Wissenschaft, die weit über den kleinen Kreis der Studierenden hinausging, doch wurde wissenschaftliches Arbeiten im Laufe der Jahrzehnte vor dem Ersten Weltkrieg überwiegend in Einrichtungen eingebunden, war abhängig vom Zugang zu Bibliotheken und Laboren und wurde durch die Promotion dort, wo diese forschungsbezogen gestaltet wurde, Teil des universitären Studiums. Insgesamt entfaltete sich diese spezifische Form der Wissensgenerierung und -verbreitung im Rahmen eines vielfältigen, trotz heftiger weltanschaulicher und interessegeleiteter Auseinandersetzungen flexiblen Systems. Sie bildete zugleich eine der Grundlagen für die kurzzeitige globale Vorherrschaft Europas. Im Ergebnis entstand weder ein innerhalb einzelner Länder homogenes noch ein europäisch einheitliches Wissenschafts- und Universitätssystem, sondern ein segmentiertes, institutionell differenziertes Gefüge (R. D. Anderson). Prinzipiell war es zwar offen gestaltet, allerdings wurde im Einzelnen sozial und nach Geschlecht rigide exkludiert und selektiert.

Wandel als Gewissheit: Historismus und Evolutionstheorie
Der Theologe Ernst Troeltsch urteilte 1913 in einem Rückblick, «der Geist des 19. Jahrhunderts [ist] bestimmt durch die Einzelwissenschaften». Die sich herausbildende disziplinäre Spezialisierung drückte sich anschaulich in der Publikation von Fachzeitschriften aus: Um 1800 zählte man 100, um 1850 etwa 1000, und 1900 waren es 10000. Die «Regsamkeit und der Erfolg des wissenschaftlichen Spezialistentums» ergaben sich aus den Anwendungsbedürfnissen und hingen zusammen mit der Verwissenschaftlichung von Bildung, ihrer institutionellen Organisation sowie dem Charakter der Wissenschaft als einer Tätigkeit, die Probleme zu lösen sucht, kritisch prüft und dabei immer wieder neue Fragen aufwirft. Im 19. Jahrhundert setzte sich dabei eine Trennung der Natur- von den Geisteswissenschaften durch, begleitet von gegenseitigen Abgrenzungen und dem Bemühen seitens der Naturwissenschaften und der technischen Fächer um universitäre und gesellschaftliche Anerkennung. Troeltsch bezog sich hinsichtlich der fachlichen Ausdifferenzierung auf beide große Bereiche, unterschied aber voneinander abweichende Methoden. Bildung war für ihn «nicht mehr überwiegend ästhetisch, sondern realwissenschaftlich und

historisch». «Historisch» meinte hier die spezifische, nicht nur in der Geschichtswissenschaft, sondern auch in den Philologien und weiteren Fächern bis hin zur Theologie verbreitete verstehende Herangehensweise. Der verwandte Begriff «historistisch» sprach einen übergreifenden Denkstil der Epoche an, der in mancher Hinsicht auch in naturwissenschaftlichen Theorien wiederzufinden war. «Realwissenschaftlich» meinte dagegen die naturwissenschaftliche positivistische Methode, die sich auf das Experiment stützt.

Historischer Wandel, Geschichte war überall: Die Zeitgenossen erfuhren den wissenschaftlichen und technischen Wandel als derart schnell, dass ihnen im eigenen Erleben die Diskrepanz zwischen Vergangenheit und Gegenwart offenbar zu werden schien. Wohin würde die Entwicklung führen? Welchen Sinn konnte man ihr verleihen? Was sollte aus der Vergangenheit beibehalten werden? Der Historismus als Denkweise, die Gegenwart und Zukunft aus der Vergangenheit zu verstehen sucht, bot Antwort auf diese Fragen und eröffnete die Möglichkeit, Vergangenes in der öffentlichen Erinnerung zu bewahren (Otto Gerhard Oexle). Die Künste zum Beispiel wählten aus den verschiedenen historischen Stilen aus: Architekten gestalteten die großen Neubauten im Neobarock, der Neorenaissance oder Neoromanik. Die Museen sammelten eine Unzahl historischer Objekte aus aller Welt – einschließlich der Gegenstände indigener Gruppen aus Übersee, die sie im Vergleich zur reklamierten Fortschrittlichkeit ihrer Zeit einer rückständigen Epoche zuordneten – und präsentierten sie der Öffentlichkeit. In Jubiläen feierten die Menschen ihre Geschichte, besonders die Teile, die sie für ihre eigene Nation reklamierten. Denkmale wurden allerorten für die Helden der Vorzeit aufgestellt. Die Geschichte selbst war schon seit dem frühen 19. Jahrhundert zur wissenschaftlichen Disziplin, basierend auf der quellenkritischen Methode, entwickelt und institutionell verankert worden. Selbst in den Naturwissenschaften erklärte Charles Darwin die Gegenwart der Natur als eine historisch gewordene, die einem Mechanismus der Evolution folge. Die Völker, auf welche die Europäer im Zuge der imperialen Expansion trafen, wurden, zwischen zivilisations- und naturgeschichtlichen Kategorien schwankend, ebenfalls historisch eingeordnet. So vermittelte der Historismus dem 19. Jahrhundert angesichts von Vielfalt und rapiden Veränderungen gleichsam eine Art von Gewissheit im Wandel.

Die zentrale Denkfigur des Historismus bildete die Verbindung von individualisierender Betrachtung mit dem Entwicklungsgedanken (Friedrich Jäger und Jörn Rüsen). Gegenüber der aufklärerischen Vorstellung von der Menschheit betonten seine Vertreter die verschiedenen Ausprägungen menschlicher Existenz und schätzten den Eigenwert der historischen Individualität hoch. Das organische Werden und Wachsen von Individualität bezog sich dabei nicht nur auf den einzelnen Menschen, sondern auch auf Kollektive wie das Volk oder die Nation. Diese romantisch beseelte Vorstellung erfuhr im Historismus als wissenschaftliche Methode eine Umwandlung in der reflexiven Aneignung der Vergangenheit. In Deutschland und darüber hinaus wirkte hier bereits maßgeblich in der ersten Hälfte des 19. Jahrhunderts Leopold Ranke (1795–1886), der offizielle Historiograph des preußischen Staates. Gegen geschichtsphilosophische Deutungen der Welt setzte er die historische Hermeneutik, d. h. ein Sich-Einfühlen in Epochen der Vergangenheit mit ihrem jeweils eigenen Wert und ein Verstehen vergangener Akteure. Geschichtsschreibung bildete demnach das Geschehen ab, wie es sich ereignet hatte, und verknüpfte es zum Typischen einer bestimmten Epoche. Für die wissenschaftliche Disziplin entwickelten sich daraus fachliche Anforderungen, die bis ins 20. Jahrhundert Gültigkeit beanspruchten. Aussagen mussten quellengestützt und damit überprüfbar sein; die Darstellung sollte objektiv sein, kritisch urteilend, aber nicht parteiergreifend.

Der Zuwachs an Wissen über die Vergangenheit brachte nützlichen Erkenntnisfortschritt, denn die Historiker wählten aus, was aus der Vergangenheit gegenwärtig noch Bedeutung besitzen sollte. Die Triebkräfte der historischen Veränderungen waren für sie geistiger Natur, auch Staat und Macht wurden als Ideen betrachtet. Historische Wissenschaft und historisches Denken besaßen damit

2. Wissenschaftsglaube

eine gesellschaftliche Funktion, indem sie den bürgerlichen, gebildeten Mittelschichten sowohl gegenüber der sich entfaltenden Industriegesellschaft als auch gegenüber der monarchisch-adligen Herrschaft Orientierung boten. Die Menschheit durchlief einen historischen Prozess, in dem sich die Idee der Freiheit in individuellen politisch-kulturellen Einheiten konkretisierte. In der Reformpolitik nach den revolutionären Unruhen zwischen 1789 und 1848, der Beteiligung des besitzenden und gebildeten Bürgertums an der politischen Herrschaft und der nationalen Identität: In diesen Formen schien sich der Sinn der eigenen historischen Epoche, begründet in der Vergangenheit, zu manifestieren. Dergestalt mobilisierte das historische Wissen politisch also in einem konservativ-liberalen Sinne. Der Fortschritt der jeweils eigenen Nation bestimmte und dynamisierte die historischen Erzählungen der meisten Geschichtsschreiber.

Der Historismus als Denkstil erlebte in der zweiten Hälfte des 19. Jahrhunderts seine weiteste Verbreitung und zugleich seine Krise. Als wissenschaftliche Methode prägte er weit über Deutschland hinaus nicht nur die Geschichtswissenschaft, sondern auch die Literatur- und die Kunstwissenschaft, die sich damals aus der Literatur- und Kunstkritik heraus akademisierten; ferner beeinflusste er die Theologie, die Rechtswissenschaft und die Nationalökonomie. Er führte zu einer «grundsätzlichen Historisierung alles unseres Denkens über den Menschen, seine Kultur und seine Werte», wie Troeltsch es 1922 im Rückblick ausdrückte. Alle Lebensbereiche waren also im Kontext ihrer Zeit veränderlich, waren damit zugleich im fortschrittlichen Sinne gestaltbar. Das im Historismus wurzelnde moderne historische Denken dynamisierte so die Geschichte. Diese Perspektive rief um die Jahrhundertwende Kritik hervor. Zum einen bedeutete das Verständnis jeder Epoche in ihrer Eigenart, dass jede Zeit nach ihren eigenen Maßstäben beurteilt werden müsste. Das negierte die Existenz einer übergreifenden, allgemein gültigen Werteordnung und öffnete einem Relativismus die Tür, der viele beunruhigte. Zum anderen schien die «völlig relativistische Wiedererweckung beliebiger vergangener Bildungen»

(Troeltsch) für die Gegenwart unproduktiv. Das Anhäufen von Fakten wurde als «Leblosigkeit» (Nietzsche) verurteilt, der fehlende Bezug zur Gegenwart beklagt. Manchen schien die Suche nach Gesetzmäßigkeiten, wie sie die Naturwissenschaften betreiben, daher auch für die Geisteswissenschaften ein Ausweg.

Aus dem geschilderten weitreichenden Anspruch historistisch-geisteswissenschaftlichen Denkens erklärt sich wohl zum Teil auch die gleichsam entgegengesetzte Proklamation des 19. Jahrhunderts als «neues Zeitalter der Menschheit, welches wir berechtigt sind, das naturwissenschaftliche Zeitalter zu nennen». So verkündete es Werner von Siemens 1886 auf der 59. Versammlung der Gesellschaft Deutscher Naturforscher und Ärzte. Er erkannte einen in der Zukunft offenen Erkenntnisfortschritt, denn «je tieferen Einblick wir aber in das geheimnisvolle Walten der Naturkräfte gewinnen, desto mehr überzeugen wir uns, dass wir erst im ersten Vorhof der Wissenschaft stehen, dass noch ein ganz unermessliches Arbeitsfeld vor uns liegt». Von den Naturwissenschaften erwartete er, dass sie durch den Transfer ihrer Ergebnisse in Wirtschaft und Gesellschaft die Lebensbedingungen verbesserten. Vor den versammelten Naturwissenschaftlern führte er aus: «Die [...] sich progressiv steigernde Leichtigkeit der Gewinnung der materiellen Existenzmittel wird dem Menschen wegen der kürzeren Arbeitszeit, die er darauf zu verwenden hat, den nötigen Überschuss an Zeit zu seiner besseren geistigen Ausbildung und zu geistigen Lebensgenüssen gewähren; die mit der Erkenntnis der Wirkung der Naturkräfte wachsende Erkenntnis der Bedingungen für das körperliche Wohlbefinden wird zur gesünderen Entwicklung der künftigen Menschengeschlechter an Körper und Geist führen; die immer vollkommener und leichter herzustellenden mechanischen Reproduktionen künstlerischer Schöpfungen werden diesen auch Eingang in die Hütten verschaffen und die das Leben verschönernde und die Gesittung hebende Kunst der ganzen Menschheit, anstatt wie bisher nur den bevorzugten Klassen derselben zugänglich machen!» Der materielle Fortschritt, der eine sittliche Wirkung ausübe, war für Siemens eine Zukunftsprojektion mit gesellschaftlich integrierender Wirkung. Naturwissenschaftliche Erkenntnisse besaßen, auch für die Zeitgenossen, eine unmittelbare gesellschaftspolitische Relevanz.

Im 19. Jahrhundert gewannen die Naturwissenschaften grundlegend neue Erkenntnisse, die häufig mit großen Männern verbunden werden: Michael Faraday (1791–1867) für den Elektromagnetismus, James Prescott Joule (1818–1889) für das Prinzip der Energieerhaltung, Charles Darwin für die Evolution der Arten, Louis Pasteur für die Mikroorganismen, Heinrich Hertz (1857–1894) für die elektromagnetischen Wellen oder Henri Becquerel (1852–1908) für die Radioaktivität des Urans. So unbestreitbar die Leistungen der Naturforscher waren, so wichtig war für die naturwissenschaftliche Forschung insgesamt ihre Institutionalisierung an den Universitäten und den außeruniversitären Einrichtungen. Der zentrale Ort war hier das Labor, und die historische Forschung spricht von einer «Laborrevolution» (Hennig Schmidgen). Im Labor arbeiteten die Chemiker oder Physiker im Team und lernten durch praktische Erfahrung, so dass Lehre und Forschung eng miteinander verzahnt waren. Die hierfür neu errichteten Gebäude waren zugleich ein Ort der Sozialisation von Wissenschaftlern. Während zuvor handwerklich Ausgebildete und Amateurwissenschaftler, zu denen noch einige der Berühmtheiten der Zeit wie Darwin zählten, Naturforschung betrieben, eröffnete bald nur noch eine akademische Qualifikation den Zugang zum Arbeitsplatz, zur Gemeinde der Forscher, zu Publikationen und zur Naturwissenschaft als Beruf. Dieser Vorgang der Professionalisierung sowie die disziplinäre Spezialisierung verfestigten die Dominanz von Männern in den Naturwissenschaften und schlossen Frauen weitgehend aus, so dass sie allenfalls wie Lise Meitner (1878–1968) als «Helferinnen» eine Rolle spielten oder, trotz ihrer tatsächlichen eigenständigen Leistungen, als solche behandelt und dargestellt wurden. Auf der anderen Seite formten die Professionalisierung, der beschränkte Zugang und die Eigenart der Räumlichkeiten das Selbstverständnis der Naturwissenschaftler und stärkten ihr Selbstbewusstsein und ihre öffentliche Rolle.

Die im 20. Jahrhundert beobachtbare «Verwissenschaftlichung der Lebenswelt» (Herbert Schnädelbach) besaß ihren Ursprung in der Disziplinbildung im Verein mit akademischer Institutionalisierung und gesellschaftlichem Anspruch der Naturwissenschaften des späten 19. Jahrhunderts. Aus der allgemeinen Naturphilosophie entwickelten sich die uns bis heute bekannten Disziplinen Physik, Chemie, Biologie, die medizinischen Teildisziplinen sowie die technischen Fächer des Maschinenbaus, der Elektrotechnik, des Bauingenieurwesens und der Architektur. Gemeinsam war ihnen die praktische Anwendbarkeit, die sich nicht wie das hergebrachte Fach Jura auf den Staatsdienst hin orientierte, sondern auf Industrie, Wirtschaft und Gesellschaft. Die Erkenntnisse der Natur- und Technikwissenschaften wirkten sich teilweise direkt auf den Alltag aus. Man denke an die künstliche Düngung, die chemischen Farbstoffe, an die Elektrizität oder an die Gesundheitsvorsorge und Hygiene. Wie die historistisch geprägten Geisteswissenschaften waren auch die Naturwissenschaften keine Wissenschaft um ihrer selbst willen, die rein experimentell gewonnene Erkenntnis produzierte. Nicht nur Leute wie Siemens knüpften gesellschaftspolitische Erwartungen an sie, auch Wissenschaftler selbst erkannten die «Weltanschauungswirkung der Naturwissenschaft» (Troeltsch). Der Materialismus führte zu heftigen Debatten über das Verhältnis von Natur und Geist, Körper und Seele. Naturwissenschaftliche Vorstellungen wurden auch direkt auf Gesellschaft und Politik übertragen. Das Beispiel mit der wohl weitreichendsten Wirkung ist hier die Evolutionstheorie Darwins.

Der Biologe fügte in der Evolutionstheorie mehrere bekannte Einsichten seiner Zeit, wie die andauernde geologische Fortentwicklung der Erde und die Veränderungen der Arten im Laufe der Erdgeschichte, neu zusammen, um den spezifischen Mechanismus für die Entstehung und den Wandel der Arten zu erklären. Er fand ihn in der «natürlichen Auswahl», die der Titel seines 1859 veröffentlichten Buchs anzeigte: *On the Origins of Species by Means of Natural Selection, or the Preservation of Favoured Races in the Struggle for Life.* Die Theorie der Evolution durch natürliche Auslese beruhte auf umfangreichen Beobachtungen, die Darwin als finanziell unabhängiger Privatforscher unter anderem in den 1830er

2. Wissenschaftsglaube

Jahren während einer fünfjährigen Forschungsreise um die Welt gemacht hatte und die er ausführlich im Detail belegte. Darwin stellte fest, dass Lebewesen in der Regel einen Überschuss an Nachkommen produzieren, obgleich die Nahrungsgrundlage begrenzt ist. Jeder Nachkomme ist einmalig und hinsichtlich der Fortpflanzung unterschiedlich erfolgreich. Darwins Schlussfolgerung aus diesen Beobachtungen war, dass die Individuen einer Art miteinander im Wettbewerb stehen, wobei die Tauglichsten überleben und Nachkommen hervorbringen. Wie der Biologe und Wissenschaftstheoretiker Franz M. Wuketits erläutert, hatte schon die verwendete Begrifflichkeit der Theorie, zumal in den Übersetzungen, interpretatorische Folgen. In der Erstübertragung ins Deutsche hieß die «natürliche Auslese» im Titel «natürliche Zuchtauswahl». Gemeint war eine gleichsam mechanisch wirkende Kraft, die transzendente Kräfte zur Erklärung der Veränderung von Arten überflüssig machte. «Kampf um's Daseyn» für «struggle for life» ließ an tödliche Auseinandersetzungen denken, während es im Englischen eher um Wettbewerb und Konkurrenz ging. Der Ausdruck «survival of the fittest», den Darwin von dem Philosophen Herbert Spencer übernahm, beschrieb die «Tauglichsten», nicht die «Stärksten» oder «Tüchtigsten». Auch unterliegen laut Darwin nicht die Individuen einer Art dem evolutionären Wandel, sondern die Evolution macht sich erst auf der Ebene einer Population bemerkbar. Diese begrifflichen Unterscheidungen änderten nichts an der Popularität sozialdarwinistischer Theoreme.

Die herausragende Bedeutung von Darwins Theorie lag darin, dass er das vorherrschende Weltbild dynamisierte. Darin war sie dem Historismus nicht unähnlich. Sie bewirkte eine Abkehr von der Vorstellung unwandelbarer Typen hin zur Beobachtung der realen individuellen Varianten. Die Einzigartigkeit war folglich nicht auf den Menschen beschränkt, sondern kennzeichnete auch Tiere und Pflanzen. Umgekehrt betraf die Entstehung der Arten auch den Menschen und biologisierte ihn damit. Darwin hatte das 1859 nicht ausgesprochen und nahm erst 1871 in seinem Buch *The Descent of Man* dazu Stellung. Nicht verwunderlich war die kirchliche Kritik an seinen Theorien, leugnete er in deren Sicht doch die Schöpfung, behauptete, dass die Erdgeschichte länger sei als die biblische Geschichte, und schien einen göttlichen Plan für das Leben abzustreiten. Im *Syllabus Errorum*, in dem Papst Pius IX. 1864 die Irrtümer der Zeit auflistete, wurde der «Naturalismus» gleich in Paragraph 1 verurteilt. Die Verbreitung von Darwins Theorie verhinderte das nicht. Sein Werk von 1859 erfuhr bis zu seinem Tod 1882 allein in England sechs Auflagen. Verbreitet und zugespitzt wurden seine Ideen durch Männer wie Thomas H. Huxley, der sich selbst als «Darwins Bulldogge» bezeichnete, und Ernst Haeckel (1834–1919), der wesentlich für die Übertragung der evolutionären Entwicklung auf den Menschen eintrat und dessen Abstammung von den Primaten erklärte. Popularisiert wurden Darwins Ideen in naturkundlichen Ausstellungen, durch Vereine und Gesellschaften, in Museen, auf Jahrmärkten und in den zoologischen Gärten. Anthropologen und Paläontologen beteiligten sich. In der Debatte um das «fehlende Glied» zwischen Primaten und Menschen spielten die Entdeckung des Neandertalers 1856 und seine Einordnung durch den Bonner Professor Hermann Schaaffhausen (1816–1893) eine wichtige Rolle, aber auch die Präsentation von Knochenfunden aus Java durch den niederländischen Paläontologen und Geologen Eugène Dubois (1858–1940).

Folgenreich war die Übertragung der biologischen Erkenntnisse über die Evolution nicht nur auf die menschliche Art, sondern auch auf die menschliche Gesellschaft. In Politik, Gesellschaft und Wirtschaft glaubten viele, gölten evolutionäre Prinzipien des «Kampfs ums Überleben», in dem sich der Stärkere durch Auslese durchsetze. Ein Sozialdarwinismus, den der englische Biologe selbst nicht verfochten hatte, wurde auf die Auseinandersetzungen zwischen Völkern, Nationen und Weltreichen angewandt. In Verbindung mit der Vererbungslehre, die von dem Ordenspriester Gregor Mendel (1822–1884) ab 1856 experimentell entwickelt, aber erst um die Jahrhundertwende wieder «entdeckt» und verbreitet wurde, schien die biologische Theorie der Auswahl auch den Maßstab für die Behandlung individueller Menschen zu liefern und die Möglichkeit zu eröffnen, «gute» Erbanlagen zu fördern und «schlechte» zu verhindern. Das eugenische Denken, das die Verbesserung der menschlichen Art oder einzelner «Rassen» im Blick hatte, sollte im 20. Jahrhundert fatale Folgen für ganze Menschengruppen haben. Es wurzelt im Glauben an die umfassende Anwendbarkeit naturwissenschaftlicher Erkenntnisse und die Übertragbarkeit naturwissenschaftlicher Methoden auf andere Wissenschaften.

Auch die sich herausbildenden Gesellschaftswissenschaftler und einige Geisteswissenschaftler versuchten an der Wende zum 20. Jahrhundert, wie die Naturwissenschaften Voraussagen zu treffen und die Gesellschaft zu verbessern. Sie griffen dabei auf die positivistische Philosophie Auguste Comtes (1798–1857) zurück, der die Ansicht vertreten hatte, dass auch die Gesellschaft wie die Natur nach empirisch belegbaren Gesetzen funktioniere und metaphysische Erklärungen keine Wahrheit beanspruchen könnten. Émile Durkheim (1858–1917) entwickelte daraus die Grundlagen für die soziologische Forschung. In der Beschäftigung mit der Geschichte konnte eine vergleichbare Herangehensweise den Blick über die politische Geschichte hinaus auf gesellschaftliche Verhaltensweisen erweitern. Im Rechtspositivismus entfiel die Begründung des Rechts durch Gott oder das Naturrecht. Der gleichsam verabsolutierte Zugang zur Welt, zu Natur und Gesellschaft, durch empirisch-gesetzmäßige Wissenschaft war in den Disziplinen, zwischen ihnen und in der intellektuellen Debatte nicht unumstritten, sondern bildete ein Kennzeichen der widersprüchlichen Auffassungen, die am Ende des 19. Jahrhunderts kulturelle Gewissheiten infrage stellten. Für Troeltsch etwa vereinigten sich damals «die lähmenden Wirkungen naturalistischen Determinismus mit den nicht minder entnervenden Wirkungen des historischen Relativismus».

3. Religion im Konflikt: Säkularisierung und Religiosität

Religion bildete auch im 19. Jahrhundert eine grundlegende Kraft, die übergreifend in Kultur, Gesellschaft und Politik wirkte. Sie war kein abgegrenzter Bereich. Die zweite Jahrhunderthälfte ist gar als eine Zeit der «Kulturkämpfe» (Chris Clark und Wolfram Kaiser) bezeichnet worden. Im engeren Sinne kirchlich-staatlicher Auseinandersetzungen traf dies zwar für das katholische Europa und gemischtkonfessionelle Länder zu. In protestantischen und orthodoxen Ländern war dies nicht in gleicher Weise der Fall, während für jüdische Glaubensangehörige Emanzipation und Akkulturation oder Assimilation im Vordergrund standen. Muslime in Südosteuropa hingegen erlebten die Zeit als eine der Vertreibung. Aus den Kulturkämpfen heraus entwickelte sich die These einer zunehmenden Säkularisierung, nach der sich nicht nur der Staat endgültig von der Kirche trennte oder trennen sollte, sondern die Religion gesellschaftlich ihre Bedeutung einbüßte und zur Privatangelegenheit wurde. Diese Annahmen trafen für das 19. Jahrhundert offenkundig nicht zu, denn eine vollständige Trennung fand nicht statt, und Religiosität erlebte im Gegenteil eine Vitalisierung und erzeugte enge Gruppenbindungen in Teilen der Gesellschaft. Im weiteren Sinne befanden Religion und Kirche sich jedoch durchaus im Kampf; anders formuliert: Die Grenzen und Beziehungen zwischen Religion auf der einen und Politik, Wissenschaft und Gesellschaft auf der anderen Seite wurden im Konflikt neu bestimmt, wobei auch Spannungen zwischen und innerhalb der christlichen Konfessionen die Auseinandersetzungen überlagerten. Im Zuge der Mission in Übersee und der globalen Wissensaneignung begegneten Europäer schließlich fremden religiösen Ideen außerhalb der Grenzen des sich mehrheitlich christlich verstehenden Kontinents.

3. Religion im Konflikt

Säkularisierung und Verkirchlichung

Die Säkularisierungstheorie geht davon aus, dass ein langfristiger Differenzierungsprozess Religion und Politik, Kirche und Staat in Europa voneinander trennte, wobei Religion privatisiert wurde, mithin ihre öffentliche Bedeutung verlor, und die rationale Wissenschaft die Welt entzauberte und damit den Deutungsanspruch von Religion, den sie zunächst bezweifelte, letztlich ersetzte. Das 19. Jahrhundert galt in der historischen Soziologie und in Teilen der Geschichtswissenschaft lange als das Zeitalter, in dem im Gefolge von Aufklärung und Französischer Revolution die entscheidenden Schritte erfolgten. Demgegenüber herrscht heute eine Sichtweise vor, welche die veränderte, aber anhaltende Kraft von Religion erkennt und sie aus der wechselseitigen Dynamik von säkularen Bestrebungen und verstärkter Religiosität zusammen mit Verkirchlichungsprozessen erklärt.

Die Ursprünge der Säkularisierungstheorie können tatsächlich in den Konflikten des 19. Jahrhunderts selbst verortet werden. Die vermeintliche Erklärung ist demnach eigentlich Teil des zu Erklärenden – eine bestimmte Position im Rahmen der zeitgenössischen Konflikte um die von manchen angestrebte, aber keineswegs mehrheitlich gewünschte und überall umfassend erfolgende Verweltlichung. Der Historiker Manuel Borutta erklärt am Beispiel der Schweiz, Deutschlands und Italiens, wie liberale Politiker und Wissenschaftler in den Kontroversen um das Verhältnis von Staat und Kirchen schon seit den 1830er Jahren Vorstellungen entwickelten, die Religion einer eigenen, von Staat, Wirtschaft und Wissenschaft getrennten Sphäre zuordnen. In der zweiten Jahrhunderthälfte wurde dann vielfach versucht, dieses Postulat auf gesetzlichen und administrativen Wegen umzusetzen. Die Liberalen bezeichneten dabei insbesondere die katholische Kirche und die Religiosität des gläubigen Volks als «mittelalterlich» oder auch «orientalisch» – rückständig eben und nicht fortschrittlich. Sie schrieben bei der Bestimmung des anzustrebenden Verhältnisses Staat und Kirche jeweils entgegengesetzte Geschlechtscharaktere zu: Der männliche Staat und die weibliche Kirche sollten in einer – dem bürgerlichen

Ideal einer Ehe entsprechenden – hierarchischen Beziehung verbunden werden, in der die Kirche gleichsam den privaten Innenraum verwaltete, während der Staat den öffentlichen Raum einnahm und zugleich den kirchlichen Bereich entscheidend zu kontrollieren befugt war. Dem lagen eine Vergangenheitsdeutung und Zukunftsprojektion zugrunde, nach der Fortschritt nur von säkularen Kräften bewirkt werde, sprich von den wirtschaftlich und politisch aktiven, rational handelnden Männern des Bürgertums. Diese Ideen fanden um 1900 Eingang in die sich etablierende Soziologie, die sich noch intensiv mit der Rolle der Religion in- und außerhalb Europas beschäftigte (Max Weber und Émile Durkheim) und in deren Gefolge dann die Abtrennung der Kirchen vom Staat sowie der Bedeutungsverlust der Religion zum Kennzeichen der europäischen Moderne erklärt wurden. Am historischen Entwicklungsstand in dieser Beziehung sollten sich einzelne Länder und letztlich die ganze Welt messen lassen.

Obgleich die liberalen Vorstellungen zum zeitgemäßen Verhältnis von Religion und Fortschritt für die Theoriebildung der modernen Gesellschaftsanalyse erfolgreich waren, scheiterten die praktischen Bestrebungen häufig und übten tatsächlich oft eine gegenteilige Wirkung aus. Hinsichtlich formaler Kriterien scheint die Entwicklung im 19. Jahrhundert die Theorie nur auf den ersten Blick zu stützen, denn die Abnahme von Kirchenbesuchen, Teilnahme am Abendmahl und kirchlichen Eheschließungen, wie sie etwa in manchen Großstädten im protestantischen Bereich nachweisbar ist, war keineswegs flächendeckend. In einigen deutschen Städten waren die abnehmenden Religionspraktiken zwar erkennbar, englische erlebten jedoch vielfach einen kirchlichen Aufschwung, wobei die Industrieorte in England und Wales Schwerpunkte nonkonformistischer Religionsausübung waren. Umgekehrt sahen Großstädte im katholischen Spanien bemerkenswert ausgeprägte antiklerikale Verhaltensweisen. Im Zuge der Zuwanderung hingegen bildeten vielerorts Kirchen, ihre Gemeinden und karitativen Einrichtungen einen Anlaufpunkt. Gottesdienste stärkten die Gruppenbindung der mobilen Bevölkerung besonders dann, wenn sie wie Polen im

Ruhrgebiet oder Iren in Liverpool in eine religiös und womöglich auch ethnisch andere Umgebung kam. Schon mit Blick auf kirchliche Riten kann nicht von einer säkularisierten Stadtgesellschaft in Europa gesprochen werden. Über den Glauben der Bevölkerung ist anhand solcher äußeren Anzeichen ohnehin wenig zu erschließen. Der Fokus auf das urbane, als fortschrittlich geltende Leben vernachlässigt schließlich gänzlich die Bedeutung von Religion und Kirche in der ländlichen Gesellschaft. In Zentralfrankreich und im südlichen Spanien etwa beobachtete man eine geringe Beteiligung an Gottesdiensten und anderen kirchlichen Riten, in Landschaften wie dem Baskenland, der Bretagne, dem Elsass und in Irland und Polen, wo die konfessionelle Zugehörigkeit eng mit regionalem und nationalem Bewusstsein verknüpft war, war sie hingegen hoch.

Festhalten lässt sich erstens, dass die konfessionell-religiöse Vielfalt dort, wo starke Zuwanderung erfolgte, zunahm. Zweitens war damit nicht unbedingt eine Entkirchlichung oder Entchristlichung der Bevölkerung verbunden – viel war auch abhängig von der Versorgung mit Priestern und Kirchengebäuden sowie der konfessionellen, ethnisch-nationalen und politischen Umgebung. Drittens gab es in der zweiten Jahrhunderthälfte auch Personen und Gruppierungen, die gegenüber Religion oder Kirche erkennbar indifferent, wenn nicht, wie viele sozialistische Arbeiterparteien, ablehnend auftraten. Allerdings fand eine solche Haltung keine selbstverständliche Anerkennung, sondern führte häufig zu abgrenzender Lagerbildung oder war von Schwierigkeiten begleitet. Charles Bradlaugh, ein Mitbegründer der National Secular Society von 1866, konnte etwa, als er 1880 als öffentlich «bekennender» Atheist ins britische Unterhaus gewählt wurde, seinen Sitz erst nach Jahren unbehindert einnehmen, weil er sich weigerte, den religiösen Treueeid auf die Krone abzulegen. Bradlaugh gehörte zeitweise einer englischen Freimaurerloge an und löste hier ebenfalls eine Kontroverse um die Frage aus, ob ein Atheist Mitglied sein könne. In dieser Frage unterschieden sich nach Joachim Berger verschiedene Netzwerke in Europa, wobei agnostische, szientistische und teilweise atheistische Haltungen deutlich stärker in spanischen, französischen, belgischen und italienischen Logen vertreten waren als etwa in den sich christlich verstehenden skandinavischen Landesverbänden oder in den deistisch geprägten britischen Logen. Die unterstellte, aber oft gar nicht vorhandene antireligiöse oder gar unchristliche Einstellung der Freimaurerei provozierte kirchliche Gegenaktionen, wie den 1896 in Trient abgehaltenen «Ersten universalen antifreimaurerischen Kongress» mit über 300 Teilnehmern unter der Schirmherrschaft von Papst Leo XIII. Hier zeigte sich viertens, dass säkulare und kirchlich-religiöse Überzeugungen gerade im katholischen Raum einander in ihrer gegenseitigen Ablehnung stärkten. Konfliktbehaftetes Gegen- und Nebeneinander beschreiben die Entwicklung besser als die Rede von der Verdrängung der Religion. Schließlich stand den säkularen Momenten fünftens eine verstärkte Religiosität in der Bevölkerung gegenüber, die noch zu erläutern sein wird.

Hinsichtlich der rechtlichen Beziehungen zwischen Staat und Kirchen wurde im 19. Jahrhundert das Staatskirchentum, auch in Fortsetzung der Staatskirchenpolitik des 18. Jahrhunderts, weiter ausgestaltet. Nach Wolfgang Reinhard erreichte die staatliche Kirchenherrschaft erst jetzt ihren Höhepunkt. Kennzeichnend waren nicht die eindeutige Trennung, wie sie von bürgerlichen Radikalliberalen gefordert wurde, sondern der Ausbau von Kontrolle und der allmähliche Abbau von Diskriminierungen religiöser Minderheiten. Häufig wird Frankreich in den Mittelpunkt gerückt, weil dort während der Französischen Revolution 1793/94 die Verbindung zwischen Christentum und Staat auf gesetzlichem Wege kurzzeitig ganz gekappt wurde. Nachdem die Repressionsmaßnahmen abgeklungen waren, stellte das Konkordat von 1801 die Beziehungen unter Anerkennung der staatlichen Kirchenordnung seitens des Papstes wieder her. 1905 erfolgte dann die endgültige Trennung von Kirche und Staat, als Frankreich sich zur *laizistischen* Republik erklärte. Diese Ereignisse scheinen gut in ein Narrativ der Säkularisierung zu passen. Doch derart auf die Vorgänge von 1793/94 und 1905 verkürzt, vernachlässigt dies besonders die Beendigung der

3. Religion im Konflikt

gesetzlichen Diskriminierung von Angehörigen anderer Religionen als der Staatsreligion.

Tatsächlich ging es bei der Gestaltung der Staat-Kirche-Beziehungen im 19. Jahrhundert in den meisten Fällen um staatliche Kirchenaufsicht und die gleichberechtigte Anerkennung von Konfessionen und Religionen, nicht um ihre Verdrängung. Die Regelungen erfolgten, wie der Kirchenhistoriker Hugh McLeod gezeigt hat, nicht einem einheitlichen Muster oder Trend. Frankreich war unter diesen beiden Gesichtspunkten allerdings insofern ein Vorreiter, als schon unter Napoleon I. die Priester staatlich alimentiert wurden. (Eine Rückgabe des Kirchen- und Klosterbesitzes erfolgte übrigens nicht; und in anderen Ländern von Bayern über Spanien bis Rumänien griffen auch andere Regierungen im Laufe des 19. Jahrhunderts auf diesen «Schatz» zu, um Haushaltskrisen zu bewältigen.) Der Katholizismus bildete ab 1801 nur noch die Religionszugehörigkeit der Bevölkerungsmehrheit, nicht mehr die alleinige Staatsreligion, denn die französischen Protestanten und die Juden wurden offiziell anerkannt und erhielten – wie die katholische Kirche – eine konsistoriale, staatlich bestimmte Organisationsstruktur. In den Niederlanden hatte ebenfalls in der Revolutionszeit 1796 die Nationalversammlung die Gleichberechtigung der Kirchen proklamiert, doch blieb bis 1848 faktisch die eindeutige Vorrangstellung der jetzt ebenfalls vom Königshaus stärker beaufsichtigten Niederländisch-Reformierten Kirche erhalten. Andere protestantische Richtungen, wie die strengen Calvinisten, und Katholiken, deren Hierarchie erst 1853 gegen teilweise gewalttätige Proteste seitens protestantischer Gruppen restauriert wurde, erlangten hingegen gegenüber den Eliten aus der privilegierten Konfession erst mit der Ausdehnung des Wahlrechts in Form konfessionsgebundener Parteien politischen Einfluss, so dass sie 1889 die staatliche Unterstützung für Konfessionsschulen erwirken konnten. Ganz anders als in Frankreich, wo die republikanischen Kräfte ab 1879 das Bildungssystem laizistisch umgestalteten, wurde in den Niederlanden eine staatliche Gleichbehandlung in der Förderung von religiös geprägten Erziehungseinrichtungen und keineswegs eine scharfe Trennung von Kirchen und Staat betrieben. In England ist die anglikanische Kirche bis heute die Staatskirche geblieben, doch in Irland wurde diese privilegierte Stellung 1869 und in Wales 1914 abgeschafft, in Schottland erst nach dem Ersten Weltkrieg. Gleichzeitig entfielen schrittweise diskriminierende Bestimmungen, welche Angehörige anderer Konfessionen oder Religionen bei der Übernahme von Ämtern einschränkten – nicht allerdings für den Throninhaber. Dass die anglikanische Kirche in Irland und Wales ihre Position verlor, war ein Akt politischer Befriedung, nicht eine antikirchliche Maßnahme. Er illustriert, wie eng Religion – Katholizismus und nonkonformistischer Protestantismus – in beiden Landesteilen bis zum Ersten Weltkrieg mit der Politik verwoben war.

Die Entwicklung in Italien war über seine Grenzen hinweg von europäischer Bedeutung, weil hier die Nationalstaatsgründung gegen die weltliche Herrschaft des Papstes erfolgte und dieser zunächst 1861 Teile seines Staatsterritoriums, 1870 dann auch Latium mit Rom bis auf die eng umgrenzte Vatikanstadt verlor. Während sich anderswo Staaten aus der privilegierten Bindung an eine Kirche lösten, verlor hier eine Kirche ihren Staat. Nicht nur erhielt der italienische Nationalstaat einen stark antikirchlichen Zug, sondern auch das Papsttum veränderte damit seinen Charakter, denn es musste sich seither viel mehr als Kirche ohne feste territoriale Bindung begreifen. Zusammen mit der Beseitigung landeskirchlicher Strukturen des Ancien Régime – des Gallikanismus in Frankreich und der kirchlichen Herrschaft im Heiligen Römischen Reich Deutscher Nation – stärkte dies das Papsttum in seinem transnationalen Anspruch auf religiöse Autorität und konfrontierte es in Kirchenfragen unmittelbar mit den Regierungen der europäischen Staaten bzw. führte zu verschiedenen Konkordaten, in denen bis ins 20. Jahrhundert strittige Punkte der kirchlichen Selbstbestimmung, Besteuerung, Ämterbesetzung und der Zusammenarbeit mit staatlichen Einrichtungen geregelt wurden. Insgesamt entwickelte die katholische Kirche und auch die katholische Bevölkerung eine gewisse Distanz zu den staatlichen Autoritäten in laizistisch oder auf Trennung bedachten sowie in dominant protestantischen Ländern.

3. Religion im Konflikt

Daher konnten einvernehmliche Abkommen in vielen Fällen vor dem Ersten Weltkrieg nicht geschlossen werden. Gleichzeitig traten innerkatholische Spannungen dort auf, wo Einzelne und Gruppierungen der römischen Linie nicht folgen wollten, wie etwa im Falle des *Syllabus Errorum* von 1864 oder des Dogmas von 1870 zur Unfehlbarkeit des Papstes, die gelten sollte, wenn dieser in seinem Amt *ex cathedra* in Glaubens- oder Sittenfragen Entscheidungen verkündet. Liberale Katholiken hatten es besonders schwer, wenn sich theologischer Konservatismus in Rom und Kirche-Staat-Konflikte im eigenen Land überlagerten. Der Ultramontanismus, d.h. die Befolgung der zentralen päpstlichen Autorität von «jenseits der Berge», galt bei den dominierenden Kräften als starker Schutz gegen staatliche Eingriffe in den Kirchenkämpfen um Zivilehe, Erziehungsfragen, Amtseinsetzungen von Bischöfen und Priestern sowie gegen intellektuelle und gesellschaftliche Anfeindungen. Die nationalen Auseinandersetzungen beförderten so die strukturell durch den Verlust des italienischen Kirchenstaates und die Beseitigung landeskirchlicher Verbindungen im 19. Jahrhundert gestärkte Transnationalität der katholischen Kirche.

Der versuchte Ausbau staatlicher Kontrolle, die gleichzeitige Lösung von den Staatskirchen und die Formierung einer Bürgergemeinde im Unterschied zur Kirchengemeinde bildeten den Rahmen für ein – teilweise gerade in der Abwehr – gestärktes Eigenleben der christlichen Kirchen und ihren Anspruch, eine besondere Rolle in Gesellschaft und Kultur auszuüben. Der Theologe und Religionssoziologe Karl Gabriel spricht, bezogen auf den Katholizismus, von einer «Verkirchlichung» im 19. Jahrhundert. Ein wichtiger Faktor war die vom gewandelten Papsttum ausgehende Verfestigung eines kirchlich-dogmatischen Christentums in Kirchenlehre und kirchlicher Theologie. Die verschärfte protestantisch-katholische Abgrenzung, die als Konfessionalisierung (Olaf Blaschke) bezeichnet worden ist, unterstützte dies. Auch die erfolgreiche kirchliche Einbindung von vitalisierter Religiosität in der Bevölkerung, wie sie sich unter anderem im Aufschwung von Pilgerbewegungen zeigte, stärkte die Entwicklung der Kirchen. Der Historiker Lucian

Hölscher beschreibt in seiner Darstellung der protestantischen Frömmigkeit in Deutschland ebenfalls ein «Zeitalter der Kirchen». Das Ensemble von religiösen Vorstellungen und Handlungsformen konzentrierte sich demnach auf die Kirchen als institutionellen und geistigen Raum, im dem sich auch die soziale Identität von Einzelnen, Gruppen und kirchennahen Institutionen ausbildete. Die Auseinandersetzungen des 19. Jahrhunderts schufen damit indirekt Grundlagen für eine «Emanzipation» der Kirchen vom Staat, wie man die Tendenz zur gesellschaftlich-organisatorischen Eigengestalt im späteren 20. Jahrhundert bezeichnen könnte. Die katholische Kirche wurde in den Kulturkämpfen früher in diese Richtung gezwungen als die protestantischen Amtskirchen, die historisch viel enger in eine staatlich-territoriale Kirchenaufsicht eingebunden gewesen waren. Schließlich förderten auch das wahrgenommene, beunruhigende Nachlassen der kirchlich-religiösen Praktiken in Teilen der Gesellschaft sowie die sozialen Probleme, die häufig als moralische Mängel gedeutet wurden, den institutionellen Ausbau der verschiedenen Kirchen und der mit ihnen verbundenen Vereine und Einrichtungen karitativer, erzieherischer und missionarischer Art.

Im Gefolge der kirchlich-staatlichen Entwicklungen lassen sich im allgemeinen Verhältnis von Religion und Politik in Anlehnung an Hugh McLeod für Europa zusammenfassend mehrere Muster unterscheiden. Eine starke politisch-gesellschaftliche Polarisierung herrschte in Ländern wie Frankreich vor, wo sich um 1900 rechte und linke Positionen anhand ihres Verhältnisses zur katholischen Kirche bestimmen ließen. Auf der Rechten stand die Kirche im Verein mit den verschiedenen Legitimisten, Aristokraten und Großbürgerlichen, welche die Kirche als nationale Institution und gesellschaftliche Ordnungskraft stützten; auf der Linken versammelten sich die republikanischen, radikalliberalen und sozialistischen Gegner, zu denen besonders Protestanten, Juden, Antiklerikale und Freidenker zählten. Die sich als Atheisten, Agnostiker oder säkulare Humanisten verstehenden Freidenker waren europaweit in Frankreich wohl am besten organisiert und gründeten zusammen mit belgischen Gleichgesinnten 1880 auch den bürgerlichen Internationalen Freidenkerbund. In anderen Ländern waren konfessionspolitische Versäulung und Milieubildung kennzeichnend. So entstanden in den Niederlanden und Deutschland stark konfessionsgebundene Parteien, wobei die jeweilige Religionszugehörigkeit – oder auch eine dezidiert antireligiöse Haltung – das Wahlverhalten mitbestimmte und in parlamentarischen Verhandlungen eine wichtige Rolle spielte. Die politischen Organisationen waren eng mit gesellschaftlichen Milieus und Vereinswesen der jeweiligen Konfession verflochten. Großbritannien wurde hingegen zu einem Beispiel für ein Land, das von konfessionell-religiöser Vielfalt gekennzeichnet war und in dem weder Polarisierung noch konfessionspolitische Formierung vorherrschte. Religion prägte jedoch im Sinne moralisch begründeter Einstellungen, nicht im Sinne theologisch-kirchlich begründeter Konfessionen, die politische Rhetorik und gesellschaftliche Normen stark.

In imperialen Zusammenhängen waren die Beziehungen von Politik und Religion komplexer Natur. Die Herrschaftssicherung erforderte einerseits, trotz der Bindung der «kaiserlichen» Herrscher an anglikanische, orthodoxe, katholische oder islamische Religion, in Großbritannien, Russland, Habsburg und dem Osmanischen Reich eine allgemeine Duldung anderer Religionen in ihren multireligiösen Reichen. Andererseits führten national-religiöse Forderungen wie in Irland oder Polen zu konfessionspolitisch geprägten Konflikten. Der jungtürkische Nationalismus richtete sich zu Beginn des Ersten Weltkriegs gegen die christlichen Armenier und mündete 1915 gar im Völkermord. In den südosteuropäischen Ländern, die noch unter osmanischer Herrschaft standen, verbanden sich Nationalbewegungen – und im Falle der Unabhängigkeit der Nationalstaat – ebenfalls häufig eng mit einer bestimmten Konfession. Für die orthodoxe Kirche bedeutete das im Falle Griechenlands 1833 (bzw. anerkannt erst 1855) und Rumäniens 1885 die Gründung autokephaler Kirchen, wie sie in Bulgarien und Serbien schon länger existierten. Von Distanz der Kirche zum Staat – wie seitens des Katholizismus –, parteipolitischer Prägekraft oder Vielfalt kann in den orthodoxen Ländern keine Rede sein. Die imperiale Expansion jenseits des Kontinents schließlich führte zur Auseinandersetzung der europäischen Staaten und Kirchen mit den anderen «Weltreligionen» sowie den aus der christlich-kirchlichen Perspektive so genannten Naturreligionen.

Revitalisierte Religiosität, Weltreligionen und Mission
Das dialektische Verhältnis von säkularen Bestrebungen und Verkirchlichung gewann seine Dynamik nicht nur aus der Beziehung von Religion und Politik, sondern auch wesentlich aus der Revitalisierung von Religiosität. Diese begann nicht erst in der zweiten Hälfte des Jahrhunderts, sondern reicht zurück in das 18. und frühe 19. Jahrhundert. Die protestantischen Erweckungsbewegungen in Großbritannien und seinen nordamerikanischen Kolonien, später dann den Vereinigten Staaten, fanden im 19. Jahrhundert auf dem Kontinent Widerhall in Skandinavien, Deutschland und der Schweiz. Sie fußten auf der Betonung der individuellen Schuld, persönlicher Buße und emotionaler, spiritueller Ergriffenheit. Nicht äußeres Ritual, sondern innere Erweckung führe zur gnädigen Erlösung. Ihre Anhänger fanden sie meist außerhalb der etablierten Kirchen. Die Laien engagierten sich in zahlreichen philanthropischen Einrichtungen und Vereinen für die moralische und materielle Verbesserung derjenigen, die sie als hilfsbedürftig erachteten: Strafgefangene, Prostituierte, Arme und Waisen sowie Sklaven in überseeischen Gebieten. Ein ausgeprägter Missionsdrang rührte aus der spirituellen Rettung, die diesen benachteiligten Gruppen ebenfalls zukommen sollte: Über Predigten sowie den Druck von Bibeln und religiösen Pamphleten suchte man die Botschaft zu verbreiten. Mission bezog sich zunächst auf die europäischen Gesellschaften, um dort das Christentum der Einzelnen zu beleben; manche zielten auch auf die Bekehrung von Juden ab. Im 19. Jahrhundert wandten sich Protestanten aber jetzt verstärkt auch der Mission außerhalb Europas zu, die seit der frühneuzeitlichen Expansion ein katholisches Unternehmen gewesen war.

Die katholische Religiosität war stark geprägt von Anfeindungen im Zuge der Französischen Revolution und der Auflösung und Enteignung der Klöster. Der Neuaufbau und langfristige Ausbau kirchlicher Strukturen und Einrichtungen prägten die folgenden Jahrzehnte. Das Ordensleben erlebte dabei einen sichtlichen Aufschwung. Besonders Frauen traten in Kongregationen ein, die sich sozialen Aufgaben wie Kinderfürsorge, Erziehung sowie der Armen- und Krankenpflege widmeten. In den seit den 1830er Jahren gegründeten Diakonissenhäusern konnten protestantische Frauen in ähnlicher Weise ihre geistlichen Bedürfnisse mit gesellschaftlicher Arbeit verbinden. Katholische «Dritte Orden», deren Laienmitglieder in ihren jeweiligen Berufen tätig waren und die am spirituellen Leben der jeweiligen Mönchs- und Nonnengemeinschaften teilhatten, hatten Zulauf. Die katholische Religiosität, die sich im Ordensleben manifestierte, war enger an die amtliche Kirche gebunden als die protestantischen Erweckungsbewegungen, sie besaß aufgrund der vorangegangenen Umwälzungen zugleich eine Bindung an Rom und stärkte damit das Papsttum.

Jenseits der eher kirchlichen Entwicklungen machte sich die Religiosität der gläubigen Bevölkerung besonders im Pilgerwesen bemerkbar. Ein prominentes Beispiel war in Deutschland bereits im Vormärz die Trierer Wallfahrt zum Heiligen Rock, an der 1844 mehrere Hunderttausend Menschen teilnahmen und die nach der Beilegung des preußischen Kirchenstreits staatlicherseits geduldet wurde. Eine spätere Pilgerbewegung hingegen nach Marpingen im Saargebiet, wo 1876/77 mitten im Kirchenkampf Marienerscheinungen berichtet wurden, unterdrückte die preußische Regierung mit massivem Einsatz von Polizei und Militär. Bemerkenswert war nicht nur das je nach lokalen und nationalen Zeitumständen unterschiedliche Verhalten der Behörden, sondern die religiöse Spiritualität in der Bevölkerung. Marienerscheinungen kamen im 19. Jahrhundert häufiger vor; als übernatürlich kirchlich anerkannt waren dies folgende: 1830 in der Pariser Rue du Bac, erfahren von Catherine Labouré, einer Barmherzigen Schwester vom Hl. Vinzenz von Paul, 1846 in La Salette im Departement Isère von zwei Hirtenkindern, 1858 in Lourdes am Rande der Pyrenäen von einer jungen

Schäferin, 1877 in Gietrzwałd/Dietrichswalde im ostpreußischen Ermland von zwei polnischsprachigen Mädchen und schließlich 1917 im portugiesischen Fátima von drei Hirtenkindern. Außerdem gab es weitere Berichte über Erscheinungen, denen die Übernatürlichkeit jedoch nicht zuerkannt wurde. Zusammen mit der verbreiteten Verehrung der Jungfrau in Kirchen, Kapellen und Haushalten kann man durchaus vom «Zeitalter Marias» (Ruth Harris) sprechen. Mit dem Dogma von der unbefleckten Empfängnis 1854 verstand es Pius IX., diese Spielart der Volksfrömmigkeit in die kirchliche Glaubenslehre einzubinden und zu befördern.

Das herausragende Exempel war Lourdes. Die Entwicklung dort verlief in vielem typisch. Die 14-jährige Visionärin Bernadette lebte in armen Verhältnissen. Die Botschaften, die sie empfing, waren wenig ausgefeilt, teilweise rätselhaft, aber zugleich kirchenpolitisch aktuell. («Ich bin die Unbefleckte Empfängnis», soll die Erscheinung gesagt haben.) Die lokalen wie die übergeordneten Behörden bemühten sich zunächst, die Angelegenheit zu unterdrücken, die Kirchenhierarchie zeigte sich skeptisch. Es bedurfte eines männlichen Beschützers und Förderers; in Lourdes übernahm die Rolle der örtliche Abbé Dominique Peyramale. Diejenigen, denen Maria erschienen war, wurden oft bald danach in Klöster aufgenommen: Bernadette in einen Konvent in Nevers, wo sie 1879 an Tuberkulose verstarb. Die Entwicklung von Lourdes als Wallfahrtsort, an dem Kranke Heilung finden konnten, nahm ihren Aufschwung unter den freundlichen Beziehungen, die Napoleon III. zur katholischen Kirche und Wählerschaft suchte. Kaiserin Eugénie ließ Sympathie erkennen, der zuständige Bischof anerkannte 1862 die ersten Wunderheilungen. Die Eröffnung einer Eisenbahnlinie schuf 1866 auch die Voraussetzung, dass Pilger in großer Zahl den abgelegenen Ort im Südwesten Frankreichs erreichen konnten. Wesentlich war schließlich die Unterstützung durch Louis Veuillot (1813–1881), einen ultramontanen Publizisten, der in seiner Zeitschrift *L'Univers* gegen Laizisten ebenso wie gegen das liberale Episkopat einen populären Katholizismus der Gläubigen im Verein mit dem Papst verfocht. Lourdes war somit auch in die Kirchenkämpfe seiner Zeit verstrickt. Dies zeigte sich bis in die Dritte Republik, als 1908, drei Jahre nach der Durchsetzung des staatlichen Laizismus, zum Jubiläum der Marienerscheinungen mehr als eineinhalb Millionen Pilger anreisten: Die Pilgermassen setzten ein Zeichen gegen Laizismus und Republikanismus.

Doch Lourdes stand laut der Historikerin Ruth Harris für mehr als nur die kirchenpolitischen, institutionellen und weltanschaulichen Spannungen in Frankreich. Der Wallfahrtsort und die mit ihm verknüpfte Gläubigkeit zogen besonders Frauen an, die in den verschiedenen Formen einer erneuerten Religiosität einen Raum für praktische Tätigkeit im Dienste Gottes und der Nächsten, aber auch einen Raum für Spiritualität und Gemeinschaft fanden. Dies war in einer Zeit fehlender allgemeiner medizinischer Versorgung eng verbunden mit der Sorge um Linderung, wenn nicht Heilung körperlicher Leiden. In Lourdes stand dabei die naturwissenschaftliche Medizin dem Wunderglauben keineswegs entgegen, sondern das medizinische Amt in Lourdes, das Bureau des constatations médicales, untersuchte die kranken Pilger medizinisch genau, um wirkliche von eingebildeten, «hysterischen» Leiden zu unterscheiden und damit die eigentlichen Wunder gleichsam wissenschaftlich bestätigen zu können. Weniger der intellektuell-politische Kampf zwischen Fortschritt und vermeintlich überkommener Tradition, sondern eher das allgegenwärtige Leiden und die Suche sowohl nach transzendenter Erlösung als auch nach praktischer Abhilfe standen im Vordergrund. Die Jungfrau Maria bot gleichsam mütterlichen Schutz und Pflege, ähnlich wie sie von den gläubigen Frauen selbst in der Familie erwartet wurden und wie diese sie gegebenenfalls im karitativen Einsatz leisteten.

Im Ganzen kann die Pilgerbewegung in der zweiten Hälfte des 19. Jahrhunderts als ein Zeichen für die Feminisierung der Religion verstanden werden. Im politischen Leben trug dies in Frankreich dazu bei, dass den Frauen mit der Begründung, sie handelten nicht rational und gehorchten dem Klerus, das Wahlrecht bis 1944 vorenthalten wurde. Im kirchlich-religiösen Bereich hingegen erlangten Frauen in ganz Europa eine tragende Rolle, die keineswegs als rückschrittlich gesehen werden sollte, sondern sowohl in der praktizierten Barmherzigkeit als auch im spirituellen Erleben zu den Kennzeichen der modernen Gesellschaft um 1900 gehörten. Die vitalisierte Religiosität war zugleich ein Ausdruck von Individualisierung, was weder im Widerspruch zu ihrer kirchlichen Einbindung noch zur gemeinschaftsbildenden Wirkung stand, sosehr diese die etablierten Kirchen auch herausforderte. Der zeitgenössische amerikanische Philosoph und Psychologe William James (1842–1910) betonte schon in seinen 1901/02 an der Universität Edinburgh gehaltenen Vorlesungen, die unter dem Titel *The Varieties of Religious Experience* erschienen, die emotionale Seite der Religion gegenüber den intellektuell-theologischen und ritualisierten Formen. Die unterschiedlichen religiösen Erfahrungen von Visionen bis zur Trance, wie auch immer körperlich oder göttlich inspiriert, eröffneten demnach Einsichten, welche die Naturwissenschaft nicht bieten könne, die aber angesichts ihrer Wirksamkeit und der inneren Autorität, die sie verliehen, nicht weniger real seien. Gefühle begründeten erst die Individualität, und somit gehöre Religion als emotionale Einsicht zu einem «ganzen Leben». Eine solche Erklärung aus analytischer Distanz besaß Ähnlichkeiten mit Sigmund Freuds psychoanalytischer Methode und könnte auch die verschiedenen, Spiritualität und Körperlichkeit verknüpfenden Lebensreformbewegungen der Jahrhundertwende erfassen helfen.

In der zweiten Hälfte des 19. Jahrhunderts machte sich Vielfalt, so umstritten und von Abgrenzungen geprägt sie auch gewesen sein mag, nicht nur in den Formen religiösen Erlebens bemerkbar, sondern auch in der Aufmerksamkeit, die nichtchristliche Religionen auf sich zogen. Ein prominentes Beispiel war Swami Vivekananda (1863–1902). Der aus Kalkutta stammende hinduistische Mönch und Gelehrte war maßgeblich daran beteiligt, den Hinduismus in Europa und Nordamerika bekannt zu machen. 1893 trat er gleichsam als dessen Vertreter auf dem Weltparlament der Religionen anlässlich der Chicagoer Weltausstellung auf. Anschließend hielt er sich bis 1896 in den USA und Europa auf, wo er mit Wissenschaftlern verschiedener Disziplinen zusammentraf, Vorträge und

3. Religion im Konflikt

Vedanta- und Yogaseminare hielt und zahlreiche persönliche Anhänger, Frauen und Männer, fand. Zurück in Indien, gründete er die Ramakrishna-Mission, eine Mischung aus Mönchsorden und Laienbewegung, die – den europäischen Dritten Orden und Diakonissenhäusern nicht unähnlich – spirituelles Erleben mit sozialen Diensten für Arme, Kranke, Waisen und bei Hungersnöten verband. Er wandte sich auch gegen die Kolonialherrschaft. Aus religiösen Reformbemühungen in Indien und im Kontakt mit westlich-christlichen Vorstellungen entwickelte Vivekananda am Ende des Jahrhunderts eigentlich erst den Hinduismus, aus verschiedenen hinduistischen Strömungen destilliert, als eine Weltreligion.

Die christliche Sicht auf das Verhältnis der Weltreligionen untereinander, die als gedankliche, hierarchisierte Ordnung der religiösen Vielfalt eine Erfindung des 19. Jahrhunderts darstellten (Tomoko Masuzawa), war gespalten. Die protestantischen, US-amerikanischen Initiatoren des Weltparlaments der Religionen hatten 1893 beabsichtigt, alle Religionen gegen die Religionslosigkeit zu verbünden. Die Suche nach Gemeinsamkeiten und die implizierte Gleichrangigkeit riefen allerdings deutlichen Widerspruch hervor. Der Erzbischof von Canterbury etwa reklamierte die Höherwertigkeit des Christentums gegenüber anderen Religionen. Er traf damit vermutlich die Einstellung vieler Europäer zum Islam, Judentum, Hinduismus, Buddhismus und Konfuzianismus, die meist bestimmten Zivilisationen und Weltregionen zugeordnet wurden. Auch während der interreligiösen Zusammenkunft begegneten die jeweiligen Repräsentanten einander nicht unbedingt verständnisvoll. Im Rahmen der Expositionen besaßen – aus europäisch-westlicher Sicht – die Auftritte fremder Religionsvertreter zugleich einen gewissen Ausstellungscharakter des Exotischen und Rückständigen. Bei diesen Anlässen fand daher auch ein christlich-europäisches Selbstverständnis der eigenen, überlegenen Fortschrittlichkeit seinen Ausdruck.

Die Missionsbewegung des 19. Jahrhunderts, in deren Rahmen Europäer die Pluralität von Glaubensvorstellungen alltäglich sowie medial vermittelt erfuhren, kann mit Blick auf die aktiven Missionare und ihre neue gesellschaftliche Basis ebenfalls als eine Ausdrucksform revitalisierter Religiosität betrachtet werden. Im Unterschied zur frühneuzeitlichen katholischen Mission unter dem vom Papst verliehenen Patronat der spanischen und portugiesischen Krone war die Verbreitung des christlichen Glaubens im «Missionsjahrhundert», wie der evangelische Missionswissenschaftler Gustav Warneck (1834–1910) in seinem *Abriß einer Geschichte der protestantischen Mission* die Epoche bezeichnete, eine breit von den Gläubigen getragene Bewegung. Dies traf für die protestantischen wie die katholischen Zweige zu, wenngleich die organisatorischen Arrangements sich konfessionell unterschieden. Die protestantische Missionsbewegung holte die globale Ausdehnung der katholischen Orden jetzt nach. Getragen wurde sie nicht von den territorial gebundenen Landeskirchen, sondern von zahlreichen, ab den 1790er Jahren eigens gegründeten Missionsgesellschaften, die Spenden sammelten, Missionare ausbildeten, sie ins Ausland schickten und ihre Tätigkeit beaufsichtigten. Die Initiative ging meist von den Anhängern der Erweckungsbewegungen und den nicht offiziellen Glaubensgemeinschaften aus. Den machtpolitischen Rahmen bildeten die überseeische Expansion der Niederlande, Englands und Dänemarks während des 18. Jahrhunderts sowie der anschließende gemeineuropäische Kolonialismus und Imperialismus in Asien, Ozeanien und Afrika. Zu den bedeutenden Gesellschaften – nach der ersten Gründung der Dänisch-Halleschen Mission, in der seit 1706 reformierte Kreise in Dänemark, Vertreter des halleschen Pietismus und der englischen Society for Promoting Christian Knowledge in Indien kooperierten – zählten etwa die London Missionary Society (1795), die Church Mission Society (1799), die Basler Mission (1815), die Rheinische Mission (1828) und die Norddeutsche Mission (1836).

Im katholischen Bereich wurden zusätzlich zu den existierenden Orden nach 1850 neue Orden gegründet, die sich insbesondere der Verbreitung des Glaubens in Afrika widmeten. Einer der Gründer war der italienische Priester Daniele Comboni (1831–1881), der für die Missionsarbeit im Sudan in den 1870er Jahren die Unterstützung des Papstes fand, einen Orden sowie eine Schwesterngemeinschaft gründete und schließlich Bischof von Khartum wurde. Der französische Priester und Bischof von Nancy Charles Lavigerie (1825–1892) wurde mit Unterstützung von Marschall MacMahon, dem Generalgouverneur von Algerien, 1868 zum Bischof von Algier ernannt. Dort gründete er im selben Jahr die Société des missionnaires d'Afrique; sie war aufgrund der Farbe ihres hellen Ordensgewands, das der Bekleidung der Berber entlehnt war und ein Bemühen um Akkulturation ausdrücken sollte, besser bekannt unter dem Namen «Weiße Väter» bzw. «Weiße Schwestern» im Falle der parallel ins Leben gerufenen Frauenkongregation. Ihre Missionare und Schwestern betätigten sich, von Nordafrika ausgehend, bald in Ost- sowie im äquatorialen Afrika. Lavigerie wurde vom Papst zum Erzbischof des wiederbelebten Sitzes in Karthago und in den Kardinalstand erhoben; schließlich erhielt er den Titel «Primas von Afrika».

Wenngleich die katholische Mission ordensmäßig institutionalisiert und dem Vatikan untergeordnet war, wurde auch sie wie die protestantische gesellschaftlich breiter durch Missionsvereine in Europa getragen, welche die Arbeit finanzierten. Die Spendensammlungen, Vorträge mit Lichtbildern, Missionszeitschriften und andere Publikationen vermittelten im späteren 19. Jahrhundert konkretes Wissen über Afrika oder Asien an ein breiteres Publikum in europäischen Dörfern und Städten. Ein globales Weltbild, das ein christlich-europäisches Selbstverständnis mitprägte und ein Bewusstsein von religiöser Vielfalt weckte, wurde so nicht nur bei den Missionaren, sondern auch bei den Gläubigen in Europa geformt. Aber auch europäische religiöse Vorstellungen veränderten sich im Kontakt mit anderen Religionen und in der Erfahrung der Mission und konnten je nach den Umständen Religiosität vertiefen oder durch Aufnahme oder Aufgabe bestimmter Vorstellungen oder Praktiken verändern.

Die Missionsbewegung besaß eine ausgeprägt weibliche Seite, die von der Geschichtsschreibung in der Fixierung auf wagemutige Männer, die wie David Livingstone missionierten und zugleich Teile Afrikas erforschten, häufig übersehen worden ist. Frauen waren in den Missionsvereinen aktiv, wo sie organisatorische, soziale und kommunikative Leistungen erbrachten. Sie arbeiteten als Ehefrauen zusammen mit den evangelischen Missionaren vor Ort in Übersee. Und sie schlossen sich missionarischen Frauenkongregationen an, welche die «Schwesterlichen Grenzüberschreitungen» (Katharina Stornig) auf dem Missionsfeld einschließlich ihrer Beschränkungen besonders gut erkennen lassen. Dies betraf äußerlich den Ortswechsel von Europa nach Übersee, mehr aber noch das Verlassen geschlossener Nonnenkonvente zugunsten sozialer Arbeit in der Welt. Die praktische Tätigkeit, vor allem mit Frauen und Müttern in der Gesundheitspflege, welche die männlichen Missionare nicht erreichen konnten, und mit Kindern in der christlichen Erziehung, fassten die Missionsschwestern als eine Berufung auf, die sowohl zur Rettung von Seelen als auch zur eigenen Erlösung führe. Die Schwestern schufen – im Rahmen der männlich dominierten Kirchenordnung – auf der Grundlage und eng verknüpft mit ihrer individuellen Religiosität ihren eigenen Handlungsraum, der allerdings den Kern priesterlicher Amtsausübung in der Regel ausschloss. Dadurch gaben sie der Mission vor Ort einen nach Geschlecht differenzierten Charakter, und sie eröffneten Europäerinnen, oftmals aus ländlichen Lebenswelten kommend, ein berufliches Feld. Das erscheint weit entfernt vom Kampf um Universitätszugang oder Wahlrecht, war aber – ebenfalls von Spannungen und Konflikten begleitet – ein Teil des beharrlichen Wandels weiblicher Lebensgestaltung und belegt die bemerkenswerte Dynamik, welche von religiöser Empfindung und Überzeugung ausging.

Missionare und Missionsschwestern beteiligten sich maßgeblich an der europäischen Wissensgenerierung über die Welt. Dabei waren sie wie bei der Bekehrungsarbeit auf die enge Zusammenarbeit mit indigenen Personen angewiesen – eine unverzichtbare Kooperation, die öffentlich zumeist unbeachtet blieb und als Hilfsdienst der Einheimischen beschrieben wurde. Zunächst über die Notwendigkeit, die Sprache derjenigen zu lernen, denen sie das Wort Gottes verkünden wollten, legten sie einen Fundus von Wissen über Religion, Geschichte, Kultur und Alltagspraktiken der verschiedenen Völker an. Die Missionare verschriftlichten dort, wo keine Schriftkultur vorhanden war, orales Wissen und übersetzten schriftliches Wissen anderswo. Sie sammelten Objekte für europäische Museen und Universitäten. Die natürliche Umwelt, Flora, Fauna und Geologie, wurde erfasst, nicht nur weil es nützlich für das eigene Überleben und nachfolgende Männer und Frauen war. Die Missionare und Missionsschwestern teilten durchaus den empirischen Wissensdrang der Zeit. Ihre Arbeit steuerte Grundlagen bei für die sich etablierenden Disziplinen der außereuropäischen Philologien, der Anthropologie, Ethnologie, Geographie und Biologie, aber auch der Soziologie oder der Religions- und Missionswissenschaft. In der missionarischen Tätigkeit im weiteren Sinne standen Wissenschaft und Glaube nicht im Gegensatz zueinander, die europäischen Akteure verkündeten keineswegs nur, sondern sie nahmen auf und vermittelten zurück.

Die globale Mission des Christentums im 19. Jahrhundert gestaltete sich vielfältig. Das lag zum einen an den unterschiedlichen politischen und religiösen Bedingungen in den Hauptmissionsgebieten der Zeit: Indien zunächst unter der Kontrolle der Britischen Ostindien-Kompanie, dann ab 1858 als Kronkolonie; China als ab 1858 bis 1860 vertraglich eingeschränkt souveränes Kaiserreich; Afrika als dezentral erschlossener, in der zweiten Hälfte unter den europäischen Mächten aufgeteilter Kontinent; und schließlich Sibirien und Zentralasien als Teil des orthodoxen Zarenreichs. Die Vielfalt oder Unübersichtlichkeit rührte jedoch ebenso aus der im protestantischen Bereich privaten Organisationsform und aus der konfessionellen Konkurrenz der christlichen Missionsgesellschaften, Orden und Kongregationen. Auch in dieser Perspektive muss von den «globalen Netzen des Religiösen» (Rebekka Habermas) im Plural gesprochen werden. Allerdings existierte ein gewisses Bewusstsein von einer gemeinsamen Aufgabe, das auch in der Missionswissenschaft als Disziplin Ausdruck fand. Ganz im Einklang mit dem Internationalismus in anderen Bereichen äußerte es sich auch in der World Missionary Conference, zu der sich 1910 in Edinburgh ca. 1200 Personen trafen.

Die Konferenz fand auf dem Höhepunkt christlichen Selbstbewusstseins statt, beherrschten doch die christlich-europäischen und nordamerikanischen Staaten die Welt. Die in Schottland Versammelten meinten, dass die Dynamik der europäischen Expansion aus dem Christentum komme – dem protestantischen zumindest. Die Einschränkung hing mit der Grundsatzfrage zusammen, was man unter Mission verstehe, über die es bereits im Vorfeld der Veranstaltung zu schwierigen Verhandlungen kam. Sollte auch die Bekehrung von Katholiken, Orthodoxen und Mitgliedern der orientalischen christlichen Gemeinschaften Thema sein oder nur die Mission unter nichtchristlichen und jüdischen Menschen? Im Interesse einer möglichst breiten protestantischen Repräsentation fiel die Entscheidung für die letztgenannte Variante, obgleich römisch-katholische und orthodoxe Christen an der Konferenz ohnehin nicht teilnahmen. Hinsichtlich der religiösen Vielfalt in der Welt herrschte ferner die Ansicht vor, dass das Christentum auf der höchsten Stufe der Religionen stehe, während die animistischen Religionen sich auf der untersten befänden. Die Verbreitung des christlichen Glaubens verstand man zugleich als eine Zivilisierungsmission, worin sich wiederum der als selbstverständlich geltende christliche Kern europäisch-nordamerikanischer Fortschrittlichkeit ausdrückte. Der Vorsitzende in Edinburgh, der amerikanische Laienprediger und langjährige Generalsekretär sowohl des Christlichen Vereins Junger Männer als auch des Christlichen Studenten-Weltbunds John R. Mott (1865–1955), fasste dies 1910 im Konferenzbericht in die Worte: «Die Evangelisation Afrikas meint mehr als die Einführung des Evangeliums in die vorhandenen Formen des gesellschaftlichen Lebens. Sie bedeutet die Einführung von Erziehung und Schriftlichkeit, von Landwirtschaft und Industrien, von christlicher Ehe und der gebührenden Anerkennung der Unverletzlichkeit des Lebens und des Eigentums. Die den Kirchen gestellte Aufgabe ist es, eine christlich-afrikanische Zivilisation zu erschaffen.» Die hier erkennbare Anmaßung, die im religiös empfundenen Auftrag zur Rettung heidnischer Seelen wurzelte, bestimmte den christlich- wie den säkular-europäischen Universalismus wesentlich mit.

Das (protestantische) Christentum globalisierte sich in der zweiten Hälfte des 19. Jahrhunderts, die verfolgte Vision einer religiösen Dominanz in der Welt erreichte es allerdings nicht. In Zusammenkünften wie der World Missionary Conference machten sich Ansätze für eine globale, vor dem Weltkrieg noch weitgehend exklusiv europäisch aufgefasste, christliche Ökumene bemerkbar, die als einer der Schritte hin zur Gründung des Weltkirchenrats (World Council of Churches) von 1948 gelten. Religiosität hatte jedenfalls in der Mission einen nicht zu unterschätzenden Anteil an der Globalisierung im späteren 19. Jahrhundert. Das Christentum bildete einen eigenständigen Faktor in diesem Vorgang, auch wenn es in den politischen Rahmen und die ökonomischen Interessen der Mächte eingebunden war und zumeist die europäische Vorherrschaft legitimierte. In der Gottesebenbildlichkeit des Menschen, in der praktischen Tätigkeit in Erziehung und Gesundheitspflege sowie in der organisatorisch unabhängigen Stellung der zivilen, transnationalen und transkolonialen Missionsbewegung lag jedoch auch eine Dialektik im Verhältnis zu Kolonialismus und Imperialismus, die dissonant wirken konnte und Kritik am kolonialen Staat oder Fürsprache für seine Untertanen ermöglichte. Europäisch-christliches Überlegenheitsgefühl traf immer wieder auch auf eine Wertschätzung religiöser Formen, die als «ursprünglich» schützenswert schienen und nicht dem Pfad der europäischen Moderne folgen sollten. Die Mission des 19. Jahrhunderts schuf daher auch Grundlagen für die Entwicklung eines nichteuropäischen Christentums in der Welt.

4. Ungewissheiten:
Avantgarde und Massenkultur

In den beiden Jahrzehnten vor und nach 1900 galten einige Selbstverständlichkeiten in der Weltauffassung des vergehenden Jahrhunderts als fragwürdig. Nietzsche proklamierte 1886 «die Umwertung aller Werte». Zwar hatten kritische Stimmen die kulturellen Entwicklungen durchgehend begleitet; ja, der Kritiker, der in Zeitungen und Zeitschriften über Literatur, Malerei, Architektur, Musik und Theater urteilte, war wie der Intellektuelle, der über Gesellschaft und Politik stritt, eine charakteristische Figur der Zeit. Es schien nun aber, als ob die Meinungen nicht nur vielfältiger würden, sondern einige auch fundamentale Gewissheiten erschütterten. Eine Entwicklung zum Besseren galt nicht mehr bei allen als selbstverständlich. Massengesellschaft und Massenkultur zeigten für manche eher Niedergang und Niveauverlust an, während die Massenpolitik gleichzeitig unberechenbar wirkte.

Kritik und Zweifel in der bürgerlichen Kultur

Der Fortschrittsglaube wurde gleichsam aus der bürgerlichen Kultur heraus infrage gestellt, wenn die Zeitgenossen eine Relativierung der Werte, eine Zersplitterung der Formen und Perspektiven diagnostizierten oder propagierten. Der Historiker James Sheehan erkennt darin ein Kennzeichen für den Modernismus, dessen Vertreter und Vertreterinnen sich selbst als Avantgarde sahen. Weitgehend war dies ein Phänomen der kulturellen Eliten in den europäischen Metropolen, besonders ausgeprägt in Wien, Paris und Berlin – eine Erscheinung, die ihren Ausdruck in der Kulturkritik, in zahlreichen Reformbewegungen sowie in der modernen Kunst und in der Wissenschaft fand. Als beispielhaft für die philosophische, die literarische und die wissenschaftliche Umwälzung der Perspektiven und für eine neue Auffassung von der Natur, wenngleich diese zunächst nur von wenigen beachtet wurde, können Friedrich Nietzsche, Joseph Conrad, Sigmund Freud und Albert Einstein angeführt werden.

Der aus einem protestantischen Pfarrhaus stammende, 1844 geborene Friedrich Nietzsche war zunächst als Professor für klassische Philologie in Basel tätig, schied 1879 aus dem Dienst und publizierte bis zu seinem Zusammenbruch 1889 philosophisch-kulturkritische Werke. Bereits in den 1873 bis 1876 erschienenen *Unzeitgemäßen Betrachtungen* historisierte er die politisch-moralischen Werte seiner Zeit. Die bürgerliche Kultur des 19. Jahrhunderts beschrieb er als leer und tot, als geschichtlichen Ballast, und forderte stattdessen eine Umwertung. Über seine Kritik an der herkömmlichen Philosophie, der Wissenschaft, der Kunst und der Religion gelangte er zu einer Kritik der christlich-jüdisch geprägten Moral und verkündete in der *Fröhlichen Wissenschaft* 1882 den Tod Gottes. In seinem dichterisch angelegten *Also sprach Zarathustra* ließ er 1883 bis 1885 den gleichnamigen altiranischen Religionslehrer aus vorchristlicher Zeit in prophetischer Manier die Überwindung der moralischen Scheidung von Gut und Böse erklären. Er setzt sich hier auch mit einer weltabgewandten, kontemplativen Haltung, wie er sie bei Buddha zu erkennen glaubte, auseinander. Dem stellte er einen aktiven Menschentyp entgegen, der, gesund und stark, die ersehnte Vitalität besaß. Dieser «Übermensch» mit Willen zur Macht werde künftig die dem Untergang entgegengehenden Menschen der Gegenwart ablösen.

Nietzsches Zarathustra hat Schwierigkeiten, seine Lehren zu vermitteln, und findet kaum Gehör. Darin spiegelte sich teilweise die persönliche Verfassung des gesundheitlich leidenden Philosophen, aber auch die visionäre Zukunftsschau eines Propheten. Doch die Figur des einsamen Predigers und seine kulturkritischen Ideen fanden an der Jahrhundertwende vielfältigen Niederschlag. Richard Strauss etwa benannte 1896 eine symphonische Dichtung nach dem Buch und verwandte die Überschriften Nietzsches für die Bezeichnung ihrer Abschnitte, u. a. «Von den Hinterweltlern», «Von der großen Sehnsucht», «Der Genesende». Die Passagen zum Übermenschen waren offen für sozialdarwinistische Interpretationen und konnten in Umkehr Darwins so verstanden werden, als ob gegenwärtig nicht die Tauglichsten, sondern nur die Mittelmäßigen und Schwachen überlebten und folglich gesellschaftspolitische Interventionen gerechtfertigt seien. Nietzsches radikale Kulturkritik stellte die konventionellen Werte des zu Ende gehenden bürgerlichen Jahrhunderts infrage und unterminierte die Ordnung und Orientierung versprechenden Institutionen von Wissenschaft und Religion. Sie verkündete Zukunftsvisionen, die auf das heldenhafte Individuum, nicht auf gesellschaftliche Kollektive zielten.

Eine in mancher Hinsicht pessimistischere Sicht auf Europa findet sich bei dem Schriftsteller Joseph Conrad (1857–1924), dessen Lebenslauf ihn vom östlichen Europa über die Weltmeere nach England führte. Polnischer Herkunft, wuchs er im russischen und im österreichischen Teil des Landes auf. Ab seinem 17. Lebensjahr fuhr er zunächst von Marseille aus auf französischen, dann auf britischen Handelsschiffen zur See, um sich danach 1894 in England – einige Jahre zuvor war er britischer Staatsbürger geworden – niederzulassen und Romane und Erzählungen zu verfassen. Er schrieb auf Englisch, das er erst in seinen Zwanzigern erlernt hatte, und übte auf die anglophone Literatur des 20. Jahrhunderts einen bemerkenswerten Einfluss aus, besonders durch seine Erzähltechnik mit wechselnden Standpunkten und eher motivischen als chronologischen Narrativen. Seine Werke thematisieren oft ein Versagen in schicksalhaften Entscheidungssituationen. Conrad artikulierte eine zwiespältige Sicht auf den europäischen Fortschrittsglauben prägnant in der 1902 als Buch erschienenen Erzählung *Heart of Darkness*. Angeregt von einer Fahrt in den belgischen Kongo, schildert sie äußerlich eine Reise ins Innere Afrikas, die hier eine Reise in das Innere des modernen Europäers versinnbildlicht: Dort findet sich nichts außer Dunkelheit und Horror. Am Schluss des Buchs beschreibt der Ich-Erzähler das Sterben eines lange Zeit nicht mehr gesichteten weißen Stationsleiters, den er flussaufwärts aufgefunden hatte, mit den Worten: «Nie habe ich etwas gesehen, das dem Wandel, der mit seinen Gesichtszügen vor sich ging, gleichgekommen wäre, und ich hoffe, nie wieder so etwas sehen zu müssen. Oh, ich war nicht gerührt. Ich war fasziniert. Es war, als zerrisse ein Schleier. Ich sah auf diesem Elfenbeingesicht den Ausdruck düsteren Stolzes, unbarmherziger Gewalt, feigen Entsetzens – durchdringender und hoffnungsloser Verzweiflung. Durchlebte er sein Leben noch einmal in allen Einzelheiten der Begierde, Versuchung und Hingabe während jenes höchsten Augenblickes erfüllten Wissens? Flüsternd schrie er einem Bild, einer Vision zu – zweimal schrie er, ein Schrei, der nicht mehr war als ein Hauch: ‹Das Grauen! Das Grauen!›» Der Roman endet mit den Worten:

4. Ungewissheiten

«Ich hob den Kopf. Die Flussmündung war von einer schwarzen Wolkenwand verhängt, und die ruhige Wasserstraße, die bis an die äußersten Grenzen der Welt führte, strömte düster, unter einem bewölkten Himmel dahin – schien hineinzuführen ins Herz einer unermesslichen Finsternis.»

Conrads Erzählung, die acht Jahrzehnte später noch Francis Ford Coppolas Film *Apocalypse Now* von 1979 zugrunde liegen sollte, thematisierte die europäische Kolonialherrschaft mit ihren ausbeuterischen Praktiken und ideologischen Rechtfertigungen. Der Ich-Erzähler ist Kapitän eines Handelsschiffs; der sterbende Stationsleiter steht im Dienste einer Handelsgesellschaft, die mit brutalen Methoden Elfenbein und andere natürliche Rohstoffe gewinnt. Der reale Hintergrund des Regimes im belgischen Kongo, das durch humanitäre Kampagnen, getragen von Missionsgesellschaften und engagierten Kritikern, zum Skandal wurde, war auch für die Zeitgenossen unschwer erkennbar. Conrad kritisierte mit seinem Werk nicht nur wie einige andere die Auswüchse des Kolonialismus. Er nährte darüber hinaus mit literarischen Mitteln radikale Zweifel am fortschrittlichen Selbstbewusstsein der Europäer, welche die Mehrheit damals allerdings nicht hegte. Die Europäer schienen sich zurückzuentwickeln, von der behaupteten zivilisatorischen Überlegenheit fanden sich in der Erzählung nur noch Bruchstücke. Aus der erzählten Reise auf den «dunklen» Kontinent und der Begegnung mit den bedrohlichen Einwohnern machte der Schriftsteller eine Erkundung der europäischen Seele, in der sich nur Schrecken und Leere zu befinden schienen, oder, nach der Formulierung von Renate Wiggershaus, «eine psychische [Reise] ins innere Ausland, wie Freud das Unbewusste nannte».

Über die Erkundung der Psyche entwickelte um 1900 auch der Arzt Sigmund Freud (1856–1939) eine kritische Sicht auf die europäische Zivilisation. Freud hatte sich nach dem Medizinstudium und einer Tätigkeit am Wiener Allgemeinen Krankenhaus 1885 in Paris bei Jean-Martin Charcot, einem der Begründer der Neurologie, mit der Behandlung seelischer Erkrankungen, denen kein organischer Befund zugrunde zu liegen schien, durch Hypnose beschäftigt. 1886 ließ er sich mit einer privaten Praxis nieder, in der er seine Therapieform weiterentwickelte. 1896 verwandte er für seine klinischen Methoden und die damit verbundenen Theorien dann den Begriff «Psychoanalyse». Freud lehrte auch an der Universität, die ihn zunächst 1902 zum Außerordentlichen, dann 1920 zum Ordentlichen Professor machte. An der Psychoanalyse lässt sich der Vorgang der Disziplinbildung illustrieren. Die Theorien und Therapieformen entwickelten sich aus der Psychologischen Mittwochs-Gesellschaft, einem zunächst informellen Gesprächskreis von wenigen Personen, den Freud mit anderen Psychiatern unterhielt; sie verbreiteten sich über die 1908 erfolgte Gründung der Wiener Psychoanalytischen Vereinigung und gleiche Gesellschaften andernorts, das Abhalten von internationalen Kongressen und die Publikation von Zeitschriften.

Freuds medizinische Arbeit war von Anfang an über das übliche Maß an wissenschaftlicher Auseinandersetzung hinaus umstritten, denn sie berührte etwa mit den Fragen weiblicher und männlicher Hysterie oder mit der kindlichen Sexualität als Ursache für spätere Störungen Gegenstände, die üblicherweise nicht öffentlich verhandelt wurden und für die auch im privaten familiären Bereich kaum eine Sprache vorhanden war. Seine Erkundungen des Unbewussten in den *Traumdeutungen* (1899) weckten Zweifel an der Rationalität menschlichen Handelns. Die Triebe und Emotionen konnten zwar wissenschaftlich analysiert werden, doch brachten die Erkenntnisse über sie nicht – wie in vielen anderen Bereichen der zeitgenössischen laborgestützten Medizin – Heilungsmethoden hervor. Erleichterung schien häufig das Beste, was erreicht werden konnte. Freud deckte eine grundsätzliche Spannung zwischen den individuellen Bedürfnissen und den Ansprüchen der europäischen Zivilisation auf. Darin lag das gesellschafts- und religionskritische Potential seiner Ideen, das er in verschiedenen Schriften bis in die 1930er Jahre ausarbeitete.

Im Jahr 1913 veröffentlichte er *Totem und Tabu*, ein Buch, dessen Untertitel *Einige Übereinstimmungen im Seelenleben der Wilden und der Neurotiker* auf den grundlegenden zeitgenössisch verbrei-

4. Ungewissheiten

teten Gedanken hinwies, dass die Untersuchung «primitiver» Völker einen Einblick in die europäische Zivilisationsgeschichte erlaube, weil angenommen wurde, dass jene auf einer früheren Entwicklungsstufe stünden, welche die Gesellschaften Europas schon hinter sich gelassen hätten. Die These klang ähnlich wie die 1910 auf der Missionskonferenz verbreiteten Ansichten von den verschiedenen Stufen der Religionen. Freud setzte nun zunächst die individuelle Störung des modernen Neurotikers mit der angenommenen kollektiven Verfassung der «Wilden» gleich und entwickelte unter selektivem Rückgriff auf ethnologische Publikationen seine Thesen zur Unterdrückung und Sublimierung von inzestuöser Fixierung, Lusttrieb, Allmachtsglauben und mörderischer Aggression. Aus den gesellschaftlichen Mechanismen, welche diese Kräfte einhegten, sei evolutionär die kulturelle Entwicklung entsprungen. Gestützt auf Darwins Annahme, dass in einer «Urhorde» das stärkste Männchen die anderen aus der Horde vertreibe, entwickelte Freud seine Theorie des Mordes am Urvater durch die Söhne. Dem aggressiven Akt folgten Gefühle der zärtlichen Identifikation und der reuigen Schuld, welche in nachträglichen Gehorsam und Verehrung gegenüber dem Vater sowie in die Identifikation der Nachkommen untereinander mündeten.

Aus der Gewalttat entwickelten sich so sittliche Regeln, Religion und gesellschaftliche Ordnung. Magische und göttliche Allmacht sah Freud in seiner Gegenwart durch die Wissenschaft ersetzt, die mit Naturgesetzen die Welt erkläre. Sie beruhe auf einem «Reifezustand des Individuums, welcher auf das Lustprinzip verzichtet hat und unter Anpassung an die Realität sein Objekt in der Außenwelt sucht». Die Neurotiker seiner Zeit, so nun die Diagnose, litten darunter, dass sie die typischen Entwicklungsmuster der Psyche nicht ohne Störung durchgemacht, die notwendige Ablösung und Sublimierung nicht bewältigt hatten. Die Verknüpfung der individuellen seelischen Entwicklung mit der evolutionären Zivilisationsgeschichte bedeute folglich, dass das ambivalente Verhältnis zwischen den Trieben des Menschen und der Zivilisation nicht nur für die Kranken galt, sondern auf das Verhalten aller Gesellschaftsmitglieder wirkte, denn auch der moderne, europäische Mensch lebt in diesem Spannungsverhältnis. Das *Unbehagen in der Kultur*, wie Freud ein späteres Buch betitelte, war grundsätzlicher Natur. Damit eröffnete der Psychoanalytiker eine kritische Sicht auf europäische, als fortschrittlich verstandene Gesellschaften und ihre nur scheinbar rationale Kultur. Die zeitgenössische Beschäftigung mit der Neurasthenie verallgemeinernd, haben Historiker später vom «Zeitalter der Nervosität» (Joachim Radkau) geschrieben und ihre eigene kulturgeschichtliche Interpretation für die Jahrhundertwende geliefert.

Revolutionierten Freud und Darwin – auf jeweils unterschiedliche Weise – die Vorstellung von der Natur des Menschen und ließ Conrad seine Leser in den Abgrund der europäischen Seele blicken, so begann Albert Einstein (1879–1955) gleichzeitig, das Bild von der natürlichen Umwelt auf den Kopf zu stellen. Der in Ulm geborene, mit 15 Jahren in die Schweiz übergesiedelte Fachlehrer für Mathematik und Physik arbeitete für einige Jahre im Berner «Amt für geistiges Eigentum». Seine berufliche Karriere wird häufig als von Schwierigkeiten und Unterschätzung geprägter Weg beschrieben. Doch vom Patentamt über die Habilitation in Bern und eine außerordentliche Professur für theoretische Physik in Zürich bis zur 1914 erfolgten Ernennung zum Direktor des Kaiser-Wilhelm-Instituts für Physik und zur Aufnahme in die Preußische Akademie der Wissenschaften in Berlin durchlief er ebenjene Institutionen, welche das Wissenschaftssystem am Ende des 19. Jahrhunderts ausmachten. Im Alter von 35 Jahren hatte er eine Spitzenposition in der Forschung erreicht, ein Jahr später, 1915, formulierte er in Fortführung seiner Speziellen Relativitätstheorie von 1905 die Allgemeine Relativitätstheorie.

Die Bedeutung von Einsteins physikalischen Theorien lag in der radikalen Veränderung der Vorstellungen von Zeit und Raum. Sie begründeten eine naturwissenschaftliche Sicht, die nicht mehr mit der Alltagserfahrung der meisten Zeitgenossen in Einklang stand. Die herkömmliche Annahme eines absoluten Raums und absoluter Zeit war zuvor schon von dem Wiener Physiker und Philosophen

Ernst Mach (1838–1916) als nicht empirisch nachweisbar und damit nicht existent bezeichnet worden. Hinsichtlich des Raums erklärte 1901 der an der Sorbonne tätige Mathematiker Henri Poincaré (1854–1912), dass die Auffassung eines einzigen, dreidimensionalen Raums nicht haltbar sei. Einstein wandte sich nun der Zeitmessung zu und stellte fest, dass sie abhängig war vom Standort und von der Bewegung der Beobachter im Raum, also in Beziehung zu einem Koordinatensystem stand: Zeit war demnach relativ, und es gab nicht nur eine Zeit, sondern je nach der Stellung und Bewegung der Beobachtung mehrere Zeiten. Mit der Allgemeinen Relativitätstheorie veränderte Einstein 1915 dann die Anschauung über die Struktur des Raums. Der britische Physiker Joseph Thomson (1856–1940) hatte kurz vor der Jahrhundertwende den experimentellen Nachweis für die Existenz von Elektronen erbracht, womit das Atom nicht mehr als die kleinste materielle Einheit galt und die Materie sich als eine Erscheinungsform von Energie darstellen ließ. In der Folge wurde schließlich die Unterscheidung zwischen Materie und leerem Raum problematisch. Das Universum bestand demnach aus vielen Energiefeldern, auch der Raum erwies sich als relativ.

Die neue Auffassung von der natürlichen Umwelt, die Einstein zusammen mit anderen entwickelte, leitete eine naturwissenschaftliche Revolution ein. Sie war aber mehr als das, denn sie unterlief Alltagsvorstellungen von der materiellen Welt und löste das Bild einer stabilen kosmischen Ordnung auf. Das verunsicherte und forderte Widerspruch heraus. «Der Kampf um die allgemeine Relativität» (Pedro Ferreira) rührte weniger aus wissenschaftlichem Streit, sondern vielmehr aus den Klüften, die sich auftaten zwischen dem physikalisch-theoretischen Weltbild und der sinnlichen Erfahrung der Menschen, zwischen den Naturwissenschaftlern und hergebrachten philosophischen, religiösen und künstlerischen Weltdeutern. An die Stelle einer festgefügten Ordnung schien eine mehrdimensionale Welt zu treten. Facetten bestimmten das Bild, nicht mehr klare Konturen und solide Körper. Die naturwissenschaftliche Umwälzung besaß eine Entsprechung in der neuen «Kultur von Zeit und Raum» (Stephen Kern), wenn man sich die heute der klassischen Moderne zugeordneten Werke in Literatur, Malerei und Musik in Erinnerung ruft. Am klarsten drückten vielleicht kubistische Bilder die veränderte Perspektive aus. Keineswegs alle lehnten die veränderte Sichtweise ab: Bei Proust, Picasso, Strawinsky und zahlreichen anderen handelte es sich offenbar um eine auch selbst erklärte Avantgarde, die mit ihren künstlerischen Formen populäre Konventionen erschüttern wollte. Ihre Vertreter reflektierten ein elitäres Krisenbewusstsein und begründeten die Ambivalenz der kulturellen Moderne aus ihrem Unbehagen an der bürgerlichen Kultur des ausgehenden 19. Jahrhunderts.

Nietzsches Urteil über seine Zeit, die nichts Eigenständiges hervorgebracht, sondern lediglich totes Wissen angesammelt habe, ist insofern unfair, als es der Dynamik nicht gerecht wurde, welche der institutionelle Ausbau von Wissenschaft und das fundamental historisierende Verständnis einer universalen Zivilisationsentwicklung im Verein mit der intellektuellen und wissenschaftlichen Kritikfähigkeit auslösten. Wer um die Jahrhundertwende aufmerksam Umschau hielt und dafür empfänglich war, mochte eine kulturelle Krise mit gesellschaftlichen Folgen diagnostizieren. Die Krisendiagnose fiel noch breiter aus, wenn Lebensreform, Vegetarismus oder Naturschutz als Anzeichen für eine Kritik am materiellen Fortschrittsglauben und – jenseits kultureller Eliten – auch am Kapitalismus verstanden werden. Nietzsche, Conrad und Freud boten für die Krisendebatte intellektuellen Stoff. Kennzeichnender war jedoch wohl eher Richard Strauss' Blick auf *Ein Heldenleben*. Die 1899 uraufgeführte symphonische Dichtung beginnt mit dem Aufbruch des Helden, dessen Thema an Beethovens *Eroica* erinnert. Im zweiten Abschnitt tauchen «Des Helden Widersacher», seine Kritiker, auf, hörbar gemacht durch chromatische und atonale Tonfolgen. Die zarten Melodien und romantischen Themen stellen dann «Des Helden Gefährtin» vor, die ihn mit weiblichem Gefühl beruhigt. Anschließend zieht der Held auf die «Walstatt», die er siegreich verlässt. «Des Helden Friedenswerke» zitieren ausführlich aus Strauss' eigenen Kompositionen. Die symphonische Dichtung schließt mit

«Des Helden Weltflucht und Vollendung». Wie viel Selbstbeweihräucherung und wie viel Selbstironie Strauss in der Komposition Ausdruck verlieh, ist umstritten. Sie drückt jedoch das Selbstbewusstsein eines Kulturschaffenden aus dem ausgehenden 19. Jahrhundert idealtypisch aus – abenteuerlich, männlich, siegreich kämpfend und friedlich produktiv mit transzendenten Sehnsüchten. Die Realität war nüchterner und vielfältiger. Und auf die noch nicht allzu lange gewonnenen Gewissheiten fielen zu Beginn des neuen Jahrhunderts bereits kritische Schlaglichter.

Populäre Massenkultur im imperialen Zeitalter
Die Wende zum 20. Jahrhundert war nicht nur gekennzeichnet von der Avantgarde, die kulturelle Gewissheiten infrage stellte oder die Ambivalenz und Widersprüche der Moderne thematisierte. Vor Ausbruch des Ersten Weltkriegs herrschte ein kaum gebrochenes europäisches Selbstverständnis vor, das sich stark aus der Abgrenzung gegenüber dem Rest der Welt und einem populären Imperialismus speiste. Der Historiker John MacKenzie spricht von einer «Kolonisation des Bewusstseins» und einem «internalisierten Imperialismus», die europäische Gesellschaften und Kultur breit und tief durchzogen. In einer Mischung aus visionären Erwartungen und vielfältigen Praktiken hatte sich in der zweiten Hälfte des 19. Jahrhunderts in der Rückwirkung ein eurozentrisches Weltbild verfestigt. Dazu war, wie etwa das Beispiel der Schweiz belegt, kein eigener Territorialbesitz in Übersee nötig. Das Weltbild fußte auf der imperialen, gewaltbereiten Herrschaft, die als Recht und Pflicht aufgefasst wurde, sowie auf einem rassistischen Selbstbild als «weiß» im Unterschied zu den «farbigen» Völkern, gepaart mit einem allgemeinen Überlegenheitsgefühl. Trotz einzelner kritischer Stimmen gegen die imperialen Denk- und Verhaltensweisen und ungeachtet der Selbstzweifel einer intellektuellen und künstlerischen Avantgarde bildete die Kombination aus globaler Vorherrschaft und Fortschrittsglaube in ihrer Abgrenzung gegenüber der überseeischen Welt einen wesentlichen Grundzug der Zeit: Kultureller Imperialismus im weiteren Sinne war populär.

III. Gewissheiten und Ungewissheiten

Zur Rede stehen hier nicht die Verbreitung europäischer Vorstellungen in den abhängigen Gebieten und der aktive Umgang mit diesen seitens der dortigen Gesellschaften, sondern die weite Resonanz, wenn nicht Allgegenwart imperial-überseeischer Bezüge innerhalb Europas. Das schlug sich in der Alltagskultur schon im Konsum von Nahrungsmitteln nieder. Tee, Zucker, Kaffee waren ebenso offenkundig Kolonialwaren wie Schokolade und Tabak. Sie wurden visuell und in Worten unter Hinweis auf ihre ferne, exotische Herkunft vermarktet und hatten vor dem Ersten Weltkrieg ihren ehemals sozial exklusiven Charakter abgelegt. Ebenso sichtbar, wenngleich nach Gender und Status spezifisch zugeordnet, traf dies auf die Federn an Frauenhüten zu, die von Paradiesvögeln in Ozeanien stammten, die von der dortigen Bevölkerung im Auftrag gejagt wurden, über europäische Handelsunternehmen in die Hände der Hutmacherinnen und schließlich auf die Köpfe der urbanen Damen gelangten – und dann Naturschutzdebatten anregten und Reformkleidern gegenübergestellt wurden. Weniger demonstrativ, aber dafür diplomatisch und wirtschaftspolitisch relevant war die Verwendung von Baumwolle in Textilien. Der damit verknüpfte globale Transfer von Pflanzen in neu erworbene Anbaugebiete betraf ebenso Sisal, eine Naturfaser aus der Agave, die für Seile, Nähgarne und Teppiche Verwendung fand, oder Kautschuk für die Herstellung von Gummi etwa zur Produktion von Autoreifen. Die Ausbeutung von Menschen und Natur blieb den Konsumenten in Europa nicht verborgen, wenn sie wie im Falle des belgischen Kongo als Skandal öffentliche Aufmerksamkeit erregten, dabei aber in der Regel lediglich als Missbrauch verstanden wurden. Als selbstverständlich mag der Gebrauch von Palmöl für die Herstellung von Seife für die Körperhygiene gegolten haben. Anrichte, Tisch und Stühle aus Mahagoni hatten ihren Platz in den bürgerlichen Wohnungen, ohne dass sie als «fremd» auffielen. Auch die Klaviertasten aus Elfenbein gehörten natürlich zur europäischen Kultur, ohne dass ihre durchaus bekannte Herkunft aus der afrikanischen Tierwelt eigens thematisiert wurde, wenn die Musik von Richard Strauss, Gilbert und Sullivan oder Kneipenlieder erklangen.

4. Ungewissheiten

Der körperlichen und häuslichen Präsenz der imperialen Dingwelt entsprach eine öffentliche Anwesenheit in Publikationen, Veranstaltungen und wissenschaftlicher Vermittlung. Die Bedeutung der missionarischen Veröffentlichungen ist bereits erwähnt worden. Jenseits der kirchlichen Sphäre wurde in Zeitungen, Zeitschriften und Illustrierten ebenfalls über das Geschehen in den Kolonien und der weiten Welt berichtet. Entdeckungs- und Forschungsreisen, Flora und Fauna, fremde Lebensformen, Kriege und Aufstände: Die Vielfalt der Themen und die Leserschaft bis in die Arbeiterbewegung waren groß, der interpretative Rahmen, in den die Gegenstände eingeordnet wurden, hingegen meist eng. Exotik, Wildheit, bestenfalls Ursprünglichkeit und vor allem menschheitswie kulturgeschichtliche Vorzeitlichkeit konstituierten das mehr oder weniger bedrohliche Gegenbild zu Heimat, Ordnung, Zivilisiertheit und der auf jeden Fall progressiven Gegenwart und Zukunft. Eine politische Zustimmung zur konkreten Gestaltung der Kolonialpolitik war damit nicht zwingend verbunden, aber eine mentale Grundhaltung. In Völkerschauen konnten die Europäer die Menschen aus der übrigen Welt «erleben», wenn sie nicht selbst als Händler, Soldaten, Missionare oder Reisende dorthin gelangten. In den Naturkunde- und Völkerkundemuseen informierten sich die Besucher über die materielle Kultur, die über die imperiale Infrastruktur auch bis in private Sammlungen gelangte, in einem sich wissenschaftlich verstehenden Rahmen. Dieser blendete den oft gewaltsamen Erwerb von Objekten und die Machtverhältnisse in den Kolonien aus. Auch die forschende Wissenschaft selbst stand, wie bereits erwähnt, vielfach in enger Beziehung zu den überseeischen Territorien. Der Mediziner Robert Koch (1843–1910) mag als ein Beispiel genügen. Er war Professor für Hygiene an der Berliner Universität und Leiter des Preußischen Instituts für Infektionskrankheiten. 1905 erhielt er den Nobelpreis. Seine Forschungen zu Cholera, Rinderpest, Schlafkrankheit und Malaria betrieb er ab 1883/84 auf jahrelangen Reisen in Ägypten, Indien, Südafrika, Ostafrika, Java und Neuguinea. Die Orte veranschaulichen nicht nur die enge Verbindung mit Übersee, sondern auch einen einzelne Imperien übergreifenden Forschungsraum, denn der deutsche Bakteriologe beschränkte sich nicht auf die Kolonien des Deutschen Reichs, sondern nutzte auch britische und niederländische Gebiete. Ungeachtet weltpolitischer Konkurrenz zeigte sich gerade im kulturellen Imperialismus, in der Praxis wie in den Vorstellungen, vielfach eine gemeineuropäische Prägung.

Die Reichweite des populären Imperialismus ging weit über die Metropolen der großen Kolonialmächte der Zeit, Großbritannien, Frankreich, Russland und Deutschland, und der kleineren wie den Niederlanden, Belgien und Italien oder der älteren Spanien und Portugal hinaus. Formen der regionalen Weltbeziehungen fanden sich auch fernab im Binnenland, wie etwa in Stuttgart oder Kornthal im deutschen Südwesten. Koloniale Verstrickungen persönlicher und institutioneller Art, Phantasien überseeischer Eroberung oder koloniale Geisteshaltungen waren nicht exklusiv. Es gab sie im binneneuropäischen Habsburgerreich wie in der kleinen Schweiz. Es bedurfte nicht einmal der Existenz eines Nationalstaates, wie das Beispiel Polens zeigt. Polnische Wissenschaftler beteiligten sich nicht nur an der Erforschung Sibiriens, sondern führten auch Expeditionen nach Kamerun durch. Sie studierten und arbeiteten an russischen, deutschen und österreichischen naturkundlichen und ethnologischen Einrichtungen. Ihre Erkenntnisse publizierten sie in polnischen Fachzeitschriften und Publikumsorganen; völkerkundliche Ausstellungen fanden in Warschau und Krakau statt, und die von Polen gesammelten Dinge – wie etwa Schädel der «Naturvölker» – fanden ihren Weg in den transnationalen Handel mit Objekten. Das Beispiel zeigt darüber hinaus, dass der kulturelle Imperialismus sich jeweils spezifisch im jeweiligen Kontext ausgestaltete. Polen war selbst unter drei Imperien aufgeteilt und sah sich insofern selbst als Opfer von Fremdherrschaft. Ob daraus mehr Sympathie für die kolonisierten Völker entsprang, bliebe zu diskutieren, denn Appelle zum Schutz von und Empathie mit bedrohten Völkern fanden sich auch bei Akteuren der großen Kolonialmächte. Zumindest aber konnten polnische Ethnologen aus der Begegnung mit den Fremden am Rande Europas eine Aufwertung ihrer eigenen, oft als inferior beurteilten (politischen und kulturellen) Position innerhalb der «weißen» Zivilisationshierarchie erfahren (Maria Rhode). Die Beteiligung an der europäischen Mission war somit – nicht nur für Polen – ein Mittel, kulturell selbst nationale Souveränität zu behaupten. Die Verknüpfung des kulturellen Imperialismus mit anderen Identitätskonstruktionen – nationaler, ethnischer, konfessioneller oder auf das Geschlecht bezogener Art – war insgesamt kennzeichnend für das späte 19. Jahrhundert. Globale Warenkultur gibt es auch heute noch, Wissensgenerierung über die Grenzen von Nationalstaaten hinweg ebenso, allerdings unter anderen Herrschaftsbedingungen und einem weniger gefestigten Selbstverständnis europäischer Überlegenheit als um 1900. Kulturimperiale Machtverhältnisse und eurozentrische Überlegenheit, die in der zweiten Hälfte des 19. Jahrhunderts ausgeprägt wurden, wirkten jedoch weit in die postkoloniale Zeit und wirken noch in unsere Gegenwart hinein.

IV. Partizipation und Herrschaft: Staatlichkeit im Wandel

/N/ationalstaaten haben lange das Bild der politischen Geschichte in der zweiten Hälfte des 19. Jahrhunderts bestimmt. Die gängige historische Erzählung reicht im Anschluss an die gescheiterten Revolutionen von 1848/49 von der Errichtung des italienischen Königreichs 1861 über die deutsche Reichsgründung 1871 bis zur Unabhängigkeit von osmanischer Oberhoheit und zur Bildung von südosteuropäischen Nationalstaaten 1878 in Serbien, Montenegro, Rumänien, Bulgarien (vollständig erst 1908) und schließlich Albanien 1912. In den Darstellungen der nationalen Bewegungen des 19. Jahrhunderts und auch in der Geschichtsschreibung erscheint diese Entwicklung wie ein natürlicher Vorgang. Es handelte sich jedoch um eine kontingente, vielfältige Aus- und Neugestaltung des politischen Raums. Im Kern rangen die Beteiligten um die Grenzen monarchischer Herrschaft und politischer Partizipation, auch jenseits der Nationen. Charles Maier hat den Prozess als eine Form der Territorialisierung beschrieben, in dem verschiedene Kräfte danach strebten, den staatlichen Verfügungs- und Kompetenzraum und den gesellschaftlichen Loyalitätsraum in Übereinstimmung zu bringen. Im Bemühen um eine entsprechende politische Ordnung ergänzte sich die Mobilisierung von materiellen Ressourcen, etwa durch Steuern für Armee, Verwaltung und in geringerem Maße auch Wohlfahrt, mit der gesellschaftlich-politischen Mobilisierung. Für den Ausbau der staatlichen Kompetenzen wie für die Loyalität war die Partizipation gesellschaftlich maßgeblicher Gruppen über die Parlamente und die Bildung von Parteien erforderlich. Für den Einzelnen hingegen manifestierte sich die Teilhabe im Wahlrecht und in der Gewährung staatsbürgerlicher Rechte. Diese machten aus den Untertanen Staatsangehörige, schlossen aber gleichzeitig bestimmte Personenkreise aus. Partizipation verlief nicht nur in politischen Institutionen, sondern auch durch die Ausbildung ideologischer Zugehörigkeiten. Besonders ausgeprägt wirkte hier der Nationalismus, daneben aber auch andere weltanschauliche Bindungen politischer oder religiöser Art. Die europäischen und überseeischen Imperien bildeten weitere Räume, in denen die Fragen von Herrschaft, politischer Partizipation und Zugehörigkeit intensiv verhandelt wurden. Imperiale Staatlichkeit war jenseits des Nationalstaats ein wesentliches Charakteristikum der Zeit.

1. Monarchischer Konstitutionalismus: Kämpfe um politische Partizipation

Die Herrschaft der Monarchie, soweit sie auf der Vorstellung einer überkommenen, gottgewollten Ordnung beruhte, war schon im Übergang zum 19. Jahrhundert nachhaltig erschüttert worden. Die Französische Revolution und ihre europäische Ausstrahlung, nicht zuletzt jedoch die Monarchen selbst hatten auf dem Wiener Kongress 1814/15 in großem Maße Territorialherrschaften aufgelöst, verschoben und zusammengelegt. Von mehreren Hundert souveränen politischen Einheiten existieren um 1900 noch ungefähr zwanzig. Der Anspruch seitens der Gewinner auf traditionale Legitimität, wie sie etwa 1815 in der Heiligen Allianz formuliert wurde, musste daher hohl klingen, wenngleich er bei vielen Amtsinhabern, Kirchenvertretern, politischen Gruppierungen und Denkern auch in späteren Jahrzehnten Resonanz fand. Die Monarchie war aber nun maßgeblich auf Formen der legalen Herrschaft angewiesen. Nach Max Weber bedeutete dies zum einen die Festlegung einer Satzung, sprich Verfassung, welche die Rechte der Herrschenden und Beherrschten verankerte, und zum anderen eine zweck- oder wertrationale Orientierung, zu der eine etablierte Bürokratie gehörte.

1. Monarchischer Konstitutionalismus

Zwei Momente bestimmten die politischen Auseinandersetzungen der Epoche: die Ausdehnung der Wahlberechtigung und die konstitutionelle Beschränkung monarchischer Staatsgewalt. Das allgemeine, gleiche, geheime und direkte Wahlrecht setzte sich trotz der allmählichen Ausweitung auch für Männer nicht überall durch. Es galt bis zum Ersten Weltkrieg zwar in der Mehrheit der Staaten, doch selbst in Großbritannien blieben nach der Reform von 1884 durch einen Zensus die Angehörigen der ärmeren Schichten ausgeschlossen; das betraf dort noch bis zu ein Drittel der erwachsenen Männer. Der Widerstand gegen das allgemeine Wahlrecht speiste sich generell aus zwei Wurzeln. Zum einen rührte er aus dem politischen Kalkül der Parteien und der Regierenden, welche sozialen Schichten wohl jeweils für ihre Richtung stimmen würden. Zum anderen entsprang er grundsätzlichen Überlegungen hinsichtlich der materiellen und geistigen Selbständigkeit der Wählerschaft als einer der für notwendig erachteten Voraussetzungen, um politisch vernünftig und verantwortlich zu handeln. Mit der Herstellung bürgerlicher Rechtsgleichheit war dem gleichen Wahlrecht argumentativ zwar weniger entgegenzusetzen. Doch diejenigen, die das Wahlrecht besaßen, verteidigten oft ihr Privileg, so dass die Ausweitung nur schrittweise vorankam. Frauen erlangten das Wahlrecht überhaupt nur im damals russischen Großfürstentum Finnland 1903 und in Norwegen 1913, gefolgt von Dänemark 1915; in den europäischen Siedlerkolonien Neuseeland und Australien erzielten sie die politische Gleichheit immerhin schon 1893 bzw. 1902.

Insgesamt lässt sich der Grad der politischen Partizipation in Europa aufgrund der zahlreichen Einschränkungen nicht als umfassend demokratisch bezeichnen – das blieb vor 1914 eine Zukunftserwartung. Hinzu kam, dass neben den vom Volk gewählten Parlamenten in vielen Staaten zweite Kammern existierten, deren Zusammensetzung nach ständischen Privilegien ohne Wahl erfolgte. Europäische Demokratien gab es in größerer Zahl tatsächlich erst im Gefolge des Ersten Weltkrieges, und demokratisch wurde der Kontinent erst nach dem Zweiten Weltkrieg – und auch das nicht überall, sondern vornehmlich im Westen. Vor 1914 blieb der monarchische Konstitutionalismus die maßgebliche Verfassungsnorm. Die Kräfte im Verhältnis von Monarch und Parlament waren dabei unterschiedlich gewichtet. Ein parlamentarischer Konstitutionalismus mit der alleinigen Herrschaft der Kammern setzte sich nur in Großbritannien ab den 1830er Jahren, in Frankreich ab 1879 und in Norwegen ab 1884 durch; Republiken gar existierten nur in der Schweiz, in Frankreich ab 1870 und in Portugal ab 1910/11 sowie im Kleinstaat San Marino. Das 19. Jahrhundert war in staatlicher Hinsicht also eine monarchische Epoche.

Konstitutionalismus in post-revolutionärer Zeit
Die Monarchie war *die* Form der politischen Verfassung im 19. Jahrhundert. Das galt für bestehende Staaten, und auch alle neu zusammengesetzten oder gegründeten Staaten erhielten, wie etwa Rumänien, einen König aus einer der europäischen Dynastien. Die Entscheidungsgewalt der Fürsten wurde allerdings im Laufe der zweiten Jahrhunderthälfte überall durch Konstitutionen beschränkt. Der Historiker Franz Schnabel, der in den 1920er Jahren im Anschluss an Leopold von Ranke das 19. Jahrhundert von den Auseinandersetzungen um politische Partizipation zwischen Monarchie und Volkssouveränität geprägt sah, betonte, dass der Verfassungsgedanke wie die moderne Wissenschaft und Technik vom Bürgertum getragen wurde. Unter Berufung auf Besitz und Bildung beanspruchte es für seine männlichen Angehörigen politische Teilhabe. Auch wenn die bürgerlichen Forderungen eine bedeutsame Rolle spielten, erwies sich doch, von der anderen Seite betrachtet, die monarchische Herrschaft nicht nur als überlebensfähig, sondern war wesentlich an der Ausgestaltung der politischen Grundordnungen im Rahmen des Konstitutionalismus beteiligt.

Unter Konstitutionalismus im weiteren Sinne ist die Einschränkung der politisch Herrschenden in einem Staat durch (geschriebenes) Verfassungsrecht zu verstehen. Er manifestierte sich im 19. Jahrhundert überwiegend in seiner monarchischen und präsidialen, seltener in einer parlamentarischen oder direktorialen Variante.

1. Monarchischer Konstitutionalismus

Bezogen auf die monarchische Herrschaft, überwogen gerade in der Phase von der Mitte des 19. Jahrhunderts bis in das Zeitalter des Imperialismus die Gemeinsamkeiten. Insbesondere in den Methoden, mit denen die Monarchen ihre Position zu sichern trachteten, ist eine enge Verwandtschaft zu beobachten. Diese rührte nicht nur aus ähnlichen politischen und gesellschaftlichen Problemen, sondern beruhte auf gegenseitiger Beobachtung und darauf, dass es in der internationalen Politik ein gemeinsames europäisches Handlungsfeld gab, auf dem Herrschaftsordnung und Staatensystem in einer Wechselbeziehung gegenseitiger Beeinflussung standen. Das veranschaulicht auch das selbstverständliche Einsetzen von Königen an der Spitze neuer Nationalstaaten.

Mit Blick auf das zentrale Verhältnis von Monarch und Parlament spricht Martin Kirsch vom «monarchischen Konstitutionalismus» als gemeinsamem, staatenübergreifendem Typus der Zeit mit wenigen Ausnahmen. Die Unterschiede zwischen den einzelnen Staaten waren demnach graduell, nicht prinzipiell. Mit gewählten Vertretungskörperschaften auseinandersetzen mussten sich aus dem Kreis der großen Mächte nach den Revolutionen die gekrönten Häupter in Großbritannien, wo keine Revolution stattfand, in Frankreich, das bereits vorher eine Monarchie mit einem gestärkten Parlament bei eng begrenztem Zensuswahlrecht kannte, und in Preußen, das bis dahin keine Verfassung besessen hatte. Der Habsburgermonarchie gelang die Rückkehr zum Absolutismus zwischen 1852 und 1861 nur vorübergehend. Lediglich in Russland bewahrte der Zar seine autokratische Form der Machtausübung, bis sie nach einem verlorenen Krieg gegen Japan und der Revolution von 1905 verfassungsmäßig mit einer Abgeordnetenversammlung eingeschränkt wurde. Im Rahmen dieses monarchischen Konstitutionalismus lassen sich mehrere Erscheinungsformen erkennen: Verfassungsstaaten mit Vorrang des Monarchen, solche mit der entscheidenden Macht beim Parlament und eine bonapartistische Ausprägung. Die konkrete Ausgestaltung blieb in den einzelnen Staaten bis zum Ersten Weltkrieg immer umstritten und veränderte sich nur krisenhaft und schrittweise.

IV. Partizipation und Herrschaft

Im post-revolutionären Zeitalter nach 1848/49 waren die europäischen Monarchien einem besonderen Rechtfertigungsdruck ausgesetzt. Sie zeigten sich allerdings langfristig ausgesprochen anpassungsfähig. Die Revolutionen hatten einen Konstitutionalisierungsschub bewirkt, der nach 1850 nur teilweise rückgängig gemacht wurde. Mit Martin Kirsch lassen sich die Erfolge und Rückschläge der Konstitutionalisierung in vier Gruppen beschreiben. Zu erwähnen sind als Erste die Völker, deren Forderung nach einem eigenen Staat überhaupt nicht erfüllt wurde. Das zwischen Preußen, Habsburg und Russland aufgeteilte Polen hatte bis zum Aufstand 1830/31 wenigstens im Königreich Polen, das in Personalunion dem Russischen Reich verbunden war, ein vom Adel dominiertes Parlament, den Sejm, der allerdings nach der militärischen Niederschlagung aufgelöst wurde. Einen eigenständigen polnischen Staat zu errichten gelang in der Folge weder in der Revolution 1848/49 noch durch einen erneuten, gleichfalls unterdrückten Aufstand 1863. Auch den Slawen unter der Herrschaft der Habsburger gelang es nicht, eine parlamentarische Vertretung im Rahmen des dynastischen Reichs zu etablieren. Der Slawenkongress während der Revolution 1848 in Prag sollte eine Nationalversammlung sein, blieb aber eine Nationalitätenversammlung. Von bürgerlichen Vertretern tschechischer Herkunft dominiert, konnte er keine Entscheidung herbeiführen zwischen den Möglichkeiten, entweder die existierenden Verwaltungseinheiten in Böhmen zu einem tschechischen Nationalstaat zu integrieren oder die verschiedenen Gruppen nach ethnischer Zugehörigkeit politisch-territorial neu zu ordnen. Auch die späteren Ideen, im Rahmen des dynastischen Reichs einen verfassungsmäßigen Ausgleich mit Tschechen und mit Südslawen (unter Führung der Kroaten) analog zu den österreich-ungarischen Übereinkünften von 1867 zu erzielen, setzten sich nicht durch.

Eine zweite Gruppe von Ländern erfuhr nach 1848/49 zunächst die Rücknahme der Konstitutionen. Dazu zählten die italienischen Staaten (mit Ausnahme Piemonts), Österreich, Ungarn und Deutschland, wie es sich in der Frankfurter Paulskirche als Nationalversammlung manifestiert hatte. In Ungarn scheiterte die Konstitutionalisierung an der militärischen Niederschlagung der Revolution, in Deutschland und Österreich behinderten die föderalen Strukturen die weitere Konstitutionalisierung auf gesamtstaatlicher Ebene. Erst nach den Kriegen, die das Habsburgerreich in Italien 1859 und gegen Preußen und seine Verbündeten 1866 verlor, setzte die Konstitutionalisierung des dynastischen Reiches wieder ein. Im Unterschied zu dieser temporär zurückgestellten Entwicklung etablierte sich mit Piemont, dem politisch-machtmäßigen Kern des künftigen italienischen Königreichs, Preußen und Dänemark in einer dritten Gruppe von Ländern, die vor 1848/49 keine Verfassung besessen hatten, die konstitutionelle Monarchie dauerhaft. In Preußen behielt der Monarch eine starke Stellung und verfocht sie vehement im Verfassungskonflikt, in dessen Mittelpunkt 1859 bis 1866 mit der Finanzierung einer Heeresreform eines der – neben der Außenpolitik – prominenten Reservate königlicher Herrschaft stand. In Dänemark löste der König während der im Inneren weitgehend friedlichen Revolution ein früheres Verfassungsversprechen ein, so dass die absolute Regierungsform 1849 in eine vergleichsweise liberale Ordnung mündete, die allerdings nach dem 1864 verlorenen Krieg gegen Preußen und Österreich im konservativen Sinne verändert wurde. Erst nachdem die Konflikte zwischen konservativ-nationalliberaler Erster Kammer und bäuerlich bzw. sozialdemokratisch dominierter Zweiter Kammer bis 1901 eskaliert waren, ermöglichte die Einführung der geheimen Wahl für die Zweite Kammer dort eine überwältigende Mehrheit der Opposition, so dass die Parlamentarisierung der dänischen Regierung deutlich voranschritt. Im Piemont verschob sich die Auslegung der Verfassung schon in den 1850er Jahren zugunsten einer Stärkung des Parlaments, eine Entwicklung, die – anders als in Preußen – von einem liberalen und konstitutionellen Adel getragen war.

Die vierte Gruppe bildeten jene Staaten, die bereits vor den Revolutionen von 1848/49 eine Verfassung besessen hatten. In den monarchischen Niederlanden, in Luxemburg und im föderalen Bundesstaat der Schweiz mit direktorialer Spitze festigte sich das Verfassungsleben in den folgenden Jahrzehnten. In Frankreich hingegen führte die Fortentwicklung nicht zu einer langfristigen Stabilisierung des monarchischen Konstitutionalismus, ein Fall, der im Rahmen des vorherrschenden monarchischen Konstitutionalismus auch damals schon großes Interesse auf sich zog. Aus der Revolution ging zunächst eine Republik hervor, doch gewann mit Louis-Napoléon Bonaparte, einem Neffen Napoleons I., im Dezember 1848 ein Vertreter das Präsidentenamt, der die Verfassung in mehreren Schritten, zuletzt 1851 durch einen Staatsstreich, wieder in ein Kaiserreich verwandelte. Die bonapartistische Variante des Konstitutionalismus faszinierte die Zeitgenossen. Sie schien doch gerade auch konservativen Kräften etwa in Preußen einen Ausweg aus der gefühlten Defensive zu bieten, weil sie ein Bündnis der konservativen Führungsschichten mit dem Volk und den Kirchen gegen die liberalen Parlamentarier nahelegte. Selbst manch ein Liberaler entdeckte gewisse Vorzüge des Bonapartismus, je mehr ihn die Ergebnisse parlamentarischer Tätigkeit enttäuschten.

Napoleon III. musste sich als Kaiser der Franzosen die Legitimität seiner Herrschaft durch Volksabstimmungen sichern, konnte aber im Gegenzug die Verhältnisse im gewählten Parlament nicht dauerhaft ignorieren, als sie sich gegen seine Regierung kehrten. Nachdem während der 1860er Jahre die Opposition immer stärker geworden war, ließ er eine Liberalisierung der autoritären Verfassung zu, über die 1870 erneut per Volksentscheid abgestimmt wurde. Die Niederlage und Gefangennahme des Kaisers im Deutsch-Französischen Krieg 1870 beendete abrupt die allmähliche Parlamentarisierung. Hier wurde die Gefahr für ein per Abstimmung legitimiertes Kaisertum sichtbar: Ein verlorener Krieg gefährdete die monarchische Regierungsform und konnte den Verlust des Throns nach sich ziehen. Die Konservativen, unter denen die Monarchisten überwogen, gewannen 1871 zwar die ersten Wahlen in der neuen Republik, nur konnten sie sich nicht einigen, welche der drei verschiedenen Gruppen ihren jeweiligen Prätendenten auf den Thron bringen sollte: die bourbonischen Legitimisten aristokratischer Herkunft mit kirchlicher Unterstützung, die Orléanisten mit Rückhalt in der Bourgeoise oder die Bonapartisten mit einer gesellschaftlich diffusen Basis. Der 1875 erzielte Verfassungskompromiss setzte zwei Gewichte gegeneinander: auf der einen Seite eine durch allgemeines, direktes Wahlrecht zusammengesetzte Kammer und die parlamentarische Verantwortlichkeit der Regierung und auf der anderen Seite einen starken Präsidenten mit dem Recht, die Regierung zu ernennen und das Parlament aufzulösen. Erst nach einer krisenhaften Zuspitzung dieser Konstellation durch den legitimistischen Präsidenten MacMahon erzielten die republikanischen Parteien, gestützt auf die bäuerlichen Landbesitzer, 1879 einen klaren Wahlsieg über die monarchistischen Konservativen, so dass die republikanische Staatsform seither langfristig gesichert war.

Frankreich zog zusätzliche Aufmerksamkeit auf sich, weil hier 1871 mit der *Commune* eine radikale Alternative aufkam, die brutal niedergeschlagen wurde, und zwar durch eine republikanisch geführte Regierung. Nach der Kapitulation gegenüber den Deutschen im Januar war in Paris ein von Arbeitern und Kleinbürgern getragener Aufstand ausgebrochen, die sich nach der langen, entbehrungsreichen Belagerung der Stadt zunächst nur gegen die Aufhebung eines Moratoriums für Schulden und Handelswechsel stellten. Der von ihnen im März gewählte Kommunalrat erklärte dann Paris für unabhängig und erließ sozialreformerische Verordnungen und Maßnahmen zugunsten der städtischen Unterschichten. Die französische Regierung, die außerhalb der Hauptstadt residierte, eroberte mit ihren Truppen die Stadt und richtete zwischen 15 000 und 35 000 Aufständische kurzerhand hin. Nicht nur unter den Augen der deutschen Armee, die vor Paris stand, sondern vor der europäischen Öffentlichkeit hatte die Regierung unter dem Republikaner Adolphe Thiers damit blutig demonstriert, dass sie eine sozialrevolutionäre Variante der republikanischen Staatsform nicht zulassen würde.

Außer in Frankreich verlor nur noch der portugiesische König seinen Thron. Dort gab es seit 1876 eine republikanische Partei, die sich gegenüber den beiden großen Parteien, welche sich mit Hilfe des Königs regelmäßig in der Regierung abwechselten, bei den Wählern und im Parlament etablierte. Ab den 1890er Jahren geriet der Monarch aufgrund gescheiterter hochfliegender Kolonialpläne in Afrika in die Kritik. Um den Aufschwung der nationalistisch und imperialistisch gesinnten Republikaner zu bremsen, wurde 1895 eine zuvor erfolgte Ausweitung des Wahlrechts zurückgenommen. Die Rotation zwischen den großen Parteien funktionierte aufgrund zunehmender Gegensätze allerdings bald nicht mehr. Als König Carlos I. zusammen mit dem Thronfolger 1908 einem Attentat zum Opfer fiel, spitzte sich die Krise zu. 1910 gelang den Republikanern mit Unterstützung der Armee der Umsturz. Portugal bildete mit Frankreich die Ausnahme in Europa, anderswo blieb der monarchische Konstitutionalismus erhalten oder breitete sich aus.

Verfassungstransfer in der südosteuropäischen Nationalstaatsbildung

Die Staaten, die ab den 1860er Jahren in Südosteuropa geschaffen wurden, erhielten alle eine monarchische Form. Bis auf das seit 1830 existierende Königreich in Griechenland und die rumänischen Fürstentümer Moldau und Walachei, wo mit den Bojaren eine adelsähnliche Standesformation existierte, hatten die Revolutionen 1848/49 dort kaum einen Widerhall gefunden. Die entscheidenden Kräfte stellten das Osmanische Reich, die halbautonomen bis autonomen Fürstentümer und die europäischen Großmächte. Die Kämpfe um die Beschränkung der fürstlichen Herrschaftsmacht führten schmale Eliten gegeneinander, denn zum einen fehlte eine breitere bürgerliche Schicht, und zum anderen waren die in sich vielfältig segmentierten Gesellschaften stark bäuerlich geprägt. Die konstitutionelle Entwicklung folgte mit den französischen und belgischen Verfassungen westeuropäischen Vorbildern. Auch wenn die konstitutionelle Entwicklung nicht als Defizitgeschichte gegenüber der westeuropäischen Entwicklung verstanden wird, sondern als ein Verfassungssynkretismus, der fremde Modelle und eigene Elemente verband, handelte es sich doch um eine «Stolpergeschichte» (Holm Sundhaussen).

Die Herausforderungen für diejenigen, die sich für die Einführung von Verfassungen einsetzten und die häufig im Ausland aufgewachsen oder ausgebildet worden waren, waren groß. Gegen die umfassende Macht der nach-osmanischen Fürstenherrschaften konnten sie sich nicht auf die breite Bevölkerung stützen und sahen sich einer ethnisch, religiös und sprachlich vielfältigen Gesellschaft mit einem hohen Anteil von Analphabetismus gegenüber. Widerstand der Fürsten, Bauernrevolten und Konflikte zwischen den Angehörigen der Eliten kennzeichneten dementsprechend die politische Entwicklung. In allen südosteuropäischen Staaten existierte eine tiefe Kluft zwischen Verfassungsnorm und Verfassungsrealität. Die parlamentarische Einschränkung der monarchischen Herrschaftsbefugnisse gelang formal, obgleich die Könige weitreichende Kompetenzen behielten und bestimmte Rechte, wie Versammlungs- und Pressefreiheit, lange umstritten blieben, während immerhin die staatsbürgerliche Gleichheit vor dem Gesetz Bestand hatte. Aufgrund der fehlenden ständisch-territorialen Vorgeschichte setzten die neuen Verfassungen auf einen staatlichen Zentralismus. Schließlich entwickelte sich jeweils eine nationale Mehrheit zur bestimmenden Staatsnation, wobei der Schutz der ethnischen oder religiösen Minderheiten wenig ausgeprägt war. In der rumänischen Verfassung war das Staatsbürgerrecht an die christliche Religion gebunden – eine gegen Juden gerichtete Bestimmung, deren Aufhebung erst die auf dem Berliner Kongress versammelten europäischen Mächte 1878/79 erzwangen.

Das politische Leben der Staaten in Südosteuropa war insgesamt weniger von Wahlen und der geregelten Arbeit von Parlament und Regierung geprägt als von Auseinandersetzungen zwischen politischen Cliquen, Geschäftsordnungstricks, Wahlmanipulationen (die in Form von «offiziellen» Kandidaten übrigens in vielen europäischen Ländern vorkamen) und Staatsstreichen. Trotz der Kluft zwischen Norm und Realität veränderte die Verfassungsentwicklung die politische Herrschaft auch in diesen Staaten im Sinne der Konstitutionalisierung und öffnete eine Arena etwa für die weitgehende Umsetzung des allgemeinen Männerwahlrechts oder die Anpassung des Wirtschaftsrechts. Sie bot zudem Orientierung für weitergehende, noch unerfüllte Forderungen nach rechtlicher

Gleichstellung von Frauen, dem Schutz von Minderheiten oder der Pressefreiheit. Dies waren alles keine spezifischen Themen der südosteuropäischen Staaten, sondern überall in Europa diskutierte, selten umfassend verwirklichte politische Rechte. Insofern hinkte die Region nicht hinterher. Für die Einschränkung monarchischer Herrschergewalt, die Stärkung politischer Partizipation und die Gewinnung politisch-gesellschaftlicher Freiheiten waren die Hürden hier allerdings oft höher.

Das Osmanische Reich erlebte kurz vor dem Ersten Weltkrieg ebenfalls eine Form der Konstitutionalisierung. Bereits 1876 war erstmals eine Verfassung verkündet worden, die eine gewählte Abgeordnetenkammer und eine vom Sultan bestimmte Notablenversammlung vorsah. Der Herrscher behielt allerdings weitgehende Rechte, so das Recht zur Vertagung und Auflösung des Parlaments, die alleinige Gesetzesinitiative sowie die Auswahl, Ernennung und Entlassung des Regierungschefs und seiner Minister. War schon auf dem Papier die Einschränkung der Sultansgewalt gering, behinderten auch das Versammlungs-, Vereins- und Parteienverbot jegliche offene politische Fortentwicklung. Tatsächlich hob der 1876 auf den Thron gelangte Abdülhamid II. (1842–1918) die Verfassung nach kurzer Zeit 1878 wieder auf, schickte das Parlament in eine Sitzungspause, die 30 (!) Jahre anhielt, und regierte fortan autokratisch weiter. Kräfte, die für eine praktische Konstitutionalisierung eintraten, konnten nur im Ausland und als Geheimbünde wirken. Eine solche Vereinigung war die «Bewegung der Einheit und des Fortschritts». Ihre auch als Jungtürken bezeichneten Anhänger forderten, die parlamentarische Monarchie zu verwirklichen. Sie gewannen Anhänger in der Armee, hielten in Rumelien, dem europäischen Teil des Reichs, nach der Jahrhundertwende zahlreiche Versammlungen und Treffen ab. Als 1908 die Aufteilung des Osmanischen Reichs zu drohen schien – basierend auf Gerüchten über die Ergebnisse einer Zusammenkunft zwischen dem englischen König und dem russischen Zaren in Reval –, brachen Aufstände aus. Der Sultan war zur Wiedereinsetzung der Verfassung von 1876 gezwungen und musste 1909 abdanken. Die Verfassung wurde grundlegend überarbeitet, so dass sie einer parlamentarischen Monarchie wie derjenigen Belgiens glich. Die jungtürkische Bewegung wurde schließlich zur Regierungspartei, die das Land ab 1913 fast diktatorisch beherrschte und sich bemühte, das Osmanische Reich zu reformieren, und damit Ansätze seit dem frühen 19. Jahrhundert in vielen Belangen fortführte.

Das Beispiel des Osmanischen Reichs zeigt – ähnlich wie es für das russische Zarenreich demonstriert werden könnte –, dass die verfassungsmäßige Beschränkung des Monarchen überall in Europa zur grundsätzlichen Norm geworden war, gegen die sich selbst die wenigen autokratischen Regime nicht mehr vollständig sperren konnten. Es verdeutlicht ferner, dass außenpolitische Bedrohungen, Kriege und Niederlagen entscheidende Impulse für grundlegende Verfassungsreformen gaben, wie das beispielsweise auch in Russland, Frankreich, dem Habsburgerreich und Italien der Fall war. Schließlich beleuchtet die Entwicklung im Osmanischen Reich auch die Bedingungen und Hindernisse für eine erfolgreiche Ausweitung der politischen Partizipation: Förderliche Umstände waren reformbereite und einsichtige Monarchen mit ihren Beratern, bürgerliche oder adelige Trägerschichten (die allerdings die Ausweitung der politischen Beteiligung auch bremsen konnten), ständisch-parlamentarische Traditionen oder Vorbilder, Parteienbildung, ein möglichst allgemeines Wahlrecht und schließlich die Durchsetzung staatsbürgerlicher Gleichheit. Im Osmanischen Reich war das Fehlen der letztgenannten Bedingungen, neben der ausgebliebenen Steuerreform, eines der größten Hindernisse: Die Herstellung von Rechtsgleichheit für alle Staatsangehörigen scheiterte nicht nur am Widerstand muslimischer Vertreter, sondern auch an der mangelnden Bereitschaft vor allem von Christen und Juden, auf bestimmte Privilegien (wie die Befreiung von der Wehrpflicht gegen Zahlung einer Steuer) zu verzichten.

Herausforderungen der Massenpolitik

In den drei Jahrzehnten vor Ausbruch des Weltkrieges kam es nicht mehr zu erneuten Verfassungsschüben, die vorher weite Teile Europas bewegt hatten. Konstitutionen als Teil der politischen Systeme waren überall als Regel etabliert, nach der Jahrhundertwende selbst im russischen Zarenreich und im Osmanischen Reich. Kennzeichnend war nun vielmehr die Fortentwicklung der bestehenden konstitutionellen Regime. Zum Ersten setzte sich die Ausweitung des Wahlrechts fort: 1884 in Großbritannien (beschränkt auf männliche Haushaltsvorstände mit einer Mindestmiethöhe), 1893 in Belgien (mit mehreren Stimmen für gebildete und wohlhabende Männer), 1896 in den Niederlanden (unter ähnlichen Bedingungen wie in Belgien), in Österreich 1907 (alle Männer, allerdings zensusbasiert mit einem festgelegten Anteil der Abgeordneten im Reichsrat nach Anteilen am Steuereinkommen), in Italien 1912 (Männer, ausgenommen unter 30-Jährige, die keinen Volksschulabschluss besaßen). Das allgemeine, gleiche Männerwahlrecht galt ohne Einschränkung nur in der Schweiz (allerdings mit Ausnahmen auf Kantonsebene), Frankreich und im Deutschen Reich (aber nicht in Preußen mit seinem Dreiklassenwahlrecht). Um das Wahlrecht für Frauen gab es heftige Auseinandersetzungen, die in Großbritannien mit Demonstrationen, Hungerstreiks und Gefängnisstrafen auch zu militanten Protesten und Reaktionen führten – ohne Erfolg für die Frauen. Insgesamt war der Kampf um das allgemeine, gleiche und geheime Wahlrecht bis zum Ersten Weltkrieg keineswegs zu Ende, es existierten weiterhin vielfältige Einschränkungen.

Erkennbar, jedoch ebenso unabgeschlossen war zum Zweiten die Parlamentarisierung der Monarchien. Sie setzte sich in Großbritannien, Italien, Schweden, Norwegen, Dänemark, Belgien und den Niederlanden weitgehend durch. In den meisten anderen Staaten besaß die gewählte Kammer nicht den entscheidenden Einfluss auf die Regierungsbildung, die entweder vom Monarchen ausging oder eindeutig von seinem Vertrauen abhängig war. Das Deutsche Reich war ein solcher Fall, in dem der Kaiser auf seinem Recht auf die Ernennung beharrte und keine Verfassungsänderung, welche die

Verantwortlichkeit des Reichskanzlers gegenüber dem Reichstag vorgesehen hätte, zulassen wollte. War die Regierungsbildung zwischen Parlament und Monarch auch unterschiedlich geregelt oder umstritten, so muss demgegenüber betont werden, dass das Budgetrecht überall in Europa ein starkes Mittel zur Kontrolle und Mitwirkung durch die Abgeordneten bildete. In Großbritannien kam es darüber zum Verfassungskonflikt zwischen dem gewählten Unterhaus und dem ständischen Oberhaus, das zwischen 1909 und 1911 mehrfach den Haushalt, den die liberale Regierungsmehrheit im Unterhaus verabschiedet hatte, nicht genehmigte und damit die Einführung einer Einkommenssteuer zur Finanzierung sozialpolitischer Reformen blockierte. Erst nach zwei Neuwahlen hintereinander, welche die Liberalen gewannen, und unter der Drohung, eine große Zahl neuer Angehöriger für das Oberhaus zu ernennen, wurde ein verfassungsänderndes Gesetz verabschiedet, das der Aristokratenkammer die Ablehnung und Änderung der Haushaltsvorlagen untersagte und für alle anderen Gesetze nur noch ein aufschiebendes Veto zuließ. Die Auseinandersetzungen belegen, dass das parlamentarische Budgetrecht, zusammen mit der ausgeweiteten Legitimation durch eine breitere Wählerbasis, hier wie anderswo einen der zentralen Faktoren bildete, welcher die wachsende Stärke der Parlamente ausmachte.

Ebenfalls eng verbunden mit dem ausgeweiteten Wahlrecht bedeuteten drittens die Verschiebungen in den Wahlergebnissen eine bemerkenswerte Fortentwicklung im Konstitutionalismus der Jahrhundertwende. Neben den liberalen und konservativen Parteien traten in der zweiten Jahrhunderthälfte fast überall sozialistische Arbeiterparteien auf, die nun auch in den Parlamenten mehr Gewicht erlangten. Als Zeichen der Zukunft wurde oft das Ergebnis der SPD bei den deutschen Reichstagswahlen 1912 gelesen. Damals wurde die Partei mit 110 Abgeordneten zur stärksten Fraktion, obgleich die Einteilung der Wahlkreise ländliche Regionen und kleinere Städte gegenüber großen Industriestädten begünstigte. Das Ergebnis ließ anderswo in Europa Hoffnungen und bei den Gegnern Befürchtungen wach werden. Es war allerdings an bestimmte gesellschaftliche und verfassungspolitische Voraussetzungen wie die Existenz einer organisierten männlichen Industriearbeiterschaft, die Vereins- und Versammlungsfreiheit und das allgemeine Wahlrecht gebunden. Diese Voraussetzungen waren nicht europaweit gegeben, wo vielerorts eine agrarisch-kleingewerbliche Struktur vorherrschte, die politische Betätigung für Sozialisten staatlich unterdrückt wurde und das Wahlrecht an Besitz oder Einkommen gebunden war. Auch die Unterschiede in den Parteiensystemen bewirkten, dass das deutsche und ähnliche Beispiele nicht maßgeblich für Europa sein konnten. In Großbritannien etwa kam zum auch nach 1884 noch eingeschränkten Wahlrecht hinzu, dass die Liberalen und die Konservativen die weniger begüterten Wähler für sich einnehmen konnten und eine Arbeiterpartei überhaupt erst 1906 bei den Unterhauswahlen antrat. Dennoch zeichnete sich deutlich ab, dass die politische Partizipation immer breiterer Kreise der Bevölkerung nicht zu verhindern war. Und das galt nicht nur für Arbeiter, sondern auch für andere soziale Gruppen. In Dänemark etwa erlangte neben der Arbeiterpartei die Bauernpartei in der zweiten Kammer so viele Abgeordnete, dass die Regierung nicht mehr gegen sie agieren konnte. Auch in Norwegen spielte die politische Vertretung der Bauern eine große Rolle, nachdem sich im Konflikt zwischen Parlament und Regierung 1884 das Parlament durchgesetzt hatte. Die Regierung wurde ihm verantwortlich und der Wahlzensus gesenkt. In Ländern wie in Deutschland oder Italien wirkten auch die Auseinandersetzungen zwischen Staat, liberalen Parteien und der Kirche nachhaltig auf die Geschichte der Parteien ein.

Allgemein bildeten das Wahlrecht und die verfassungsmäßige Rolle der parlamentarischen Körperschaften den Rahmen für die Parteienentwicklung. Aufgrund der verschiedenen Konstellationen führte dies in Europa zu entsprechend unterschiedlichen Parteiensystemen. Außer liberalen, konservativen und sozialistischen Parteien existierten je nach Umständen konfessionell bestimmte Parteien wie das Zentrum in Deutschland, die erwähnten Bauernparteien als Vertreter bestimmter sozial-ökonomischer Schichten oder aber national ausdifferenzierte Parteien, wie dies etwa im Habsburgerreich der Fall war. Zusammen mit den Interessenverbänden, die sich in der zweiten Jahrhunderthälfte ebenfalls formierten, trugen die Parteien zur politischen Selbstorganisation der Gesellschaften bei. Sie besaßen nicht überall die gleiche organisatorische Stabilität wie etwa in Großbritannien mit seinen historisch tradierten Parlamentsparteien oder im Deutschen Reich, wo die Bindung an soziale Milieus festigend wirkte. Andernorts dienten Zeitungen und Persönlichkeiten als Kristallisationspunkte, was häufige Richtungsverwerfungen und Neubildungen von politischen Gruppierungen bewirkte.

Das führt zum vierten wesentlichen Punkt im Rahmen der Verfassungsentwicklung, der Ausbildung einer politischen Massenöffentlichkeit in den drei Jahrzehnten vor dem Ersten Weltkrieg, die auf die Regierungen und Parlamente einwirkte und teilweise mit den Parteien verflochten war. Zentrale Voraussetzung für das Entstehen einer breiteren Öffentlichkeit waren die Alphabetisierung der Bevölkerung und die Urbanisierung mit ihrer dichten Zusammenballung von Lesern. Ferner musste das Presserecht eine mehr oder weniger freie Äußerung politischer Meinungen erlauben, damit ein Spektrum von konkurrierenden oppositionellen bis regierungstreuen Veröffentlichungen auf dem Meinungsmarkt existieren konnte. Ganz allgemein spielte die Ausweitung des Wahlrechts eine Schlüsselrolle, weil dadurch die Entwicklung der Parteien von bürgerlichen Honoratiorenvereinigungen zu Organisationen, die eine breite Wählerschaft für sich zu gewinnen suchten, angestoßen wurde.

In allen Ländern, welche die genannten Voraussetzungen erfüllten, wuchs am Ende des 19. Jahrhunderts die Zahl der Presseerzeugnisse und differenzierte sich das Meinungsspektrum aus. Jörg Requate hat im Vergleich zwischen Großbritannien, Frankreich und Deutschland exemplarisch auf Unterschiede hingewiesen, die das Presserecht sowie das Selbstverständnis und mithin die Funktion der Presse innerhalb der jeweiligen nationalen politischen Öffentlichkeit betrafen. Nach den Revolutionen von 1848/49 war in den deutschen Staaten zunächst nur die Vorzensur bleibend abgeschafft, doch über Konzessionsvergabe und verschiedene andere Maßnahmen konnten die Regierungen weiterhin ihnen missliebige Organe unterdrücken. Das Reichspressegesetz von 1874 garantierte zwar Pressefreiheit, doch blieb die Beschlagnahmung als mögliches Repressionsinstrument erhalten. Das Sozialistengesetz setzte dann die Pressefreiheit zwischen 1878 und 1890 für einen Teil der Presse pauschal aus. Praktisch bildeten auch danach die Strafgesetze weiterhin ein Instrument, mit dem der Staat über die Justiz gegen Zeitungen vorging. Gelegenheiten boten zum einen der Zeugniszwang, also der Versuch, Journalisten zu zwingen, ihre Informationsquellen zu nennen (womit hauptsächlich gegen Informanten aus Behörden vorgegangen werden sollte), zum anderen der Tatbestand der Beleidigung etwa des Kaisers oder Reichskanzlers sowie von Körperschaften und Behörden. Diese Instrumente boten reichlich Gelegenheit zur Schikane von Journalisten. In Frankreich fand die entscheidende Wende zur Pressefreiheit 1868 im Zug der Liberalisierung am Ende der Herrschaft Napoleons III. statt, was dann 1881 im Pressegesetz der Dritten Republik rechtlich verankert wurde. Wiederholte Versuche, die Presse wieder einzuschränken, hatten keinen Erfolg, mit einer Ausnahme, als 1893 nach einem anarchistischen Anschlag ein Gesetz verabschiedet wurde, das die Verteidigung von Mord, Brandstiftung und anderen Kapitalverbrechen unter Strafe stellte. Signifikant unterschied sich insgesamt jedoch die strafrechtliche Praxis in Frankreich: Anders als in Deutschland versuchten hier die Gerichte und Staatsanwälte nicht, das Strafrecht gegen die Presse auszulegen.

Gleiches galt auch für England, wo Beschränkungen der Presse seit den 1830er Jahren ohnehin nur noch durch eine Steuer stattfanden, die schließlich 1861 abgeschafft wurde. Vertreter der englischen Presse propagierten vor allem seit den 1880er Jahren ihre eigene Stellung als «Vierte Gewalt» neben Exekutive, Legislative und Judikative. Sie erhoben den Anspruch, ein Bindeglied zwischen der öffentlichen Meinung und der Regierung zu sein. Die Presse war demnach nicht Teil der parlamentarischen Partizipation an der Politik, sondern als unabhängig von den dort vertretenen Parteien. Diese Idee setzte sich von der allgemeinen Entwicklung ab, die anderswo in Europa zu beobachten war: Dort hatten Zeitungen sich zunächst um politische Parteiungen kristallisiert und waren zu Sprachrohren der dann etablierten Parteien geworden. In England ging mit der proklamierten Unabhängigkeit einher, dass die Verleger sich eine neue ökonomische Grundlage schufen, indem sie mit der überparteilichen Haltung auf eine Massenleserschaft und höhere Verkaufszahlen abzielten und über Anzeigen zusätzlich große Einnahmen erlangten. Die behauptete politische Unabhängigkeit blieb hingegen in vieler Hinsicht Konzept. Zum einen entwickelte sich trotzdem ein enges Beziehungsnetz zwischen Journalisten und Parteivertretern. Auch die Orientierung an der Lesergunst bewirkte, dass Zeitungen den Regierungen tendenziell nahestanden; diese wechselten zwar, besaßen aber im parlamentarischen Regierungssystem jeweils eine Mehrheit im Wahlvolk. Zum anderen förderte die Kommerzialisierung eine Neigung zur Sensationsberichterstattung, die wenig mit dem Anspruch, eine verfassungspolitisch relevante Kraft zu sein, zu tun hatte. In politischen Skandalen, die in der Presse aufgedeckt wurden, zeigten sich nicht nur die Geschäftsinteressen, sondern auch die engen Beziehungen und politischen Absichten von Journalisten und den Politikern, welche die Informationen lieferten.

Eine Presse, die sich an ein breiteres Publikum richtete, bildete sich auch in Frankreich und Deutschland heraus, ohne dass das Konzept einer «Vierten Gewalt» vor dem Hintergrund anders gearteter Parteiensysteme und politischem Selbstverständnis Widerhall fand. In Frankreich bildeten Zeitungen für die fluiden, sich immer wieder umformenden Parteien ein Medium, um das sich neue Gruppierungen bilden konnten, und eine Art Ersatz für instabile oder fehlende Parteiorganisationen. Französischer Journalismus blieb unter diesen Bedingungen politiknah, allerdings nicht als Sprachrohr von Parteien, sondern im Sinne einer politischen Meinungsbildungsrolle. Das Ideal eines kämpferischen Publizisten prägte hier das journalistische Selbstverständnis. In Deutschland

IV. Partizipation und Herrschaft

hingegen gehörte das feste Bekenntnis zu einer politischen Gesinnung zum Ethos des Journalisten. Das erklärt sich teilweise aus der Finanzierung der Zeitungen durch Parteien, teilweise aus der historischen Funktion der liberalen Presse im Kampf um die Parlamentsrechte gegenüber den monarchischen Regierungen. Die Verfassungskonflikte des frühen und mittleren Jahrhunderts wirkten stilprägend nach. Auch die kommerziellen Generalanzeiger als Typ der Massenpresse um 1900 verbanden sich mit politischen Lagern, obgleich sie auf eine enge Parteibindung verzichteten, um ihren Markt nicht zu beschränken.

Insgesamt erhellen die Beispiele die wichtige Rolle, welche die Presse für die Bildung einer politischen Massenöffentlichkeit in den Jahrzehnten vor dem Ersten Weltkrieg überall spielte. Sie entwickelte sich politisch in Abhängigkeit vom ausgeweiteten Wahlrecht, der zunehmenden Parlamentarisierung der meist monarchischen Regierungen und dem Parteiensystem. Je nach Konstellation unterschied sich daher das verlegerische und journalistische Selbstverständnis in den europäischen Staaten. Die Funktion der Presse variierte zwischen Kritik, Kontrolle und Unterstützung der Regierungen. Die Presse konnte als Ausdruck «öffentlicher Meinung» zum Faktor im Kalkül und Handeln politischer Akteure werden, also eine vierte Gewalt ohne das oben beschriebene Selbstverständnis sein. Die von ihr hergestellte Massenöffentlichkeit war Ausdruck politischer Partizipation und generierte zugleich eine breite Teilhabe an der Politik auch jenseits der einzelnen Verfassungsbestimmungen. Unter den dargelegten Bedingungen hatten sich die Herausforderungen der Politik um 1900 gegenüber den post-revolutionären Auseinandersetzungen um die Jahrhundertmitte grundlegend gewandelt. Das Zeitalter der Massenpolitik brach vor dem Weltkrieg an.

2. Ressourcen der Ordnung: Verwaltung, Finanzen und Staatsgewalt

Die europäischen Staaten erweiterten im Laufe des 19. Jahrhunderts überall ihren Anspruch und ihre Fähigkeit, allgemeine Angelegenheiten zu regulieren. Sie mobilisierten organisatorische und finanzielle Ressourcen, um auf Probleme reagieren zu können, verstärkten damit aber zugleich die Kontrolle über die Gesellschaft. Der Ausbau der Staatsverwaltung sollte grundsätzlich die bis dahin an ständischen Privilegien sowie an partikularen, vielschichtigen Eigeninteressen, vor allem des Adels oder anderer lokal einflussreicher Gruppierungen, ausgerichtete Verwaltungsstruktur ablösen. Die Reformer versuchten, gesamtstaatlich an abstrakten Normen orientierte, rationale Verfahren zu etablieren. Sie wollten im Sinne der Rekrutierung von Amtsinhabern wie in der Verwaltungspraxis eine annähernd gleiche Behandlung der Bürger und Untertanen durchsetzen. Darüber hinaus dehnte die öffentliche Hand bis zum Ende des 19. Jahrhunderts ihre Tätigkeit auf den Gebieten der Sozialfürsorge, der Schulen und höheren Bildung, im Rahmen der Kultur und der staatlich-kommunalen Eigenwirtschaft so weit aus, dass sich ein positives Verwaltungsverständnis abzuzeichnen begann – Staat und Kommunen im Dienste der Gesellschaft. Der Perspektive einer entstehenden Leistungsverwaltung stand die Verwaltung als Herrschaftsinstrument gegenüber, wenn etwa Militär und Polizei streikenden Arbeitern mit Gewalt entgegentraten, niedere Gerichtsbarkeit und Verwaltung vielerorts noch lange in der Hand der Grundbesitzer blieben oder Konsumsteuern die unteren Einkommensgruppen stärker als die höheren belasteten. Während sich eine gesetzlich geregelte, an Effizienz und überpersönlichen Normen ausgerichtete Verwaltung als Modell herausbildete, etablierte die Bürokratie zugleich Verfahren, die soziale Macht und eine bestimmte Ordnung angesichts der grundlegenden Transformation von Wirtschaft und Gesellschaft sichern halfen. Staat und Gesellschaft konnten seit dem Übergang vom Ancien Régime zwar als getrennte Bereiche gedacht werden, waren aber in ihrer Wirkung weiterhin eng miteinander verknüpft.

Muster europäischer Staatsverwaltung

Die Reformen der Staatsverwaltung reichen historisch in die Zeit der Aufklärung zurück und erhielten im Umbruch um 1800 einen grundlegenden Schub, der die Entwicklungspfade bis zum Ersten Weltkrieg vorprägte. Lutz Raphael hat vier zum Teil in andere Länder ausstrahlende Muster unterschieden, nach denen die Staatsverwaltungen im Sinne der «Herrschaft durch Verwaltung» im Laufe des 19. Jahrhunderts reformiert wurden: das napoleonische Modell, die deutschen Verwaltungsmonarchien, den englischen Sonderweg des «Self-government» und die bürokratische Autokratie in Russland. Diese sind durch die koloniale Verwaltungsherrschaft als Teil des imperialen Charakters europäischer Staatlichkeit zu ergänzen.

Der europaweit aufsehenerregendste Bruch mit den Herrschafts- und Verwaltungsstrukturen ereignete sich zunächst in Frankreich mit der Revolution. Die neu gestaltete innere Staatsordnung wirkte mit dem napoleonischen Regime über die französischen Grenzen hinaus: durch Eroberung, imperiale Abhängigkeit und politisch-strategische Nachahmung. Auf der Regierungsebene entstanden zu Beginn des 19. Jahrhunderts die später klassischen Ministerien für Inneres, Justiz, Finanzen, Äußeres und Militär. Ferner bildeten sich, gestützt auf besondere Ausbildungsstätten, Spezialverwaltungen für bestimmte Felder wie Straßenwesen und Bergbau aus. Dort wie auch in den anderen Verwaltungszweigen entwickelte das Personal auf die Dauer einen partikularen Korpsgeist. In diesem Sinne kannte das französische Muster auch nicht die «eine» Verwaltung, sondern unterschiedlich organisierte, miteinander im Ansehen konkurrierende «Ministerien» (Christophe Charle). Ein weiteres Kennzeichen war, bezogen auf das ganze Land, sein dreistufiger Zentralismus, der den Ministerien die Departments und die kommunalen Verwaltungen nachordnete. Demgegenüber bildete sich nur sehr langsam eine kommunale Selbstverwaltung aus. Erst in der Zeit der Dritten Republik durften die französischen Kommunen ab 1876 ihre Bürgermeister wählen, die Hauptstadt Paris war allerdings davon ausgenommen. Nach 1794 gab es dort nur kurzzeitig 1848 und 1870/71 gewählte Bürgermeister, dazwischen erfüllte der Präfekt des Departements Seine die entsprechenden Funktionen (fast 17 Jahre war dies Baron Haussmann). Erst im späten 20. Jahrhundert wählte Paris 1977 (!) wieder einen Bürgermeister. Die Präfekten der Departments ermöglichten dem französischen Staat prinzipiell, auf die Bevölkerung durchzugreifen. Eine gewisse Kontrolle und ein Gegengewicht bildeten das Bürgerliche Gesetzbuch sowie das reformierte Justizwesen, das allerdings schon aufgrund der häufigen Regimewechsel erst gegen Ende des 19. Jahrhunderts wirklich seine Unabhängigkeit gegenüber der Politik erlangte. Bis zur Stabilisierung der Dritten Republik am Ende der 1870er Jahre gab es immer wieder politische «Säuberungen» in der höheren Richter- und Beamtenschaft. Ferner beeinflussten die Präfekten die Parlamentswahlen im Sinne der jeweiligen Regierungen, indem sie vor Ort Interessenbündnisse vermittelten und für die Regierungspartei warben. Die Verwaltung agierte also keineswegs in einem politisch neutralen Sinne. Ihre Elite rekrutierte sich sozial aus Gebildeten und Besitzenden bürgerlicher und adeliger Herkunft.

Das französische Muster einer zentralen Verwaltungsorganisation auf wenigen Ebenen eignete sich überall dort gut, wo Herrscher Territorien neu hinzugewannen und historische Partikularismen aufzuheben suchten, wie etwa in Bayern und anderen deutschen Mittelstaaten im Zusammenhang mit der Auflösung des Alten Reichs. Hier dauerte es aber bis zur Revolution 1848, bevor sich der Verwaltungsstaat mit seiner Beamtenschaft gegenüber der adligen Mitregierung auf der unteren Ebene durchsetzen konnte und Sonderrechte abgeschafft wurden. Die zentralistische Verwaltungsreform wirkte auch in Spanien von 1812 bis 1874 als Vorbild. In Italien hatten die Einzelstaaten in der napoleonischen Zeit bereits Elemente übernommen, bei der Neugründung des Königreichs 1861 wurde das Muster erneut aufgegriffen, um nun das ganze Land verwaltungsmäßig besser zu integrieren.

Die Entwicklung der deutschen Verwaltungsmonarchien, das

zweite Muster, ging zurück auf die Reformanstrengungen des 18. Jahrhunderts. Die militärischen Niederlagen gegen das revolutionäre Frankreich zwangen dann zu verstärkten Reformbemühungen, die Revolutionen 1848/49 und die Auseinandersetzungen der 1860er Jahre mit der folgenden Gründung des Deutschen Reichs und der österreichisch-ungarischen Doppelmonarchie gaben schließlich jeweils einen erneuten Schub. Verglichen mit Frankreich, verlief die Ausgestaltung des modernen deutschen Verwaltungsstaates langsamer und ermöglichte, wenn auch zunehmend eingeschränkt, eine längere Wahrung adeliger Standesinteressen und überkommener Territorialordnungen. Preußen richtete auf der zentralen Ebene schon 1808 im Gefolge der militärischen Niederlagen gegen Napoleons Armeen Fachministerien ein. 1815 erfolgte die territoriale Gliederung in neun Provinzen mit staatlich eingesetzten Oberpräsidenten (1866 kamen Schleswig-Holstein, Hannover und Hessen-Nassau hinzu). Darunter existierte eine unterschiedliche Zahl von Regierungsbezirken, die von Regierungspräsidenten geleitet wurden. Die unterste Ebene bildeten die Landkreise mit den Landräten und – anders als in Frankreich – die kreisfreien Städte mit ihrer kommunalen Selbstverwaltung. Aus diesen konnte sich bis zum Ende des 19. Jahrhunderts eine Riege mächtiger Oberbürgermeister aus deutschen Großstädten entwickeln. Insgesamt nahm die verwaltungsmäßige Neueinteilung auf historische Landschaften, die zur Hohenzollernherrschaft gehört hatten oder hinzukamen, größere Rücksicht. Dazu passte auch die Weigerung, bis 1847 eine gesamtstaatliche Ständeversammlung einzuberufen. Außer der traditionsbewussten territorialen Gliederung kennzeichnete das preußische Muster vor allem, dass die adlige Mitregierung auf der untersten Ebene insbesondere in den Kreisen der östlichen Provinzen fortbestand. Während in den westlichen Territorien Preußens die napoleonischen Strukturen weiterwirkten, behielten im Osten die adligen Gutsbesitzer lange die Polizeigewalt, Patrimonialgerichtsbarkeit, Mitwirkung an der Kreisverwaltung und Steuerfreiheit. Die niedere Gerichtsbarkeit der Gutsherren wurde in Preußen und vielen anderen deutschen Staaten erst

1848/49 oder in den 1850er Jahren abgeschafft, vollständig und für ganz Deutschland dann erst im Gerichtsverfassungsgesetz von 1877. Die höheren preußischen Verwaltungspositionen boten Aufstiegschancen für die Söhne des Bürgertums und zwangen, weil ein Jurastudium Eingangsvoraussetzung war, die adeligen Bewerber zum Erwerb entsprechender Qualifikationen. Adelige Begünstigung und persönliche Netzwerke existierten fort, aber über die gleichartige Bildung, die soziale Exklusivität und vor allem den Karriereweg durch die Instanzen der allgemeinen Verwaltung und verschiedene Ministerien entwickelte sich eine sozial und politisch recht homogene Beamtenschaft, die in der zweiten Jahrhunderthälfte politisch weitgehend regierungstreu war. Auf der Ebene der Landräte wurden die landsässigen Adeligen 1872 dann auch in die staatliche Beamtenordnung einbezogen. Seitdem es seit 1848 Parlamentswahlen gab, wirkten die Landräte – ähnlich wie die französischen Präfekten – auf die lokale Interessenbildung im Sinne der Regierung ein. Da das preußische Dreiklassenwahlrecht ungleich, indirekt und nicht geheim war, fiel dies nicht schwer. Insgesamt zeichnete sich Preußen bis zum Weltkrieg durch eine staatstragende, monarchistische und politisch weitgehend homogene Beamtenschaft aus.

Die Verhältnisse in der Habsburgermonarchie können ebenfalls dem Muster der Verwaltungsmonarchie zugerechnet werden. Allerdings kam es hier zu einer noch zögerlicheren, mehr auf zahlreiche landschaftliche Interessen Rücksicht nehmenden Entwicklung. Die bis 1867 praktizierte neoabsolutistische Reformpolitik schützte keineswegs durchgängig die ständischen Privilegien. Nach dem militärischen Sieg über Ungarn 1849 wurden dort wie in den österreichischen Ländern die Patrimonialgerichtsbarkeit und die gutsherrliche Verwaltungsbeteiligung abgeschafft. Gleichzeitig wurden aber weitere Reformen des Verwaltungsaufbaus, der Zusammensetzung der Beamten und zur Anpassung an veränderte gesellschaftlich-wirtschaftliche Grundlagen abgeblockt. Die Verwaltung unterlag einer engen politischen und religiösen Gesinnungskontrolle, aristokratische Patronage wirkte weiterhin. Lutz Raphael hebt hervor, dass zumindest der Ausbau einer leistungsfähigen Gerichtsorganisation voranschritt, aber eben nur als eine Art Ersatz für die erneut aufgehobene Verfassung. Diese Maßnahme band Verwaltung und Regierung, wenngleich nur unvollkommen, immerhin an rechtsstaatliche Prinzipien. Mit dem österreich-ungarischen Ausgleich wurde 1867 zum einen die Rücksicht auf partikulare Teile des Habsburgerreichs – zumindest im ungarischen Fall – auch verfassungsmäßig abgesichert. Es wurden zwei Reichshälften geschaffen, die auf der zentralen Ebene verwaltungsmäßig nur durch ein gemeinsames Außenministerium, das Kriegsministerium sowie das Finanzministerium zusammengehalten wurden; ihnen standen gleichzeitig, aber getrennt tagende Vertretungen der beiden Parlamente, die sogenannten Delegationen, d.h. Ausschüsse des österreichischen Reichsrates und des ungarischen Reichstages, gegenüber. Zum anderen sollten die beiden Reichshälften fortan jeweils aus den Zentralen Wien und Budapest von einem einheitlichen deutschsprachigen bzw. ungarischen Kader verwaltet werden. Hier traten die imperialen Dimensionen des österreich-ungarischen Staates zutage. Elemente des monarchischen Verwaltungsstaates, wie er sich in Preußen und Habsburg entwickelte, fanden sich in ähnlicher Weise in anderen deutschen und vor 1859 in italienischen Staaten sowie in Spanien.

Die englische Verwaltungsentwicklung der parlamentarischen Monarchie als drittes Muster war gekennzeichnet von der relativen Schwäche der Monarchen, dem spezifischen Ausbau der Zentralbehörden und einer starken lokalen Selbstverwaltung in der Hand des landbesitzenden Adels. Die verschiedenen Teile der Verwaltung bildeten nicht eigentlich Verwaltungsebenen wie in Frankreich oder den deutschen Staaten, sondern bis in das letzte Drittel des 19. Jahrhunderts hinein verschiedene, wenig miteinander verbundene Bereiche. Die zentralen Behörden konzentrierten sich seit dem 18. Jahrhundert auf die Aufgaben, die für die Organisation und Finanzierung der zahlreichen Kriege notwendig waren, und entwickelten ein effizientes militärisch-fiskalisches nationales Staatswesen. Die zivile Verwaltung des Landes lag hingegen in den Händen des landbesitzenden Adels. Seine Angehörigen stellten bis 1888 die Friedensrichter, welche die örtlichen Verwaltungs- und Justizangelegenheiten im Rahmen der Grafschaften regelten. Auf diese Honoratiorenverwaltung besaß der Zentralstaat aufgrund des lokalen Besteuerungsrechts zunächst kaum Einflussmöglichkeiten. Vor allem über die schrittweise Reform der städtischen Selbstverwaltung und die Armengesetzgebung seit den 1830er Jahren begann die Regierung, allmählich verstärkt Kontrolle auszuüben. Dies geschah nicht durch eine systematische Reform, sondern mittels zahlreicher neu eingerichteter Verwaltungsstellen, etwa der Inspektoren des Innenministeriums, welche Gesundheit, Hygiene, Armenwesen und Schulen überwachten, oder anderer lokaler und regionaler Sonderbehörden. Erst 1871 mit der Errichtung des Local Government Board konnte ortsübergreifend eine institutionelle Vereinheitlichung der Kommunalverwaltung in Angriff genommen werden, während die eigentliche städtische Verwaltung in die Verantwortung der Haus- und Grundbesitzer gelangte.

Der Ausbau der zentralen Verwaltung im 18. Jahrhundert hatte eng mit den politisch-parlamentarischen Kräfteverhältnissen zwischen Parlament und König sowie zwischen den politischen Parteiungen zusammengehangen, fußte im Kern also auf einem Patronage- und Klientelsystem. Es war vor allem in der Kolonialverwaltung und hier im Indian Civil Service, wo sich im Laufe des 19. Jahrhunderts zuerst die Auswahl der Amtsinhaber an den Kriterien von Qualifikation und Leistung ausrichtete. Das mündete dann erst 1870 mit der allgemeinen Verwaltungsreform in die Einführung einer Eingangsprüfung für den höheren Verwaltungsdienst des Königreichs. Zugeschnitten war diese allerdings nicht wie in Frankreich und den deutschen Ländern auf Juristen, sondern auf die Absolventen aus Oxford und Cambridge, die ein allgemeinbildendes Studium, häufig der antiken Kulturen und Sprachen, absolviert hatten. Die britische Verwaltung hatte sich bis zum Ende des 19. Jahrhunderts insgesamt den anderen Mustern der kontinentalen Staaten organisatorisch angenähert, so unterschiedlich der politische Rahmen in allen Fällen blieb.

Die Entwicklung der Verwaltung in Russland, als viertes Muster, galt insofern lange als typisch für Ost- und Südosteuropa, als sie sowohl von zeitgenössischen Beobachtern als auch der Geschichtsschreibung – gemessen an einem Ideal bürokratischer Herrschaft und universaler Rechtsnormen – als nachholend beschrieben worden ist. Besonders war an der russischen Bürokratie, dass bis 1905 keine parlamentarische Kontrolle der Exekutive existierte, die Zarenherrschaft daher in anderen europäischen Staaten in besonderem Maße für ihre Verwaltungswillkür und als Unterdrückungsinstrument verschrien war. Die politische «Rückständigkeit» sollte jedoch nicht mit Stillstand verwechselt werden, denn die zaristischen Regierungen bemühten sich seit dem 18. Jahrhundert immer wieder um Reformen, häufig auch nach westlichen Vorbildern. Dass Polizei, Gerichtsbarkeit und lokale Verwaltung in den Händen der örtlichen Grundbesitzer lagen, war im frühneuzeitlichen Europa und bis weit in das 19. Jahrhundert nicht ungewöhnlich gewesen, hielt aber in Russland, auch aufgrund der Weite des Landes, der geringen Bevölkerungsdichte und der schlechten Kommunikationsbedingungen, sehr lange an. Selbst nach den Reformen der 1860er Jahre behielt die Dorfgemeinde als Selbstverwaltungseinheit und wirtschaftlicher Zwangsverband, in manchen Gebieten des expandierenden Reichs gestützt auf militärische Präsenz, eine große Bedeutung. Anders als in Großbritannien entwickelte sich aber auf regionaler Ebene aus der adeligen Selbstverwaltung keine autonome Lokalverwaltung, weil die autokratische Regierungsform dies behinderte und die besten Aussichten auf eine Karriere ohnehin in Sankt Petersburg lagen, wohin es die aufstiegswilligen Adeligen zog.

Die zaristische Verwaltung fußte ähnlich wie in Preußen und Österreich an der Spitze auf einem Dienstadel, der auch im 19. Jahrhundert Verwaltungsreformen, meist im Gefolge von Krisen wie dem verlorenen Krimkrieg, von oben durchzusetzen suchte. Obgleich der russische Staat nach 1861 gleichsam auf dem Dorf ankam, begrenzten politische Gegensätze unter den Reformbürokraten und Behördenkonkurrenz, gepaart mit einer schwachen finanziellen Grundlage, die zentrale Steuerungsfähigkeit des Reiches bis zum Weltkrieg. Russland war mit seiner agrarischen Struktur, den mangelnden Bildungseinrichtungen, der geringen Attraktivität der lokalen Verwaltung als Karriereweg und der politischen Reformunwilligkeit den südosteuropäischen Staaten, aber auch Teilen von Italien, Spanien und Portugal durchaus ähnlich, auch wenn diese immerhin Parlamente besaßen. Hinzu kam, dass nur eine kleine studierte, westlich gebildete Elite in den Ministerien und akademische Angestellte, wie Ingenieure oder Ärzte, bei den lokalen Selbstverwaltungseinheiten Zemstvo auf der Kreis- und Gouvernementsebene sich an der bürokratischen Herrschaft und ihren allgemein gültigen Normen orientierten. Trotz aller Reformbemühungen und der notwendigen Verwaltungsänderungen, die sich seit den 1860er Jahren aus der Bauernbefreiung ergaben, welche die Bauern der Gewalt der Gutsherren entzog, blieben die alten Verwaltungsformen erhalten. Sie waren charakterisiert durch die Organisation in personalen Netzwerken und ein immer wieder auszuhandelndes Geben und Nehmen zwischen den «Verwaltern» und den Untertanen. Weite Teile der Bevölkerung lebten bis zur Revolution von 1917 in einer patrimonialen Welt. Nimmt man deren Kennzeichen als Maß und nicht die eines westlichen Ideals von bürokratischer Herrschaft, dann erscheinen – wie die Historikerin Susanne Schattenberg ausgeführt hat – personalisierte Netzwerke und Patronage nicht als «rückständig», sondern als ein Modus, nach dem Herrschaft und Gesellschaft in manchen Teilen Europas bis heute funktionieren.

Alle staatlichen Verwaltungen in Europa waren in der zweiten Jahrhunderthälfte einem doppelten Druck ausgesetzt: dem der gewählten parlamentarischen Volksvertretungen und dem der Herausforderungen, die durch den sozialen und wirtschaftlichen Wandel entstanden. Überall wurden die im 18. Jahrhundert im Interesse einer erfolgreichen Mobilisierung von Ressourcen für die Kriegsführung begonnenen Reformen fortgeführt und die Staatsverwaltung nun weitgehend zu zivilen Zwecken ausgebaut. Die Neuordnung führte schrittweise zu gesamtstaatlich einheitlichen Instanzen und Regelungen und orientierte sich an der Norm der Effizienz. Infolgedessen besaß der bürokratische Staat am Ende des 19. Jahrhunderts überall eine stärkere Präsenz vor Ort. Die Leistungsfähigkeit des Staates zu steigern war das eine Ziel, die politische und gesellschaftliche Ordnung zu bewahren das andere. Die Regierungen und die sie tragenden Eliten beobachteten die Reformen anderswo aufmerksam, schlugen allerdings jeweils ihre eigenen, verschiedenen Pfade ein, abhängig von der vorherigen Entwicklung und der unterschiedlichen politischen, verfassungsmäßigen Konstellation in ihrem Land.

Staatseinnahmen und Steuerpolitik

Der Ausbau der Staatsverwaltungen vor allem in der zweiten Hälfte des 19. Jahrhunderts erforderte eine Verbesserung der Einnahmen des Staates. Die ersten Schritte auf dem Weg und die Instrumente zur Steigerung der Einnahmen waren bereits in der ersten Jahrhunderthälfte erprobt worden. Auslöser war die hohe Staatsverschuldung aufgrund der Rüstungsausgaben und Kriege. Nach mehr als zwei Jahrzehnten Krieg in Europa galt es nach 1815, das Steuerwesen möglichst effizient zu gestalten und zugleich die Kreditwürdigkeit der Monarchien zu erhalten. Letzteres geschah auf zwei Wegen: zum einen durch eine sparsame Haushaltsführung und Tilgungspläne für die Staatsschulden, zum anderen durch die Herstellung von Öffentlichkeit bezüglich der Haushalte. Neben der Einrichtung öffentlicher Kassen anstelle von königlichen Schatullen übten vor allem die Parlamente, in denen die bürgerlichen Gläubiger vertreten waren, durch das Budgetrecht eine politische Kontrolle über Staatsverschuldung und Staatshaushalt aus. Selbst da, wo zunächst keine Abgeordnetenhäuser existierten, sahen die Herrscher sich genötigt, ihre Haushaltspläne publik zu machen.

Zur Einführung eines effizienten Steuerwesens mussten die staatlichen Reformer zunächst mit der gewachsenen Vielzahl von unterschiedlichen Steuern aufräumen und zugleich die Abschaffung steuerlicher Privilegien in Angriff nehmen, um ein vereinfachtes Steuersystem einzuführen, das verpflichtend alle erfasste. Das hieß auch, eine effiziente Finanzverwaltung aufzubauen, die mehr einbrachte, als sie selbst kostete. Großbritannien und Frankreich waren um 1800 insofern schon vorangeschritten, als hier die Steuerfreiheit des Adels seit dem Mittelalter nicht mehr existierte bzw. in der Revolution frühzeitig abgeschafft wurde. In Großbritannien gab es zur Finanzierung des Krieges gegen Frankreich vorübergehend sogar von 1799 bis 1815 eine allgemeine Einkommenssteuer. Und in Frankreich wurden nicht nur die alten Privilegien abgeschafft, sondern eine Ertragssteuer für erwartbare, durchschnittliche Erträge aus Grundbesitz, Gebäuden und Gewerben eingeführt. Viele Länder übernahmen diese Form der Steuer, so Belgien und die Niederlande sowie die italienischen und deutschen Staaten. Diese «liberale Mustersteuer» (Lutz Raphael) kam den Interessen der finanzkräftigen Steuerzahler und der liberalen Öffentlichkeit entgegen, weil sie sie letztlich schonte, denn die Anpassung der zu erwartenden Erträge konnte nur in größeren zeitlichen Abständen erfolgen. Das barg für die Steuerzahler das Risiko, in ökonomischen Krisen so geringe Gewinne zu erzielen, dass sie Steuerschulden machen und bei längeren Abschwüngen unter Umständen auch den Bankrott erklären mussten. Vor allem aber koppelte die Steuer auf erwartete Erträge die Einnahmen des Staates von der ökonomischen Dynamik des 19. Jahrhunderts ab. Die Begüterten und Besitzenden, die aufgrund des Wirtschaftswachstums zunehmend reicher wurden und auch in den Parlamenten bestens vertreten waren, wurden so nur mäßig besteuert.

Ein schwierigerer Weg, um die Steuereinnahmen zu erhöhen und an die wirtschaftliche Dynamik anzukoppeln, war die Einführung einer Einkommenssteuer, denn eine solche Steuer stieß bei den Angehörigen der Mittel- und Oberschichten auf Ablehnung, nicht zuletzt weil sie eine Offenlegung der Einkommensverhältnisse voraussetzte. Als Erstes wurde eine Einkommenssteuer dauerhaft 1842 in Großbritannien eingeführt, 1864/77 in Italien. Obgleich sich die Steuer fiskalisch als sehr erfolgreich erwies, folgten erst viel später Preußen 1891/1909, die Niederlande und Österreich 1892/93 sowie Spanien 1900. Ein leichterer Weg als direkte Steuern zur Sicherung der Staatseinnahmen waren indirekte Steuern. Sie wurden in Form von Konsumsteuern auf Waren des Massenbedarfs erhoben. Fast überall in Europa waren so, je nach Land unterschiedlich, die üblichen Grundnahrungsmittel und andere Konsumgüter erfasst: Salz, Zucker, Wein, Branntwein oder Tabak; zusätzlich wurden Mahl- und Schlachtsteuern erhoben. Indirekte Steuern bildeten auch die Zolltarife auf Wareneinfuhren, die im Anschluss an die Ära des Freihandels in den vier Jahrzehnten vor dem Weltkrieg wieder erhöht wurden.

Zwischen der Mitte des Jahrhunderts und dem Ausbruch des Weltkriegs verschoben sich die Anteile der direkten und indirekten Steuereinnahmen immer mehr. In Frankreich betrug der Anteil der direkten Steuern 1840/47 an den Einnahmen immerhin 36,4 Prozent, 1913 aber nur noch 14,7 Prozent, wohingegen der Anteil der indirekten Steuern von 42,8 Prozent auf 61,2 Prozent angestiegen war. Im stärker agrarisch geprägten Italien hatten die direkten Steuern 1909/10 einen Anteil von 29,5 Prozent, in Spanien 27 Prozent, der Anteil der indirekten betrug 52,3 Prozent und 60 Prozent. Die indirekten Steuern belasteten die unteren und mittleren Einkommensgruppen stärker und waren von den Verbrauchern nicht zu vermeiden. Tatsächlich fand im 19. Jahrhundert eine Umverteilung zugunsten der Begüterten und Bessergestellten statt, die auch die proportionale, nichtprogressive Einkommenssteuer nicht wettmachen konnte. Das blieb den Zeitgenossen nicht verborgen, denn das Wachstum privaten Reichtums und die sozialen Differenzen waren für alle sichtbar. Erste Debatten um Steuergerechtigkeit begannen schon vor der Jahrhundertwende. Das liberale Credo, dem zufolge die Fiskalpolitik einkommenspolitisch neutral wirken sollte, wurde infrage gestellt, während zugleich Forderungen nach sozial ausgleichenden staatlichen Maßnahmen laut wurden.

Aufgrund der dynamischen wirtschaftlichen Entwicklung gelang insgesamt überall in Europa der Ausbau des Steuersystems trotz der verschiedenen Interessen und politischen Restriktionen gegen eine höhere Besteuerung. Der französische Staat etwa nahm 1913 in absoluten Zahlen viermal so viele Steuern ein wie noch zur Jahrhundertmitte, auch pro Kopf hatten die Einnahmen um mehr als das Dreifache zugenommen. Die Staaten mit Industriewirtschaft profitierten fiskalisch am meisten, die mit dominant agrarischer Wirtschaft weniger. Hinzurechnen muss man noch sowohl die Fähigkeit, Staatsanleihen auszugeben, als auch die Einnahmen aus der staatlichen Wirtschaftstätigkeit im Post-, Telegrafie- und Eisenbahnwesen. Insofern verstärkten Fiskalpolitik und sonstige Einnahmequellen die Differenzierung der öffentlichen Leistungsfähigkeit zwischen den europäischen Ländern ebenso, wie sie die innergesellschaftlichen Unterschiede vergrößerten. Vor dem Hintergrund des wirtschaftlichen Wachstums der Epoche konnte der finanzpolitisch liberale Staat, der unternehmerische Gewinne, Einkünfte bürgerlicher Rentiers und höhere Einkommen steuerlich schonte und stets eine Ausgabenbegrenzung forderte, trotz mancher Steuerproteste und industrieller Unruhen – auch unter gelegentlichem Einsatz von Polizei und Militär – bis zum Weltkrieg fortbestehen.

Die Staatsausgaben veränderten sich langfristig hinsichtlich der Verteilung auf Militärausgaben, Schuldendienst und zivile Ausgaben, so dass man mit dem Wirtschaftshistoriker Eckart Schremmer davon sprechen kann, dass die Staaten sich im Vergleich zum 18. Jahrhundert immer mehr inneren Zwecken zuwandten. In Großbritannien besaßen Militäretat und Schuldendienst 1913 mit 58 Prozent zwar immer noch den größten Anteil an den Ausgaben, aber mit gegenüber 93 Prozent im Jahr 1792 und 86 Prozent im Jahr 1853 einen deutlich geringeren. Der Anteil der Zivilausgaben stieg hingegen von weniger als 10 Prozent auf 27 Prozent unmittelbar vor dem Weltkrieg. Er veränderte auch seine Struktur: Bis zur Jahrhundertmitte deckten die zivilen Ausgaben vor allem die Kosten für Staatsverwaltung, Justiz und Polizei, seit dem späten 19. Jahrhundert traten hingegen die Ausgaben für öffentliche Erziehung zusammen mit den Transferzahlungen für Alterspensionen und Gesundheitswesen in den Vordergrund. In Frankreich lässt sich für das 19. Jahrhundert eine ähnliche Verteilung beobachten. Militäretat und Schuldendienst hielten sich in etwa die Waage und beansprucht zusammen grob zwei Drittel der Ausgaben, während das verbleibende Drittel für Verwaltung, Justiz, Kultus, Kunst, öffentliche Erziehung und öffentliche Arbeiten verausgabt wurde. Die langfristige Ausgabenentwicklung für Deutschland ist schwerer zu ermitteln als für Großbritannien und Frankreich, weil deutsche Staaten wie Preußen vor 1871 kaum mit dem Deutschen Kaiserreich vergleichbar waren und weil die föderale Verteilung von Finanzquellen und Aufgabenbereichen zwischen dem Reich und den Staaten bedacht werden muss. Daher lagen die Rüstungsausgaben im Reichshaushalt mit rund der Hälfte der Ausgaben scheinbar höher als anderswo, werden also verzerrt, weil die Zivilausgaben der Einzelstaaten hier nicht berücksichtigt werden. Doch auch hier lässt sich vor dem Ersten Weltkrieg erkennen, dass mit den Reichszuschüssen zu den Alters- und Invaliditätsrenten soziale Ausgaben im zivilen Bereich hinzugekommen waren, die vor dem letzten Drittel des Jahrhunderts nicht angefallen waren.

Der internationale Vergleich zwischen den Budgets der Zentralregierungen fällt durch den unterschiedlichen politischen Aufbau der Staaten wie auch durch die abweichenden, jeweils eigenen Finanzinstrumente und Benennungen schwer. Dennoch lässt sich zumindest die grobe Entwicklung in den drei genannten Ländern hin zu einer Stärkung einer zivilen Leistungsverwaltung erkennen. Sie stehen für diejenigen industrialisierten europäischen Länder, die Erziehungs- und Gesundheitswesen, Infrastruktur und soziale Sicherung öffentlich ausbauten. Von den Staaten, die hier in geringerem Maße tätig wurden und andere, wesentlich agrarische ökonomische Grundlagen besaßen, wurden die mobilisierten Ressourcen vermutlich anders eingesetzt, doch fehlen hier für genauere Angaben die historischen Forschungen.

Koloniale Verwaltungsherrschaft und Gewalt
Während die Muster der Staatsverwaltung in Europa sich im Laufe des 19. Jahrhunderts mehr und mehr an überpersönlichen Normen und an der Gleichbehandlung der Bürger orientierten und sich der Aufbau einer sozialen und gesellschaftlichen Leistungsverwaltung,

2. Ressourcen der Ordnung

gepaart mit einer stärkeren bürokratischen Kontrolle des Einzelnen, abzuzeichnen begann, galten diese Kennzeichen der Entwicklung im Herrschaftsbereich der europäischen Kolonien nicht. Herrschaft beruhte hier weniger auf bürokratischen Prinzipien, vielmehr auf Gewalt. Anstelle von Leistungsverwaltung stand die wirtschaftliche «Inwertsetzung» der Menschen und der Natur im Vordergrund, während Verwaltung und Recht gleichzeitig eine grundsätzliche Ungleichheit der in den Kolonien lebenden Bevölkerung etablierten. Die Durchsetzung überpersönlicher Normen, deren Geltung zumindest die Kritiker der Kolonialadministration auch in Übersee gelegentlich reklamierten, ohne dabei die europäische Herrschaft selbst infrage zu stellen, scheiterte nicht zuletzt an der relativen Schwäche des kolonialen Staates vor Ort. Die oben erläuterten vier Muster europäischer Staatsverwaltung sollten daher durch ein fünftes, koloniales Muster ergänzt werden, das in den Imperien Europas praktiziert wurde. Wenngleich es im Einzelnen nach den lokalen und regionalen Umständen differenziert werden müsste, können seine allgemeinen Kennzeichen hier knapp umrissen werden.

Nehmen wir die koloniale Herrschaft in Afrika als Ausgangspunkt, also den Kontinent, den die europäischen Staaten in der zweiten Hälfte des 19. Jahrhunderts im Zuge ihrer imperialen Ausdehnung in weiten Teilen für sich beanspruchten. Die Forschung geht dort heute – anders als es die von zeitgenössischen Vorstellungen geprägte Abfolge von Eroberung, territorialer Aufteilung und Errichtung einer Kolonialverwaltung zu implizieren scheint – davon aus, dass der koloniale Staat eine Art Janusgesicht besaß, denn er war stark und schwach zugleich. Territoriale Staatlichkeit, wie sie sich zur selben Zeit in Europa weiterentwickelte, konnte hier nur ansatzweise verwirklicht werden. Stattdessen lässt sich besser von «Inseln der Herrschaft» (Michael Pesek) sprechen. Die Etablierung kolonialer Herrschaft in Ostafrika etwa war ein langwieriger Prozess, an dem Europäer *und* Afrikaner, wenn auch in asymmetrischen Beziehungen, teilhatten. Ihr waren allerdings dauerhaft deutliche Grenzen gesetzt. Das fing mit der Unverhältnismäßigkeit der Zahlenverhältnisse an: In Deutsch-Ostafrika standen 1900 knapp

1000 männlichen Kolonisierenden, von denen gut 400 Offiziere und Kolonialbeamte waren und der Rest Missionare, Siedler und Kaufleute, etwa acht bis zehn Millionen Afrikaner und Immigranten aus dem Gebiet des Indischen Ozeans gegenüber. Zum personellen und auch finanziellen Mangel in der Kolonialverwaltung kam die fehlende Infrastruktur, insbesondere der Verkehrswege, hinzu. Es gab ferner 1903 im gesamten Gebiet nur 30 Stationen, von denen fast ein Drittel an der Küste lag. Der Herrschaft durch Verwaltung fehlte insgesamt die Stetigkeit, die koloniale Staatlichkeit blieb insgesamt lange fragmentarisch. Ausgeübt wurde sie tatsächlich wesentlich durch Expeditionen, die als eine Form peripatetischer Herrschaftsausübung dazu dienten, das Territorium zu erforschen, zu «erobern» und mittels Strafexpedition die Vorherrschaft immer wieder neu durch die Bewegung im Raum zu etablieren.

Die koloniale Verwaltung musste sich, auch bedingt durch die ungenügende Finanzierung aus der Metropole, ihre notwendigen materiellen Grundlagen aus den Ressourcen vor Ort sichern: Sie erzielte ihr Einkommen durch Tributzahlungen der Afrikaner – in Ostafrika außer in Lebensmitteln vor allem in der Währung Elfenbein, im belgischen Kongo etwa in Naturkautschuk – sowie mittels Zwangsarbeit und Kopfsteuern. Sofern nicht geschäftliche Beziehungen, wie zum Beispiel im Kontext des Transportwesens mit den einheimischen Trägerkolonnen, aufgebaut wurden, von denen beide Seiten profitierten, konnte die afrikanische Bevölkerung sich unter Umständen den Abgaben durch Flucht entziehen oder sich ihnen in wiederkehrenden Aufständen zu widersetzen versuchen. Wenn die Inszenierung mittels der Expeditionen und des persönlichen Gehabes der militärisch und nicht administrativ ausgebildeten Stationsvorsteher nicht ausreichte, um ein erwünschtes Verhalten durchzusetzen, blieb den Kolonialherren nur die Anwendung physischer Gewalt. Gewalt war dabei keine Ausnahme, sondern strukturell in der relativen Schwäche der Kolonialadministration verankert.

Man kann mit Michael Pesek eine Kartografie unterschiedlicher Räume der Gewalt und damit einhergehender Praktiken zeichnen. Auf den Stationen, wo die europäische Herrschaft am stärksten präsent war, wurde Gewalt alltäglich, routiniert und geregelt ausgeübt. Hier diente sie der Disziplinierung der kolonialen Untertanen, wobei die häusliche, oft auch sexuelle Gewalt seitens der Kolonialherren in einem weitgehend rechtsfreien Raum stattfand. Die Gewaltausübung auf den Stationen ähnelte, verschärft durch die rassistischen Beziehungen, durchaus den in Europa selbst üblichen Formen und wurde daher zeitgenössisch allenfalls als «exzessiv» verurteilt. Mit der Entfernung von der Station nahm die Unsicherheit der Herrschaft zu, und die Gewaltausübung änderte ihren Charakter. In einer Zone sporadischer Präsenz der Kolonialbeamten und Offiziere im Umkreis etwa einer Tagesreise von der Station war sie meist eine ungeplante Reaktion auf Ereignisse und bestimmte Situationen. Durch gewaltsame Demonstration von Stärke sollte sie Fügsamkeit erzwingen, aber auch politische Beziehungen mit der örtlichen Bevölkerung etablieren oder festigen. Diese Form sporadischer Gewalt wies Ähnlichkeiten mit Polizei- und Militärgewalt anlässlich von Streiks in Europa auf und ist vielleicht auch vergleichbar mit der Niederschlagung von Aufständen in Süditalien 1861 bis 1865, der Pariser Kommune 1871, von Bauernaufständen im osmanischen Südosteuropa 1876 oder der russischen Revolution 1905. In den Kolonien lösten fehlendes Wissen, Missverständnisse oder Gerüchte Gewaltausbrüche aus, in deren Verlauf auch ganze Dörfer abgebrannt und Regionen verwüstet wurden, während die Wirkung im Sinne der Herrschaftsausübung nicht lange anhielt. Solche Strafexpeditionen zogen meist über kurz oder lang neue Strafexpeditionen nach sich. Jenseits der Zone sporadischer Präsenz und Gewalt schließlich bewegten sich die Europäer in Räumen, über die sie kaum Kenntnisse hinsichtlich lokaler Machtverhältnisse, politischer Beziehungen und Gepflogenheiten besaßen. Gewalt brach hier eher zufällig aus, situativ Konflikten mit der afrikanischen Bevölkerung entspringend. Sie verfolgte keinen irgendwie administrativen Zweck und zielte nicht auf dauerhafte politische Beziehungen ab. Die Kolonisierenden glaubten, dadurch generell ihre Herrschaft zu sichern und Ordnung herzustellen. Sie brachten den kolonisierten Afrikanern in diesen nicht wirklich kontrollierbaren Räumen jenseits der Stationen und Inseln der Herrschaft jedoch vor allem Zerstörung und Auflösung ihrer eigenen Ordnung. Die Gewaltausübung bewegte sich hier eindeutig jenseits der in Europa geltenden oder sich im Zuge der Humanisierung des Krieges etablierenden Normen und Praktiken.

Zusammengefasst lässt sich festhalten, dass in den Kolonien kein einheitlicher Gewaltraum existierte, sondern verschiedene und dass diese nur teilweise spezifisch kolonial, hingegen in mancher Hinsicht europäischen Praktiken ähnlich waren. Der entscheidende Unterschied blieb jedoch, dass Gewalt in Europa kein wesentliches Merkmal der Verwaltungsherrschaft war, in den Gebieten kolonialer Expansion des 19. Jahrhunderts aber sehr wohl, weil sie die relative Schwäche des kolonialen Staates und die fehlende Legitimität ausgleichen sollte. Innereuropäische Gebiete mit schwach ausgebildeten staatlichen Verwaltungsstrukturen, wie etwa in Sizilien oder Südwestspanien, wiesen allerdings Ähnlichkeiten auf, wenn auch dort soziale Konflikte und Auseinandersetzungen mit der öffentlichen Macht mit Gewalt ausgetragen wurden. Inwieweit koloniale Muster ab dem Ersten Weltkrieg in Europa Anwendung fanden, indem sie etwa durch imperiale Karrieren informell transferiert wurden, wird in der historischen Forschung debattiert.

Neben der Gewalt kennzeichnete die Herrschaft über personale Beziehungen anstelle der direkten über ein Territorium die koloniale Verwaltung. Die Betonung von Gewalt und ihrer Vergeblichkeit übergeht, dass ja Beziehungen mit der örtlichen Bevölkerung etabliert wurden und zu direkter oder indirekter Herrschaft führten. Ein weiterer Unterschied zu den Verwaltungspraktiken in Europa lag darin, dass die rechtliche Stellung der kolonisierten Bevölkerung sich überall von derjenigen der Kolonisierer unterschied. Auch für die Zeitgenossen trat der Widerspruch zwischen der Tendenz in Europa hin zur Gleichbehandlung und der ungleichen Behandlung in den Kolonien erkennbar zutage. Exemplarisch lässt sich dies an den «Eingeborenengesetzen» für das französische Kolonialreich gut veranschaulichen. Das sogenannte *indigénat* bildete keinen Code im Sinne eines geordneten Gesetzbuchs, sondern kann besser als ein *régime de l'indigénat* (Isabelle Merle) verstanden werden. Es handelte sich um eine Reihe einzelner Bestimmungen, die spezifisch für bestimmte Kolonien waren und wiederholt verändert wurden. Sie wurden nie formal systematisiert und miteinander verknüpft. Dieses Regime, welches das Verhalten der indigenen Bevölkerung durch Bestrafungen verschiedener Art regulieren sollte, hatte seinen Ausgangspunkt in der militärischen Eroberung Algeriens, als 1834 dem Militärkommandeur und dem Gouverneur besondere, delegierbare Befugnisse (als «haute police» bezeichnet) über die algerische Bevölkerung übertragen wurden. Sie reichten hinsichtlich der Strafen von Internierung (Gefängnis, Residenzpflicht oder Deportation), individuellen und kollektiven Geldbußen bis zur Beschlagnahmung von Grundbesitz oder anderem Eigentum, ohne dass die Betroffenen ein Recht auf Verfahren oder Widerspruch besaßen. Obgleich Algerien 1848 zur französischen Provinz wurde und die algerische Bevölkerung damit zu Franzosen, hatte die Unterscheidung zwischen französischen Staatsbürgern mit entsprechenden Rechten auf der einen und auf der anderen Seite muslimischen und jüdischen französischen Untertanen, für welche das System minderer indigener Rechte galt, Bestand. Das Zweite Kaiserreich verankerte diese Differenzierung 1865 per Senatsbeschluss, so dass der ursprünglich militärisch begründete Ausnahmezustand zum normalen, zivilen Ausnahmezustand wurde. In der Dritten Republik verabschiedete das Parlament 1881 ein Gesetz, das die verschiedenen Dekrete für Algerien bündelte und ergänzte. In den folgenden Jahren wurden dann ähnliche Bestimmungen per Dekret für andere französische Kolonien erlassen. Auf indirekte Weise einten diese rechtlichen Sonderregelungen die indigene Bevölkerung der französischen Kolonialgebiete, oder besser: unterwarfen sie einem ähnlichen Ausnahmerecht, das bis zum Ende des Zweiten Weltkriegs und in Teilen noch bis zur Unabhängigkeit Bestand hatte und die Kolonialherrschaft auch im rechtlichen Sinne als ungerecht und erniedrigend in die Erinnerung der Kolonisierten einschrieb.

Bereits die Zeitgenossen kritisierten dieses *régime de l'indigénat*.

Die wiederholten Mahnungen richteten sich vor allem dagegen, dass die Gewaltenteilung in der französischen Provinz Algerien aufgehoben worden war, denn die Kolonialverwaltung verhängte die Bestrafungen ohne Beteiligung von Gerichten. 1888 beklagten Senatoren, wie der aus Guadeloupe stammende und der radikalen Linken angehörige Alexandre Isaac, dass ein möglicher Missbrauch seitens der Kolonialverwaltung nicht rechtlich kontrolliert werde. Auf Neukaledonien inspizierte 1907 eine Kommission die praktische Anwendung der Bestimmungen in der pazifischen Kolonie. Die Liste der Vergehen, für die indigene Personen bestraft werden konnten, umfasste dort seit 1887: Ungehorsam gegen amtliche Anweisungen, unerlaubten Aufenthalt außerhalb des heimatlichen Bezirks, das Tragen von Waffen in europäischen Wohnvierteln, das Praktizieren von Hexerei, den Besuch eines Getränkeausschanks, Nacktheit auf der Straße oder in Vierteln der Europäer, unerlaubtes Eindringen in europäische Häuser, Brandrodung, Störung der Ordnung und der Arbeit in Werkstätten, Fabriken, Geschäften oder im Haushalt. 1888 kam ein Ausgehverbot in der Stadt und den Vororten nach 20 Uhr hinzu, 1892 die Störung der öffentlichen Ordnung in den Straßen von Nouméa und den Zentren im Innern. Die Inspektoren bemängelten, dass die Mehrzahl der Vergehen (außer Ungehorsam, Aufenthalt außerhalb des Heimatbezirks, der Besuch von Trinkhallen und der Verstoß gegen die abendliche Ausgangssperre) gar keine besonderen Vergehen, sondern auch nach dem geltenden französischen Strafrecht nicht erlaubt waren. Die Kolonialverwaltung bewertete die Vergehen auch regelmäßig so scharf, dass etwa aus Diebstahl schnell «Plünderei» oder aus einzelnen Gesetzesübertretungen «Stammesunruhen» wurden. Schließlich war der Kreis derjenigen, die strafen konnten, sehr weit gefasst. Tatsächlich war also im Wesentlichen eine außergerichtliche Strafpraxis für die indigene Bevölkerung geschaffen worden.

Europäische Kritik am Sonderrecht richtete sich gegen Missbrauch und Willkür in der Praxis. Zugleich war ein Bewusstsein dafür vorhanden, dass fundamentale Prinzipien, wie Trennung der Gewalten, gebrochen wurden und dass Strafen, wie die Einschränkung der Bewegungsfreiheit und Umsiedlung, Kollektivbußgelder und Enteignung, gemessen an den europäischen Maßstäben, untragbar waren. Allerdings führte dies nicht zu einer Abschaffung des *indigénat*. Das Unbehagen fand lediglich Ausdruck darin, dass die Bestimmungen formal zeitlich befristet erlassen wurden, also immer wieder erneuert werden mussten, ihre Anwendung inspiziert wurde und Exzesse gelegentlich öffentlich angeprangert wurden. Gerechtfertigt wurden die als vorübergehend bezeichneten Regulierungen als ein Ausnahmezustand, der es ermöglichen sollte, die neu «eroberten» Kolonialgebiete vollständig zu befrieden und die öffentliche Ordnung aufrechtzuerhalten, welche die europäischen Kolonialherren als instabil und bedroht ansahen. Das Regime der «Eingeborenengesetze» fügte sich damit als einer der repressiven Teile in die Idee der Zivilisierungsmission ein. Anders als die kolonialen Gewaltformen enthielt die rechtliche Sonderstellung so in der Theorie zumindest eine Zukunftsperspektive, an welche auch die Kolonisierten prinzipiell anknüpften, wenn sie später die Unabhängigkeit forderten. Faktisch sicherte der auf Dauer gestellte rechtliche Ausnahmezustand jedoch die koloniale Herrschaft und die wirtschaftliche «Inwertsetzung» auch durch Zwangsarbeit, Enteignungen und Umsiedlungen.

Das koloniale Muster der Verwaltung trat in einer Vielzahl von Varianten und Ausprägungen auf, denn der europäische Kolonialismus wurde jeweils lokal ausbuchstabiert. Die Vorstellungen der Kolonisierer mussten sich mehr oder weniger an die natürlichen Gegebenheiten und an die jeweiligen politischen, ökonomischen, gesellschaftlichen und kulturellen Verhältnisse in den eroberten Ländern anpassen. Die Errichtung der Herrschaft erfolgte innerhalb eines jeweils spezifischen «euro-überseeischen Konkurrenzgeflechts» (Trutz von Trotha), in das Europäer, Metropole, Kolonie und die örtliche Bevölkerung auf der Basis struktureller Ungleichheit in wechselnden Formen der Kollaboration und Kooperation sowie der Widerständigkeit und Konfrontation eingebunden waren. Insgesamt war die europäische Herrschaft auch nach den Anfängen der «Eroberung» und trotz Phasen der Stabilität prekär, und der koloniale Verwaltungsstaat blieb – so Trutz von Trotha – ein schwacher Staat, denn er konnte bestimmte zentrale Probleme nicht dauerhaft lösen: den Aufbau einer durchsetzungsfähigen staatlichen Verwaltung und die umfassende Ausrichtung von Wirtschaft und Gesellschaft in den Kolonien an den Interessen der Kolonialmacht – vom fundamentalen Mangel an Legitimität durch kulturelle Zugehörigkeit und politische Partizipation, die in Europa selbst gerade ausgeweitet wurde, einmal ganz abgesehen. In Handelskolonien gab es in der Regel nur eine sehr kleine Zahl von europäischen Beamten. In den Siedlungskolonien war ihre Stellung besonders gefährdet, weil die Konflikte um Lebensgrundlagen zwischen indigener Bevölkerung und europäischen Siedlern existentiell waren und die staatliche Verwaltung sich außerdem noch mit manchen abweichenden Interessen der Kolonisten auseinandersetzen musste. In Plantagenkolonien verhielt es sich aufgrund der Kämpfe um Boden, der Vertreibung der Bevölkerung und des Zwangsarbeitsregimes nicht wesentlich anders. Etwas einfacher war die Errichtung einer Kolonialverwaltung in der Regel dort, wo die europäischen Herren auf vorhandenen staatlichen Strukturen in den beanspruchten Gebieten aufbauen konnten, sehr schwer fiel sie da, wo nichtstaatliche Gesellschaftsordnungen dominierten. Doch überall mussten die Kolonialverwaltungen auf Mittler und Makler aus der örtlichen Gesellschaft zurückgreifen, so dass sich Ausprägungen der direkten Herrschaft, die als typisch für das französische Imperium galt, von der indirekten Herrschaft, welche die Briten sich zugutehielten, tatsächlich nur graduell voneinander unterschieden. Allgemein kennzeichnend für die europäische Kolonialverwaltung waren die strukturell eingebettete Gewalt und die rechtliche Ungleichheit. Das Interesse der Verwaltung richtete sich ferner nicht am Wohl der örtlichen Bevölkerungsmehrheit, sondern aufgrund der Unterfinanzierung an ihrem eigenen und an dem der Europäer in Kolonie und Metropole aus. Europäische Rechtsnormen wurden in der Praxis gebrochen oder in einer Art dauerhaftem Ausnahmezustand außer Kraft gesetzt. Während die Staaten in Europa der Idee einer zentralisierten Territorialherrschaft mit einem staatlichen Gewaltmonopol, einer entsprechenden Verfügungsgewalt über die Normordnung und einem bürokratischen Apparat während des 19. Jahrhunderts in verschiedener Ausprägung ein Stück nähergekommen sein mochten, so scheiterten sie daran, in ihrem kolonialen Herrschaftsbereich vergleichbare Zustände herzustellen. Letztlich blieben die europäischen Staaten in die Antagonismen und Hindernisse der «kolonialen Situation» (Georges Balandier), die sie selbst immer wieder neu kreierten, verstrickt.

3. Mobilisierung und Zugehörigkeit: Staatsbürgerschaft, Nation und Empire

Im Zusammenhang von Herrschaft und politischer Partizipation veränderten sich die rechtliche Stellung der Einzelnen und ihre Zugehörigkeit bis zum frühen 20. Jahrhundert von der Untertanenschaft zur modernen Staatsbürgerschaft. Staatsbürgerschaft mobilisiert von zwei Seiten: Zum einen nimmt sie die einzelnen Staatsangehörigen in die Pflicht, etwa durch den Militärdienst, und bietet ihnen im Gegenzug Schutz und Sicherheit. Damit beansprucht sie Menschen vor allem für den Staat. Zum anderen gehören zu ihr staatsbürgerliche Rechte ziviler, politischer und sozialer Art. Staatsbürgerschaft ermöglicht damit auch die Mobilisierung der Bürger und Bürgerinnen für die Durchsetzung ihrer Interessen gegenüber dem Staat und in der Gesellschaft, etwa durch freie Meinungsäußerung, Teilnahme an Wahlen oder öffentliche Wohlfahrtsleistungen. Sie wirkt zugleich ausgrenzend, indem sie festlegt, wer entsprechende Rechte besitzt und erwerben kann und wer nicht. Wenn Staatsbürgertum die *rechtliche* Dimension darstellte, kann Nationalismus als eine kollektive *ideologische* Mobilisierung verstanden werden, die im 19. Jahrhundert auf Erlangung und Ausgestaltung von Staatlichkeit, gesellschaftliche Lebensformen und gemeinsame Werte ausgerichtet war. Der Nationalismus grenzte ebenfalls diejenigen aus, die nach verschiedenen Kriterien als nichtzugehörig erklärt wurden, und er wirkte nach außen potentiell aggressiv. Nationalismus bildete jedoch nur eine der möglichen Identifizierungsmöglichkeiten. In der zweiten Hälfte des 19. Jahrhunderts entwickelten sich parallel dazu in weiten Teilen Europas vor allem imperiale Zugehörigkeiten, die anders als die nationale Ideologie tendenziell hierarchisierend wirkten und politische Partizipation nur eingeschränkt förderten.

Staatsbürgerschaft

Eine verbreitete These stellt die Entwicklung der Staatsbürgerschaft seit dem Ende des 18. Jahrhunderts, sowohl im Sinne der Staatsangehörigkeit als auch der Staatsbürgerrechte, als eine Emanzipationsgeschichte dar. Der Soziologe Thomas H. Marshall hat sie 1950 in seinem Essay «Citizenship and Social Class» als allmähliche Durchsetzung individueller Rechte gegenüber dem Staat und zunehmende Erlangung sozialer Rechte beschrieben, wobei der Zugewinn an sozialen Leistungen seine Dynamik aus der Spannung zwischen politischer Gleichheit und sozialer Ungleichheit gewann. Staatsbürgerschaft wirkte daher langfristig, so die Theorie, egalisierend und sozial integrierend. Marshalls historisch-soziologische Darstellung erscheint stark vom englischen Kontext seiner Zeit geprägt, als dort nach dem Zweiten Weltkrieg der Wohlfahrtsstaat ausgebaut wurde. Er übersieht die konkrete historische Ausgestaltung der Staatsbürgerrechte, die zwar, verglichen mit den vorherigen Jahrhunderten, die Kategorien der Ungleichheit vereinfachte, aber im 19. und weit bis ins 20. Jahrhundert unter anderem Frauen, religiöse und ethnische Minderheiten oder koloniale Untertanen ausschloss. Aus der Perspektive der neueren Forschung rücken daher neben den Möglichkeiten, welche sich denen, die eine Staatsbürgerschaft besaßen, eröffneten, auch die Einschränkungen in den Blick, welche diejenigen erfuhren, die als Einwohner eines Landes ausgeschlossen blieben. Die jeweiligen zeitgenössischen Diskussionen um die Kriterien für den Erwerb einer Staatsbürgerschaft dehnten Zugehörigkeit mehr oder aber weniger weit aus und formierten so einerseits Gemeinschaften, während sie andererseits wechselnde Gruppen zeitweise oder dauerhaft ausgrenzten.

3. Mobilisierung und Zugehörigkeit

Mit dem Historiker Dieter Gosewinkel können wir den Ort der Staatsbürgerschaft am Ende des 19. Jahrhunderts an einer Schnittstelle mehrerer längerfristiger Entwicklungslinien bestimmen. Staatsbürgerschaft bildete den personenbezogenen Teil der Abgrenzung staatlicher Herrschaft, der mit der Fortentwicklung territorialer Herrschaft einherging. Sie war zugleich Bestandteil der verfassungsmäßigen Regulierung und Ausweitung von politischer Partizipation. Schließlich stellte sie – in Anlehnung an Charles Maier formuliert – eines der politischen (Streit-)Mittel bereit, mit dem ein mehr oder weniger weit gefasster gesellschaftlicher Identifikationsraum von Zugehörigkeit geschaffen wurde. Staatsbürgerschaft war mithin kein sich per se allmählich ausdehnendes, sondern ein politisch umstrittenes Konzept: Sie war grundlegend gekennzeichnet von einer doppelten Ambivalenz der Mobilisierung durch den Staat einerseits und der Mobilisierung im politisch-gesellschaftlichen Rahmen, unter Umständen auch gegen den Staat, andererseits. Zugleich charakterisierten sie die damit verbundenen Möglichkeiten der Inklusion und der Exklusion.

Aus diesen langfristigen Konstellationen lässt sich bereits erahnen, dass die Entwicklung des Staatsbürgerrechts in den europäischen Staaten unterschiedlich verlief. Spezifische außen-, sozial- und bevölkerungspolitische Bedingungen und die Durchsetzungsfähigkeit von politisch-sozialen Interessen sorgten für eine jeweils besondere Ausgestaltung. Die Variationen im Zusammenwirken von Abstammungs- und Territorialprinzipien bei der Bestimmung von Staatsangehörigkeit sowie eine Tendenz zur Nationalisierung und Ethnisierung sollen im Folgenden beispielhaft erläutert werden. Beginnen wir mit Frankreich, wo Staatsbürgerschaft, ausgelöst durch die Revolution, am Ende des 18. Jahrhunderts frühzeitig bestimmt wurde. Bereits die Verfassung von 1791 definierte, was einen Franzosen ausmachte, und enthielt die verschiedenen Elemente, die in der Entwicklung der französischen Staatsbürgerschaft während des 19. Jahrhunderts eine Rolle spielen sollten. Die Konstitution unterschied zwischen «aktiven Bürgern» mit politischen Rechten und «passiven Bürgern», die aufgrund ihres Geschlechts oder sozialen Status von diesen Rechten ausgeschlossen waren. Weiterhin legte sie fest, wer «Franzose» war oder werden konnte. Das waren die Menschen, die auf französischem Territorium geboren waren, sich dort aufhielten oder von einem französischen Vater abstammten. Mehrere Prinzipien fanden also zunächst nebeneinander Anwendung, bis dann im Code civil 1804 das territoriale Prinzip zur Bestimmung der Staatsangehörigkeit zugunsten des Abstammungsprinzips abgeschafft wurde. Juristen und revolutionäre Politiker wie Benjamin Constant argumentierten im Rahmen der Vorbereitungen erfolgreich gegen das «feudale» Territorialprinzip, das Untertanen anstelle von Bürgern konstituiere. Zugehörigkeit zur Nation, die sie als eine Familie dachten, in die man eben hineingeboren werde, sollte die Staatsangehörigkeit ausmachen. Diese Regelung nach Abstammung breitete sich mit dem Export des Code civil in anderen Teilen Europas aus.

In Frankreich kam es 1889 jedoch zu einer Kehrtwende. In einem neuen «Gesetz über die Nationalität» wurde ein «doppeltes *ius soli*» (Patrick Weil) eingeführt: Wer in Frankreich als Kind von selbst in Frankreich geborenen Eltern (ob Franzosen oder Ausländer, spielte keine Rolle) zur Welt kam, wurde unwiderruflich Franzose. Für Frauen galt dies allerdings keineswegs uneingeschränkt, denn mit der Heirat mussten sie – schon im Code civil – die Staatsangehörigkeit des Mannes annehmen, wenn dieser Ausländer war. Der Status von Ehefrauen war, wie in den meisten europäischen Ländern, auch in dieser Hinsicht kein selbständiger, sondern ein abhängiger. Den gesellschaftspolitischen Hintergrund für die von Konservativen wie von Linken betriebene Widerrufung des Abstammungsprinzips bildeten Fragen der Wehrgerechtigkeit und des Bevölkerungswachstums. Es schien nicht richtig, dass Kinder von in Frankreich geborenen ausländischen Eltern, die dort dauerhaft lebten und fast die gleichen Rechte besaßen wie Franzosen, nicht zur Wehrpflicht herangezogen werden konnten, weil sie keine Staatsangehörigen waren. Obgleich das neue Recht als «republikanisch» bezeichnet wurde und diese Staatsform gleichsam als besonders humane, Fremden gegenüber offene und sie integrierende gefeiert wurde, war es für das neu (oder besser: wieder) eingeführte Territorialprinzip ausschlaggebend gewesen, das Potential an Wehrpflichtigen angesichts niedriger Geburtenraten zu erhöhen. Dennoch: Die Assoziation mit dem Republikanismus eröffnete die Möglichkeit und die Erwartung, dass nationale Minderheiten, die aufgrund der Zuwanderung von Arbeitskräften vor allem aus Italien, Belgien und Spanien heranwuchsen, für die französische Nation und die republikanische Staatsform mobilisiert wurden, indem sie rechtlich integriert wurden und sich kulturell assimilierten. Die integrative Absicht hinsichtlich des Ersterwerbs der Staatsbürgerschaft durch Geburt auf französischem Territorium zielte auf die zweite Generation von Einwanderern und hatte eine ausgrenzende Kehrseite: Am Ende des 19. Jahrhunderts wurde die Einbürgerung von Fremden deutlich erschwert und die zivilrechtliche Stellung von neu zuwandernden Ausländern, die bis dahin Franzosen weitgehend gleichgestellt gewesen waren, eingeschränkt. Insbesondere das Sozialversicherungsrecht, angefangen mit der Krankenversorgung 1893 bis zur Alters- und Invalidenversorgung 1905, diskriminierte sie. Zunehmende öffentliche Leistungen für die Staatsangehörigen gingen also einher mit der Ausgrenzung von Fremden. Insgesamt lässt sich von einer Nationalisierung der französischen Staatsangehörigkeit durch das Territorialprinzip sprechen, denn im Mittelpunkt der Staatsbürgerschaft standen jetzt nicht mehr der männliche *citoyen* und seine aktive Teilhabe am politischen Leben, sondern die Nation als Gemeinschaft, die Zugehörigkeit voraussetzte und herstellen sollte.

In Deutschland führte hinsichtlich der zugrunde liegenden Prinzipien ein umgekehrter Weg zur Nationalisierung. Hier war die Staatsbürgerschaft zunächst eng an die Zugehörigkeit der Personen zu den einzelnen deutschen Territorialstaaten gebunden. Die entsprechenden Gesetze wurden nämlich bereits vor der Gründung des Deutschen Reichs von den Einzelstaaten beschlossen. 1842 regelte etwa Preußen erstmals in einem «Untertanengesetz» die Staatsangehörigkeit für alle zum Königreich gehörenden Gebiete einheitlich. Dies geschah im Zusammenhang mit der gesamtstaatlichen Festlegung von kommunalen Niederlassungsbestimmungen und Armenfürsorge, ergab sich mithin aus der Mobilität der Bevölkerung und der Bewältigung sozialer Problemlagen. Auch das Reichsgesetz von 1871 behielt den vornationalstaatlichen Grundsatz bei, nach dem die Angehörigkeit zum Deutschen Reich durch die Staatsangehörigkeit in einem der Einzelstaaten erworben wurde. Daraus resultierten abweichende Praktiken der Einbürgerung, so dass die folgende Entwicklung bis zum Ersten Weltkrieg als Vereinheitlichung und Nationalisierung beschrieben werden kann. Die Reformen gingen zunächst vor allem von der preußischen Regierung aus, welche in den nationalen Minderheiten an seinen Grenzen zu Dänemark und den polnisch besiedelten Gebieten Russlands und Österreich-Ungarns eine Bedrohung erblickte, weil sie befürchtete, dass durch Zuwanderung Autonomiebestrebungen verstärkt würden. Besonders kritisch erschien auch, dass im Fall von Elsass-Lothringen Sezessions- und Rückgabeforderungen von außen unterstützt wurden. Kurz vor der Jahrhundertwende entwickelten dann konservative und nationalliberale Reichstagsabgeordnete 1895 eine Initiative zur Reform der Staatsangehörigkeit, mit der sie die Einbürgerung von Ausländern erschweren und den automatischen Verlust der Staatsangehörigkeit von Deutschen bei einem mehr als zehnjährigen Auslandsaufenthalt abschaffen wollten. Den gesellschaftspolitischen Hintergrund bildeten die polnische und jüdische Zuwanderung aus dem östlichen Mitteleuropa, die gleichzeitigen hohen Auswandererzahlen und der Erwerb deutscher Kolonien. Zusätzlichen Handlungsdruck schuf die Regulierung von «Mischehen» deutscher Männer mit indigenen Frauen in Übersee. Erst 1913 gelang dann eine Reform, nachdem radikalnationale und kolonialpolitische Verbände außerparlamentarischen Druck aufgebaut hatten. In dem neuen Staatsangehörigkeitsgesetz wurde das Abstammungsprinzip als ausschließliches Prinzip beim Ersterwerb der Staatsangehörigkeit verankert. Es war bereits 1842 in das preußische Gesetz aufgenommen worden, hatte damals aber überwiegend administrative Gründe, weil die Herkunft verwaltungsmäßig genauer zu bestimmen war als der territoriale Aufenthalt. Jetzt aber wurde das Abstammungsprinzip zum Instrument, um bestimmte Zuwanderer, die als ethnisch oder kulturell fremd oder minderwertig galten, auszuschließen. Die deutsche Staatsangehörigkeit wurde somit kurz vor dem Weltkrieg zu einer «Institution potenziell geschlossener Staatlichkeit» (Dieter Gosewinkel). Das ermöglichte es zum einen, Ausländer als Arbeitskräfte vorübergehend einwandern zu lassen, gleichzeitig aber ihren Aufenthalt gegebenenfalls abrupt zu beenden und weiteren Zuzug zu unterbinden. Zum anderen wurde damit die Möglichkeit eröffnet, die staats*bürgerlichen* Rechte deutscher Staatsangehöriger aus nationalen Minderheiten einzuschränken, indem polnisch- oder dänischstämmigen Deutschen etwa nicht die gleichen Rechte beim Bodenerwerb oder im Versammlungsrecht zugestanden wurden. Staatsangehörigkeit zog also bei diesen Gruppen ebenso wenig wie bei dem ganz anders begründeten Fall der Frauen, die in ihren zivilen und politischen Rechten nur einen minderen Status besaßen, keine rechtliche Gleichheit nach sich. Die Nationalisierung der Staatsbürgerschaft führte in Deutschland und Frankreich in der Praxis zu ähnlichen Ergebnissen von Inklusion und Exklusion, obgleich aufgrund anderer gesellschaftspolitischer Umstände im Deutschen Reich das Abstammungsprinzip und nicht das Territorialprinzip als Instrument herhielt, um Differenzierungen zwischen Menschen durchzusetzen. Wenn die Zeitgenossen an der Jahrhundertwende und später auch die Wissenschaft den unterschiedlichen Pfaden in beiden Ländern einander entgegengesetzte Konzeptionen von Nation zugrunde liegen sahen – hier die subjektiv-voluntaristische, dort die sprachlich-ethnische –, dann verdeckten solche ideologisch aufgeladenen Unterscheidungen die durchaus ähnlichen gesellschaftspolitischen und staatlichen Interessen, welche die Ausgestaltung in beiden Ländern maßgeblich prägten.

Sowohl in Frankreich wie in Deutschland spielten koloniale Gesichtspunkte für die Entwicklung des Staatsbürgerrechts eine Rolle, sowohl hinsichtlich des Einschlusses als auch des Ausschlusses bestimmter Personengruppen. Das galt in besonderem Maße für Großbritannien, wo schließlich bis zum Ende des Jahrhunderts über eine imperial differenzierende Territorialität eine ethnisch-kulturelle Privilegierung praktiziert wurde. Um die Mitte des Jahrhunderts hatten Juristen im Rückgriff auf mittelalterliche Konzepte ein scheinbar einheitliches Modell von Untertanenschaft («subjecthood») und eines Verhältnisses von persönlicher Verpflichtung («allegiance») zwischen Untertan und Monarch entwickelt, das der tatsächlichen Vielfalt der rechtlichen Verhältnisse nicht entsprach und als «Konstruktion» (Andreas Fahrmeir) bezeichnet werden kann. Demnach war jeder ein Staatsangehöriger, der im Herrschaftsbereich als Untertan der Krone geboren wurde. Diese personalisierte territoriale Konzeption schuf jedoch vor allem angesichts der hohen Auswandererzahlen Probleme, weil sie als unauflöslich galt. 1870 wurde daher das Aufgeben der Staatsangehörigkeit neu geregelt, während der Ersterwerb durch Geburt weiterhin grundsätzlich an das Herrschaftsgebiet geknüpft blieb, so dass auch die auf den Britischen Inseln geborenen Kinder ausländischer Eltern Briten wurden. Damit sollte im Übrigen auch die Wehrfähigkeit gestärkt werden. Seither verlor jedoch die britische Staatsangehörigkeit, wer im Ausland – etwa in den Vereinigten Staaten – eingebürgert wurde. Damit waren potentielle Loyalitätskonflikte, die sich aus der fortbestehenden doppelten Staatsbürgerschaft ergaben, formal ausgeräumt. Gleichzeitig legte das neue Gesetz fest, dass Frauen, die einen Ausländer heirateten, automatisch nicht mehr Britinnen waren. Dies bestärkte den patriarchalischen Charakter der Staatsbürgerschaft. Schon zuvor hatten ausländische Frauen, die einen Briten heirateten, dessen Staatsangehörigkeit erworben.

Dass die gesetzlichen Regelungen territorial abgestuft werden konnten, wenn es darum ging, Zuzugs- und Aufenthaltsrechte zu beschränken, ist bereits am Beispiel von Gibraltar veranschaulicht worden. Insbesondere die Siedlerkolonien sorgten dafür, dass britische Staatsangehörigkeit in ihrer Reichweite territorial partikular und hinsichtlich der Staatsbürgerrechte ungleich blieb. Das bedeutete zum Beispiel, dass Personen zwar in Indien oder in Australien eingebürgert werden konnten, ihnen aber die damit jeweils verbundenen Rechte nur innerhalb des jeweiligen Gebiets zustanden, nicht jedoch überall im Empire, wenn sie sich etwa in Großbritannien oder Südafrika niederlassen wollten. Kanada schränkte 1910 gesetzlich den Zuzug von «British Subjects» aus Indien ein und minderte die sozialen und politischen Rechte derjenigen, die es von dort einreisen ließ. Absicht war es, das Land gegen asiatischstämmige Einwanderer abzuschließen und die ethnische Dominanz der «weißen» Kanadier zu sichern. Ähnliches wurde bereits 1905 im Aliens Act auch im Mutterland aus fremdenfeindlichen und antisemitischen Motiven gegenüber jüdischen Einwanderern aus Osteuropa praktiziert. Gleichzeitig wurde es ethnisch britischen Personen, die im Ausland eingebürgert worden oder Kinder eines ursprünglich im Vereinigten Königreich geborenen Vaters waren, erleichtert, zurückzukehren und die britische Staatsbürgerschaft zu erhalten. Die ethnische Diskriminierung kolonialer Untertanen und Zuwanderer ging um die Jahrhundertwende einher mit ethnischer Privilegierung anderer Bevölkerungskreise.

Anders als vielfach unterstellt, zeigt das britische Beispiel erneut, dass das Territorialprinzip als Grundlage der Staatsbürgerschaft nicht automatisch Einheitlichkeit und Gleichheit der Bürgerinnen und Bürger herstellt und insbesondere die imperiale Herrschaft über heterogene Gebiete verschiedene Abstufungen und eine nur partikulare Reichweite von Staatsbürgerrechten bekräftigte. Es veranschaulicht zugleich, dass auch eine scheinbar rein territorial begründete Staatsbürgerschaft Abstammungselemente enthalten konnte. Maßgeblich waren, wie auch in den zuvor erläuterten Fallbeispielen, weniger die Prinzipien und ein bestimmtes Verständnis von Nation, sondern politisch-gesellschaftliche Interessen, die dafür eintraten, bestimmte Grundsätze anzuwenden, anzurufen oder auch von ihnen abzuweichen. Unabhängig davon, ob für die Regulierung des Staatsbürgerrechts territoriale oder abstammungsmäßige Prinzipien eine größere Rolle spielten, standen am Ende des 19. Jahrhunderts Fragen der Zu- und Abwanderung und der verschiedenen Zugehörigkeiten zu Nation, Empire, Ethnien, Gender oder Religion sowie die damit verbundenen Pflichten gegenüber dem Staat und die zivilen, politischen und sozialen Rechte im Mittelpunkt der politischen Auseinandersetzungen um die Ausgestaltung der Staatsbürgerschaft. Diese ging von Beginn an einher mit der Ausgrenzung bestimmter gesellschaftlicher Gruppen, zunehmend mit der Abgrenzung gegenüber «Fremden». Tendenziell ließen sich auf diesem Feld zu Beginn des 20. Jahrhunderts eine Nationalisierung und Ethnisierung, die imperial und kolonial gebeugt war, erkennen. Diese neuen Differenzierungskategorien für Staatsbürgerschaft im Sinne von Staatsangehörigkeit und Bürgerrechten prägten den Übergang von der Untertanenschaft zur Staatsbürgerschaft, der im Laufe des 19. Jahrhunderts nicht als linearer, sondern kontingenter Prozess erfolgte. Egalisierende und sozial integrierende Momente waren dabei untrennbar mit Abstufungen und Abgrenzungen innerhalb der mobilisierten Bevölkerung verknüpft.

Nationalismus und Empire

Neben der staatsbürgerlichen, *rechtlichen* Dimension der Mobilisierung des Einzelnen durch eine Inanspruchnahme seitens des Staates und zur Wahrnehmung gesellschaftlich-politischer Interessen in Staat und Gesellschaft bildete der Nationalismus eine Grundlage für *ideologische* Mobilisierung im 19. Jahrhundert. Nationale Bewegungen strebten die Gründung von National-Staaten an, stellten bestimmte national legitimierte Forderungen an Regierungen und suchten gesellschaftliche Verhaltens- und Organisationsformen zu prägen. Der Nationalismus entwickelte sich dabei in einem grundsätzlichen Spannungsverhältnis: Einerseits beinhaltete er ein Partizipationsversprechen, das nach innen eine bestimmte, meist historisch-sprachlich begründete Gemeinschaft zu einen versprach und emanzipatorische wie partizipatorische Dimensionen einschloss. Andererseits wirkte er jedoch gleichzeitig gesellschaftlich ausschließend und trat nach außen abgrenzend bis aggressiv auf. Das dem Nationalismus inhärente Verhältnis von «Partizipation und Aggression» (Dieter Langewiesche) trat im Laufe des 19. Jahrhunderts in unterschiedlichen Zusammensetzungen auf und war in einzelnen Ländern und Regionen verschieden ausgeprägt. Die Exklusion traf je nach politisch-gesellschaftlichen Umständen verschiedene «Feinde». Zumeist richtete sie sich in der zweiten Hälfte des 19. Jahrhunderts gegen nationale und religiöse Minderheiten (etwa Katholiken in Deutschland, Protestanten in Frankreich oder Muslime in Bulgarien), nach ihrer weitgehenden Emanzipation in früheren Jahrzehnten jetzt fast überall wieder gegen Juden und in manchen Ländern gegen Sozialdemokraten oder sozialrevolutionäre Parteien (wie in Russland oder Deutschland). Vertreter des Nationengedankens sprachen diesen gesellschaftlichen und politischen Gruppen die Zugehörigkeit zur Nation ab. Gegen die äußeren Feinde der Nation richtete sich eine bisweilen rhetorisch hohe Aggressionsbereitschaft der nationalistischen Bewegungen und Organisationen: mal gerechtfertigt als territorial «unvollendete» Gründung des Nationalstaates (wie im italienischen Irredentismus), mal aus konkurrierenden Gebietsansprüchen (wie zwischen Griechenland, Bulgarien, Serbien, Griechenland und Rumänien), aber auch aus imperialer Konkurrenz (wie im Burenkrieg oder in der Flottenrüstung). Der gleichzeitig in- und exklusive Grundzug des Nationalismus ist im Begriff des «Vaterlands der Feinde» (Michael Jeismann) pointiert erfasst worden.

Die historische Forschung hat sich intensiv mit der Geschichte des Nationalismus befasst und dabei auch systematisierend Typologien des Nationalen sowie Periodisierungen zu entwickeln versucht. So wurde nach dem Kriterium, was eine Nation im Wesentlichen begründe, zwischen Staats- und Kulturnation unterschieden; diese beiden Typen wurden vor allem mit Referenz auf Frankreich und Deutschland gebildet, dann aber als Unterscheidung zwischen westlichem und östlichem Nationalismus ausgeweitet. Die damit verbundene Frage, welche Rolle subjektive und objektive Zugehörigkeit spielten, hat manche einen voluntaristischen, d. h. bewusst und alltäglich praktizierten Nationenbegriff von einem objektiven scheiden lassen, nach dem der Einzelne durch gemeinsame Sprache, Kultur, Vergangenheit oder Abstammung unabhängig von seinem persönlichen Willen einer Nation angehöre. Ausgehend vom italienischen Beispiel, ist nach der Funktion, die Nationalismus politisch-gesellschaftlich besaß, von einem Risorgimento-Nationalismus die

Rede. Dieser war überwiegend liberal und emanzipatorisch orientiert. Ihm wird ein integraler Nationalismus gegenübergestellt, der sich auf eine Mehrheit in der Gesellschaft bezieht, aber nur diejenigen einschließt, die zu einer homogen gedachten Gemeinschaft gehörten. Diese Typenbildung geht bereits über in eine historische Phaseneinteilung. Bei den Staaten, die im 19. Jahrhundert als Nationalstaaten neu gegründet wurden, ist zwischen dem Nationalismus vor und nach der Gründung unterschieden worden. Von der Nationenbildung gegen einen als fremd betrachteten Herrscher entwickelte sich der Fokus in diesen Fällen auf das, was für Deutschland als «innere Reichsgründung» bezeichnet worden ist, also die Herstellung national einheitlicher Institutionen und Verfahren, aber eben auch auf die Formierung von «Deutschen», «Italienern», «Rumänen» etc. Diese Form der Nationenbildung, die über Schule, Sprache und Wehrpflicht erfolgte, ließ sich auch in den territorial nicht veränderten Staaten beobachten: Die Beschreibung dieser Nationalisierung als «Bauern zu Franzosen machen» (Eugen Weber) deutet diesen Vorgang exemplarisch an und weist zugleich darauf hin, dass dabei auch soziale und ökonomische Differenzen eine Rolle spielten. Die Auseinandersetzungen um Schule, Sprache und kulturelle Autonomie in den Ländern oder Gebieten Europas, in denen mehrere Nationalitäten miteinander lebten, ohne dass sie staatliche Eigenständigkeit erlangen konnten oder wollten, lassen erkennen, dass die Unterscheidung in ein «Davor» und ein «Danach» nur partiell nützlich ist.

Aus dieser zeitlichen Abfolge ist auch die veränderte Bindung des Nationalismus zu politischen Richtungen abgeleitet worden. Demnach verschob sich, einer verbreiteten Auffassung folgend, in der zweiten Hälfte des 19. Jahrhunderts der politische Standpunkt vom linken zum rechten Spektrum. Dahinter steht die Aneignung nationalistischer Orientierungen durch konservative Parteien, die aus unterschiedlichen Gründen den Nationalismus zunächst ablehnten. In den deutschen Einzelstaaten und im Deutschen Kaiserreich war dies beispielsweise der Fall gewesen, weil er seitens der liberalen Bewegung mit partizipatorischen und unifizierenden Ansprüchen auftrat. In Frankreich ließ die Verknüpfung der Nation mit der republikanischen Staatsform und Werten der Französischen Revolution all diejenigen, die einer der monarchischen Richtungen anhingen oder katholisch-kirchliche Positionen vertraten, zunächst Abstand halten. Ein wichtiges Moment bei der politischen Verschiebung des Nationalismus, die besser als Verbreitung und partielle Radikalisierung im politischen Spektrum statt als Verlagerung gesehen werden sollte, war, dass die Regierungen in ihrem Bemühen um die Verfügung über das staatliche Territorium, die Ressourcen der Bevölkerung und im internationalen Wettbewerb zunehmend auf nationale Legitimationsfiguren zurückgriffen. Dabei sollte die regierungskritische Dynamik des Nationalismus nicht übersehen werden, denn die Ausbildung von zahlreichen nationalistischen Organisationen war keineswegs lediglich ein Instrument der Mobilisierung von gesellschaftlichen Gruppen für den Staat, sondern in vielen Fällen eine Formierung radikaler Einstellungen, die den Staat im nationalistischen Sinne zu weitergehenden Maßnahmen im Innern und nach außen drängten und sich gleichsam als Opposition verstanden. Ihre rhetorischen Figuren waren das «nicht genug» und «noch mehr», aber auch Warnungen vor Niedergang und Zerfall der Nation, die widerspiegelten, dass um die Jahrhundertwende der Fortschrittsglaube des Nationalismus nicht mehr uneingeschränkt geteilt wurde. Die Anliegen betrafen innere wie äußere Angelegenheiten, und die Verbände reichten neben den allumfassenden nationalistischen Assoziationen von Kriegervereinen über Kolonial- und Wehrvereinigungen bis zu Kulturvereinigungen. Die Organisation nationaler Forderungen in solchen Vereinigungen mit Publikationen, Petitionen, öffentlichen Versammlungen und Feiern sowie parlamentarischer Vertretung war eine der Formen politischer Partizipation am Ende des 19. Jahrhunderts, welche die Basis für Nationalismus sozial über die bürgerlichen Honoratioren und Intellektuellen des frühen Jahrhunderts hinaus erweiterte und im Übrigen in den meisten Fällen auch Frauen in eigenständigen Organisationen oder gesonderten Abteilungen erfasste.

Der Nationalismus besaß insbesondere in seinen radikalen Ausprägungen einen Absolutheitsanspruch, der sich auf staatliches Handeln und gesellschaftliche Lebensformen erstreckte. Bei der Einschätzung seiner historischen Wirksamkeit sollten wir jedoch von der Ideologie und Rhetorik nicht unmittelbar auf die historische Praxis kurzschließen. Er beherrschte die zweite Hälfte des 19. Jahrhunderts nicht alleine. Der Eindruck, dass diese Periode in Europa das Zeitalter des Nationalismus und der Nationalstaaten gewesen sei, rührt teilweise daher, dass zeitgenössische Historiker an der kulturellen Nationenkonstruktion über das Schreiben von Nationalgeschichten unmittelbar beteiligt waren. Teilweise rührt er aus der nachfolgenden Erfahrung mit der «mobilisierten Nation» (Lutz Raphael) in der Zeit des Ersten und Zweiten Weltkriegs, die spätere Historiker beschäftigte. Die umfassend gedachte nationale Mobilisierung war zwar vor 1914 angelegt, aber mehr propagiert und debattiert als verwirklicht. Die beschränkte bzw. fehlende Bedeutung des Nationalismus wird an vielen Stellen dieses Buchs deutlich, so dass sie an dieser Stelle nicht im Einzelnen begründet werden muss. Zusammenfassend sollen aber einige Gesichtspunkte erwähnt werden. Erstens ist die dem Nationalismus inhärente Exklusion als nicht zugehörig betrachteter Gesellschaftsteile anzuführen. Sie als negative Integration zu bezeichnen überdehnt das Verständnis von Nationalismus. Festzuhalten ist jedenfalls, dass der Nationalismus im staatlichen und gesellschaftlichen Rahmen Minderheiten schuf. Alle europäischen Nationalstaaten des 19. Jahrhunderts hatten im Übrigen nationale Minderheiten, so dass sie faktisch, wenn auch nicht in ihrem propagierten Selbstverständnis multinational waren. Angeführt werden kann hier auch die für das Europa dieser Epoche charakteristische hohe Zahl der Auswanderer und Migranten, für die in der Gestaltung ihres Lebens nationale Bindung offenkundig im ideologischen Sinne, wenn überhaupt, keine wesentliche Rolle spielte. Man könnte die grenzüberschreitende Mobilität als «Selbstexklusion» bezeichnen, wenn das nicht in irreführender Weise einen nationalen Rahmen implizieren würde. Zweitens war der Nationalismus in seiner organisierten Form durchaus vielfältig, teilweise sogar zersplittert, je nach besonderem Anliegen, sozialer Zusammensetzung und parteipolitischer Nähe. Drittens gab es zum Nationalismus konkurrierende, neben ihm existierende und ihn überlagernde Identifizierungsangebote. Erinnert sei an internationalistische Bewegungen, an regionale und einzelstaatliche Loyalitäten und Bindungen sowie an die Differenzierungskategorien wie Religion, Gender, sozialer Status oder ethnische Herkunft. Es war keineswegs ausgemacht, dass Nationalismus diese weiteren Angebote überlagerte. In manchen Aspekten – wie etwa dem Rassismus – gab es «Wahlverwandtschaften» (Christian Geulen), in anderen gab es kaum Beziehungen, in vielen Situationen bestimmten andere Identifikationen die Gruppenzugehörigkeit. Im südslawischen Raum etwa behielten hergebrachte religiöse Unterschiede ihre Bedeutung, wurden aber von Priestern, Religionslehrern, in Schulen, Vereinen und der Presse als Architekten der Nationalisierung (Marie-Janine Calic) in der zweiten Jahrhunderthälfte zum nationalen Kriterium umzudefinieren versucht, indem sie orthodoxe Serben, katholische Kroaten und bosnische Muslime voneinander abgrenzten.

Viertens ging der Nationalismus auch keine einheitliche, vorgegebene Verbindung mit dem Staat als unitarischem Nationalstaat ein. Es ist auf Erscheinungsformen wie die «Föderative Nation» in Deutschland (Dieter Langewiesche), auf zusammengesetzte Staaten wie das Vereinigte Königreich von Großbritannien und Irland, Österreich-Ungarn oder bis 1907 Schweden und Norwegen hinzuweisen. Die Zugehörigkeit von Personen und Familien war oft nicht einheitlich, eindeutig und dauerhaft geregelt, wie Pieter M. Judson an den Verhältnissen im Habsburgerreich veranschaulicht hat. Dort galt Sprache als ein wichtiges, staatlicherseits erfasstes Unterscheidungsmerkmal. Schon die verbreitete Mehrsprachigkeit ließ aber keine eindeutige Klassifikation zu. Und in den beiden Reichshälften besaß Sprache eine unterschiedliche Funktion. In der ungarischen Hälfte, die sich als ethnischer Nationalstaat begriff, wurden nicht Ungarisch Sprechende zu Minderheiten gemacht. In der österreichischen Reichshälfte hingegen anerkannten die Verwaltungen und Schulen offiziell zehn verschiedene Sprachen. Wien wollte diese «Sprachnationalität» nicht mit ethnischer oder territorialer Zugehörigkeit verbinden. Nationalistische Politiker bemühten sich zwar um die verfassungsrechtliche Anerkennung ihrer jeweiligen Nationalität, die Verknüpfung von Staatsbürgerrechten mit nationaler Zugehörigkeit und eine unveränderbare Festlegung sprachlicher Identität. Kurz vor dem Ersten Weltkrieg erzielten imperiale und nationale Kräfte für Mähren einen Kompromiss, der auch für die Bukowina und Galizien galt. Demnach musste der Familienvorstand die sprachliche Nationalität festlegen, die Kinder kamen in die entsprechenden deutschen oder tschechischen Schulen, und die Stimmen wurden bei Wahlen für Kandidaten der jeweiligen Nation abgegeben. Die nationale Festlegung konnte angesichts der gemischten Wohnweise nicht territorial verknüpft werden. Und wer aus Mähren an einen anderen Ort im Reich ging, nahm die dort geltende Nationalität nicht mit.

Fünftens gab es neben der Nation im späten 19. Jahrhundert andere gedachte politisch-gesellschaftlich relevante Ordnungsvorstellungen. Auf die verschiedenen Pan-Bewegungen sei nur beiläufig verwiesen. Eine zentrale Rolle spielten die Imperien. Der Historiker Jürgen Osterhammel hebt sie in ihrer Bedeutung mindestens auf dieselbe Ebene wie die Nationalstaaten und spricht in globaler Perspektive von einem imperialen Zeitalter. Das bezieht er für Europa keineswegs nur auf Großbritannien und Russland, sondern selbstverständlich auch auf das Habsburgerreich, das Osmanische Reich sowie Frankreich, die erst spät imperial auftretenden Staaten wie das Deutsche Reich und Italien und auf kleinere bzw. geschwächte Länder wie Belgien, Spanien und Portugal. An anderen Stellen des vorliegenden Buchs werden die weltpolitischen Ideen, die europäische Expansion und die imperiale Massenkultur erläutert. Hier sei nur noch darauf verwiesen, dass die Imperien auch unter den führenden Eliten eine Art Reichszugehörigkeit schufen. In «imperialen Biographien» (Malte Rolf) von Gouverneuren, Beamten und Militärs überlagerten sich verschiedene Loyalitäten zu Nation, Religion, Dynastie und Gesamtstaat. Es fand innerhalb der europäischen Reiche und zwischen ihnen ein imperialer Wissens- und Personenaustausch statt, der auch über die administrativen und militärischen Führungskräfte hinausreichte. Er war in der Praxis und vor Ort eher von kooperativem Wettbewerb als von imperialer Rivalität geprägt. Anders als der Nationalismus, dem ein egalitärer Zug für alle Angehörigen der Nation innewohnte, aus dem sich ein Anspruch auf politische, demokratische Partizipation ableiten ließ, wirkten Imperien jedoch tendenziell hierarchisierend, und politische Partizipation, sofern sie nicht wie in den Kolonien ganz negiert wurde, blieb weitgehend eingeschränkt.

Abschließend lässt sich resümieren, dass die mobilisierende Wirkung des Nationalismus für manche sehr stark war, für andere selbstverständlich, für viele aber auch ausblieb. Jenseits nationalistischer Organisation, Presse und politischer Auseinandersetzungen gingen die Menschen häufig pragmatisch und funktional mit «ihrer» Nationalität um. Tatsächlich war «nationale Indifferenz» (Tara Zahra) ein weitverbreitetes Phänomen. Die mobilisierende Kraft des Nationalismus, aber auch deren Grenzen zeigten sich im Juli und August 1914. Anstelle der in der Propaganda hervorgehobenen und in manchen städtisch-bürgerlichen Kreisen empfundenen allgemeinen Kriegsbegeisterung ließen die europäischen Bevölkerungen eine oft skeptische Haltung gegenüber dem Krieg und dem Opfer für die Nation erkennen. Die Mobilisierung der Männer beruhte nicht nur auf der nationalen Identifikation, sondern auch auf der allgemeinen Wehrpflicht für männliche Staatsangehörige und auf der Rekrutierung kolonialer Untertanen für einen Krieg, der auf allen Seiten auch mit Truppen aus den Imperien geführt werden sollte. Dass er den Zusammenbruch einiger Imperien zur Folge haben und vor allem die politische und gesellschaftliche Nationalisierung in Europa massiv forcieren würde, war an seinem Beginn nicht ausgemacht, selbst wenn die Grundlagen dafür im späten 19. Jahrhundert gelegt worden waren.

V. Frieden und Krieg:
Europäisches Staatensystem, Internationalismus
und imperiale Expansion

/i/ n der zweiten Jahrhunderthälfte garantierten zwar keine Institutionen und Normen den Frieden in Europa, wohl aber hielten die Großmächte eine gewisse Ordnung aufrecht, in deren Rahmen alle, die Regierungen der großen und der kleinen Staaten, zu agieren wussten. Es existierten allgemeine Verhaltensregeln sowie bestimmte Instrumente und Muster des diplomatischen Verkehrs, die außerhalb Europas allerdings nur gegenüber wenigen, als «zivilisiert» erachteten Mächten zur Anwendung kamen. Europa manifestierte sich seit der Jahrhundertmitte außer im Staatensystem in zahlreichen internationalen Organisationen und grenzüberschreitenden Verbindungen, welche Staaten und gesellschaftliche Gruppierungen innerhalb Europas sowie darüber hinaus miteinander vernetzten. In diesen neu entwickelten Formen, die wesentlich auf der verdichteten Kommunikation beruhten, zeigte sich oft ein reformerischer Impetus, der im Verhältnis zur nichteuropäischen Welt zivilisationsmissionarische Züge annahm. Kennzeichnend für die Epoche war schließlich die imperiale Expansion vor allem in Asien und Afrika, die eine vorübergehende, aber sich langfristig auswirkende Vorherrschaft etablierte. In den Außenbeziehungen – verstanden als ein Spektrum staatlicher, halbstaatlicher und gesellschaftlicher Relationen – formierte sich so ein europäisches Selbstverständnis, das auf dem Mächtesystem, internationalen Verknüpfungen und Kolonialherrschaft basierte.

Das 19. Jahrhundert gilt insgesamt als eine Friedenszeit, vor allem im Kontrast zur Bellizität der Frühen Neuzeit und zu den totalen Kriegen der ersten Hälfte des 20. Jahrhunderts. Tatsächlich erlebte

Europa zwei lange Friedensperioden, unterbrochen von einer kriegerischen Phase: Nachdem die Wiener Ordnung zwischen 1815 und 1848 den Staatenfrieden zwischen den Großmächten gesichert hatte, veränderten die Revolutionen, der Krimkrieg und die sogenannten Einigungskriege Italiens und Deutschlands gewaltsam die europäische Staatenwelt. Es folgte ab 1871 eine Periode unsicheren Friedens, die mit dem Ausbruch des Ersten Weltkriegs endete. Ganz friedlich waren die Jahrzehnte allerdings vor 1914 keineswegs. Auch wenn die meisten Großmächte ihre Konflikte nicht militärisch austrugen, brach in Südosteuropa 1877/78 der Russisch-Türkische Krieg aus, der zur Vertreibung einer großen Zahl von Menschen führte und an dessen Ausgang neue Staaten entstanden und die Unabhängigkeit mehrerer Fürstentümer bestätigt wurde. Es folgten 1885 ein serbisch-bulgarischer Krieg, 1911/12 ein italienisch-türkischer Krieg in Nordafrika und 1912/13 zwei Balkankriege. Die letztgenannten Konflikte zeichneten sich durch die Missachtung der völkerrechtlichen Regulierung der Kriegsführung und besondere Gräuel gegenüber der Bevölkerung aus. Die Friedfertigkeit der zweiten Jahrhunderthälfte wird weiter relativiert, wenn man die koloniale Expansion in den Blick nimmt. Nach einer Zählung des Historikers Henk Wesseling gab es zwischen 1871 und 1914 insgesamt 23 britische, 40 französische und 32 niederländische Kolonialkriege. Der europäische Imperialismus fußte also zu einem wesentlichen Teil auf Gewaltanwendung, mit der Herrschaft und Einfluss vor Ort gesichert wurden. Die europäischen Mächte traten hier nicht gegeneinander an, sondern setzten Soldaten und industriell produzierte Waffen gegen außereuropäische Gesellschaften ein. Für den Frieden in Europa war entscheidend, dass vorhandene Spannungen zwischen den imperialen Mächten in Übersee nicht auf die Sicherheitspolitik in Europa selbst zurückwirkten und dort einen Krieg auslösten. Konzeptionell blieb die «Peripherie» somit im Wesentlichen von den europäischen Staatenbeziehungen im «Zentrum» abgekoppelt (Jürgen Osterhammel). Paradoxerweise gelang dies, obgleich sich ein Bewusstsein von einem globalen System internationaler Beziehungen an der Wende zum 20. Jahrhundert ausbreitete.

Europa war im 19. Jahrhundert also trotz der relativen Stabilität des Staatensystems immer noch ein «Kontinent der Gewalt» (James Sheehan), wenngleich kein friedloser Kontinent. Die Zeitgenossen begriffen Krieg als «Fortschrittsmotor» (Dieter Langewiesche), den sie eng mit dem Gedanken des Nationalstaats verknüpften. Erst durch Gewalt schien es möglich, neue Staaten zu gründen, die den modernen nationalen Prinzipien entsprächen. Die Idee der Nation garantierte in dieser Sichtweise konzentrierte Macht, größtmögliche Sicherheit und – zumindest für die Staatsbürger – Gleichheitsrechte. Der Historiker Heinrich von Treitschke (1834–1896) drückte aus, was viele in Europa für selbstverständlich erachteten, wenn er in seinen seit 1874/75 gehaltenen Vorlesungen über *Politik* konstatierte: «Ohne den Krieg gäbe es gar keinen Staat. Durch Kriege sind alle uns bekannten Staaten entstanden; der Schutz seiner Bürger durch die Waffen bleibt die erste und wesentlichste Aufgabe des Staates.» Auf Kolonialkriege bezogen, fuhr er fort: «Die großen Culturfortschritte der Menschheit sind gegen den Widerstand der Barbarei und die Unvernunft ganz zu verwirklichen nur durch das Schwert.»

Unwidersprochen blieben solche Grundsätze nicht, ja Treitschke selbst hatte sich in seiner Vorlesung ausdrücklich gegen eine andere, «materialistische» Auffassung gewandt, die «nach Art des Manchesterthums» den Menschen nur als ökonomisches Wesen ansehe und Krieg daher lediglich als unwillkommenen Störfaktor betrachte. Das war gegen die Vertreter des Freihandels gerichtet, die sich von der unbehinderten, zunehmenden wirtschaftlichen Verflechtung eine Zurückdrängung der politischen Streitigkeiten und einen dauerhaften Frieden versprachen. Die zweite Hälfte des 19. Jahrhunderts war in der Tat auch eine Epoche des Internationalismus in seinen verschiedenen Ausprägungen. Die Periode erlebte eine Verdichtung und Beschleunigung des europäischen und des Weltverkehrs, des wirtschaftlichen, sozialen und kulturellen Austauschs. Zahlreiche Persönlichkeiten und Vereinigungen verständigten und organisierten sich zu diesen Zwecken über Grenzen hinweg, um so auf friedlichem Wege den allgemeinen Fortschritt zu befördern. Internationale Vernetzung, Normierung und Reformbemühungen standen dabei keineswegs im Gegensatz zum Nationalstaat. Der österreichische Publizist und Friedensnobelpreisträger von 1911 Alfred H. Fried erkannte dies, wenn er 1908 in seiner Betrachtung *Das internationale Leben der Gegenwart* emphatisch feststellte, dass der Internationalismus nichts anderes sei als «veredelter Nationalismus». Er meinte, dass «die Erhöhung der Wechselbeziehungen und Wechselwirkungen der Nationen diese selbst erhöht, aber gleichzeitig ein Drittes geschaffen [hat], das über den Nationen steht, aber dennoch durch sie lebt: den modernen Internationalismus. [...] Dieser erwuchs von innen, aus dem Leben der Nationen selbst heraus, bedingt durch die natürliche Entwickelung [sic] der Lebensbedingungen aller Völker. Daher ruhen die Wurzeln des Internationalismus fest in den Nationen selbst, daher gibt es kein Zurück für den Internationalismus, [...] sondern nur ein Vorwärts, das identisch ist mit einem nationalen Aufschwung, mit erhöhter nationaler Entwickelung.» Nicht die freie wirtschaftliche Verflechtung an sich, auf welche manche um 1900 in der Tradition der Freihändler ihre Friedenserwartung gründeten, sondern vor allem die zunehmende internationale Organisation von Interessen wirke fortschrittlich, weil sie den Charakter der zwischenstaatlichen Beziehungen ändere und damit schleichend die Konfliktursachen beseitige.

1. Auflösung der Ordnung und Suche nach Stabilität: Kriege und Allianzen 1850–1890

Das europäische Staatensystem erfuhr seit den Revolutionen der Jahrhundertmitte einen systemischen Wandel. Die Staatengemeinschaft, die 1814/15 entstanden war, löste sich schrittweise auf. In der Revolutionszeit von 1848 bis 1851 begann dieser Prozess, wurde im Krimkrieg 1854 bis 1856 eklatant und mit der Gründung des italienischen Königreichs zwischen 1859 und 1861 sowie mit der Errichtung des Deutschen Reiches 1871 schließlich beendet. In dieser Phase führte jede der fünf Großmächte mindestens einmal Krieg gegen ein anderes Mitglied der Pentarchie: Die institutionellen Arrangements und Normen der europäischen Politik, wie sie die Wiener Ordnung bestimmt hatten, galten offensichtlich nicht mehr. Auf fast zwei Jahrzehnte «Anarchie» folgte anschließend wieder eine gewisse Ordnung, die zwar weniger stabil war, aber immerhin vier Jahrzehnte bis zum Ausbruch des Ersten Weltkrieges währte.

Systemischer Wandel vom Krimkrieg bis zu den Nationalstaatsgründungen

Die Ordnung, die nach den Revolutions- und napoleonischen Kriegen lange den Frieden zwischen den europäischen Großmächten sicherte, beruhte auf verschiedenen Elementen: machtpolitisch auf einer geteilten Hegemonie zwischen Großbritannien und Russland, völkerrechtlich auf intermediären Einrichtungen, politisch auf dem «Europäischen Konzert» der Großmächte, normativ auf Vorstellungen von einem politischen Äquilibrium. Zwischen den Revolutionen der Jahrhundertmitte und der Gründung des Deutschen Kaiserreichs verloren einige dieser Elemente an Gültigkeit, während andere sich so wandelten, dass sie keine friedensstiftende Wirkung mehr ausübten.

Mit dem Wiener Kongress wurde – entgegen verbreiteter Ansicht – machtpolitisch *kein* Gleichgewicht hergestellt. Vielmehr lag der 1814/15 etablierten Ordnung eine geteilte Hegemonie zwischen Großbritannien und Russland zugrunde. Beide Staaten unterschieden sich klar von Frankreich, dem Habsburgerreich und Preußen durch ihre gewaltigen Ressourcen, ihre Bündnisfähigkeit (die nicht durch die Notwendigkeit, Allianzen mit anderen einzugehen, beschränkt war), durch ihre hohe Sicherheit vor kriegerischen Angriffen aufgrund der Vorherrschaft zur See bzw. der Landmasse, ihre Selbständigkeit im Handeln sowie schließlich durch ihre außereuropäischen Interessen. Bis zur Jahrhundertmitte handelte es sich um eine «gutartige, geteilte Hegemonie» (Paul W. Schroeder), nicht um einen bipolaren Antagonismus. Das grundlegende Einverneh-

V. Frieden und Krieg

men der beiden überragenden Mächte schlug in den 1850er Jahren vorübergehend um, weil der von Russland gesuchte Zugang durch das Schwarze Meer zum Mittelmeer geostrategische Interessen Großbritanniens, insbesondere die Sicherheit seiner Verbindungswege nach Indien, berührte und Premierminister Palmerston daraufhin über territoriale Umverteilungen an den Rändern des Russischen Reichs nachdachte. Die regionale Komponente in der Auseinandersetzung bildete die sogenannte Orientalische Frage, d. h. die mögliche Zukunft des Osmanischen Reichs – ein Problem, in das die Großmächte während des gesamten 19. Jahrhunderts verstrickt waren. Obgleich das Zarenreich den Krieg verlor, den es 1853 gegen das Osmanische Reich eröffnete und in den neben Großbritannien auch Frankreich, Sardinien-Piemont und gegen Ende, wenngleich nicht mehr militärisch, auch Österreich involviert waren, änderte dies an der geteilten Hegemonie grundsätzlich wenig. Die britisch-russische Vormachtstellung überwölbte bis 1914 auch die Machtverschiebungen der folgenden Nationalstaatsgründungen und selbst die deutsch-englische Rivalität der Jahrhundertwende. Sie büßte allerdings ihre stabilisierende Wirkung ein, weil die anderen friedensstiftenden Elemente sich veränderten oder wegbrachen.

Die Erfahrung des ersten großen militärischen Konflikts seit 1815 erschütterte die gegenseitigen Bindungen in Europa, die bereits zwischen 1848 und 1851 durch nationale revolutionäre Forderungen, militärische Konflikte und die Neuordnungspläne verschiedener Regierungen gelockert worden waren. Die systemische Veränderung, die sich anschließend bis in die frühen 1870er Jahre vollzog, betraf besonders die intermediären Einrichtungen. Damit sind die im Wiener Vertragswerk völkerrechtlich verankerten Körperschaften, deren wichtigste der Deutsche Bund war, und die Existenz der kleinen bis mittleren Staaten vor allem in Deutschland und Italien gemeint. Auf einer strategisch-geographischen Ebene hatten sie die führenden Staaten voneinander getrennt und diesen gleichzeitig eine gemeinsame Aufgabe darin gegeben, den Erhalt dieser «Puffer» im wechselseitigen Interesse zu sichern. Ferner «bremsten» die mittleren Staaten gewissermaßen, weil sie einen Anspruch auf Mitsprache erhoben und die großen Mächte daher immer deren mögliche Einmischung einkalkulieren mussten. Insgesamt hatte die Existenz der Intermediären einen flexibilisierenden Effekt auf die europäische Politik ausgeübt und die Zielvorstellungen der Mitglieder der Pentarchie mitbestimmt: Anstatt benachbarte Territorien zu beherrschen oder an sich zu reißen, kam es darauf an, den Wettbewerb um Einfluss zu gewinnen. Als die intermediäre Einrichtung des Deutschen Bundes 1866 aufgelöst wurde und die mittleren Staaten vor allem in Deutschland ihre äußere Eigenständigkeit verloren, hatte dies Folgen für das Staatensystem: Während zuvor institutionell und diplomatisch Kooperation angesagt gewesen war, erwiesen sich die Bedingungen ab den 1870er Jahren förderlich für eine auf Großmachtinteressen konzentrierte Konfrontation.

Das Staatensystem war jetzt insgesamt unflexibler geworden, wie sich – dem Historiker Paul W. Schroeder folgend – an einigen Beispielen der bilateralen Beziehungen veranschaulichen lässt. Die Annexion Elsass-Lothringens durch das Deutsche Reich 1871 verringerte die militärstrategische Sicherheit Frankreichs. Noch entscheidender aus systemischer Sicht war die Inkorporation der süddeutschen Staaten in den neuen Nationalstaat. Im deutschen Südwesten standen sich nun mit Frankreich und dem Deutschen Kaiserreich zwei Großmächte unmittelbar gegenüber, wo vorher ein klassisches Gebiet für Einflussnahme existiert hatte, und zwar nicht nur durch Frankreich und Preußen, sondern auch durch Österreich und – über dynastische Verbindungen nach Württemberg und Darmstadt – auch Russland. Ebenso deutlich änderte sich das österreichisch-preußische Verhältnis durch den Wegfall des Deutschen Bundes, der seit 1815 vielfältige, wenn auch spannungsreiche Kooperation erfordert hatte. Sein Ende führte nicht zur Konfrontation, sondern zu einer langfristigen, einschränkenden Bindung zweier ungleicher Partner, die beide in Konfrontation mit Russland brachte: Der habsburgische Kaiserstaat verlor mit der Auflösung des Bundes an Mitspracherecht im westlichen Teil Europas, was letztendlich einen von den anderen Regierungen wahrgenommenen

Statusverlust bedeutete, denn Wien konnte in Südosteuropa, wohin es sich künftig orientierte, keine Kompensation erlangen. Aufgrund des erstarkenden Nationalismus auf dem Balkan und der Schwäche des Osmanischen Reiches sowie infolge des imperialistischen Aufstiegs der anderen Großmächte zu Weltmächten nahm die strategische Abhängigkeit der Doppelmonarchie vom deutschen Bündnispartner hinsichtlich der österreichischen Balkaninteressen allmählich zu. Die systemischen Bedingungen für das Handeln in der Juli-Krise 1914 hatten ihren Ursprung also in der Phase zwischen 1850 und 1871.

Das Deutsche Reich seinerseits wurde immer mehr in die österreichischen Probleme verstrickt, weil sich sein Verhältnis zu Russland, dem Hauptgegner Österreich-Ungarns auf dem Balkan, änderte. Das hatte scheinbar wenig mit dem Ende der mittleren deutschen Staaten und des Deutschen Bundes zu tun, mehr dafür mit wirtschaftlichen Interessengegensätzen, die über protektionistische Maßnahmen ausgefochten wurden, mit militärischen Bedrohungsängsten, die von unterschiedlichem Bevölkerungswachstum genährt wurden, und mit nationalistischer, pan-slawistischer und pan-germanischer Agitation. Weder das kooperative «Management» des zwischen Deutschland, Russland und Habsburg aufgeteilten Polens noch die gesuchte ideologische monarchische Gemeinsamkeit des Dreikaiserabkommens von 1873 konnten die allgemeinen Kräfte der Konfrontation eindämmen, die jenseits konkreter Interessengegensätze wirkten. Deutlich wurde dies an der Verringerung des diplomatischen Spielraums hinsichtlich Südosteuropas und des Osmanischen Reichs. Wenn die russische Regierung zur Zeit, als der Deutsche Bund noch existierte, preußische Unterstützung für ihre orientalische Politik eingefordert hatte, konnte Preußen solch ein Ansinnen abwehren, indem es auf seine Stellung im Deutschen Bund hinwies. Denn die übrigen deutschen Staaten waren nicht für derart ferne Ziele zu gewinnen, besonders dann nicht, wenn sie sich gegen Österreich richteten. Die negativen Konsequenzen dieser institutionalisierten Entspannung erfuhr während des Krimkrieges gerade die österreichische Regierung, als sie sich über die bremsende

1. Auflösung der Ordnung und Suche nach Stabilität

Wirkung der Konföderation hinwegsetzte und 1854 ein Bündnis mit Frankreich und Großbritannien gegen Russland abschloss. Der Kaiserstaat versuchte zwar, den Deutschen Bund für seine Politik auf dem Balkan zu mobilisieren. Es gelang ihm jedoch nicht, die Zustimmung der Mittelstaaten zu bekommen. Diese schlossen sich stattdessen der Neutralitätspolitik Preußens an und optierten damit für die ihnen naheliegende Beschränkung auf deutsche Angelegenheiten. Mit dem Ende des Bundes 1866 entfiel nun für Preußen bzw. das neue Deutsche Reich die Möglichkeit, russische Unterstützungswünsche für seine orientalische Politik argumentativ abzuwehren – außer man berief sich auf Interessen des verbündeten Österreich, das in vielen Fällen aber gerade der Gegner russischer Politik auf diesem Gebiet war. Auf Dauer frustrierte dieses Verhalten die russischen Politiker, so dass sie sich geneigtere Partner suchten. Mit der Inkorporation der minderen Staaten sollte der preußische Ministerpräsident Bismarck ironischerweise das Problem seines Staates, möglichst einer Entscheidung zwischen Österreich und Russland auszuweichen, für das Deutsche Reich und seinen künftigen Kanzler Bismarck verschärfen.

Bis zu den Revolutionen der Jahrhundertmitte hatte das Netzwerk der Verträge von 1814/15 zusammen mit dem europäischen Mächtekonzert friedensstiftend gewirkt. In der Formel «droit public de l'Europe et concert européen» verbanden sich völkerrechtliche Grundlagen und politische Instrumente zu einer politisch-rechtlichen Selbstverpflichtung der führenden Staaten, die hergestellte Ordnung gemeinsam zu wahren und Konflikte, welche Grundfragen europäischer Politik betrafen, miteinander in Konferenzen und Kongressen zu regeln. Die Revolutionen scheiterten u. a. noch an dieser Gemeinschaftsordnung, auch wenn keine europäische Konferenz mehr einberufen werden konnte. Der Krimkrieg setzte die Normen dann außer Kraft, wenngleich Kongress und Friede von Paris 1856 formal dem Konzert, in das jetzt auch das Osmanische Reich einbezogen wurde, entsprachen. Die folgenden Konflikte bis zum Deutsch-Französischen Krieg wurden dann nur von den unmittelbar beteiligten Parteien bilateral ausgefochten und beigelegt, obgleich es dabei offenkundig um Angelegenheiten ging, welche die allgemeine und vertragliche Ordnung Europas und damit eigentlich alle europäischen Großmächte berührten. Die rechtlich-politische Gesamtordnung Europas der ersten Jahrhunderthälfte, die kein formalisiertes Rechtssystem im zwischenstaatlichen Bereich gebildet, sondern auf konsensorientierter Koordination beruht hatte, existierte jetzt nicht mehr.

Die normativen Orientierungen, ein weiterer Baustein der friedlichen Ordnung ab 1815, wandelten sich seit der Jahrhundertmitte ebenfalls grundlegend. Zentral war das Verständnis von «Gleichgewicht» gewesen. Wenn die Zeitgenossen im frühen 19. Jahrhundert von der «balance of power» sprachen, bezog sich das nicht lediglich auf ein mechanisches Austarieren von Macht im Sinne von militärischer, wirtschaftlicher oder demographischer Größe. Die Diplomaten und Minister dachten vielmehr an Balance als Stabilität oder Friede, als Wahrung von Rechten und Status, als gegenseitige Garantie von Verträgen und gemeinsame Supervision von Veränderungen. Sie bemühten sich in der Praxis um einen Ausgleich auf der moralisch-rechtlichen Ebene auch dann, wenn die Verhältnisse hinsichtlich der materiellen Ressourcen ungleich waren. Die leitende Vorstellung war diejenige eines politischen Äquilibriums (Paul W. Schröder), die zur Mentalität der politischen Eliten im frühen 19. Jahrhundert gehörte. Subjektiv konkretisierte sich das Streben nach einem politischen Ausgleich hinsichtlich mehrerer Ziele und Güter: Stabilität, Friede und garantierte Rechte; Schutz vor Drohungen und Isolierung in der Staatengemeinschaft; Anerkennung von legitimen Interessen, Einflusssphären und des Rechts auf Mitsprache in allgemeinen Angelegenheiten; und besonders für die großen Mächte die gegenseitige Versicherung von Gleichheit ihres Ranges und ihrer Würde. Objektiv erforderte das Äquilibrium, dass Rechte, Einfluss und vitale Interessen, die ein Staat für sich beanspruchte, sowohl mit den Forderungen anderer als auch mit den Interessen des Gesamtsystems diplomatisch in Einklang zu bringen waren. Vereinfacht ausgedrückt, bedeutete die Norm, dass es um eine Balance von Rechten und Pflichten ging, einen Ausgleich von

1. Auflösung der Ordnung und Suche nach Stabilität

Leistungen und um ein Zufriedenstellen der Beteiligten, nicht so sehr um die Herstellung eines Machtgleichgewichts zwischen ihnen. Diese normative Orientierung wurde ab der Mitte des 19. Jahrhunderts abgelöst von Vorstellungen und Erwartungen, die nicht mehr friedensstiftend wirkten.

Der Auflösungsprozess begann mit den europäischen Revolutionen und vollzog sich in den folgenden beiden Jahrzehnten. Schon 1848 bis 1851 griffen die bewährten diplomatischen Mittel nicht mehr, weil sich immer mindestens eine Großmacht in Krisensituationen gegen einen Kongress wandte, auf dem die allgemeinen Belange hätten verhandelt werden können. Die Regierungen rechneten sich stattdessen jeweils aus, dass die Mitsprache der anderen ihren eigenen Zielen oder Interessen nicht förderlich, wenn nicht gar abträglich sein würde. Die Verantwortlichen optierten gegen die gemeinsame europäische Ordnung. Sie versuchten, ihre Anliegen bilateral, allenfalls in Absprache mit einer weiteren Macht, zu regeln. Dieses Verhaltensmuster kennzeichnete auch die folgenden zwei Jahrzehnte. Ursache hierfür waren die grundsätzlich unterschiedlichen Voraussetzungen, unter denen die staatlichen Akteure jetzt antraten, nicht lediglich die konkreten Konfliktpunkte. Solche hatte es zwischen 1815 und 1848 auch gegeben, aber sie waren durch das Konzert jeweils einvernehmlich geregelt worden. Dies gelang Anfang des Jahrhunderts noch, weil die damalige Staatenordnung wesentlich vornational strukturiert war. Bis zur Mitte des 19. Jahrhunderts änderten sich die Bedingungen, allerdings ohne dass sofort eine neue, eindeutig nationalstaatlich bestimmte Ordnung etabliert worden wäre. Sie sollte erst durch die Ereignisse bis zum Deutsch-Französischen Krieg zustande kommen. In der Phase von den Revolutionen bis zu den Nationalstaatsgründungen trafen hingegen Staaten mit prinzipiell verschiedener Orientierung aufeinander. Das Spektrum reichte von Großbritannien, das Anselm Doering-Manteuffel zufolge mit der Ausrichtung seiner Außenpolitik am «national interest» eine Vorreiterrolle und Modellfunktion ausfüllte, bis hin zur Habsburgermonarchie, deren institutionelle Existenz geradezu auf der Verneinung des nationalen Prinzips beruhte.

Die Elemente und Instrumente der Wiener Ordnung verloren allerdings nicht deshalb an Gültigkeit, weil der Nationalstaat prinzipiell dem Gedanken eines «Europäischen Konzerts» widersprochen hätte. Entscheidend war die Gleichzeitigkeit divergierender Orientierungen in der internationalen Politik: Aus ihr rührte die Anarchie im Staatensystem. Dass es sich dabei um eine vorübergehende Phase handelte, belegt die Stabilisierung nach 1871. Nationalstaaten konnten durchaus friedlich miteinander umgehen. Allerdings hinterließen die Ereignisse Spuren. Eine Rückkehr zur Wiener Ordnung erfolgte nach dem Deutsch-Französischen Krieg nicht.

Der systemische Wandel wirkte sich auf das Funktionieren des Staatensystems auch insofern aus, als er die symbolischen Handlungs- und Deutungsmöglichkeiten veränderte und dabei die vorhandene Flexibilität verminderte. Dies führte zu einer Dynamisierung der internationalen Politik im Zeichen einer neuen Realpolitik und des Nationalen. An der internationalen Rolle der Monarchen als Staatsoberhäupter lässt sich die Neufestlegung der Spielräume veranschaulichen. Erstens wurde die proklamierte Solidarität der gekrönten Häupter im Rahmen der Heiligen Allianz endgültig zerstört. Nachdem sich in der Krise von 1848 bereits die öffentlichen Grenzen einer monarchischen Zusammenarbeit einschränkend bemerkbar gemacht hatten, schwand in der Folgezeit auch die Grundlage für die praktische Zusammenarbeit zwischen den königlichen Regierungen. Die Kriege zwischen 1848 und 1871 machten das Konzept einer monarchischen Solidarität obsolet. In den Auseinandersetzungen trafen unterschiedliche staatliche Interessen unvermittelt aufeinander. In ihrer Folge wurde die bislang hochgehaltene souveräne Herrschaft einzelner Fürsten beschnitten (so die der deutschen Bundesfürsten) oder völlig abgeschafft (wie in den italienischen Staaten, in Schleswig, Holstein, Hannover und weiteren Herrschaften Deutschlands). Von einer Gemeinschaft der legitimen Herrscher konnte nicht mehr die Rede sein. Das Dreikaiserabkommen von 1873 und ähnliche Ideen, die Heilige Allianz wiederzubeleben, besaßen keinen vergleichbar umfassenden internationa-

1. Auflösung der Ordnung und Suche nach Stabilität

len Anspruch mehr, wie ihn die Erklärung von 1815 noch behauptet hatte. Sie waren deutlich nachgeordnete ideologische Versatzstücke im Rahmen der Allianzen zwischen verschiedenen Staaten.

Zweitens verminderte der Wegfall der intermediären Institutionen und Staaten die diplomatischen Handlungs- und Deutungsvariationen, die sich etwa im Rahmen von persönlichen Beziehungen zwischen Monarchen boten. Die jetzt verlorenen Chancen, welche die Existenz der mittleren Staaten den Großmächten eröffnet hatte, traten bei einigen der Monarchentreffen vor 1870/71 noch deutlich zutage. Als Prinzregent Wilhelm von Preußen 1860 mit dem Kaiser der Franzosen zusammenkam, geschah dies in Baden-Baden, also in einer Stadt in ebenjener für vielseitige Einflüsse offenen Region des Deutschen Bundes. Nicht nur die Wahl des Ortes limitierte das Potential für direkte Kooperation oder Konfrontation zwischen dem französischen und preußischen Herrscher. Die preußische Seite hatte zudem noch andere deutsche Könige und Fürsten in den Kurort hinzugeladen. Deren Anwesenheit signalisierte sozusagen die bestehende rechtliche Ordnung zwischen den deutschen Staaten, welche territoriale Verschiebungen, wie sie damals gerade in Italien vorgenommen wurden, verhinderte. In Baden-Baden wurde augenfällig, was auch ohne die persönliche Anwesenheit der anderen Fürsten galt: Jede Begegnung des Vertreters einer anderen europäischen Großmacht mit dem preußischen oder dem österreichischen Souverän war bis in die 1860er Jahre hinein zumindest auch, wenn nicht sogar vordringlich im Kontext der Bundesbeziehungen interpretierbar. Die nächste Begegnung zwischen Wilhelm und Napoleon fand dann 1870 auf dem Schlachtfeld von Sedan statt. Die gestärkte nationale Rolle der Herrscher wurde hier augenfällig. Die duellartigen Kriege in Italien, Österreich, Deutschland und Frankreich verdichteten das internationale Geschehen in vereinfachenden Bildern. Sie zeigten überspitzt, was künftig allgemein galt: Internationale Ereignisse, wie die immer häufigeren «Staatsbesuche» der gekrönten Häupter, boten nationale Formeln für eine oft komplexe Realität. Der monarchische Nationalstaat wurde in Europa zu einem bewegenden Symbol, auch weil mit dem «bellizistischen Nationaletatismus» (Johannes Burkhardt) und fürstlichen Leitbildern neue und hergebrachte Elemente einander verstärkten. Darin lag nicht die Ursache für die kriegerischen Auseinandersetzungen, aber mit den Symbolen des monarchischen Nationalstaates konnten Napoleon III., Viktor Emanuel II. und Cavour, Franz Joseph, Wilhelm I. und Bismarck sowie ihre anderen europäischen Nachfolger Politik machen, weil die internationale Gemeinschaft der monarchischen Staaten seit der Jahrhundertmitte zerfiel. An ihre Stelle traten neue Orientierungen.

Die Erfindung der Realpolitik
Fast genau ein Jahr nach der Gründung des Deutschen Reiches fanden in Wien mehrere Geheimkonferenzen der österreichisch-ungarischen militärischen Führungsspitze statt. Bei dieser Gelegenheit kennzeichnete Außenminister Graf Andrássy die neuen Voraussetzungen, unter denen künftig alle strategischen Planungen der Habsburgermonarchie stehen müssten: «Die Folge der letzten Kriege ist, dass ‹Macht über Recht geht›; heute ist also kein Staat sicher, sein Recht auch behaupten zu können, außer die Grundlage aller seiner Kombinationen ist, dasjenige, was er friedlich anstrebt, auch mit den Waffen in der Hand erfolgreich durchführen zu können. Keine Politik soll sich von Traditionen leiten lassen, sondern durch richtige Kombinationen die Chancen des Erfolges sichern; nur jene äußere Politik ist richtig, die auch strategisch richtig ist.» Diese Feststellungen zeigen, wie deutlich manche Zeitgenossen den Wandel in den zwischenstaatlichen Beziehungen wahrnahmen. Der Minister drückte zugleich aus, was seinem Verständnis nach an die Stelle der alten rechtlich definierten Ordnung getreten war: ein Denken in Kategorien des «erfolgreichen Durchführens» oder «Behauptens» einzelstaatlicher Interessen, eine Aufwertung des Militärischen in der internationalen Politik und ein System von Bündniskombinationen. Hätte Andrássy 1872 bereits gewusst, worauf sich das Streben der Mächte um 1890 richten würde, hätte er die imperialistische Rivalität um außereuropäischen Einfluss als weitere Neuerung hinzufügen können.

1. Auflösung der Ordnung und Suche nach Stabilität

Das Denken in Kategorien des «erfolgreichen Durchführens» begann gut zwei Jahrzehnte vor Andrássys Feststellung. Es war ein Ausdruck jener Art von politischem Handeln, das man seit der Jahrhundertmitte mit dem Begriff «Realpolitik» belegte. Realpolitik ist als Ideologie des bürgerlichen Liberalismus in Deutschland beschrieben worden. Die publizierten Beiträge der Zeitgenossen zu diesem Thema dienten demnach der Selbstverständigung des politisch schwachen Bürgertums nach dem Scheitern «seiner» Revolution von 1848/49. Die Abkehr von den angeblich idealistischen Standpunkten, die in der Paulskirche vertreten worden waren, wird aber nicht als Anbiederung gegenüber der tatsächlichen Macht des monarchischen Staates interpretiert. Der Historiker Hans-Ulrich Wehler betont gegen einen solchen Vorwurf der Selbstpreisgabe, dass die realpolitischen Vordenker des Liberalismus sich auf den materiellen Fortschritt beriefen, der die gesellschaftliche Stellung des Bürgertums künftig noch mehr stärken würde als bisher schon geschehen. Daraus leiteten sie auch in der Reaktionsphase ganz selbstverständlich den Anspruch auf politische Mitgestaltung ab.

Nach außen vielleicht mehr noch als im Innern löste die realpolitische Argumentation politisches Handeln von rechtlichen oder moralischen Grundsätzen. So definierte der zweite, 1869 publizierte Teil von Ludwig August von Rochaus (1810–1873) Schrift über die *Grundsätze der Realpolitik* Staatskunst als «die Kunst des Erfolgs, angewandt auf bestimmte staatliche Zwecke», und setzte als Zweck ebenden Erfolg, wenn ihr Autor schrieb: «Der vernünftige Zweck der staatlichen Tätigkeit kann kein anderer sein, als die wirksame Behandlung der öffentlichen Verhältnisse, der politische Erfolg.» Die tautologische Bestimmung liest sich wie eine in Lehrsätze gefasste Rechtfertigung der Bismarck'schen Politik in den gerade geführten und dem kommenden Krieg zur staatlichen Einigung Deutschlands. Doch auch auf diesem Feld ordneten die Liberalen, wie der Historiker Karl-Georg Faber gezeigt hat, die «Taten» in einen größeren Zusammenhang ein. Die Stelle der Ideologie des Fortschritts innerhalb der bürgerlichen Gesellschaft nahm auf der internationalen Ebene die Ideologie des Nationalstaates ein, der «notwendig» aus dem «unwiderstehlichen Zwang der Tatsachen» heraus habe «geschaffen» werden müssen. Implizit wurde damit die Bedeutung Bismarcks relativiert, denn sein Handeln erschien so lediglich als ein Teil, wenn auch ein wichtiger, des langfristigen «Prozesses» der Nationalstaatsbildung – eine Entwicklung, die ja gerade die Liberalen bereits 1848/49 hatten vollenden wollen: Nachträglich werteten diese durch die Sprache der Realpolitik ihre eigene, erfolglose Vergangenheit wieder auf. Explizit wurde in Reaktion auf die Ereignisse von 1866 vielfach auch die Analogie zu naturgesetzlichen Vorgängen hergestellt. Der erste Beleg hierfür findet sich in Deutschland im selben Jahr in einer geographisch-ethnographischen Zeitschrift, die gewöhnlich politische Ereignisse nicht kommentierte, angesichts des als außerordentlich empfundenen Geschehens aber eine Ausnahme machte. Der Redakteur der bedeutenden Publikumswochenschrift *Das Ausland*, Oskar Peschel, verkündete: «Der geschichtliche Erfolg gehört stets dem Starken und Klugen. [...] Der Staat oder ein Volk ist keine Persönlichkeit, die sich sittlich vergehen kann, es ist eine Naturerscheinung wie jede andere [...] Auch wir in Deutschland sollten die neueste Geschichte wie einen gesetzmäßigen Entwicklungsprozess betrachten [...] Bei solchen großartigen Vorgängen handelt es sich nicht mehr um Recht oder Verschuldung, sondern es ist ein Darwinistischer Kampf ums Dasein, wo das Moderne siegt und das Veraltete hinabsteigt in die paläontologischen Grüfte.» Die Anwendung der darwinistischen Lehren auf die Politik sollte künftig immer häufiger werden.

Die sozialgeschichtliche Betrachtung erfasst allerdings nur einen Aspekt der realpolitischen Wende im 19. Jahrhundert. Schon die zitierte naturwissenschaftliche Analogiebildung weist darauf hin, dass Realpolitik nicht nur schichtenspezifische Ideologie, sondern auch ein verbreiteter Denkstil, eine Mentalität war. Ein Problem mit der ideologiekritischen Interpretation taucht insbesondere dann auf, wenn nichtbürgerliche, nichtliberale Akteure ähnlich realpolitisch argumentieren wie die liberalen Publizisten. Eine Figur, die kaum verdächtig werden konnte, diesen nahegestanden zu ha-

1. Auflösung der Ordnung und Suche nach Stabilität

ben, war der österreichische Kaiser Franz Joseph. Er brachte während des Krimkrieges 1854 die gewandelten Einstellungen aus seiner Sicht auf den Punkt: «Ich bin übrigens trotz aller politischen Verwirrungen guten Mutes, da nach meiner Ansicht aus dieser orientalischen Geschichte, wenn wir kräftig und energisch auftreten, für uns nur Vorteile entspringen können, denn im Oriente liegt unsere Zukunft, und wir werden Russlands Macht und Einfluss in jene Grenzen zurückdrängen, aus welchen es nur durch die Schwäche und Uneinigkeit der früheren Zeiten nach und nach vordringen konnte, um langsam und – dem Kaiser Nikolaus vielleicht unbewusst, aber doch sicher – unsern Ruin herbeizuführen. Es ist hart, gegen frühere Freunde auftreten zu müssen, allein in der Politik ist dies nicht anders möglich und im Oriente ist Russland jederzeit unser natürlicher Feind. [...] Vor allem muss man Österreicher sein, und daher freue ich mich, die Person des Kaisers Nikolaus aus dem Spiele lassend, über die Schwäche, die Russland jetzt beweiset.» Dies war nicht nur eine klare Absage an die Heilige Allianz mit dem monarchischen «Bruder», der eben noch dem Nachbarn geholfen hatte, die Revolution in Ungarn blutig niederzuschlagen. Vor allem verwandte der Kaiser typisch realpolitische Denkkategorien wie «kräftig und energisch auftreten» und «allein in der Politik ist dies nicht anders möglich».

Um Realpolitik als Denkstil zu erfassen und nicht lediglich als sozialgeschichtlich fundierte Ideologie, muss die Zeit seiner begrifflichen Fassung in den Blick genommen werden. Anders als Rochau und viele es darstellten, zeichneten sich die unmittelbaren liberalen Vorgänger nicht durch besonderen Idealismus aus. Eine Untersuchung der Sprache in der Revolution von 1848/49 zeigt, dass gerade die liberalen Professoren das Reden von der machtstaatlichen Realpolitik anstießen. Die Soziologin Ute Gerhard analysiert sprachliche Sinnbilder, die kollektiv verankert waren und die verschiedene Texte und Redeweisen miteinander verknüpfen, ohne dass dies denjenigen, die sie benutzten, bewusst sein musste. Eines der prominenten Kollektivsymbole in der Paulskirche war der «Boden der Tatsachen». Die Bodensymbolik bot die Möglichkeit, Verbindungen zu anderen wichtigen Metaphern wie der «Flut», den «vulkanischen» Bewegungen oder den «luftigen Höhen» herzustellen und diese negativ zu konnotieren. Das zentrale dahinterstehende Konzept war das der Stabilität in Opposition zur Bewegung. Der Historiker Willibald Steinmetz belegt, wie der 1848/49 beginnende Sprachwandel dem politischen Handeln der Reichsgründungszeit sozusagen vorweg seine Rechtfertigung lieferte. Das Vokabular der «rettenden Tat» und die Beschwörung der «geschichtlichen Notwendigkeit» oder der «Zweckmäßigkeit» wurden demnach durch liberale Parteianhänger zunächst losgelöst von jeder Ideologie verwendet. In diesem Sinne hatte Kaiser Franz Joseph von den Liberalen gewissermaßen gelernt, ohne einer von ihnen geworden zu sein. Zu den Veränderungen in Deutschland gab es auch parallele Vorgänge in anderen europäischen Ländern. Verwiesen sei nur auf den aufkommenden Positivismus in Frankreich und die Forderung Auguste Comtes, die Beschäftigung mit der Politik nach naturwissenschaftlichen Methoden zu betreiben, sie zur «sozialen Physik» zu erheben. Die Berufung auf «Fakten» anstatt auf historische Präzedenzfälle gehörte in Großbritannien um diese Zeit bereits zur Selbstverständlichkeit.

Die innenpolitischen Debatten lassen auch die Redeweisen der internationalen Politik in einem neuen Licht erscheinen. Das zentrale Konzept der Stabilität, welches über den «Boden der Tatsachen» transportiert wurde, diente wohl auch zur Abgrenzung von den Kräften, die zwischenstaatlich auf Wandel drängten. Geriet die Wiener Ordnung um die Jahrhundertmitte nicht merklich «in Bewegung»? Begannen nationale Forderungen und revolutionäre Ideen nicht auch den territorialen Bestand «aufzulösen»? Wurden staatliche Grenzen durch den zunehmenden wirtschaftlichen Austausch nicht «fließend»? Ob Frankreich seine Herrschaft erneut ausdehnen wolle, fragte man sich 1848 im übrigen Europa. Welche Ziele verfolgte Russland 1853/54 gegenüber der Türkei? Die oben zitierte Antwort des österreichischen Kaisers unterstellte jedenfalls unvermeidliche Expansionsabsichten. Das Reden von der Realpolitik bildete also eine Art (sprachliche) Rückversicherung in den Tat-

1. Auflösung der Ordnung und Suche nach Stabilität

sachen, in der tatsächlichen Macht der Staaten. Für diejenigen, die Veränderungen wollten, bot sich allerdings die Berufung auf die Realpolitik genauso an, eröffnete dies doch eine Chance, bestehende Zustände als überlebt zu bezeichnen und damit die Forderung zu erheben, den eigentlichen Kräften der Zeit den Weg zu bahnen. Cavour, Bismarck oder Napoleon III. und ihre Rechtfertigungen seien hier lediglich erwähnt. Auch die Vertreter von Gruppierungen, die für technische Standardisierungen auf internationalem Gebiet eintraten, benutzten im Übrigen die Sprache der Realpolitik. Wissenschaftler, Geschäftsleute und Beamte setzten sich in den 1850er und 1860er Jahren für einheitliche Maße, Gewichte und Münzen ein. Sie forderten dabei keineswegs die Aufhebung der einzelstaatlichen Souveränität, sondern rechtfertigten die Neuerungen unter anderem, indem sie die internationale Vereinheitlichung als notwendigen Teil der Entwicklung des modernen Staates und der eigenen Nationswerdung bezeichneten. Naturwissenschaftlich-sachliche und wirtschaftlich-marktmäßige Argumente ergänzten ihre Internationalisierungsstrategie. Unterschiedliche Interessen selbst auf der internationalen Ebene konnten an die Rede von den «Tatsachen» anknüpfen.

In der Beschwörung von «Notwendigkeiten» besaß die realpolitische Wende in der internationalen Politik eine weitere Funktion, indem sie einen gesonderten Politikbereich mit eigenen «Verhältnissen» absteckte. Die internationale Politik besaß in einer solchen Argumentationslogik ihre besonderen Regeln und unterlag bestimmten Sachzwängen. Das Regierungshandeln sollte – vor allem in den Augen der professionellen Diplomaten – nicht durch die Mitsprache eines Parlaments oder einer unkundigen Öffentlichkeit in der «praktischen» Politik behindert werden. In der realpolitischen Wende scheint also auch der Ursprung jener Auffassung zu liegen, die bemüht ist, die Eigenständigkeit der äußeren und internationalen Politik zu verteidigen. Anders gewendet: Im Angriff auf die Autonomie dieses Feldes durch eine nationalisierte Öffentlichkeit spätestens seit 1848 liegt wohl auch ein Grund für die Neigung, realpolitisch zu argumentieren. Jenseits von ideologischen Positionen lässt sich somit insgesamt ein Wandel in den außenpolitischen Denkmustern feststellen, der breit verankert und mit einer Aufwertung des Militärischen verknüpft war.

Europäische Allianzen als Aushilfen

Auf der Suche nach Stabilität im europäischen Staatensystem bildeten Allianzen nach 1871 eine Möglichkeit, die Anarchie der Nationalstaaten zu mäßigen. Der Historiker Peter Krüger sieht in Bündnissen eine spezifische Bewältigung des Grundproblems, Handlungsfreiheit der Einzelstaaten mit dem Bedürfnis nach Stabilität des Gesamtsystems in Einklang zu bringen. Das stärkere Gewicht, das – bereits seit den Revolutionen von 1848 und dem Krimkrieg – auf die souveräne Entscheidungsfreiheit gelegt wurde, verhinderte eine gemeineuropäische vertragliche Bindung. Die Phase fast schrankenloser Interessenvertretung wurde jedoch nach der Etablierung des Deutschen Reichs durch eine neue, relative Stabilität versprechende Politik abgelöst. Das vornehmliche Mittel hierzu war eine Reihe von bi- oder trilateralen Abkommen zwischen einzelnen Regierungen. Zwei wesentliche Ausprägungen, welche die Bündnissysteme vor dem Ersten Weltkrieg annahmen, sind dabei zu unterscheiden: zum einen das Bismarck'sche «System der Aushilfen» bis 1890, zum anderen die Politik der europäischen Bündnisblöcke in den beiden Jahrzehnten vor 1914.

Bismarck knüpfte nach dem Deutsch-Französischen Krieg ein Netz von Abkommen mit fremden Regierungen, in denen das jeweilige Verhalten in bestimmten denkbaren Kriegsfällen abgesprochen wurde. Damit sollten die Chancen feindlicher Kombinationen gegen das Deutsche Reich vermindert bzw. das Risiko für Deutschland, in bewaffnete Konflikte Dritter involviert zu werden, minimiert werden. Die Prämissen von Bismarcks Bündnispolitik sind als «von verblüffender – und grandioser – Einfachheit» (Eberhard Kolb) bezeichnet worden: Der Reichskanzler erklärte demnach den neuen Staat für saturiert und existentiell an der Wahrung des Friedens interessiert. Seine eigene Aufgabe erblickte er darin, dem einzigen drohenden gefährlichen Konflikt, einer österreichisch-

1. Auflösung der Ordnung und Suche nach Stabilität

russischen Auseinandersetzung, besonders auf dem Balkan, durch Absprachen möglichst vorzubeugen, so dass Deutschland sich im Ernstfall nicht für einen der beiden Staaten entscheiden müsse. Zugleich war der Kanzler bestrebt, Frankreich, dessen feindliche Absichten nach der Annexion Elsass-Lothringen als gesetzt galten, zu isolieren, damit sich dessen Regierung nicht auf die österreichisch-ungarische oder russische Seite schlagen konnte. So einfach die Grundkonstellation gedacht gewesen sein mag, so kompliziert war es jedoch, sie zu erhalten und in ihr die unabhängige Stellung des Deutschen Reiches zu wahren. Bismarcks diplomatisches Verhalten wurde im Laufe der Jahre tatsächlich zusehends undurchsichtiger. Der Reichskanzler konnte nicht nur die Reaktionen der fremden Regierungen immer weniger bestimmen. Auch sein Bemühen, den Arkanbereich der Außenpolitik zu bewahren und zugleich die gesellschaftlichen Gegebenheiten manipulativ einzubeziehen, wann immer es ihm passte, und sie zu ignorieren, wenn sie ihm nicht gelegen kamen, erwies sich als illusionäres und vergebliches Spiel. Bismarcks Tricks, Intrigen und seine geheimen Aktionen verunsicherten die europäischen Gegenüber. Dadurch wurde das Vertrauen in die deutsche Politik zu einem gewissen Grad bereits erschüttert, bevor eine neue Generation mit Wilhelm II. das Ende der «Saturiertheit» erklärte und sich, wie die Repräsentanten anderer Staaten auch, prinzipiell dem außereuropäischen Expansionsstreben verschrieb.

Es handelte sich bei der Bismarck'schen Bündnispolitik nicht um ein tragfähiges Konzept zur Stabilisierung der internationalen Beziehungen. Die verschiedenen Abkommen waren eher ein «Ergebnis aktuellen Krisenmanagements» (Lothar Gall), eben ein System der Aushilfen. Welche Merkmale kennzeichneten das Bündnissystem? Aus der Perspektive des Reichskanzlers ging es vor allem darum, die als prekär wahrgenommene und als solche dargestellte Existenz des Deutschen Reiches zu sichern. Dies geschah unter der Maßgabe, «freie Hand» zu behalten, um das staatliche Interesse nach außen und innen unabhängig von den jeweiligen Umständen vertreten zu können. Im internationalen Rahmen glaubte Bismarck jederzeit regulierend in das gedachte Mächtegleichgewicht eingreifen zu müssen und zu dürfen. Eine gemeinsame vertragliche Bindung auf europäischer Ebene lehnte er ab. Die zugrunde liegenden Prinzipien dieser Außenpolitik entsprachen durchaus denjenigen der Vertreter anderer Staaten. Hinzu kam, dass nach den Erfahrungen zwischen 1854 und 1870 alle europäischen Verantwortlichen einsahen, dass keine der Großmächte erfolgreich ein anderes Mitglied der Pentarchie in einem «Zweikampf» niederwerfen könnte. Nur die französischen Politiker glaubten, dass sie ohne fest zugesicherten Beistand durch eine dritte Macht, etwa Großbritannien oder Russland, einer solchen Gefahr durchaus noch ausgesetzt waren. Aus diesen Sicherheitsüberlegungen resultierte unter den Bedingungen einer prinzipiell gewahrten einzelstaatlichen Souveränität der gesteigerte Wert, der Bündnissen beigemessen wurde. Formelle Abkommen sicherten den Frieden, indem sie denkbare Kriegskoalitionen vereinbarten bzw. ausschlossen. Das Deutschen Reich stand – soweit die Verhältnisse in Europa betroffen waren – bis 1890 im Mittelpunkt des Systems. Das lag an den partiell gemeinsamen Interessen dieses Staates mit mehreren anderen Mächten sowie an deren untereinander divergierenden Zielen, die eine direkte Einigung zwischen ihnen erschwerten. Ferner überließen ihre Regierungen der Reichsleitung teilweise das Management, ohne sich selbst irgendwie zu binden, solange das Gesamtgefüge ihrem Gleichgewichtsempfinden entsprach. Und schließlich blieb die Französische Republik als potentiell revanchistische Macht aus dem Netzwerk der Vereinbarungen lange ausgeschlossen.

Das Bündnissystem unterschied sich von den Allianzen des 18. Jahrhunderts durch seine relative Friedfertigkeit. Die zwischenstaatlichen Abkommen wurden nicht wie damals mit der Absicht geschlossen, künftige Kriege zu führen oder laufende zu gewinnen. Es ging stattdessen darum, bewaffnete Konflikte in Europa zu verhindern. Allerdings war das Staatensystem in der Zeit ab den 1870er Jahren deutlich labiler als die Wiener Ordnung der ersten Jahrhunderthälfte. Die Bündnisverträge hatten jeweils nur eine kurze Laufzeit, denn keine Regierung war bereit, sich langfristig zu binden.

1. Auflösung der Ordnung und Suche nach Stabilität

Insofern ist dem Historiker Wolfgang J. Mommsen zuzustimmen, wenn er erklärt, dass das Bismarck'sche Bündnissystem lediglich auf den ersten Blick defensiver Natur war. Denn tatsächlich enthielt es kein Element, das expansivem Streben innerhalb und außerhalb Europas einen institutionellen oder rechtlichen Riegel vorgeschoben hätte. Selbst ohne Berücksichtigung der umwälzenden gesellschaftlichen und wirtschaftlichen Entwicklungen, die sich, vermittelt über das politische System, auch in der Außenpolitik bemerkbar machten, kann nicht von einer stabilen Ordnung gesprochen werden – unter Einbezug der inneren Faktoren schon gar nicht. Erinnert sei nur an die Konsequenzen der deutschen Außenwirtschaftspolitik gegenüber Russland ab 1880. Die Steigerung der Agrareinfuhrzölle und die Behinderung des Kapitalexports liefen der Bismarck'schen Bündnislogik, die einen Ausgleich mit Russland voraussetzte, zuwider. Diese wirtschaftspolitischen Maßnahmen wurden aber durch innenpolitische Faktoren diktiert. Die resultierenden Spannungen bereiteten der späteren russisch-französischen Allianz den Weg.

«Grandios» erscheint das Vertragssystem daher tatsächlich nur, weil und wenn es «einfach» war, d. h., wenn die konzeptionelle Reduktion der internationalen Beziehungen auf die Ebene der staatlichen Akteure, gedacht als geschlossen auftretende, von gesellschaftlichen Entwicklungen abgeschottete Einheiten, akzeptiert wurde. Dies taten die Zeitgenossen aber im Verlauf des 19. Jahrhunderts immer weniger. Außenpolitik als Arkanum der Politik der Kabinette war ein Argument, gleichsam eine Abwehrstrategie, entsprach jedoch nicht den politischen Bedingungen, unter denen sie gemacht wurde. Der Nachfolger Bismarcks, Graf Leo von Caprivi, umschrieb das Problem im Mai 1890 folgendermaßen: «Man kann aber weiter an der Frage nicht vorübergehen: was sind denn Bündnisse heutzutage überhaupt wert, wenn sie nicht auf Interessengemeinschaft gegründet sind? Seit die Nationen, ihre Interessen und Stimmungen, in einer so viel wesentlicheren Art als etwa im siebenjährigen Kriege an Krieg und Frieden beteiligt sind, reduziert sich der Wert einer Allianz von Regierung zu Regierung erheblich, wenn das Bündnis nicht die Stütze in der öffentlichen Meinung findet.

Ob diese in Deutschland dahin zu bringen wäre, ihr Heil im unverbrüchlichen Festhalten an Russland zu suchen, ist sehr die Frage; dass aber die öffentliche Meinung in Russland uns nicht als gleichberechtigten Bundesgenossen akzeptieren würde, ist fraglos. [...] keiner kann uns die Sicherheit geben, dass unser Bündnis mit Russland nicht im gegebenen Augenblick durch den Druck der Massen gesprengt wird.» In der Juli-Krise 1914 spielten die Massen keine entscheidende Rolle, auch wenn innenpolitische Überlegungen einen Faktor in der Kalkulation einiger Politiker bildeten. Insgesamt aber, darauf weist die Aussage des deutschen Kanzlers hin, hatten sich die Bedingungen, unter denen die europäische Politik betrieben wurde, in der zweiten Hälfte des 19. Jahrhunderts gewandelt.

2. Ökonomie, Öffentlichkeit und Diplomatie: Mechanismen zwischenstaatlicher Politik

Jenseits des Hin und Her diplomatischer Beziehungen zwischen den europäischen Staatsmännern – Frauen spielten in politischen Ämtern, vielleicht abgesehen von der englischen Königin Victoria, keine Rolle – veränderten sich im 19. Jahrhundert die Mechanismen und Faktoren außenpolitischen Handelns. Zu den neuen Rahmenbedingungen zählten gesellschaftliche, ökonomische und technische Entwicklungen, die direkt oder indirekt für die zwischenstaatliche Politik Relevanz erlangten. Vor allem die Transformation der Öffentlichkeit wirkte sich aus, als nicht nur die Rolle von Parlamenten größer wurde, sondern vor allem eine Massenpresse aufkam, die sich mit der europäischen Politik befasste. Die außenpolitischen Instrumente, sprich die Ministerien und das diplomatische Personal, kennzeichneten dagegen eine hergebrachte Exklusivität und ein Selbstverständnis, das der Komplexität der Außenbeziehungen an der Wende zum 20. Jahrhundert kaum noch gerecht wurde.

2. Ökonomie, Öffentlichkeit und Diplomatie

Ökonomie und Kommunikationsrevolution

Der soziale und wirtschaftliche Wandel wirkte sich indirekt auf die Staatenpolitik aus, bildete aber auch gleichzeitig ein unmittelbares Handlungsfeld und stellte neue Instrumente zur Verfügung. In allgemeiner Hinsicht machte sich etwa das außergewöhnliche Bevölkerungswachstum bemerkbar, indem es den Strom der Migranten, insbesondere der Auswanderer nach Übersee, speiste und so den Auf- und Ausbau der europäischen Siedlerkolonien in Südamerika, Südafrika und Ozeanien ermöglichte. Die Vereinigten Staaten stiegen bis zum Ersten Weltkrieg auch aufgrund der Vervielfachung ihrer Bewohner durch die europäischen Einwanderer zu einer neuen Großmacht auf, die das Gewicht der europäischen Länder in der Welt veränderte und mit dem Eintritt in den Ersten Weltkrieg ab 1917 dann auf die europäischen Konflikte starken Einfluss ausübte. Das hohe Bevölkerungswachstum diente Vertretern der Kolonialbewegung immer wieder auch als Argument für den Erwerb neuer Gebiete, weil sie behaupteten, dass es nicht genügend Raum in Europa für die steigende Menschenzahl gebe. Die Bevölkerungszahlen erlangten in der zweiten Jahrhunderthälfte ferner unmittelbare Bedeutung für die Sicherheitspolitik, denn im Rahmen der Wehrpflicht war die Zahl der jungen Männer im «wehrfähigen» Alter als Maß für die militärische Macht eines Staates in strategischen Überlegungen wichtig. Sie war unmittelbar relevant für die Aufstellung der Massenheere, mit denen die Generalstäbe planten. Das vermehrte statistische Wissen über die demographische Entwicklung erlaubte aber auch handlungsleitende Prognosen. Französische Militärs und Politiker waren aufgrund der niedrigen Geburtenraten und der explosiven Entwicklung in Deutschland gerade nach der Niederlage von 1870/71 beunruhigt, woraus später auch der Einsatz kolonialer Truppen auf dem europäischen Kriegsschauplatz herrührte. In Deutschland löste das anhaltend hohe russische zusammen mit dem Rückgang des eigenen Bevölkerungswachstums ab 1905 bei manchen Überlegungen aus, dass ein Krieg mit dem potentiellen Gegner im Osten besser früher stattfände als später, wenn die Zahl der russischen Rekruten noch höher gestiegen sein würde.

V. Frieden und Krieg

Das demographische Argument war allerdings zweitrangig im Vergleich zu dem Gewicht, das der Verbesserung der russischen Heeresreorganisation 1912 und damit der effektiveren Ausnutzung vorhandener Personalressourcen beigemessen wurde.

Neben den Bevölkerungszahlen erlangte in allgemeiner Hinsicht auch der Prozess der Industrialisierung für die Staatenpolitik Bedeutung. Die damit einhergehende größere Wirtschaftskraft stellte generell mehr ökonomische Ressourcen für die Außenpolitik der industriell fortschrittlichsten Mächte zur Verfügung. Insbesondere wurden neue technische Mittel entwickelt, die sich auf die Kriegsführung und Planung auswirkten. Dazu gehörten: die Eisenbahnen, die schnelle Truppenbewegungen über große Strecken erlaubten; die eisernen Dampfschiffe, die den Seekrieg veränderten und die zum Aufbau einer entsprechenden Flotte große Wirtschaftskraft voraussetzten; schließlich die industrielle Produktion von Waffen – von den Repetier- und Maschinengewehren über die Artilleriekanonen bis zu Gasgranaten im Ersten Weltkrieg –, mit denen die militärische Schlagkraft sich potenzierte und die gleichzeitig den Rüstungswettlauf befeuerte. Erstmals warfen 1911 Flugzeuge Bomben ab, als Italien die osmanischen Provinzen Tripolitanien und Kyrenaika in Nordafrika angriff, um sie sich als Kolonie anzueignen.

Industriewirtschaftliches Potential hatte nicht nur konkret-technische und ökonomische Folgen, sondern wurde auch zeitgenössisch als Maßstab für relative Macht zwischen den Staaten verwandt. Die statistischen Erhebungen über Kohleförderung oder Eisen- und Stahlproduktion sowie das Vorhandensein von Rohstoffen gaben Auskunft über die Position eines Landes. Der an ihnen ablesbare rasante Aufstieg des Deutschen Reichs etwa wurde von den anderen Europäern wahrgenommen, wirkte sich aber auch im Lande selbst auf nationales Selbstbewusstsein und internationalen Anspruch aus – bis hin zur Selbstüberschätzung und Anmaßung durch Angehörige der politischen Elite.

Zu einem unmittelbaren Handlungsfeld wurden im späten 19. Jahrhundert die Handels- und eingeschränkt auch die Finanzpolitik. Der Export von Investitionskapital bildete einen wichtigen Teil der Außenwirtschaft. Hier waren britische Banken und Anleger sowohl in Europa als auch in Übersee während des gesamten Jahrhunderts bis 1914 führend. Frankreich rückte ab der Mitte des 19. Jahrhunderts auf, insbesondere mit Investitionen in Russland, Deutschland erst ab den 1870er Jahren mit solchen in Ostmitteleuropa und im Nahen Osten. Gelder wurden vor allem in Infrastrukturprojekte wie Eisenbahnen, Telegrafen und Hafenausbau investiert. Es handelte sich in erster Linie um privates Kapital, das Chancen nutzte; staatliche Auslandskredite oder politisch gesteuerte Investitionen zwecks außenpolitischer Einflussnahme spielten keine Rolle. Die Finanzinteressen deckten sich nicht mit den Kolonialbesitzungen der Länder. Und die Aktivitäten der europäischen Banken hatten nur einen geringen Bezug zu den politischen Bündnissen oder Konflikten in Europa: Man spricht daher besser von einem selbständigen Finanzimperialismus (Boris Barth), dessen Akteure eigene, nicht nationalstaatliche Interessen global verfolgten, wenngleich deutsche und russische Banken um die Jahrhundertwende etwas enger als die britischen und französischen mit ihren Regierungen kooperierten.

Im Zuge der Ausbildung der Weltwirtschaft nahmen Volumen und Wert des Welthandels um ein Vielfaches zu. Diese außerordentliche Handelsentwicklung ging einher – ermöglicht und erleichtert durch die stark gesunkenen Transportkosten – mit dem Zusammenschluss von bislang getrennten Märkten innerhalb Europas sowie weltweit. Die internationale Arbeitsteilung nahm zu, wobei ungleiche Beziehungen zwischen denjenigen, die Halb- und Fertigwaren ausführten, und den Exporteuren von Rohstoffen entstanden: Diese differenzierte Arbeitsteilung erfolgte sowohl innereuropäisch als auch in den nichteuropäischen Beziehungen des Kontinents. Direkt involviert war die Politik bei Handelsverträgen und protektionistischen Maßnahmen. Zeitlich war die Epoche in dieser Hinsicht in eine Phase des Freihandels und eine des Protektionismus geteilt. Britische standen kontinentalen Positionen und europäische Vertragspartner nichteuropäischen gegenüber.

Beginnend mit der Abschaffung der Korngesetze in Großbritannien 1846, wodurch Einfuhrzölle auf Getreide entfielen, und der Rücknahme der Navigationsgesetze 1849, die den Seehandel mit England reguliert hatten, verabschiedete sich die britische Regierung von der bisherigen Finanzpolitik und legte 1860 einen Haushalt ohne Zölle vor. Die Periode des internationalen Freihandels läutete im selben Jahr der Cobden-Chevalier-Vertrag zwischen Großbritannien und Frankreich ein, in dem alle französischen Einfuhrbeschränkungen aufgehoben und die Importzölle auf ein Minimum reduziert wurden. Dieser Vertrag war Teil der europäischen Politik Englands und diente anderen Staaten beim Abschluss von Handelsverträgen als Muster; durch Meistbegünstigungsklauseln wirkten diese Abkommen sich fast überall aus. Ab 1879 führten viele Staaten dann allerdings wieder Zölle ein, um die heimische, und zwar zunächst vor allem die agrarische Produktion gegen ausländische Konkurrenz zu schützen. Die Errichtung von Handelsschranken war ein Politikum, das diplomatische Beziehungen stören konnte und innenpolitische Debatten auslöste. Sogenannte Zolltarifkriege brachen beispielsweise aus zwischen Deutschland und Russland 1893/94, Deutschland und Spanien 1894/96, Frankreich und Italien 1888/92, Frankreich und der Schweiz 1893/95 sowie zwischen Österreich-Ungarn und Rumänien 1886/93. Tatsächlich wirkten sich die protektionistischen Maßnahmen ökonomisch auf das anhaltende Wachstum des Welthandels und die fortschreitende Integration der Weltwirtschaft kaum aus. Kapital und Arbeitskräfte konnten sich weitgehend frei bewegen. Vor allem aber behielt die führende Handelsmacht Großbritannien, die «Free Trade Nation» (Frank Trentmann), im Gegensatz zu den kontinentalen Staaten den Freihandel bei, weil er hier zu einer Art nationalem Grundgesetz, das Innenpolitik und Außenwirtschaftspolitik miteinander verknüpfte, geworden war. Hinzu kam, dass Großbritannien, beginnend 1842 in China und fortgeführt 1858 in Japan, außereuropäischen Staaten häufig mit Gewalt oder deren Androhung Freihandelsverträge aufgezwungen hatte. Für seine abhängigen Kolonien galt dies ohnehin, und bis 1860 wurden deren Vorzugstarife abgeschafft. Global herrschte der «Freihandelsimperialismus» (Gallagher/Robinson) bis zum Weltkrieg vor, obgleich der Freihandel innerhalb Europas seit 1879 politisch auf dem Rückzug war.

Die Industrialisierung bildete nicht nur die Basis für den expandierenden Welthandel und die Außenwirtschaftspolitik, sie wirkte sich durch den gesteigerten Wohlstand und die technischen Entwicklungen auch auf die Kommunikationsbedingungen der europäischen Politik aus. Man kann von einer Kommunikations- und Verkehrsrevolution sprechen: Nachrichten, Güter und Personen bewegten sich schneller, in immer größerem Ausmaß und zu stark reduzierten Kosten. Die Beschleunigung lässt sich gut an Laufzeit und Weg einer Depesche veranschaulichen. Ein Brief von London nach Indien benötigte um 1830 per Segelschiff um das Kap der Guten Hoffnung noch fünf bis acht Monate, die Antwort konnte aufgrund der Monsunwinde zwölf Monate unterwegs sein. Um 1850 wurde ein solcher Brief zunächst mit einer Fähre über den Kanal nach Frankreich gebracht, um per Eisenbahn an die Mittelmeerküste transportiert zu werden, von wo aus er mit einem Dampfschiff bis nach Alexandria und Kairo gelangte. Kamelreiter brachten die Post dann über den Suez, und weiter ging es wieder mit einem Schiff nach Mumbai. Insgesamt benötigte eine Depesche jetzt nur noch einen Monat, so dass der Absender innerhalb von zwei Monaten eine Antwort erwarten konnte. Noch einmal zwanzig Jahre später verkürzte sich die Zeit weiter dramatisch. Um 1870 gelangte eine Nachricht per elektromagnetischem Telegrafen innerhalb von fünf Stunden (!) nach Indien, so dass eine Reaktion innerhalb eines Tages beim Schreiber eingehen konnte: eine wahrlich revolutionäre Beschleunigung. Damit waren grundsätzlich, wenngleich nicht flächendeckend und zunächst noch mit erheblichen Kosten verbunden, die modernen Kommunikationsbedingungen geschaffen, die bis zum Ersten Weltkrieg die Grundlage für die europäische Politik bildeten.

Die Auswirkungen der technischen Neuerungen, die selbst aus den 1830er und 1840er Jahren stammten, waren ab den 1860er Jahren deutlich spürbar. Militärisch relevant wurden vor allem die

Eisenbahnen, weil sie Truppenbewegungen flexibler und schneller machten. Das zeigte sich vom Krimkrieg über die Kriege 1866 und 1870/71 bis zu den Mobilmachungsplänen beim Kriegsausbruch 1914. Auch die Nachschubsicherung für die Massenheere gestaltete sich mit den Eisenbahnen einfacher. Eiserne Dampfschiffe, die mit ihren schweren Kanonen zugleich eine erhöhte Feuerkraft besaßen, vergrößerten die Reichweite militärischer Macht. Koloniale Eroberungen und Kanonenbootdiplomatie außerhalb Europas, aber auch die Bedrohung durch Kriegsflotten in Europa selbst basierten auf den schneller einsetzbaren Kreuzern und Schlachtschiffen. Die Notwendigkeit, Kohlestationen in aller Welt zu besitzen, bildete die infrastrukturelle Dimension der europäischen Weltpolitik an der Wende zum 20. Jahrhundert.

Jenseits des konkreten militärischen Nutzens wirkten sich die neuen Kommunikationswege und -mittel auf das geopolitische Denken aus. Die Verlagerung der Seerouten durch den Suezkanal mag als Beispiel dienen. Die möglichen Folgen erkannten die Verantwortlichen frühzeitig. Daher rührten die Meinungsverschiedenheiten schon in der Bauphase gerade zwischen französischen und britischen Politikern. Nachdem der Kanal in Betrieb gegangen war, erhöhte sich für Großbritannien die ohnehin große strategische Bedeutung des Mittelmeers und des Nahen Ostens zusätzlich. Auch deswegen enthielt die spätere deutsche Orientpolitik während des wilhelminischen Zeitalters so viel Zündstoff. Doch war der Suezkanal keineswegs nur ein Streitgegenstand, sondern zugleich ein Beispiel für die Internationalisierung des Weltverkehrs, denn er stand grundsätzlich allen Handelsmächten offen. Die neuen und verbesserten Kommunikationsmittel verlangten nach internationaler Absprache und beförderten so die grenzüberschreitende Kooperation. Erste dauerhafte Organisationen wie das internationale Telegraphenbüro in Bern 1868 oder der Weltpostverein 1878 traten ins Leben.

Privatwirtschaftliche Nachrichtenagenturen, die um die Jahrhundertmitte gegründet wurden, teilten sich 1870 in einem Kartell die Welt auf. Reuter's Telegram Company erhielt die Zuständigkeit für Großbritannien, das Empire, die Niederlande und den Fernen Osten, das Wolff'sche Telegraphen Bureau verantwortete Mittel- und Osteuropa, Russland und Skandinavien, und die Agence Havas berichtete aus West- und Südeuropa, Nord- und Westafrika sowie Südamerika. Die Nachrichtenagenturen standen insofern in enger Verbindung zu verschiedenen Regierungen, als sie von diesen Informationen erhielten. Der spanisch-amerikanische Krieg 1898, die Faschoda-Krise zwischen Briten und Franzosen im selben Jahr und der Burenkrieg 1899 verdeutlichten, wie zentral der Nachrichtenfluss und daher die technische Infrastruktur der Telegrafenkabel für Krieg und Diplomatie geworden waren. Die Regierungen bemühten sich, eigene Kanäle offen zu halten bzw. fremde zu kappen, sie übten auch Zensur aus, um dem Gegner Informationen vorzuenthalten und die Zustimmung der eigenen Bevölkerung zu sichern. Die britische Dominanz der Kommunikationsinfrastruktur führte vor allem in Frankreich und Deutschland zur Überlegung, eigene Linien aufzubauen. Um 1900 war so die ursprünglich als Wunder der Technik bestaunte Telekommunikation von einem privatwirtschaftlich organisierten Versorgungsunternehmen zum Nutzen der Öffentlichkeit zu Instrumenten der Machtrivalität (Daniel Headrick) geworden und die Nachrichtenagenturen gleichsam «halboffizielle Staatsagenturen» (Dominik Geppert).

Die schnelle und umfassende Verbreitung von Nachrichten aus der ganzen Welt übte indirekt Druck auf die Diplomaten und Staatsmänner aus, erforderte sie doch ebenso rasche Stellungnahmen. Die Zeitungskorrespondenten schienen zudem gelegentlich besser informiert als die Gesandten, in deren Rolle manche sie schlüpfen sahen. Gleichzeitig schränkten die verbesserten Kommunikationsmittel die Handlungsfreiheit der Gesandten vor Ort ein, denn die Außenministerien konnten ihre Botschafter nun enger führen und ihnen unmittelbare Anweisungen geben anstelle der bis dahin üblichen allgemeineren Instruktionen, welche diese vergleichsweise selbständig umgesetzt hatten. Die neuen Reise- und Kommunikationsbedingungen ermöglichten es auch, Konferenzen zügiger abzuhalten. Hatte der Wiener Kongress noch Monate in

Anspruch genommen, dauerten etwa der Berliner Kongress 1878 oder die Kongo-Konferenz im Juni und Juli 1885 nur noch Wochen. Botschafterkonferenzen, wie etwa die Londoner Botschafterkonferenz anlässlich des ersten Balkankriegs im Dezember 1912, konnten ohne die physische Anwesenheit der Minister oder Staatsoberhäupter versuchen, Konflikte in mehreren Tagessitzungen zu lösen. Die Möglichkeit, die Diplomaten durch die Außenminister zu führen, veränderte die Anforderungen. Sie hob die traditionelle Trennung zwischen der Gestaltung der politischen Leitlinien in der Hauptstadt und der diplomatischen Kunst des Verhandelns vor Ort auf.

Diplomatie in der Massenöffentlichkeit

Die Vermehrung und schnelle Verbreitung von Nachrichten aus aller Welt schufen auch eine informierte Öffentlichkeit, so dass die offizielle Haltung, die an Höfen von Diplomaten und Staatsmännern geformt wurde, nicht mehr allein maßgebend für die europäische Staatenpolitik war. Die öffentliche Meinung wurde zum Faktor, den die Außenpolitiker einberechnen mussten, den sie zu nutzen lernten, der ihre Absichten gelegentlich aber auch durchkreuzte und an der Wende zum 20. Jahrhundert zunehmend mitzubestimmen begann. Das internationale Nachrichtenwesen und die nationale Massenpresse verbanden verschiedene Ausprägungen der öffentlichen Meinung in den vier Jahrzehnten vor 1914 dynamisch miteinander. Zu den Foren gehörten die Parlamente und politischen Parteien, Publizistik und Intellektuellendiskurse, die Salons und Gesellschaften der politischen Elite, schließlich auch öffentliche Ausdrucksformen wie Massenveranstaltungen und Demonstrationen. Außenpolitik wandelte sich in der zweiten Hälfte des 19. Jahrhunderts endgültig vom höfischen Arkanum zur öffentlichen Angelegenheit der Nationen.

Der generelle Trend war in den europäischen Ländern unterschiedlich ausgeprägt. Das gewählte Parlament spielte in Großbritannien, verglichen mit den Abgeordnetenhäusern in anderen Ländern, die größte Rolle für die Formulierung der Außenpolitik,

2. Ökonomie, Öffentlichkeit und Diplomatie

während im extremen Gegensatz dazu in Russland bis 1906 überhaupt keine gewählte Volksvertretung existierte. Institutionell ähnlich weit auseinander lagen diese beiden Länder auch hinsichtlich des Pressewesens und der Pressefreiheit. Die konkreten Mitspracherechte der parlamentarischen Versammlungen machen weitere Differenzierungen notwendig. In Preußen und dann im Deutschen Kaiserreich ließ es die Verfassung gar nicht zu, die königliche bzw. kaiserliche Außenpolitik direkt zu behandeln. Ersatz boten lediglich die Budgetberatungen, die Aussprachen anlässlich der Eröffnungen der Sitzungsperioden sowie Interpellationen. In Frankreich übernahm das Parlament unter Napoleon III. erst in den 1860er Jahren eine größere Rolle, bis es in der Republik dann zum vollwertigen Debattenforum werden konnte.

Entsprechend der Natur der internationalen Politik wirkte sich die öffentliche Meinung in einem Land nicht nur inhaltlich, sondern auch in der Form auf die Diplomatie anderer Länder aus. So begann zunächst die britische Regierung mit der Veröffentlichung von sogenannten Blaubüchern, in denen sie amtliche Dokumente zu außenpolitischen Vorgängen abdruckte, um sich gegenüber Parlament und fremden Regierungen zu rechtfertigen. Ab den 1860er Jahren folgten die anderen europäischen Regierungen mit ihren «Farbbüchern». Die Praxis hatte für den diplomatischen Schriftverkehr insofern Konsequenzen, als manches streng geheim gehalten werden musste, aber gleichzeitig die Formulierungen in bestimmten Schriftstücken gleich mit Blick auf eine weitere Öffentlichkeit verfasst wurden. Aktenstücke wurden gelegentlich auch in offiziösen Zeitungen abgedruckt, denn die Regierungen bemühten sich darum, die öffentliche Meinung direkt, aber verdeckt in den eigenen Medien zu beeinflussen. Negativ geschah dies in der zweiten Hälfte des 19. Jahrhunderts in vielen Ländern noch durch Zensur. In Deutschland etwa entfielen die Beschränkungen in dieser Hinsicht im Wesentlichen erst 1874. Positiv erfolgte die Lenkung der Presse entweder durch eine aktive Pressepolitik der Außenministerien, die teilweise eine Pressestelle einrichteten und gezielt Informationen an bestimmte Zeitungen lieferten, oder im Rahmen des gesellschaftlichen Lebens, das auf gemeinsamer Erziehung und Sozialisation der Eliten in Politik und Medien beruhte.

Entscheidenden Einfluss auf die Art, wie Außenbeziehungen politisch gestaltet werden konnten, hatte die Entwicklung der Medienöffentlichkeit um die Jahrhundertwende. Die «Transformation der Diplomatie durch die Massenpresse» (Dominik Geppert) machte die internationale Politik schwieriger als unter den Bedingungen einer Kabinettsdiplomatie – und sie ließ sie unberechenbarer werden. Angetrieben wurden die Veränderungen wesentlich von den kommerziellen Interessen der Verleger, die mit ihren Erzeugnissen ein breites Publikum erreichen wollten. Ihre Journalisten spitzten Gegensätze zu, gaben Ereignissen eine grundsätzliche Bedeutung und luden Gesten der Repräsentanten fremder Mächte symbolisch auf. Die aufmerksame gegenseitige Beobachtung unter anderem durch Auslandskorrespondenten dessen, was in anderen Ländern publiziert wurde, verstärkte Spannungen besonders in Krisenzeiten, indem die Publizisten auf Stereotypen und das «nationale Interesse» rekurrierten. Einzelne Vorfälle führten so immer wieder zu regelrechten «Pressekriegen», die mehr oder weniger eng mit den Absichten der Diplomaten korrelierten. Je nachdem, welche Politik die Betroffenen verfolgten, mögen sie die Medienereignisse im Einzelnen begrüßt haben. Auch die unterschiedliche Struktur der Presselandschaft in den europäischen Ländern sowie die verschieden gestalteten Beziehungen zwischen Außenministerien und Pressevertretern führten in bilateralen Beziehungen zu zusätzlichen Missverständnissen.

Insgesamt überwog unter den Ministern, Beamten und Gesandten die Ansicht, dass die Medienöffentlichkeit als eigenständiger Akteur eine Zumutung für das traditionelle Handwerk der Diplomatie darstellte. Infolge dieser Erfahrungen formte sich daher bereits in den Jahrzehnten vor Ausbruch des Ersten Weltkriegs entgegen den tatsächlichen Handlungsbedingungen die Ansicht, dass Diplomatie eine Angelegenheit mit eigenen Regeln und einschlägig bewandertem Personal bleiben müsse, eine hohe Kunst eben. Politische Partizipationsansprüche und Massenöffentlichkeit bildeten demnach erschwerende Faktoren, aber keine wirklich zum Wesen der Diplomatie gehörigen Elemente. Der öffentliche Politikstil sei gefährlich, weil er dazu neige, Gefühle, Drama und Moralität einer Situation zu betonen, anstatt sachliche Gesichtspunkte rational abzuwägen. Die internationalen Angelegenheiten sollten besser den professionellen Diplomaten überlassen bleiben. Die Krise von 1914 sowie die im Anschluss an den Weltkrieg erhobenen Forderungen nach einer «neuen Diplomatie» verfestigten dieses traditionelle Selbstverständnis einer politischen Elite, das der Brite Harold Nicolson, der seit 1909 im Foreign Office beschäftigt gewesen war, in Anlehnung an Publikationen der Jahrhundertwende noch 1939 in seiner weitverbreiteten Schrift *Diplomacy* bündelte.

Nicht nur die Reduktion von Komplexität in der Presse, sondern auch die Gestaltung der Beziehungen zwischen den europäischen Staatsmännern leistete einer personalisierten, nicht von allen begrüßten Dramatisierung Vorschub. Prominent sichtbar wurde dies in den zahlreichen Monarchenbegegnungen der Jahrzehnte vor 1914. Bei diesen Anlässen traten die höchsten Repräsentanten gleichsam als Figuren im Drama der internationalen Politik auf. Das als unaufhaltsam und überindividuell empfundene Weltgeschehen wurde in den persönlichen Begegnungen anschaulich, indem man sie als kurze verständliche Akte darbot. Der Historiker Friedrich Meinecke drückte 1913 das entsprechende Publikumsbedürfnis in seiner Freiburger Universitätsrede zum 25-jährigen Regierungsjubiläum Wilhelms II. und dem gleichzeitigen hundertjährigen Jubiläum der Befreiungskriege folgendermaßen aus: «Dem Deutschen […] geht doch immer erst dann das Herz ganz auf, wenn ihm die lebendige Persönlichkeit als Träger der Idee [der Nation] entgegentritt.» Die Beobachtung galt nicht nur für die deutsche Bevölkerung. Eine Fotografie in den *Illustrated London News* vom August 1906 zeigt den deutschen Kaiser Wilhelm II. zusammen mit dem englischen König Edward VII. im Automobil. Die Überschrift dramatisierte den banalen Moment ihrer gemeinsamen Fahrt zum Bahnhof von Kronberg im Taunus mit den Worten: «The Peace of Europe in a Motor Car». Die Assoziation mit einem möglichen Autonfall – einer Art technischer Katastrophe, über welche die Zeitschrift immer wieder berichtete – mag den Effekt unterstützt haben, dass hier etwas auf dem Spiel stand. Während anderer Momente der Monarchentreffen, die sich direkt unter der Beteiligung eines großen Publikums in den Straßen der Hauptstädte abspielten, kam neben dem Ernst der Angelegenheit auch das Unterhaltungs- und Konsumangebot, das mit den Festivitäten eng verknüpft war, zum Tragen. Die europäischen Monarchentreffen stellten an der Wende zum 20. Jahrhundert nicht nur große Politik anschaulich vor, sondern sie waren auch internationale Varietéstücke – beliebte, wiederholt gesehene Spektakel. Die Veranstaltungen lassen sich, ähnlich wie die Berichte in der Massenpresse, die Fotos und Filme, zumindest aus der Sicht der hauptstädtischen Zuschauer auch in das weite Angebot der Unterhaltungskultur in den europäischen Metropolen jener Zeit einordnen.

Die Staatsoberhäupter und Diplomaten mussten sich am Ende des 19. Jahrhunderts ernsthaft bemühen, die öffentliche Deutung ihres Verhaltens zu kontrollieren. Theatralisierung im Sinne einer sorgfältigen Inszenierung mit begleitender Pressearbeit half einerseits, indem sie durch die zeremonielle Festlegung den Interpretationsspielraum für die Beobachter einengte. Physische und mediale Präsenz waren Herrschaftsmittel im System der rivalisierenden Mächte sowie zugleich innerhalb der Nationalstaaten und Imperien. Doch nicht nur Monarchie und hohe Politik leisteten der Theatralisierung Vorschub. Die lokalen Korporationen, die gesellschaftlichen Vereinigungen und das allgemeine Publikum beteiligten sich. Inszenierte Staatenpolitik, gepaart mit königlichen Moden und luxuriösem Leben, übte eine beträchtliche Anziehungskraft aus, auch und wohl gerade wenn die Menschen an alledem nur durch die gedruckten, illustrierten oder bewegten Medien teilhatten. Ob persönliche Auftritte dabei mehr zur Nationalisierung der Massen oder aber mehr zu ihrer Unterhaltung beitrugen, darüber besaßen die gekrönten Häupter und ihre Regierungen nur noch eine begrenzte Kontrolle. Beides war der Fall, gerade weil Kommerz und Nation eng verknüpft waren. Insgesamt wurde das Verhältnis

2. Ökonomie, Öffentlichkeit und Diplomatie

von Öffentlichkeit und Diplomatie vor 1914 neu verhandelt und fand zu einer Verbindung, die künftig zu den wesentlichen Voraussetzungen und Mitteln des Handelns in der europäischen Politik gehörte.

Symbolisches Handeln, das um die Jahrhundertwende im Rahmen eines interagierenden Systems verschiedener Teilöffentlichkeiten – von der Presse über die Straße und Parlamente bis in diplomatische Kreise und die Höfe – erhöhte Aufmerksamkeit erhielt, war an sich für die Diplomatie nicht neu. Allerdings hatte sich das Repertoire im weltpolitischen Kontext verändert. Wie die Historikerin Susanne Schattenberg am Beispiel der Friedensvertragsverhandlungen im Russisch-Japanischen Krieg erläutert hat, trafen an der Wende zum 20. Jahrhundert mehrere «Sprachen» der Diplomatie aufeinander. Nachdem die Japaner die russischen Streitkräfte zur Überraschung aller zu Wasser und zu Lande besiegt hatten, kamen Gesandte beider Seiten unter Vermittlung des amerikanischen Präsidenten Theodore Roosevelt 1905 in Portsmouth, USA, zu Gesprächen zusammen. Die japanische Seite konnte zwar alle substantiellen Ziele, die sie sich gesetzt hatte, durchsetzen, erlitt aber diplomatisch eine Niederlage, die dazu führte, dass wütende Demonstranten in Japan, die sich um den Sieg betrogen fühlten, Regierungs- und Botschaftsgebäude belagerten, Polizeistationen sowie Zeitungsredaktionen angriffen und christliche Kirchen anzündeten: Über 1000 Menschen wurden verletzt oder starben. In Europa wurde das Verhandlungsergebnis hingegen als «Wunder von Portsmouth» bezeichnet, weil Russland keine Reparationen zahlen musste und die Japaner vom südlichen Teil der Insel Sachalin wieder abzogen.

Entscheidend für den Ausgang war gewesen, dass beide Seiten eine unterschiedliche diplomatische Sprache benutzten, gleichzeitig aber auf ihr Ansehen in der Welt bedacht sein mussten. Bemerkenswert war, dass der japanische Außenminister Komura Jutarō (1855–1911) sich an das «europäische» Protokoll und die Gepflogenheiten der geheimen Diplomatie hielt und nicht mit der Presse sprach, während der russische Verhandlungsführer, der ehemalige Finanzminister und im Anschluss an den diplomatischen Erfolg zum Vorsitzenden des Ministerrats ernannte Sergei Juljewitsch Witte (1849–1915), sich gezielt anders verhielt. Er traf sich offen mit Journalisten, wandte sich in einer Rede an das amerikanische Volk und besuchte die New Yorker Börse. Die japanische Seite hatte sich die vermeintlich universellen westlichen Standards angeeignet, um souverän auf dem diplomatischen Parkett agieren zu können und der Anerkennung durch die «zivilisierte» Welt sicher zu sein. Der russische Bevollmächtigte hingegen war aufgrund von Herkunft und Heirat am Hof des Zaren ein Außenseiter, bewegte sich aber auf der amerikanischen «Bühne» und unter weltweiter Beobachtung durch die Presse genau richtig. Vor dem Hintergrund der verbreiteten rassistischen Stereotype, die in den Vereinigten Staaten damals in der Einwanderungsdebatte aktiviert wurden, erschien so der geschulte japanische Diplomat ironischerweise als asiatisch, fremd und verschlossen, während der nicht adelig-vornehm auftretende Russe ein vertrautes und offenes Bild abgab. Der amerikanische Vermittler konnte in den Fragen der Reparationen und des Truppenabzugs von Sachalin eine Einigung zwischen den Parteien erzielen, indem er an ihr Ansehen in der weltpolitischen Öffentlichkeit appellierte. Der Zar fürchtete vor allem einen Ehrverlust, falls Russland Reparationen zahlen müsste, während die Japaner nicht als Kriegstreiber erscheinen wollten. Zu Hause in Japan brachte ihnen das Ergebnis allerdings einen Gesichtsverlust ein. Das Beispiel veranschaulicht, dass den internationalen Akteuren kein einheitliches, universelles, sondern ein unterschiedliches, auch unvereinbares kulturelles Repertoire von diplomatischen Ausdrucks- und Bedeutungsmöglichkeiten zur Verfügung stand. Außerdem bildeten nicht nur politische und militärische Macht sowie Ökonomie einschlägige Referenzsysteme, sondern auch die Öffentlichkeit in ihren vielfältigen Erscheinungsformen. Damit waren Ehre und Ansehen auch im Rahmen moderner Diplomatie ein unumgänglicher Faktor, der nicht von nackter Interessenpolitik abgelöst worden war. Staatenpolitik gerade im Weltmaßstab, den die führenden europäischen Mächte gegenseitig anlegten, war ein kompliziertes Geschäft geworden.

2. Ökonomie, Öffentlichkeit und Diplomatie

Exklusivität des diplomatischen Dienstes

Die Außenministerien waren als eigenständige Fachbehörden in Europa erst am Ende des 18. und zu Beginn des 19. Jahrhunderts aus den Kabinetten der Monarchen herausgelöst worden. Sie entwickelten sich bis zum Ersten Weltkrieg zur organisatorisch-technischen und politischen Zentrale der staatlichen Außenpolitik (Winfried Baumgart). Das Personal verwaltete und betrieb die auswärtigen Angelegenheiten; die zuständigen Minister, ihre Beamten und die Gesandten bereiteten das Handeln der Regierungen vor, trafen Entscheidungen und führten sie aus. Allerdings bestimmten sie die Außenpolitik nicht allein. Der wichtigste Akteur neben den Ministerien blieb fast überall der gekrönte Souverän. Allerdings variierten dessen verfassungsmäßige Kompetenz sowie der Grad seiner tatsächlichen Aktivität zwischen den Staaten, den beteiligten Persönlichkeiten und über die Zeit erheblich. In autokratischen Regimen wie Russland und Österreich führte an den Kaisern kein Weg vorbei, in parlamentarischen Systemen wie Großbritannien hingegen – und erst recht in Republiken wie Frankreich ab 1870 – spielten die Monarchen keine (maßgebliche) Rolle mehr, wahrten aber aufgrund ihrer öffentlichen und amtlichen Funktionen eine nicht zu vernachlässigende Bedeutung. Preußen bzw. das Deutsche Kaiserreich bewegten sich zwischen diesen Polen, zunächst mit einem dominierenden Minister in der Person Bismarcks, dann mit einem schwer berechenbaren Kaiser in Gestalt Wilhelms II. Der fortdauernde höfische Zug in der Außenpolitik eröffnete für verschiedene adelig-militärische Kreise und einzelne Berater Einflussmöglichkeiten und führte auch zur Mitwirkung von Frauen in der offiziell überwiegend männlich dominierten Welt auswärtiger Politik. Premierminister, Kabinette, Parlamente und andere Ministerien wie Kriegs-, Finanz- oder Handelsministerium gehörten ebenfalls zu den Einrichtungen, mit denen die Außenministerien je nach Verfassung und Gegenstand zusammenarbeiten.

Innerhalb der auswärtigen Behörden gaben die politischen Abteilungen und wenige Spitzenbeamte den Ton an. Rechtliche, konsularische und Handelsangelegenheiten, wenn sie nicht durch eigene Ministerien vertreten wurden, waren ihnen untergeordnet. Für die Verwaltung der überseeischen Besitzungen existierten separate Abteilungen oder Ministerien. Unter den Beamten der heimischen Zentrale gab es im Vergleich zu den Gesandten an fremden Höfen einen größeren Anteil mit bürgerlicher Herkunft, der in den höheren Rängen jedoch abnahm. Insgesamt beschäftigten die Ministerien eine durchaus überschaubare Anzahl von Personen, im britischen Dienst waren es 1914 einschließlich der Gesandten und Konsuln wenig mehr als 400, davon ca. 150 Diplomaten. (Zum Vergleich: 2015 hat das Auswärtige Amt der Bundesrepublik Deutschland fast 6000 Mitarbeiter plus ca. 5000 Ortskräfte im Ausland; 3000 von ihnen wirken als Diplomaten in den Auslandsvertretungen.)

Die Diplomaten vertraten die Interessen ihrer Staaten an fremden Höfen, und sie beobachteten die Verhältnisse, überwiegend die politischen, aber auch die gesellschaftlichen und ökonomischen, in den Ländern, in denen sie stationiert waren. Nach Selbstverständnis und sozialer Herkunft bildeten sie bis zum Weltkrieg grenzüberschreitend eine eigene Gruppe, auch wenn dies angesichts der geschilderten Transformation des Verhältnisses zur Öffentlichkeit, der keineswegs mehr gemeinsamen Sprache der Diplomatie und der imperialen Weltpolitik immer weniger den Anforderungen der auswärtigen Beziehungen entsprochen haben mag. Bis zu einem gewissen Grad funktionierte aber der Anspruch, aufgrund der alle verbindenden Grundsätze und Verhaltensweisen auftretende Meinungsverschiedenheiten und Interessenkonflikte lösen zu können. Die Exklusivität der adeligen Herkunft spielte dafür eine wesentliche Rolle. Als Beispiel genüge, dass von den 36 Botschafterposten des Deutschen Kaiserreichs zwischen 1871 und 1914 alle von Adeligen besetzt waren, unter den 70 in Europa stationierten Gesandten über 90 Prozent adelig waren und auf den außerhalb Europas liegenden Gesandtenposten immer noch 70 Prozent dem Adel angehörten. Mit wenig signifikanten Abweichungen traf dieses Bild auf alle europäischen Mächte zu und veranschaulicht zugleich die europa- und großmachtzentrierte Hierarchie.

Adelige Herkunft sowie gesellschaftlich-höfische Beziehungen bildeten neben einem Minimum an privatem Vermögen (die Diplomaten wurden zu Beginn ihrer Laufbahn oft gar nicht und durchweg unzureichend bezahlt!) in der zweiten Hälfte des 19. Jahrhunderts nicht mehr die einzige Voraussetzung, um im auswärtigen Dienst tätig werden zu können. In vielen Ländern wurden Aufnahmeprüfungen eingeführt. Ab den 1850er Jahren betraf das in Großbritannien Kenntnisse in Französisch und einer weiteren Fremdsprache sowie geschichtliches und geographisches Wissen. Im Deutschen Kaiserreich waren ein juristisches Examen und ein Behördenreferendariat unumgänglich; für die Prüfungen war neben den üblichen Sprach- und Geschichtskenntnissen nationalökonomisches Wissen gefragt, worin sich eine begrenzte Anerkennung der internationalen Realitäten spiegelte. Insgesamt aber kann das diplomatische Personal der europäischen Mächte kaum anders als ein exklusiver, wenig fortschrittlicher Kreis von Personen bezeichnet werden. Die veränderten, neuartigen internationalen Beziehungen der Zeit wurden in anderen Formen gestaltet, die nur partiell mit der Regierungspolitik verknüpft waren.

3. Reformer und Experten: Zeitalter des Internationalismus

Die zweite Hälfte des 19. Jahrhunderts war das Zeitalter des Internationalismus: quantitativ hinsichtlich der zunehmenden Zahl internationaler Organisationen, qualitativ bezogen auf die Breite des Spektrums grenzüberschreitender Aktivitäten. Insgesamt wurden zwischen 1850 und 1914 fast 500 internationale Organisationen gegründet, wobei die Anzahl zivilgesellschaftlicher gegenüber regierungsamtlichen Organisationen weit überwog. Eine solche Kennzeichnung als internationalistische Epoche betont die Verdichtung und Beschleunigung des Weltverkehres und in ihrem Gefolge die wachsende Zahl von wirtschaftlichen und sozialen Fernbeziehungen. Der Blick richtet sich dabei besonders auf Bindungen und

Wertsetzungen jenseits nationaler Denkmuster, auf internationale Regulierungen des Wirtschaftsaustauschs, der Migration und der Kulturbeziehungen.

Internationale Organisationen

Als dauerhafter, freiwilliger Zusammenschluss von Angehörigen verschiedener Nationen waren internationale Organisationen ein Novum und genuines Phänomen des 19. Jahrhunderts. Ihre Entwicklung begann bereits vor 1850 mit einer Handvoll Zusammenschlüsse, kam dann zwischen 1850 und 1879 mit fast 60 Gründungen in Fahrt und beschleunigte sich ab 1880, als sich ihre Zahl alle zehn Jahre verdoppelte oder verdreifachte. Die Zunahme erfolgte überwiegend bei nichtregierungsamtlichen Organisationen, die leichter einzurichten, dafür aber auch etwas kurzlebiger als die regierungsamtlichen waren. Das Spektrum der grenzüberschreitend organisierten Aktivitäten war denkbar breit. Von der Wirtschaft über die wissenschaftliche und religiöse Kooperation bis hin zur Politik umfassten sie vor dem Weltkrieg fast alle Bereiche des öffentlichen Lebens. Für die wachsende wirtschaftliche Verflechtung und Arbeitsteilung bildeten die internationalen Organisationen im Verkehrs- und Kommunikationswesen eine wichtige Voraussetzung und hatten zugleich ihre Ursache im gesteigerten Wirtschaftsaustausch. Mit der Central-Commission für Rheinschiffahrt nahm 1816 eine der ersten regierungsamtlichen Einrichtungen ihre Tätigkeit auf, die ab 1831 auf der Grundlage der Mainzer Rhein-Schifffahrtsakte und seit 1868 der Mannheimer Rhein-Schiffahrtsakte die Internationalisierung des Rheins überwachte. Den Informationsaustausch erleichterten seit 1865 die Union des administrations télégraphiques und ab 1874 der Allgemeine Postverein (seit 1878 unter dem Namen Weltpostverein). Das Bureau international des poids et mesures wurde 1875 mit der Pflege der metrischen Maße betraut. 1905 beschloss ein Kongress von Handelskammervertretern die Gründung des Internationalen ständigen Komitees für die Vereinigung der Handelskammern, das im folgenden Jahr seine Tätigkeit aufnahm.

3. Reformer und Experten

In der Welt der Arbeit entstanden ebenfalls zahlreiche internationale Organisationen. Bereits 1818 versuchte der britische Sozialreformer Robert Owen (1771–1858), allerdings noch erfolglos, die europäischen Diplomaten, die auf dem Kongress von Aachen versammelt waren, für den internationalen Arbeitsschutz zu interessieren. Gegen Ende des Jahrhunderts, nachdem Arbeitsschutzbestimmungen national eingeführt worden waren, tagte dann 1890 eine Internationale Arbeiterschutzkonferenz auf Einladung der deutschen Regierung in Berlin, und 1900 wurde in Paris die L'association internationale pour la protection légale des travailleurs mit Sitz in Basel ins Leben gerufen. Internationale Gewerkschaftsföderationen waren seit den 1890er Jahren aktiv. Die politische Arbeiterbewegung schließlich formierte sich grenzüberschreitend in der Ersten (1864–1872/76) und Zweiten Internationale (1889–1914).

Im wissenschaftlich-intellektuellen Bereich wurden vor dem Ersten Weltkrieg zahlreiche Grenzen übergreifende Organisationen gegründet. Ein wesentliches Anliegen bildete hier der Informationsaustausch, für den die Arbeit des International Institute of Bibliography (1895) in Brüssel beispielhaft erwähnt sei. Zentral für den grenzüberschreitenden Verkehr waren in fast jeder Hinsicht – auch hinsichtlich des «geistigen Eigentums» – Rechtsfragen, mit denen sich bereits seit 1873 das L'institut de droit international in Brüssel beschäftigte. Zahlreiche internationale wissenschaftliche Vereinigungen wurden ins Leben gerufen bis hin zur International Association of Academies von 1900. Internationale wissenschaftliche Kongresse nahmen als neue Form des Wissenstransfers einen großen Aufschwung, konkrete Anwendungen wurden auf zahlreichen Tagungen beraten, so etwa auf den Konferenzen zur Cholerabekämpfung, die von 1851 bis 1894 stattfanden. Internationale Zusammenschlüsse von Intellektuellen gründeten 1910 in Brüssel mit der Union of International Associations eine Art eigenen Dachverband.

Religiöse Organisationen bildeten sich international sowohl innerhalb einer Religionsgemeinschaft oder Konfession als auch auf ökumenischer Ebene. Früh formierten sich die Evangelical Alliance (1846) und die World Alliance of Young Men's Christian Associations (1855). Die enge Verbindung der internationalen Glaubensverbände mit dem europäischen Kolonialismus verdeutlicht die 1910 in Edinburgh abgehaltene World Missionary Conference. Christlicher Glaube und entsprechende Organisationen bildeten vielfach die Grundlage für humanitäres Engagement, das im 19. Jahrhundert nationalstaatliche Grenzen weit überschritt. Für viele spätere internationale Reformbewegungen musterhaft wirkte die Bekämpfung des Sklavenhandels und der Sklaverei seit dem ausgehenden 18. Jahrhundert bis 1888. Sie stellte das Modell für die Formen gesellschaftlicher und politischer Mobilisierung in anderen Bereichen dar; teilweise übernahmen die Aktivisten auch die Begrifflichkeit, so etwa in der sogenannten abolitionistischen Bewegung zur Bekämpfung der Zwangsuntersuchung von Frauen, die der Prostitution verdächtigt wurden, und im Zusammenhang der Bekämpfung des internationalen Mädchenhandels. Moralisch-philanthropische Anliegen eröffneten besonders Frauen ein internationales Tätigkeitsfeld, während ihnen die Partizipation national und in anderen Bereichen oft verwehrt war. Diese Aktivitäten jenseits des Nationalstaates wirkten sich verstärkend oder bestätigend auch auf die Forderungen nach Teilhabe an der politischen Öffentlichkeit aus. Die internationale Bewegung für das Frauenwahlrecht an der Wende zum 20. Jahrhundert fußte auf der Vernetzung ihrer Protagonistinnen in anderen, oftmals unpolitisch erscheinenden internationalen Organisationen, die sich sozialen Reformprojekten widmeten.

Die internationale Zusammenarbeit erstreckte sich kurz vor dem Ersten Weltkrieg auch auf den Naturschutz. So fand im Jahr 1900 in London die erste International Conference on the Preservation of Wild Animals, Birds, and Fish in Africa statt. Die Initiative war von deutschen und britischen Großwildjägern und den Kolonialbeamten in Ostafrika ausgegangen. Ökonomische und Jagdinteressen, Kolonialverwaltung und Naturschutz verbanden sich hier mit europäischer Diplomatie und Kolonialherrschaft zu den ersten Ansätzen eines internationalen Umweltschutzes. Dessen imperiale

Ursprünge wurden nicht zuletzt daran deutlich, dass die Interessen der afrikanischen Bevölkerung von den europäischen Delegierten aus Großbritannien, Deutschland, Frankreich, Belgien, Portugal, Spanien und Italien nicht wirklich berücksichtigt wurden. 1913 wurde in Bern auf der Conférence internationale pour la protection de la nature dann ein Vorvertrag zur Errichtung einer internationalen Naturschutzkommission unterzeichnet, die der Initiator der Konferenz, der Schweizer Naturforscher Paul Sarasin (1859–1929), seit einigen Jahren propagiert hatte; erst nach dem Weltkrieg konnten solche Bemühungen im Rahmen des Völkerbunds weiterverfolgt werden.

Internationale Organisationen berührten vor dem Ersten Weltkrieg auch die internationale Politik. Bereits um die Jahrhundertmitte entstand die Friedensbewegung, die 1848 bis 1851 internationale Friedenskongresse in Brüssel, Paris, Frankfurt und London abhielt und Fragen der Völkerrechtskodifizierung und der Schiedsgerichtsbarkeit zur Beilegung oder Verhinderung von militärischen Konflikten diskutierte. Religiöse Motive und freihändlerische Argumentationen verbanden sich hier mit gesellschaftlichem Engagement für eine friedliche Welt. Die europäischen Kriege ab den 1850er Jahren führten selbst auch zur Internationalisierung in Teilbereichen. Das Erlebnis der Schlacht von Solferino (1859) während des österreichisch-französisch-italienischen Kriegs trieb den Geschäftsmann Henri Dunant (1828–1910) an, 1863 das Internationale Komitee vom Roten Kreuz, ausschließlich bestehend aus Genfer Bürgern, zu gründen; 1864 wurde auf seine Initiative hin eine internationale diplomatische Konferenz einberufen, die die erste Genfer Konvention zur Behandlung von Kriegsverwundeten abschloss. Das Anliegen, den Krieg zu «humanisieren», wurde an der Wende zum 20. Jahrhundert auf zwischenstaatlicher Ebene 1899 und 1907 während der beiden Haager Konferenzen weiter vorangetrieben, begleitet von der ersten «weltweiten» Frauenfriedensdemonstration am 15. Mai 1899.

Für die zwischenstaatlichen Beziehungen bedeutsam wurde auch die organisatorische und wissenschaftliche Etablierung des internationalen Rechts. Sie kann als ein «liberales Projekt» (Martti Koskenniemi), das nichts weniger als eine Verrechtlichung der Welt zum Ziel hatte, bezeichnet werden. Ab 1869 erschien die Zeitschrift *Revue de droit international et de législation comparée*, herausgegeben von dem belgischen Juristen und Politiker Gustave Rolin-Jaeaquemyns (1835–1902), der zusammen mit dem Schweizer Mitbegründer des Internationalen Komitees vom Roten Kreuz Gustave Moynier (1826–1910) und anderen dann 1873 in Gent das Institut de Droit International ins Leben rief. Die internationalen Aktivitäten dienten dazu, das Völkerrecht als wissenschaftliche Teildisziplin zu begründen. Zugleich wollten die bürgerlichen Juristen positives Recht setzen, indem sie sich beratend bei Verträgen und Abkommen beteiligten. Die Völkerrechtler hofften, ein internationales Regelsystem mit möglichst hoher Verbindlichkeit zu errichten, das die Realpolitik der Fürsten und Diplomaten einhegen würde. Dazu war – wie Markus M. Payk betont hat – keine Abkehr vom europäischen Staatensystem notwendig. Voraussetzungen bildeten die Kooperation souveräner Einzelstaaten und die Bereitschaft zur Rechts- und Vertragstreue.

Internationalismen

Die Auflistung veranschaulicht, dass das 19. Jahrhundert als ein Zeitalter des Internationalismus bezeichnet werden kann. Vor dem Weltkrieg betätigten sich Männer und Frauen in fast allen Bereichen des öffentlichen Lebens im Rahmen zahlreicher internationaler Organisationen. Zu den Akteuren gehörten Sozialreformer jeder Richtung und mit einer Vielzahl von Anliegen. Experten spielten eine führende Rolle als Techniker, Wissenschaftler, Juristen und Missionare. Unternehmer trieben die wirtschaftliche Organisation international voran. Auch staatliche Akteure, Diplomaten und Amtsträger waren an der Internationalisierung vieler Bereiche maßgeblich beteiligt. Internationalität kennzeichnete die Epoche nicht weniger als Nationalität.

«Internationalismus» kann nicht mit der Aktivität von internationalen Organisationen, die im vorherigen Abschnitt nur als ein Indikator für ein breiteres Phänomen dienten, gleichgesetzt werden. Der Begriff umfasst mehr, ist jedoch nicht eindeutig bestimmt. Einerseits bezeichnet er deskriptiv einen Prozess oder eine Form des Handelns, andererseits normativ eine Gesinnung oder Zielsetzung. Beide Dimensionen spielen in der historischen und in der wissenschaftlichen Begriffsentwicklung eine Rolle. Das Adjektiv «international» tauchte erstmals 1780/89 bei Jeremy Bentham auf. Der englische Sozialphilosoph verwandte das Wort für zwischenstaatliche Beziehungen im Sinne des «law of nations» oder «droits des gens». Ab den 1840er Jahren weitete sich die Anwendung auf andere als rechtliche Beziehungen aus und schloss wirtschaftliche, technologische und geistige Verbindungen ein. Schon 1843 brachte das *Neueste vollständige Fremdwörterbuch* einen Hinweis auf die völkerverbindende Wirkung dieses internationalen Austauschverkehrs, der auf einer übergeordneten Ebene die verschiedenen Staaten und Völker gleichsam universalistisch in sich aufheben sollte. Bald diente «international» auch zur Bezeichnung für länderübergreifende Organisationen und Vereine: so 1847 für die freihändlerische Internationale Liga und 1864 für die Arbeiter-Internationale. Um die Mitte des Jahrhunderts existierten damit vier zeitgenössische Bedeutungen nebeneinander: die völkerrechtliche, diejenige der wirtschaftlich-sozialen Beziehungen über- oder unterhalb der staatlichen Ebene, die der grenzüberschreitenden Organisationsformen und die des universalistischen Anspruchs auf Völkerverständigung.

Ab den 1860er Jahren entwickelte sich dann die Substantivform «Internationale» vom Organisationsbegriff der Arbeiterbewegung hin zur Fremdschreibung für diese und andere gesellschaftliche Gruppen. Als Kampfbegriff diente sie in politischen Auseinandersetzungen in Deutschland zur Kennzeichnung der Gegner, u. a. als rote (sozialistische), schwarze (katholische), goldene (jüdische) und graue (liberale) Internationale, unabhängig davon, ob die derart Bezeichneten tatsächlich international organisiert waren oder nicht. Die Wortbildung «Internationalismus» fand sich erst in den späten 1860er Jahren in einer englischen Schrift, die sich mit einem

V. Frieden und Krieg

Anliegen von Richard Cobden (1804–1865), dem Kopf der Freihandelsbewegung, befasste. Lord Hobart (1818–1875) beschrieb Cobdens Eintreten für eine internationale Föderation der Staaten, eine Art Völkerbund, als Internationalismus. Als Bezeichnung für ein erstrebenswertes Ziel oder für eine bestimmte Gesinnung wurde Internationalismus dann in den folgenden Jahrzehnten vor allem in der Arbeiterbewegung gepflegt. In Gegnerschaft zu «Imperialisten» und «Nationalisten» wurde die Bezeichnung «Internationalist» während des Ersten Weltkriegs schließlich ideologisch stark aufgeladen. Allerdings blieb der gleichzeitige, beschreibende Prozessbegriff «Internationalismus» im Sinne der Zunahme ökonomischen und kulturellen Austauschs zwischen den Völkern bis 1914 dominierend.

An der Jahrhundertwende suchten Henri La Fontaine und Paul Otlet, die Gründer der Union of International Associations von 1910, «Internationale Organisationen» wissenschaftlich zu bestimmen. Als Kriterien galten ihnen, dass sie Mitglieder verschiedener Nationalität aufnahmen (1), offen waren für alle Personen oder Gruppen, die sich ihnen anschließen wollten (2), Ziele öffentlicher allgemeiner oder universaler Natur verfolgten (3), keine unmittelbar finanziellen Interessen oder rein kommerzielle Motive besaßen (4) und schließlich eine dauerhafte Organisationsform entwickelten (5). Dies deckte ein breites Spektrum von Tätigkeitsfeldern ab, schloss jedoch wirtschaftliche Interessen aus. Hinter der Definition stand ein universalistischer Anspruch, der sich auch in den übrigen Ziel- und Gesinnungsbegriffen des ganzen Jahrhunderts erkennen ließ. Die Bestimmung war stark am Organisationsbegriff orientiert und bewertete intergouvernementale Organisationen implizit höher als nichtregierungsamtliche, vor allem aber nahm sie Rücksicht auf die Verzahnung beider Typen. Die Historikerin Madeleine Herren hat die in der späteren Forschung zeitweise gängige Trennung zwischen staatlichen und nichtstaatlichen Akteuren am Beispiel Belgiens, der Schweiz und der USA als nicht haltbar widerlegt. Die kleineren Staaten und das zu Europa periphere Land benutzten internationale Aktivitäten, wie die Veranstaltung von Kongressen

3. Reformer und Experten

oder die Beteiligung an der Ausgestaltung des Handels-, See- und Wechselrechts, tatsächlich zur Modernisierung ihrer Außenpolitik. «Gouvernementaler Internationalismus» sollte als ein Instrument, mit dem die staatliche Außenpolitik auf grenzüberschreitende Vernetzungen reagierte, verstanden werden. Es gab in Praxis und Selbstverständnis keine scharfe Abgrenzung gegenüber nichtregierungsamtlichen Organisationen, sondern vielmehr gegenseitige Unterstützung und Ergänzung. Die grenzüberschreitende, multilaterale Kooperation erfolgte unter Hinnahme von Souveränitätseinbußen. Die Regierungen verfolgten eine Internationalisierungsstrategie, indem sie mit Hilfe vermehrter wirtschaftlicher und kultureller Austauschbeziehungen die politische Bedeutung ihrer Länder zu vergrößern trachteten. Diplomatie war demzufolge im 19. Jahrhundert nicht nur territorial bezogen, sondern richtete sich auch auf die Ausbildung von Netzwerken gouvernementaler und nichtgouvernementaler Art.

Grenzen der Verflechtungen

Notwendige Voraussetzung für die Bildung internationaler Organisationen und Bewegungen waren die neuen oder weiterentwickelten technischen Kommunikationssysteme Eisenbahn, Schifffahrt, Telegrafie und das Druck- und Pressewesen. Sie ermöglichten erst den immensen Zuwachs im Austausch von Ideen, Gütern und Menschen. Die periodischen Zusammenkünfte fern voneinander lebender Wissenschaftler und Experten auf Kongressen beruhten auf der verbesserten und verbilligten Kommunikation. Zentrale Foren hierfür boten ab 1851 die internationalen Ausstellungen; im Rahmen der Pariser Weltausstellung von 1889 etwa fanden 87 der insgesamt 97 internationalen Kongresse dieses Jahres statt. Gleichzeitig generierten die technischen Systeme ihren eigenen internationalen Regulierungsbedarf – und oftmals ihr eigenes Expertentum –, waren also auch Motor für fortschreitende Internationalisierung im Sinne von Standardisierungsbemühungen.

Internationalismus ist oft als eine Gegenkraft zum politischen Nationalismus, welche die Konfliktregulierung oder Lösung grenzüberschreitender Probleme ermöglichen sollte, verstanden worden. Zahlreiche ungelöste soziale Probleme beförderten demnach das internationale humanitäre Engagement, und Kriege bzw. Kriegsgefahren regten das Bemühen um internationale Konfliktregulierung an. Diese Sichtweise lässt den Internationalismus als gleichsam zwangsläufige Folge technisch-ökonomischer Entwicklungen erscheinen. Vor allem aber schwingt wertend ein idealistischer Gegenentwurf zur sogenannten Realpolitik mit, wenn die zwischenstaatlichen Konflikte als Ursache für Internationalismus angeführt werden. Tatsächlich spielte nationalstaatliche Interessenpolitik eine aktive Rolle in der Verbreitung internationaler Regulierungen und Organisationen. Ferner beruhten Nationalismus und Internationalismus auf gemeinsamen strukturellen Voraussetzungen und Mechanismen, etwa bei der Mobilisierung von Akteuren. Die Anpassung internationaler Regeln und die Verbreitung transnational verfügbaren Wissens erfolgten in spezifischen Zusammenhängen, denn lokale und nationale Faktoren trieben die Internationalisierungsprozesse an. Schließlich existierten individuelle und gruppenspezifische Motive bei den grenzüberschreitend tätigen Akteuren: Gewinnstreben, Wissenserwerb, Suche nach Lösungen für heimische Probleme, Bemühen um Ausgleich relativer Machtlosigkeit oder eines Minderheitenstatus im eigenen Land, zwischenstaatliche Konkurrenz, Hilfe für Bedürftige und – insgesamt vermutlich weniger bedeutsam als häufig angenommen – allgemeine Völkerverständigung. Im Internationalismus der Zeit kamen also die verschiedenen ökonomischen, sozialen und kulturellen Konfliktpotentiale grenzüberschreitenden Verkehrs zum Tragen. Auch hier existierten Wettbewerb, Konkurrenz, Koexistenz, Widerstand und Feindschaft sowie Asymmetrien und ungleiche Teilhabe.

Trotz der bemerkenswerten Ausdehnung internationaler Aktivitäten dürfen allerdings die Grenzen im 19. Jahrhundert nicht übersehen werden. Soziale Beschränkungen ergaben sich aus der für praktizierten Internationalismus notwendigen Verfügung über Zeit und Geld. Nicht nur Reisen, sondern auch der Erwerb von Wissen stand nicht jedem offen; es waren vor allem Menschen bürgerlicher und adeliger Herkunft, die grenzüberschreitende Kommunikation zur Etablierung dauerhafter Organisationen nutzten. Auch räumlich blieb der Internationalismus vor dem Ersten Weltkrieg weitgehend beschränkt auf europäische Gebiete. Jenseits von Europa wurden nur die weißen Siedlerkolonien eingebunden. Die grenzüberschreitenden Kommunikationsmöglichkeiten waren somit notwendige Voraussetzung und gleichzeitig Motor des Internationalismus, indem sie internationale Regulierungen institutionell nach sich zogen; die Kommunikationsmittel standen allerdings nicht allen und überall gleichförmig zur Verfügung, sondern in einem sozial-räumlichen Ungleichverhältnis, das stark europäisch gewichtet war.

Das europäische Staatensystem bot im 19. Jahrhundert ebenfalls günstige Voraussetzungen für die Entwicklung des Internationalismus. Die langen Phasen des Friedens ließen Raum für den Aufbau und die Pflege wirtschaftlicher, sozialer und kultureller Beziehungen über territoriale Grenzen hinweg. Die Unterbrechungen in den Revolutionen der Jahrhundertmitte und den nationalen Einigungskriegen wirkten nicht einschneidend, denn die militärischen Auseinandersetzungen waren kurz und begrenzt, sie erforderten keine totale Mobilisierung wie die Kriege der ersten Hälfte des 20. Jahrhunderts und wirkten selbst noch für internationale Organisationen befruchtend, wie das Beispiel des Roten Kreuzes belegt. Allerdings war der Frieden räumlich begrenzt: An den Rändern Europas zum Osmanischen Reich wie in Übersee basierte der Aufbau von Beziehungen wesentlich auf militärischer Gewalt. Die um die Wende zum 20. Jahrhundert vereinbarten Regeln zur Humanisierung des Krieges kamen in den Kolonialkriegen nicht selbstverständlich zur Anwendung. Der europäische Imperialismus – frühzeitig und grundlegend wirkte hier insbesondere das britische Empire – schuf insgesamt eine weltumspannende Infrastruktur, die von Händlern, Missionaren, Wissenschaftlern und vielen anderen genutzt wurde, ohne dass die jeweilige nationale Zugehörigkeit über den Zugang von Interessenten zu den Verkehrs- und Kommunikationsmitteln entschied. Der Internationalismus entwickelte sich nicht in Opposition zum europäischen Staatensystem, sondern basierte in doppelter Weise auf ihm: einmal auf der Konfliktregulierung in Europa und zum anderen auf der imperialen Expansion der europäischen Nationalstaaten in Übersee. Zugespitzt heißt dies, dass der europäische Kolonialismus ambivalenter Bestandteil des im 19. Jahrhundert entstandenen Internationalismus war. Die Antisklavereibewegung etwa war eine internationale Bewegung, die einerseits ab dem Ende des 18. Jahrhunderts das System der Arbeitskräftebeschaffung und Sklavenhaltung in den Kolonien kritisierte. Andererseits hielt der Kampf gegen Sklavenhandel, etwa in Ostafrika in den 1880er Jahren, auch zur Rechtfertigung her für koloniale Besitzergreifung. Einen weiteren Beleg für die Verknüpfung von Kolonialismus und Internationalismus bietet die International Congo Reform Association, die sich gegen die Missstände im belgischen Kongo engagierte. Der Schriftsteller Arthur Conan Doyle (1859–1930) unterstützte diese Bewegung, deren Ambivalenz in seinem Vorschlag erkennbar wird, das Kongo-Gebiet aufzuteilen: Eine größere Fläche sollte von den angrenzenden europäischen Kolonialmächten Großbritannien, Frankreich und Deutschland übernommen und verwaltet werden, während in der Mitte eine Art Reservat für Afrikaner eingerichtet werden sollte. Diese Beispiele verdeutlichen Grenzen und Strukturbedingungen des reformerischen Internationalismus, der sich als Strategie nicht nur emanzipatorischen Bewegungen, sondern auch den Rassisten sowie den vom weißen Internationalismus ausgeschlossenen Akteuren empfehlen konnte.

Eine weitere Rahmenbedingung des Internationalismus bildete die Transformation von Staatlichkeit im 19. Jahrhundert. Mit Hilfe des Konzepts von «Territorialität» (Charles Meier) lässt sich der Wandel von Staatlichkeit ab den 1850er Jahren als zweifacher Vorgang beschreiben. Vor allem durch die Verfügbarkeit neuer technisch-ökonomischer Mittel gelang es einerseits zunehmend, Territorien so zu beherrschen, dass ein «Entscheidungsraum» geschaffen wurde, den die politischen Machthaber in weitem Maße zu kontrollieren glaubten und in dem sie die innere und äußere Sicherheit zentral zu gewährleisten versprachen. Andererseits entwickelten sich politische Institutionen und öffentliche Arenen, über die Loyalität und Selbstverständnis hergestellt wurden, so dass ein «Identitätsraum» entstand: Neue politische Partizipationsmöglichkeiten im Innern und Abgrenzungen nach außen bildeten die Grundlage für eine veränderte Identität der Bevölkerung. In diesem variantenreichen, ungleichmäßigen Prozess, in dem die vollständige Einheit von Entscheidungs- und Identitätsraum nur als Idee wirkte, blieben die zentrale Steuerung und die technisch-ökonomische Infrastruktur sowie die ideologische Mobilisierung der Bevölkerung und die Elitenintegration lückenhaft. Internationalismus kann nun einerseits als eine Bewegung verstanden werden, welche die noch vorhandenen Lücken zu nutzen wusste, sich der modernen Territorialität zu entziehen suchte und ihr widerstand. Andererseits aber war Internationalismus eine nicht-territoriale Form des Regierens und der Identitätsbildung in Räumen, die zwar jenseits territorialer Grenzen lagen, welche die politischen und gesellschaftlichen Machthaber aber dennoch kontrolliert sehen wollten und daher mit anderen Mitteln indirekt zu steuern suchten. Der Internationalismus des 19. Jahrhunderts war somit ein Teil der Transformation von Staatlichkeit und stand in einer engen, teilweise abhängigen Beziehung zu ihr.

Die Entwicklung eines Bereichs, der zwischen Staat, Wirtschaft und Privatsphäre angesiedelt war, bildete die gesellschaftliche Grundlage für den Internationalismus. Seine organisatorischen Formen waren Vereine, Assoziationen, Netzwerke oder Initiativen, die sich nicht nur national oder lokal, sondern eben auch international formierten. Sie beruhten sozial auf den bürgerlichen Schichten und deren Führungsansprüchen. An ihnen konnte nicht jeder gleichberechtigt partizipieren. Außer der Verfügung über Zeit und Geld waren auch Bildung, rechtliche Gleichstellung, Genderzugehörigkeit und vor allem im kolonialen Rahmen ethnische Zugehörigkeit sowie christliche Religion wesentliche Voraussetzungen, um an den gängigen Formen des Internationalismus im 19. Jahrhundert teilhaben zu können. Aus der gesellschaftlichen Perspektive auf den Internationalismus lässt sich folgern, dass sich im Internationalismus erstens eine national segmentierte neue internationale Elite formierte und zweitens der Internationalismus eine Form der Integration zumeist bürgerlicher Eliten in die europäischen Nationalstaaten bildete, die sich auf der Ebene der Beziehungen zwischen den Staaten abspielte. Internationalisten waren also insgesamt weder national noch sozial dauerhaft Außenseiter, selbst wenn dies auf einzelne Individuen zutreffen mag.

Grenzüberschreitende Organisation und Vernetzung standen, so sei abschließend festgehalten, keineswegs im Widerspruch zu nationaler Politik. Internationalismus war ein Strukturelement der Außenbeziehungen im 19. Jahrhundert. Er entwickelte sich im engen Zusammenspiel mit der technisch-organisatorischen Vernetzung in Wirtschaft und Wissenschaft in Europa und im Rahmen der europäisch-atlantischen Expansion. Universale Ansprüche und koloniale Ungleichheiten gehörten ebenso wie gesellschaftliche Mechanismen der Inklusion und Exklusion durchgängig zu seinen Merkmalen. Idealistische Konzepte spielten gegenüber dem Bemühen um pragmatische Verbesserung von Wirtschaft und Gesellschaft im Internationalismus des 19. Jahrhunderts eine geringere Rolle. Die Akteure nutzten die Außenbeziehungen je nach ihren Interessen und Weltvorstellungen. Der Internationalismus kann damit schließlich auch als Konzept und Motor von Globalisierungsprozessen mit ähnlichen Mechanismen von Grenzüberschreitungen und Grenzziehungen verstanden werden.

4. Expansion, Blockbildung und Krisenmanagement: Europäische Weltpolitik 1890–1914

Die zweite Hälfte des 19. Jahrhunderts erlebte eine neue Phase der europäischen Expansion, die zur Dominanz über fast die gesamte Welt führte. Weltpolitisches Denken, territoriale Aneignung von Kolonien und informelle Durchdringung erlangten ein bis dahin unbekanntes Ausmaß und eine gesteigerte Intensität. Die Zeit vor dem Weltkrieg bildete so den Höhepunkt imperialer Vorherrschaft

Europas. Sie stützte sich wesentlich auf die Verfolgung strategisch-politischer Ziele durch die Regierungen in den Metropolen, gepaart mit Initiative und Drängen privater Akteure, militärisch-verwaltungsmäßige Organisationskraft und die Errichtung einer technisch-industriellen Verkehrs- und Kommunikationsinfrastruktur. Imperialismus bedeutete also mehr als den Erwerb von Kolonien. Die zahlreichen Kolonialkriege gegen die indigenen Herrscher und die Bevölkerung lassen erkennen, dass die Vorherrschaft in einem gewissen Maße prekär war. Europäische Dominanz wurde durch die Beteiligung nichteuropäischer Mächte, insbesondere der Vereinigten Staaten und Japans, an der Aufteilung der Welt ergänzt, wenngleich noch nicht wesentlich eingeschränkt. Obgleich Europa in seinen Außenbeziehungen nun eng mit dem Rest der Welt verbunden war, behielt das europäische Staatensystem seinen eigenständigen Zug, so dass die kolonialen und imperialen Aktivitäten nicht direkt auf das System der europäischen Staatenbeziehungen einwirkten. In den europäischen Beziehungen veränderten sich hingegen die Bündnisse und Allianzen ab 1890 allmählich. Das System erlebte um 1900 eine schrittweise Blockbildung, die jedoch einigermaßen fragil blieb, weil beide Lager – das deutsch-österreichisch-ungarische mit italienischer Beteiligung und das russisch-französische mit britischer Partizipation – nicht homogen und festgefügt waren. Das Management von Krisen und das Bemühen um Entspannung gehörten ebenso wie das Ausbrechen von diplomatischen, teilweise auch kriegerischen Konflikten und der Rüstungswettbewerb zu den Erfahrungen der Zeitgenossen. Ein großer Krieg wurde wahrscheinlicher als in den zurückliegenden Jahrzehnten seit dem Ende der Napoleonischen Kriege, aber er war keineswegs unvermeidlich.

Weltpolitisches Denken im Imperialismus

Weltpolitisches Denken wurde ab den 1880er Jahren von imperialistischen Ideen dominiert, wenngleich auch nichtimperialistische oder antiimperialistische Strömungen eine Rolle spielten. Ein generelles Kennzeichen im Zeitalter des Imperialismus war, dass Erfolgreichsein zu einem erheblichen Maße Selbstzweck geworden war. Imperialismus konnte zwar bedeuten, konkrete wirtschaftliche Interessen durchzusetzen, doch der fassbare Gewinn für die europäischen Volkswirtschaften erwies sich oft als gering – im Unterschied zu dem Profit einzelner Unternehmen und im Gegensatz zu den wirtschaftlichen Folgen in den kolonialen Gebieten. Tatsächlich ließen sich die allgemeinen Interessen einer imperialen Politik allenfalls vage formulieren. Das Reden vom «Platz an der Sonne» bündelte die Motive imperialistischer Rivalität, in die konkrete Interessen und generelles Geltungsbedürfnis einflossen, vermutlich treffender als eine Aufzählung handgreiflicher Vorteile. Der Historiker Theodor Schieder hat von einer Art «Raumrausch» gesprochen, der die Zeitgenossen erfasste. Im Sinne einer Vermischung von rationalen und irrationalen Elementen analysierte auch schon Max Weber um die Jahrhundertwende jene Faktoren, die im Rahmen zwischenstaatlicher Beziehungen damals «Macht» konstituierten: «Alle ‹Macht› politischer Gebilde trägt in sich eine spezifische Dynamik: sie kann die Basis für eine spezifische ‹Prestige›-Prätension ihrer Angehörigen werden, welche ihr Verhalten nach außen beeinflusst. […] Da das Prestigefühl zugleich den für die Zuversichtlichkeit im Fall des Kampfs wichtigen pathetischen Glauben an die reale Existenz der eigenen Macht zu stärken geeignet ist, so sind die spezifischen Interessenten jedes politischen Machtgebildes geneigt, jenes Gefühl systematisch zu pflegen.» Max Weber schrieb den «irrationale[n] Element[en] aller politischen Außenbeziehungen» eine «eminente Wirkung» zu. «Macht» war für ihn genauso wie für seine imperialistischen Zeitgenossen ein dynamisches Konzept.

Den außenpolitischen Kontext für Webers Ausführungen bildete die Rivalität im Imperialismus – ein weltweiter Konkurrenzkampf, der maßgeblich nationalstaatlich oder imperial definiert war. Zwar kannten die Zeitgenossen auch andere Akteure, die nicht notwendig in den Nationalstaaten aufgingen, global tätig waren und abweichende Interessen besaßen, sie wurden aber zu Trägern einer «kollektivpersönlichen Ehre» stilisiert. Dies betraf nicht nur die global tätigen Wirtschafts- und Finanzkreise, sondern auch andere

4. Expansion, Blockbildung und Krisenmanagement

Gruppen wie etwa christliche Missionsgesellschaften. Die Monarchen Europas gaben ebenfalls ein Beispiel für diese Nationalisierungstendenzen mit imperialer Note ab. Ihre dynastischen Verbindungen über die Grenzen hinweg waren gewissermaßen privatisiert worden und die vermittelnde Wirkung auf die äußere Regierungspolitik spürbar geringer. Stärker in den Vordergrund rückte dagegen die Rolle der Herrscher als personifizierte Repräsentanten des nationalstaatlichen und imperialen Prestiges. Der damit verbundene regierungsamtlich geförderte Nationalismus war ein integraler Nationalismus, der die Individuen auf den Wert der Nation verpflichtete und sie ihr unterordnete. So ließen sich auch die Monarchen in die Ideologie des imperialen National- und Machtstaates eingliedern – und sie sollten zugleich als integrierender Faktor wirken, indem sie im allgegenwärtig empfundenen Kampf der Weltreiche als Orientierungsfiguren dienten. Die «Usurpation des Nationalismus» durch die konservativen Eliten und deren «nationalistische Modernisierung zum Populismus», die Dieter Langewiesche als die wahrscheinlich gravierendsten Veränderungen in der Politik im späten 19. Jahrhundert bezeichnet, waren gerade auf außenpolitischem Gebiet eng mit den symbolischen Spitzen der Staaten verbunden.

Weltpolitisches Denken im Zeichen des Imperialismus um 1900 war ganz selbstverständlich von spezifischen einzelstaatlichen Perspektiven geprägt. Doch lassen sich darüber hinaus Positionen identifizieren, die viele teilten, ohne dass alle gleichzeitig in einem einzigen Konzept zu finden waren, und die einander auch widersprachen und zumeist ihre jeweiligen Kritiker besaßen. Der Historiker Heinz Gollwitzer nennt an erster Stelle das Leitmotiv «Weltmacht oder Niedergang», das ein Buch des preußischen Generals Friedrich von Bernhardi aus dem Jahr 1912 durchzog. Die Selbstbehauptung einer Nation hing demnach davon ab, dass der Nationalstaat sich an der Weltpolitik, d. h. auch an der Aufteilung der Welt im Rahmen des Kolonialismus, führend beteiligte. Wer dies nicht tat, gehörte nach der 1898 vom englischen Premierminister Salisbury getroffenen Unterscheidung zwischen den «living and dying nations» den Letzteren an. Der Fortschritt der Geschichte befand sich in der Selbstwahrnehmung der Weltpolitiker eindeutig auf der Seite der imperialistischen Mächte. Die Gegenwart interpretierten sie daher als eine historische Zäsur, in der über die Teilhabe an der Zukunft entschieden werde. Es herrschte, so die zweite generelle Vorstellung, eine scharfe Rivalität zwischen den Mächten, die nur geringfügig ausgeglichen werden könne. Es konkurrierten miteinander die imperialen Nationalstaaten, aber in manchen Auslegungen auch Zivilisationen, politische Systeme oder unterschiedliche Formen des Kolonialismus. Der imaginierte Rahmen war dehnbar, wenngleich sich in seinem Mittelpunkt meist bestimmte Staaten befanden. Auf dem Feld der Diplomatie schlossen die Regierungen Allianzen ab, womit die Auseinandersetzungen zwar in traditionelle diplomatische Formen gefasst waren, aber gleichzeitig auch die Blockbildung vor dem Ersten Weltkrieg in das antagonistische Verständnis einer über Europa hinausreichenden Weltpolitik eingebunden war und dann spätestens im Krieg ideologisiert wurde.

Ein bestimmtes Maß an Milderung erfuhr die Rivalität durch ein weiteres Moment der Weltpolitik, nämlich durch die wiederholt gezeigte Bereitschaft der europäischen Mächte, koloniale Einflusssphären einvernehmlich abzustecken. Russland und Großbritannien unterzeichneten zu diesem Zweck 1907 eine Konvention, bezogen auf Persien, Afghanistan und Tibet, Großbritannien und das Deutsche Reich 1898 sowie erneuert 1913 eine über die Aufteilung der afrikanischen Kolonien Portugals. 1900 folgte hinsichtlich der von den Vereinigten Staaten angeregten Politik der «Offenen Tür» für China das Jangtse-Abkommen. Zumindest denkbar war ferner die Neutralisierung von Gebieten, wie sie die Teilnehmer der Berliner Afrikakonferenz 1884/85 für das Kongogebiet vereinbarten. Schließlich konnte eine Internationalisierung wie im Falle der marokkanischen Stadt Tanger und ihrer Umgebung, die seit 1892 vom diplomatischen Korps verwaltet und deren internationaler Status 1906 in der Akte von Algeciras bestätigt wurde, die Konkurrenz, hier vor allem zwischen Spanien und Frankreich, eindämmen. Wie die Beispiele erkennen lassen, eröffneten sich außenpolitische Möglichkeiten für einen Ausgleich in Übersee, in Asien, aber vor

4. Expansion, Blockbildung und Krisenmanagement

allem in Afrika, der in der kolonialen Praxis vor Ort noch ausgeprägter stattfand. Innerhalb Europas hingegen erwiesen sich ähnliche Formen des Balancierens zwischen den Allianzen und in der Rüstungspolitik als kaum möglich.

Der Kolonialismus verschärfte also trotz des Bewusstseins, dass nun am Ende des 19. Jahrhunderts der Globus völlig erschlossen und aufgeteilt sei, nicht zwingend die Rivalität, sondern schuf auch Felder für Verständigungsbemühungen zwischen den Imperien. Noch weniger eindeutig verhielt es sich hinsichtlich des weltpolitischen Denkens, das sich auf einen dritten allgemeinen Gesichtspunkt, die wirtschaftliche Expansion, bezog. Einige Wirtschaftspublizisten und -wissenschaftler lösten die Weltpolitik gleichsam in der Weltwirtschaft auf. Andere beschäftigten sich differenziert mit der Rolle des Politischen in der Weltwirtschaft. Der österreichische Nationalökonom Rudolf Kobatsch (1868–1929) etwa erwartete 1907 neben der Zunahme von ökonomischen Interessenkonflikten gleichzeitig eine Zunahme von Interessengemeinsamkeiten und damit eine Annäherung der Wirtschaftspolitik an pazifistische Prinzipien. Umgekehrt sahen die meisten deutschen Nationalökonomen die Weltpolitik als Motor und als ein Instrument zur verstärkten Integration in die globale Ökonomie. Kontrovers diskutiert wurde überall in Europa die politische Entscheidung zwischen Freihandel und Schutzzöllen, wobei die Forderungen des britischen Kolonialministers Joseph Chamberlain nach der Einführung von Zöllen letztlich auf eine Stärkung des britischen Empires abzielten und somit weltpolitisch gedacht waren. Damit ähnelten sie Plänen für die Bildung von Zollallianzen, die mehrere Volkswirtschaften miteinander verbinden sollten, während sie die verschiedenen Zollunionen gegeneinander ins Spiel brachten. Gesamteuropäisch, in Abgrenzung zur wachsenden amerikanischen Wirtschaftsmacht, argumentierten dabei 1898 etwa Marcel Dubois (1856–1916), Professor für Kolonialgeographie an der Sorbonne, und sein Landsmann, der Ökonom Pierre Paul Leroy-Beaulieu (1843–1916). Der in Breslau wirkende Nationalökonom Julius Wolf schlug 1901 in seinem Buch *Das Deutsche Reich und der Weltmarkt* anstelle einer «den

Planeten umfassenden Weltwirtschaftspolitik» den «familienmäßigen Zusammenschluss einer Anzahl von Völkern» vor, die «zu gegenseitiger Handreichung auf dem wirtschaftspolitischen Gebiet bestimmt sind». 1904 beteiligte er sich maßgeblich an der Gründung des Mitteleuropäischen Wirtschaftsvereins, der zunächst Industrielle und Verbände vorwiegend aus Sachsen und Schlesien zusammenbrachte, um für ein größeres kontinentaleuropäisches Wirtschaftsgebiet zu werben, das der weltwirtschaftlichen Macht Großbritanniens und Amerikas begegnen könne.

Zum weltpolitischen Denken des Imperialismus gehörte als Viertes die allgemein verbreitete Vorstellung von Handlungs- und Schicksalsgemeinschaften, die jedoch unterschiedlich fundiert und verschieden konturiert waren. Prominent war die Idee, dass die Beziehungen zwischen höher- und minderwertigen Rassen die welthistorische Entwicklung der Gegenwart bestimme. Dies schlug sich konkret im Umgang mit den Bewohnern der Überseekolonien nieder, wo weiße Siedlerkolonien anders verwaltet und regiert wurden als etwa asiatische oder, wieder anders, afrikanische Völker. Der französische naturwissenschaftliche Publizist und republikanische Politiker Jean-Marie de Lanessan (1843–1919), Marineminister von 1899 bis 1902, begründete die Vorherrschaft der Europäer naturhistorisch-anthropologisch und rechtfertigte die europäische Expansion allgemein damit, dass sie der welthistorischen Aufgabe der höheren Rassen entspreche. Der englische Soziologe Benjamin Kidd (1858–1916) erklärte in seinem erfolgreichen Buch *Social Evolution* von 1894 die angelsächsische Rasse «mit all den herrlichen Freiheits-, Religions- und Staatsidealen» für die weltweit überlegene Rasse, weil sie aufgrund ihrer in der Religion begründeten Werte «sozial effizient» sei. Er meinte, «die Unterwerfung oder auch die langsame Ausrottung der tiefer stehenden Rassen füllt nicht ein Blatt in der Geschichte». Die Kategorie der Rasse diente nicht nur zur Hierarchisierung und Differenzierung, sondern bildete gleichzeitig ein dynamisches Prinzip, das als wissenschaftlich erforschbar galt. Auf dem ersten Universal Races Congress, der 1911 in London stattfand, stimmten die Teilnehmer aus allen Kontinenten weitge-

4. Expansion, Blockbildung und Krisenmanagement

hend darin überein, dass die Entwicklung der einzelnen Rassen und ihre Beziehungen zueinander, wenn sie rational gestaltet würden und sich entfalteten, den Fortschritt der Menschheit beförderten und zu einer gleichsam natürlichen Ordnung führten. Die versammelten Naturwissenschaftler, Anthropologen, Soziologen, Historiker und Vertreter anderer Disziplinen verwandten «Rasse» dabei als eine Schlüsselkategorie, die naturgeschichtlich aufgeladen war, die aber erlaubte, in unterschiedlicher Akzentsetzung verschiedene Faktoren von der Biologie über die Geographie bis zur Kultur zu behandeln.

Das Vordringen von Denken in Rassekategorien trat im weltpolitischen Denken der verschiedenen, früher entstandenen «Pan»-Bewegungen zutage. Sie bezogen sich zunächst auf sprachlich-kulturelle oder konfessionelle Gemeinsamkeiten, im Imperialismus betonten sie dann jedoch zunehmend die «rassischen» Grundlagen ihrer staatenübergreifenden Gemeinschaft. Panslawismus, Pangermanismus, Anglosaxonismus und Latinität bildeten eine Art von Erweiterungen des Nationalismus und waren gleichzeitig konfessionell grundiert durch Orthodoxie, Protestantismus oder Katholizismus. Sie galten als Aktionsgemeinschaften (Heinz Gollwitzer), welche weltpolitische Aufgaben, etwa in der asiatischen Expansion Russlands oder im russischen Schutz für orthodoxe Christen im Nahen Osten, zu erfüllen hätten. Manche fassten auch die Kontinente als übernationale Schicksalsgemeinschaften auf, was sich vor dem Ersten Weltkrieg politisch nur schwach in einem Pan-Europäismus, aber etwas stärker im Pan-Amerikanismus und in emanzipatorischer Absicht im Pan-Asiatismus oder im Pan-Afrikanismus ausdrückte. Negativ bewertet, beschäftigte manche Zeitgenossen die Furcht vor imaginierten Weltgefahren wie der «Gelben Gefahr», der «Mohammedanischen Gefahr» als Mobilisierung von Afrikanern durch den Islam oder der «zionistischen Weltverschwörung».

Eine fünfte im Imperialismus allgemeine Denkfigur waren geographisch bestimmte Theorien der Weltpolitik. In ihnen wurden geographische Lage, geostrategische Umstände und demographische Kräfte in einen fast gesetzmäßig wirkendenden Zusammenhang gebracht. Der deutsche Geograph Friedrich Ratzel (1844–1904) etwa verknüpfte geographische Beschreibungen mit gesellschaftlich-politischen Projektionen, in die zugleich auch biologisch-rassische Überlegungen maßgeblich einflossen. Für das weltpolitische Denken der *Politischen Geographie*, wie der Titel seines 1897 erschienenen, einflussreichen Buchs lautete, kennzeichnend waren Begriffe wie Rand- oder Mittellage, politischer Raum, Raumzwang, landlose Macht oder Land ohne Volk, während Geopolitik als Wort, das diese Art des politischen Denkens in geographischen Maßstäben konzise bündelte, erst im Ersten Weltkrieg auftauchte. Für die Art, wie die politische Geographie im engen Zusammenhang der politischen Mächtebeziehungen stand, mag der britische Geograph Halford J. Mackinder exemplarisch stehen. Sein 1904 gehaltener Vortrag «The Geographical Pivot of History» thematisierte das Streben Russlands, mit einer vergrößerten Flotte freien Zugang zu den Weltmeeren zu erlangen. Wenn das Land sein Ziel etwa durch ein Bündnis mit dem Deutschen Reich erreiche, dann könnte es ein Weltreich aufbauen. Die Voraussetzung hierfür sah Mackinder in der Kontrolle einer Region, die er als geographischen Angelpunkt bezeichnete: Sie umfasste den eurasischen Block mit Russland im Zentrum und bot dem Geographen zufolge die besten Voraussetzungen für größte militärische und wirtschaftliche Mobilität. Um dieses «Herzland» lag ein innerer Bogen von Randregionen mit Deutschland, Österreich, der Türkei, Indien und China, der selbst wiederum umgeben war von einem äußeren Bogen aus Großbritannien, Südafrika, Australien, Nordamerika und Japan. Die Besonderheit der Randregionen bildete ihr Zugang zur See. Mackinder behauptete, dass sich die Weltpolitik immer um den Staat, der diesen geographischen Angelpunkt und seine Landmassen kontrollierte, drehe. Man kann Mackinders Ausführungen als eine geographisch-politische Theoretisierung der außenpolitischen Beziehungen der Weltmächte, insbesondere Großbritanniens und seiner Stellung zu Russland, verstehen. Sie können aber auch allgemeiner als ein kontinental orientierter Gegenentwurf zu den Thesen des amerikanischen Admirals Alfred T. Mahan (1840–1914) gelesen werden. Dieser hatte 1890 eine weit beachtete historische Darstellung über den Einfluss der Seemacht auf die Geschichte vorgelegt. Sie behandelte eigentlich die Zeit von 1660 bis 1783 und, daran anschließend, im zweiten Band, bis zum Britisch-Amerikanischen Krieg von 1812. Doch die Marinestrategen aller Länder zogen daraus an der Wende zum 20. Jahrhundert direkte Lehren für ihre flottenpolitischen Forderungen, so dass sich Mahans meeresgeographisch basierter Entwurf unmittelbar auf die rüstungs- und weltpolitischen Beziehungen auswirkte.

Als Sechstes gab es schließlich einen «ethischen Imperialismus» im weltpolitischen Denken der Zeit. Darunter fallen Bestrebungen, die auf eine Humanisierung des Imperialismus abzielten, ihn also nicht ablehnten, sondern sich im Rahmen imperialistischer Politik für eine humane Praxis einsetzten und darüber hinaus durch ein humanes Verhältnis der Imperien untereinander eine friedliche Weltordnung zu schaffen hofften. Nach dem Weltkrieg fand diese doppelte Stoßrichtung 1922 in dem Buch *The Dual Mandate* von Frederick Lugard (1858–1945) Ausdruck: Der britische Kolonialoffizier und Generalgouverneur von Nigeria propagierte darin eine Verpflichtung des britischen Empires sowohl gegenüber der indigenen Bevölkerung als auch gegenüber der Menschheit. Ähnliche Ideen, die angesichts der Tätigkeit Lugards und seiner rassistischen Einstellungen gegenüber Afrikanern kaum der eigenen Praxis entsprachen, fanden sich auch schon bei anderen Autoren, so etwa bei dem Politiker, Zeitungsherausgeber und Diplomaten Philip Kerr (1882–1940). Kerr gehörte ab 1905 einer Gruppe von jungen Kolonialbeamten im Umkreis des Hohen Kommissars für Südafrika Alfred Lord Milner an, die eine stärkere Beteiligung vor allem der weißen Siedlerkolonien an der Regierung des Empires und damit seinen Umbau zu einem föderalen Commonwealth forderten. Er entwickelte ein etwas weniger vorurteilsbehaftetes Verständnis von den indigenen Bevölkerungsgruppen als die anderen Reformer und verkündete 1916 dann eine Schutzverpflichtung der fortgeschrittenen Zivilisationen sowie eine Erziehungsaufgabe, die zur künftigen Selbständigkeit ermächtigen sollte. Für die internationale Politik relevant wurden solche Ideen einer Art Treuhandschaft dann im Mandatssystem des Völkerbunds in der Zwischenkriegszeit. Die rhetorische Legitimation von Herrschaft und die Abwehr der Ansprüche seitens anderer Imperien ist offenkundig, sollte aber nicht als alleiniger interessegeleiteter Kern solcher ethischen Forderungen gesehen werden. Vor 1914 fußten diese, ohne unmittelbaren weltpolitischen Bezug, auch auf einem humanitären Engagement, das oft religiös und missionarisch begründet war und den zivilisatorisch-rassischen Hierarchien folgte. Seine konkrete Ausprägung fand der Humanitarismus in Kampagnen zur Abschaffung der Sklaverei, in Schutzmaßnahmen für bedrohte Völker, in der Gesundheitspflege und Erziehungstätigkeit der Missionen sowie in Maßnahmen gegen Hungerkrisen. Diese Aktivitäten und ihre Rechtfertigung stützten insgesamt die Kolonialherrschaft vor Ort, selbst wenn oder gerade weil «Exzesse» angeprangert wurden, während der Herrschaftsrahmen selbst unangefochten blieb.

Der europäischen Kolonialismuskritik im Zeitalter des Imperialismus ging es, wie der Historiker Benedikt Stuchtey folgert, vornehmlich um Herrschaftsreformierung und politische Stabilität. Seltener wurden die Kritiker zu ausdrücklichen Feinden der Expansion, meist entwickelten sie sich zu Vertretern eines Interessenausgleichs. Damit konnte aber der Übergang zur Konzeption einer Weltordnung, die nicht auf kolonialer Expansion und imperialistischer Vorherrschaft, sondern auf einer internationalen Verflechtung im Weltmaßstab beruhte, auch fließend sein. In den etwa vier Jahrzehnten vor dem Ersten Weltkrieg wurden verschiedene alternative Ordnungsvorstellungen entwickelt, welche anstelle der nationalstaatlichen Weltpolitik eine freie Weltmarktpolitik, verbunden mit moralisch-humanitärer Mission oder Formen der internationalen Organisation in Ökonomie und Politik, als mögliche Zukunft propagierten. Gemeinsamer Ausgangspunkt war, dass zwischen den territorial-staatlichen und den ökonomischen Gefügen eine Diskrepanz wahrgenommen wurde. Die eine, freihändlerisch orientierte Seite erwartete von den weltwirtschaftlichen Kräften eine friedensstiftende Wirkung, welche die weltpolitische Rivalität aufheben würde. Die andere glaubte hinter der imperialistischen Politik die Interessen großer Unternehmen und des Kapitals zu erkennen, die es organisatorisch einzuhegen gelte. Der britische Ökonom J. A. Hobson (1858–1940) analysierte diese Konstellation in seinem Buch *Imperialism* von 1902. Er befürwortete eine Intervention der europäischen Staaten zugunsten der wirtschaftlich und politisch weniger entwickelten Nationen. Moderiert werden sollten die Beziehungen zwischen den unterschiedlichen Ländern durch neu zu schaffende, demokratisch aufgebaute internationale Organisationen, die dafür sorgen sollten, dass der Fortschritt allen zugutekomme. Nationalstaaten und Internationalismus bildeten dabei keinen Gegensatz, sondern wirkten zusammen. Solche nichtimperialen Konzepte erlangten erst mit dem Weltkrieg mehr Einfluss, vor 1914 dominierten die imperialistischen Grundideen das weltpolitische Denken.

Neben den bisher vorgestellten Elementen weltpolitischen Denkens lassen sich im Zeitalter des Imperialismus auch explizit antikoloniale Ideen identifizieren, die nicht nur in, sondern auch außerhalb Europas, wenngleich in Auseinandersetzung mit europäischem Denken und Institutionen, entwickelt wurden. Die Ansätze reichten von sozialistischer Kritik, die Elemente der freihändlerischen, humanitären Argumente übernahm, über panafrikanische Bewegungen, die stark von nordamerikanischen Entwicklungen geprägt waren, bis zum Panislamismus, der religiös-politisch sich sowohl gegenüber Europa als auch gegenüber türkischem Nationalismus und ethnischem Panarabismus abgrenzte. In Japan entstand eine Art «Gegenimperialismus» (Gollwitzer), der neben japanischer Großmachtpolitik in Asien auch Elemente einer asiatischen Emanzipationsideologie enthielt, welche in anderen Ländern Anklang fand. Mit welchen Instrumenten und in welchen Formen antikoloniale Bewegungen politisch aktiv werden sollten, war Gegenstand von Debatten, wie sie etwa die unterschiedlichen Haltungen Gandhis (1869–1948) und Rabindranath Tagores (1861–1941) zum Nationalismus spiegeln. Wie Michael Collins zeigt, lehnte der indische Schriftsteller, Nobelpreisträger von 1913 und politische Philosoph den antikolonialen Nationalismus ab, weil er darin eine Übernahme übler Elemente westlicher Politik sah, die aus dem Nationalismus in den Imperialismus geführt hätten. Anstelle von Boykott und gewaltfreiem Widerstand sowie eines funktionalen Nationalismus, der nach der Unabhängigkeit in ein Modell sich selbst verwaltender Agrargemeinden münden sollte, setzte Tagore anders als Gandhi nicht auf Politik und Staat, sondern auf die Rückbesinnung auf ein sozial-religiöses Modell indischer Tradition. Seine Vorstellung verkörperte ein Ideal gesellschaftlicher Verantwortung und einen universalistischen Anspruch, der auf die Einheit der Menschheit zielte. Seine Kritik am modernen Nationalismus richtete sich damit sowohl gegen europäische als auch gegen indische Nationalisten. Indien rückte ins Zentrum und sollte ideell und gesellschaftlich nach Europa ausstrahlen: Das war eine fundamentale Kritik und bedeutete eine Umkehr des dominanten europäischen weltpolitischen Denkens, dessen imperialistischer Fortschrittsglaube damit infrage gestellt wurde.

Aneignung der Welt

Die weltpolitischen Ideen begleiteten eine bestimmte Epoche in der langen Geschichte der europäischen Expansion; sie regten an und dienten den Zeitgenossen als Legitimation für die fortgesetzte Aneignung der Welt im 19. Jahrhundert. Reinhard Wendt spricht für die Zeit ab 1858, dem Jahr der Auflösung der East India Company im Gefolge des großen indischen Aufstands, von der Phase der europäischen Dominanz. Sie dauerte bis zur Weltwirtschaftskrise 1929 und im Falle des größten Weltreichs bis zur Gewährung der Unabhängigkeit der britischen Siedlungskolonien im Statut von Westminster 1931. Doch schon vor dem Ersten Weltkrieg gab es erste, wenngleich an der europäischen Vorherrschaft noch nichts grundsätzlich ändernde Anzeichen für eine künftige Ergänzung der globalen Machtzentren jenseits des Atlantiks durch die Vereinigten Staaten und im Fernen Osten durch Japan. Die Aufteilung der Welt durch die alten und neuen europäischen Imperien beruhte zunehmend auf einer asymmetrischen Machtverteilung, die sich in den

4. Expansion, Blockbildung und Krisenmanagement

Kolonialkriegen in militärischer Überlegenheit manifestierte. Die Europäer verhielten sich jenseits der kontinentalen Grenzen wesentlich weniger friedlich, als es ein verengter Blick auf das in der zweiten Hälfte des 19. Jahrhunderts selbst keineswegs friedfertige «Europäische Konzert der Großmächte» mit seinen Bündnissen und Allianzen erscheinen lässt.

Die kolonialen Räume, welche die europäischen Staaten bis in das frühe 20. Jahrhundert für sich beanspruchten und vereinnahmten, umfassten weite Teile der Welt. Ausgenommen waren in Afrika schließlich nur Äthiopien und das westafrikanische Liberia, wo freigelassene Sklaven aus den USA siedelten; im Nahen Osten und Asien blieben Persien, Afghanistan, Siam, Tibet und weite Teile Chinas formal selbständig sowie Japan als selbst imperial agierender Staat. Unabhängig waren ferner selbstverständlich die in der ersten Dekolonisation souverän gewordenen USA und die Staaten Lateinamerikas, wobei auf den karibischen Inseln sowie den Territorien von Britisch-Guayana, dem niederländischen Suriname und Französisch-Guayana in Südamerika einige europäische Kolonialgebiete Bestand hatten. Fasst man die europäische Dominanz weiter als nur im Sinne der formalen Fremdherrschaft über ein Territorium und seine Bevölkerung, indem man die starke Beeinflussung einer überseeischen Volkswirtschaft, also die informelle Vorherrschaft europäischer Interessen, gegebenenfalls mit oder ohne rechtliche Sonderstellung europäischer Staatsangehöriger, einschließt, dann blieb tatsächlich auch in Südamerika und Asien kaum eine Ecke übrig, in der europäische Interessen nicht dominierten. Mit dem Zusammenbruch des Osmanischen Reichs im Gefolge des Ersten Weltkriegs und den aus seiner Erbmasse entstandenen Mandatsgebieten weiteten die europäischen Staaten zwar ihre Expansion räumlich nochmals aus, doch hatte die globale Vorherrschaft Europas bereits um 1900 ihren historischen Höhepunkt erreicht.

Die Führungsrolle – und streng genommen das einzige wirklich globale Imperium im 19. Jahrhundert – besaß Großbritannien. An der kolonialen Expansion beteiligten sich allerdings zahlreiche europäische Staaten: Weiterhin präsent blieben Spanien, Portugal und die Niederlande, die schon seit der Frühen Neuzeit in Übersee aktiv gewesen waren; Frankreich nahm ebenfalls gleichsam einen neuen Anlauf in globalem Maßstab. Hinzu kamen in der zweiten Jahrhunderthälfte vor allem das Deutsche Reich, Italien und Belgien schwerpunktmäßig in Afrika, während Russland seine imperiale Ausdehnung kontinental nach Asien fortsetzte. Selbst Österreich-Ungarn, das keine Seemacht und auf dem Kontinent keine größeren Möglichkeiten zur territorialen Ausdehnung besaß, annektierte noch 1908 Bosnien und die Herzegowina und suchte seinen Einfluss in Südosteuropa geltend zu machen. Mit dem spanisch-amerikanischen Krieg 1898, der zur Übernahme der Philippinen, Puerto Ricos mit den spanischen Jungferninseln, Guams und Costa Ricas durch die USA und deren informeller Vorherrschaft in Kuba führte, griff auch die nordamerikanische Macht als ehemalige, unabhängig gewordene Siedlungskolonie nach Übersee aus. Und Japan stieg zur Kolonialmacht auf, als es nach dem ersten chinesisch-japanischen Krieg 1895 Taiwan und nach dem Russisch-Japanischen Krieg Korea 1905 zunächst als Protektorat, ab 1910 dann als Kolonie beherrschte sowie seinen Einfluss in der nordostchinesischen Mandschurei und dem besetzten Süden der Halbinsel Sachalin geltend machte. Der Kolonialismus war also schon vor dem Weltkrieg kein rein europäisches oder westliches Phänomen, doch stellten die europäischen Staaten und Gesellschaften die dynamischen Akteure bei der Inbesitznahme der Welt.

Die europäische Expansion gewann vor allem in der zweiten Hälfte des 19. Jahrhunderts an Intensität und Dynamik. Zeitlich lassen sich die ersten expansiven Bewegungen schon vor der Jahrhundertmitte beobachten, als Frankreich 1830 begann, Algerien militärisch zu erobern, und Russland seine Feldzüge im Kaukasusgebiet wieder aufnahm. In beiden Fällen zog sich die militärische Etablierung der kolonialen Herrschaft über Jahrzehnte hin und war mit Gewalt, immer neuen Kampagnen und Widerstand der einheimischen Bevölkerungsgruppen verbunden. Erst mit der Niederschlagung eines Aufstandes in der Kabylei 1871 durch die französische Armee sowie 1859 der Gefangennahme Imam Schamils

(1797–1871), die den russischen Sieg über dessen Imamat im Nordostkaukasus bedeutete, und der endgültigen Niederschlagung der Tscherkessen 1864 wurden stabilere Herrschaftsverhältnisse hergestellt. Algerien, das ab 1848 mit drei Departements politisch Teil des französischen Mutterlandes war und Europäern verschiedener Herkunft als Siedlungskolonie diente, und die Kaukasusregion waren damit militärisch gesichert. Die Vorgänge sind mit der zeitgleichen Westexpansion der USA vergleichbar, nur dass dort die einheimische Bevölkerung vertrieben, umgebracht oder ihrer Lebensgrundlage beraubt wurde. In Algerien kam es zwar auch zu massiven Vertreibungen und zur Vernichtung, doch sollten die Indigenen als Arbeitskräfte erhalten bleiben, während im Kaukasus nach der Zerschlagung des islamischen Staates mehrere Hunderttausend Muslime ins Osmanische Reich flüchteten und vertrieben wurden, Kosaken und ukrainische Bauern sich ansiedelten und eine administrative und kulturelle Russifizierung einsetzte.

In Asien bildete die Herrschaft über Indien die zentrale Schaltstelle für das britische Empire im 19. Jahrhundert. Der Große Aufstand in Indien 1857 bis 1859 bedrohte diese Herrschaft, ohne sie grundsätzlich zu gefährden. Ausgangspunkt war eine Rebellion von indischen Truppen in Bengalen, die sich auf Bauern, Großgrundbesitzer und Handwerker ausweitete, regional aber nur Teile Nordindiens und nicht den ganzen Subkontinent erfasste. Nach der brutalen Niederschlagung organisierte die britische Regierung auch die Herrschaft neu, indem sie die Ostindische Kompanie auflöste und die indischen Besitzungen ab 1858 als Kronkolonie direkt verwaltete. Hier lässt sich exemplarisch der Übergang von der sogenannten Kompaniephase zur imperialen Herrschaft festmachen, auch wenn die Ostindische Kompanie schon lange keine reine Handelsgesellschaft mehr gewesen war, sondern gleichsam als Territorialherrin ihre Gebiete verwaltet, Steuern eingenommen und ihren Besitz militärisch gesichert hatte. Großbritannien suchte seine Kontrolle in der umliegenden Weltregion in den folgenden Jahrzehnten auszuweiten und gegen europäische Konkurrenten zu sichern. Mit der Etablierung Abdur Rahmans (ca. 1844–1901) im Jahr

1880 als afghanischer Herrscher infolge des zweiten Afghanistankrieges erlangte es nicht nur einen bis 1919 reichenden Einfluss auf das nordwestlich seiner indischen Kolonie liegende Land, sondern erreichte auch eine Einigung über die Einflusssphären mit Russland. 1886 folgte im Osten Richtung Südostasien die Eingliederung Burmas in Abgrenzung zur französischen Herrschaft in Indochina. Zwischen 1874 und 1900 dehnte Großbritannien weiter in Südostasien seinen Einfluss in Malaya aus, indem es mit mehreren Staaten der sogenannten Föderierten Malaiischen Staaten Verträge abschloss, die britische Residenten als Berater der Sultane bzw. tatsächliche Entscheidungsträger etablierten. Über weitere malaiische Herrschaften besaß Großbritannien mehr oder weniger Einfluss, und die Straits Settlements an der Straße von Malakka, zu denen Singapur gehörte, wurden als Kronkolonie verwaltet. Neben der strategischen Kontrolle des Seewegs diente die imperiale Vorherrschaft den Briten vor allem der Sicherung von Rohstoffvorkommen an Zinn und Kautschuk. Schon 1824 gelang auch eine Abgrenzung der Sphären in Niederländisch-Ostindien, wo der niederländische Staat bis zum Beginn des 20. Jahrhunderts seine koloniale Kontrolle auf das gesamte, später zum unabhängigen Indonesien gehörende Territorium ausweitete und festigte.

Chinesische Gebiete wurden nur an wenigen Plätzen formal zu Kolonien, etwa im britischen Hongkong ab 1842 als Kronkolonie, ab 1898 mit zusätzlichem Pachtgebiet oder im deutschen Qingdao ab 1898. China steht vielmehr für den informellen Imperialismus, mit dem sich die europäischen Mächte unter Einsatz von Gewaltmitteln vor allem wirtschaftlichen Einfluss sicherten. Auch hier waren die Briten im 19. Jahrhundert Vorreiter, als sie 1840 bis 1842 den ersten Opiumkrieg führten und das Kaiserreich vertraglich zwangen, britischen Händlern Vorrechte einzuräumen. Diesem Vertrag folgten 1856 bis 1860 ein zweiter Opiumkrieg Großbritanniens und Frankreichs gegen China sowie weitere «ungleiche Verträge», auch mit anderen europäischen Staaten, die eine Reihe von Vertragshäfen einrichteten und damit die Zölle für Einfuhren Chinas kontrollierten. Ferner sahen die Verträge Konzessionen für Eisenbahnbau und Bergbaurechte vor und ließen europäische Aktivitäten entlang der Flüsse bis ins Innere zu. Christliche Missionsgesellschaften erhielten die Erlaubnis zur Missionierung und einen exterritorialen Status. Die Zugeständnisse, die das chinesische Kaiserreich machen musste, gipfelten in den Reparationen und Zwangsanleihen, welche die europäischen Mächte Großbritannien, Frankreich, Deutschland, Italien, Russland und Österreich-Ungarn sowie die USA und Japan im Anschluss an den sogenannten Boxerkrieg und die Strafexpedition 1901 dem Land auferlegten.

Breite Aufmerksamkeit erregte zeitgenössisch die Aufteilung Afrikas durch die europäischen Mächte. Hier gab es einen ganzen Kontinent, dessen Inneres nach dem Verständnis der europäischen Imperialisten noch zu «entdecken» war, der «niemandem» gehörte und zum «Zugreifen» einlud. In Nordafrika kann die Aufteilung einschließlich der Besetzung und Errichtung des britischen Protektorats über Ägypten 1882 im Wesentlichen als eine langfristige Ablösung osmanischer Vorherrschaft begriffen werden. Die Aufteilung und schließlich «Durchdringung» des restlichen Kontinents erfolgte im Wettbewerb zwischen den europäischen Mächten. Die Vereinnahmung verlief zwar spannungsreich, aber letztlich zwischen den europäischen Mächten friedlich, gegenüber den afrikanischen Herrschaften und Gesellschaften jedoch häufig gewaltsam.

Ein diplomatischer Höhepunkt des europäischen Imperialismus in Afrika war die Berliner Afrikakonferenz 1884/85. Beteiligt waren außer Deutschland noch Großbritannien, Frankreich, Italien, Portugal, Spanien, die Niederlande, Belgien, Dänemark, Schweden-Norwegen, Österreich-Ungarn, Russland und schließlich die USA und das Osmanische Reich. Vordringlich ging es darum, den freien Zugang zum weiteren Einzugsgebiet des Kongo zu regeln. Die abschließende Kongo-Akte von 1885 bezog sich auf Zentralafrika und die Gebiete von Kamerun über den Norden Angolas und Mosambik bis Tansania und zum Sudan. Neben der Erklärung der Handelsfreiheit für europäische Firmen hatte sie die Bildung des Kongo-Freistaats zum Ergebnis, den der belgische König Leopold II. in separaten Protokollen als Privatbesitz für die wirtschaftliche Ausbeutung zugesprochen bekam. Weiter wurde allgemein festgehalten, dass der Erwerb einer Kolonie im europäisch-rechtlichen Verständnis voraussetzte, dass die betreffende Macht das Territorium effektiv kontrollierte. Die Aufteilung Afrikas ging nach der Konferenz entsprechend weiter – im durchaus spannungsreichen Wettbewerb, der etwa 1898 zu einer ernsthaften Krise zwischen zwei europäischen Mächte führte: 600 Kilometer südlich von Karthum standen sich damals bei Faschoda französische Offiziere mit senegalesischen Soldaten und eine britische Truppe mit ägyptisch-sudanesischen Männern gegenüber. Die weitreichenden Pläne, das französische Westafrika vom Senegal über den Tschad transkontinental bis zum Indischen Ozean zu verbinden, kreuzten sich im «fehlenden» Stück zwischen Kongo und Nil mit ähnlich megalomanen britischen Ideen, vom Kap der Guten Hoffnung im Süden bis Kairo im Norden eine britisch beherrschte «Landbrücke» zu errichten. Im Gegensatz zur öffentlichen Aufregung in der Presse einigten sich die beiden Regierungen friedlich.

Warum kam es in der zweiten Hälfte des 19. Jahrhunderts zur weitgehenden kolonialen Aneignung der Welt durch die europäischen Mächte? Es lassen sich verschiedene Gründe erkennen, je nachdem, welche Akteure, Orte und Ebenen man in den Blick nimmt, warum die Errichtung von Kolonialherrschaft einigen Gruppen vorteilhaft erschien. An der Expansion beteiligten sich vielfältige Kräfte: Händler, Abenteurer, Missionare, Siedler, Wissenschaftler, Beamte und Soldaten, die jeweils unterschiedliche Motive dafür besaßen, in Übersee oder in der kontinentalen Expansion aktiv zu werden. Das verstärkte koloniale Engagement der Staaten erleichterte ihnen die Geschäfte und Verwirklichung ihrer Ziele, ohne dass ihre eigenen Interessen mit denen der Regierungen deckungsgleich sein mussten. Eine Rolle spielten in konkreten Situationen auch örtliche Krisen, welche die bis dato eingespielte Kooperation zwischen europäischen und einheimischen Kräften erschütterten und den Ruf nach stärkerem Engagement der Mutterländer zur Unterstützung ökonomischer Interessen aufkommen ließen. Für bestimmte Wirtschaftszweige und einzelne Unternehmen in den Metropolen war der gesicherte Zugang zu agrarischen und anderen Rohstoffen wichtig. Finanzinteressen richteten sich hingegen weniger auf die territoriale Kolonialherrschaft, sondern eher auf informelle Dominanz. Unter dem Blickwinkel der europäischen Staatenbeziehungen bietet die Antwort des Historikers Christopher Bayly auf die Frage, warum die europäischen Regierungen so entschlossen und in solchem Umfang Kolonialherrschaften errichten, einen überzeugenden Ansatz. Er sieht die Erklärung darin, dass einerseits europäischen Interessen die weltweite Expansion attraktive Möglichkeiten zu eröffnen schien, während sich gleichzeitig die europäischen Nationalstaaten – und auch die Vereinigten Staaten und Japan – administrativ, militärisch und industriell so entwickelten, dass sie ihre Machtmittel jenseits des Kontinents projizieren konnten. Andererseits kamen in Übersee nationalpolitische Bewegungen auf, die sich gegen die zunehmende fremde Dominanz auflehnten. Zu den außereuropäischen Nationalismen zählt Bayly ägyptische Bewegungen vor der britischen Besetzung von 1882, ferner den Patriotismus der Buren, der sich bereits vor dem südafrikanischen Krieg 1899 gegen die expansive britische Landnahme richtete. Auch in den bereits beherrschten Gebieten Indien oder Indochina drängten die europäischen Verwalter auf ein stärkeres staatliches und auch militärisches Engagement der Metropolen, um den Forderungen nach mehr politischer Partizipation und größerer Freiheit seitens der lokalen Eliten entgegentreten zu können. Der Ausbau Niederländisch-Ostindiens, etwa nach Sumatra, kann zum Teil als Reaktion auf islamisch geprägten Widerstand an den Rändern des bisherigen Einflussgebietes gesehen werden. Die europäische Konkurrenz und der koloniale Widerstand ließen die Regierungen in den Metropolen jeweils Ansprüche abstecken, wo immer sie konnten, bevor andere europäische Nationalstaaten ihre jeweiligen imperialen Absichten verwirklichen oder die eigene Herrschaft vor Ort infrage stellen konnten. In der kolonialen Praxis vor Ort schloss diese metropolitane Konkurrenz eine praktische Zusammenarbeit jedoch keineswegs aus.

Der Imperialismus des späten 19. Jahrhunderts kann insgesamt als Bemühen um politische Kontrolle globaler Zusammenhänge verstanden werden. Nicht die Ableitung von zwischenstaatlichen Spannungen in Europa, sondern die Konkurrenz der imperialen Ambitionen europäischer Nationalstaaten einerseits und das Bemühen um die Wahrnehmung weltweit sich eröffnender Chancen andererseits machen die koloniale Aneignung der Welt in wenigen Jahrzehnten verständlich. Möglich wurde sie aufgrund der technisch-industriellen, ökonomischen und politisch-organisatorischen Schlagkraft der europäischen Staaten. Das im 19. Jahrhundert kennzeichnende nationalstaatlich-imperiale Engagement beruhte jedoch nicht allein auf Gewalt und Auseinandersetzung mit den Kolonisierten. Die europäische Dominanz war keine totale Herrschaft, sondern blieb auf die Kooperation mit lokalen Kräften angewiesen. Die Vorherrschaft nahm je nach Umständen unterschiedliche Formen indirekter oder direkter und formaler oder informeller Herrschaft an. Die Angehörigen der kolonisierten Gesellschaften ihrerseits suchten und wussten die Chancen zu nutzen, die sich hinsichtlich Allianzen mit europäischen Mächten ergaben, um politische und militärische Gegner zu bekämpfen. Manche konnten wirtschaftlich die entstehenden neuen Märkte für Arbeitskraft, Warenproduktion und Verteilung nutzen, andere verloren sie allerdings durch die europäische Dominanz. Auch das Erziehungswesen bot Chancen, die es ohne die kolonialen Einrichtungen nicht gegeben hätte. Der Rahmen für die Beziehungen zwischen den Europäern und den kolonisierten Völkern blieb jedoch ab dem 19. Jahrhundert einer der asymmetrischen Machtverteilung, geprägt vom Glauben an die Fortschrittlichkeit der europäischen Zivilisation, Rassismus gegenüber den einheimischen Gesellschaften und letztlich abgesichert durch militärische Gewalt.

Die Vorherrschaft war prekär, das soll abschließend betont werden. Dies zeigte sich in den vielen Kriegen, die nicht nur in der Phase der Eroberung geführt wurden, sondern die koloniale Herrschaft insgesamt kennzeichneten – bis zu ihrem Ende in den Dekolonisationskriegen des späteren 20. Jahrhunderts. Die militärischen Gewaltanwendungen können als Kolonialkriege zwischen

4. Expansion, Blockbildung und Krisenmanagement

Europäern und indigenen Kräften bezeichnet werden, womit besonders die Erringung und der Erhalt von territorialer Fremdherrschaft hervorgehoben werden. Sie können aber auch, weiter gefasst, als eine Form von Imperialkriegen verstanden werden, womit sowohl die formelle und informelle Eingliederung eines fremden Territoriums in einen bestimmten imperialen Machtbereich als auch die mit Gewalt erzwungene Integration peripherer Gebiete mit einem untergeordneten Status in ein Weltsystem erfasst werden. In der zweiten Hälfte des 19. Jahrhunderts wirkten beide Dimensionen, diejenige des Kolonialkrieges und diejenige des Imperialkrieges, gleichzeitig und in intensivierter Form.

Der besondere Charakter des kolonialen Kriegs wurde daran deutlich, dass bestimmte Unterscheidungen und Normen, die für militärische Gewaltanwendung zwischen europäischen Staaten galten oder eingeführt wurden, nicht angewandt wurden. Die Grenzen zwischen Expedition und Eroberung und zwischen Polizeiaktion und Krieg waren unscharf oder wurden wie diejenige zwischen Kombattanten und Zivilbevölkerung nicht eingehalten. Die Schwelle zwischen Krieg und Frieden war in den Kolonien niedriger als in Europa, wo bestimmte diplomatische Stufen der Eskalation existierten und in vielen Fällen den Ausbruch militärischer Gewalt verhinderten. Die Europäer missachteten das humanitäre Völkerrecht, das sich in Europa seit den 1860er Jahren zu entwickeln begann, insbesondere wenn sie gegen nichteuropäische Völker kämpften. Gefangene wurden misshandelt oder umgebracht – wie im englischen Krieg gegen die Zulu 1879 –, zivile Bevölkerung in Lagern interniert, in der Sprache der Zeit «konzentriert», ohne ausreichend versorgt zu werden – wie auf Kuba 1896/97 in Konzentrationszonen, in Südafrika 1900 oder in Herero-Nama-Krieg 1904. Für die Behandlung der Gegner – Kämpfer und Bevölkerung – erwies sich oft die Unterscheidung zwischen militärischer Eroberung zwecks Herrschaft über Territorien und Menschen auf der einen und militärischer Gewinnung von Siedlungskolonien auf der anderen Seite als entscheidend. Wie die Vertreibung, Ermordung und der Entzug von Lebensgrundlagen der Aborigines in

V. Frieden und Krieg

Australien über Jahrzehnte oder der Völkermord an den Herero und Nama mit bis zu 80 000 Toten in kürzester Zeit zeigen, kannten europäische Siedler und Regierungen kein Erbarmen.

Es gab in der Zeit von 1871 bis 1914 zahlreiche koloniale Kriege und «Strafexpeditionen». Diese militärischen Auseinandersetzungen waren keineswegs durchweg «kleine Kriege», wie es der Titel eines erstmals 1896 erschienenen Buchs des Offiziers und Militärschriftstellers Charles Edward Callwell implizierte. Die Briten brachten 1899 bis 1902 insgesamt 320 000 Mann nach Südafrika. In der Schlacht von Adua kämpften 1896 knapp 18 000 Soldaten auf italienischer Seite; 7000 von ihnen fielen an einem Tag, 1500 wurden verwundet und 3000 gefangen genommen: Den Sieg trug der äthiopische Kaiser Menelik II. mit seinen Truppen davon, nicht weil er mehr als viermal so viele Männer mobilisiert, sondern weil er moderne französische Gewehre mit Magazinen gekauft hatte. Die gewöhnliche waffentechnische Überlegenheit der Europäer war durch den Ankauf unerwartet umgekehrt worden. Der umfangreiche Waffenhandel mit indigenen Gruppen beunruhigte europäische Militärs, konnte aber nicht wirklich unterbunden werden. Die verheerende Wirkung im üblichen Fall veranschaulicht die Schlacht von Omdurman im Jahr 1898, bei der Herbert Kitcheners anglo-ägyptische Streitmacht, die mit Kanonen von Krupp und Maschinengewehren ausgerüstet war, 11 000 Soldaten der Mahdi-Armee mit Dum-Dum-Patronen niederschoss und 16 000 verwundete, während die britische Seite lediglich 49 Tote und etwas weniger als 400 Verwundete zu beklagen hatte. Bei den kolonialen Kriegen der zweiten Jahrhunderthälfte im Kaukasus, in Algerien, im südlichen Afrika, auf den Philippinen oder Kuba gingen die Europäer und US-Amerikaner brutal gegen ihre Gegner vor, auch wenn es sich um Buren oder Kubaner jedweder Herkunft handelte.

Für den Erhalt des Friedens *in* Europa war erstens bedeutsam, dass die Kriege um Errichtung und Erhalt von Kolonialgebieten gleichsam außerhalb des europäischen Staatensystems geführt wurden, also zumeist ohne direkte Rückwirkung auf die Beziehungen zwischen den Staaten in Europa blieben. Die informelle Form der imperialen Machtausübung ließ zweitens zumindest prinzipiell zu, dass private Akteure aus mehreren europäischen Ländern in einem imperialen Raum tätig sein konnten. Der Fall Chinas und in anderer Weise derjenige des weiteren Kongogebietes zeigen, dass sich die Mächte unter Prinzipien wie Freihandel oder «offene Türen» auch zusammentun konnten, um ihre Vorherrschaft über andere gemeinsam und gegebenenfalls mit Gewalt durchzusetzen. In der Gewaltausübung stützten sich die europäischen Militärführer schließlich massiv auf indigene Truppen, häufig aus anderen Gegenden oder Völkern. Im Ersten Weltkrieg sollten dann alle europäischen Mächte bis auf Deutschland (dem das wegen der britischen Seeherrschaft nicht möglich war) ihre «Hilfstruppen» als koloniale Menschenressource auch in Europa einsetzen. Zuvor blieben die Rückwirkungen der imperialen und kolonialen Kriege auf die europäischen Beziehungen im Wesentlichen indirekt und begrenzt.

Fragile Blockbildung 1890 bis 1914
Die Entwicklung des europäischen Staatensystems in den zweieinhalb Jahrzehnten vor 1914 war von einer allmählichen Verfestigung von Allianzen und Bündnissen gekennzeichnet. Dafür spielten koloniale Spannungen und weltpolitisches Denken eine gewisse, in den Jahren um 1900 etwas wichtigere, aber keineswegs über Krieg und Frieden entscheidende Rolle. Aus dem «System der Aushilfen», das noch eine gewisse Flexibilität auszeichnete, entwickelte sich in den beiden Dekaden vor dem Ersten Weltkrieg schrittweise eine Konfiguration zweier widerstreitender, allerdings fragiler Bündnisblöcke: Auf der einen Seite standen Paris und Sankt Petersburg mit London, auf der anderen Berlin und Wien mit Rom. Einen Grundstock aus der vorangegangenen Phase europäischer Politik bildete der Zweibund. Er war 1879 zwischen dem Deutschen Reich und Österreich-Ungarn geschlossen und 1888 teilweise öffentlich gemacht worden. In ihm sicherten die Vertragspartner sich gegenseitigen Beistand zu, falls einer der beiden durch Russland angegriffen würde. Ursprünglich Teil eines komplizierten Bündnissystems Bismarcks, wandelte sich die Bedeutung des Zwei-

bunds nach 1890 und wurde seit der bosnischen Annexionskrise von 1908 von einem Bund zu einem Block ausgestaltet. Hierbei spielten Mitteleuropapläne und nationalistische Agitation eine Rolle; hinzu kamen Absprachen zwischen den Generalstäben der beiden Länder. Mit der Versicherung der Bündnistreue des Deutschen Reiches zu Österreich-Ungarn anlässlich der Annexion von Bosnien-Herzegowina schienen bündnispolitische Alternativen immer weniger denkbar, so dass das deutsch-österreich-ungarische Bündnis trotz teilweise unterschiedlicher Interessen zu einer konstanten sicherheits- und militärpolitischen Allianz vor 1914 wurde.

Ergänzt wurde dieser Block durch den 1882 geschlossenen und bis 1914 mehrfach erneuerten Dreibund zwischen Italien, dem Deutschen Reich und Österreich-Ungarn. Hierbei handelte es sich um ein defensives Bündnis, das Italien außenpolitischen Spielraum verschaffte, indem es auf der einen Seite den Gegensatz zu Österreich-Ungarn über das Trentino und Triest zu neutralisieren suchte und auf der anderen Seite Italien gegen einen französischen Angriff den wechselseitigen Schutz des Deutschen Reichs und zugleich einseitig den Österreich-Ungarns zusicherte. Die italienische Regierung versuchte den Dreibund nach seiner Verlängerung 1887 indirekt auch für die Verwirklichung ihrer kolonialen Expansion in Nordafrika gegen französische Interessen einzusetzen, erhielt für eine derart offensive Instrumentalisierung aber keine Rückendeckung der Bündnispartner. Auch die Spannungen zwischen Italien und Österreich-Ungarn über die erwähnten italienischsprachigen Gebiete sowie die potentiellen Interessenkonflikte auf dem Balkan waren mit dem Dreibund nicht aus dem Weg geräumt, sondern nur sistiert. Daher muss der Dreibund als ein fragiles Bündnis betrachtet werden, das letztlich für den Erhalt des Friedens und die diplomatische Handlungsfähigkeit der Beteiligten nützlich, aber nicht zur Kriegsführung geeignet war. Infolge der Niederlage von Adua 1896 gegen ein äthiopisches Heer suchte Italien nach 1900 einen Interessenausgleich mit Frankreich über koloniale Einflusssphären in Nordafrika, der ihm 1911/12 auch erlaubte, mit dem Osmanischen Reich einen Krieg über Tripolitanien und die Kyrenaika, das Gebiet des späteren Libyens, anzuzetteln, den die deutschen und österreichischen Bündnispartner allerdings nicht unterstützten. Bereits seit 1908 hatte die bosnische Annexionskrise die Spannungen mit Österreich-Ungarn auf dem Balkan wieder verstärkt. Wesentlich für das unsichere Verhältnis zum Dreibund war jedoch neben den kolonialen und irredentistischen Bestrebungen Italiens seine Abhängigkeit von einem guten Verhältnis zu Großbritannien, dessen Flotte das Mittelmeer strategisch beherrschte. Je größer der Gegensatz des Deutschen Reiches zu England, desto weniger war die italienische Regierung bereit, ihre Verpflichtungen aus dem Bund zu erfüllen. Angesichts all dieser Entwicklungen mag es nicht überraschen, dass Italien bei Kriegsbeginn 1914 zunächst neutral blieb und 1915 dann gegen seine ehemaligen Bündnispartner in den Weltkrieg intervenierte.

Für die Entwicklung eines Lagers, das dem Zwei- bzw. Dreibund gegenüberstand, war die französisch-russische Annäherung maßgeblich. Für sie öffnete die Nichterneuerung des deutsch-russischen Rückversicherungsvertrags 1890 die Tür. Auch hier bedurfte es mehrerer Schritte, bis schließlich eine Allianz zwischen Frankreich und Russland existierte, der sich nach 1900 auch Großbritannien – ähnlich wie Italien dem Dreibund nicht ganz fest – anschloss. Das Entstehen dieser Machtgruppierung begann 1892 mit einer russisch-französischen Militärkonvention gegenseitiger Beistandsverpflichtung, die durch einen Notenwechsel Ende 1893 und Anfang 1894 zu einer rechtskräftigen Allianz wurde und bis zum Weltkrieg hielt. Diese Annäherung führte Frankreich aus der bündnispolitischen Isolation, in der Bismarck sich bemüht hatte, den Nachbarn zu halten. Sie richtete sich zunächst weniger gegen das Deutsche Reich und seine Partner als gegen Großbritannien, mit dem sich Frankreichs und Russlands Interessen und Absichten in verschiedenen Teilen der Welt kreuzten. Nach dem Scheitern der Ansätze zu deutsch-englischen Bündnisverhandlungen 1898 und 1901 näherte Großbritannien sich Frankreich zunächst 1904 in der *Entente cordiale* an. Im «herzlichen Einvernehmen» erkannten die beiden Staaten vor allem ihre jeweilige Vormacht in Ägypten und Marokko gegenseitig an und hatten sich damit klar aus der Gegnerschaft, die in der Faschoda-Krise 1898/99 über den Sudan zutage getreten war, gelöst. Ähnlich grenzten Großbritannien und Russland 1907 im Vertrag von Sankt Petersburg ihre Einflusssphären in Zentralasien ab. Die jeweiligen bilateralen Abkommen über einen kolonialen Ausgleich wurden 1911 durch eine französisch-britische Militärkonvention und 1912 durch eine französisch-russische Marinekonvention ergänzt. Ein Militärbündnis zwischen allen drei Mächten kam erst nach Kriegsausbruch im September 1914 zustande. Ohne dass ein formelles Dreierbündnis abgeschlossen worden war, gab es jedoch seit 1907 ein erkennbares, wenn auch aufgrund der Spannungen um Bosporus und Dardanellen fragiles gegenseitiges Einvernehmen zwischen den britischen und russischen sowie den französischen Regierungen.

Die Machtgruppierung, welche dem Deutschen Reich und seinen Partnern entgegenstand, manifestierte sich in den kolonialen Konflikten schon 1905/06 in der ersten Marokkokrise, als Großbritannien und Russland die französischen gegenüber den deutschen Interessen stützten und dies 1911 in der zweiten Marokkokrise erneut taten. Die beiden Vorfälle und die *Entente* mit den Konventionen veranschaulichen, dass die europäische Blockbildung mit den kolonialen Interessen der Mächte verknüpft war, und zwar insbesondere dadurch, dass die Kolonialmächte Großbritannien, Russland und Frankreich außerhalb des Kontinents zu einer friedlichen Verständigung fanden. Während der deutsch-österreichisch-ungarische Block auf kontinentale Sicherheit zielte, fußte die französisch-russisch-britische Gruppierung auf einzelnen kolonialen Übereinkommen. Aufgrund des fehlenden Konfliktpotentials zwischen ihnen innerhalb Europas erwies sich der Zusammenhalt der Letzteren in der europäischen Krise bis 1914 jedoch im Vergleich zum Zweibund als nicht weniger gefestigt.

Die vertragliche Blockbildung ging mit einer massiven Aufrüstung aller europäischen Mächte einher. Zwischen 1890 und 1914 stieg das Personal von Heer und Marine in Russland um das Doppelte von 677 000 auf 1 352 000 an, in Frankreich von 542 000 auf

4. Expansion, Blockbildung und Krisenmanagement

910 000 und in Deutschland von 504 000 auf 891 000. Verhältnismäßig geringer fiel der Zuwachs in Großbritannien, wo keine Wehrpflicht herrschte, von 420 000 auf 530 000 Mann aus, in Österreich-Ungarn von 336 000 auf 444 000 und Italien von 284 000 auf 345 000. Bis in die 1890er Jahre und wieder ab 1912 stand die Heeresrüstung bei den meisten Staaten im Mittelpunkt, dazwischen konzentrierte sich die politische und militärische Aufmerksamkeit auf die Flottenrüstung, die insbesondere im deutsch-britischen Verhältnis die Verbesserung der Beziehungen massiv störte. Vergleicht man die Entwicklung der Tonnage von Kriegsschiffen war Großbritannien 1914 mit 2 714 000 Bruttoregistertonnen nach wie vor die größte Seemacht, die es das ganze 19. Jahrhundert über gewesen war. Frankreich besaß unter den europäischen Mächten nur noch die drittgrößte Tonnage mit 900 000 Bruttoregistertonnen, denn das Deutsche Reich war von seinem vierten Platz im Jahr 1880 auf den zweiten Platz 1914 mit 1 305 000 Bruttoregistertonnen aufgestiegen. Schon vor dem Krieg rückte allerdings die Heeresstärke wieder in das Zentrum der Aufmerksamkeit. 1912/13 verabschiedete Österreich-Ungarn ein Wehrgesetz, Russland reorganisierte seine Armee, das Deutsche Reich verabschiedete eine neue Wehrvorlage, und die französische Regierung führte – gegen innenpolitischen Protest – wieder eine dreijährige Dienstzeit ein. Diese Maßnahmen sollten die Ausschöpfung des Wehrpotentials verbessern und die Armeen verstärken. Außerdem rüsteten die Kriegsministerien ihre Streitkräfte mit neuer Technik aus, die sie teilweise in Kolonialkriegen testeten. Dazu zählten der Aufbau von Luftwaffen mit Flugzeugen oder Zeppelinen, Ausrüstung der Infanterie mit Maschinengewehren, verbesserte Geschütze, Bau von U-Booten und anderes mehr. Trotz der Kritik an der Hochrüstung vor allem seitens der sozialistischen Parteien in allen Ländern setzten die europäischen Regierungen das Wettrüsten fort, weil sie einen Vorsprung potentieller Gegner in der Zukunft fürchteten. Gedacht wurde dabei an bestimmte Gegner, aber auch an das militärische Gleichgewicht der beiden Mächtegruppen, die sich intern jeweils durch Militärkonventionen zu stabilisieren suchten. Die Bemühungen in

den Haager Konferenzen von 1899 und 1907, die Rüstungsspirale zu unterbrechen oder gar abzurüsten, scheiterten am Vorstellungsvermögen der Regierenden.

Die Mächtekonstellation war in den beiden Jahrzehnten vor Ausbruch des Krieges insgesamt aus mehreren Gründen weniger zuträglich für den Erhalt des Friedens in Europa als das frühere Netzwerk von Verträgen. Erstens gehörten alle Großmächte jetzt formell der einen oder der anderen Seite an, während zuvor Frankreich ausgeschlossen war und Großbritannien sich selbst gleichsam an den Rand des Spielfeldes gestellt hatte. Die Möglichkeiten, in einer Krisensituation noch «freie» Partner für sich zu gewinnen, waren durch die Bindung aller Beteiligten an den einen oder anderen der Blöcke vermindert worden. Das Bündnissystem war damit in sich starrer geworden. Zweitens lag das Management des Systems nicht mehr schwerpunktmäßig bei einer herausragenden Figur wie Bismarck, war aber zugleich auch nicht gemeinsame Sache aller Akteure wie im Rahmen der Wiener Ordnung. Die Verantwortung für den Erhalt des Ganzen war diffus. Zur Instabilität trug drittens bei, dass der Zusammenhalt innerhalb der beiden Lager vergleichsweise schwach ausgeprägt blieb. Die Blöcke besaßen weder, wie später im 20. Jahrhundert zu Zeiten des Kalten Krieges, eine eindeutige Führungsmacht, die das Verhalten der Partner steuerte, noch ließen sich ihre Mitglieder grundsätzlich lenken. Die Kontrolle über die jeweiligen Verbündeten war vor dem Ersten Weltkrieg unsicher. Das lag paradoxerweise an der eingegangenen, recht festen Verpflichtung jeweils zweier Regierungen: der des Deutschen Reichs und Österreich-Ungarns im einen Fall, der Frankreichs und Russlands im anderen. Die nicht nur informelle, sondern vertraglich festgelegte Bereitschaft Deutschlands und Frankreichs, ihre Verbündeten zu unterstützen, erlaubte diesen einen relativ weiten diplomatischen Bewegungsraum. Österreich-Ungarn und Russland konnten ihre Streitigkeiten auf dem Balkan weiter treiben, als sie dies ohne formelle Rückversicherung durch ihren jeweiligen Bündnispartner hätten tun können. Der 1914 ausgestellte «Blankoscheck» des Deutschen Reichs für Österreich-Ungarn,

4. Expansion, Blockbildung und Krisenmanagement

also die Versicherung der deutschen Bündnistreue in einer akuten Krise, erweist sich in dieser Perspektive folglich nur als letzter Ausdruck eines bereits systemisch erhöhten Konfliktpotentials. Zugleich war auch das Vertrauen in den Erhalt der Blöcke nicht unbegrenzt. Die Furcht davor, dass ein Verbündeter abspringen oder das Lager wechseln könnte, bewegte alle Regierungen. Welche Verpflichtung die *Entente cordiale* konkret für Großbritannien bedeutete, mussten sich die französischen Politiker immer wieder fragen. Würde Russland ins Lager der europäischen Gegner wechseln und sich außerhalb Europas wieder auf eine Konfrontation mit dem britischen Empire einlassen? Diese Möglichkeit beunruhigte englische Diplomaten. Auf welcher Seite die italienische Regierung, die von verschiedenen Seiten bedrängt und umworben wurde, stehen würde, wenn es ernst werden sollte, das überlegten sich alle Übrigen.

Die Stabilität des internationalen Systems vor 1914 wurde durch weitere Faktoren, die nicht unmittelbar aus der Bündnislogik entsprangen, geschwächt. Zum einen verschärfte der Rüstungswettlauf die Spannungen zwischen den Mächten. Unter dem Eindruck der häufigen Krisen und vor dem Hintergrund eines erwarteten Krieges war es vor allem die Furcht, künftig im Nachteil zu sein, die destabilisierend wirkte. Erwartete man, zu einem kommenden Zeitpunkt von den möglichen Feinden so weit überholt worden zu sein, dass die eigene Niederlage gewiss erschien, dann gewann der Präventivkriegsgedanke an Überzeugungskraft: besser jetzt angreifen, solange man sich überlegen glaubte, als später, wenn der Gegner durch seine Rüstungen stärker als man selbst sein würde. Vor allem Militärs und einige der außenpolitisch Verantwortlichen pflegten die Vorstellung des unvermeidlichen Krieges. Zum anderen bewirkten die Kosten für das Militär Verteilungskämpfe innerhalb der Staaten. Wie sollten die Mittel aufgebracht werden? Welche Gruppen in der Gesellschaft sollten für die äußere Machtstellung ihres Staates bezahlen? Wie viel Geld blieb übrig für soziale Ausgaben, die um die Jahrhundertwende innenpolitisch gefordert wurden? Die hinter diesen Fragen stehenden Probleme machten die Finanzpolitik zum «Scharnier der Innen- und Außenpolitik» (Gustav Schmidt) der Jahre vor dem Kriegsausbruch.

Das übergeordnete Problem bestand darin, wie viel Dissens die politischen Systeme der europäischen Staaten vertrugen, ohne zu zerbrechen. Wo konnte Konsens gefunden werden, der für die Stabilität der jeweiligen Herrschaft unabdinglich war? Offenbar gelang es, rüstungspolitisch auf der Grundlage des nationalen Imperialismus Parlamentsmehrheiten zu bilden, die über andere Politikfelder schwerer, wenn überhaupt zustande zu bringen waren. Die Parteien der «linken Mitte» bewiesen durch die Bewilligung von Wehrvorlagen ihren Patriotismus, was ihnen umgekehrt erlaubte, für reformpolitische Projekte Konzessionen von der «rechten Mitte» zu verlangen. Eine «starke» äußere Politik bildete in Europa so auch einen Teil der politischen Krisenstrategie vor dem Weltkrieg, ohne damit ein bloßes Herrschaftsinstrument der Führungseliten zur eigenen innergesellschaftlichen Positionssicherung gewesen zu sein. Die Funktion, Regierungssysteme zu stabilisieren, vermehrte den Wert außenpolitischer Erfolge, der sich für die großen Mächte und die Staaten, die zu diesem Kreis gehören wollten, immer auch daran bemaß, ob sie an der Weltpolitik teilhatten.

Krisenmanagement und Scheitern in Europa

Bei allen Gegensätzen, die sich aus der schrittweisen Blockbildung nach 1900 ergaben, sollte eine – auch aufgrund des fragilen Charakters der Lager – weiterhin mögliche Funktion der verschiedenen Allianzen nicht übersehen werden. Sie dienten den zeitgenössischen Akteuren sowohl zur politischen Kontrolle als auch zum Management im Staatensystem und innerhalb der Gruppierungen. Ihre inneren Spannungen – etwa zwischen Österreich-Ungarn und Italien oder zwischen Russland und Großbritannien – minderten ihre aggressive Wirkung. Sie waren dem Historiker Holger Afflerbach zufolge besser als defensive Bündnisse denn als offensive Instrumente geeignet. Insofern boten sie auch Bedingungen für Entspannung selbst in den letzten Jahren vor dem Ausbruch des großen Krieges. Friedrich Kießling hat das Verhältnis von Spannung und

4. Expansion, Blockbildung und Krisenmanagement

Entspannung gleichsam als ein dialektisches beschrieben: Aus Krisen erwuchsen Bemühungen um Entspannung, die dann aber im Kontext der fragilen Bündnisgruppierungen auf Dauer systemisch destabilisierend wirkten.

Im Gefolge der zweiten Marokkokrise 1911, als die deutsche Regierung durch eine militärische Drohgebärde – die Entsendung des Kanonenboots *Panther* nach Agadir – kolonialpolitische Konzessionen von Frankreich zu erzwingen suchte, gab es jenseits der konkreten Regelung verschiedene Versuche, die Risiken einer verschärften Konfrontation zwischen den Blöcken einzudämmen. Die Instrumente hierzu waren eine Mission des englischen Kriegsministers nach Berlin, Monarchentreffen zwischen dem deutschen Kaiser und dem russischen Zaren, das Bemühen um Kooperationen in Afrika und im Nahen Osten. Auch das Aufrufen der Vorstellung des «Konzerts» der Mächte als gemeinsam verantwortete europäische Ordnung, die Frieden sichern sollte, spielte eine Rolle. Während der Balkankriege 1912/13 versuchten die großen Mächte, dementsprechend mit einer Botschafterkonferenz in London die widerstreitenden Interessen der kleineren Staaten Serbien, Albanien, Bulgarien, Rumänien und Griechenland sowie deren Konflikt mit dem Osmanischen Reich dauerhaft beizulegen. Diese Entspannungsmaßnahmen Anfang der zweiten Dekade des 20. Jahrhunderts bewegten sich allgemein im Rahmen des gebräuchlichen Konfliktmanagements in der zweiten Hälfte des 19. Jahrhunderts. Zu den verschiedenen Arten der Krisenbewältigung zählten, Jost Dülffer folgend, auf der einen Seite territoriale, politische und ökonomische Kompensationsgeschäfte, die Berufung auf das «Europäische Konzert» oder auch nur die Suche nach Konvergenz von Interessen auf einem gemeinsamen, wenn vielleicht auch kleinen Nenner, das Auseinanderhalten oder die bewusste Verknüpfung von Konflikten zum Zwecke der Eindämmung und verschiedene vertrauensbildende Gesten. Hinzu kamen bestimmte Regeln und Institutionen, wie Botschafterkonferenzen, die Einrichtung internationaler Verwaltungen, Mediation oder Vermittlung durch Drittmächte sowie die freiwillige Schiedsgerichtsbarkeit am 1900 eingerichteten Haager Schiedsgerichtshof. Auf der anderen Seite konnten auch das Bilden von Gegenallianzen, eine Politik der Stärke und Abschreckung sowie das Herstellen militärischen Gleichgewichts konkrete Krisen eindämmen. Doch besaßen diese Typen des Konfliktmanagements, vor allem kumulativ, auch konfliktverschärfendes Potential.

Es existierten also durchaus Erfahrungen, Mechanismen der Deeskalation und ein Wille, Krisen zu managen, damit sie nicht in einen allgemeinen Krieg mündeten. Allerdings war der Handlungsspielraum in den beiden Jahrzehnten um 1900 enger geworden. Eine tiefer liegende Herausforderung, die sich durch diplomatische Mittel allein nicht lösen ließ, war, dass über die Massenpresse eine breitere, nationalistisch gestimmte Öffentlichkeit Anteil daran hatte, was in der europäischen Politik möglich und durchsetzbar war. Auch wenn nur eine kleine Zahl von Männern als Diplomaten und Regierungsmitglieder die diplomatischen Verhandlungen führte und persönliche Einstellungen und gegenseitige Beziehungen eine nicht zu unterschätzende Rolle spielten, konnten die Politiker nicht unabhängig von der Massenöffentlichkeit, den Parlamenten, Parteien und gesellschaftlichen Assoziationen in ihren jeweiligen Ländern agieren. Nicht der Ablauf der diplomatischen Verhandlungen, die in geschlossenen Räumen stattfanden, aber deren Ergebnisse wurden bewertet und kommentiert. Hatte eine Seite zu viele Zugeständnisse gemacht, konnte sie schnell in der eigenen nationalistischen Presse als schwach verurteilt und dafür angegriffen werden, dass sie in der gedachten Konkurrenz der Mächte für ihren Staat gegenwärtige oder zukünftige Positionen verspielt habe.

Ein weiteres Problem, das besondere Gestaltungsbereitschaft oder zumindest Willen zum Management erforderte, damit Konflikte begrenzt blieben, bildete eine besondere Region innerhalb Europas: In Südosteuropa bündelten sich nicht nur exemplarisch die Herausforderungen der europäischen Beziehungen um 1900, sondern die Staaten und Gesellschaften dort bildeten auch einen Krisenherd, dessen Hitze auf den Kontinent insgesamt ausstrahlte und leicht Funken sprühen konnte. Marie-Janine Calic bezeich-

4. Expansion, Blockbildung und Krisenmanagement

net Südosteuropa als «Laboratorium, in dem sicherheitsrelevante Bündnisse und Instrumente getestet und imperialistischer Wettbewerb ausgefochten wurde». Und auf diesem Experimentierfeld scheiterte das europäische Krisenmanagement dann 1914. Das lag an der brisanten Mischung aus kriegerischer Staatsbildung in Auseinandersetzung mit dem Osmanischen Reich, der Gewalterfahrung von Vertreibung, Flucht und ethnischen «Säuberungen» sowie dem Nationalismus der Massengesellschaft. Dieser war vor dem Hintergrund der ethnisch-nationalen Besiedlung in der Region, die nicht mit den Grenzen der politisch ungefestigten Nationalstaaten übereinstimmte, gepaart mit einem Irredentismus, der konkurrierende Ansprüche auf ein Großserbien, Großrumänien, Großbulgarien oder Großgriechenland hervorbrachte. Entscheidend für die europäische Brisanz des Konfliktherdes war, dass die Unruhen auf dem Balkan direkt mit den machtpolitischen, strategischen und ökonomischen Interessen von drei Imperien verknüpft waren: denen Österreich-Ungarns, des Osmanischen Reichs und des Zarenreichs. Im Hintergrund standen auch noch Großbritanniens Interesse am östlichen Mittelmeer und insbesondere an den türkischen Meerengen sowie die neuen weltpolitischen Ansprüche des Deutschen Reichs hinsichtlich des Nahen Ostens. Die vielschichtige Instabilität wirkte sich besonders auf die Habsburgermonarchie aus, für welche die Region nicht nur als imperialer Expansionsraum galt, sondern zugleich als eine Bedrohung der eigenen politischen Ordnung. Die Ideen, Forderungen und Ansätze einer südslawischen, Serben, Kroaten und Slowenen umfassenden staatlichen Föderation unter Führung Belgrads wirkten zum einen direkt in die Ordnung des Habsburgerreichs hinein, weil die Bewegungen, die innerhalb des Reichs den österreichisch-ungarischen Dualismus durch eine dritte, slawische Säule in einen Trialismus zu verwandeln suchten, sich an entsprechenden Ideen und Kräften in Serbien orientierten. Zum anderen berührte die «südslawische Frage» die zwischenstaatlichen Beziehungen der Region und ganz Europas. Mit der Annexion Bosnien-Herzegowinas hatten die Habsburger 1908 dann gleich mehrfach das Krisenpotential der Region erhöht:

V. Frieden und Krieg

Der slawische Bevölkerungsanteil in der Doppelmonarchie wurde größer, die Beziehungen zu Serbien verschärften sich, die Spannungen gegenüber Russland als Interessen- und Schutzmacht auf dem Balkan nahmen zu, und das internationale Vertrauen wurde beschädigt. Es war schließlich kein Zufall, dass ein radikalisierter junger serbischer Bosnier mit dem österreichischen Thronfolger Franz Ferdinand 1914 einen Gegner vermehrter Rechte für die Nationalitäten ins Visier nahm und mit seinem Schuss potentiell eine europäische Erschütterung auslösen konnte.

Zusätzlich zu den Bedingungen der Öffentlichkeit und der Existenz des regionalen Krisenherdes in Südosteuropa wirkte nach 1900 auch das europäische Bündnissystem selbst nicht konflikteindämmend, und zwar nicht weil die Blöcke zu fest waren, sondern im Gegenteil weil sie zu locker waren. Denn das Bemühen der Staatsmänner um Entspannung richtete sich nicht lediglich darauf, Gegensätze abzubauen oder Koexistenz zu praktizieren. Es zielte vielmehr darauf, die bestehenden Blöcke zu überwinden, indem man einzelne Gegenüber dazu zu bringen suchte, ihre Bindung zu ihren Partnern zu lockern. Schritte der Entspannung einer Regierung gegenüber einer anderen wurden daher im eigenen Lager misstrauisch beobachtet, weil sie jeweils den Zusammenhalt der *Entente* oder des Dreibunds zu gefährden schienen. Die Akteure mussten also immer zugleich mit dem Entgegenkommen gegenüber einem Staat aus dem «anderen» Lager der «eigenen» Seite anzeigen, dass dies keineswegs ein Abrücken von den Bündnisverpflichtungen bedeute. Jede Entspannung war daher mit dem gleichzeitigen Bemühen um Kohäsion innerhalb der Machtgruppierungen verbunden, festigte also die Verpflichtungen und Abhängigkeiten der Bündnisblöcke intern. Bedenkt man zusätzlich die verschiedenen Militärkonventionen, die Rüstungsspirale und die strategischen Mobilisierungs- und Kriegsplanungen, so waren die Bedingungen vorhanden, dass eine Krise, die nicht rechtzeitig eingedämmt wurde, ab einem bestimmten Punkt auch eine Eigenlogik entwickeln konnte. Verantwortlich für den Ausbruch des Krieges waren demnach nicht nur diejenigen Kräfte, die einen Krieg wollten oder gezielt herbeizuführen such-

4. Expansion, Blockbildung und Krisenmanagement

ten, sondern auch diejenigen, die in einer Krise zu lange auf das Einlenken der anderen warteten und, ein solches aus der Erfahrung in den vergangenen Jahren erwartend, nicht rechtzeitig deeskalierten, sondern bewusst ein hohes Risiko eingingen, um Vorteile zu erlangen. Risikobereitschaft ist in einem System, wie es in den beiden Jahrzehnten vor 1914 bestand, keine positive Eigenschaft. Die Männer in den europäischen Regierungen sahen das in der Mehrheit jedoch nicht so. Eine wirklich andere Vorstellung davon, wie europäische Staatenpolitik zu organisieren wäre, scheinen die verantwortlichen Politiker, Diplomaten und Militärs tatsächlich nicht gehabt zu haben.

1914 waren die Bedingungen sowohl für Entspannung wie auch für risikobehaftetes Weitertreiben der Krise vorhanden. Es hätte im Sommer dieses Jahres nach dem Muster vorangegangener Vorfälle auch einen Wechsel von Krisenspannung und diplomatischer Entspannung geben können. Der Spielraum dafür war allerdings eng. Konkret manifestierte sich die gesteigerte Abhängigkeit innerhalb der Mächtegruppen vor allem am Deutschen Reich und an Österreich-Ungarn. In der Krise, die durch das Attentat am 28. Juni ausgelöst worden war, waren den Beteiligten die verschiedenen Methoden der Entspannung von ausgleichenden Bemühungen seitens der nicht direkt am österreichisch-russischen Gegensatz interessierten Mächte bis zu einer Botschafterkonferenz präsent. Insbesondere die Möglichkeit, durch deutsch-englische Kooperation zu vermitteln und auf die jeweiligen Partner Österreich-Ungarn und Russland einzuwirken, es nicht zum Äußersten kommen zu lassen, schien eine von vielen Seiten als selbstverständlich erwartete Option. Zwei Faktoren durchziehen die Krise: zum einen die Erwartung, dass die andere Seite den Krieg nicht riskieren werde, zum anderen die Erfahrung des diplomatischen Krisenmanagements der vergangenen Jahre, gepaart mit der langen Periode des Friedens zwischen den europäischen Großmächten seit 1871.

Warum funktionierte die diplomatische Entspannung im Sommer 1914 nicht? Am besten lässt sich die Möglichkeit, dass die Krise zum großen Krieg führen konnte, aus der spezifischen Überlagerung von Erfahrungsraum und Erwartungshorizont in den Staatenbeziehungen begründen. Friedrich Kießling hat herausgearbeitet, dass in den Jahren vor 1914 zum Topos des mittel- oder langfristig unvermeidlichen Krieges zwischen den «Welt»-Mächten ein Topos des aktuell vermiedenen Krieges getreten war. Entspannung war daher nicht nur eine Erfahrung der letzten Jahre, sondern ebenso Teil des Erwartungshorizonts, an dem keineswegs nur die Möglichkeit eines unvermeidlichen großen Krieges stand. Konkret beruhte das Verhalten mehrerer europäischer Regierungen insbesondere darauf, dass sie eine deutsch-britische Kooperation dahingehend erwarteten, dass die beiden Mächte wie schon zuvor jeweils mäßigend auf ihre Bündnispartner Österreich-Ungarn und Russland einwirken würden. Die britische Regierung wurde allerdings nicht sofort entsprechend aktiv, weil sie im Rahmen der fragilen Blocksituation sowohl die Pflege des eigenen Bündnisses als auch die Entspannung gegenüber dem anderen Lager vereinen musste. Das war, wie wir gesehen haben, ein allgemeines Problem der fragilen Blockbildung: Der Handlungsspielraum für Krisenmanagement war enger geworden. Der britische Außenminister Edward Grey vertraute zu lange auf die Erwartung, dass Berlin die österreichische Politik mäßigen werde. Die Wiener Regierung ihrerseits trieb die Krise bewusst voran mit dem Ziel, einen Krieg gegen Serbien zu führen, um den Konflikt mit dem Land auf dem Balkan endgültig zu regeln und dabei die Spannungen im Innern des eigenen Reichs zu mildern. Die denkbare, wenn auch nach Einschätzung Wiens schwache Möglichkeit, dass Russland auf Druck seiner Bündnispartner nicht auf Seiten Serbiens in einen Krieg eintreten werde, der Krieg also lokal bleiben würde, erleichterte die österreichische Entscheidung zum Ultimatum gegen Serbien. Die beiden Balkankriege von 1912 und 1913 gegen das Osmanische Reich bzw. zwischen Serbien, Griechenland, Montenegro, Rumänien einerseits und Bulgarien andererseits waren begrenzt geblieben. Rückhalt besaß das Habsburgerreich schließlich in der im Juli 1914 erneut gegebenen Versicherung der Bündnistreue seitens des Deutschen Reichs. Berlin erfüllte also nicht die Erwartung, dass es seinen Bündnispartner mäßigen werde, sondern ließ ihm im Gegenteil nicht nur diplomatischen, sondern militärischen Spielraum, weil man herausfinden wollte, ob Russland kriegswillig und kriegsbereit sei. Hier spielte die Zukunftserwartung eines unvermeidlichen Krieges mit hinein. Die österreichisch-ungarische und die deutsche Politik betrieben hier nicht ein kalkuliertes Risiko: Unter den Bedingungen der fragilen Blöcke und der Mobilisierungspläne war dies vielmehr ein unverantwortliches Vabanquespiel. Möglich war dies, weil Entspannung als Möglichkeit einen Teil des Erwartungshorizontes bildete, fatal wurde es, weil der als unvermeidlich gedachte große Krieg gleichfalls am Horizont aufschien und in den Rüstungsanstrengungen, strategischen Kriegs- und Aufmarschplänen sowie der Mobilisierungsmechanik konkrete Kriegsvorbereitungen mit einer gewissen Eigenlogik geschaffen hatte. Es herrschte eine Situation, in der Entspannung möglich war und zugleich ihre eigene Realisierung einschränkte, wenn risikofreudige Männer am Werk waren. Der Weltkrieg war daher 1914 zugleich vermeidbar *und* wahrscheinlich. Die Mächte schlitterten nicht in den Krieg, sie wandelten auch nicht im Schlaf in ihn hinein. Die europäischen Regierungen nahmen in jeweils unterschiedlichen Mischungen das Risiko eines großen Krieges bei vollem Bewusstsein in Kauf, obgleich sie paradoxerweise in aktuellen Krisen erwarteten, dass er noch nicht kommen werde. Tatsächlich waren die systemischen Bedingungen so, dass die Regierungen nur einen kleinen Schritt von der Katastrophe entfernt waren.

VI. Rückblick

/b/ is vor Kurzem waren die etablierten Vergangenheitsexperten biographisch selbst noch Teil der Kultur des ausgehenden 19. Jahrhunderts. Die akademischen Autoren der älteren Standardwerke wurden vor dem Ersten Weltkrieg oder kurz danach geboren, während die etwas jüngeren Historikerinnen und Historiker mit dieser Zeit noch persönlich durch ihre eigenen Großeltern verbunden gewesen sind. Das 19. Jahrhundert ist uns also gerade noch nahe, während es für eine Mehrheit bereits in das vermittelte, kulturelle Gedächtnis übergeht. Wer 1990 zur Welt kam, ist schon mehr als drei Generationen von der Jahrhundertwende entfernt. Oder anders veranschaulicht: Im Jahr 2009 starb im Alter von 113 Jahren in der Nähe von Brighton der letzte Veteran des Ersten Weltkrieges, der 1896 geborene Flugzeugmechaniker Henry Allingham. Mit Zeitgenossen können wir heute nicht mehr sprechen, allenfalls noch mit älteren Menschen, die ihnen begegnet sind.

Im historischen Rückblick ist die zweite Hälfte des 19. Jahrhunderts oft als Teil der Gegenwart derjenigen, die über sie schreiben, interpretiert worden. Meist galt sie als Teil einer weitgefassten Epoche zwischen Atlantischer und Französischer Revolution und dem Ersten Weltkrieg. Für die geschichtswissenschaftliche Einordnung sind die Konflikte oder Errungenschaften der Vergangenheit maßgeblich gewesen, die in der eigenen Zeit jeweils noch aktuell erschienen. Unterschiedliche Deutungen sahen dieses «lange» Jahrhundert als bürgerliches Zeitalter der Verfassungsentwicklung und der sich entfaltenden Industrialisierung, als Epoche des gesellschaftlich-politischen Gleichheitsanspruchs und des wirtschaftlichen Wachstums, als Zeitalter weltweit konkurrierender Nationalstaaten und der Territorialität oder als Geburtsphase der globalen

VI. Rückblick

Moderne und der Transformation der Welt. Solche Großdeutungen stammen aus der Feder von zumindest noch mittelbar mit der Zeit verhafteten Historikern. Deren zeitgeschichtlichen Hintergrund bildete zunächst die Suche nach den Ursprüngen der krisengeschüttelten Zwischenkriegszeit, später diente die westliche Modernisierungstheorie des Kalten Krieges mit ihrem Fortschrittsparadigma und einer daran geknüpften Fortschrittskritik als Beurteilungsmaßstab, und schließlich haben die gegenwärtigen Globalisierungsprozesse die historische Interpretation geprägt. Die zweite Hälfte des 19. Jahrhunderts erscheint dabei häufig als Beschleunigungsphase. In zugespitzter Sicht gilt sie als Ursprung einer ambivalenten, wenn nicht gar katastrophalen Moderne des 20. Jahrhunderts. Mehr als drei Generationen nach dem Ende des Ersten Weltkriegs mögen sich die wissenschaftlichen Beurteilungen mit dem allmählichen Übergang des 19. Jahrhunderts in das vermittelte, kulturelle Gedächtnis ein wenig von gegenwartsnahen Bewertungen lösen. Frei von einem aktuellen «Sehepunkt» sind sie aber auch heute nicht. Was bleibt also? Was erscheint uns aus der Sicht des frühen 21. Jahrhunderts bedeutsam?

Als Erstes fällt die Mobilisierung von natürlichen und gesellschaftlichen Ressourcen in den Blick. Die intensivierte Nutzung von Boden, Wasser und Luft, vor allem aber die fundamentale Umstellung der europäischen Energiebasis auf fossile Träger wirkt bis in die Gegenwart: Die Erschließung der Kohle und in den ersten Anfängen bereits des Erdöls bedeutete einen nachhaltigen ökologischen Einschnitt, der manchen als Beginn eines neuen, vom Menschen geprägten Erdzeitalters gilt. Die Europäer waren dabei Vorreiter, und sie sind zusammen mit anderen bis heute maßgebliche Verursacher des Ressourcenverbrauchs und der industriekapitalistischen Transformation des gesellschaftlichen Umgangs mit der Natur. Zu denken ist hier nicht nur an die globalen Folgen des vermehrten Kohlendioxidausstoßes, sondern auch an die Konsequenzen für Wälder, Äcker, Flüsse, Luft und die Tier- und Pflanzenwelt in Form von Flächenverbrauch, Verschmutzung, Artenschwund und die damit einhergehende, sich wandelnde Landschaft sowie an die politisch-ökonomischen Wechselwirkungen etwa hinsichtlich der hygiene- und gesundheitspolitischen Nebenfolgen. Die Einschnitte in die Umwelt wurden in der zweiten Hälfte des 19. Jahrhunderts nicht nur auf dem Kontinent selbst sicht- und spürbar, sondern durch die imperiale Expansion – etwa in Form monokultureller Plantagenwirtschaft oder der rücksichtslosen Rohstoffextraktion – auch in den damals europäisch beherrschten Regionen der übrigen Welt. Der neue Energieträger Kohle und die intensivierte Nutzung natürlicher Ressourcen ermöglichten ein außergewöhnliches wirtschaftliches Wachstum. Hier liegt der große Reichtum Europas begründet. Auf dieser Basis führten der Industriekapitalismus und die Ausbreitung von Marktförmigkeit in wirtschaftlichen, aber auch in gesellschaftlichen und kulturellen Bereichen sowie in der persönlichen Lebenswelt zu einem historisch einmaligen Wohlstand *in* Europa – allerdings einem um 1900 innergesellschaftlich, regional und zwischen den Ländern höchst ungleich verteilten Wohlstand.

Manche Muster der europäischen Ungleichheit, die im späteren 19. Jahrhundert entstanden, scheinen bis heute durch. Die unterschiedlichen Pfade, welche die wirtschaftliche Transformation regional einschlug, führten zu vielfältigen Zentrum-Peripherie-Beziehungen. Europa wurde zu einem ausdifferenzierten, dynamischen und nach außen offenen Wirtschaftsraum mit ungleichen, wechselseitigen Abhängigkeiten. Ökonomische Transformation als Industrialisierung herrschte vor allem im Nordwesten und in Teilen Mitteleuropas bis in das nördliche Italien und die westlichen Teile des Habsburgerreiches vor. Einige Gebiete Skandinaviens entwickelten sich gegen Ende des 19. Jahrhunderts in dieselbe Richtung. In anderen Großregionen bildete sich hingegen keine gewerblich-technische, sondern eine agrarindustrielle Struktur heraus, so dass auf dieser Basis auch in Ostmitteleuropa, den baltischen Ländern, aber ebenfalls in Finnland und Irland Wirtschaftskraft und Einkommen stiegen. Einem anderen Pfad folgten Russland, die Iberische Halbinsel und Süditalien. Dort entstanden an der Wende zum 20. Jahrhundert gleichsam Inseln modernen Wirtschaftens,

VI. Rückblick

weite Gebiete blieben aber von der vorindustriellen agrarischen Produktionsweise und der alten institutionell-gesellschaftlichen Ordnung beherrscht. Schließlich entwickelten sich einige Regionen kaum weiter: Auf dem Balkan sowie in den östlichsten und südöstlichen Randgebieten Österreich-Ungarns blieben die volkswirtschaftlichen Einkommen niedrig, der demographische Trend hoher Geburtenzahlen unverändert und der Analphabetismus weit verbreitet.

Die Staaten und private Unternehmen schufen im Zusammenhang der ökonomischen Transformation ein europäisches Kommunikations- und Verkehrsnetz von Eisenbahnen, Telegrafen, Nachrichtenagenturen, Straßen und Schifffahrtswegen, das unterschiedlich dicht gewoben und asymmetrisch aufgebaut war. Manche Regionen waren sehr gut, andere mäßig und manche kaum angeschlossen. Diese Infrastruktur spiegelte nicht nur die wirtschaftliche und soziale Differenzierung in Europa, sondern verstärkte sie und prägte so langfristig die Interaktion auf nationaler, europäischer und globaler Ebene. So folgte das heutige Glasfasernetz in Aufbau und ungleicher Nutzung, auch im globalen Maßstab, dem im 19. Jahrhundert entwickelten Telegrafen- und Kabelnetz. Die relationalen Beziehungen, die bis zum Beginn des 20. Jahrhunderts materiell ausgebaut wurden, haben so die Struktur der gegenwärtigen Kommunikationswege vorgeformt.

Die langfristige Ausdifferenzierung Europas kann nicht allein durch ein oder zwei Hauptfaktoren oder durch die besonderen Umstände in einzelnen Regionen erklärt werden. Vielmehr wirkten sich die neu entstandenen Verbindungen und Abhängigkeiten innerhalb und zwischen den großen europäischen Regionen auf die relative Position und die ökonomischen Entwicklungsmöglichkeiten aus. Pfadabhängigkeit, die Verbreitung von Wissen und vorhandene kulturelle Muster sowie die Charakteristika der gesellschaftlich-politischen Institutionen ergaben ein jeweils spezifisches Ursachengeflecht. Die wirtschaftliche und politische Dynamik Europas brachte einen global aktiven Industriekapitalismus hervor, von dem Rest der Welt materiell nicht in ähnlicher Weise profitierte wie die europäischen Gesellschaften. Europäische Wirtschaft und Gesellschaft veränderten sich damals in einer lange nachwirkenden Weise, so dass das 19. Jahrhundert in ökonomisch-ökologischer Perspektive bis heute nicht abgeschlossen ist.

Mobilisiert wurden in der zweiten Hälfte des 19. Jahrhunderts nicht nur natürliche Rohstoffe und ökonomische Kräfte, sondern auch Menschen und Gesellschaften. Da die Bevölkerung sehr stark wuchs, fiel es leicht, sowohl den industriellen und sonstigen Arbeitskräftebedarf zu decken als auch die europäische Expansion in den «weißen» Siedlerkolonien und die imperiale Herrschaftsausübung auszubauen. Mit dem demographischen Wachstum ging eine innereuropäische Migration einher, die sich erst aufgrund der hergestellten Freizügigkeit entfalten konnte. Sie verlief vom Land in die Stadt sowie zwischen den ökonomisch unterschiedlichen Regionen. Diese Wanderungen waren eine wesentliche Voraussetzung für die stürmische wirtschaftliche Entwicklung und die sozialen und kulturellen Neuerungen, welche die zweite Hälfte des 19. Jahrhunderts kennzeichneten. Sie waren auch die Grundlage einer anhaltenden Transformation des Verhältnisses von Land und Stadt, die sich seit der historisch außerordentlichen, rasanten Verstädterung bis in die Gegenwart fortsetzt. Die innereuropäische Migration von Ost nach West, die wir seit dem Ende des Kalten Krieges erleben, und die Bewegung aus den südlichen und südöstlichen Peripherien, die bereits im Wirtschaftsaufschwung seit den 1950er Jahren begann, folgen den geographischen Mustern aus dem 19. Jahrhundert, die – so scheint es – durch das folgende Zeitalter der Weltkriege und der europäischen Teilung nur zeitweise unterbrochen wurden.

Die massenhafte Auswanderung ärmerer Schichten in der zweiten Hälfte des 19. Jahrhunderts, die vom europäischen Kontinent nach Übersee zogen, wo sie sich ein besseres Auskommen erhofften, ist hingegen ein vorübergehendes Phänomen geblieben. Ihr Ende ging nicht nur mit der zunehmenden Regulierung von Migration und den Beschränkungen der Freizügigkeit in den europäischen Nationalstaaten sowie den Aufnahmeländern, vor allem in den USA, einher. Es war auch mit einem erneuten grundlegenden demographischen Wandel verbunden: Noch vor dem Ersten Weltkrieg begann sich die Bevölkerungsvermehrung in Teilen Europas dadurch zu verlangsamen, dass die Geburten- und die Sterberaten sanken. Die Menschen bekamen weniger Kinder, überlebten Krankheiten aufgrund des zunehmenden allgemeinen Wohlstands und einer verbesserten Sozial- und Gesundheitsfürsorge eher und besaßen insgesamt eine höhere Lebenserwartung. Auch wenn sich der Übergang noch bis nach dem Zweiten Weltkrieg hinzog, die ersten Anfänge in der Veränderung der europäischen Bevölkerungsentwicklung durch Geburten und Todesfälle mit der Folge einer nicht mehr wachsenden, allmählich älter werdenden Bevölkerung lagen in der Zeit um 1900.

Mit der physischen Mobilisierung der Gesellschaft veränderten sich auch die Ordnung der Gesellschaft und die Vorstellungen über sie. Der Prozess setzte schon früher ein und verlief in Europa ungleichzeitig, doch war die Tendenz ab der Mitte des 19. Jahrhunderts fast überall offenkundig: Sozialökonomische Kriterien drängten in ihrer Bedeutung für Gruppenzugehörigkeit und Lebenschancen mehr und mehr die vormals maßgeblichen Faktoren wie Geburt, standesspezifische Rechte und traditionale Lebensführung in den Hintergrund. Trotz einer neuen Orientierung an Schichten blieben jedoch manche ständischen Differenzierungen erhalten und überkreuzten sich mit der sozialen Klassenlage. Neue einschneidende Unterscheidungen kamen hinzu: Marktchancen oder -abhängigkeit, kleiner oder großer Besitz und nützliche oder ungenügende Bildung sorgten für deutliche, oft eklatante Ungleichheit. Weitere Merkmale ergänzten zudem diese sozialökonomischen Kriterien, so dass sie die Schichten- oder Klassenzugehörigkeit je nach Situation und Handlungsabsichten überformten. Zu diesen zählte besonders das Geschlecht, denn gerade hinsichtlich Marktfähigkeit, Besitzrechten und Bildungszugang besaßen Frauen geringere Chancen, so dass ihr Bezug zu Ehemännern, Vätern oder anderen Verwandten ihre Stellung bestimmte. Eine Männern ähnliche, unter den Umständen selbstbestimmte Lebensführung begannen Frauen sich gegen Ende des 19. Jahrhunderts erst zu erkämpfen. Sie taten dies sowohl über die Forderung nach Gleichberechtigung als auch mittels der Definition besonderer weiblicher Eigenschaften und Betätigungsfelder etwa im Erziehungswesen oder der Gesundheitspflege und Sozialfürsorge. Wesentlich für Zugehörigkeit waren ferner Konfession, regionale Herkunft sowie, zunächst selbstverständlich und weitgehend unreflektiert, im Zuge von Antisemitismus und intensivierten kolonialen Begegnungen dann politisch aufgeladen, auch ethnisch oder rassisch definierte Identitätszuschreibungen. Die Vielfalt der sozialen Unterscheidungen zwischen Menschen nahm nicht im Sinne einer klar abgegrenzten Klassengesellschaft oder einer ideal gedachten bürgerlichen Gesellschaft ab, auch wenn die Verringerung sozialer Ungleichheit zu den programmatischen Forderungen der neuen Klassen der Arbeiter gehörte und obgleich für männliche Staatsbürger die Rechtsgleichheit gemäß den Forderungen liberaler Bürger weitgehend hergestellt worden war. Auch nationale Zugehörigkeit konnte Verschiedenheit innerhalb einer Gemeinschaft nicht ideologisch überspielen. Es lassen sich sogar auch Anzeichen für eine verstärkte gesellschaftliche Individualisierung erkennen. Diese reichten von Samuel Smiles Ratgeber *Self-Help* aus dem Jahr 1859, in dem das Ideal einer fortschrittlichen Gesellschaftsordnung auf der Basis persönlicher Anstrengungen freier Menschen Ausdruck fand, bis hin zu den Lebensreformbewegungen vor dem Ersten Weltkrieg, die etwa durch Vegetarismus und Nacktkultur den eigenen Körper und die Seele zu verbessern trachteten. Unsere gegenwärtige Leistungsgesellschaft in Kombination mit dem Streben nach ostentativer Selbstoptimierung von Männern und Frauen kann bis in das späte 19. Jahrhundert zurückverfolgt werden.

Mit «Rasse» verbreitete sich schließlich seit der zweiten Hälfte des 19. Jahrhunderts dauerhaft eine ideologisierte Unterscheidungskategorie. Wenngleich unscharf und gerade deswegen vielseitig anwendbar, baute auf ihr eine Klassifikation von Menschengruppen auf, die eine scheinbar wissenschaftlich fundierte Grundlage für politische Versuche bot, Gesellschaftsbeziehungen, Familien und den Körper einzelner Menschen zu formen. Im Rahmen von Nie-

VI. Rückblick

dergangsszenarien schienen bestimmte rechtliche Regeln, etwa hinsichtlich sogenannter Mischehen, oder sozialpolitische Maßnahmen vermeintlich den Fortschritt oder zumindest den Erhalt der eingebildeten Vorrangstellung bestimmter Völker zu garantieren. In einer naturwissenschaftlich legitimierten Verabsolutierung von Abstammung entfaltete der Rassismus sein destruktives Potential noch vor dem Ersten Weltkrieg in den Kolonien und nach dem Weltkrieg in der Verknüpfung mit nationalstaatlicher Gesellschaftspolitik in Europa selbst. Lebensweltlich bestimmten sichtbare körperliche Merkmale wie beispielsweise Hautfarbe die Potentiale, Perspektiven und Partizipationsmöglichkeiten von Einzelnen und sozialen Gruppen, wenn sie – wie etwa Roma, Juden, Afrikaner oder Asiaten – rassistisch kategorisiert wurden. Als soziale Praxis handelte es sich allerdings meist um eine Kreuzung von Abstammung mit kulturellen Merkmalen wie Klasse, Nation oder Religion. Solche «ethnischen» Bestimmungen mussten nicht auf einer naturgeschichtlich begründeten Vorrangstellung beruhen und konnten sich bei der Aufnahme neuer Mitglieder flexibler zeigen als rassifizierte Einteilungen. In der Vorstellung von Ethnien manifestierte sich auch das Selbstverständnis von Gruppen, die für sich eine besondere Identität definierten und unter Umständen als Minderheiten besondere Rechte reklamierten. Ein minimaler Bezug auf eine Abstammungsgemeinschaft, die vorhandene soziale Differenzierungen aufzuheben verspricht, scheint allerdings seit dem 19. Jahrhundert für gesellschaftliche Ordnungsvorstellungen – wie das «Volk» – bis heute charakteristisch zu sein.

Die Ordnungsentwürfe, Klassifikationen und Unterscheidungen waren Teil der Suche nach Gewissheiten in einer sich fundamental wandelnden Zeit, die als prinzipiell offen erfahren, aber auch als gestaltbar verstanden wurde. Nicht nur Arbeit, Technik und Kapital, auch Intellektuelle, Künstler und Wissenschaftler beanspruchten, die Wirklichkeit mit ihren Ideen, Werken und Erkenntnissen zu formen. In der zweiten Hälfte des 19. Jahrhunderts etablierte sich Kultur als ein eigenständiger Bereich. Entscheidende Faktoren für die jeweilige Ausprägung in den einzelnen Ländern waren der relative gesellschaftliche Wohlstand, das allgemeine Bildungsniveau, das Verhalten sowie die Stärke staatlicher und kirchlicher Autoritäten und schließlich zunehmend die Kräfte des Marktes. Der Soziologe Georg Simmel hob zeitgenössisch hervor, wie eng besonders die Großstädte durch die Kreuzung verschiedener sozialer Kreise mit der Entwicklung des Geisteslebens zusammenhingen. Fundamental strukturierte der Gegensatz der Geschlechter, wer in welcher Rolle dabei zu öffentlichen Führungsfiguren aufsteigen konnte. Es entstand eine Streitkultur, in der einige Männer als Vordenker auftraten und selbstbewusst reklamierten, in politische und gesellschaftliche Angelegenheiten – ob es nun um soziales Elend und seine Folgen oder die Gefährdung von Ehe und Familie ging – auf der Basis ihrer kulturellen Expertise zu intervenieren. Große Relevanz besaßen religiöse Fragen, sei es als Teil der individuellen Sinnsuche, der konfessionellen Ab- und Ausgrenzung oder der Auseinandersetzung mit kirchlicher Autorität. Literatur, bildende und darstellerische Künste bildeten somit Arenen, in denen bis in unsere Gegenwart auch gesellschaftlich-politische Konflikte ausgetragen und Lösungen aufgezeigt werden.

Besonders auf dem Feld der Wissenschaft zeigten sich der Wille und das Potential, die Welt zu gestalten. In der zweiten Hälfte des 19. Jahrhunderts wurde das Spektrum der Fachwissenschaften etabliert, mit denen sich, wer heute inter- und transdisziplinär denken möchte, noch immer auseinandersetzen muss. Das disziplinär aufgefächerte, institutionell vor allem in den Universitäten verankerte Wissenschaftssystem erfasste fast alle Lebensbereiche und vergrößerte die Deutungshoheit der Europäer über die Welt außerordentlich, vermehrt auch jenseits des Kontinents. Ein gleichermaßen wachsendes gesellschaftliches Bedürfnis, das Wissen einem größeren Publikum zu vermitteln, begleitete die akademische Institutionalisierung. Höhere Bildung und wissenschaftliche Erkenntnis wurden zu einem nachgefragten Gut, an das sich gesellschaftspolitische Fragen, technisch-ökonomischer Wandel und kulturelles Selbstverständnis knüpften. Expansion, Diversifikation, Öffnung und Professionalisierung der wissenschaftlichen Einrichtungen

VI. Rückblick

folgten keinem einheitlichen europäischen Modell für die Produktion von Wissen. Sie waren vielmehr abhängig von staatlichen Anforderungen und den um ihre relative Autonomie bedachten Einrichtungen selbst. Um 1900 gab es zwar überall in Europa ein vergrößertes, ähnlich differenziertes Wissenschaftssystem, in dem fast ausschließlich männliche Wissenschaftler forschten, lehrten und sich über nationale Grenzen hinweg fachlich austauschten. Politiker und Beamte, Professoren und Studierende beobachteten intensiv die Verhältnisse anderswo. Dennoch: Die Epoche der europäischen Wissenschaft und ihrer großen Erfolge beruhte gerade auf der institutionellen Vielfalt, nicht der Einheitlichkeit – und selbstverständlich auf dem Umfang der zur Verfügung gestellten öffentlichen und privaten Ressourcen.

Der vorherrschende Glaube an eine umfassende, wissenschaftlich-technische Gestaltbarkeit der Welt lebt heute in vielen Bereichen fort. Die mit der Digitalisierung verbundenen Erwartungen sind nur der aktuelle Ausdruck eines derartigen Selbstverständnisses. An der Wende vom 19. zum 20. Jahrhundert stellten manche Zeitgenossen den Fortschrittsglauben jedoch auch bereits infrage, wenn sie eine Wertrelativierung sowie eine Zersplitterung der Formen und Perspektiven diagnostizierten oder selbst propagierten. Bürgerliche Kritiker nahmen eine Erschütterung der fundamentalen Gewissheiten wahr, eine Entwicklung zum Besseren galt ihnen nicht mehr als selbstverständlich. Weitgehend war dies ein Phänomen der kulturellen Eliten – eine Erscheinung, die ihren Ausdruck in der Kulturkritik, in zahlreichen Reformbewegungen sowie in der modernen Kunst und in der Wissenschaft fand. Ihre Vertreter und Vertreterinnen verstanden sich selbst oft als Avantgarde. Sie fühlten sich zugleich von der populären Kultur herausgefordert, die sie als «Massengesellschaft» und «Massenkultur» mit Niedergang und Niveauverlust verbanden, während ihnen die Massenpolitik gleichzeitig unberechenbar wirkte.

Die urbane Massenkultur besaß viele Eigenschaften, die bis heute die Populärkultur kennzeichnet, allerdings in inzwischen noch umfassender medial geprägter Art und Weise. In ihr herrschte ein kaum gebrochenes europäisches Selbstbewusstsein vor, das sich scharf gegenüber dem Rest der Welt abgrenzte. Ein populärer Imperialismus durchzog dabei breit und tief die europäischen Gesellschaften. In einer Mischung aus visionären Ansprüchen auf einen «Platz an der Sonne» und vielfältigen Herrschaftspraktiken hatte sich in der zweiten Hälfte des 19. Jahrhunderts als Rückwirkung der Überseeexpansion ein eurozentrisches Weltbild verfestigt. Der kulturelle Imperialismus verband sich mit anderen Identitätskonstruktionen nationaler, ethnischer, konfessioneller oder geschlechterpolitischer Art. Ein globaler Warenhandel – offenkundig mit Kolonialwaren wie Tee, Zucker, Kaffee, Schokolade oder Tabak und weniger plakativ mit Baumwolle für Textilien, Sisal für Seile, Nähgarnen und Teppichen oder Kautschuk für die Herstellung von Gummi –, Völkerkundemuseen, Völkerschauen und ähnliche «Spektakel» sowie eine breite Publizistik nährten den Alltagsimperialismus, während ihn die Wissensgenerierung über die nationalstaatlichen und kontinentalen Grenzen hinweg vielfach legitimierte. Globale Waren und Wissensströme bestimmen auch noch die aktuellen Beziehungen Europas zur Welt mit, allerdings unter anderen Herrschaftsbedingungen und einem etwas weniger gefestigten Selbstverständnis europäischer Vorrangstellung als um 1900. Kulturimperiale Machtverhältnisse und eurozentrische kulturelle Überlegenheitsgefühle, die vor dem Ersten Weltkrieg geprägt wurden, wirken weit in die postkoloniale Zeit bis in die Gegenwart hinein, auch dort, wo die formale Kolonialherrschaft nur kurz dauerte oder gar nicht zustande kam.

Blicken wir darauf, wie sich Staatlichkeit in der zweiten Hälfte des 19. Jahrhunderts wandelte, erscheint zunächst einiges fremd. Bis zum Ersten Weltkrieg war die Monarchie *die* Form der politischen Verfassung, Republiken existierten lediglich in Frankreich, Portugal, der Schweiz und San Marino. Die verfassungspolitischen Auseinandersetzungen kreisten um die Frage, wie die monarchische Herrschaft durch parlamentarische Vertretungen zu beschränken sei. Zwar standen vor dem Ersten Weltkrieg schließlich überall, einschließlich Russlands und formal auch des Osmanischen Reichs, gewählte Abgeordnetenhäuser den Monarchen gegenüber, doch – anders als in den heute noch bestehenden Monarchien Europas – übten sie nicht in allen Ländern den entscheidenden Einfluss auf die Regierungsbildung aus. Sie erreichten dieses Ziel in Großbritannien, Italien, Schweden, Norwegen, Dänemark, Belgien und den Niederlanden. In den übrigen Ländern behielt der Monarch einen erheblichen Teil seiner Vorrangstellung oder suchte zeitweise mit bonapartistischen Mitteln seine Position durch direkten Bezug zur Bevölkerung zu legitimieren. Die Ausgestaltung des Konstitutionalismus blieb in den einzelnen Staaten bis zum Ersten Weltkrieg umstritten und veränderte sich nur krisenhaft und schrittweise. Auch die Zwischenkriegszeit mit ihrer Mischung aus parlamentarischen Demokratien, autoritären Regimen und Diktaturen stand in dieser Hinsicht in der Kontinuität der Verfassungskonflikte des 19. Jahrhunderts.

Die politische Partizipation in Form von Wahlen weitete sich in der zweiten Hälfte des 19. Jahrhunderts erheblich aus, doch das allgemeine, gleiche, geheime und direkte Wahlrecht setzte sich trotzdem selbst für Männer nicht überall durch. Es galt bis zum Ersten Weltkrieg zwar in der Mehrheit der Staaten, doch auch im parlamentarischen Musterland Großbritannien blieben nach der Reform von 1884 mit bis zu einem Drittel der erwachsenen Männer die Angehörigen der ärmeren Schichten durch einen Zensus ausgeschlossen. Mit der Herstellung bürgerlicher Rechtsgleichheit war dem gleichen Wahlrecht argumentativ zwar weniger entgegenzusetzen. Doch diejenigen, die das Wahlrecht besaßen, verteidigten oft ihr Privileg, so dass die Ausweitung nur schrittweise entsprechend dem politischen Kalkül der Parteien und der Regierenden, welche sozialen Schichten für sie stimmen würden, vorankam. Frauen erlangten das Wahlrecht überhaupt nur im damals russischen Großfürstentum Finnland 1903 und in Norwegen 1913. Die Forderungen nach dem Stimmrecht für Frauen stieß überall auf Widerstand, der rechtlich, sozial und kulturell fest verankert war und ihnen insbesondere die materiellen und geistigen Voraussetzungen absprach, politisch vernünftig und verantwortlich zu handeln. Insgesamt lässt sich der Grad der politischen Partizipation in Europa aufgrund der zahlreichen Einschränkungen, die mehr als die Hälfte der Bevölkerung betreffen, nicht als umfassend demokratisch bezeichnen – das Ideal der Demokratie galt lange als fragwürdig. Das änderte sich erst später. Europäische Demokratien gab es in größerer Zahl tatsächlich erst im Gefolge des Ersten Weltkrieges, und demokratisch wurde der Kontinent erst nach dem Zweiten Weltkrieg – und auch das nicht flächendeckend, sondern vornehmlich im Westen. Dennoch: Die allmähliche Ausweitung des Wahlrechts und die Parlamentarisierung, die Parteienbildung mit den in der zweiten Hälfte des Jahrhunderts neuen sozialistischen Arbeiterparteien, Bauernparteien und konfessionell orientierten Parteien sowie die Vermehrung und Verbreitung von Presseerzeugnissen, all diese Prozesse trugen dazu bei, dass eine Massenöffentlichkeit entstand. Sie war Ausdruck politischer Partizipation und generierte zugleich eine breite Teilhabe an der Politik auch jenseits der einzelnen Verfassungsbestimmungen. Unter den dargelegten Bedingungen waren die Herausforderungen der Politik um 1900 gegenüber den postrevolutionären Auseinandersetzungen um die Jahrhundertmitte grundlegend gewandelt. Das Zeitalter der Massenpolitik, wie wir es kennen, brach vor dem Weltkrieg an.

Im Zusammenhang des Wandels von Herrschaft und politischer Partizipation änderten sich bis zum frühen 20. Jahrhundert die rechtliche Stellung der Einzelnen und ihre Zugehörigkeit von der Untertanenschaft zur modernen Staatsbürgerschaft. Die spezifische Ausgestaltung der Staatsbürgerschaft war Ende des 19. Jahrhunderts Gegenstand politischer Auseinandersetzungen: Es ging um die Frage, ob für das Staatsbürgerrecht territoriale oder abstammungsmäßige Prinzipien ausschlaggebend sein sollten, debattiert wurde der Erwerb oder Verlust bei Zu- und Abwanderung oder bei Eheschließung. Ferner konkurrierten oder überlappten sich Zugehörigkeiten zu Nation, Empire, Ethnien oder Religion sowie die damit verbundenen Pflichten gegenüber dem Staat. Schließlich mussten auch die zivilen, politischen und sozialen Rechte von Frauen und Männern genau bestimmt werden. Tendenziell ließen sich am Anfang des 20. Jahrhunderts eine Nationalisierung und Ethnisierung der Staatsbürgerschaft, die zugleich imperial und kolonial imprägniert war, erkennen. Diese Unterscheidungskategorien prägten den Übergang von der Untertanenschaft zur Staatsbürgerschaft, der stets mit der Ausgrenzung bestimmter gesellschaftlicher Gruppen einherging. Egalisierende und sozial integrierende Momente waren dabei untrennbar mit Abstufungen und Abgrenzungen verknüpft. Staatsbürgerschaft nimmt seither jedenfalls die einzelnen Staatsangehörigen in die Pflicht für den Staat, bietet im Gegenzug Schutz und Sicherheit und verleiht zugleich staatsbürgerliche Rechte ziviler, politischer und sozialer Art, so dass sie Bürger und Bürgerinnen auch für die Durchsetzung ihrer Interessen gegenüber dem Staat und in der Gesellschaft ermächtigt.

Parallel zur Neubestimmung des Verhältnisses der Untertanen bzw. Bürger und Bürgerinnen zum Staat wurde im Laufe des 19. Jahrhunderts überall eine Staatsverwaltung mit einem erweiterten Anspruch auf die Regulierung der allgemeinen Angelegenheiten aufgebaut. In allmählicher Abkehr von einer Verwaltungsstruktur, die an ständischen Privilegien sowie an partikularen, vielschichtigen Eigeninteressen, vor allem des Adels oder anderer lokal einflussreicher Gruppierungen, orientiert war, versuchten Reformer, gesamtstaatliche, an abstrakten Normen orientierte Verfahren durchzusetzen. Das Modell einer an Effizienz und überpersönlichen Normen ausgerichteten Verwaltung half tatsächlich, gesellschaftliche Macht zu sichern und vor allem auf bürgerliche Kreise zu erweitern. Es garantierte zudem angesichts der grundlegenden Transformation von Wirtschaft und Gesellschaft die Aufrechterhaltung von Ordnung. Staatliches Handeln setzte organisatorische und finanzielle Ressourcen frei, um damit auf gesellschaftliche Probleme reagieren zu können, so dass am Ende des Jahrhunderts die öffentliche Hand die Sozialfürsorge, die Schulen und Universitäten sowie die Kultureinrichtungen und die staatlich-kommunale Eigenwirtschaft ausbaute und kontrollierte. Der Staat galt nun zunehmend als Garant einer besseren Zukunft.

Der Perspektive einer entstehenden Leistungsverwaltung steht gleichzeitig ein kritisches Bild von der Verwaltung als Herrschaftsinstrument gegenüber, wenn etwa Militär und Polizei streikenden Arbeitern mit Gewalt entgegentraten, niedere Gerichtsbarkeit und Verwaltung vielerorts noch lange in der Hand der Grundbesitzer lagen oder Konsumsteuern untere Einkommensgruppen stärker als höhere belasteten. Diese repressive Seite der Staatsverwaltung zeigte sich besonders in der europäischen Kolonialverwaltung, die als eines der europäischen Muster von Staatsverwaltung betrachtet werden muss. Kennzeichnend waren in den Überseegebieten die strukturell eingebettete Gewalt und die rechtliche Ungleichheit. Die Verwaltung richtete sich nicht am Wohl der örtlichen Bevölkerungsmehrheit aus, sondern an der Notwendigkeit ihrer eigenen Finanzierung aus dem Land und an den Interessen der Europäer in den Kolonien und Metropolen. Europäische Rechtsnormen wurden in der Praxis gebrochen oder in einer Art dauerhaftem Ausnahmezustand außer Kraft gesetzt. Während die Staaten in Europa der Idee einer auf das Wohl der Gesellschaft ausgerichteten Territorialherrschaft mit einem staatlichen Gewaltmonopol, einer entsprechenden Verfügungsgewalt über die Normordnung und einem bürokratischen Apparat in verschiedener Ausprägung ein Stück näher gekommen sein mochten, so besaßen diese Faktoren in ihrem kolonialen Herrschaftsbereich eine andere Funktion. Sie orientierten sich dort an den Interessen der Metropolen und ruhten auf einer dualen Rechtsordnung, die staatliches Verwaltungs- und Ordnungshandeln weitgehend an der Kategorie Rasse ausrichtete. Letztlich blieben die europäischen Staaten hier in die Antagonismen und Hindernisse der kolonialen Situation, die sie selbst immer wieder neu kreierten, verstrickt.

Wenn Staatsbürgertum die rechtliche Dimension darstellte, kann Nationalismus als eine kollektive ideologische Mobilisierung der Bevölkerung in Beziehung zu Staat und Politik verstanden werden. Er bildete allerdings nur eine der möglichen Identifikationsmöglichkeiten. Der Eindruck, dass das 19. Jahrhundert in Europa das Zeitalter des Nationalismus und der Nationalstaaten gewesen sei, rührt teilweise daher, dass zeitgenössische Historiker an der kulturellen Nationenkonstruktion durch das Verfassen von Nationalgeschichten unmittelbar mitwirkten. Teilweise rührt er aus der nachfolgenden Erfahrung mit der «mobilisierten Nation» (Lutz Raphael) in der Zeit des Ersten und Zweiten Weltkriegs. Eine umfassende nationale Mobilisierung war zwar vor 1914 in den nationalistischen Ideen angelegt, aber mehr propagiert und debattiert als verwirklicht. Die beschränkte Bedeutung des Nationalismus zeigte sich in mehrfacher Hinsicht. Die ihm inhärente Exklusion von nicht als zugehörig erachteten Gruppen führte dazu, dass alle europäischen Staaten nationale Minderheiten zu ihrer Bevölkerung zählten und damit faktisch, auch wenn nicht notwendig in ihrem Selbstverständnis, multinational waren. Hinzu kam die hohe Zahl der Auswanderer und Migranten, für die in der Gestaltung ihres Lebens nationale Bindung offenkundig im ideologischen Sinne, wenn überhaupt, keine wesentliche Rolle spielte. Ferner gab es zum Nationalismus konkurrierende, neben ihm existierende und ihn überlagernde Identifizierungsangebote: internationalistische Bewegungen, regionale Bindungen und einzelstaatliche Loyalitäten, Religion, Gender, sozialer Status oder ethnische Herkunft. Es war keineswegs ausgemacht, dass Nationalismus diese potentiellen Zugehörigkeiten überlagerte. Nationalismus besaß auch keine vorgegebene Verbindung mit dem Staat als unitarischem Nationalstaat. Man denke an das Deutsche Reich und seine Teilstaaten, an das Vereinigte Königreich von Großbritannien, Österreich-Ungarn oder an das bis 1907 vereinte Schweden und Norwegen.

Schließlich existierten neben der Nation im späten 19. Jahrhundert andere politisch-gesellschaftlich relevante Ordnungsvorstellungen. Hier spielten die kontinentalen und überseeischen Imperien eine zentrale Rolle. Es lässt sich mindestens mit gleicher Berechtigung von einer imperialen Epoche wie von einem nationalen Zeitalter sprechen. Das bezieht sich auf große wie kleine Imperien, aber auch auf die Beteiligung an imperialen Unternehmungen durch Angehörige von Staaten, die überhaupt keine Kolonien besaßen. Unter den führenden Eliten entstand ein Gefühl der Reichszugehörigkeit mit sich überlagernden Loyalitäten zu Nation, Religion, Dynastie und Gesamtstaat. Innerhalb der europäischen Reiche und zwischen ihnen fand ein imperialer Wissens- und Personenaustausch statt, der auch über die administrativen und militärischen Führungskräfte hinausreichte. Anders als der Nationalismus, dem ein egalitärer Zug für alle Angehörigen der Nation innewohnte, aus dem sich ein Anspruch auf politische, demokratische Partizipation ableiten ließ, waren Imperien jedoch hierarchisch gegliedert, in erkennbare Zentren und Peripherien und mit einem unterschiedlichen Maß an Zugehörigkeit sowie mit multiplen Rechtsordnungen. Politische Partizipation auf dieser Ebene, sofern sie nicht wie in den Kolonien ganz negiert wurde, blieb eng beschränkt. Die Grenzen des Nationalismus zeigten sich übrigens im August 1914, als entgegen der Kriegsbegeisterung in manchen städtisch-bürgerlichen Kreisen die europäischen Bevölkerungen eine oft skeptische Haltung gegenüber dem geforderten Opfer für die Nation erkennen ließen. Die militärische Mobilisierung beruhte nicht nur auf der nationalen Identifikation, sondern auch auf der allgemeinen Wehrpflicht für männliche Staatsangehörige und auf der Rekrutierung kolonialer Untertanen für einen Krieg, der auf allen Seiten auch mit imperialen Truppen geführt werden sollte.

Sowenig wie der Weltkrieg viele der erwähnten strukturellen Grundlagen und Prozesse beendete, so wenig war er unvermeidlich. Frieden kennzeichnete die zweite Hälfte des 19. Jahrhunderts ebenso stark wie Kriege. Europa blieb ein Kontinent der Gewalt, und viele Zeitgenossen begriffen Krieg als Notwendigkeit, wenn nicht gar als einen Förderer von Fortschritt. Eine derartige Überhöhung militärischer Auseinandersetzungen fand vor allem im Rahmen der nationalen Staatenbildungskriege in Italien und Deutschland Zuspruch, aber auch in den Jahrzehnten nach 1871, die keineswegs friedlich waren. In Südosteuropa brach 1877/78 der Russisch-Türkische Krieg aus, der in die vollständige Unabhängigkeit mehrerer Fürstentümer vom Osmanischen Reich und die Bildung neuer Staaten mündete. Es folgten militärische Auseinandersetzungen mit dem Osmanischen Reich in Südosteuropa und Nordafrika und zwischen den Balkanstaaten selbst. Die europäi-

VI. Rückblick

schen Regierungen rechtfertigten die zahlreichen Kolonialkriege, welche sie währenddessen beim Aufbau und bei der Sicherung ihrer Weltreiche gegen die lokalen Herrschaften, aber nicht gegeneinander führten, mit dem zivilisatorischen Fortschritt, den sie verbreiten würden. Kriegerisch war der Kontinent schließlich auch in der Mentalität seiner politischen Eliten, die vielleicht gerade aufgrund der seit den Napoleonischen Kriegen relativen Friedlichkeit in Europa eine hohe Risikobereitschaft pflegten. Es war durchaus möglich, mit den vorhandenen Mitteln und Erfahrungen Konflikte zu entspannen oder gegebenenfalls zu begrenzen – und das gelang auch oft. Im Zusammenwirken fragiler Bündnisblöcke, militärisch-strategischer Planungen und der Zukunftserwartung eines unvermeidlichen Krieges waren die systemischen Bedingungen am Anfang des 20. Jahrhunderts jedoch dergestalt, dass risikofreudige Männer einen großen Krieg auslösen konnten, der dann auch den sich bereits im spanisch-amerikanischen Krieg 1898 und im Russisch-Japanischen Krieg 1905 ankündigenden Verlust der europäischen Vormachtstellung in der Welt zur Folge hatte.

In den fast sieben Jahrzehnten vor dem großen Krieg von 1914 gab es keine internationalen Institutionen und Normen, welche den Frieden in Europa garantiert hätten, wohl aber hielten die Großmächte bis 1914 eine gewisse Ordnung aufrecht, in deren Rahmen die Regierungen der großen und der kleinen Staaten agierten. Die ungleiche Verteilung von Macht, eingeübte Instrumente und Muster des diplomatischen Verkehrs sowie Bemühungen um die Regulierung des Krieges – wie beispielsweise in den Genfer Konventionen oder der Haager Landkriegsordnung – kanalisierten den Verlauf von zwischenstaatlichen Konflikten und hegten gegebenenfalls die ausgebrochene Gewalt ein. Diplomatische Anerkennung und völkerrechtliche Regeln kamen jedoch außerhalb Europas nur gegenüber wenigen als «zivilisiert» erachteten Mächten vollständig zur Anwendung. Für den Frieden in Europa war mitentscheidend, dass vorhandene Spannungen zwischen den imperialen Mächten in Übersee – trotz Phasen maritimen Wettrüstens – nicht direkt auf die Sicherheitspolitik in Europa selbst zurückwirkten, sondern im Wesentlichen von den europäischen Staatenbeziehungen abgekoppelt blieben. Paradoxerweise gelang dies, obgleich sich ein Bewusstsein von einem globalen System internationaler Beziehungen an der Wende zum 20. Jahrhundert ausbreitete.

Europa manifestierte sich nicht nur im Staatensystem und in der imperialen Vorherrschaft, sondern seit der Jahrhundertmitte auch in zahlreichen internationalen Organisationen und grenzüberschreitenden Verbindungen, die Regierungen und gesellschaftliche Gruppen miteinander vernetzten. Der Internationalismus ist ein dauerhaftes Erbe dieser Zeit. Multilaterale zwischenstaatliche Organisationen und internationale *Bureaus* setzten und überwachten technische Standards – beispielsweise das 1875 zusammen mit der Konvention über den Meter als Längenmaß gegründete Bureau international des Poids et Mesures mit Sitz in Sèvres. Die Internationalisierung von Schifffahrtswegen war ein weiteres Beispiel für Regierungsinternationalismus. Daneben entstanden zahlreiche zivilgesellschaftliche internationale Reformorganisationen von intellektuellen Vereinigungen über sozialpolitische Initiativen bis zu politischen Aktivisten wie der sozialistischen Zweiten Internationale von 1889. Die beteiligten Persönlichkeiten wollten neben dem unmittelbaren Zweck zumeist auch auf friedlichem Wege den allgemeinen Fortschritt befördern, ohne dass internationale Vernetzung, Normierung und Reformbemühungen notwendigerweise im Gegensatz zum Nationalstaat gesehen wurden. Mit Emphase bezeichnete etwa der österreichische Publizist Alfred H. Fried 1911 den Internationalismus als «veredelten Nationalismus». Nicht die freie wirtschaftliche Verflechtung an sich, auf welche manche in der Tradition der Freihändler ihre Friedenserwartung gründeten, sondern vor allem die zunehmende internationale Organisation von Interessen wirke fortschrittlich, weil sie den Charakter der zwischenstaatlichen Beziehungen ändere und damit schleichend die Konfliktursachen beseitige. In den Außenbeziehungen – verstanden als ein Spektrum staatlicher, halbstaatlicher und gesellschaftlicher Relationen – formierte sich so vor 1914 ein europäisches

Selbstverständnis, das auf Mächtesystem, international institutionalisierten Verknüpfungen und imperialer Expansion basierte. Die Europäische Union steht heute nicht nur in den Traditionen zwischenstaatlicher Friedenssicherung und der internationalen Organisation von nationalen, gesellschaftlich-wirtschaftlichen Interessen, sondern gestaltet auch die Beziehungen zu den ehemaligen Kolonien weiterhin asymmetrisch.

Das Streben nach Vorherrschaft in der Welt und der Glaube an den Fortschritt waren in der zweiten Hälfte des 19. Jahrhundert eng verwoben. Die weitverbreitete Gewissheit eines fortschreitenden Wandels zum Besseren – was immer die verschiedenen Erwartungen im Einzelnen gewesen sein mögen – begleitete die gesellschaftliche und wirtschaftliche Transformation in den europäischen Ländern. Der Fortschrittsglaube war zugleich in starkem Maße davon geprägt, dass Europäer jenseits des Kontinents ihre Herrschaft über andere Gesellschaften und politische Gemeinwesen ausbauten. Ideologisch untermauerte der missionarische Gedanke, die europäische Zivilisation zu verbreiten, den Kolonialismus und Imperialismus, während die praktische Herrschaftsausübung wiederum das fortschrittliche Selbstbild der Europäer festigte. Die Verbreitung des Fortschritts richtete sich dabei durchaus auch auf die als rückschrittlich erachteten Regionen des Kontinents und auf soziale Gruppen, die den modernen Maßstäben nicht zu entsprechen schienen. Kritik und Zweifel gab es schon vor dem Weltkrieg, sie erschütterten aber die Gewissheiten nicht nachhaltig. Im frühen 21. Jahrhundert sind der Fortschritt im Sinne von evolutionärem Wandel und die Beziehungen Europas zur Welt weiterhin miteinander verstrickt, aber auf eine ganz anders ausgerichtete Weise. Die europäische Vorherrschaft gehört der Vergangenheit an, die ungleichen Beziehungen zu bestimmten Teilen der Welt halten an. Der Glaube an die Gestaltbarkeit des Fortschritts lebt in Teilen weiter, existiert aber allgemein nur noch in gebrochener Form: Zweifel, Kritik und Ungewissheit darüber, wohin die Entwicklung führen soll, herrschen vor. Angesichts der endlichen Ressourcen auf einem begrenzten Planeten scheint selbst die Zukunft nicht mehr so offen, wie sie um 1900 noch gedacht werden konnte. Die veränderten politisch-ökonomischen und -ökologischen Verhältnisse lösen auch die lineare Zeitvorstellung mit den europäisch gedachten, am Fortschritt gemessenen Ungleichzeitigkeiten auf. Vielleicht liegen im Ausbau der internationalen Kooperationsformen, im Welt-Denken und in den Vorstellungen von einer gerechten gesellschaftlichen und internationalen Ordnung, die ebenfalls in der zweiten Hälfte des 19. Jahrhunderts ihre Wurzeln haben, besser brauchbare Ansätze als im Streben nach Macht und im Fortschrittsglauben. Die Weltregion Europa und ihre Menschen haben hier noch einiges zu tun.

Literaturhinweise

Dieses Buch sollte ohne einen wissenschaftlichen Apparat auskommen, doch ein Werk wie das vorliegende stützt sich selbstverständlich auf die Leistungen anderer, deren Veröffentlichungen so leider nicht nachgewiesen werden können. Eine ausführliche Bibliographie wird auf der Webseite des Verlages unter www.chbeck.de/paulmann-vorherrschaft bereitgestellt, wo insbesondere auch die Werke aufgeführt sind, auf die ich mich wortwörtlich oder argumentativ eng beziehe. In der Darstellung habe ich mich bemüht, diese Stellen sprachlich kenntlich zu machen, damit die entsprechenden Werke, wenn auch nicht genaue Seitenangaben, leicht identifizierbar sind. Unverhältnismäßige Auslassungen bitte ich zu entschuldigen und mir gegebenenfalls mitzuteilen.

Zur Geschichte Europas im 19. Jahrhundert gibt es eine Vielzahl an Veröffentlichungen. Nur wenige Hinweise zur weiterführenden Lektüre, vorzugsweise leichter zugängliche deutschsprachige Forschungen, sind an dieser Stelle möglich. Eine allgemeine Orientierung bieten die neuesten Werke von Richard J. Evans, Das europäische Jahrhundert: Ein Kontinent im Umbruch 1815–1914 (München 2018), und Willibald Steinmetz, Europa im 19. Jahrhundert (Frankfurt a. M. 2019), sowie die dritte überarbeitete Auflage von Robert Gildea, Barricades and Borders: Europe 1800–1914 (Oxford 2002). Eine globalgeschichtliche Perspektive, die nicht auf Europa zentriert ist, findet sich im systematisierenden Werk von Jürgen Osterhammel, Die Verwandlung der Welt: Eine Geschichte des 19. Jahrhunderts (München, 2. Aufl. 2016), und mit Blick auf die europäische Vorherrschaft bei Christopher A. Bayly, Die Geburt der Moderne: Eine Globalgeschichte 1780–1914 (Frankfurt a. M. 2006). Für die engere Periode seit der Mitte des Jahrhunderts stellt Jörg Fisch, Europa zwischen Wachstum und Gleichheit 1850–1914 (Stuttgart 2002), übergreifende europäische, aber auch wesentliche Entwicklungen der souveränen Staaten kapitelweise dar. Chronologisch aufgebaut ist Jonathan Sperber, Europe 1850–1914 (Harlow 2009), ähnlich wie die ältere, mehrbändige Standarderzählung von Eric Hobsbawm, The Age of Capital 1848–1875 (London 1975) und The Age of Empire 1875–1914 (London 1987). Die immer wieder aktualisierte Lehrbuchreihe Oldenbourg Grundriss der Geschichte (München) mit Berücksichtigung von Forschungskontroversen und detailliertem Literaturverzeichnis enthält Bände zur Zeit nach 1850 von Lothar Gall sowie von Gregor Schöllgen und Friedrich Kießling. Ebenfalls für die Lehre gedacht, aber in der englischen Tradition mit interpretierenden Themenessays ist die Short Oxford History of Europe mit für den Zeitraum einschlägigen Einzelbänden, herausgegeben von T. C. W. Blanning und Julian Jackson, sowie Stefan Berger (Hg.), A Companion to Nineteenth-Century Europe: 1789–1914 (Chichester 2009). Eine transnationale Geschichte Europas mit thematischen Artikeln, die vielfach das 19. Jahrhundert berühren, gibt das Leibniz-Institut für Europäische Geschichte online heraus als Europäische Geschichte Online (EGO) unter http://ieg-ego.eu.

Als Basis für die soziale und wirtschaftliche Transformation nach wie vor unverzichtbar ist der Handbuchband von Wolfram Fischer (Hg.), Europäische Wirtschafts- und Sozialgeschichte von der Mitte des 19. Jahrhunderts bis zum Ersten Weltkrieg (Stuttgart 1985). Die Bevölkerungsentwicklung erläutern Jean-Pierre Bardet und Jacques Dupâquier (Hg.), Histoire des populations de l'Europe, Bd. 2: La révolution démographique 1750–1914 (Paris 1998), die Migrationsbewegungen Dirk Hoerder, Cultures in contact: World migrations in the second millennium (Durham NC, 2002), und Klaus J. Bade, Europa in Bewegung: Migration vom späten 18. Jahrhundert bis zur Gegenwart (München 2000). Für die interdependente Ausdifferenzierung der Wirtschaftsgeschichte siehe Ivan Berend, An economic history of nineteenth-century Europe: Diversity and industrialization (Cambridge 2013), sowie R. Bin Wong, Möglicher Überfluss, beharrliche Armut: Industrialisierung und Welthandel im 19. Jahrhundert, in: Sebastian Conrad und Jürgen Osterhammel (Hg.), 1750–1870: Wege zur modernen Welt (= Geschichte der Welt, Bd. 4, München 2016), S. 255–409. Die Folgen für die Umwelt erläutern Franz-Josef Brüggemeier, Schranken der Natur: Umwelt, Gesellschaft, Experimente 1750 bis heute (Essen 2014), sowie Joachim Radkau, Natur und Macht: Eine Weltgeschichte der Umwelt (München 2000). Die Verstädterung behandelt eindrucksvoll breit Friedrich Lenger, Metropolen der Moderne: Eine europäische Stadtgeschichte seit 1850 (München 2013). In ländliche Verhältnisse führt eindringlich ein Regina Schulte, Das Dorf im Verhör: Brandstifter, Kindsmörderinnen und Wilderer vor den Schranken des Gerichts (Reinbek bei Hamburg 1989). Thematisch weit über den Horizont des Titels hinaus anregend ist David Blackbourn, Landschaften der deutschen Geschichte: Aufsätze zum 19. und 20. Jahrhundert (Göttingen 2016). Für die Geschichte der Gesellschaft sei ansonsten insgesamt auf die entsprechenden Kapitel in den oben angeführten allgemeinen Darstellungen verwiesen.

In die Kulturgeschichte des 19. Jahrhunderts führt trotz des Titels sehr gut ein Hermann W. von der Dunk, Kulturgeschichte des 20. Jahrhunderts, Bd. 1 (München 2004). Ohne Anspruch auf Repräsentativität erwähnt seien einige exemplarische Werke, über die man sich gut verschiedenen Facetten der europäischen Kultur nähern kann: Christophe Charle, Vordenker der Moderne: Die Intellektuellen im 19. Jahrhundert (Frankfurt a. M. 1996), Rosamund Bartlett, Tolstoy: A Russian Life (London 2010), Vanessa R. Schwartz, Spectacular realities: Early mass culture in finde-siècle Paris (Berkeley 1998), Dolf Sternberger, Panorama oder Ansichten vom 19. Jahrhundert (Frankfurt a. M. 1981, zuerst 1938), Andreas Daum, Wissenschaftspopularisierung im 19. Jahrhundert: Bürgerliche Kultur, naturwissenschaftliche Bildung und die deutsche Öffentlichkeit 1848–1914 (München, 2. erw. Aufl. 2002), Rebekka Habermas und Alexandra Przyrembel (Hg.), Von Käfern, Märkten und Menschen: Kolonialismus und Wissen in der Moderne (Göttingen 2013), Ruth Harris, Lourdes: Body and spirit in the secular age (London 1999), Heinz-Gerhard Haupt und Dieter Langewiesche (Hg.), Nation und Religion in Europa: Mehrkonfessionelle Gesellschaften im 19. und 20. Jahrhundert (Frankfurt a. M. 2004), Katharina Stornig, Sisters Crossing Boundaries: German Missionary Nuns in Colonial Togo and New Guinea, 1897–1960 (Göttingen 2013), Stephen Kern, The Culture of Time and Space: 1880–1918 (Cambridge MA 2003), und John M. MacKenzie (Hg.), European Empires and the People: Popular Responses to Imperialism in France, Britain, The Netherlands, Belgium, Germany and Italy (Manchester 2011).

Den Konstitutionalismus des 19. Jahrhunderts stellen vergleichend vor Martin Kirsch, Monarch und Parlament im 19. Jahrhundert: Der monarchische Konstitutionalismus als europäischer Verfassungstyp – Frankreich im Vergleich (Göttingen 1999), und Martin Kirsch, Anne G. Kosfeld und Pierangelo Schiera (Hg.), Der Verfassungsstaat vor der Herausforderung der Massengesellschaft: Konstitutionalismus um 1900 im europäischen Vergleich (Berlin 2002). Vergleiche hierzu auch Dieter Langewiesche, Die Monarchie im Jahrhundert Europas: Selbstbehauptung durch Wandel im 19. Jahrhundert (Heidelberg 2013). Die verschiedenen Muster der Staatsverwaltung hat Lutz Raphael, Recht und Ordnung: Herrschaft durch Verwaltung im 19. Jahrhundert (Frankfurt a. M. 2000), vorbildlich herausgearbeitet. Zu ergänzen sind koloniale Verwaltungs- und Herrschaftsmuster bei Trutz von Trotha, Was war Kolonialismus? Einige zusammenfassende Befunde zur Soziologie und Geschichte des Kolonialismus und der Kolonialherrschaft, in: Saeculum 55/1 (2004), S. 49–95. Europäisch vergleichend zu den Imperien Jörn Leonhard und Ulrike von Hirschhausen (Hg.), Comparing Empires: Encounters and Transfers in the Long Nineteenth Century (Göttingen 2011). Die Geschichte der Staatsbürgerschaft ist jetzt umfassend dargestellt von Dieter Gosewinkel, Schutz und Freiheit? Staatsbürgerschaft in Europa im 20. und 21. Jahrhundert (Berlin 2016).

Zur Geschichte der internationalen Beziehungen liegen unzählige Werke vor. Ich habe mich bei der Darstellung des Staatensystems teilweise auf meine eigenen Arbeiten in Pomp und Politik: Monarchenbegegnungen in Europa zwischen Ancien Régime und Erstem Weltkrieg (Paderborn 2000) stützen können. Ergänzend siehe ferner Matthias Schulz, Normen und Praxis: Das Europäische Konzert der Großmächte als Sicherheitsrat, 1815–1860 (München 2009), Winfried Baumgart, Europäisches Konzert und nationale Bewegung 1830–1878 (Paderborn 1999), und schließlich Gregor Schöllgen und Friedrich Kießling, Das Zeitalter des Imperialismus (München 2009). Wegweisend zur Geschichte des Internationalismus ist Martin H. Geyer und Johannes Paulmann (Hg.), The Mechanics of Internationalism: Culture, Society, and Politics from the 1840s to the First World War (Oxford 2001). Eine ausgezeichnete neuere Arbeit, die auch Einblick in die Geschichte der Völkerrechtspraxis gewährt, bietet Fabian Klose, «In the Cause of Humanity»: Eine Geschichte der humanitären Intervention im langen 19. Jahrhundert (Göttingen 2019). Aus der Literatur zum Kolonialismus seien die entsprechenden Abschnitte in Reinhard Wendt, Vom Kolonialismus zur Globalisierung: Europa und die Welt seit 1500 (Paderborn, 2. Aufl. 2016) empfohlen; außerdem H. L. Wesseling, The European colonial empires: 1815–1919 (Harlow 2004), und John Darwin, After Tamerlane: The rise and fall of global empires, 1400–2000 (London 2008). Maßgeblich zum weltpolitischen Denken ist immer noch Heinz Gollwitzer, Geschichte des weltpolitischen Denkens, Bd. 2: Zeitalter des Imperialismus und der Weltkriege (Göttingen 1982). Die Bedeutung des Kriegs für die Entwicklung Europas im 19. Jahrhundert hebt hervor Dieter Langewiesche, Der gewaltsame Lehrer: Europas Kriege in der Moderne (München 2019). Einen detaillierten Einblick in die europäische Diplomatie anhand der vermiedenen Kriege gewähren Jost Dülffer, Martin Kröger und Harald Wippich, Vermiedene Kriege: Deeskalation von Konflikten der Großmächte zwischen Krimkrieg und Erstem Weltkrieg 1856–1914 (München 1997). Gegen gängige Lesarten der Jahre vor 1914 wendet sich Friedrich Kießling, Gegen den «großen Krieg»? Entspannung in den internationalen Beziehungen 1911–1914 (München 2002). Die Literatur zum Ausbruch des Ersten Weltkriegs hat sich anlässlich des letzten Jubiläums nochmals vermehrt. Man kann mit Christopher Clark, Die Schlafwandler: Wie Europa in den Ersten Weltkrieg zog (München 2013), oder mit Gerd Krumeich, Juli 1914: Eine Bilanz (Paderborn 2014), beginnen, gut aber auch mit einem der älteren Werke wie James Joll, The Origins of the First World War (New York, 2. Aufl. 1992).

Einen Rückblick auf das 19. Jahrhundert bietet schließlich die zeitgenössische Schrift von Ernst Troeltsch, Das Neunzehnte Jahrhundert (1913), in: ders., Gesammelte Schriften, Bd. 4 (Tübingen 1925), S. 614–649. Das allmähliche Vergessen der Epoche konstatieren die Beiträge in Karen Hagemann und Simone Lässig (Hg.), Discussion Forum: The Vanishing Nineteenth Century in European History?, in: Central European History 51 (2018), S. 611–695.

Zeitleiste

1850	2.9. Hermann Blumenau gründet mit anderen deutschen Kolonisten den Ort Blumenau in Brasilien
1851	1.5.–11.10. Erste Weltausstellung in London
	2.12. Staatsstreich Louis Napoléon Bonapartes
1853	6.3. Uraufführung von Giuseppe Verdis «La Traviata»
1853–1856	1.11. Russisch-osmanischer Krieg; Ausweitung zum Krimkrieg zwischen Russland auf der einen und Großbritannien, Frankreich und Piemont-Sardinien auf der anderen Seite
1855	Joseph Arthur de Gobineau: «Versuch über die Ungleichheit der Menschenrassen»
1856	Entdeckung des Neandertalers durch Johann Carl Fuhlrott; 1868 in Frankreich Fund des Cro-Magnon-Menschen
1857–1858	11.5. Beginn der Rebellion gegen die britische Herrschaft in Indien
1858	Gründung der «Historischen Zeitschrift», gefolgt von «Revue Historique» (1876) und «English Historical Review» (1886)
1858–1860	23.10. Beginn des Zweiten Opiumkriegs Großbritanniens und Frankreichs; Vertrag von Tianjin (1858) und Pekinger Konvention (1860): weitere Öffnung Chinas für den Handel ausländischer Mächte
1859	Charles Darwin: «Über die Entstehung der Arten durch natürliche Auslese»
1859–1869	Bau des Suezkanals
1860	23.1. Cobden-Chevalier-Vertrag: Liberalisierung des britisch-französischen Handels
1861	19.2. Manifest über die Bauernbefreiung in Russland
	14.3. Viktor Emanuel II. von Piemont wird König von Italien

Zeitleiste

1862	Victor Hugo: «Les Misérables»
1863	22.1. Polnischer Aufstand gegen die russische Herrschaft (bis April 1864)
	26.10.–29.10. Internationale Konferenz zur Gründung des Roten Kreuzes
1864	28.9. Gründung der Internationalen Arbeiter-Assoziation
1866	21.6. Beginn des preußisch-österreichischen Kriegs und Gründung des Norddeutschen Bundes (Verfassung vom 16.4.1867)
1867	Karl Marx: «Das Kapital», Bd. 1
1868	1.7. Proklamation des Dominion of Canada als erste britische Selbstverwaltungskolonie
1870	19.7. Beginn des preußisch-deutschen Kriegs gegen Frankreich; Friede von Frankfurt a. M. am 10.5.1871
1871	18.1. Proklamation des Deutschen Kaiserreiches in Versailles
	18.3.–28.5. Aufstand der Pariser Kommune
1872	Jules Verne: «Die Reise um die Welt in 80 Tagen»
1874	15.4.–15.5. Erste gemeinsame Ausstellung der «Impressionisten»
	10.9. Papst Pius IX. untersagt italienischen Katholiken die Beteiligung an Wahlen
1878	13.6.–13.7. Berliner Kongress: Serbien, Montenegro und Rumänien werden unabhängig vom Osmanischen Reich, Bulgarien und Ostrumelien autonome, tributpflichtige Fürstentümer
1879	7.10. Zweibund zwischen Deutschem Reich und Österreich-Ungarn
1881	17.5. Errichtung eines französischen Protektorats über Tunesien
	Antijüdische Pogrome im Russischen Reich
	Erste Elektrizitätswerke in England und 1882 in Italien
1882	11.7. Besetzung Ägyptens durch Großbritannien
1883	15.6. Krankenversicherungsgesetz im Deutschen Reich (Unfallversicherung 1884, Invaliditäts- und Altersversicherung 1889)
	Bau eines Maschinengewehrs durch Hiram Stevens Maxim

1884–1885	15.11.–26.2. Internationale Afrikakonferenz in Berlin
1885	Gottlieb Daimler und Carl Friedrich Benz entwickeln unabhängig voneinander Motoren und erste Automobile
1887	17.10. Zusammenfassung der französischen Kolonien in Südostasien zur «Indochinesischen Union»
1889	31.3. Fertigstellung des Eiffelturms in Paris (Baubeginn 28.1.1887)
1890	27.3. Deutsch-russischer Rückversicherungsvertrag von 1887 nicht verlängert
	1.7. Helgoland-Sansibar-Vertrag: Ausgleich deutsch-britischer Kolonialinteressen
1891–1903	Bau der Transsibirischen Eisenbahn
1893	Emile Durkheim: «De la division du travail social»
1894	Beginn der Dreyfus-Affäre in Frankreich
1895	Erste Filmvorführungen der Gebrüder Lumière in Paris und der Gebrüder Skladanowsky in Berlin
1896	1.3. Italienische Niederlage gegen Äthiopien bei Adua
1898	25.4.–10.12. Krieg zwischen den USA und Spanien; Friede von Paris
	18.9. Faschoda-Krise zwischen Frankreich und Großbritannien
1899	18.5.–29.7. Erste Haager Friedenskonferenz über friedliche Beilegung internationaler Konflikte
1899–1902	12.10. Beginn des südafrikanischen Kriegs, sogenannter Burenkrieg
1900	Begründung der Quantenphysik durch Max Planck Sigmund Freud: «Die Traumdeutung»
1900–1901	Aufstand in China und internationale Intervention
1904	8.4. «Entente cordiale» zwischen Großbritannien und Frankreich
1904–1905	8.2. Russisch-Japanischer Krieg; Friede von Portsmouth am 5.9.1905
1904–1907	Aufstand und Völkermord an Herero und Nama in Deutsch-Südwestafrika
1905	22.1. «Blutiger Sonntag» in Sankt Petersburg löst erste russische Revolution und Verfassungsreformen aus Albert Einstein: «Spezielle Relativitätstheorie»

Zeitleiste

1906	10.2. Stapellauf des britischen Kampfschiffs «Dreadnought»
	Allgemeines Frauenwahlrecht in Finnland
1907	15.6.–18.10. Zweite Haager Friedenskonferenz:
	Anerkennung der Haager Landkriegsordnung
	31.8. Petersburger Abkommen zwischen Großbritannien und Russland über Tibet, Afghanistan und Persien
	Eröffnung der Galerie Kahnweiler in Paris: Förderung des Kubismus
1908	5.7. Beginn der «jungtürkischen» Revolution
	6.10. Annexion Bosniens und der Herzegowina durch Österreich-Ungarn
1909	20.2. Publikation von Emilio Filippo Tommaso Marinettis «Futuristischem Manifest»
	31.8. Entdeckung des Syphilisheilmittels Salvarsan durch Paul Ehrlich und Sahachiro Hata
1910	4.10. Revolution in Portugal und Einführung der Republik
1911	14.12. Roald Amundsen erreicht den Südpol
1912	15.4. Untergang der «Titanic»
	14.5. Russische Heeresreform
	17.10. Erster Balkankrieg von Serbien, Bulgarien, Griechenland und Montenegro gegen das Osmanische Reich
1913	29.5. Uraufführung von Igor Strawinskys «Le sacre du printemps»
	30.6. Zweiter Balkankrieg von Griechenland, Montenegro, Serbien und Rumänien gegen Bulgarien
1914	28.6. Ermordung des österreichisch-ungarischen Thronfolgers Franz Ferdinand in Sarajewo
	28.7. Kriegserklärung Österreich-Ungarns an Serbien
	30.7. Russische Generalmobilmachung
	1.8. Deutsche Generalmobilmachung und Kriegserklärung an Russland
	3.8. Deutsche Kriegserklärung an Frankreich
	4.8. Kriegseintritt Großbritanniens
	15.8. Eröffnung des Panamakanals

Danksagung

Das Schreiben an diesem Buch hat deutlich mehr Jahre in Anspruch genommen als die Bauzeit des Eiffelturms. Das schon am Anfang ausgesuchte Titelbild hat mich aber den Glauben an seine Fertigstellung trotz des langsamen Fortschritts nicht verlieren lassen. Sehr geholfen haben mir mehrere Auszeiten aus meinen dienstlichen Verpflichtungen, für die ich zahlreichen Förderern und Personen ganz herzlich danken möchte. Die Gerda Henkel Stiftung ermöglichte 2009/10 eine Gastprofessur an der London School of Economics und am Deutschen Historischen Institut London. In der von Andreas Gestrich geprägten Atmosphäre am Bloomsbury Square ließ sich vorzüglich schreiben und diskutieren. 2011 durfte ich mehrere Monate in dem für einen Gast paradiesischen Magdalen College in Oxford verbringen. Die fast täglichen Kaffeegespräche, bei denen Nick Stargardt und ich miteinander darum wetteiferten, über wessen Manuskript wir diesmal reden sollten, haben mich vielfach angeregt. An der Universität Mannheim waren Andrea Rehling und Bernhard Gißibl meine verlässlichen Gesprächspartner, auch noch nach dem Wechsel an das Leibniz-Institut für Europäische Geschichte, wo Europa dann den selbstverständlichen Denk- und Diskussionsraum bildete. Die VolkswagenStiftung finanzierte zusammen mit der Fritz Thyssen Stiftung und der Robert Bosch Stiftung 2014/15 das Richard von Weizsäcker Fellowship am European Studies Centre des St Antony's College, so dass ich erneut eine Zeit weitgehender Freiheit von Verpflichtungen genießen konnte. Schließlich hatte ich 2018 das Vergnügen, vier Monate als Gastprofessor des LabEx, *Ecrire une histoire nouvelle de l'Europe*, an der Panthéon Sorbonne und der Université Sorbonne eingeladen zu sein und von Thomas Maissen im Deutschen Historischen Institut Paris ein Büro zur Verfügung zu erhalten. Dass ich das Manuskript so gleichsam im Schatten des Eiffelturms, der 1889, vor 130 Jahren, fertiggestellt worden war, abschließen konnte, schien fast wie eine Fügung. Für mich war es Glück und Erleichterung zugleich.

Ein besonderer Dank gilt schließlich meiner Leserin Lyndal Roper und den Lesern Bernhard Gißibl, Fabian Klose, Till van Rahden und Nick Stargardt, die das Manuskript kommentiert und durch ihre Hinweise und Fragen verbessert haben. Vanessa Weber hat den Text mit großer Sorgfalt Korrektur gelesen. Dafür danke ich ihr ebenso wie Barbara Kunkel und Martin Kupp für das Erstellen des Registers. Schließlich danke ich beim C.H.Beck Verlag Sebastian Ullrich für seine Geduld sowie Matthias Hansl und Daniel Bussenius für die Begleitung auf dem Weg zum gedruckten Buch.

Register

Aachen 397
Abd ar-Rahman, Mulai, Sultan der Alawiden 25
Abdülhamid II., Sultan des Osmanischen Reiches 30, 306
Abdülmecid I., Sultan des Osmanischen Reiches 29
Adua 220, 430, 432
Afghanistan 31, 68, 412, 421, 424
Agadir 439
Ägypten, 8, 29, 33–36, 105, 118, 291, 425, 433
Albanien 34, 295, 439
Alexandria 383
Algeciras 383, 412
Algerien 8, 25, 80–82, 275, 333 f., 422 f., 430
Algier 82, 105, 275
Ali Pascha, Muhammad, Khedive der osmanischen Provinz Ägypten 29, 34
Alighieri, Dante 204
Amery, Leo 52
Amsterdam 146
Andrássy, Gyula Graf 368 f.
Angola 80, 425
Antwerpen 107
Argentinien 44, 70, 85, 114, 117
Ärmelkanal 13, 17–19, 21
Arrhenius, Svante 102
Äthiopien 220, 421
Auschwitz, Oświęcim 76
Australien 8, 53, 61, 68, 71, 80–82, 88, 104, 110, 127, 222, 227, 297, 344, 416, 430

Baden-Baden 367
Bagdad 107
Bahia 74
Barcelona 222
Barrès, Mauris 209
Basel 280, 397,
Becquerel, Henri 253,
Bedford 179
Beethoven, Ludwig van 288
Belfast 150 f.
Belgien 45, 50 f., 55, 59, 63, 95, 103, 109, 114, 132, 149, 169, 171, 187, 237, 292, 307 f., 325, 341, 352, 399, 402, 422, 425, 458
Belgrad 441
Benjamin, Walter 153
Bentham, Jeremy 204, 401
Berlin 69 f., 107, 109, 113, 144, 146, 193, 195, 222, 240, 280, 286, 291, 305, 386, 397, 412, 425, 431, 439, 444
Bern 286, 384, 399
Bernhardi, Friedrich von 411
Bernhardt, Sarah 211, 224–28
Bertillon, Jacques 59
Bethel 66
Bismarck, Otto von 16, 363, 368–70, 373–75, 377, 393, 431, 433, 436
Bizet, Georges 224
Blache, Vidal de la 9
Blagoweschtschensk 68
Blériot, Louis 20
Bodelschwingh, Friedrich 66
Bolivien 99

Bombay 33, 74, 117
Booth, Charles 154
Bosnien-Herzegowina 432, 441
Boycott, Charles 138
Bradlaugh, Charles 261
Braila 107
Brasilien 70f., 116f.
Bremen 76f.
Bremerhaven 13
Brentano, Lujo 53
Bresci, Gaetano 220
Breslau 413
Brighton 447
Britisch-Guayana 421
Britisch-Indien 106, 152
Britisch-Ostafrika 108
Britisch Südafrika 105
Brunetière, Ferdinand 209
Brunsbüttel 16
Brüssel 397, 399
Budapest 320
Buenos Aires 74
Bukarest 222
Bulgarien 51, 55, 103, 107, 118, 137, 143, 267, 295, 347, 439, 441, 444
Bunsen, Robert 241
Burma 424
Cádiz 21
Calais 18, 20
Callwell, Charles Edward 430
Cambridge 8, 234, 23 f., 245, 321
Canakkale 32
Canterbury 273
Cap Gris-Nez 17
Caprivi, Graf Leo von 377
Cardiff 237
Carlos I. 304
Carlyle, Thomas 203–6, 211
Carnegie, Andrew 235
Caruso, Enrico 220
Cavour, Camillo Benso von 368, 373
Ceuta 21, 24, 26

Ceylon 115
Cézanne, Paul 211
Chamberlain, Joseph 85, 413
Charcot, Jean-Martin 283
Chicago 272
Chile 99
China 68, 83, 112, 115, 127, 277, 382, 412, 416, 421, 424, 431
Chisholm, George G. 9
Clemenceau, Georges 209
Cobden, Richard 402
Comboni, Daniele 274
Comtes, Auguste 257, 372
Conrad, Joseph 280, 282f., 286, 288
Costa Rica 422
Curie, Marie 230
Dakar 152
Dalhousie, James Andrew Broun Ramsay, 1st Marquess of 106
Dänemark 14–16, 50, 55, 63, 92, 103, 132, 135, 143, 146, 187, 274, 297, 301, 308, 310, 342, 425, 458
Danilevskij, Nikolaj 8
D'Annunzio, Gabriele 220
Dardanellen 27, 29–32, 434
Darmstadt 242
Darwin, Charles 197, 205, 230, 249, 253–56, 281, 285, 286
De Sanctis, Francesco 216
Deckert, Emil 11
Degas, Edgar 211
Delamere, Hugh Cholmondeley, 3rd Lord 87
Delhi 152, 204
Demontès, Victor 82
Den Haag 399, 436, 440, 464
Deutsch-Ostafrika 82, 329
Deutsch-Südwestafrika 82, 108, 196
Deutsches Reich, Deutschland 16f., 43, 50–52, 55–57, 59, 63, 67, 69–72, 75, 89, 92f., 100, 103, 106f., 109, 112, 131f., 135, 146, 171, 174, 184, 187, 209, 218,

Register

223, 231–34, 238, 240, 243 f., 246, 250 f., 259, 266–69, 292, 300 f., 308, 310–13, 318 f., 328, 341–43, 347 f., 351 f., 356, 358–63, 366–70, 372, 374–76, 378–82, 385, 387, 393–95, 399, 401, 406, 412, 416, 422, 425, 431–36, 441, 443 f., 462 f.
Desrosières, Alain 46
Dickens, Charles 205, 219
Dickson, Oscar 13
Disraeli, Benjamin 35
Donezk 171
Dover 17 f., 20
Doyle, Arthur Conan 406
Dresden 153, 193
Dreyfus, Alfred 208–11
Du Bois, W. E. B. 195
Dubois, Eugène 256
Dubois, Marcel 413
Dumas, Alexandre (der Jüngere) 213, 224
Dumas, Alexandre (der Ältere) 213, 219
Dumas, Jean-Baptiste 241
Dunant, Henri 399
Durkheim, Émile 257, 260
Duruy, Victor 244
Duse, Eleonora 228
Edinburgh 272, 277 f., 398
Edward VII., König des Vereinigten Königreichs von Großbritannien und Irland 389
Einstein, Albert 228, 280, 286 f.
Eliot, George 206
Engels, Friedrich 188
Erlanger, Emile Baron d' 20
Eugénie, Kaiserin der Franzosen 270
Evans, Mary Ann 206
Eyre, Edward 204
Faraday, Michael 253
Faschoda 426
Fátima 270
Fes 26
Finnland 51, 56, 94, 135, 297, 449, 458
Fischer, Eugen 197
Flaubert, Gustave 212
Florenz 220
Fontane, Theodor 212
Franco, Francisco 26
Frankfurt 11, 20, 242, 300, 399
Frankreich 8, 19, 25 f., 29 f., 35, 50 f., 55, 57–59, 63, 66, 72, 74, 82, 85, 89, 103, 105, 107, 109, 113, 131 f., 135, 146, 149, 171, 179 f., 183, 185, 187, 191, 207, 219, 226, 228, 231–34, 236–38, 240, 244, 261–64, 266, 270 f., 292, 298 f., 301, 303 f., 307 f., 311–13, 316, 318, 320 f., 325–28, 339 f., 343, 347, 349, 352, 359–61, 363, 367, 372, 375, 381–83, 385, 387, 393, 399, 406, 412, 422, 424 f., 432–36, 439, 457
Franz Ferdinand, österreichischer Erzherzog 442
Franz Joseph I., Kaiser von Österreich 368, 371 f.
Freiburg 197, 389
Freud, Sigmund 228, 272, 280, 283–86, 288
Fried, Alfred H. 358, 465
Galati 107
Gallipoli 31 f.
Gandhi, Mahatma 216, 419 f.
Gelsenkirchen 64 f.
Genf 399, 464
Gent 157, 400
Genua 22, 76
Gibraltar 7, 13, 21–24, 26, 31, 39, 344
Gießen 241
Gilbert, William Schwenck 290
Glasgow 63, 76, 146
Göteborg 13
Graf, Oskar Maria 134

Gramsci, Antonio 217
Granada 204
Greenberg, Leopold 86
Grenoble 244
Grey, Edward 444
Griechenland 46, 64, 103, 118, 150, 267, 304, 347, 439, 441, 444
Großbritannien 8, 15 f., 19, 25, 29 f., 34, 36, 50 f., 55–57, 59, 63 f., 70, 72, 74, 77, 86, 93, 95, 103, 106, 108 f., 112, 120, 131 f., 135, 138, 146, 149, 152 f., 162, 170, 179, 181 f., 193–95, 207, 218, 231–34, 237, 239, 245, 256, 260, 264, 267 f., 274, 282, 292, 297–99, 308–13, 322, 325, 327 f., 343, 345, 351 f., 359 f., 363, 365, 372, 376, 382, 384–86, 393, 395, 399, 406, 412, 414, 416, 421, 423–25, 433–38, 441, 458, 462
Guam 422
Guayana 209, 421
Haeckel, Ernst 256
Haiti 213
Hanoi 152
Hamburg 75–77, 84, 97, 107, 147, 245
Hannover 318, 366
Hardie, Keir 126 f.
Hardy, Thomas 133
Haussmann, Georges-Eugène Baron 317
Heidelberg 195, 241
Helsingborg 14
Helsingör 14
Helsinki 246
Hertz, Heinrich 253
Hertzka, Theodor 84, 87
Herzl, Theodor 85 f.
Hettner, Alfred 7
Hobson, J. A. 419
Hongkong 33, 74, 424
Hugo, Victor 223, 226, 228
Humboldt, Alexander von 243

Humboldt, Wilhelm von 240
Huxley, Thomas H. 205, 256
Indien 17, 31, 35, 37, 83, 104–6, 109 f., 112, 114, 117 f., 126 f., 195, 199, 245, 273 f., 277, 291, 344 f., 360, 383, 416, 420, 423, 427
Indochina 152
Indonesien 115, 424
Irland 46, 50, 59, 64, 72, 85, 89, 93 f., 135, 137, 142 f., 146, 169, 181, 261, 264, 267, 449
Isaac, Alexandre 334
Ismail Pascha, Khedive der osmanischen Provinz Ägypten 35 f., 222
Istanbul 27
Italien 16, 43, 46, 50, 55, 64 f., 72, 74, 76, 92–94, 132, 151, 162 f., 173, 181, 187, 191, 207, 216–19, 221 f., 232, 237, 259, 264, 292, 301, 307 f., 310, 317, 323, 325 f., 331, 341, 352, 356, 360, 367, 380, 382, 399, 422, 425, 432 f., 433, 435, 438, 449, 458, 463
Jamaika 204
James, Henry 226
James, William 272
Japan 13, 31, 39, 109, 112, 299, 382, 391 f., 409, 416, 419–22, 425, 427
Java 256, 291
Jerusalem 30
Joule, James Prescott 253
Jutarō, Komura 391
Kafka, Franz 228
Kairo 222, 383, 426
Kaiser-Wilhelm-Kanal 14, 16 f.
Kalkutta 33, 74, 152, 272
Kamerun 292, 425
Kanada 70, 80–82, 104, 127, 345
Kap der Guten Hoffnung 33, 426
Kap Spartel 29
Kap Trafalgar 21
Kap Tscheljuskin 13
Kara-Straße 11–13
Karthago 275

Register

Kemal Pascha, Mustafa 31
Kenia 80, 84
Kerr, Philip 417
Khartum 275, 426
Kidd, Benjamin 414
Kiel 16 f.
King's College 237
Kingsley, Charles 20
Kipling, Rudyard 37
Kirchhoff, Alfred 7
Kishinev 70
Kitchener, Herbert 430
Knoop, Ludwig Baron 12
Kobatsch, Rudolf 413
Koch, Robert 230, 291
Köln 242
Kongo 115, 119, 282 f., 290, 330, 386, 406, 412, 425 f.
Konstantinopel 7, 28–31, 33, 35 f., 118, 146
Kopenhagen 14 f., 146
Korea 422
Kornthal 292
Krakau 246, 292
Krefeld 158
Krivoj Rog 107
Kronberg 389
Kruševan, Pavel 108
Kuba 422, 429 f.
Landry, Adolphe 53
Lanessan, Jean-Marie de 414
La Fontaine, Henri 402
Lausanne 32
Lavigerie, Charles 275
Le Havre 17, 147, 224
Lemberg 246
Leo XIII. 262
Leopold II., König der Belgier 425
Lepsius, Johannes 31
Leroy-Beaulieu, Pierre Paul 413
Lesseps, Ferdinand de 34
Lettland 167 f.
Liberia 421
Libyen 433
Liebig, Justus 241
Lille 244
Litauen 69
Liverpool 76, 261
Livingstone, David 275
London 18, 21, 29, 33, 63, 65, 70, 87, 97, 105, 109, 113, 144, 146–48, 154, 169, 195, 235, 237, 239, 274, 383, 386, 398 f., 414, 431, 439
Longwy 64
Lourdes 269–71
Lugard, Frederick 417
Luxemburg 301
Luxemburg, Rosa 69
Lyon 244
Mach, Ernst 287
Mackinder, Halford J. 416
MacMahon, Patrice de 275, 303
Madrid 146
Mahan, Alfred T. 416 f.
Mailand 93, 146, 220, 222
Mainz 396
Malaysia 115 f.
Malmö 14
Malta 22, 31
Malthus, Thomas Robert 47, 52
Mannheim 147, 159, 242, 396
Marokko 25 f., 433 f., 439
Marpingen 269
Marseille 147, 282
Marshall, Thomas H. 338
Meinecke, Friedrich 389
Meitner, Lise 253
Melilla 24, 26
Mendel, Gregor 256
Menelik II., Kaiser von Äthiopien 430
Mill, Harriet Taylor 213
Mill, John Stuart 205, 213
Milner, Alfred Lord 417
Moldau 30
Molenaar, Alfred 158
Mombasa 105

Mombert, Paul 53
Montenegro 295, 444
Montessori, Maria 237
Montreal 227
Mosambik 80, 425
Moskau 67, 70, 108, 146, 215
Mott, John R. 278
Moynier, Gustave 400
Mucha, Alfons 226
Müller, Max 215
Mumbai 383
Nancy 244, 275
Napoleon I. (Bonaparte), Kaiser der Franzosen 34, 204, 240, 243, 263, 302, 318
Napoleon III. (Louis Napoleon Bonaparte), Kaiser der Franzosen 225, 270, 302, 312, 367f., 373, 387
Neapel 76, 146
Neuguinea 291
Neuseeland 8, 61, 68, 71, 80–82, 88, 127, 297
Nevers 270
New York 17, 65, 222, 227, 392
Niederlande 50, 55, 103, 109, 131, 135, 146, 162, 171, 187, 263, 267, 274, 292, 301, 308, 325, 385, 422, 425, 458
Niederländisch-Indien 116
Niederländisch-Ostindien 424, 427
Nietzsche, Friedrich 201, 252, 279–81, 288
Nigeria 417
Nikolaus I., Kaiser von Russland 371
Nord-Ostsee-Kanal 16
Nordenskiöld, Adolf Erik 13
Norwegen 15, 46, 50f., 64, 72, 103, 297f., 308, 310, 351, 425, 458, 462
Nouméa 334
Oberhausen 64
Odessa 150, 222

Omdurman 430
Oppenheimer, Franz 53
Öresund 13–17
Osmanisches Reich 7, 27–31, 35, 43, 49, 51, 80, 85, 118, 150, 169, 194, 267, 304, 306–8, 352, 360, 362f., 405, 421, 423, 425, 432, 439, 441, 444, 457
Österreich 16, 29f., 63, 132, 187, 300f., 308, 322, 325, 360–63, 367, 393, 416, 463
Österreich-Ungarn 55, 63, 70, 76, 94, 131f., 194, 231f., 342, 351, 362, 382, 422, 425, 431–33, 435f., 438, 441, 443f., 450, 462
Otlet, Paul 402
Ouessant 17
Owen, Robert 397
Oxford 215, 234, 237f., 245, 321
Palästina 85f.
Palermo 76
Palmerston, Henry John Temple, 3rd Viscount 35
Panamakanal 17
Paris 30, 65f., 69, 81, 109, 113, 123, 144, 146, 159, 220f., 223–28, 234, 243f., 269, 280, 283, 303, 317, 331, 363, 397, 399, 403, 431
Pas de Calais 17
Pasteur, Louis 230, 241, 253
Paul, Vinzenz von 269
Persien 68, 412, 421
Peru 99
Peschel, Oskar 370
Philippinen 422, 430
Picasso, Pablo 288
Pius IX. 256, 270
Poincaré, Henri 287
Polen 16, 50, 64, 69, 78, 136, 173, 179, 246, 260f., 267, 292f., 300, 362
Portsmouth (UK) 17f.
Portsmouth (USA) 391
Portugal 22, 50, 59, 64, 72, 92, 103,

Register

138, 187, 219, 233, 292, 298, 323, 352, 399, 412, 421, 425, 457
Port Said 33f., 37, 74
Prag 150, 169, 246, 300
Preußen 15, 29f., 64, 78f., 93, 98, 105, 136f., 179, 181, 194, 238, 242, 299–302, 308, 318–20, 322, 325, 328, 341, 359, 361–63, 387, 393
Princeton 53
Proust, Marcel 288
Puerto Rico 422
Qingdao 424
Rahman Khan, Abdur, Emir von Afghanistan 423
Rangoon 74
Ranke, Leopold von 250, 298
Ratzel, Friedrich 416
Renan, Ernest 215
Rendsburg 16
Renoir, Pierre-Auguste 211
Repin, Ilja 215
Reuter, Julius 20
Reutlingen 140f.
Reval 306
Rhodes, Cecil 119
Riehl, Wilhelm Heinrich 189
Riga 150, 166–69
Rio de Janeiro 74
Rochaus, Ludwig August von 369, 371
Rodin, Auguste 211
Rolin-Jaequemyns, Gustave 400
Rom 146, 222, 264f., 269, 431
Röntgen, Wilhelm Conrad 230
Roosevelt, Theodore 391
Rotteck, Carl von 188
Rotterdamm 107
Rousseau, Jean-Jacques 204
Rumänien 50f., 55, 70, 74, 103, 107, 137f., 142f., 181, 263, 267, 295, 298, 347, 382, 439, 441, 444
Ruskin, John 205
Russisch-Polen 69, 74

Russland 7, 8, 14–16, 28–30, 46, 50f., 55f., 59, 64, 67–70, 76, 79, 93f., 105, 107, 114, 120, 132, 135f., 138, 142, 145, 166, 179, 181, 187, 194, 207, 212, 214–16, 227, 231f., 267, 292, 299f., 307, 316, 322f., 342, 347, 352, 359f., 362f., 371f., 376–78, 381f., 385, 387, 391–93, 412, 415f., 422, 424f., 431, 433–38, 442–45, 449, 457
Saint-Domingue 213
Salisbury, Robert Gascoyne-Cecil, 3rd Marquess of 411
San Marino 298, 457
Sangatte 18
Sankt Petersburg 67, 70, 146, 148, 189, 193, 214f., 222, 322, 431, 434
Sansibar 84, 117
Sarasin, Paul 399
Schaaffhausen, Hermann 256
Schottland 63f., 109, 135, 195, 232f., 237, 245, 264, 278
Schumpeter, Joseph A. 122
Schweden 14–16, 51, 57, 64, 92, 103, 132, 171, 308, 351, 425, 458, 462
Schweiz 55, 63, 69, 89, 103, 109, 131, 171, 187, 233, 239, 259, 268, 286, 289, 292, 298, 301, 308, 382, 402, 457
Sedan 66, 367
Senegal 31, 426
Serbien 55, 64, 103, 107, 267, 292, 295, 347, 439, 441f., 444
Sèvres 236, 465
Sewastopol 212
Shanghai 74
Siam 421
Sibirien 8, 12–14, 38, 61, 67f., 80, 277
Sibirjakow, Alexander 13
Sidorow, Michail K. 12
Siemens, Carl 193f.

Register

Siemens, Friedrich 193
Siemens, Hans 193
Siemens, Walter 193
Siemens, Werner 192–94, 252, 254
Siemens, Wilhelm (William) 193 f.
Simmel, Georg 153, 455
Simplon-Tunnel 20
Singapur 13, 424
Sinope 30
Slowakei 93
Slowenien 150 f., 441
Smiles, Samuel 161, 453
Solferino 399
Sombart, Werner 129, 178
Southampton 17, 76
Sowjetunion 103, 137
Spanien 22, 24–26, 46, 50 f., 55, 59, 64, 72, 74, 92, 103, 139 f., 142, 181, 186 f., 196, 207, 219, 232, 260 f., 263, 292, 317, 320, 323, 325 f., 332, 341, 352, 382, 399, 412, 421, 425
Spanisch-Marokko 26
Spencer, Herbert 205, 255
Stockholm 13
Stoppani, Antonio 101
Straße von Dover 17
Straße von Gibraltar 17, 21, 26 f.
Straße von Malakka 13, 424
Strauss, David Friedrich 215
Strauss, Richard 281, 288–90
Strawinsky, Igor 288
Stuttgart 292
Süd-Rhodesien 80
Südafrika 81 f., 104, 127, 222, 291, 345, 416 f., 429 f.
Südafrikanische Union 81
Sudan 104, 274, 425, 434
Suez 33 f., 36 f.
Suezkanal 13, 17, 21, 27, 31–34, 36 f., 222, 384
Sullivan, Arthur 290
Suriname 421
Tagore, Rabindranath 419 f.
Taiwan 422
Tanger 21, 26, 412
Tansania 425
Tennyson, Alfred Lord 205
Thessaloniki 150
Thiers, Adolphe 303
Thomson, Joseph 287
Tientsin 74
Tibet 412, 421
Tiflis 193
Tolstoi, Leo 211–16
Tolstoi, Sonja 223
Toscanini, Arturo 220, 223 f.
Toulouse 244
Treitschke, Heinrich von 357
Trient 262
Trier 269
Triest 150 f., 189, 432
Tripolis 7
Troeltsch, Ernst 248, 251 f., 254, 257
Tschad 426
Tunis 8, 105
Turin 93
Türkei 7, 29, 32, 103, 372, 416
Tyneside 149
Uganda 86, 104 f.
Ukraine 67, 69, 171
Ulm 286
Umberto I., König von Italien 220
Ungarn 51, 55, 93, 132, 179, 181, 187, 300, 319, 371
USA 15, 30, 39, 52, 70, 77 f., 80–82, 95, 106, 112, 114, 117, 120, 197, 227, 268, 272, 344, 379, 391 f., 402, 409, 412, 420, 421–23, 425, 427, 451
Vatikanstadt 264
Venedig 222
Verdi, Giuseppe 211, 213, 217–24
Verona 220
Veuillot, Louis 270
Victoria, Königin des Vereinigten Königreichs von Großbritannien

und Irland und Kaiserin von
  Indien 24, 378
Viktor Emanuel II., König von
  Italien 217, 368
Virchow, Rudolf 230
Vivekanada, Swami 272 f.
Völkerbund 75
Wagner, Richard 221
Walachei 30
Wales 50 f., 55–57, 64, 109, 237, 264
Waltershausen, August Sartorius
  von 52
Warneck, Gustav 274
Warschau 292
Weber, Max 161, 260, 296, 410
Weißrussland 69
Wengerow, Semjon A. 214
Wien 63, 85, 109, 144, 146, 280,
  283, 286, 296, 320, 352, 356, 359,
  360, 362, 366, 368, 372, 376, 385,
  431, 436, 444
Wilhelm I., Deutscher Kaiser und
  König von Preußen 367 f.
Wilhelm II., Deutscher Kaiser und
  König von Preußen 375, 389,
  393
Witte, Sergei Juljewitsch 392
Wolf, Julius 52 f., 69, 413
Wuketits, Franz M. 255
Zamość 69
Zangwill, Israel 86
Zola, Emile 209, 211
Zürich 69, 286
Zypern 8, 31, 85